海尔模具—做世界一流的模具供应商

Haier

海尔模具除了满足海尔集团内定单的需求外，还积极开拓外部市场，先后为丰田、标致、神龙、福特、本田、日产、三菱、拉达、大众等汽车厂家开发汽车仪表板、保险杠、内外饰件及汽车功能件类模具，同时为三星、LG、三洋等国际知名厂家设计加工显示器、彩电、冰箱等模具，海尔模具目前已在澳大利亚、美国、欧洲均有自己的销售网络

U0802441

公司的一站式服务：

- 产品概念设计、产品逆向工程
- RP/RT 制作（SLA/FDM/CNC 三种方式制作快速原型件）
- 模具 CAD/CAM/CAE，缩短模具制作周期，提高注塑生产效率
- 零件化加工和模具组装生产
- 产品、零件检测
- 小批量塑件试制服务
- 提供注塑生产工艺参数
- 模具使用、保养说明指导
- 易损备件及标准件明细
- 现场交付、调机生产
- 模具使用现场培训
- 定期对客户回访、提供咨询服务

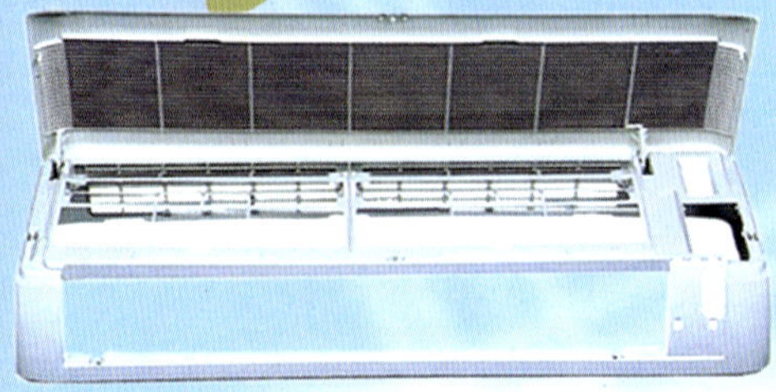

空调样件

详细资料请查询 http://molds.haier.com

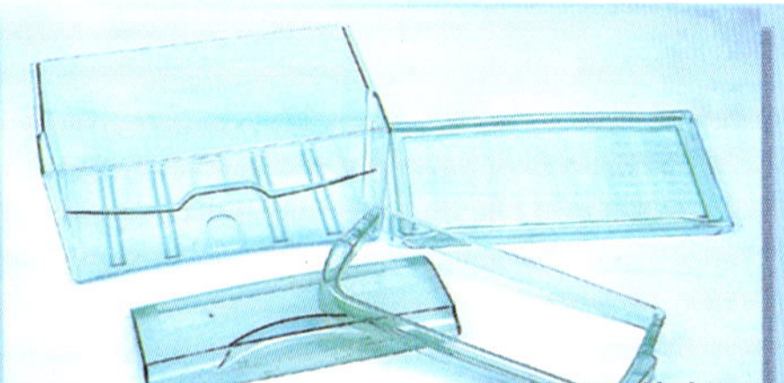

冰箱透明件产品

地址：山东省青岛市高科园海尔路1号 邮编：266101 电话：(0532)8938920 传真：(0532)8938921 http://molds.haier.com E-mail:Mouldsale@haier.com

您的希望
引领三佳伟业致高 致远

地址/Add：广东省揭东经济开发试验区

JIEDONG ECONOMIC DEVELOPMENT ZONE,GUANGDONG PROVINCE.

电话/Tel：86-663-3269366　　**传真/Fax**：86-663-3269266

网址/http：www.greatoo.com　　**电子邮箱/E-mail**：greatoo@greatoo.com　　**邮编/P.c**：515500

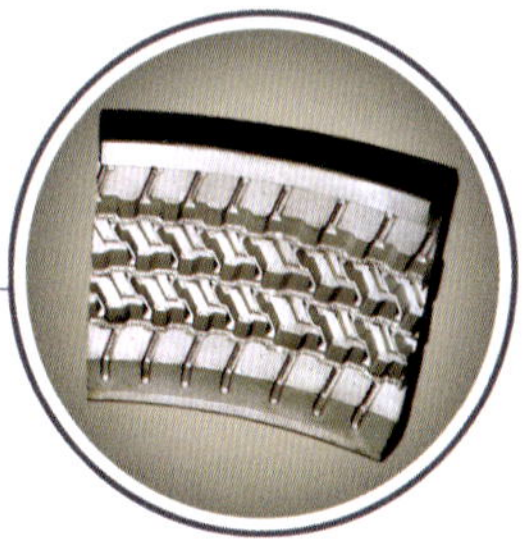

轮胎活络模具

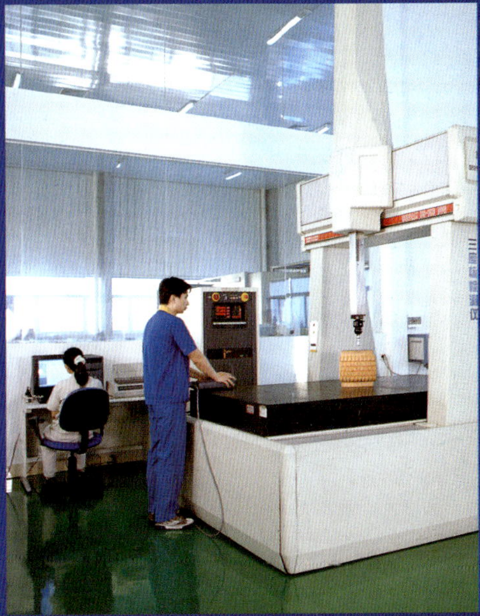

跃进汽车集团南京模具装备有限公司

本公司是一个从事汽车工艺装备设计制造的专业化企业，现占地面积60000m^2，有职工530人，其中有工程技术人员91人。公司拥有各类设备332台，其中数控加工设备18台、检测设备33台。公司的主要产品有汽车冲模、检具、焊装夹具、内饰件模、汽车玻璃模、铸模、锻模。近年来，为跃进汽车集团公司、上海大众、通用、广州本田等国内的一些汽车厂设计、制造了大批模具、检具。公司生产的模具还出口到英国、日本、伊朗、以色列等国。

上 模

门下模

赛欧综合检具

门内板制件

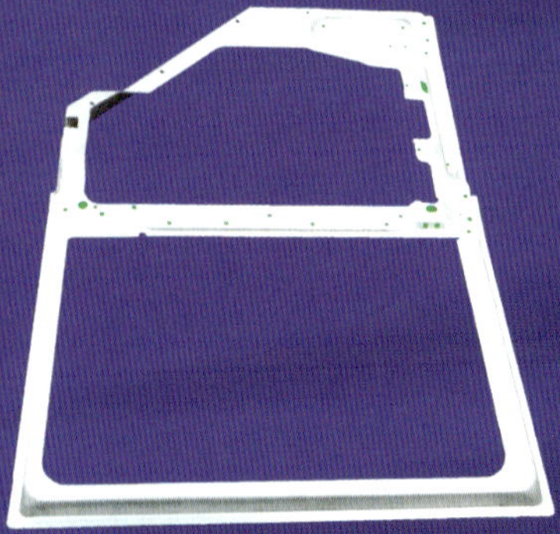

大型龙门高速数控铣床

三坐标测量机

无锡曙光模具有限公司

Wuxi Dawn Die&Stamping CO., Ltd.

（原无锡市模具厂）

冲压车间

热处理车间

模架生产线

分支机构：

A ffiliate Institutions:

无锡曙光模架有限公司	WUXI DAWN DIE SET CO., LTD.
无锡曙光汽车配件厂	WUXI DAWN AUTOMOTIVE FITTINGS COMPANY
无锡宏达热处理锻造有限公司	WUXI HONGDA HEAT TREATMENT SMITHING CO., LTD.
模具事业部	DIE SETTING DEPT.
冲压事业部	STAMPING DEPT.

公司前身为无锡市模具厂，具有40余年研发历史，采用CAD\CAM\CAE，经验加创新，专长于设计、制造汽车类底盘轿架、摇臂制动器、车身等各类冲压模具和专业化生产系列标准冲模模架，并自主开发整体梯级系列压铸模具（系国家新产品）。具有华东一流的模具热处理真空设备。

为汽车工业配套，组建座椅、排气系统冲压生产线，部分产品进入北美与欧洲市场。

With 40 years of R&D history,Wuxi Dawn Die & Stamping Co., Ltd., the former Wuxi Die company is full of experience and always willing to innovating.With CAD/CAM/CAE technology ,the company is specialized in designing and manufacturing all kinds of Stamping Die such as Rocker Arms, brakes and chassis ,and all kinds of non-standard die set according to special requirement of the customers,etc.The whole complete stair one time die casting also has won the State Level Advance Product for the company .The ability of heated-treatment is top-ranking in east of the country .

The company has set up stamping product line for seating &exhaust system in automotive industry .And some parts of the product are exported to North American & Europe.

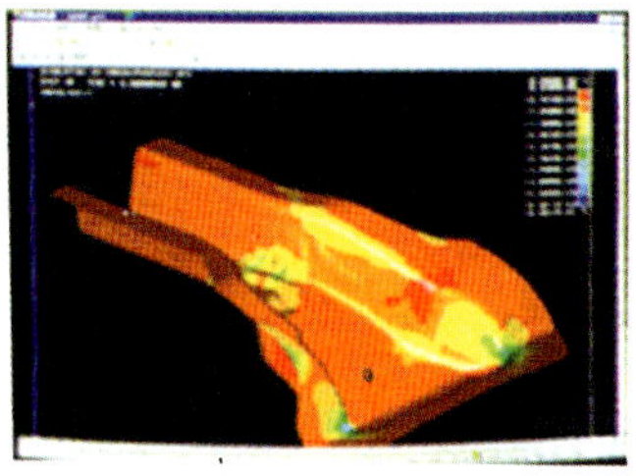

冲压有限元分析CAE

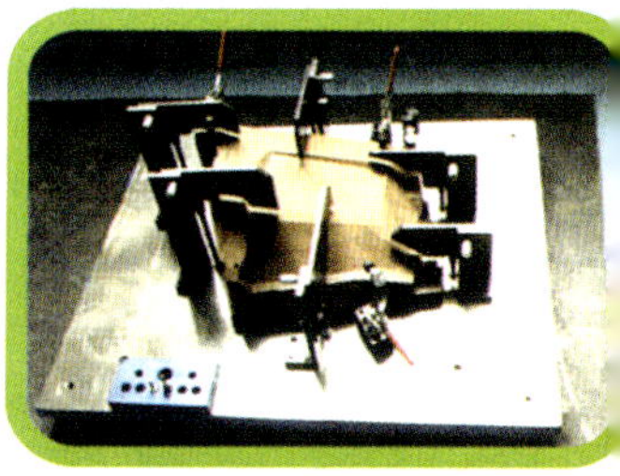

别克车身零件检具

横梁类模具样件

别克车身模具

企业发展大事记

1962年——机械工业主管部门投资创建无锡市模具厂，专业制造仪器仪表各类模具及模架

1989年——由仪表类模具转向汽车模具

1991年——为桑塔纳轿车制造全套后桥模具，经德方认可并通过鉴定，获省市科技进步奖

1993年——将热处理车间独立，组建宏达热处理锻造有限公司，系江苏省重点热处理加工中心

1995年——组建无锡曙光汽车配件厂

1997年——通过ISO9002质量体系认证

1998年——通过QS9000质量体系认证

2001年——经转制更名为无锡曙光模具有限公司

2001年——成为上海通用汽车公司的一级供应商

2001年——成为无锡市高新技术企业

2002年——“整体梯级”压铸模具为国家重点新产品，获省市科技进步奖

2002年——建立汽车座椅零部件生产线

2004年——模具出口日本

2004年——建立汽车排气系统筒体组装生产线

2005年——公司将迁址无锡市机光电工业园区，占地面积达93000m²，企业将增资8000万元，模具加工设备全面升级。

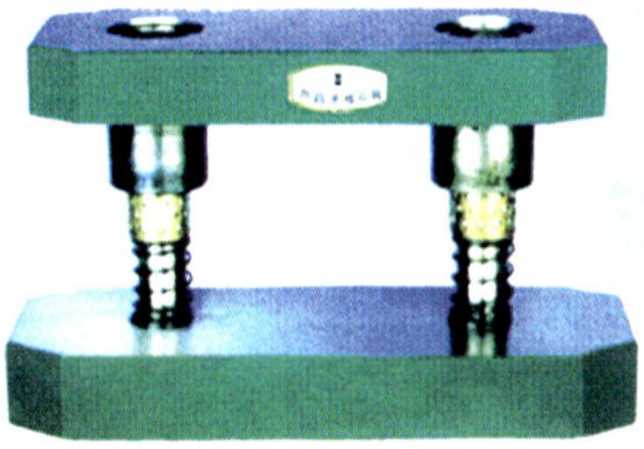

冲模滚珠模架

工人数：345人
术人员：59人
定资产：人民币6858万元
口CNC设备：9台
具和模架（标准件）产值：2495万元

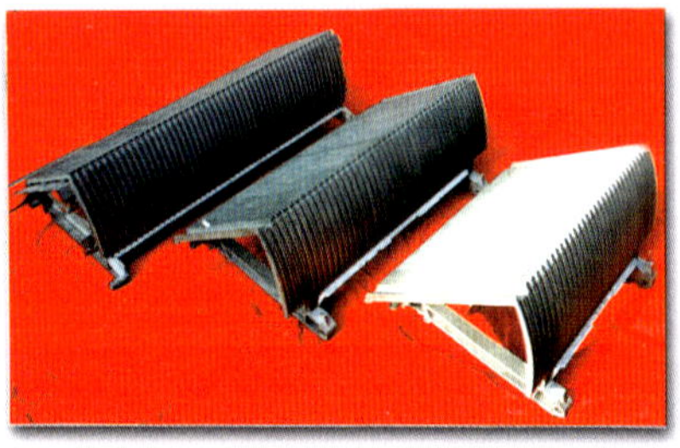

电梯梯级系列产品模具样件

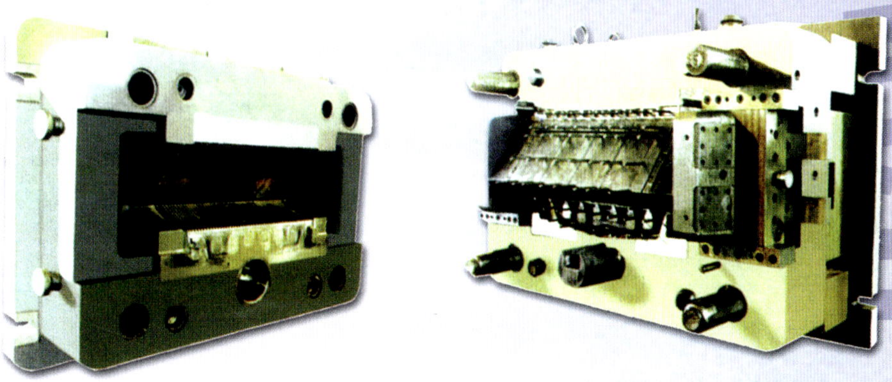

整体梯级压铸模

董事长兼总经理：曹曙峰
地址：江苏省无锡市广瑞路10号
电话：(0510)2403952(总机)
传真：(0510)2414974
邮编：214011
E-mail:wxmjc@public1.wx.js.cn
wxmjc@china.com

东风汽车模具有限公司
DONGFENG MOTOR DIE & MOULD CO.,LTD.

东风汽车模具有限公司是一家立足东风、面向国内外市场具有独立法人资格的大型专业模具公司。2003年12月18日由东风汽车模具厂更名为东风汽车模具有限公司。占地面积10.8万m^2；拥有冲压调试设备27台，数控加工及检测设备41台，工艺设备380台，固定资产2.96亿元。在产品3D建模、CAE分析、工艺制定、模具设计、数控编程加工、模具调试等方面具有较强的技术实力。共建有50个CAD工作站和20个CAM工作站，主要应用软件有UG、CATIA、POWERSHAPE、POWERMILL等，CAE形成性分析软件2套，全部模具、检具采用计算机辅助设计已实现三维设计、实体装配，并为用户开发多套高难度的多功能组合PUG、UCF检具，“东风模具”的品牌已在国内市场中享有较高的信誉。主要产品有：冷冲模、汽车主模型、检验夹具、汽车零部件、模具标准件等。1998年10月通过北京ISO9001质量体系认证中心认证，2002年1月和2月分别通过中国汽车产品认证委员会质量体系认证中心QS9000和中国机械工业环境管理体系认证中心ISO14001认证。

发动机罩外板拉延模

后地板拉延模

ISO9001

QS9000

ISO14001

背门压合膜

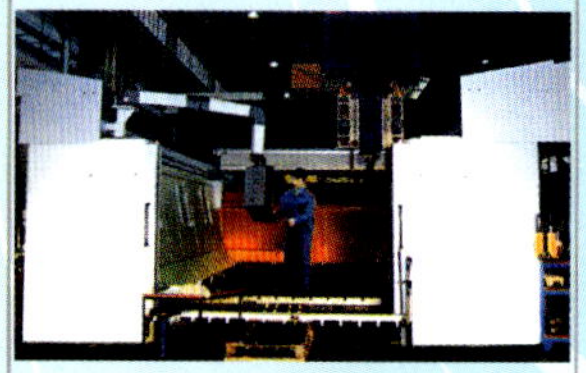
德国高速数控铣床

俄罗斯压力机群

意大利三座标测量机

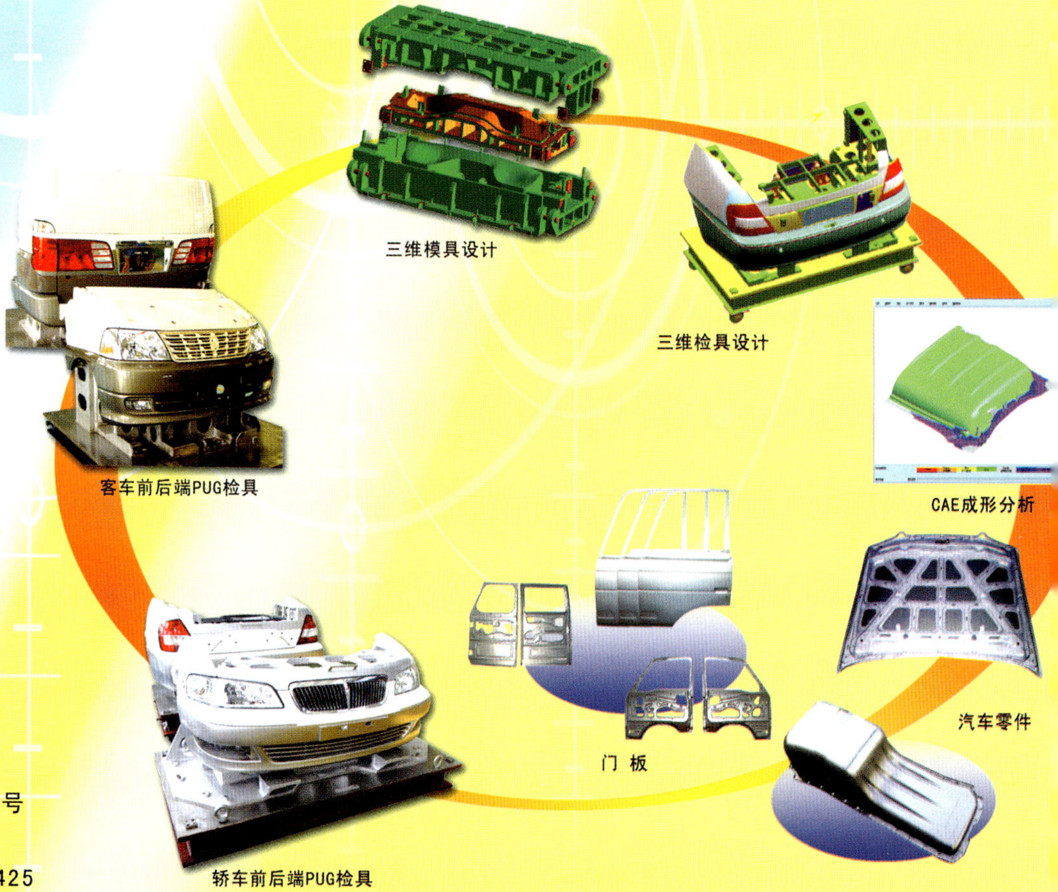
三维模具设计

三维检具设计

客车前后端PUG检具

CAE成形分析

汽车零件

门 板

轿车前后端PUG检具

地址：湖北省十堰市东岳路84号

邮编：442025

电话：(0719)8223325 8221425

传真：(0719)8224527

中国机械工业年鉴系列

中国模具工业年鉴

2004

中国机械工业年鉴编辑委员会
中 国 模 具 工 业 协 会
编

机械工业出版社
China Machine Press

图书在版编目(CIP)数据

中国模具工业年鉴·2004/中国机械工业年鉴编辑委员会，
中国模具工业协会编 .—北京：机械工业出版社，2004.9
ISBN 7-111-15227-1

Ⅰ.中… Ⅱ.①中…②中… Ⅲ.模具—机械工业
—中国—2004—年鉴 Ⅳ.F426.4-54

中国版本图书馆 CIP 数据核字(2004)第 091565 号

机械工业出版社(北京市百万庄大街 22 号 邮政编码 100037)
责任编辑：朱彩绵
责任印制：王书来
北京蓝海印刷有限公司印制·新华书店北京发行所发行
2004 年 9 月第 1 版第 1 次印刷
889mm×1194mm 1/16· 18.25 印张 ·74 插页 ·1095 千字
定价：158.00 元

中国机械工业年鉴
编辑委员会

《中国机械工业年鉴》系列

作为『工业发展报告』

集成行业信息　为读者服务

中国模具工业年鉴
执行编辑委员会

名誉主任委员：于　珍　中国机械工业联合会会长
中国模具工业协会名誉理事长
杨　铿　中国模具工业协会名誉理事长

主　任　委　员：褚克辛　中国模具工业协会理事长
一汽模具制造有限公司总经理

副 主 任 委 员：曹延安　中国模具工业协会常务副理事长兼秘书长

编辑委员（按姓氏笔画排列）

马　骅　湖南省模具工业协会秘书长
王　都　中国模具工业协会顾问
王广亚　四川成飞集成科技股份有限公司董事长
王建拓　上海斯米克拉丝模有限公司总经理
王勃华　信息产业部电子信息产品管理司调研员
王培松　青岛海信模具有限公司总经理
王钦守　浙江黄岩模具协会秘书长
王敏杰　大连理工大学模具研究所所长
尹晓舜　中国兵器装备集团公司研究员级高工
叶　军　苏州电加工机床研究所所长
叶有邦　浙江宁海模具协会秘书长
邬永林　宁波双林集团股份有限公司董事长
申长雨　郑州大学校长
刘 立　天津市模具工业协会副秘书长
刘传经　安徽省模具工业协会秘书长
刘秉华　山东省模具工业协会秘书长
刘辉航　西安航光仪器厂副厂长
刘德普　上海市模具工业协会秘书长
许发樾　中国模具工业协会顾问
李玉华　中国模具工业协会副秘书长
李立赐　广东省模具工业协会秘书长
李立新　南京市模具工业协会秘书长
李志刚　华中科技大学模具技术国家重点实验室主任
李建华　东风汽车模具有限公司总经理
汪　波　中国航空工业第二集团公司生产调度试飞部副部长
陈　军　沈阳子午线轮胎模具有限公司总经理
陈　芳　中国钢铁工业协会教授级高工
陈天顺　西安市模具工业协会秘书长
陈世哲　吉林省模具工业协会秘书长
陈博源　陕西省模具工业协会秘书长

记录企业成长的每一个阶段

杨世伟　北京兆维科技股份有限公司副总经理
杨国华　广州广电林仕豪模具制造有限公司总经理
单加祥　北京市模具协会秘书长
周永泰　中国模具工业协会副秘书长
周利民　青岛海尔模具有限公司总经理
周朝海　中国模具工业协会编辑部主任
武兵书　北京机电研究所副所长
林森茂　宁波市模具行业协会秘书长
郑朝霞　四川省模具工业协会秘书长
柯小荣　苏州市模具工业协会秘书长
胡津生　天津汽车模具有限公司董事长
洪惠平　广东巨轮模具股份有限公司总经理
柳学宏　中国电子信息产业集团副总裁
郭　椒　中国兵器装备集团公司发展计划部主任
陶永华　浙江陶氏模具集团有限公司董事长
秦　珂　中国模具工业协会副秘书长
唐志忠　中国航空航天工具协会航空模具委员会秘书长
黄肖诚　福建省模具工业协会秘书长
黄明玖　安徽省铜陵三佳模具股份有限公司董事长
曹根基　江苏常州机电职业技术学院院长
曹曙峰　无锡曙光模具有限公司总经理
盛宏沐　沈阳市模具协会秘书长
董宝林　中国模具工业协会副秘书长
韩长茂　浙江省余姚模具工业协会秘书长
彭年生　湖北省模具工业协会秘书长
雷　毅　北京北航海尔软件有限公司总裁
蔡安定　上海材料研究所所长
戴品荣　无锡国盛精密模具制造有限公司董事长

《中国机械工业年鉴》系列

作为『工业发展报告』
集成行业信息　为读者服务

《中国模具工业年鉴》
编辑出版工作人员

总　　编　　辑： 郭　锐

副 总 编 辑： 朱长福　何 发

执行副总编辑： 李卫玲

编 辑 部 主 任： 李卫玲（兼）

责 任 编 辑： 朱彩绵

编　　　　辑： 苏昌盛

美 术 编 辑： 荆　江

营 销 部 主 任： 赵　敏

广告部副主任： 王亚水

客 户 服 务： 耿文志　陈 霞　黎 平　董智利

编 辑 部 地 址： 北京西城区百万庄大街22号

邮 政 编 码： 100037

电　　　　话：（010）88379829

传　　　　真：（010）68326039

E-mail： cmiy@mail.machineinfo.gov.cn

http： //www.ageinfo.com.cn

记录企业成长的每一个阶段

中国机械工业年鉴系列

《中国机械工业年鉴》

《中国电器工业年鉴》

《中国工程机械工业年鉴》

《中国机床工具工业年鉴》

《中国通用机械工业年鉴》

《中国机械通用零部件工业年鉴》

《中国齿轮工业年鉴》

《中国模具工业年鉴》

《中国磨料磨具工业年鉴》

《中国机电产品市场年鉴》

编辑说明

一、《中国机械工业年鉴》是由中国机械工业联合会主管、机械工业信息研究院主办的大型资料性、工具性年刊，创刊于1984年。

二、根据行业需要，1998年中国机械工业年鉴编辑委员会开始出版分行业年鉴，逐渐形成了“中国机械工业年鉴”系列。该系列现已出版了《中国电器工业年鉴》、《中国工程机械工业年鉴》、《中国机床工具工业年鉴》、《中国通用机械工业年鉴》、《中国机械通用零部件工业年鉴》、《中国齿轮工业年鉴》、《中国磨料磨具工业年鉴》和《中国机电产品市场年鉴》。

三、《中国模具工业年鉴》2004年刊为创刊号，集中反映了中国模具行业的产品状况、技术水平、产销情况及发展趋势，全面系统地提供了模具行业的主要经济技术指标。为了方便同行及企业间的沟通，还特别增加了中国模具工业协会1000多个会员名录供读者参考。

四、《中国模具工业年鉴》2004年刊由综述、专文、地区概况、企业概况、统计资料、大事记、附录等内容构成。

五、统计资料中的数据由中国模具工业协会提供，数据截止到2003年12月31日。

六、在编撰过程中得到了中国模具工业协会及多年从事模具研究的专家、学者和企业的大力支持和帮助，在此表示衷心感谢。

七、由于水平有限，难免出现错误及疏漏，敬请批评指正。

《中国机械工业年鉴》编辑部

2004年9月

目　　录

综　　述

第Ⅰ部分　专　　文

第Ⅱ部分　地区概况

第Ⅲ部分　企业概况

第Ⅳ部分　统计资料

第Ⅴ部分　大事记

第Ⅵ部分　附录

Contents

Overview

Part Ⅰ Disquisition

Part Ⅱ A Survey of Domestic Regions

Part Ⅲ A Survey of Enterprises

Part Ⅳ A Part of Statistical Data

Part Ⅴ Chronicle of Events

Part Ⅵ Appendix

胡锦涛视察普什模具公司

江泽民视察青岛海尔模具有限公司

江泽民、温家宝视察上海模具技术研究所
（模具CAD工程研究中心）

江泽民、黄菊视察上海模具技术研究所
（模具CAD工程研究中心）

吴邦国视察一汽模具制造有限公司

温家宝视察青岛海尔模具有限公司

新时期，新机遇。努力开创模具工业协会新局面，推动模具工业再上新水平。

李荣融

国务院国有资产监督管理委员会主任　李荣融
为《中国模具工业年鉴》题词

振兴模具业，为建设

制造业强国服务。

欧新黔

国家发展与改革委员会副主任　欧新黔

为《中国模具工业年鉴》题词

发展模具産业

為國民经济服务

于珍

甲申夏

全国政协常委、中国机械工业联合会会长、中国模具工业协会名誉理事长　于珍

为《中国模具工业年鉴》题词

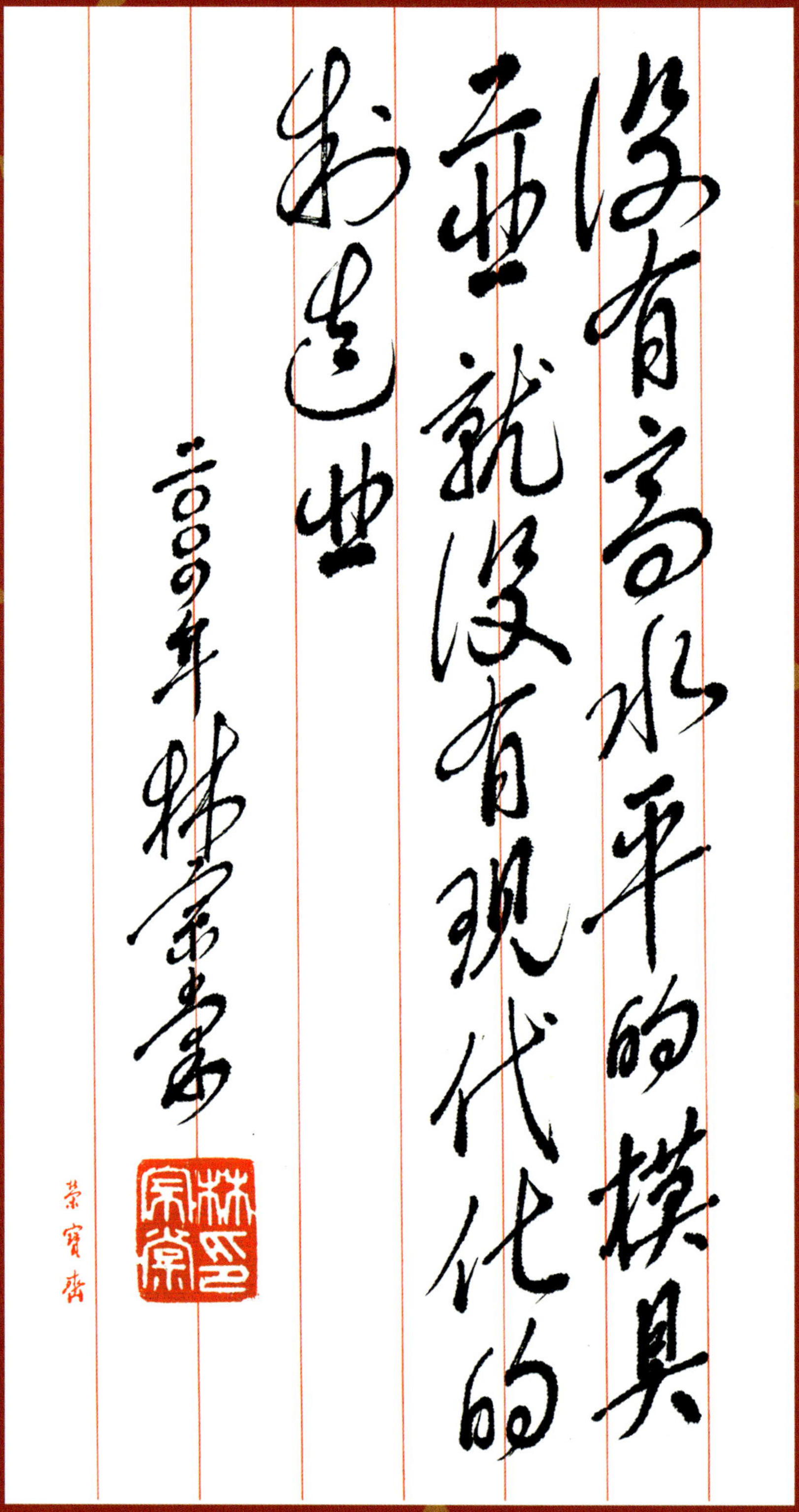

中国工业经济联合会名誉会长　林宗棠

为《中国模具工业年鉴》题词

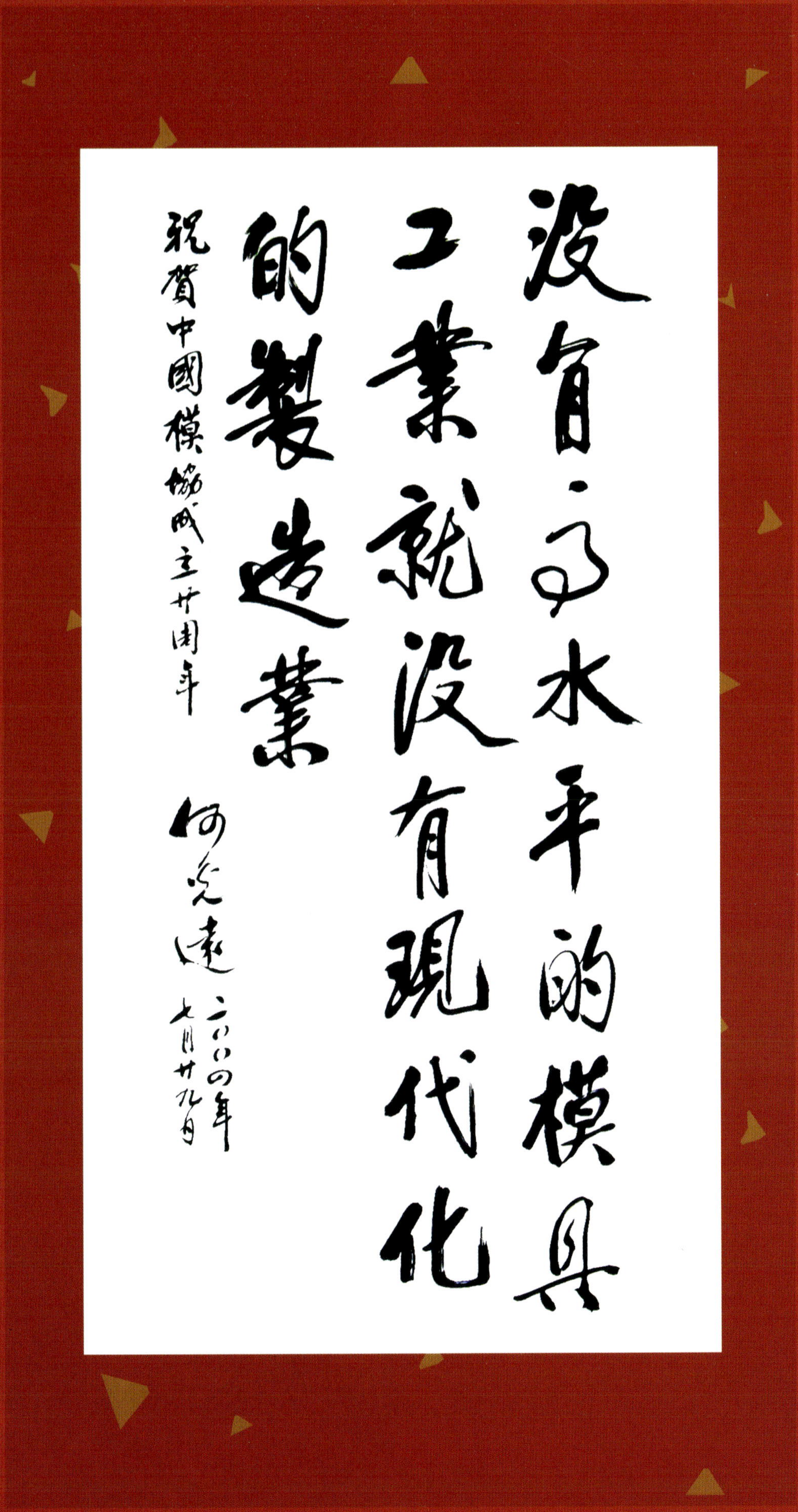

全国政协常委、中国机械工业联合会名誉会长　何光远
为《中国模具工业年鉴》题词

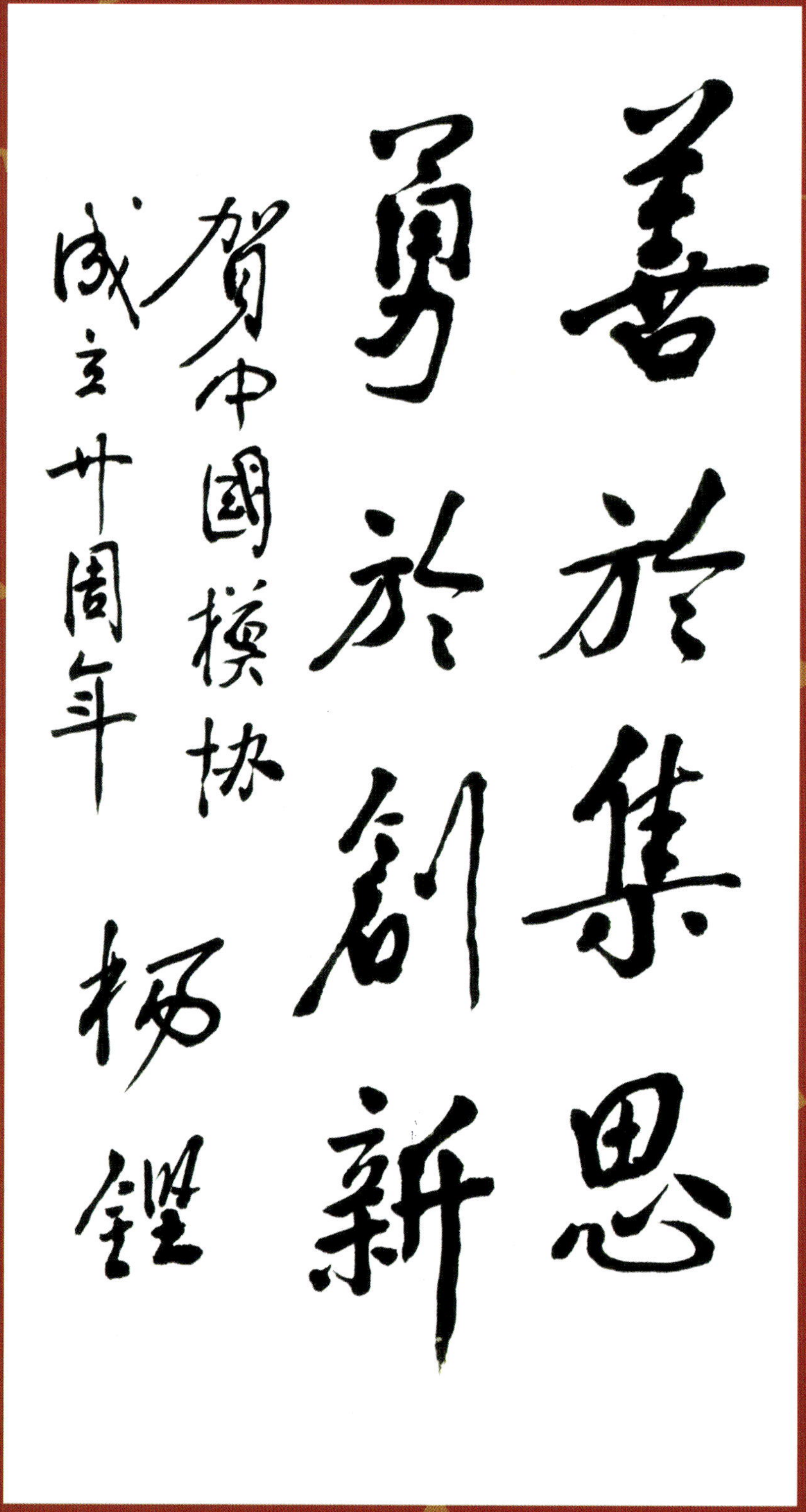

中国模具工业协会名誉理事长　杨铿
为《中国模具工业年鉴》题词

提高模具工业技术水平，
推动模具工业发展。

2004年7月20日

中国模具工业协会理事长　褚克辛
为《中国模具工业年鉴》题词

与時俱进，开創协會工作新局面。

上海市国际贸易促进委员会

岑富荣

二〇〇四年八月十六日

上海市国际贸易促进委员会会长　岑富荣

为《中国模具工业年鉴》题词

加强服务　同心协力

促进模具工业发展

陈先进

上海世博（集团）有限公司总裁　　陈先进

为《中国模具工业年鉴》题词

中国国际模具技术和设备展览会

机遇与挑战、接轨与合作、发展与双赢

国家领导人关心中国模具工业

第一届中国国际模具展

DIE & MOULD CHINA "86
展出规模：3700m²
Space：3700 square meters
9个国家和地区84家公司参展
84 exhibitors from 9 countries and regions
观众：32000人次
Visitors：32000
现场成交：3652万元
Trade volume：36520000 RMB

第二届中国国际模具展

DIE & MOULD CHINA "88
展出规模：5000m²
Space：5000 square meters
7个国家和地区83家公司参展
83 exhibitors from 7 countries and regions
观众：30000人次
Visitors：30000
现场成交：3984万元
Trade volume：39840000 RMB

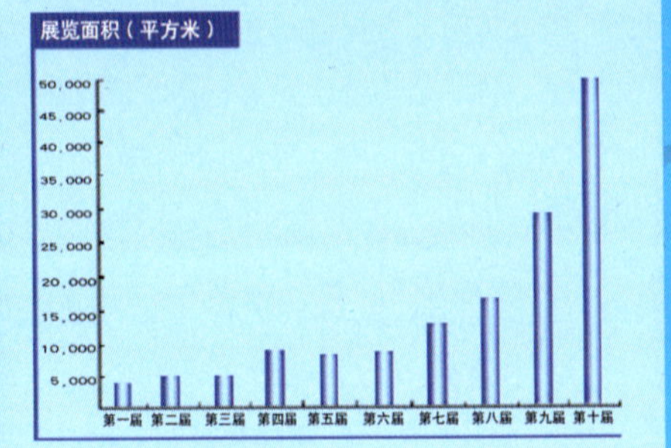

第三届中国国际模具展

DIE & MOULD CHINA "90
展出规模：5000m²
Space：5000 square meters
11个国家和地区226家公司参展
226 exhibitors from 11 countries and regions
观众：40000人次
Visitors：40000
现场成交：4897万元
Trade volume：48970000 RMB

第四届中国国际模具展

DIE & MOULD CHINA "92
展出规模：9000m²
Space：9000square meters
13个国家和地区245家公司参展
245 exhibitors from 13 countries and regions
观众：40000人次
Visitors：40000
现场成交：13541万元
Trade volume：135410000 RMB

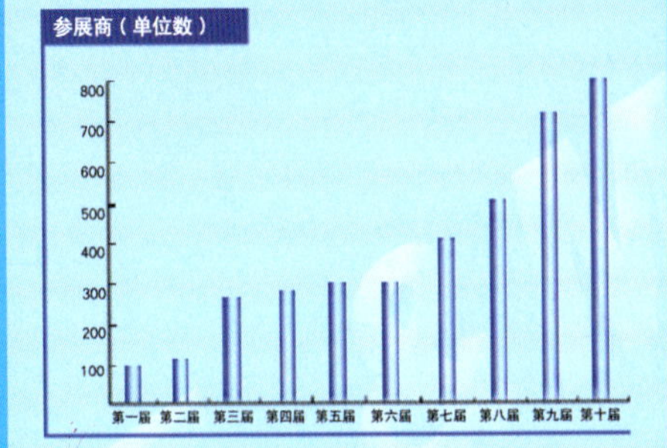

第五届中国国际模具展

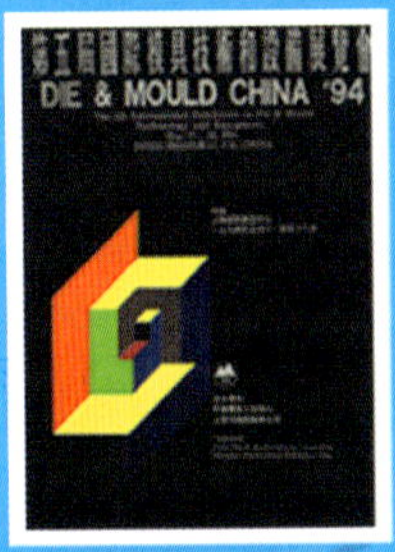

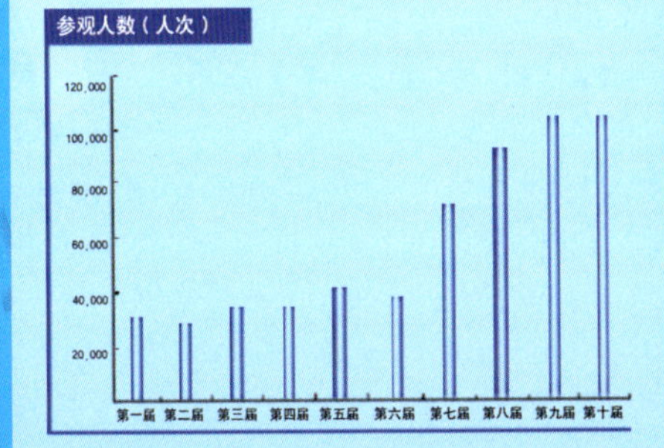

DIE & MOULD CHINA "94
展出规模：12000m²
Space：12000 square meters
13个国家和地区306家公司参展
306 exhibitors from 13 countries and regions
观众：42000人次
Visitors：42000
现场成交：6982万元
Trade volume：69820000 RMB

DIE &MOULD CHINA

第六届中国国际模具展

DIE & MOULD CHINA "96
展出规模：12000m²
Space：12000 square meters
14 个国家和地区 296 家公司参展
296 exhibitors from 14 countries and regions
观众：42000 人次
Visitors：42000
现场成交：6810 万元
Trade volume：68100000 RMB

ufi Approved Event

第七届中国国际模具展

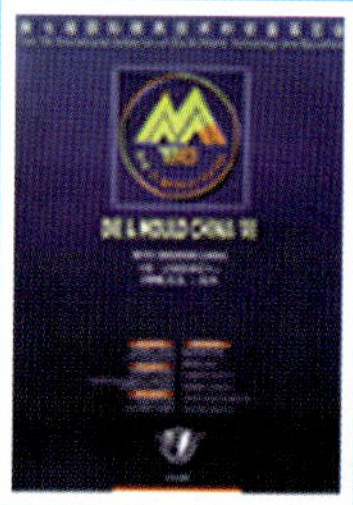

DIE & MOULD CHINA "98
展出规模：13000m²
Space：130000square meters
15 个国家和地区 405 家公司参展
405 exhibitors from 15 countries and regions
观众：72200 人次
Visitors：72200
贸易成交：6256 万元
Trade volume：62560000 RMB

ufi Approved Event

第八届中国国际模具展

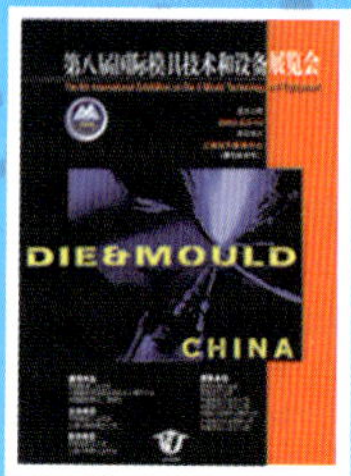

DIE & MOULD CHINA 2000
展出规模：16000m²
Space：16000 square meters
17 个国家和地区 500 家公司参展
500 exhibitors from 17 countries and regions
观众：94000 人次
Visitors：94000
现场成交：17410 万元
Trade volume：174100000 RMB

ufi Approved Event

第九届中国国际模具展

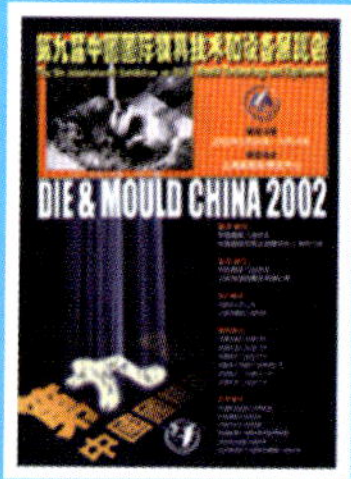

DIE & MOULD CHINA 2002
展出规模：30000m²
Space：30000 square meters
13 个国家和地区 700 家公司参展
700 exhibitors from 13 countries and regions
观众：105000 人次
Visitors：105000
现场成交：44600 万元
Trade volume：446000000 RMB

ufi Approved Event

第十届中国国际模具展

DIE & MOULD CHINA 2004
展出规模：35000m²
Space：35000 square meters
16 个国家和地区 800 家公司参展
800 exhibitors from 16 countries and regions
观众：105000 人次
Visitors：105000
现场成交：40600 万元
Trade volume：406000000 RMB

ufi Approved Event

（详细内容见正文 32 页）

树立模具工业之

品牌

展示优秀企业之

风采

重点企业专题

杭州机床集团

杭州机床集团有限公司是国内规模较大的平面磨床专业制造企业，1997 年通过 ISO9001 质量体系认证。2002 年、2003 年度销售收入在机床工具行业连续保持前十强。

“杭州牌”平面磨床在国内市场占有率高达 40%。产品包括普通、精密、高精度等 3 个等级，7 大系列 200 个品种，已形成年产 4000 余台机床的制造能力。

产品系列：小规格系列手动平磨、磨头移动系列普通级平面磨床、十字拖板系列精密级平面磨床、缓进给强力成形系列磨床、数控龙门系列大型平面磨床和数控龙门系列大型导轨磨床、立轴双端面系列磨床、专用机床和数控铣床。

科研实力：精心研发成功并具有自主知识产权的 HZ—K4020 数控龙门系列磨床、MKLD7140 数控双头缓进给成形磨床系列，在大型数控、成形磨削技术领域达到国内领先水平。开发成功 HZ—073 数控陶瓷切割机，标志着公司产品向非金属材料加工领域延伸。研发成功 PMS—006A 精密数控球面磨床，创国内短圆弧轨迹成形高水准加工技术。

优秀品质
打造
知名品牌

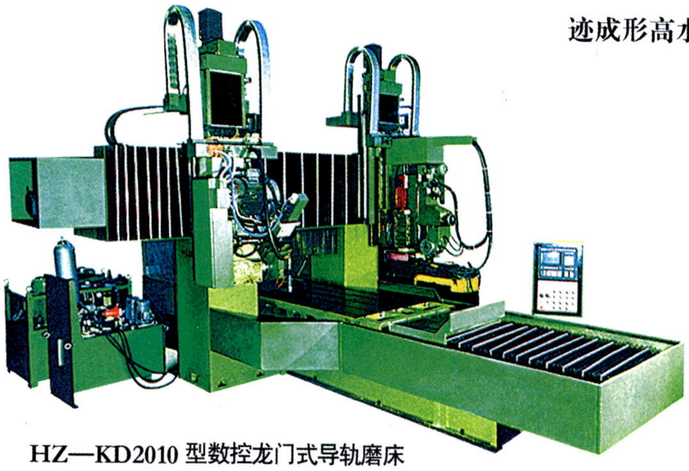

HZ—KD2010 型数控龙门式导轨磨床

地址：杭州市环城东路 176 号
邮编：310003
电话：（0571）87295819 总机转 87295050 87292783 87293747
传真：（0571）87296277
http://www.hzmtg.com
E-mail: sale @ hzmtg.com

Hangzhou Machine Tool Group Co.,Ltd.

营销网络：先后在北京、广州、西安、成都、沈阳、武汉、无锡和浙江宁波、台州等地设立了办事处和维修中心，为用户提供更便捷的服务。

“优秀品质打造知名品牌”，公司期待着有机会向更多的用户提供机床和技术支持！

1、MKL7150×16 型数控强力成形磨床系列（采用国内创新的新型立柱中腰移动式布局，可由毛坯直接磨削成形，适用于磨削涡轮发动机叶片，锁片槽等成形工件，填补了国内空白。）

2、PMS—006A 数控球面磨床（先期采用了短圆弧轨迹成形加工方法，可广泛用于液压、阀门、汽车等行业球面体零件的精密加工。）

3、HZ—KD2010 型数控龙门式导轨磨床系列（是大型模具和机械基础件精密加工的重要设备，适用于各种机械加工、纺织机械、塑料机械和模具工业。获浙江省科技进步二等奖，被列为国家重点新产品项目。）

4、MKY7730 数控精密立轴双端面磨床（国内创新采用切入式摆动磨削方法的新品，广泛应用于轴承、汽车、摩托车、拖拉机、磁性材料、液压泵叶片、压缩机滑片等行业，尤其适合磨削薄形零件。）

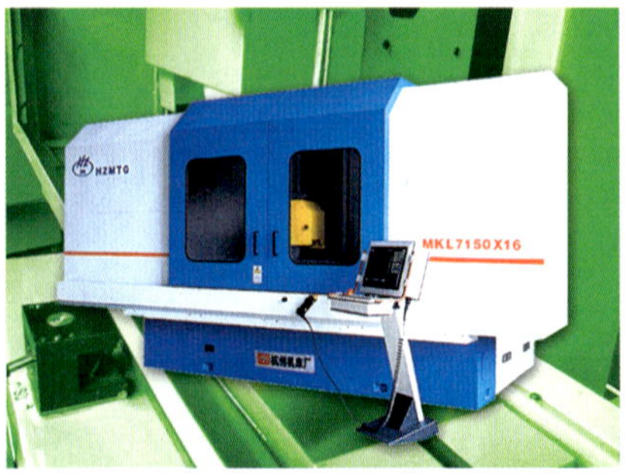

MKL7150×16 型数控强力成形磨床

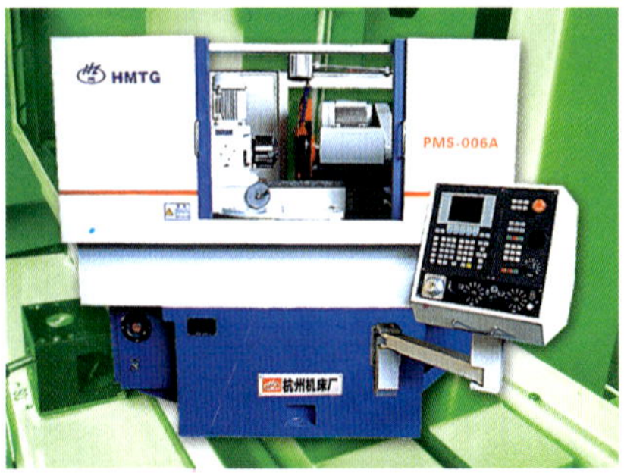

PMS—006A 数控球面磨床

MKY7730 数控精密立轴双端面磨床

追求一流的产品与服务

为社会和用户创造价值

重点企业专题

成形磨削全新技术的产品系列

—数控强力成形磨床

MKL7120X6 数控强力成形磨床

MKL7150X16 数控强力成形磨床

综述

杭州机床集团有限公司研制的数控缓进给强力成形磨床占据了国内制高点，引起了国内外同行和用户的高度关注，在国内的航发动机、汽轮机及柴油发动机等重要项目的招标中屡投屡中，成为公司重点发展的方向性产品。

缓进给磨削技术概述

一、MKL7150X6 数控强力成形磨床系列：规格有 MKL7120X6、MKL7132X25、MKL7140X10、MKL7150X10、MKL7150X16 该系列机床采用国内创新的新型立柱中腰移动式布局，运用成熟的缓进给强力磨削技术，可由毛坯直接磨削成形，其特点是大切深强力缓进给、砂轮成形，效率高、轮廓度高，尤其适用形状复杂、高硬材料的精密磨削。强力成形磨削技术是现代航空、汽车、工行业的首选的先进工艺手段。

二、MKLD7140 数控强力双头成形磨床系列：该系列机床采用先进的缓进给成形磨削工艺，通过降低工作台纵向进给速度，增大砂电动机功率及使用成形砂轮等措施实现强力磨削，由毛坯直接磨削成形。机床有上下两个磨头，可对安装在工作台上的工件上下两同时磨削，尤其适用于磨削飞机发动机和汽轮机叶片枞树根等典型型面，以及各种难磨材料零件的对称面。

国产缓进给磨床的优势

▲成熟的缓进给成形技术；

▲根据用户零件的形状、材料、批量制定机床方案，实现门到门的服务；

▲进口机床 1/3 的价格。

杭州机床集团有限公司

地址：杭州市环城东路 176 号　邮编：310003　电话：（0571）87295819（总机）87295050 87292783 872937
传真：（0571）87296277　http://www.hzmtg.com　E-mail:sale@hzmtg.com

精密的、不同材料的成形零件

宽砂轮的槽形零件

油泵转子槽

航空发动机的叶片

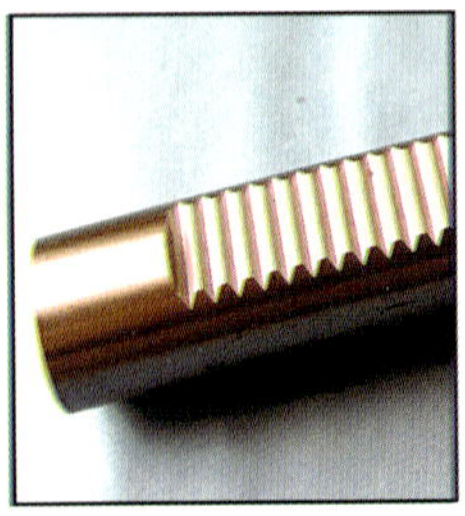

齿条形零件

缓进给磨削典型加工对象

航空发动机、汽轮机、燃气涡轮机的叶片

搓丝板（加工螺纹用）、剃剪刀片、剥线钳的钳齿

花键轴、摆线轮、压缩机、液压泵转子槽

机车和柴油机连杆结合齿、汽车转向齿条

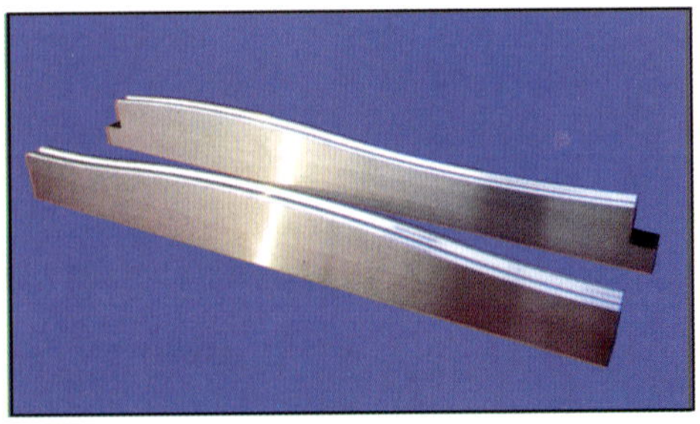

数控联动加工的波形曲面零件

成形磨系列产品荣誉用户

▲西安某航空发动机集团公司　　▲株州某航空动力机械公司

数控强力成形磨床系列产品主要参数

名称		单位	机床型号／参数				
			MKL7120x6	MKL7132x25	MKL7140x10	MKL7150x10	MKL7150x16
工作台（宽 x 长）		mm	200x630	320x2500	400x1000	500x1000	500x1600
工作台安装面（宽 x 长）		mm	320x1000	320x2500	400x1250	500x1250	500x2000
工作台最大承重		kg	400	1000	800	1000	1500
定位精度	X 轴	mm	0.010/1000				
	Y、Z 轴	mm	0.006/400				
重复定位精度	X 轴	mm	0.006				
	Y、Z 轴	mm	0.005				
工作精度	表面粗糙度	μm	Ra0.63				
	表面轮廓度	mm	±0.010				

一汽模具制造有限公司

THE DIE MANUFACTURING CO.,LTD OF FAW

总经理　褚克辛

中国模具工业协会理事长

大型调试压床群

高速数控铣床群

高速数控铣床群

公司大门

高速数控厂房

CAD 室

第一模具 第一伙伴

2003 年与日本丰田汽车公司签定了一汽模具制造有限公司向丰田公司在印度、印度尼西亚、泰国、南非、阿根廷等国的分公司提供模具的合同。

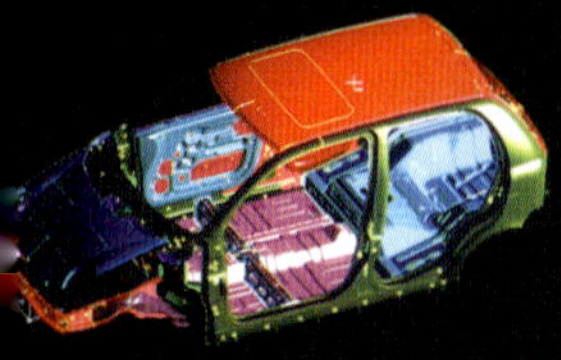
二厢轿车数学模型

三厢轿车数学模型

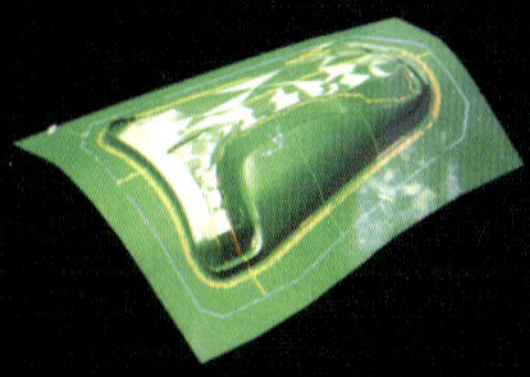
3D DL 图

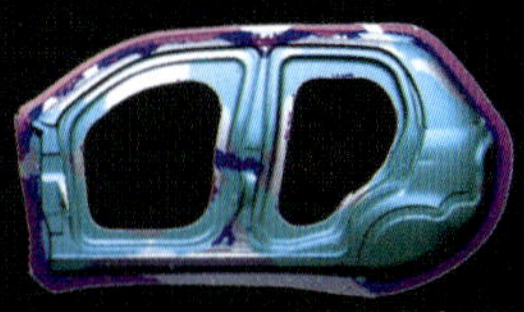
CAE 分析图

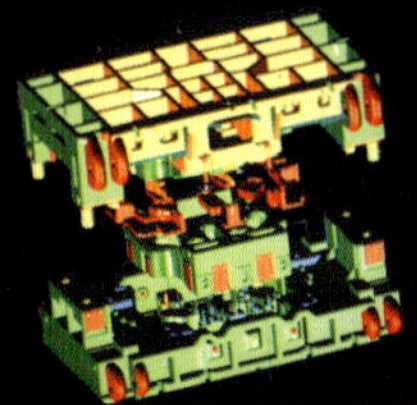
模具结构 实体设计

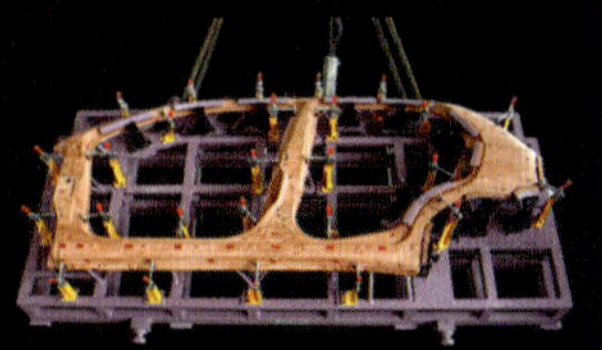
轿车整体侧围检验夹具

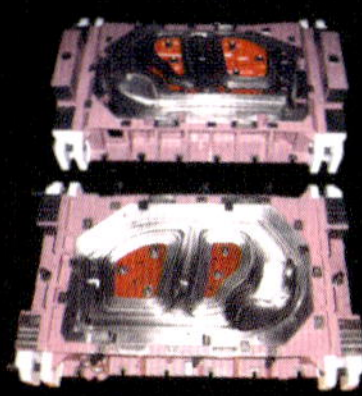
轿车整体侧围拉延模

多工位自动化模具

地址：长春市东风大街 149 号
邮编：130011
电话：(0431)5901462 5905946（市场营销部）
传真：(0431)5905984 5998684（市场营销部）
E-mail：bgs_cz@faw.com.cn
http://www.yqmjgs.com

宁海县第一注塑模具有限公司

MINGFEI

NINGHAI FIRST-RATE INJECTION MOULD CO.,LTD.

企业简介

宁海县第一注塑模具有限公司创建于1984年，专业从事大型、精密塑料模具的设计制造，是中国模具协会会员单位、浙江省高新技术企业。企业占地面积11600m²，建筑面积5800m²，拥有高级工程师2名，工程师11名。

公司在同行中率先步入大型精密模具的制造领域。1987年成功研制双桶洗衣机连体桶注塑模具。国内54cm、64cm彩电塑壳模具和17cm彩显塑壳模具均由该公司制造。

公司拥有先进的CAD/CAM/CAE系统，并建立了局域网络，实现了产品信息数据的互联和高速传递，模具设计制造并行化，模具生产形成了以CAD/CAM/CAE技术集成为基础，以数控加工为主体，普通机械加工为辅的现代制模方式。

公司拥有宁波市级模具工程技术中心，并且引进美国Perceptron激光扫描测量系统，建立了逆向工程实验室，能够为客户开发新产品提供强大的技术支持。

公司通过英国标准协会认证机构的ISO9001质量体系认证。

公司坚持“科技立厂、精益求精、诚信服务”的宗旨，竭诚为您服务。

地址：浙江省宁海县兴宁中路131号
邮编：315600
电话：（0574）65582678　65592092
传真：（0574）65200605
http:// www.chinamold.com
E-mail：mfmould@nbip.net　mfmould@126.com

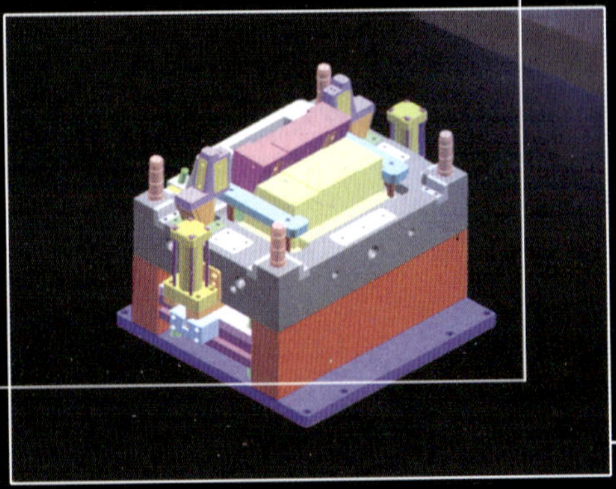

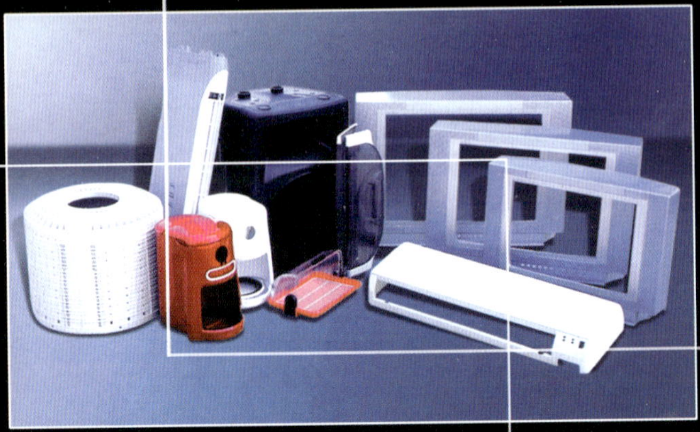

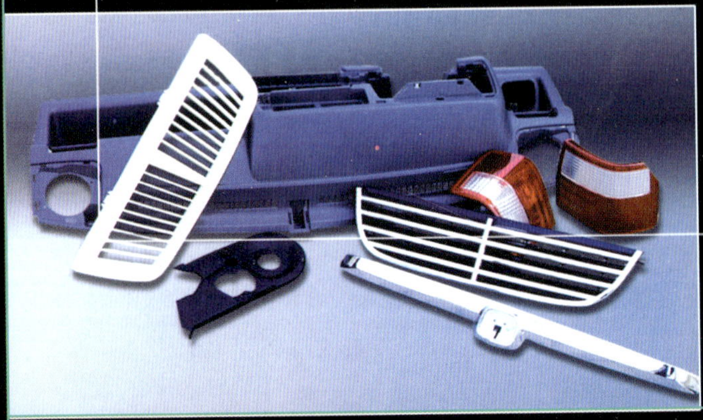

MINGFEI

新的 Xidea® 新的科技集团

广东新的科技集团是一家集科、工、贸于一体的民营高科技企业。主营业务为各类五金冷冲压模具及平直冲压、涂装钣金件。

集团下设模具公司为中国模具工业协会、广东省模具工业协会理事成员单位，属广东省科技部门认定的“广东省高新技术企业”、“模具行业增值税先征后还企业”。公司拥有多台技术领先的电脑数控加工中心及精密量度仪器，综合采用基于数据的模具CAD/CAM集成制造技术，并凭借精深专业技术和工艺及多台进口线割、电火花和慢走丝加工设备来保证加工的效率和精度（目前最高加工精度可达0.001mm，最精测量值达0.001mm），长期为海尔、美的、长虹、华菱、樱花（华南）等多家国内知名企业承造各款空调、微波炉、抽油烟机模具，专业设计、制造各种整体拉伸模、级进模、一般冷冲压模及异型不锈钢冲件模具。并且在2003年初进入汽车钣金冲压件模具设计、制造领域，经过与广州风神汽车、浙江吉利汽车、顺德富华工程机械公司（新日钢）多次亲密合作，实力证明“新的模具”凭借整体模具制造规模和丰富的模具设计开发经验已成为珠江三角地区大型及多元化的现代化模具制造中心。

集团下设真美公司拥有以10台高密龙门冲为主体的400多台（套）冲压设备以及涂装分厂拥有的瑞典设备在内的5条涂装生产线（采用金马全自动涂装和日本正英燃气烘干固化）。强大的钣金件生产和供货保障能力同样吸引并赢得了美的、TCL、日本东洋电机等多家知名品牌的信赖并建立了长期的战略合作伙伴关系。

集团秉承“精益诚信”宗旨，坚持以人为本、科技领先的企业理念，在获得ISO9001质量体系认证的基础上，致力推行现代科学管理体系，不断进行内部创新，积极为客户提供质优价廉的产品。

追求——互动双赢、永远新的！

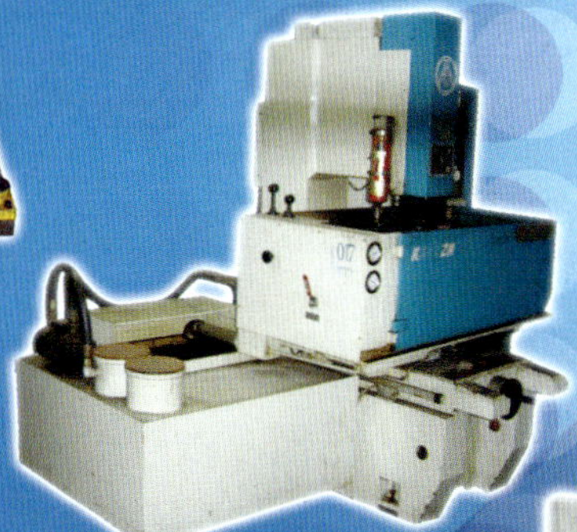

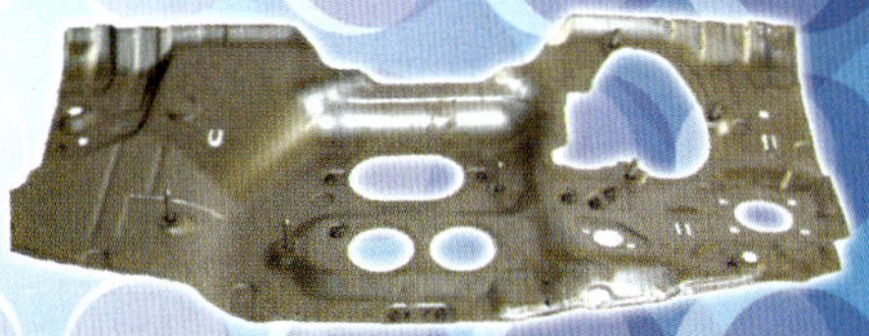

公司名称：顺德市新的模具制造有限公司

地址：广东省佛山市顺德区北滘镇中发西路5号

邮编：528311

电话：(0757) 26671689

传真：(0757) 26671693

联系人：刘勇强

电话：13928295815

http://www.xidea.com.cn

E-mail：lyqcn0518@163.com

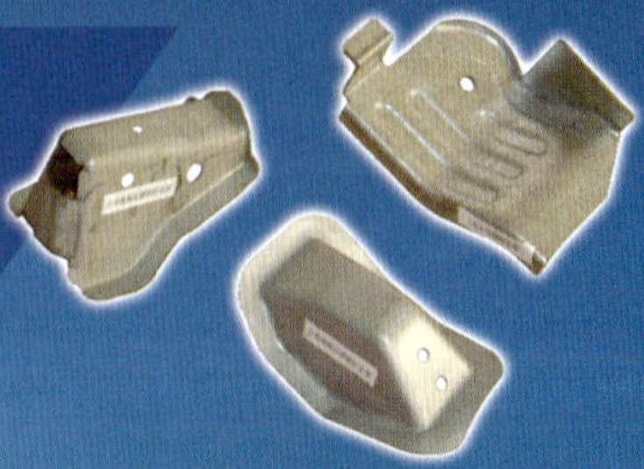

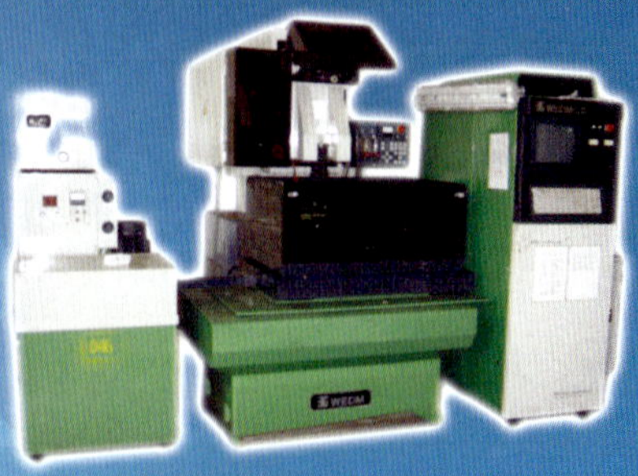

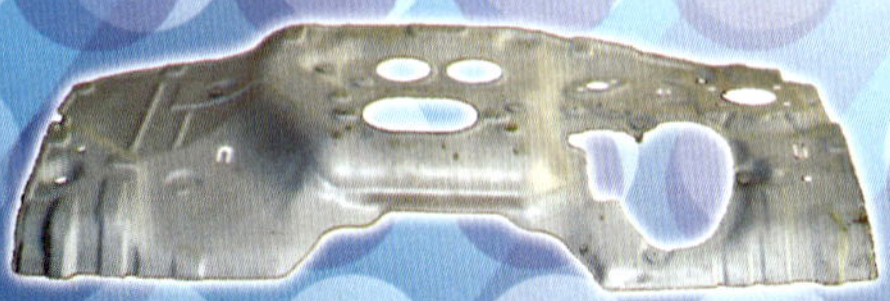

浙江炜驰机械发展有限公司

炜驰 WEICHI

Zhejiang Wei Chi Mechanical Development Co.,Ltd.

浙江炜驰机械发展有限公司拥有厂房面积约25000m²，总资产8000多万元，员工500余名，工程技术人员90余名，专业设计制造各种模具已有十多年的历史。

公司具有一流的生产设备：SM 2000、SM 3000、TH5680等立式加工中心和日本三菱M35K电脉冲、三菱DWC90SB慢走丝线切割等精密机床100多台，100~630t规格齐全的调试设备20多台，以及德国LH108三坐标测量仪等检测设备，高精度设备保证了模具的产品质量。

公司拥有国际水平的CAD/CAM设计系统，一大批技术工人操作数控机床，主要设计制造轿车车身模具、底盘件模具、内饰件骨架模具和锻模等，年产模具1000余副，是上汽集团下属汽车零部件厂的专业定点模具制造商。

公司依靠科技创新和管理创新，获得了一系列殊誉：被评为浙江省高新技术企业、浙江省诚信企业、舟山市质量五星级企业。“炜驰”商标获舟山市著名商标称号。模具产品被列为中华科技精品、中国进入WTO推荐产品。公司已通过ISO9001:2000国际质量体系认证。

公司致力于打造高技术、高附加值先进制造业，打造“炜驰”品牌，以高品质产品和完善服务来赢得广大客户的信赖。

CAD

调试车间

装配车间

加工车间

董事长：董伟国
地址：浙江省舟山329国道临城开发区东段3号
邮编：316021
电话：(0580)3088138
传真：(0580)3096947
http://www.zjwise.com
E-mail:zjwise@mail.zsptt.zj.cn

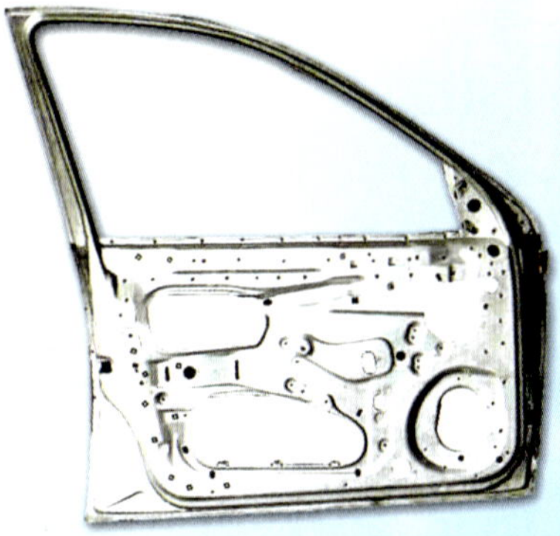

汽车门内板（产品）

车门外板

车门外板凸模

轿车门框

车门外板凹模

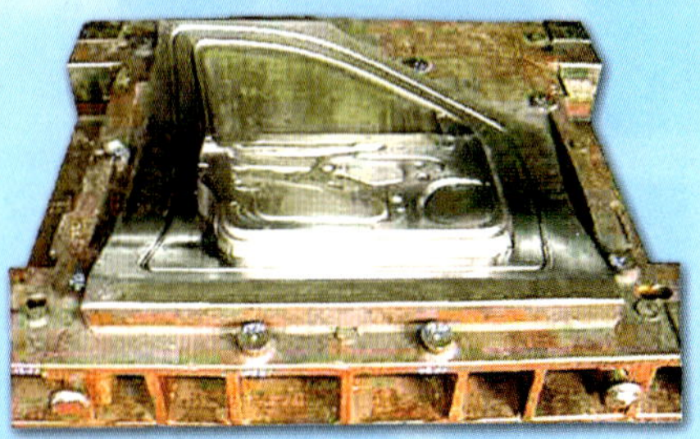

汽车内门板拉延凹模

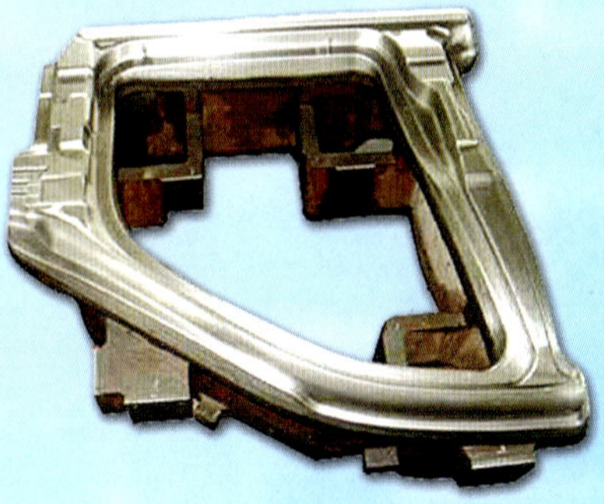

轿车门框拉延模

汽车内门板拉延凸模

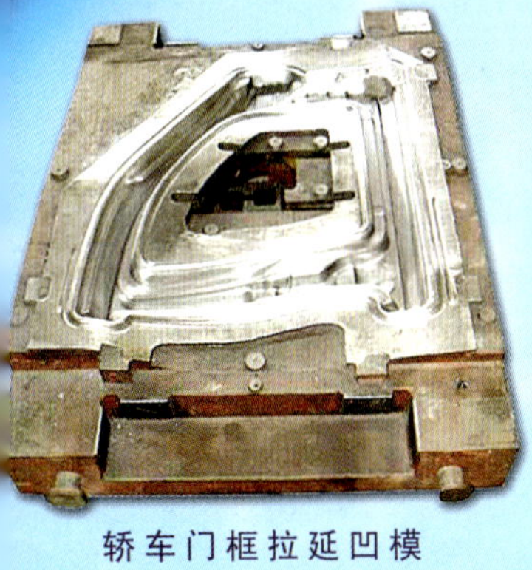

轿车门框拉延凹模

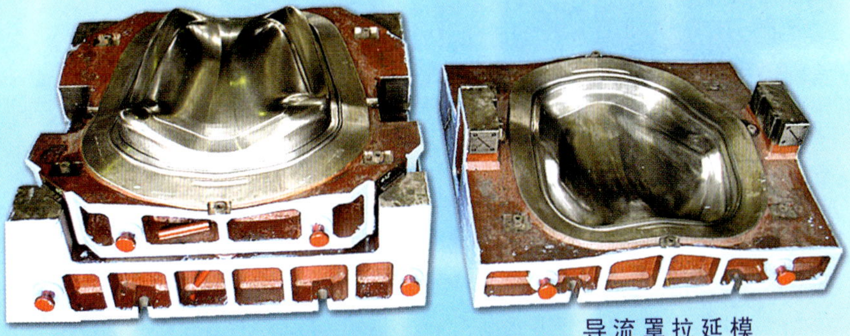

导流罩拉延模

人本 诚信 造先锋精品
标准 创新 求发展共赢

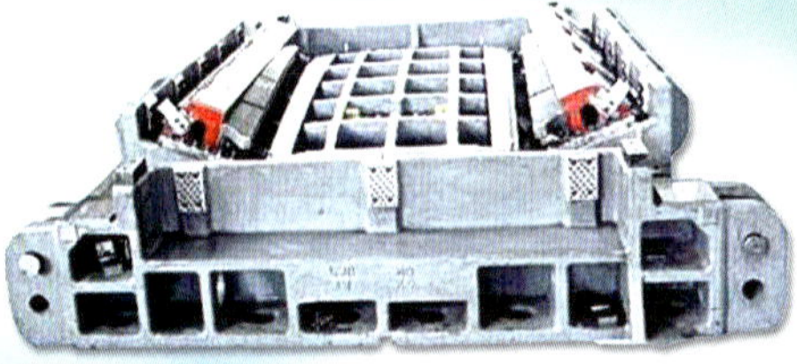

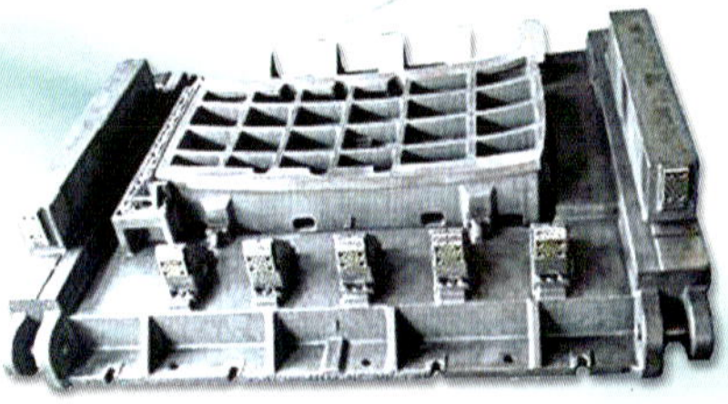

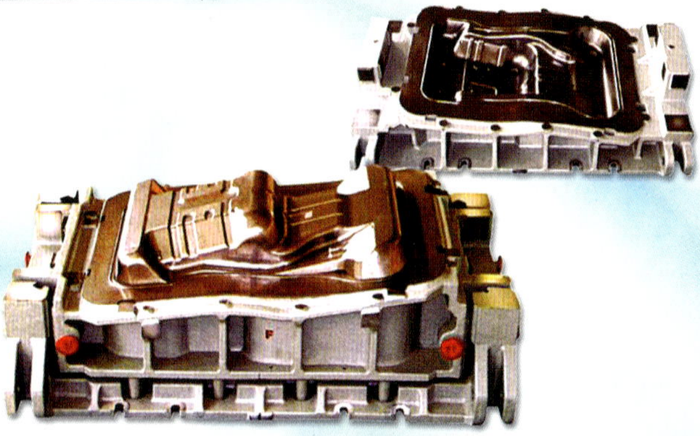

地板拉延模

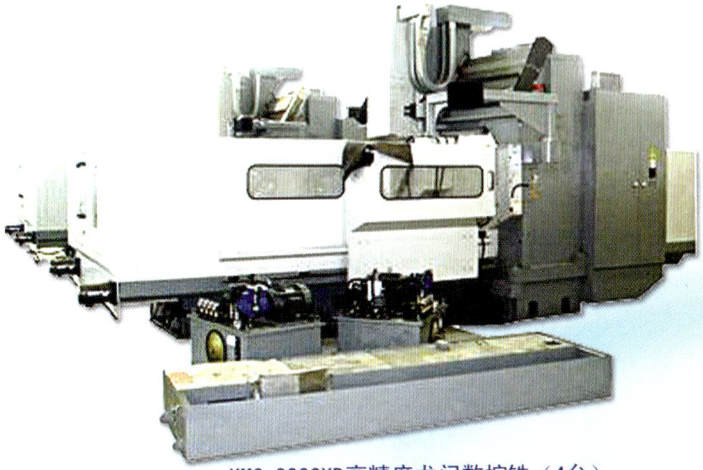

XMC-3000XD高精度龙门数控铣（4台）

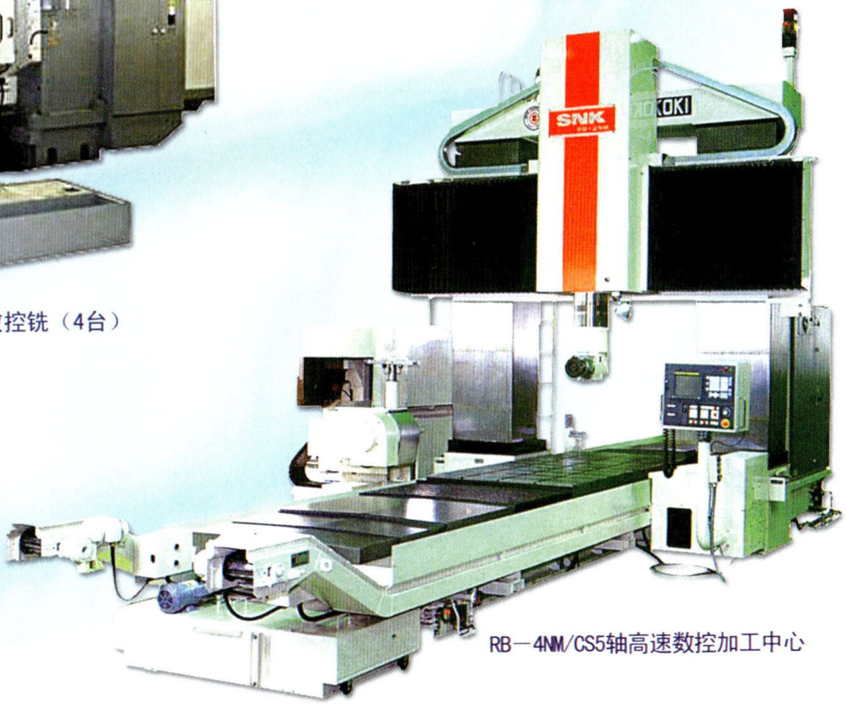

RB—4NM/CS5轴高速数控加工中心

地址:湖北省十堰市高新技术开发区滨河北路6号　邮编：442013　电话：(0719)8301268
传真：(0719)8301278　E—mail:xf@vip.sina.com

江苏振事达实业总公司

振世达模具

模具车间一角

数控铣床工作场景

江苏振事达实业总公司是国内冷冲模具制造的骨干企业，位于历史文化名城——扬州东郊。主要为轿车、工程机械、农用机械、家用电器等行业提供模具和覆盖件制品。公司已通过ISO9001:2000质量体系认证，连续数年评为“AAA”级资信企业。

公司拥有一流的设计人才，一流的加工设备，一流的质量保证体系。现有职工150人，其中专业技术人员35人；厂区面积2万m^2；固定资产2500万元。主要生产设备有大型数控铣床5台，美国星科公司激光扫描仪及测量仪1台，大型调试设备8台。

公司技术力量雄厚，专业承接车型设计，数模建立、模具制造(CAD/CAM/CAE)、工装夹具一条龙服务。

客车前围数模

让车身世界更精彩

激光扫描

模具产品

地址：江苏省江都市丁沟镇振兴东路27号
邮编：225235
电话：(0514)6381888　6381108
传真：(0514)6387777
http://www.zhenshida.com
//www.zmc.cc
E-mail:zsd@zhenshida.com
Zsd@zmc.cc

南京长江机器集团工模具有限公司

THE DIE TOOL CO., LTD OF NAN

由原七二0厂工具处在1998年11月改制而成立的一个具有独立法人资格的公司。目前公司有员工107人，其中大专以上学历41人，从事模具设计和工艺的技术人员18人，技师36人，公司员工是一个具有专业特长的集体。工厂生产面积6000m²，机械加工设备59台，其中进口设备18台，国际一流加工设备12台，能制造高精度、高质量的硬质合金零件及模具。公司现已发展成为我国专业制造大型高精密度、长寿命、高速模具的骨干生产企业。公司生产的零部件精度1μm，最高冲达400spm，模具总寿命1.5亿冲次，公司生产的大型精密硬质合金叠装模替代了进口，为我国模具行业发展做出了重大贡献。目前，公司正在研制、制造引线框架模具。

此外，公司还拥有一间1000m²的高速冲床车间，多台进口高速冲床，1台纵剪机，每月可加工1000t硅钢片。公司力争在今后的几年里成长为我们国家生产的大型精密硬质合金叠装模企业。

日本产 **6GA** 坐标磨床

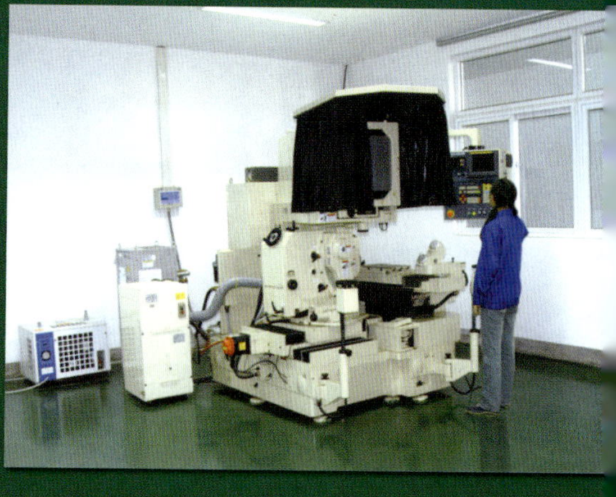

日本产 2500SP 光学曲线磨床

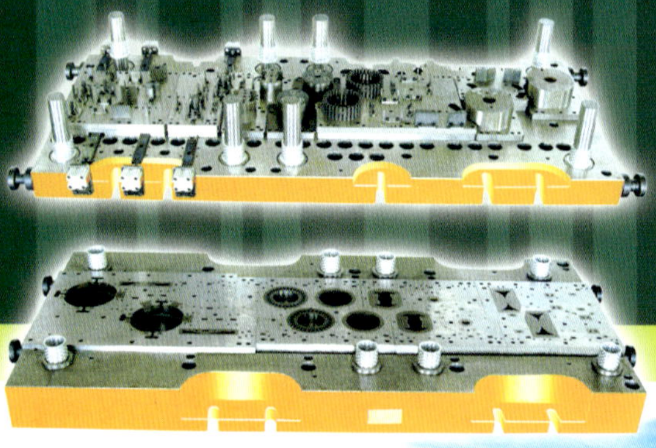

发电机电机铁芯模具

模具技师在装配定转子全
叠铆双排发电机铁芯模具

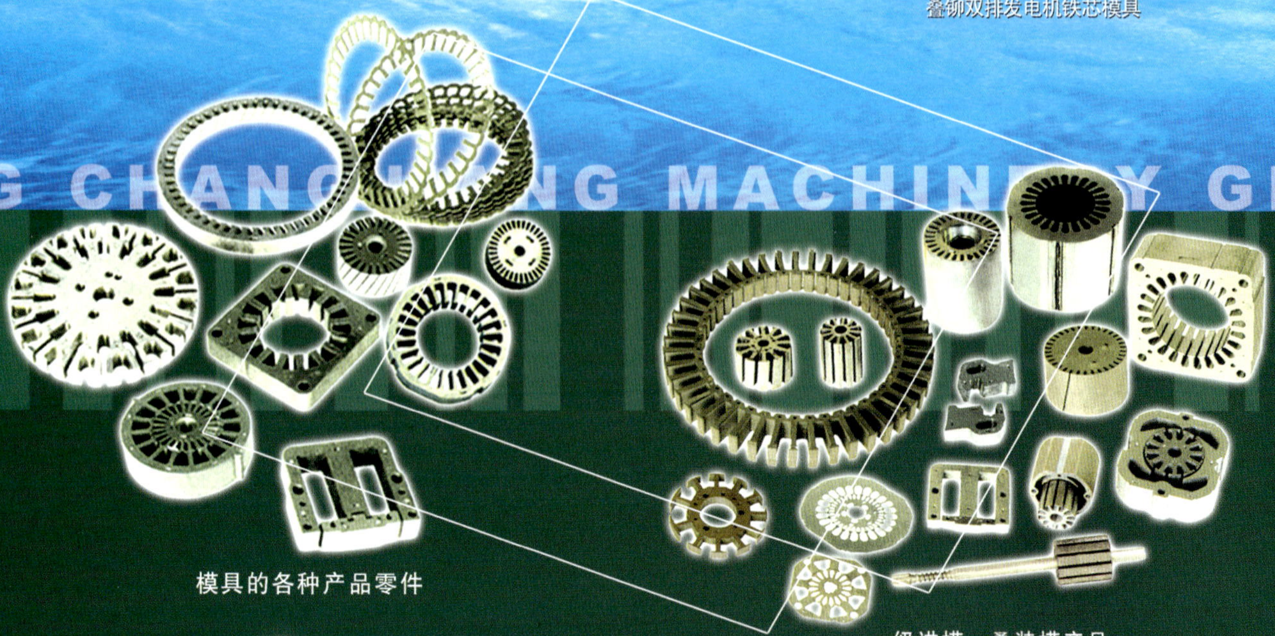

模具的各种产品零件

级进模、叠装模产品

ROBOFIL 2030SI 高精度切割机（双线）

地址：南京市新港开发区恒谊路9号
邮编：210038
开发部电话：(025)85800245
综合办电话：(025)85800246
传真：(025)85800244
E-mail:info@bianfu.com

以雄厚实力 迈向二十一世纪

龙记集团始创于1975年，是由现董事会主席邵铁龙先生和其弟现董事长邵玉龙先生在香港创立。20世纪80年代，由于消费品市场要求不断提高，模具设计复杂，制造交货时间却缩短，对模架及粗成形的需求不断增加，龙记集团把握机遇，进军模架市场。随着经济的发展，龙记集团在不断改良技术及产品以满足客户要求的同时，也察觉到中国工业的迅速发展。

1992年邵氏兄弟在东莞常平镇选地65亩，建立了在国内第一所生产厂房——东莞龙记五金制品有限公司，翻开了龙记集团创业史上崭新的一页。

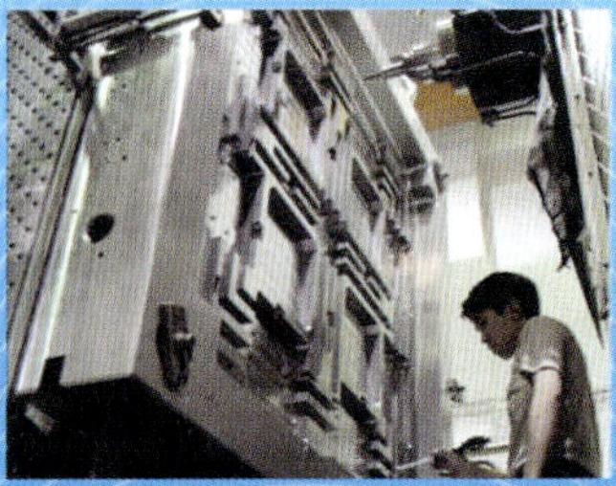

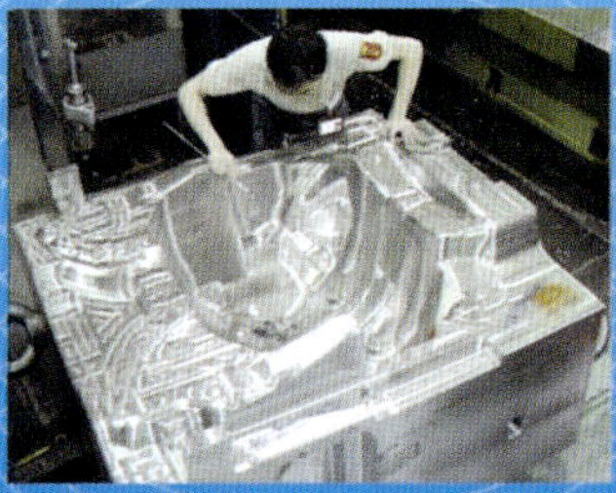

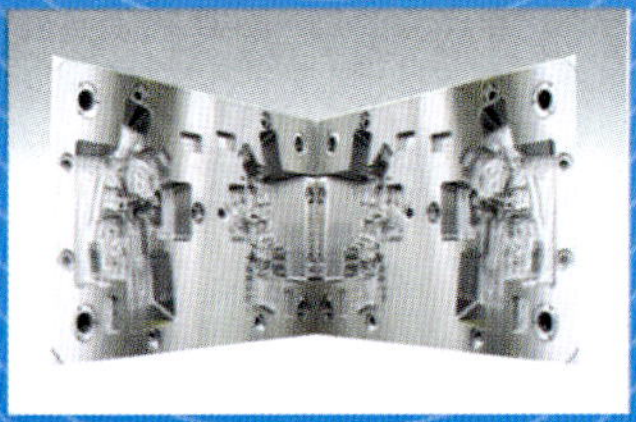

为满足客户配合国际化和多元化的发展，扩大市场领域，龙记集团又先后在日本、马来西亚等地设厂，也开展了模具零配件的生产，并成为日本大同、瑞典一胜百、德国LKM等多国著名优质铜材的代理商。1993年，申请在香港上市，并成为同行业中先期在香港联合交易所上市的公司。龙记制造经销之模架、铜材、模具零配件全面通过国际品质认证，荣获了ISO9002品质认书。为配合华东、华北市场而成立——上海龙记金属制品有限公司。1997年在广东省河源市扩展，兴建占地300亩之厂房，成为集团大型的生产基地——河源龙记金属制品有限公司。

时到今日，龙记集团已成为行业的翘楚，产品行销美国、日本、欧洲、东南亚等多个国家的主要市场，为实现国际化、全球化奠定了稳固的基础。龙记集团全体员工将努力为客户提供最优质的产品及最优秀的服务，以回馈广大客户一贯以来的支持与厚爱。

地址：广东省河源市高博工业区龙记集团
邮编：517000
电话：(0762) 3210502
传真：(0762) 3210501

塑性成形模拟及模具技术国家重点实验室

华中科技大学塑性成形模拟及模具技术实验室是国家在塑性加工领域和模具行业建设的国家重点实验室。实验室以塑性成形模拟（CAE）、模具CAD/CAM、快速成形与快速制模、新型模具材料为主要研究方向。实验室建有材料加工工程重点学科、硕士点、博士点和博士后流动站。

近五年来，实验室先后承担了国家自然科学基金、863计划、国家攻关、省部委重点科研项目、企业委托和国际合作的课题170余项，取得了一批高水平的研究成果，获得国家奖励4项、国际奖励2项、省部级奖励21余项和国家专利24项，为我国模具技术的发展和模具人才的培养作出了贡献。

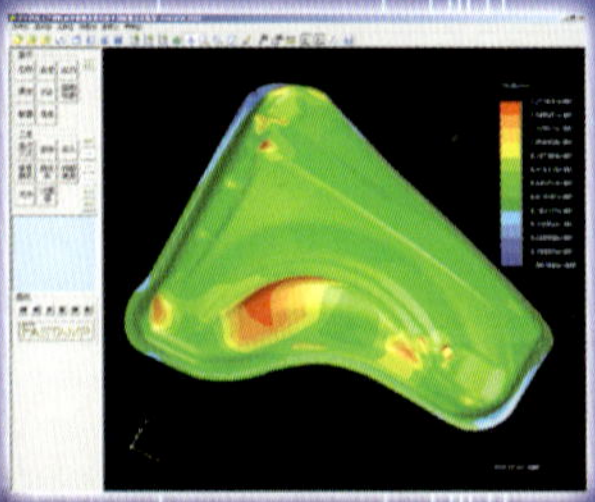

塑性成形过程模拟

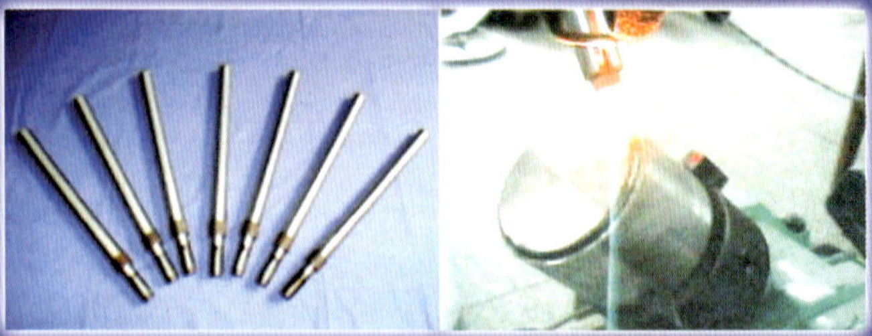

新型模具材料与表面处理技术

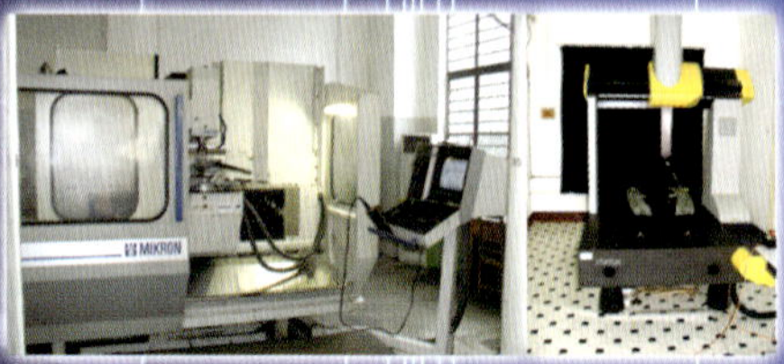

先进的加工与检测设备

模具CAD/CAE/CAM

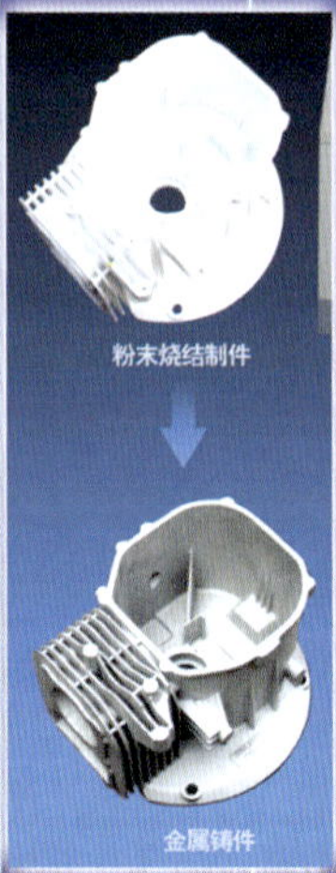

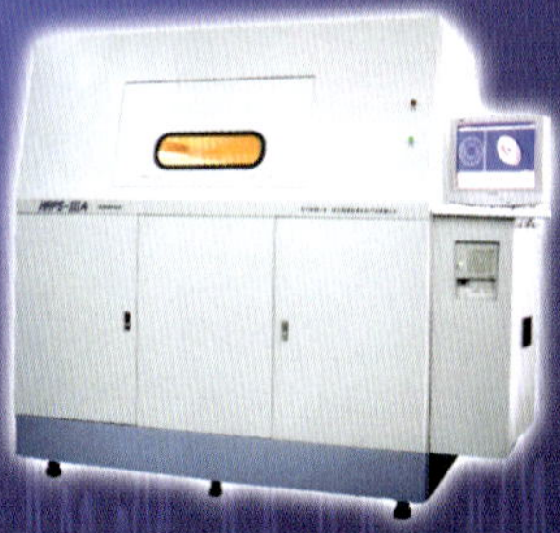

快速成形与快速制模

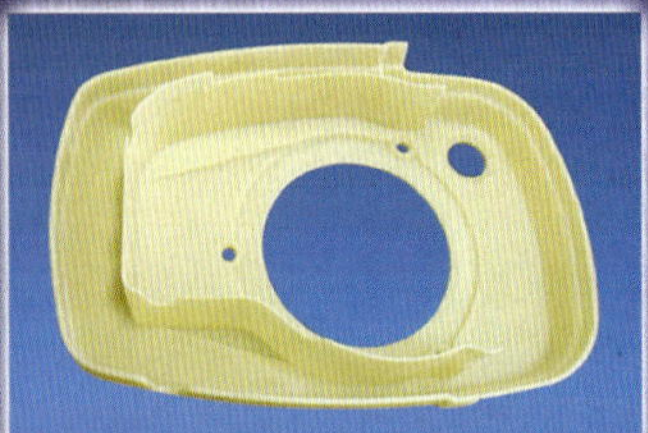

粉末烧结塑料功能件

地址：武汉市华中科技大学东8楼模具技术国家重点实验室
邮编：430074
电话：(027)87543678
传真：(027)87554405
E-mail：pfsdt@hust.edu.cn

天津汽车模具有限公司

天津汽车模具有限公司是经营、设计、制造汽车车身内外覆盖件模具的专业公司，有近四十年的模具制造历史，曾为国内外诸多汽车制造厂家提供服务。

公司装备有先进的CAD/CAM/CAE系统和大型高速五面数控镗铣床、大型三坐标测量机和冲压、调试等配套齐全的汽车模具专用生产设备，应用计算机网络信息技术实现资源共享、快速地进行数据交换和信息传递。

2003年，公司完成了从国营到民营的改制。面对国内外市场的需要，本着做大做强，走专业化、规模化道路的原则，公司正在建设汽车外板模具厂。并以公司为轴心，采取多种形式，辐射带动多个汽车模具协作制造厂，最终实现产能翻一番的目标。以高质量、短周期、低成本的模具和优质服务，让顾客更加满意。

模具设计

数控加工车间

装配调试车间

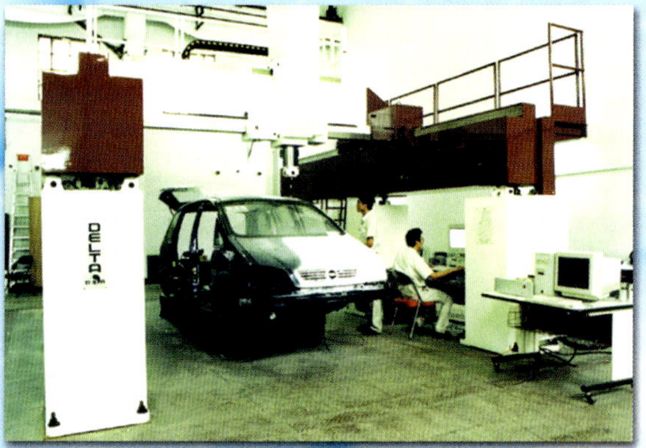

三坐标测量

厂 区

地址：天津市北辰区韩家墅
邮编：300401
http://www.tqm.cn
电话：(022)26957423、26951874
传真：(022)26954694
E-mail:market@tqm.cn

四川成飞集成科技股份有限公司

CITC

四川成飞集成科技股份有限公司成立于2000年，注册资本8041万元，总资产3.2亿元，占地面积36000m²，有员工720余人。公司是以工模具设计、研究和制造为主业，以计算机集成制造技术开发与应用为特征的高科技股份有限公司。主要产品有汽车模具、航空模具、航空装配型架、数控加工零件、航空地面设备等。工模具产品的设计制造技术在国内汽车覆盖件模具和航空工模具行业中位居前列。公司拥有各类设备700余台，其中包括数控铣床、压机、数控磨床、大型三坐标激光扫描测量机在内的先进大中型设备近50台。公司2001年被认定为成都市高新技术企业，并通过了GB/T19001:2000版质量体系认证。

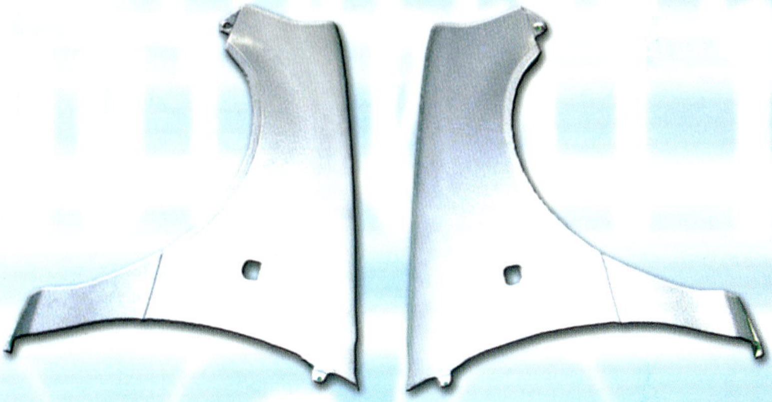

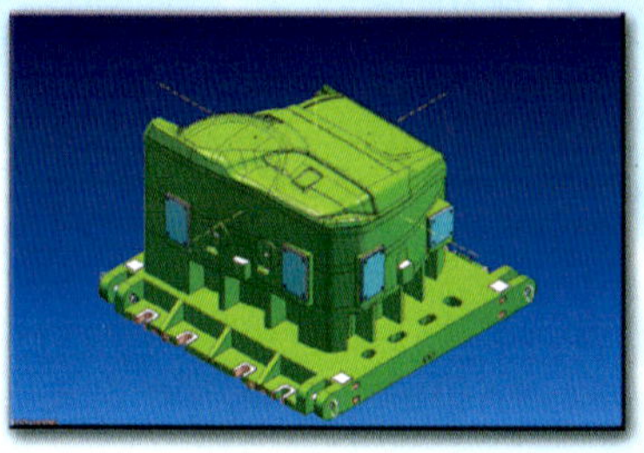

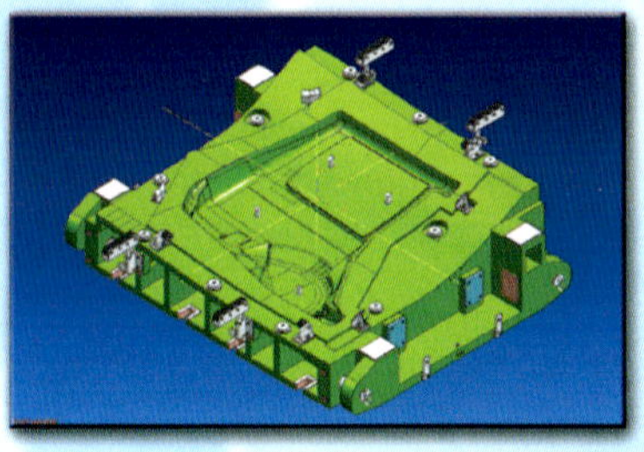

地址：成都市黄田坝
邮编：610092
电话：(028)87406521
传真：(028)87408111
http：//www.cac-citc.com.cn
E-mail：admin@cac-citc.com.cn

宁波双林精密模具有限公司

双林集团 Shuanglin Group

宁波双林精密模具有限公司是宁波双林集团股份有限公司的下属子公司。集团公司是国家高新技术企业，总资产 7.8 亿元，现有分公司 13 个和人才培养基地—高级职业中学 1 所。

集团公司引进国际上先进的网络集成系统，配置了 UG-Ⅱ、pro-e、Cimatron 、HP 等计算机软硬件及模具设计、制造、检测设备和电子产品生产流水线等 360 多台（套）。

模具公司总资产 1.4 亿元，可加工 50kg~25T 的各类注塑、冲压、橡胶、压铸等模具，加工精度可达到 0.003mm，年加工模具能力达 2500 套，产品远销美国、加拿大、日本、韩国、以色列、土耳其等十几个国家。

公司的宗旨：坚持持续改进，满足顾客期望，确保品质第一，开拓全球市场。

公司全体员工真诚愿与广大国内外客户携手合作，共创辉煌的明天！

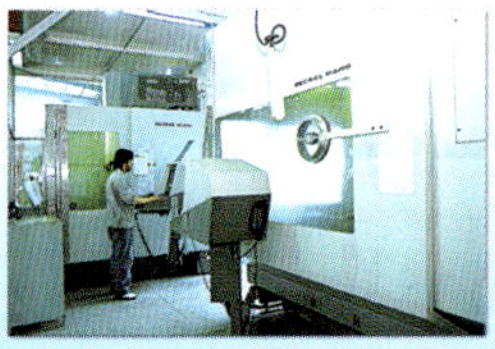

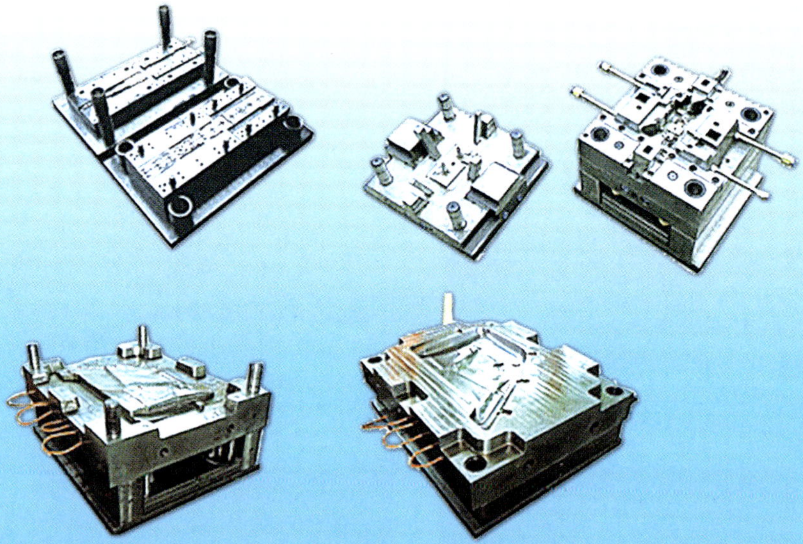

地址：浙江省宁波市宁海西店璜溪口
邮编：315613
电话：（0574）65178888
传真：（0574）65184262
http://www.shuanglin.com
E-mail:sales@shuanglin.com

象山同家铸造模具厂

Xiangshan Tongjia Casting Pattern Factroy

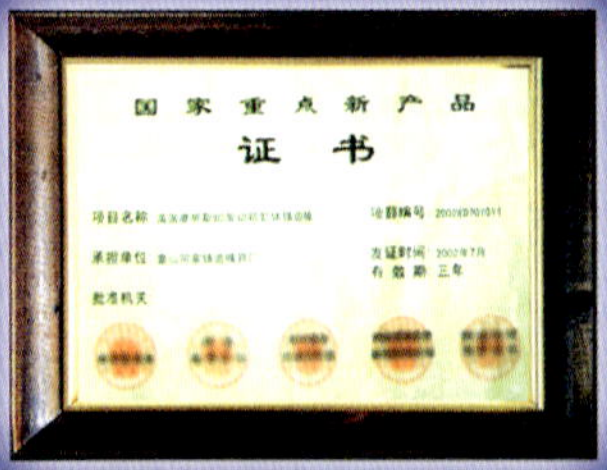

象山同家铸造模具厂是宁波市高新技术企业，采用CAD/CAM技术专业从事汽车发动机成套铸造模具设计、制造，与国内主要汽车厂及发动机厂均有配套业务，现有员工128人，其中中高级工程技术人员28人，固定资产3000万元，已通过ISO9001:2000（E）质量体系认证。

工厂现有数控加工中心7台，其中龙门加工中心3台，三坐标测量仪1台，年生产能力超过4000万元。生产的“TJ”牌模具已达国际先进水平，受到国内外行家好评。美国康明斯6C缸体铸造模具被国家有关部门认定为国家重点新产品。

模具技术开发中心一角

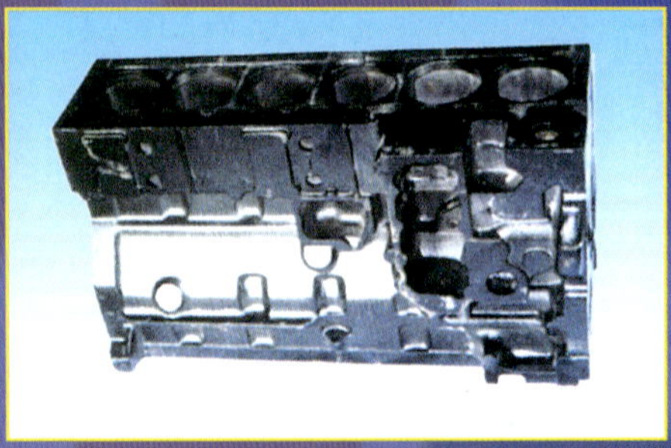
美国康明斯缸体试模后铸件

美国康明斯缸体冷芯盒下模块

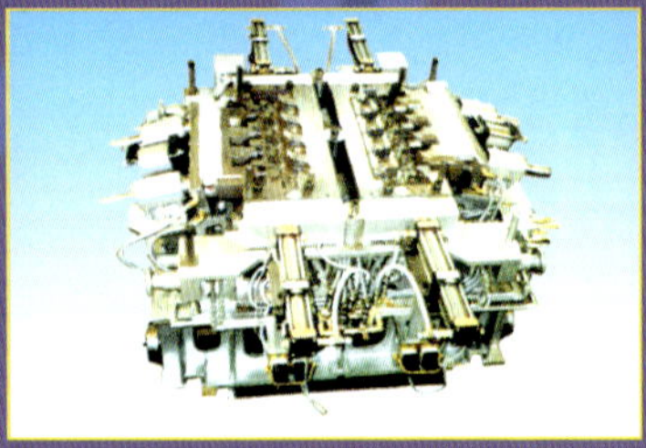
日本五十铃缸盖水套芯全自动射芯机模具

装配中的4JB1缸盖水套热芯盒

法人代表：蔡同家
地址：浙江省象山县丹城东谷路1号
电话：(0574) 65751451
传真：(0574) 65712302
E-mail:xstj@mail.nbptt.zj.cn

加工中心车间一角

http://www.hitachi-metals.co.jp

Materials Mag!c

日立模具钢

世界品牌 超高品质

日立金属株式会的安来工场已有百余年的悠久历史，通过精心筛选各类原材料，秉承传统的制钢技术，不断创新，专业制造品质优良的模具钢。在日本所占市场份额名列前茅，并在国际市场上获得极高评价，皆得益于公司强大的钢材开发能力与品质保证体制以及经验丰富的技术服务体系。

日立的各项同性（ISOTROPY）模具钢可以减少钢材的纵向（压延方向）、横向力学性能的差异，具备各项同性的特征。这种技术思想受到各界模具钢用户的高度评价，已广泛用于所有的日立制钢，对日立模具钢特性的稳定和高寿命化作出了极大的贡献。

日立金属株式会社上海事务所
地址：上海市淮海中路755号新华联大厦东楼21楼B座　　邮编：200020
电话：(021) 64317843　64317847　64318242　　传真：(021) 64318067

日立金属株式会社广州事务所　电话：(020)87553649　87553656　传真：(020)87553650
梅田特殊钢模具（上海）有限公司（日本独资）　电话：(021)69573100　传真：(021)69573104
日富精密工业（上海）有限公司（台湾独资）　电话：(021)54421697　传真：(021)54421465
永大特殊钢制品（昆山）有限公司（台湾独资）　电话：(0512)57667739　传真：(0512)57667855
大连保税区东立机械有限公司　电话：(0411)87324719　传真：(0411)87324721
震坚模具机械（深圳）有限公司（香港独资）　电话：(0755)84138280　传真：(0755)84138295

SMARTSCOPE VIEW ROI

OGP——一个全球非接触式及多元传感测量仪器的领先者，以超前的技术与概念，为您带来全新的测量体验；速度快，1 秒钟可测圆的直径；精度高，可达 0.5μ；能测直径小于 0.05mm 的零件的直径、宽度、圆度、垂直度、平行度、对称性、位置度等；仪器可配置探针、激光及摄像头，3 种感应器在同一坐标系的组合应用能帮助解决最棘手的测量问题；性能优越的高级测量软件及数据分析软件令测量更为得心应手。

- 高精度、高速自动测量系统的典范
- 机械测量精度可达 2.0μ
- 速度快至 200mm/s
- 放大倍数：37~2000 倍
- 测量范围：250mm×150mm×150mm（XYZ）
- Smartscope Zip 系列最大机型的
  测量范围：1250mm×900mm×200mm（XYZ）

SMARTSCOPE ZIP 250

- 快速 · 经济 · 人性化的自动测量系统
- 机械测量精度可达 2.5μ
- 放大倍数：35~400 倍
- 测量范围：200mm×200mm×150mm（XYZ）
- Smartscope Flash 系列最大机型的
  测量范围：1500mm×900mm×200mm（XYZ）

SMARTSCOPE FLASH 200

Optical Gaging products Inc.
A Quality Viaion Intcrnational Company

Technology by QVI

Optical Gaging Products (Shanghai)Co.,Ltd.
奥智品光学仪器（上海）有限公司
上海市外高桥保税区富特北路 358 号 702 室　邮编：200131
电话：86-21-58680872　传真：86-21-58681431
http://www.smartscope.com.cn　E-mail:sales@smartscope.com.cn

北京夏金宇模具科技有限公司

Beijing XiaJinYu Mould Technology & science Ltd. Co.

北京夏金宇模具科技有限公司是在南口机车车辆机械厂工模具分厂基础上进行改制后在科技园区注册的高新技术企业，座落在北京市昌平区南口镇军都山脚下的南口机车车辆厂内，紧邻八达岭高速公路和京张铁路南口站，交通十分便利。

公司现有厂房4800m²，拥有高级工程师、高级技师、20年以上熟练技工共80余人；数控、电加工及精密金属切削机床80余台；拥有设计、制造、加工各类工装、模具、钻卡具、量刃具的生产能力，是铁路机务、车辆系统等各类非标设备的专业工厂。

主要客户及产品：

（1）为瑞典SKF合资公司生产的铁路货车197726型号轴承提供冷墩、热锻全套模具，车、磨等冷加工，热、锻等热加工，组装大修等全套工装、卡具和量具。并为其它AAR系列全套出口铁路货车轴承提供全套模具、工装及钻具、卡具、量具。

（2）为浦镇车辆厂提供铁路客车大曲率滚子加工工装卡具；为台湾省合资企业隆长泰公司、南铁工业公司提供大型轴承保持器冲压模具、工装及卡具。

（3）为北京铁路部门等铁路机务、车辆系统提供试验、组装等非标设备，为钢铁研究院、北京农机院、北京航空航天大学等单位提供非标设备制造及零部件加工业务。

经营理念：稳健经营，高速增长，依靠团队，严格管理，追求一流。

企业精神：以人为本，诚信为根，创新为魂，德法为翼，高效为果。

服务宗旨：工期保证，质量可靠，价格合理，服务到位，合作双赢。

公司愿与各界新老朋友加强合作，共求发展。

各类工装模具零件

进口设备精密易损件

铁路轴承系列成套标准件，用于制造检修轴承过程中各部分相关尺寸的检测。

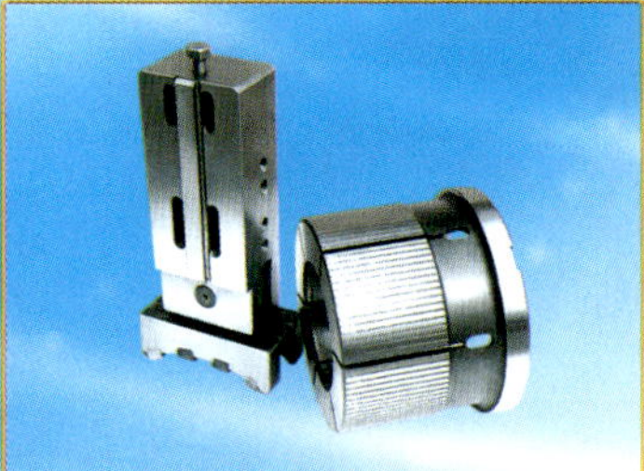
各类工装夹具零件

批量产品零件淬火模具，用于调整零件淬火变形，确保零件各部分精加工余量均匀，符合工艺设计要求。

轴承保持架冲窗孔凹模

地址：北京市昌平区南口镇
邮编：102202
电话：(010)51013130
传真：(010)69785722

即墨市吉泰模具制作公司

即墨市吉泰模具制作公司主要从事汽车冲压模具的设计制作，现有员工 128 人，其中设计、编程及工程技术人员 36 人，拥有先进的技术装备，公司的模具制造加工实现了计算机辅助设计和计算机辅助制造，并配备试模压机多台。在模具制作方面，能保证质量、保证工期，可从模具的设计制作到冲压件的制作完成一条龙式优质服务。近年来，公司已与北汽、天汽模、北汽福田公司、南汽建立了稳定长远的合作关系，赢得了用户的信誉，年模具制造能力达 5000 万元。

公司宗旨：质量第一、用户至上、恪守信誉、竭诚服务。

公司愿与国内外广大用户精诚合作，携手并进，共创美好未来。

机 车 配 件

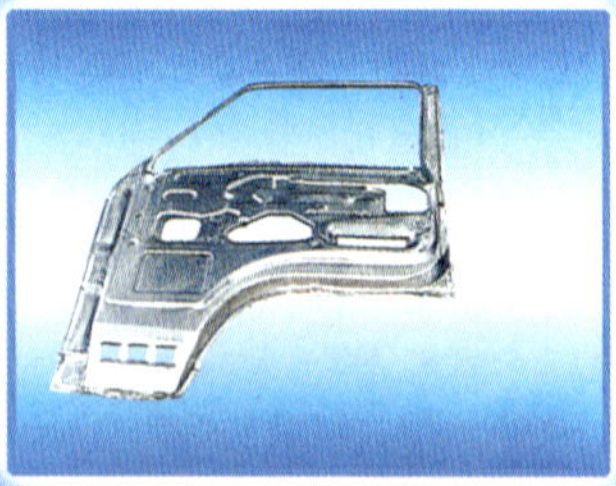

车 门 内 板

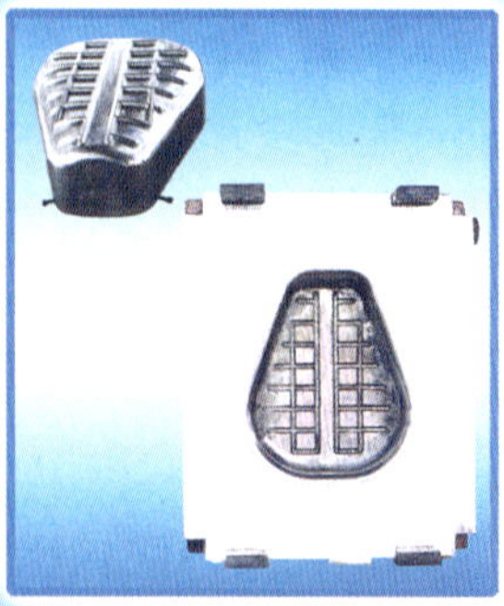

凸 凹 模

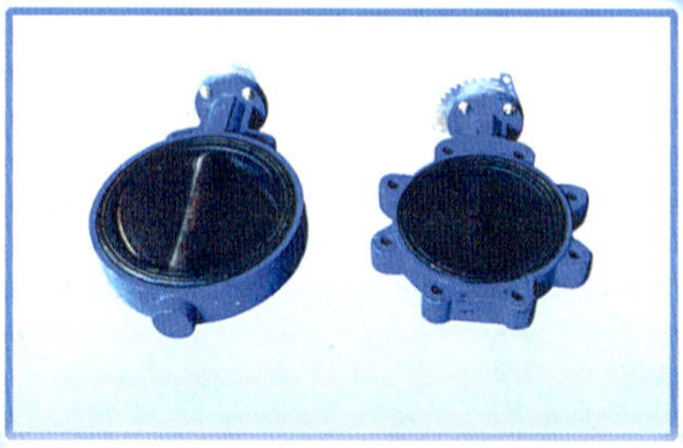

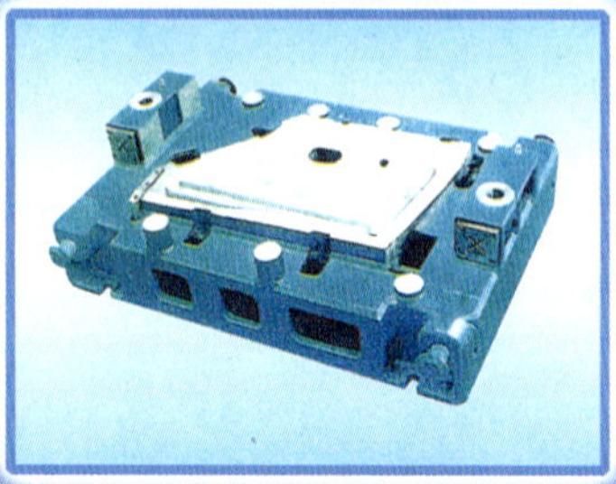

车门内板拉延凸模

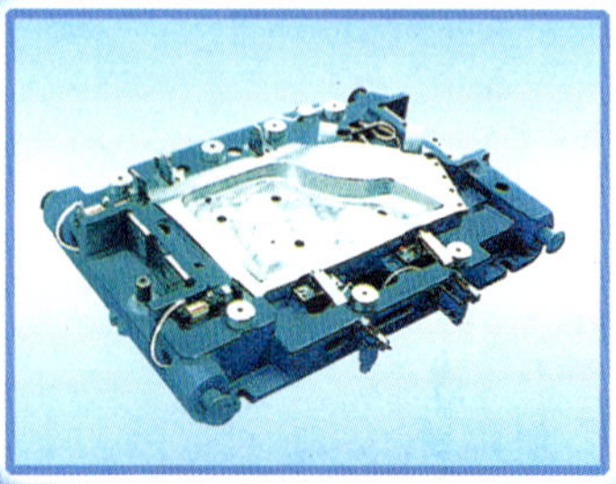

车门内板拉延凹模

出 口 件

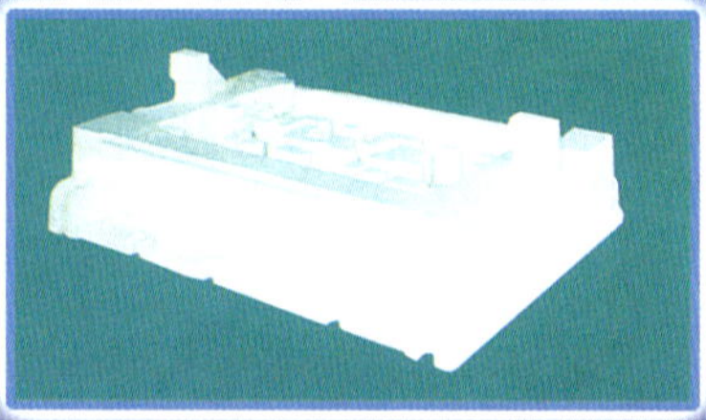

实型铸造模型

实型铸造件

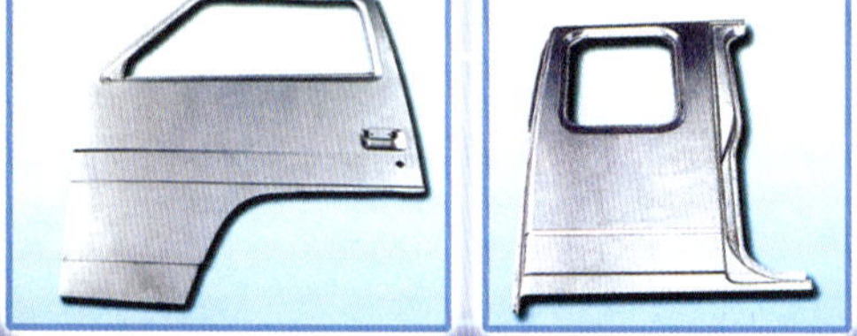

车 门 外 板

地址：山东省即墨市城北四路 199 号
邮编：266221
电话：（0532）7501526
传真：（0532）7502031
E-mail:hljtmhb@126.com

公 司 大 门

烟台汽车模具厂

烟台汽车模具厂是加工制造汽车内外覆盖件、结构件的冲压模具及冲压件的专业厂家，具有多年从事汽车模具设计制造和为汽车制造厂配套服务的经验，是中国模具工业协会的会员单位，2002年通过了ISO9002质量体系认证。

该厂现有职工180人，其中专业工程技术人员42人，固定资产2000万元；用于模具制造的关键设备有数控定梁龙门镗铣床1台，立式数控镗铣床2台，以及国内高精尖的数控切割机、龙门刨床、龙门铣床、坐标镗床和1条年产百万件冲压件的生产线等主要设备48台（套）。

烟台汽车模具厂厂长鞠振宁竭诚欢迎汽车模具用户及汽车模具行业界朋友来厂洽谈业务、莅临指导。

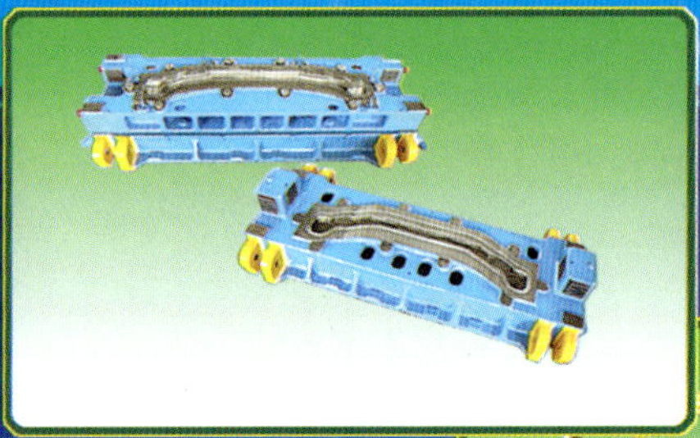

模具产品

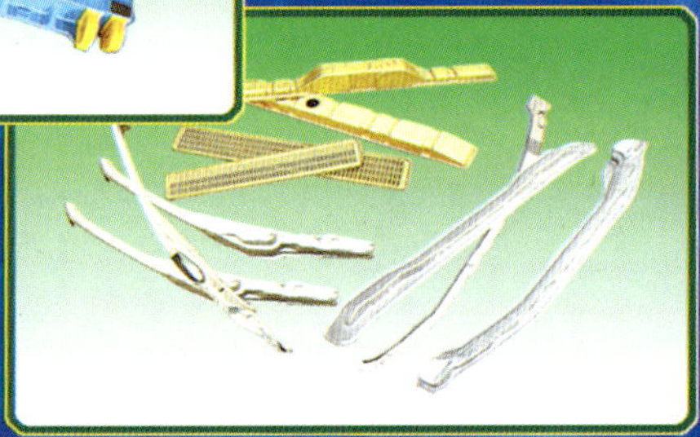

冲压件

立式数控铣 KV800

立式数控铣 TK5680

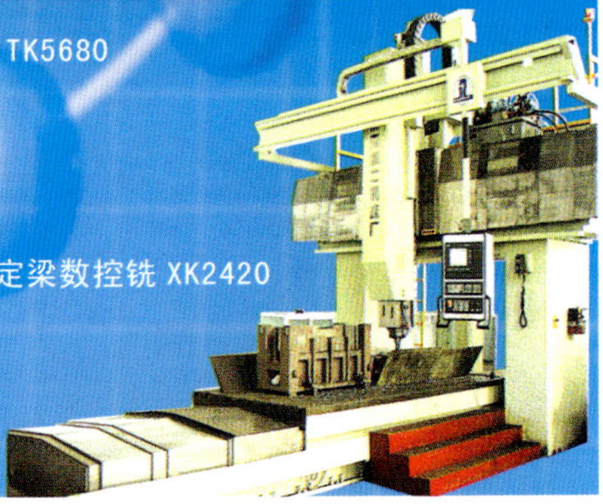

大型龙门定梁数控铣 XK2420

地址：山东省烟台市芝罘区通世路47号
邮编：264000
电话：(0535) 6013089　6013056
传真：(0535) 6014246
http://www.ytqichemoju.com
E-mail：yqm@ytqcmj.sina.net

定州长胜模具制造有限公司

CHANA

定州长胜模具制造有限公司系长安集团一专业模具制造厂，至今已有30多年的模具制造历史，占地面积7000m^2，拥有固定资产2500万元，员工120人，模具设计工程师22人，具有较强的整车建模、造型和模具设计制造能力，从模具设计到制造均采用先进的软件和数控加工设备，有多年生产汽车车身模具的经验，具有开发、加工整车模具的设计制造能力。

数控铣

局部加工

三坐标测量

工厂一角

成品模具

地址：河北省定州市定曲路
邮编：073000
电话：(0312)2354438
传真：(0312)2352426
http://www.csmj.com.cn
E-mail：chshmj@126.com

浙江亚轮塑料模架有限公司

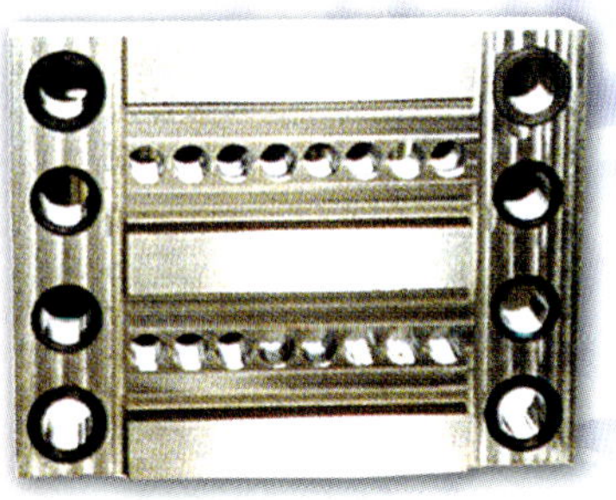

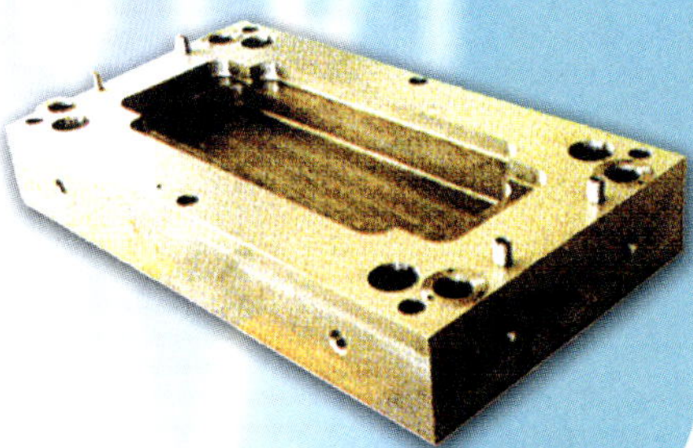

总经理：宋剑波　　手机：13806786411
地址：浙江省金华市工业园区白露街389号
邮编：321016
电话：（0579）2271799、2272582
传真：（0579）2272743
E-mail:zjylmj@163.net

昆山宏顺大型模架有限公司

KUNSHAN HONGSHUN ENORMOUSE MOULD SET CO.,LTD.

昆山宏顺大型模架有限公司座落在江苏省昆山市高科技工业园模具实验区内，是一个专业生产大型注塑模架、大型压铸模架、大型精密冲压钢板模架的骨干企业，专为国内外的机械、电子、仪表、航空、建筑、特别是汽车及压铸行业服务，产品得到用户好评。模架、模板严格按照国家标准生产，也可根据用户的要求非标生产，技术力量雄厚。本公司有多台大型龙门铣床、大型平面磨床、大型钻床及大型带锯开料机，可根据用户的需要本公司进行型腔数控精加工及热处理，做消除应力处理来解决成型后的变形问题。

模架、模板材料采用S48C~S55C、718、P20、B30、SM1、40Cr、42CrMo等，压铸模型腔采用电渣重熔的H13锻压、3Cr2W8V锻件及进口热模钢，冲压模材料采用Cr12、Cr12MoV、P2、CrWMn等。同时可提供各种进口模具用钢。

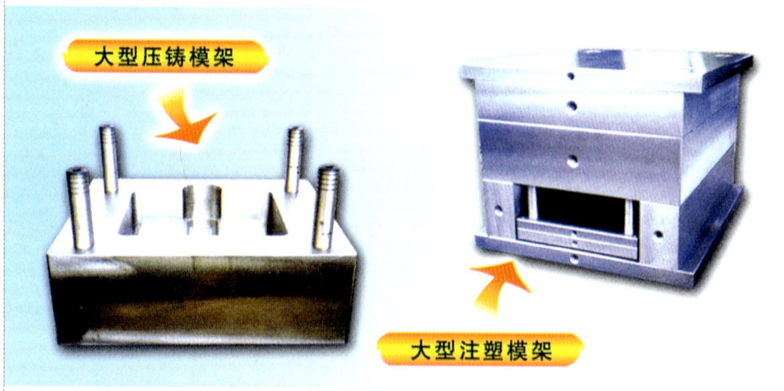

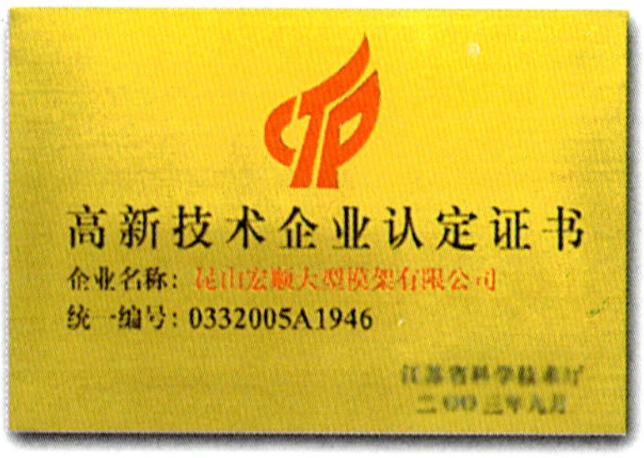

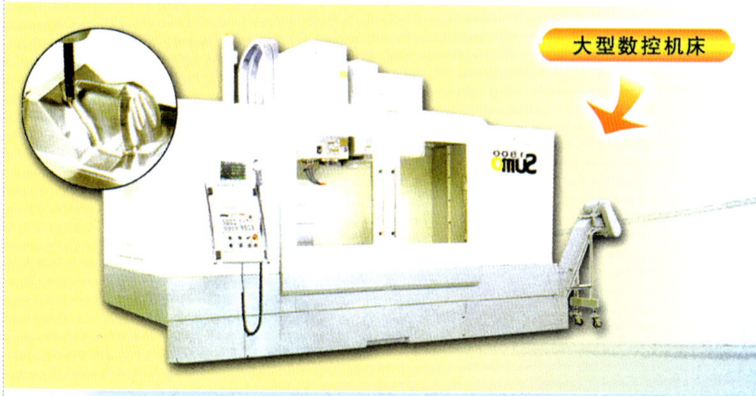

宏顺模架

厂址：江苏省昆山市高科技园区模具区富士康路
邮编：215316
电话：(0512)57799262
传真：(0512)57799263
http://www.hongshunmojia.com

上海电机厂
上海腾飞模具技术开发公司

上海腾飞模具技术开发公司是上海电气集团上海电机厂的全资子公司，是一家专业制造大中型电机和汽轮发电机铁芯冲片等冷冲模具和工装的生产企业，具有五十余年工模具的设计制造经验。公司现有厂房9200m²，现有员工120人，其中中高级技术人员19名，高级技师和技师18名。公司拥有各类加工设备120余台，有瑞士、日本进口的AGIE、沙迪克慢走丝线切割CNC机床数台，美国进口的摩尔G48坐标磨床。公司从产品设计、工艺设计和分析、加工制造的各个环节已全面采用计算机辅助设计/辅助分析/辅助制造和辅助管理及计算机辅助成本核算技术，公司已初步形成面向国内外的市场开发、设计、制造、检测、验证为一体的专业化模具制造企业。

13.5万kW汽轮发电机定子双片冲模(1.9x1.6m)

美国进口**MOOREG48**数控坐标磨床

日本进口的采用直线电机驱动的 **SODICK**慢走丝线切割机床

CAD/CAPP/CAM一体化的办公环境

法人：杨伟民
地址：上海市闵行区江川路555号
邮编：200240
电话：(021)64626936
64638221-3094
传真：(021)64626936

天津众鑫模具标准件有限公司

天津众鑫模具标准件有限公司是由天津汽车模具有限公司分离出来的一个新型的股份有限公司，是自主经营的经济实体，以模具标准件开发、设计和制造为主的专业厂家。全公司现有职工 75 人，有各种加工设备共计 58 台，厂房及办公楼面积 2000m²。

公司有多年汽车模具设计制造经验，具有经验丰富的模具设计人员和技术精良的各类模具专业生产人员，机加工设备齐全。

公司以“质量至上、价格合理、信守合同、追求完美”为宗旨，竭诚为用户服务。

公司主要产品如下（选自日本三协、三柱公司及国家汽车冲模标准）：

一、 各种规格无给油导板，V 形导滑板，外导向导板；

二、 各种规格导柱，无给油导套，无给油铜合金导套；

三、 各种规格的单动、双动折边器、驱动器；

四、 各种规格的凸模、凹模，翻边顶出器，模具标准件；

五、 各种型号的侧冲装置，水平侧冲，吊冲，倾斜式吊、侧冲。

类型代号：吊装式斜楔侧冲 UCMSC 50-05°
吊装式斜楔侧冲机构用于大型冲压模具

类型代号：吊装式斜楔侧冲 SOUK-200X46-50°

类型代号：吊装式斜楔侧冲 SUWB-300-20°

天津众鑫模具标准件有限公司
地址：天津市北辰区韩家墅
邮编：300401
电话：（022）26955300
传真：（022）26953723

哈尔滨龙飞模具制造有限公司

哈尔滨龙飞模具制造有限公司专业从事大型汽车覆盖件模具、注塑模具、压铸模具的设计及制造。公司成立于1993年，占地面积1.7万m^2，生产建筑面积1.06万m^2。现有员工163人，高级工程师4人，工程师8人，技术师以上技术工人29人。

公司装备精良，拥有数控加工中心5台、三坐标测量机1台，双动液压机及其它各类加工设备近50台。从设计到制造整个流程均已应用CAD/CAPP/CAM/CAE技术，已成功地为全国各大型汽车厂家生产各种模具。

公司积累了丰富的模具设计制造的核心技术及经验，一贯秉承“高质量、高标准、精细化、零缺陷”的经营理念，以一流的产品一流的服务为客户创造价值。“创新、改进、制造精品”是公司始终不渝的企业宗旨。

哈尔滨市龙飞公司办公大楼

模具车间鸟瞰图

成品模具摆放区

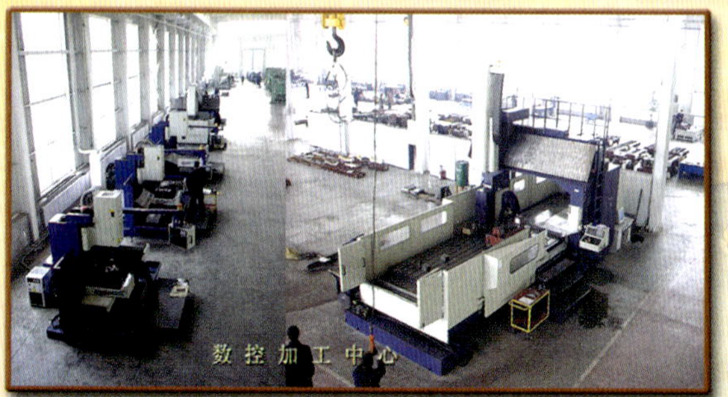
数控加工中心

地址：哈尔滨市平房区龙滨路30号
邮编：150066
电话：（0451）86512690
传真：（0451）86512690

成都宏明双新精密模具零件有限责任公司

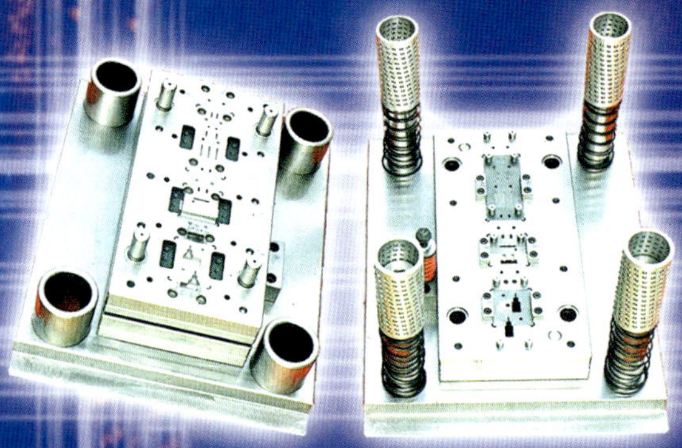

成都宏明双新精密模具零件有限责任公司2000年7月由成都宏明电子股份有限公司和成都双新实业开发有限责任公司合资成立。近年来，经过不断技术改造和创新，利用模具设计开发、制造的优势，发展成为制造精密模具的高新技术企业。

公司先后从瑞士、德国、美国等国家引进了先进的模具制造设备，如瑞士CNC慢走丝线切割机、瑞士CNC电火花机、德国CNC加工中心、美国CNC坐标磨床、瑞士CNC光学曲线磨床、德国NC成形磨床等设备。

公司在积极推行硬件投入的同时，也非常重视强化质量管理，积极推行“5S”管理模式，通过了ISO9001和 QS9000质量认证。公司发展势头良好，产品被列入成都市“三高”模具及零件产业化火炬计划项目，并被成都市认定为高新技术企业。

地　址：成都市青羊区贝森路216号（双新科创园）
邮　编：610091
总　机：（86-28）81705496/81709171
市场部：（86-28）81704181
（86-28）81708950
传　真：（86-28）81709149
天津办事处：（022）25343332
上海办事处：（021）54423642
深圳办事处：（0755）84206606
http：//www.hm-sx.com
E-mail：hs@hm-sx.com
hmmj@shell.scsti.ac.cn

成都航发工具装备公司

ChengDu Aeroengine Tooling Company

成都航发工具装备公司有职工800人，其中技术人员108人。公司硬件主要有美国摩尔公司G48数控坐标磨床、德国BOKO公司WF2/10数控仿型铣床、日本三菱DWC200H数控慢走丝线切割机床、中国台湾协鸿公司HV-708数控铣床、上海XK715F数控铣床、北京AGE公司SF400数控电火花机床，还有数台精密坐标镗床和线切割机。在模具设计和制造中，公司采用了先进的计算机辅助设计和制造技术CAD/CAM/CAE,实现了设计与生产的一体化。

航空模具制造厂生产的模具涉及航空、内燃机车、汽车、摩托车、家电等行业。主要配套厂家有美国GE公司、成都艾特公司、长虹股份公司、重庆庆铃股份公司、嘉陵股份公司、三铃大金、资阳内燃机机车厂等。公司生产的内燃机空气过滤器注塑模和汽车离合器冲切成形模被评为全国优质模具。

负责人：张渝

地址：四川省成都市双桥子

邮编：610067

http://www.china-tool.net

电话：(028)84432149

传真：(028)84432149

E-mail: yhz@china-tool.net

宁海县大鹏模具塑料有限公司

NINGHAI DAPENG MOLD & PLASTIC CO.,LTD.

宁海县大鹏模具塑料有限公司位于经济发达的长江三角洲南翼宁海县城关华山科技园区，地理环境优越，交通便捷。

公司创建于1993年，是集模具设计制造、注塑成型、无尘喷涂、丝网印刷于一体的中国模具骨干企业，宁波市高新技术企业。公司连续3年被评为实力型企业，连续4年为贷款企业资信AAA级和县纳税大户企业。2002年，在全国模具行业总产值及个人产值排名中，分列第33位和第22位。目前，公司有固定资产5000万元，厂房面积25000m²，员工300人，美国高精度三坐标测量仪、德国高速加工中心，日本电火花以及中国台湾双色注塑机等先进设备60余台（套），10万级无尘喷涂流水线3条，微机50余台，耗资400万购买CAD/CAM/CAE等20余套正版软件并建立内外部网络信息体系，完全实现了设计与加工的一体化。

公司擅长设计制造各种高难度，高精度模具，并且质量稳定，在同行业中具有先进水平，可与进口模具水平相媲美。目前，公司的客户有TOYOTA、HONDA、MITSUBISHI、松下电器、上海惠而浦、四川长虹、富士康、小天鹅等，产品深受他们的信赖和好评，并成为其定点协作企业。

公司正全面执行ISO9001和TS16949国际质量体系标准，并已通过ISO9001质量体系认证。同时和日本爱知等公司合作在国外设立了售后服务点，以期更好的服务与合作。

公司愿与大家一道携手并进，共同塑造更加辉煌的明天！

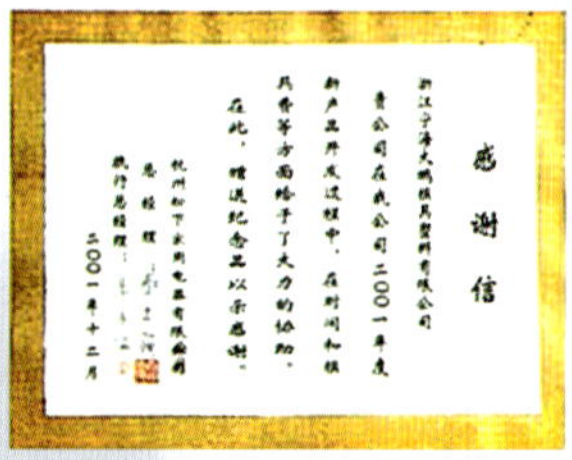

主要客户 MAJOR CUSTOMERS

Panasonic 松下电器 | HONDA 日本本田 | TOYOTA 日本丰田 | MITSUBISHI 三菱汽车 | CHANGHONG 四川长虹 | Whirlpool 惠而浦 | FOXCONN 富士康集团 | 小天鹅

地址：浙江省宁海县城关镇正学东路28号
邮编：315600
电话：(0574)65202878、65593515
传真：(0574)65593618
http://www.dp-ms.com

洛阳轴承集团工模具制造有限公司

工具模制造有限公司是洛阳轴承集团下属的全资子公司，拥有职工人数 500 人，其中工程技术人员 70 人；公司占地面积 10000m²；拥有固定资产 1150 万元。

公司拥有各种冷、热加工设备 380 台，其中进口设备 35 台。公司主要产品有：冷墩模、冷冲模、冷、温挤压模、机车轮毂模、热锻模、淬火模、铝压铸模、塑料、尼龙、橡胶模、装配模、砂轮模等；各类仪器；各类量具；各类夹、辅具；各类电主轴、带轴、工件轴、导轮轴及各类非标（异型）轴承。产品覆盖面大，信誉好，远销广州和深圳，出口日本、韩国等许多国家。

公司在积累丰富生产经验的同时，逐步运用集计算机、图形学、工程分析、模拟仿真、数据库、网络等各种科学技术于一体的的 CAD 技术进行新产品三维模型设计的有限元分析、装配模拟、仿真、加工等的能力。公司的质量体系完全按照 2000 年新版 ISO — 9000 标准体系运行。

公司地处古都洛阳，这里有闻名遐迩的龙门石窟，有佛教圣地白马寺，有供奉着武圣的关帝庙，有钟灵毓秀的伏牛山脉……。本公司热忱欢迎广大客户前来联系业务、洽谈商贸。

地址：河南省洛阳市涧西区建设路 96 号
传真：(0379)4986985　4986679
邮编：471039
E-mail　LYC.gmj@163.com
电话：(0379)4986556　4986985
http：//www.LYC.com.cn

HM®
横河模具

宁波横河模具有限公司始建于1992年，主要从事精密注塑模具的设计制造和塑料制品的成型加工与装配，现有员工300多人，其中专业技术人员60多人。公司占地面积39600m²，标准厂房19500m²。现已通过ISO9001质量体系认证。

公司先后从国外引进高速加工中心、数控电火花机、慢走丝线切割、合模机等先进的模具加工与测试设备60多台，并引进了先进的设计与编程软件。公司年制模能力达到600套以上，拥有50～750t锁模力的注塑机30台。

公司先后为日本东芝、松下、三洋、瑞士GEBERIT、法国VALEO、伊莱克斯等国外知名企业设计制造注塑模具。

为进一步开拓国外市场，公司于2002年筹资4000万元，在上海浦东成立了以成型加工为主的上海科盛模具有限公司。实现了以上海为展示窗口，慈溪为开发、制造基地的资源整合。

公司全景

模具装配

成型车间

CAD部门

宁波横河模具有限公司
地址：浙江省慈溪市横河镇工业园区中兴东路
邮编：315318
E-mail：nhm@china.com
电话：(0574)　63267197　63266685　63267558　63267765
传真：(0574)　63265678
http://www.mouldcenter.com

宁波万隆模塑成型有限公司

NINGBO WANLONG MOULD FORMING CO.,LTD.

宁波万隆模塑成型有限公司是一家集开发、制造、注塑为一体的模具生产企业，主要生产空调、冰箱、家用电器等塑胶模具，与上海三菱公司、广东科龙集团、法国SEB电器公司等中外企业有着长期的合作关系。公司的注塑车间拥有不同吨位的注塑机8台，可满足不同客户的生产需要。公司全体员工热忱欢迎中外客商前来考察、洽谈。

Wanlong

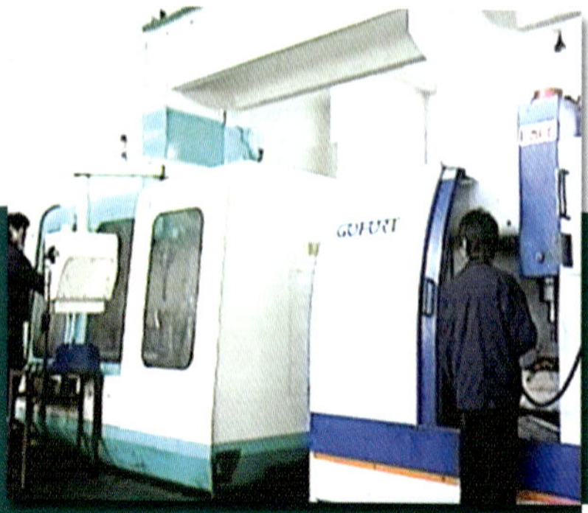

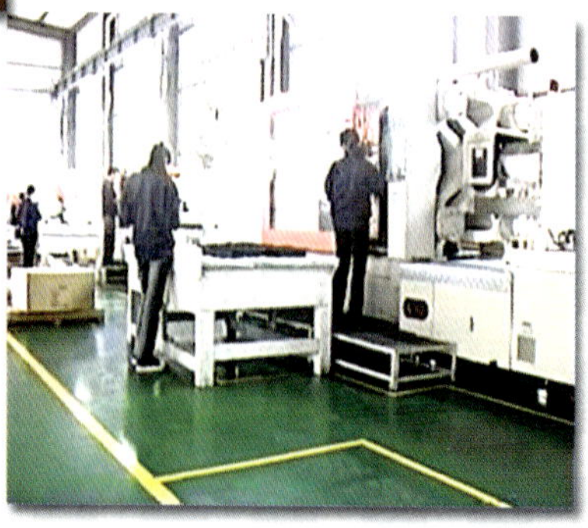

地址：浙江省宁波市北仑区大研科技工业区
邮编：315806
电话：(0574)86108777
传真：(0574)86106222
http://www.china-wanlong.com
E-mail:wanlong@mail.nbptt.zj.cn

中国模具工业年鉴

China Die & Mould Industry Yearbook

2004

综述

中国模具工业全景观

综 述

模具行业“十五”发展规划

“十一五”振兴模具工业的途径与对策

模具工业中长期科技发展规划

模具产业结构现状及合理化趋势

2003年模具工业运行情况

模具质量工作

模具标准化工作

模具行业人才培训工作

模具行业国际合作及交流情况

中国模具工业协会主办的模具展览会20年回眸

中国模具工业发展简史

改革开放以来我国模具工业发展主要成就

模具行业"十五"发展规划

中国模具工业协会

说明 根据国机规〔1999〕169号文《关于编制"十五"行业规划的通知》和机规函字〔1999〕75号《关于编制"十五"机械基础件行业发展规划的通知》,中国模具工业协会按要求负责组织编制模具行业的"十五"发展规划。中国模具工业协会与有关单位商定,由周永泰(中国模具工业协会)、武兵书(北京机电研究所)、李光华(桂林电科所)、经象山(苏州电加工所)4人组成模具行业"十五"规划编制小组。1999年4月,中国模具工业协会向各专业委员会、各地方模协、重点企业和有关科研单位及大专院校,发出了(99)中模秘字第11号《关于编制"十五"模具行业发展规划的通知》,同时开始了调研工作。中国模具工业协会技术委员会、汽车车身模具及装备委员会专门召开了"十五"规划会议和专家论证会,在许多专家共同努力下,撰写了比较系统详细的规划资料。模具材料委员会也提供了部分规划资料。根据各方面的资料及专家座谈会的意见,由周永泰执笔完成了规划的初稿。经有关专家论证后作了修改补充。2000年2月"十五"模具行业发展规划在上报国家有关部门的同时,于第八届国际模展期间发给了各省、市、区地方模协及到会的部分模协领导和模具专家,再次征求意见。根据反馈意见,并结合十五届五中全会关于"十五"规划和机械工业"十五"发展规划纲要的主要精神及国家经贸委的要求,由周永泰再次修改成本修改稿。本规划在原稿基础上作了较大删节,是一个预测性和指导性的规划,可供有关领导部门、中介机构、金融机构及模具企业决策参考。本规划的错误和不足之处,敬请批评指正。

模具是工业生产的基础工艺装备,模具技术已成为衡量一个国家产品制造水平的重要标志之一。模具技术是精密成形技术中的一项关键技术。模具既直接为高新技术产业化服务,又大量采用高新技术,因此模具已是高新技术产业的重要组成部分。由于模具在各行业中应用日益广泛,我国模具总量又供不应求,因此模具已成为许多工业产品发展的"瓶颈"。自1989年3月国务院颁布《关于当前产业政策要点的决定》以来,在国家历次发布的许多文件中,模具一直都是产业政策明确需大力支持和扶植发展的。为此,我们建议国家有关部门在适当时候,选取模具规划中的部分重点,列入重点专项规划之中,以加速我国模具工业的发展。

一、发展模具的重要性

1. 模具是工业生产的基础工艺装备,模具工业是机械工业的重要组成部分

作为工业生产基础工艺装备的模具,以其生产制件所表现的高精度、高复杂程度、高一致性、高生产效率和低耗能耗材,越来越引起国民经济各产业部门的重视。国外将模具比喻为"金钥匙"、"金属加工帝皇"、"进入富裕社会的原动力"。日、美等工业发达国家模具的产值早已超过了机床工业的产值。1997年开始,我国模具工业产值也超过了机床工业的产值。目前,模具技术已成为衡量一个国家产品制造水平的重要标志之一。机械工业是我国国民经济五大支柱产业之一,是十分重要的装备工业。模具工业是其中的一个重要组成部分。

2. 模具工业在国民经济中的重要地位

1989年3月,国务院颁布的《关于当前产业政策要点的决定》中,把模具列为机械工业技术改造序列的第一位,生产和基本建设序列的第二位。1997年和2000年国家计委发布的《当前国家重点鼓励发展的产业、产品和技术目录》和1999年7月科技部发布的《当前国家优先发展的高技术产业化重点领域指南(目录)》中,部分模具及与模具有关的多项高新技术及设备均被列入。模具还是国家鼓励外商投资的领域。这些都说明了我国模具工业在国民经济中的重要地位。

3. 模具工业已成为高新技术产业的重要组成部分

模具工业直接为高新技术产业化服务,模具工业自身又大量采用高新技术,如CAD/CAE/CAM,新工艺、新材料,各类先进制造技术及装备等,模具工业已成为高新技术产业的重要组成部分。高新技术的产业化离不开模具;模具生产技术水平的提高也离不开高新技术的产业化。

4. 模具工业的发展,充分体现了国家可持续发展的战略

模具加工是精密成形工艺的一种,具有低耗能和省材等特点,充分体现了国家可持续发展的战略。

5. 模具工业是无与伦比的"效益放大器"

这不仅体现在模具所形成的最终商品的产值是模具自身产值的上百倍,更体现在高附加值的产品离不开高水平的模具,模具有巨大的技术经济效益。

6. 模具工业的发展将使中小企业获得良性发展

知识经济时代是中小企业空前活跃和迅猛发展的时代,而模具工业的发展是与此相关的中小企业获得良性发展的一个必要条件,浙江民营企业的发展就是一个极具说服力的例证。国家提出"抓大放小"发展中小企业,为模具工业的发展提供了良好的机遇。同时模具工业也是以中小企业为主,适合多种所有制共同发展的产业。

7. 模具工业的发展将有利于扩大出口和提高我国制造业的国际竞争力

在进一步扩大开放的过程中，我国模具工业（包括外资或中外合资模具企业）的发展，将有利于扩大出口和提高我国制造业的国际竞争力。

二、现状与差距

1. 基本情况

我国目前大约有17 000多个模具生产厂点，职工约50多万人，2000年生产模具总产值约280亿元。其中作为商品流通的模具比例逐年提高，1984年为总量的10%左右，2000年约为34%。

我国模具进出口贸易结构不合理。不包括随主机设备作为附件进口的模具，1984～2000年我国模具产品进出口金额见表1。

表1 1984～2000年我国模具产品进出口金额 （单位：万美元）

年份	1984	1986	1988	1990	1992	1994	1995	1996	1997	1998	1999	2000
进口额	2 429	9 037	18 851	21 360	42 000	67 500	81 100	91 799	63 000	66 348	88 274	97 700
出口额	136	196	465	1 452	3 000	3 890	4 941	7 000	9 428	9 591	13 349	17 374

根据近几年情况看，进出口相抵，我国是世界最大的模具进口国。

全国从事模具科研工作的科研单位、大专院校已达到30多个。全国设有模具专科教育的大专院校已达50余个；常州、广州、武汉、沈阳、上海、天津等地的模具培训中心已初具规模。他们在培养模具行业的技术人才方面发挥了重要作用。

2.“九五”计划预计完成情况（2000年指标预测）

模具工业“九五”规划投资40.5亿元，实际完成投资预计将超过60亿元，其中计划外投资占大多数，尤其是外资和私有资金投入比例很大。因此“九五”期间模具工业发展较快，产值年均增速超过13%。同时，技术力量、工艺装备及管理水平得到了较快提高，三资企业尤为突出。

“九五”期间，模具行业不单是能力和产量的提高，最重要的还是产品水平和质量的提高。2000年5月在上海举办的“第八届国际模具技术和设备展览会”上，经专家评议，我国参展模具和模具标准件中就有33项达到了国际水平。由于水平和质量的提高，模具国产化程度也随之提高。如1996年我国共生产模具160亿元，但却进口了9.18亿美元，自给率仅为67.8%，1999年自给率达到了78%。与此同时，模具出口也有较大发展，1995年出口还不到5 000万美元，1999年就已达到1.33亿美元，年递增超过27%。

“九五”期间科研和技术开发成果喜人，每年都有多项成果通过省部级鉴定，有些成果还获得了科技成果奖并逐步产业化，取得了良好的技术经济效益。如大型复杂压铸模具的研制开发、轿车覆盖件冲模及其铸件的生产技术、铝合金压铸工艺及模具CAD技术、精密连杆铸造工艺、模具设计与模具制造成套技术、精密多工位级进冲模设计与制造技术、镜面模具钢和高性能硬质合金模具材料及高温陶瓷材料方面的研究，轿车模具设计制造技术、制模用可加工塑料、部分模具CAD/CAM/CAE技术等都达到了国际90年代水平，并在生产实践中得到了应用，产生了效益。汽车车身模具的实型铸造技术和新型空冷钢的推广应用，对提高汽车覆盖件模具的质量及减少机加工工作量起到了积极作用。

上海交通大学的模具CAD国家工程研究中心、郑州工业大学的橡塑模具国家工程研究中心及北京机电所等一批模具科研单位的建立和充实，壮大了我国模具行业的科研力量。

3. 国内外技术发展趋势

（1）国内模具技术发展及目前水平。近几年来，我国模具技术有了很大发展，模具水平有了较大提高。大型、精密、复杂、高效和长寿命模具又上了新台阶。大型复杂冲模以汽车覆盖件模具为代表，我国主要汽车模具企业，已能生产部分轿车覆盖件模具。体现高水平制造技术的多工位级进模的覆盖面大增，已从电机、电器铁芯片模具，扩大到接插件、电子枪零件、空调器散热片等家电零件模具上。塑模方面，已能生产34in大屏幕彩电和48in背投式电视的塑壳模具、6.5kg大容量洗衣机全套塑料模具及汽车保险杠和整体仪表板等塑料模具。塑料模热流道技术日臻成熟，气体辅助注射技术已开始采用。压铸模方面，已能生产自动扶梯整体梯级压铸模及汽车后轿齿轮箱压铸模等，模具质量、模具寿命明显提高，模具交货期缩短。模具CAD/CAM/CAE技术得到相当广泛地应用，并开发出了有自主版权的模具CAD/CAM/CAE软件。电加工、数控加工对模具制造技术发展发挥了重要作用。部分骨干企业已开始使用高速加工。模具加工机床品种增多，水平明显提高。快速经济制模技术得到了进一步发展，尤其这一领域的高新技术快速原型制造（RPM）技术进展很快，国内有多家已自行开发出达到国际水平的相关设备。模具标准件应用更加广泛，品种有所扩展。优质模具钢的应用有较大进展，但应用面还不够广泛。国产模具钢钢种不全、不成系列，多品种、精料化、制品化等方面尚待解决。近年来，真空热处理有了很大发展。

模具抛光技术引起重视，在机械打磨抛光、超声波抛光、电化学抛光及上述几种方法的复合抛光方面，已开发出专用机械和专用工具，得到较广泛的应用。挤压珩磨抛光已有应用，但面不大。大型高效的抛光专用设备有待开发。

模具花纹的蚀刻技术，工艺水平提高较快，已能制作各类模具的装饰纹，且仿真性越来越好。模具强化技术得到进一步发展，除原来已推广的电火花强化机外，又开发了电刷镀强化设备。

模具修复技术也有了进步，除电刷镀修复模具外，又引进和开发了多种脉冲焊接机，修复效果较好。

模具标准化程度和模具标准件生产水平有了较大提高，但总体来说标准化程度还太低，标准件生产规模还不够大，品种有待发展，质量有待进一步提高。

玻璃模具、陶瓷模具、异型材挤出模具等已达到或接近国际水平，国产化程度较高。

一些骨干模具企业开发能力有了较大提高。他们把模具设计与产品开发相结合，走出了一条自主开发模具的成功之路。

(2)技术发展趋势。当前，我国工业生产的特点是产品品种多、更新快和市场竞争激烈。在这种情况下，用户对模具制造的要求是“交货期短”、“精度高”、“质量好”、“价格低”。模具技术的发展应该与这些要求相适应。

1)在模具设计制造中将全面推广 CAD/CAM/CAE 技术。模具 CAD/CAM/CAE 技术，是模具技术发展的一个重要里程碑。实践证明，模具 CAD/CAM/CAE 技术是模具设计制造的发展方向。现在，全面普及 CAD/CAM/CAE 技术的条件已基本成熟。由于模具 CAD/CAM 技术已发展成为一项比较成熟的共性技术，近年来模具 CAD/CAM 技术的硬件与软件价格已降低到中小企业普遍可以接受的程度。特别是微机的普及应用，更为广大模具企业普及模具 CAD/CAM 技术创造了良好的条件。随着微机软件的发展和进步，技术培训工作也日趋简化。有条件的企业应积极做好模具 CAD/CAM 技术的深化应用工作，即开展企业信息化工程，可从 CAPP→PDM→CIMS→VR，逐步深化和提高。用于模具设计制造的计算机软件，将向智能化、集成化方向发展。

2)快速原型制造(RPM)及相关技术将得到更好的发展。快速原型制造(RPM)技术是美国首先推出的。它是伴随着计算机技术、激光成形技术和新材料技术的发展而产生的，是一种全新的制造技术，是基于新颖的离散/堆积(即材料累加)成形思想，根据零件 CAD 模型，快速自动完成复杂的三维实体(模型)制造。RPM 技术是集精密机械制造、计算机、NC 技术、激光成形技术和材料科学最新发展的高科技技术。

RPM 技术可直接或间接用于模具制造，从模具的概念设计到制造完成，仅为传统加工方法所需时间的 1/3 和成本的 1/4 左右。因此，快速制模技术与快速原型制造技术的结合，将是传统快速制模技术进一步发展的方向。

3)高速铣削加工将得到更广泛的应用。国外近年来发展的高速铣削加工，主轴转速可达40 000～100 000r/min，快速进给速度可达到 30～40m/min，加速度可达 1g，换刀时间可提高到 1～2s。这样就大幅度提高了加工效率，并可获得 $R_a \leq 1\mu m$ 的加工表面粗糙度。另外，还可加工硬度达60HRC的模块，构成了对电火花成形加工的挑战。高速切削加工与传统切削加工相比，还具有温升低、热变形小等优点。目前它已向更高的敏捷化、智能化、集成化方向发展。使用高速铣削，可缩短模具制造周期，降低成本。

4)模具高速扫描及数字化系统将在逆向工程中发挥更大作用。高速扫描机和模具扫模系统，已在我国 200 多个模具厂点得到应用，取得良好效果。该系统提供了从模型或实物扫描到加工出期望的模型所需的诸多功能，大大缩短了模具的研制制造周期。有些快速扫描系统，可快速安装在已有的数控铣床及加工中心上。高速扫描机扫描速度最高可达 3m/min。

由于模具扫描系统已在汽车、摩托车、家电等行业得到成功应用，相信在“十五”期间将发挥更大的作用。逆向工程和并行工程将在今后的模具生产中发挥越来越重要的作用。

5)电火花铣削加工技术将得到发展。电火花铣削加工技术也称为电火花创成加工技术，这是一种替代传统的用成型电极加工型腔的新技术，它是用高速旋转的简单的管状电极作三维或二维轮廓加工(像数控铣一样)，因此不再需要制造复杂的成型电板，这显然是电火花成形加工领域的重大发展。国外已有使用这种技术的机床在模具加工中应用，预计这一技术将得到发展。

6)超精加工和复合加工将得到发展。随着模具向精密化和大型化方向发展，加工精度超过 $1\mu m$ 的超精加工技术和集电、化学、超声波、激光等技术综合在一起的复合加工将得到发展。兼备两种以上工艺特点的复合加工技术在今后的模具制造中将有广阔的应用前景。

7)热流道技术将得到推广。由于采用热流道技术的模具可提高制件的生产率和质量，并能大幅度节省制件的原材料和节约能源，所以广泛应用这项技术是塑料模具的一大变革。国外热流道技术的发展很快，塑料模具已有一半用上了热流道技术，有的厂甚至已达 80%以上，效果十分明显。国内近几年来已开始推广应用，但总体还达不到 10%，个别企业已达到 30%左右。制订热流道元器件的国家标准，积极生产价廉高质量的元器件，是发展热流道技术的关键。

8)气体辅助注射技术和高压注射成形等工艺将进一步发展。气体辅助注射成形是一种塑料成形的新工艺，它具有注射压力低、制品翘曲变形小、表面质量好以及易于成形壁厚差异较大的制品等优点，可在保证产品质量的前提下，大幅度降低成本。国外，已比较成熟，国内目前在汽车和家电行业中正逐步推广使用。气体辅助注射成形包括塑料熔体注射和气体(一般均采用氮气)注射成形两部分，比传统的普通注射工艺有更多的工艺参数需要确定和控制，而且气体辅助注射常用于较复杂的大型制品，模具设计和控制的难度较大，因此，开发气体辅助成形流动分析软件，显得十分重要。

为了确保塑料件精度，将继续研究发展高压注射成形工艺与模具以及注射压缩成型工艺与模具。金属、陶瓷粉末注射成形工艺经过“七五”、“八五”技术攻关，“九五”开始产业化。该工艺适用于制造几何形状复杂、精密及具有特殊要求的小型零件(0.2～200g)，生产效率高，易于实现大批量生产。配合这一工艺的模具将随该工艺的发展而发展。

9)模具液压成形技术将进一步开拓应用。液压成形工艺是模具涨形技术采用的一种工艺手段，过去在皮带轮等类似的产品上得到广泛应用。目前该技术已拓展到汽车行业，在汽车零部件生产中采用。该方法简化了模具结构和减少了副数，克服了在常规成形过程中材料严重变薄的状况，提高了产品质量，大幅度降低了生产成本。

但由于成形工艺的限制，对某些沿纵轴截面弯曲变化大的构件尚不适用。另外，把成形介质(高压油)传输到板材或管件之间的引入问题，解决得尚不很满意。因此有待进一步发展该工艺，在更多领域得到开拓应用。

10)模具标准化程度将不断提高。我国模具标准化程度正在不断提高,估计目前我国模具标准件使用覆盖率已达到35%左右。国外发达国家一般为80%左右。为了适应模具工业发展,模具标准化工作必将加强,模具标准化程度将进一步提高,模具标准件生产和销售也必将得到发展。

11)优质材料及先进表面处理技术将进一步受到重视。在整个模具价格构成中,材料所占比重不大,一般在10%~30%之间。因此选用优质钢材和应用相应的表面处理技术来提高模具的寿命就显得十分必要。对于模具钢来说,要采用电渣重熔工艺,努力提高钢的纯净度、等向性、致密度和均匀性及研制更高性能或具特殊性能的模具钢。另外,模具钢品种规格多样化、产品精料化、制品化,尽量缩短供货时间亦是重要方向。

其他优质模具材料如硬质合金、陶瓷材料、复合材料等的扩大应用,也十分重要。

模具热处理和表面处理是能否充分发挥模具钢材料性能的关键环节。模具热处理的发展方向是采用真空热处理。模具表面处理除完善普及常用的表面处理方法外,应发展气相沉积(TiN、TiC等)、等离子喷涂等技术。

由于铝合金材料重量轻、切削性能好、导热导电率高、焊接性能优良,用它作模具材料可缩短制模周期和降低模具成本,且用于塑料模可有10万次以上寿命。因此用铝合金经高速切削来制作快速经济模具已在世界上得到较为广泛的使用,我国也已开始使用。预计今后将会得到较快发展。

12)模具研磨抛光将向自动化、智能化方向发展。模具表面的光整加工是模具加工中未能很好解决的难题之一。模具表面的质量对模具使用寿命、制件外观质量等方面均有较大的影响。我国目前仍以手工研磨抛光为主,不仅效率低(约占整个模具周期的1/3),且工人劳动强度大,质量不稳定,制约了我国模具加工向更高层次发展。因此,研究抛光的自动化、智能化是重要的发展趋势。日本已研制出数控研磨机,可实现三维曲面模具的自动化研磨抛光。另外,由于模具型腔形状复杂,任何一种研磨抛光方法都有一定局限性。应注意发展特种研磨与抛光方法,如挤压研磨、电化学抛光、超声抛光以及复合抛光工艺与装备,以提高模具表面质量。

13)模具自动加工系统的研制和发展。随着各种新技术的迅速发展,国外已出现了模具自动加工系统。这也是我国长远发展的目标。模具自动加工系统应有如下特征:多台机床合理组合;配有随行定位夹具或定位盘;有完整的机具、刀具数控库;有完整的数控柔性同步系统;有质量监测控制系统。

14)虚拟技术将得到发展。计算机和网络的发展正使虚拟技术成为可能。虚拟技术可以形成虚拟空间环境,实现虚拟合作设计、制造,合作研究开发,及至建立虚拟企业。"九五"期间模具行业对此已开始探索,"十五"期间应有所发展。

15)随着汽车朝着轻量化、高速、舒适、风格化发展,汽车车身模具一方面要适应新型车身制造材料(如铝合金、塑料等),另一方面要向着大型化、复杂化和高精度方向发展

为了更好的与车身生产相结合,模具生产部门除了模具设计制造外,还必须同时搞好开发、协调车身设计、样车制造、工艺设计等各个环节。因此要求企业有较高的整体素质和综合水平。

4. 主要差距

(1)产需矛盾。工业发展水平的不断提高,工业产品更新速度加快,对模具的要求越来越高。尽管改革开放以来,模具工业有了较大发展,但无论是数量还是质量仍满足不了国内市场的需要,目前满足率只能达到70%左右。造成产需矛盾突出的原因,一是专业化、标准化程度低,除少量标准件外购外,大部分工作量均需模具厂去完成。加上企业管理和体制上的约束,造成模具制造周期长,不能适应市场要求。二是设计和制造工艺技术落后,如模具CAD/CAM技术采用不普遍,加工设备数控化率低等,亦造成模具生产技术水平不高,生产周期长。目前,模具工业已成为国民经济各行业发展的"瓶颈"。

(2)产品结构、企业结构等方面。模具按国家标准分为十大类,其中冲压模、塑料模占模具用量的主要部分。按产值统计,我国目前冲压模约占50%,塑料模约占34%。国外先进国家对发展塑料模很重视,塑料模比例一般占40%左右。国内模具中,大型、精密、复杂、长寿命模具比例低,约占25%左右,国外为50%以上。我国模具企业结构不合理,模具生产能力主要集中在各主机厂的模具分厂(或车间),模具自产自配比例高达60%~70%,模具商品化率低。国外,70%以上是商品模具。即使是专业模具厂,我国也大多数是"大而全""小而全",而国外大多是"小而专""小而精",生产效率和经济效益俱佳。

(3)产品水平。衡量模具产品水平,主要有模具的制造精度和表面粗糙度,模具的复杂程度,模具的使用寿命和制造周期等。国内外模具产品水平仍有很大差距。详见表2、表3、表4、表5。

(4)工艺装备水平。我国机床工具行业已可提供成套的高精度加工设备,但在加工和定位精度,加工表面粗糙度,机床刚性、稳定性、可靠性,刀具和附件的配套性及精度保持性等方面,和国外相比,仍有较大差距。虽然国内许多企业也引进了不少国外先进设备,但总的装备水平仍比国外企业落后许多,设备数控率和CAD/CAM应用覆盖面都低得多,且设备不配套、利用率低现象十分严重。

(5)开发能力及经济效益等方面。国外模具企业技术人员比例很高,多数企业在25%以上,有些在50%以上。有些企业往往是大多数职工可在技术与生产岗位上互换,具有很高素质,加之企业对产品开发很重视,经常与产品厂一起共同开发产品和模具,因此有很强的开发能力。我国模具企业技术人员比例"九五"期间有较大幅度提高,但仍偏低,多数企业在10%~15%之间,且只注重模具开发,不重视产品开发,因此综合开发能力很低,在市场上常处于被动地位。

经济效益方面,国外工业发达国家每个模具职工年均创造模具产值15~20万美元,而我国只有4~5万元。国外

模具企业大都有一定利润，而我国模具企业大都是微利甚至亏损。除了上述各方面差距之外，管理上的差距所带来的问题更为严重。利用计算机进行科学管理在国外企业中已十分广泛，而国内还很少采用。

表 2 模具制造精度

国外先进水平	国内水平
1. 塑料模型腔精度	
0.005 ~ 0.01mm; R_a0.10 ~ 0.05μm(▽11 ~ ▽12)	0.02 ~ 0.05mm R_a0.20μm(▽10)
2. 压铸模型腔精度	
0.01 ~ 0.03mm; R_a0.20 ~ 0.10μm(▽10 ~ ▽11)	0.02 ~ 0.05mm R_a0.40μm(▽9)
3. 冷冲模尺寸精度	
0.003 ~ 0.005mm; R_a0.20μm 以下(▽10 以上)	0.01 ~ 0.02mm R_a1.60 ~ 0.80μm (▽7 ~ ▽8)
4. 锻模精度	
0.01 ~ 0.03mm; R_a0.40μm 以下(▽9 以上)	0.05 ~ 0.10mm R_a1.60μm(▽7)
5. 级进模步距精度	
0.002 ~ 0.005mm	0.003 ~ 0.01mm

表 3 模具生产周期

国外先进水平	国内水平
1. 中型压铸模 1 ~ 2 个月	3 ~ 6 个月
2. 中型塑料模 1 个月左右	2 ~ 4 个月
3. 高精度级进模(较复杂)3 ~ 4 个月	4 ~ 6 个月
4. 汽车覆盖件模具 6 ~ 7 个月	1 年左右

表 4 模具寿命

国外先进水平	国内水平
1. 压铸模：锌锡压铸模 100 ~ 300 万次	20 ~ 30 万次
铝压铸模 100 万次	20 万次
铜压铸模 10 万次	1 万次
黑色金属压铸模 1 ~ 2 万次	1 500 次
2. 塑料模：非淬火钢模 10 ~ 60 万次	10 ~ 30 万次
淬火钢模 200 ~ 500 万次	50 ~ 100 万次
3. 冷冲模：合金钢冲模总寿命 500 ~ 1 000万次	100 ~ 400 万次
硬质合金冲模总寿命 2 ~ 4 亿次	1 ~ 2 亿次
500 ~ 1 000 万次/刃磨一次	100 ~ 300 万次/刃磨一次
4. 锻模：普通锻模 2.5 万次	1 万次左右
精锻模 1 ~ 1.5 万次	0.5 ~ 1 万次
5. 玻璃模：30 ~ 60 万次	10 ~ 30 万次

表 5 汽车覆盖件模具

项目	国内水平	国外先进水平
依据	大量依据主模型或实物样件，数据和要求不明确，不协调	大量依据为数学模型、磁带、数据表。要求明确，协调
设计	设计方式以采用传统设计计算为主，效率低，多以二维设计为主，少数采用 CAD 设计，设计标准化和开发应用能力和水平低	采用 CAD 设计超过 75%，自动绘图，精确度高，计算数据可靠，效率高。具有较强的设计数据库，理论、实践经验丰富
铸件	广泛应用 FMC 铸造毛坯，但实型铸造模型材料质量不过关、模型加工、检测手段落后，铸造余量大(8 ~ 16mm)	采用 FMC 铸造毛坯，模型采用高速数控铣加工，余量小，仅 6 ~ 8mm，铸造采用微机控制系统，铸造组织细密
制造	采用 CAM 技术，但量少，普及率低，应用水平不平衡；加工方式以数控和仿形并存，少数采用高速切削技术，引进数控设备不配套，仍有部分采用普通机床分工序加工，效率低，精度差，余量大，钳工研修量大	普遍采用 CAM 技术和数控及高速加工设备，一次装夹完成多工序加工，效率高，精度高，钳工研修量很小，实现计算机从开发、设计、制造，到经营一体化工程
研修调试	钳工研修大量采用国产研配设备，性能差，精度低，存在大量机外研修，人工劳动强度大，调试及配套设备不足，装模量大，周期长	大量采用研配压力机或研配系统机床，有翻转移出数显功能，平行度和复位精度高可达 0.02mm，可一次性冲调试完毕
检测	通用测量手段，精度低，型面采用立体依据测量。少量采用三坐标测量机对模具的特殊位置进行自动测量	采用三坐标测量机和与 CAD/CAM 系统联机测量技术，对检测数据与 CAD/CAM 数据自动进行分析、计算、读出制造误差，计算机控制、显示、打印、准确可靠
标准件	汽车车身模具标准未能向国际靠拢，尚未建立和完善多种典型模具结构和工艺，尚未形成行业标准件计算机销售网，模具标准件生产厂点少、规模小，供货周期长，商品品种不全	汽车车身模具标准件供货渠道通畅，商品化程度高，品种齐全

5. 产生差距的主要原因

(1)国家对模具行业缺乏有力的政策支持。虽然有了正确的产业政策，但缺少相应的配套政策支持，使产业政策不能很好落实。目前主要问题之一是模具厂税负过重。享受增值税部分返还企业全国只有 88 家，面太窄，作用有限。

(2)未按市场经济规律进行模具行业技术改造。原来按计划经济模式进行技术改造的模具厂点，许多未能取得预期效果。一方面由于资金不足等原因，使统筹规划没有完全实现，大部分模具厂的装备水平仍较落后；另一方面技术改造内容不配套，如关键设备和附配件不配套，人才培训和现代化管理等不配套，使改造综合效果不理想。

(3)大多数国有模具生产企业缺乏活力，未能很好发挥能力和潜力。

(4)人才严重不足，科研开发及技术攻关方面投入少，水平低。模具行业是技术密集、资金密集、劳动密集的产业，开发应用模具 CAD/CAM 技术人员，高级数控机床操作人员，高级模具钳工，精密机床维修人员等关键技术人才及高级管理人才非常紧缺。科研单位和大专院校由于体制改革等原因，已将主要精力用于创收，对模具技术的开发和攻关以及人才培养投入很少。

(5)模具生产协调和管理水平差。目前，模具行业管理乏力，不到位。在企业管理方面，也缺乏一套科学和严格的管理方法，离全面实现计算机化的管理，尚有很大距离。

(6)模具材料及模具相关技术落后。国产模具材料至今未能很好满足模具生产需要。由于模具材料性能、质量和品种规格问题，往往造成模具质量差、寿命短、成本高。塑料、板材、设备等性能差，也直接影响模具水平的提高。

三、国内外市场发展预测

1. 行业面临的形势

“九五”期间模具行业发展很快，产量大幅度提高，产品质量和水平也有较大提高，经济效益和生产集中度也有了一定提高，产业结构也有了一些改善。模具商品化程度提高了近10个百分点，中高档模具和塑料模具的总量中的比例都有明显的提高，模具进出口比例正在逐步趋向合理。

由于我国模具工业起步较晚、底子薄，因此“九五”期间虽有较快发展，但就总量来看，仍旧供不应求，特别是大型、精密、复杂、长寿命模具产需矛盾仍旧十分突出。目前，就整个模具市场来看，进口模具约占市场总份额的30%左右，其中中高档模具进口的比例达到40%以上，而有些国产低档模具已出现过剩。

就地域来说，东南沿海地带特别是珠江和长江三角洲，模具工业发展迅速，竞争越来越激烈，优胜劣汰的局面还会进一步发展。无序竞争也同时存在，已产生一些诸如不正当的价格竞争，造成质量下降和部分企业利润大幅度下降及亏损等负面影响。

我国模具工业的设计、制造水平和企业管理水平，与国际先进水平相比仍有较大差距。重视技术创新，加大科技投入，把科技进步放在首位；深化改革，加强管理；培养人才，提高素质；降低成本，缩短生产周期，提高经济效益；重点发展大型、精密、复杂、长寿命模具，使高档模具进一步立足于国内，仍旧是摆在我国模具行业面前的重大任务。

我国的工业经济，已经到了大批量规模经济和小批量多品种经济同时发展的时期。大批量生产和小批量多品种生产对模具要求虽然有所不同，但就其对模具的依赖性来说，则只是大同小异。经济发展较快时期，产品畅销，自然要求模具能跟上；而经济发展滞缓时期，产品不畅销，企业必然想方设法开发新产品，这同样会给模具带来强劲的需求。因此，模具市场的发展走势，就总体来看，应该是平稳向上的。有鉴于此，国内外行家都称“现代模具工业是不衰亡工业”。

模具市场的总体走势虽然是平稳向上，但各类模具的表现却不可能一致。冲压模、塑料模、压铸模，他们的总量一般占模具总量的80%左右。在未来的模具市场中，塑料模具和压铸模的发展速度将高于冲压模，他们在模具总量中的比例将逐步提高。随着工业的不断发展，对精密、大型、复杂、长寿命模具需求的增长速度将高于对总量需求的增长速度。同时，由于近年来每年近十亿美元的进口模具中，精密、大型、复杂、长寿命模具占多数，所以从减少进口、提高国产率角度出发，这类高档模具在市场上的份额也将逐步增大。随着多品种小批量时代的逐步来临和企业要求模具能保证新产品的快速上市，各种快速经济模具必然应运而生。与此相关的快速原型制造技术及装备，也必将得到快速发展。建筑业的高速发展，各种异型材模具、墙面和地面砖模具、PVC塑料管材管接头模具是模具市场新的增长点，其发展速度也将高于模具总体发展速度。高速公路的迅速发展，对汽车轮胎也提出了更高要求。因此，子午线橡胶轮胎模具，特别是活络模，其发展速度也将高于总平均水平。节水农业发展将使灌溉用的管材、管件及其模具得到超常规的迅速发展。

随着模具工业的不断发展，模具标准化程度必将随之不断提高。因此，作为模具的基础——模具标准件，在今后的模具市场中必将成为一类十分活跃而又高速发展的产品。

模具企业应在广阔的模具市场中抓住重点，正确定位，提高水平，稳定和发展用户，在质量、交货期、价格、服务等方面采取正确的策略和措施，以求长远发展。

2.“十五”期间国内外市场预测及产品发展趋势

(1)国内市场预测。模具需求量要根据主机产量及其技术发展来进行预测。目前国内模具需求量很大，但由于大型、精密、复杂、长寿命模具的生产量满足不了生产要求，因此每年还大量进口。模具需求增长速度高于主产品增长速度是一般规律。现对几个主要模具市场需求情况进行分析和预测。

1)汽车、摩托车行业模具市场。汽车、摩托车行业是模具最大市场。在工业发达国家，这一市场占整个模具市场的一半左右。汽车工业是我国国民经济五大支柱产业之一。汽车工业重点是发展零部件、经济型轿车和重型汽车。汽车模具作为发展重点，已在汽车工业产业政策中得到了明确。预测到2005年，我国汽车总需求量约为300万辆。其中轿车约130万辆、货车约110万辆、客车约60万辆。保有量将达3 000万辆。因此汽车模具市场巨大。汽车基本车型，预计到2005年将达170种，将有更新车型和改装车型430种。为了适应市场需求，汽车换型时间不断缩短，轿车一般为3~4年，轻型车4~5年，其他车型约为6~8年。汽车换型时，约有80%模具需要更换。一个型号的汽车，所需模具达几千套，价格上亿元。2000年~2005年间，汽车车身模具平均每年需求量约为1 500万工时，其中大、中型模具按每年平均约15个当量车型(含新车型和更新改装车型)，一个车型平均需大中型覆盖件模约260套，以平均每套大中型覆盖件模具约需2 400工时计算，每年就需936万工时。与2000年只有约500万工时能力相比，尚缺436万工时，满足率只有53.4%。因此，除了必须进口一些以外，提高大中型汽车覆盖件模具生产能力是当务之急。

汽车使用塑料件已越来越广泛，每辆汽车的塑料件件数和总重量一直在不断增长。按2005年产量为300万辆计算，当年共需各种配套塑料件约30万t，而目前能力只有20万t左右，加上配件所需，产需矛盾很大。尤其是制造保险杠、仪表板、油箱、方向盘等的大中型塑料模，2005年只能满足规划需求量的50%左右。

实际情况远远超出规划设想，2003年汽车实际产量已达444万辆，与汽车配套的模具能力也有较大发展。

摩托车产量1997年已超过1 000万辆，居世界第一。据统计，我国摩托车共有14种排量80多个车型、1 000多个型号，社会保有量已超过3 000万辆。2000年，我国摩托车产能已达2 000万辆，市场需求约为1 100万辆。单台摩托车约有零件2 000种共计5 000多个，其中一半以上必须用模具生产。一个型号的摩托车，共需模具近1 000套，价值1 000多万元。因此，模具总需求量很大。

在汽车、摩托车模具市场中，过去对农用车不够重视。2000年农用车产量已达300多万辆，2005年将达450万辆。农用车对模具的需求增长很快，而且随着车型向舒适化方向发展，对模具也提出了类似于汽车的要求。这一市场，在“十五”中必须引起足够的重视。

2)家用电器行业的模具市场。据调查，单台电冰箱需用模具生产的零件约150个，共需模具约350套，价值约400多万元。其中冲模与塑料模之比为2:1。单台洗衣机需用模具生产的零件约为500多个，共需模具约200套，价值约2 000万元(双桶洗衣机)到3 000万元(全自动洗衣机)，其中冲模与塑料模之比为1:2～1:3。单台空调器仅塑料模就需近20套，价值约150万元左右。单台微波炉共需模具近百套，价值约200万元。现全国冰箱、洗衣机、空调器年产量都已超过1 000万台，大部分模具已实现国产化，少量大、中型塑料模和多工位级进模仍需进口。“十五”期间家电市场将有较大发展，预计年增长率将超过10%。

3)电子及通讯产品的模具市场。电子产品中，音像产品是模具的主要市场，其中尤以彩色电视机为主。单台彩电，大约有150个零件需用模具生产，共需模具约140套，价值约700万元。其中塑料模约10套，价值120万元左右。“十五”期间，每年彩电生产量将超过4 000万台，按每10万台需一整套模具(价格约700万元)计，则每年约有28亿元的市场。

“十五”期间，微机年均需求量1 000万台以上，每一个型号微机约需模具30多套计400万元左右。与微机配套的打印机，单台共需模具20多套计300多万元。目前，由于机型多为国外开发，因此进口模具很多。随着我国自行开发能力的提高，自行开发的机型多用国产模具。这方面的模具需求量将大幅度提高。笔记本电脑预计“十五”将有较大发展。“十五”期间，网络机顶盒将有几千万台市场。这些都是模具市场新的增长点。在日本，为电脑服务的模具要占全部模具的20%左右。因此，这也是一个很大的市场。

“十五”期间，影碟机每年需求量在1 500万台以上。

VCD机、DVD机、录像机、摄像机、通讯设备等所需模具也是一个不小的市场。在日本等发达国家，为他们服务的模具也要占全部模具的20%左右。

4)建材行业的模具市场。建筑业是我国支柱产业之一。随着建筑业的发展，建材的需求量将大幅度增长。随着建筑业的发展，塑料型材和铝合金型材模具需求量将日益增大，其中塑料型材模具增幅将高于模具行业总体发展水平。

根据建设部等五个部门的要求，2000年塑料门窗的普及率将达15%，塑料排水管的市场占有率将超过30%，建筑用装饰塑料制品需求将达100万t。“十五”期间，随着建材需求的发展，相关模具必将有较大发展。塑料门窗市场占有率2005年将达到25%。塑料管的市场占有率2005年将达50%以上。按照国家化学建材推广应用发展规划纲要，2010年化学建材重点产品的推广应用量将在2000年的基础上翻两番。模具必须跟上这一发展速度。

5)塑料制品方面的模具市场。2005年，我国塑料制品产量将达1 800万t，比1997年的700多万t增加1.5倍。其中工程塑料行业是我国重点支持和优先发展的产业，目前工程塑料满足率只有36.2%。因此，目前至2005年，预计工程塑料产量每年递增率将达25%。

玩具行业目前有100多亿元产值，这一行业所需的模具量也比较大，目前还有一些需要进口。“十五”期间应予以重视。

6)其他模具市场。仪器仪表行业总产值已达300多亿元，但品种满足率只有60%，其中高档产品品种满足率只有10%。同时随着新产品的不断开发，特别是自动化仪器仪表的快速发展，这一行业对模具的需求将日益增多。我国的电器和电器附件市场已进入成熟期，“十五”期间将稳步增长。我国自行车年生产能力已达6 000万辆，电机的年需求量4 000万～5 000万kW，缝纫机已出现新的转机。上述产品“十五”期间将有一定发展，也是模具的一个重要市场。

近期，我国对橡胶制品的需求量将以每年8.6%的速度增长，橡胶模具须跟上这个步伐。其中汽车轮胎需求量很大，预计2005年汽车产量达到300万辆时，约需轮胎1.1亿条，其中子午胎约4 000万条，这就要求子午线轮胎模高速发展。

根据我国近期两网改造规划，随着线缆需求的发展，预计2005年金刚石拉丝模将有3.5亿元以上的市场。

(2)国际市场分析。目前世界模具市场供不应求。近几年，世界模具市场总量一直在600～650亿美元之间。美国、日本、法国、瑞士等国出口模具约占全国模具总产值的1/3。我国模具出口数量极少，1999年模具出口总额约为1.34亿美元，约为全国模具总产值的4.5%，与其他先进国家相比极不相称。模具标准件已开始向香港和东南亚地区出口，但为数也不多。我国模具钳工技术水平高，劳动力成本低，只要配备一些先进的数控制模设备，提高模具加工质量，缩短生产周期，沟通外贸渠道，模具出口将会有很大发展。近几年，港台及外商积极来内地开办模具厂，这些模具厂出口模具的比例比较大，即是最好的佐证。

我国部分模具生产企业，积极进取，锐意改革，在模具出口方面取得了很好的成绩。复关以后，由于关税的降低，将在一定程度上冲击我国模具生产企业，应做好各种应对准备。同时，加入WTO后，世界模具市场也给我国模具企业创造了一个良好的机遇。

(3)模具产品发展趋势。模具的发展趋势与其技术发展趋势密切相关，主要有：

1)模具日趋大型化。这一方面是由于用模具成形的零件日渐大型化,另一方面是由于高生产率要求而发展的一模多腔(现在有的已达到一模几百腔)所致。

2)模具的精度将越来越高。十年以前,精密模具的精度一般为 5μm。现在已达 2~3μm。不久,1μm 精度的模具将上市。随着零件微型化及精度要求的提高,有些模具的加工精度公差就要求在 1μm 以下,这就要求发展超精加工。

3)多功能复合模具将进一步发展。新型多功能的复合模具是在多工位级进模基础上开发出来的,一套多功能模具除了冲压成形零件外,它还担负叠压、攻丝、铆接和锁紧等组装任务。通过这种多功能的模具生产出来不再是单个零件,而是成批的组件,如触头与支座的组件,各种微小电机、电器及仪表的铁芯组件等。

多色和多材质塑料成形模具也将有较快发展。这种模具缩短了产品的生产、装配周期,今后在不同领域将得到发展和应用。

4)随着热流道技术的日渐推广应用,热流道模具在塑料模具中的比重将逐步提高。由于采用热流道技术的模具可提高制件的生产率和质量,并能大幅度节约制件的原材料,因此,热流道技术的应用在国外发展很快,已十分普遍。国内热流道模具也已生产,有些企业已达 30%左右,但总的来看,比例太低,亟待发展。

5)随着塑料成形工艺的不断改进与发展,气辅模具及适应高压注射成形等工艺的模具将随之发展。

6)模具标准件的应用将日渐广泛。模具标准化及模具标准件的应用能极大地降低模具制造周期。使用模具标准件不但能缩短模具制造周期,而且能提高模具质量和降低模具制造成本。因此,模具标准件的应用必将日渐广泛,模具标准件在"十五"期间必将有较大发展。

7)快速经济模具的前景十分广阔。由于人们要求模具的生产周期愈短愈好,因此开发快速经济模具越来越引起人们的重视。例如研制各种超塑性材料来制作模具;用环氧、聚酯或其中填充金属、玻璃等增强物制作简易模具。这类模具制造工艺简单,精度易控制,收缩率较小,价格便宜,寿命较高。还可用水泥塑料制作汽车覆盖件模具,这类模具在美、日等国家已有应用,将改进提高,扩大应用范围。中、低熔点合金模具、喷涂成型模具、电铸模、精铸模、层叠模、陶瓷吸塑模及光造型和使用热硬化橡胶快速制造低成本模具等快速经济模具将进一步发展。快换模架、快换冲头等也将日益发展。另外采用计算机控制和机械手操作的快速换模装置、快速试模装置技术也会得到发展和提高。

8)随着车辆和电机等产品向轻量化发展,压铸模的比例将不断提高。同时,对压铸模的寿命和复杂程度将提出越来越高的要求。

9)随着以塑代钢、以塑代木的进一步发展,塑料模的比例将不断提高。同时,由于机械零件的复杂程度和精度的不断提高,对塑料模的要求也将越来越高。

10)模具技术含量将不断提高,中、高档模具比例将不断增大,这也是产品结构调整所带来的市场走势。

综上所述,"十五"期间模具市场需求很旺,前景很好。在目前模具已成为不少行业发展的瓶颈的情况下,如要较好地满足国民经济各部门发展所需,"十五"期间模具的产出,每年应必须保持 15%左右的增速。而且这一增长速度必须与产品结构调整同步实现。

四、发展思路

1. 战略思路

以需求为导向,以优质服务为宗旨,积极培育模具大市场。跟踪产品发展,满足配套,缩小与先进工业国家之间的差距,力争主要模具产品达到国际 20 世纪 90 年代先进水平。在国家产业政策的指导下,通过结构调整和技术创新以及电子信息工程和先进制造技术的采用,逐步建立适应我国国情的,布局比较合理的模具科研设计、人才培训和生产体系。重点加快模具专业化和商品化的发展;促进模具标准件上品种、上水平、上规模;提高大型、精密、复杂、长寿命模具的水平和比例;积极开展与工业先进国家的技术交流与合作;促进模具和模具标准件出口。

2. 基本任务

(1)调整产业结构。提高模具专业化、商品化比例,引导产品生产厂(国营大中型企业)的模具分厂(车间)独立核算,面向社会;培育能实现模具生产各主要环节(如设计、工艺、检测等)专业化生产的地区性模具市场;提高塑料模和压铸模比例;提高中高档模具的比例。重点发展汽车覆盖件模、精密多工位级进模、大型和多型腔注塑模、精密复杂压铸模、精冲模、精锻模、子午线轮胎活络橡胶模、长寿命玻璃模、陶瓷模等。重点扶持具有一定规模、技术先进、面向市场的专业模具企业,推动行业中企业之间及厂、校、院所之间协作和联合。

(2)提高模具加工水平及能力。大力发展标准件,推广应用新技术、新工艺、新材料、新装备,提高大型、精密、复杂、长寿命模具水平,并增加生产能力,提高市场满足度。

(3)抓好模具科技开发、技术攻关、技术交流及人才培训工作,将科研成果尽快转化为生产力。

(4)狠抓进口模具的国产化及模具出口工作,进一步优化进出口比例。

(5)积极开展与工业先进国家的技术合作和利用外资工作,促进各种所有制模具企业的发展。

3. 主要目标

(1)增加标准件品种,提高模具标准件使用覆盖率。模具标准件要扩大品种、提高精度,达到互换。其中主要品种如:模架、导向件、推杆、弹性元件等,实现按经济规模大批量生产。2005 年模具标准件使用覆盖率达到 60%(目前约为 35%左右),2010 年达到 70%以上(其中大型模具 60%零件实现标准化)。基本满足市场需要。

(2)提高大型、精密、复杂、长寿命模具的设计制造水平。首先是一般企业普及微机级 CAD/CAM 技术,重点骨干企业向企业信息化工程方向发展。模具设备数控化率一般企业应达 30%以上,重点骨干企业应达 60%以上。2005 年模具产品水平达到国际 20 世纪 90 年代中期水平,到 2010

年达到国际90年代末水平。骨干企业达到当代国际水平。

(3)提高大型、精密、复杂、长寿命模具的生产能力。使这些模具的国内市场占有率从目前的50%左右，提高到2005年的60%～70%，2010年达到80%以上。

(4)模具商品化程度从目前的35%左右，2005年提高到50%，2010年达到60%以上。

(5)模具及模具标准件出口从目前的1.34亿美元提高到2005年的3亿美元，2010年5亿美元。

(6)组建模具行业强有力的科研开发、制造、培训与信息中心。2010年，应建成若干个地区性的模具城，模具实验区，以及模具科研、生产、销售联合体。

(7)产值从2000年的280亿元发展到2005年的490亿元左右，"十五"年均增长速度为12%，市场占有率从目前的约70%提高到80%。骨干企业要通过ISO9000认证。

(8)2005年形成汽车覆盖件成形技术与模具CAD/CAE/CAM一体化系统，推进我国汽车模具生产进入自主开发时代。

4. 行业结构调整和发展重点

模具行业选择优先发展的重点产品依据是：一是技术含量高，反映模具制造水平和发展方向的模具；二是目前大量进口的中、高档模具；三是主要的模具标准件。

根据上述依据，选择重点发展的模具产品如下：①汽车覆盖件模具，特别是轿车覆盖件模具。②精密冲压模，包括多工位级进模、厚板精冲模、硬质合金多工位多功能复合模等。③大型塑料模，包括汽车饰件模、家电塑壳模等。④精密塑料模，包括多腔塑封模和多层、多腔、多材质、多色精密塑料模等。⑤大型薄壁精密复杂压铸模。⑥大型、精密锻模。⑦塑料型材、波纹管挤出模及管接头模具。⑧子午线轮胎活络模。⑨长寿命玻璃、陶瓷模。⑩多工位冷镦模及冷挤模；壳体连续拉伸模。⑪新型快速经济模具。⑫主要模具标准件：模架(包括冷冲、塑料、压铸模架等)；导向件(包括导柱、导套、导板及无油润滑导向件等)。推杆、推管(包括圆形和异形推杆、推管等)；弹性元件(包括矩形弹簧、聚酯弹性件及氮气缸等)；标准组件(包括凸模块换装置、斜契组合件等)；小型标准件(包括标准凹凸模、浇口套、定位圈、拉钩等)；热流道元件(包括内热式、外热式、针阀式、管式、温控器等)。⑬拉丝模新品种(拉子午线的钢帘线模具、红宝石涂漆模具，聚晶奇异方模及用CVD新材料的拉丝模等)。

为了保证上述模具产品的发展，还应研制先进实用的模具加工和检测设备，以及使用模具的主机生产设备及模具新材料等。

5. 技术结构调整重点

"十五"期间，应对下列几方面重大关键技术开展研究和开发，争取取得重大成果并在模具设计制造上得到实际应用。

(1)继续研究和开发自主版权的三维CAD/CAE软件，搞好引进软件的二次开发，并提高软件的智能化、集成化程度。

(2)进一步研究快速原型制造技术，开发适合于我国国情的高性能、低成本的快速原型制造设备并产业化，研究快速原型制造技术与快速经济模具制造紧密结合的各种技术。

(3)研究并发展高速铣削、电火花铣削、电火花镜面加工、激光加工、复合加工、超精加工等模具加工新技术。

(4)开展逆向工程、并行工程、敏捷制造、虚拟技术等在模具生产中的应用研究。

(5)开展热流道技术和气体辅助注射技术的研究并发展相应的元件和产品。

(6)进一步搞好标准化工程并提高模具标准化程度。

(7)开发高性能模具材料，推广新型模具钢及新型硬质合金，进一步提高模具寿命，建立正确选材用材专家系统。

(8)研究并推广应用先进的数字化扫描、快速电极制造、模具热处理、表面工程、抛光及模具修复等先进技术。

6. 科技开发及固定资产投资项目安排建议

(1)指导思想及安排原则

以市场为导向，根据规划目标和任务及各有关单位提出的项目，突出重点，突出技术进步，突出技术经济效益，择优安排。项目安排还要有利于结构调整，有利于专业化，注重可操作性及调动各方面的积极性。

(2)重点项目的安排建议(略)

"十五"部分重点科技开发及攻关项目见表6。这些项目可供选择和招标。

7. 政策措施及建议

模具之重要，已众所周知。国家除了在宏观政策及固定资产投资等方面给予重点支持外，还应该在其他方面给予优惠，实行倾斜政策。行业本身也应积极采取有效措施，以利规划实施及保证行业的快速健康的发展。具体建议如下：

(1)加强行业管理，建成独立的模具工业体系。加强政府部门对模具行业的管理，充分发挥协会等中介组织作用。鼓励和引导各产品生产厂的工模具分厂和车间面向全社会服务；鼓励和扶持各生产厂点按市场经济规律和专业化分工原则建立多种经济联合体；引导和支持公司(集团)与科研、设计、大专院校等单位建立科研生产联合体，逐渐建立我国模具工业体系。

(2)制订和用好优惠政策，扶持模具行业发展。应该借鉴国外成功的经验，如日本(目前已成为世界上的第一模具生产大国)连续颁布振兴法，采取政府干预和经济扶持政策，以立法形式在金融、税收、装备等方面给予支持，有力地推动了模具工业的发展。例如安排政策性贷款，减轻模具企业税负等。

"十五"期间模具工业应以发展多种所有制的中小企业为重点。因此，要充分利用国家关于发展高新技术中小企业的政策，按照国际促进中小企业发展的有效模式，建立生产力促进中心，把扶持模具行业的中、小企业作为重点之一。

(3)加强宏观调控，确保行业重点。实施给予政策性投资和投资倾斜政策，降低模具增值税税率，确保行业重点企业和重点产品的发展，鼓励专业化、商品化。

(4)制订和完善模具标准，搞好模具标准件销售，促进模具行业的发展。必须尽快制订和完善我国模具标准化体系，积极采用国际标准和先进国家标准。贯彻GB/T19000(ISO9000)系列标准，为尽早实现模具专业化生产服务。要组织好模具标准件销售环节，搞好产需衔接。

(5)用电子信息工程等高新技术来改造企业，尽快提高我国模具行业整体水平。应不断跟踪和瞄准国外模具新技术的发展，根据我国模具工业发展的需要，引进和开发实用的模具新技术，使之尽快转化为生产力。企业应在市场、技术、素质、机制、管理等方面不断创新，建立创新机制，提高开发能力，尽快提高我国模具行业的整体水平。

(6)加强人才培训，提高企业素质。以某些基础好的工业城市为中心，在全国范围内建立高、中、初三级模具技术人才教育和培训网。通过举办各类进修班和技术讲座提高从事模具生产的技术人员、工人的素质。建议建立一个全国性的模具技术培训中心。

(7)鼓励引进模具国产化和加强模具出口。有关部门应设立模具的国产化专项基金用于补贴和奖励国产化项目。加强模具出口，对出口模具企业应在投资、贷款、税收等方面给予优先照顾。

(8)加强国内外模具企业之间的技术交流与合作。进一步加强吸收外资工作的力度，同时引导私有资金积极投入模具行业，并积极发展股份制经济。

(9)努力发展优质模具钢、各种模具加工和测试设备、刀具及使用模具的设备、制件材料等。

(10)提倡和鼓励联合，以发挥集中优势。建议先从模具标准件和汽车车身模具方面着手。

表6 "十五"部分重点科技开发及攻关项目

项目名称	主要内容
冲模技术试验研究	
1. 圆凹模嵌件级进冲模研究	(1)设计、试验通用模具整体结构 (2)设计、试验圆凹模嵌件及凸模结构及制造工艺 (3)制订圆凹模嵌件及凸模系列，进行批量生产工艺设计及批量生产供应
2. 大功率印刷绕阻电机冲片冲模及微电机一模多腔叠片模、高精度接插件模具	(1)开发系列冲片冲模 (2)设计、试验冲模结构 (3)试验模具加工工艺与工装 (4)模具安全保护及机电一体化技术
3. 模具典型结构研究及分类设计	电机、电器、汽车覆盖件等冲模系列设计
4. 板材液压成形模具及装备研制	(1)研制板材液压成形系统(计算机控制) (2)板材拉伸试验 (3)建立计算机工艺软件系统
5. 柔性冲压线及快换冲模研制与推广应用	(1)研制多品种、少批量冲件的柔性冲压线 (2)研制快换冲模及模架 (3)推广应用
塑料注射模技术试验研究	
6. 高压注射成形模具结构优化设计制造	(1)型腔压力试验、计算和确定 (2)锁模力计算与确定 (3)型腔力学性能试验及优化设计 (4)确定分型面合模间隙和技术要求 (5)建立计算机软件系统及型腔实验基地
7. 注射压缩成形模具的工艺试验及设计与制造	(1)试验低压注射充腔，高压压缩成形工艺 (2)通用模具结构设计及技术要求 (3)结合洗衣机桶大型模具研制相应典型模具 (4)开发计算机工艺过程控制及型腔设计软件
8. 汽车内饰件搪塑工艺及模具设计制造	(1)搪塑工艺试验研究 (2)搪塑模具设计制造
锻模技术研究	
9. 回转成形锻模设计与制造技术	研制辊锻模横楔轧模具设计与制造技术，研制专用设备
10. 高强度制件冷镦模制造技术	试验研究高强度紧固件冷镦模结构及制造技术，复杂制件冷挤模制造技术
11. 激光制造电极成形技术	研究用快速成型母模振动成形石墨电极
模具设计与制造一体化研究	
12. 冲模CAD/CAM/CAE、FMS技术研究	(1)建立共享冲模设计通用资料库 (2)结构产品设计，建立冲模CAD/CAM/CAE系统，研究系统技术规范，组成示范系统 (3)研究并建立冲模FMS示范系统 (4)汽车模具及焊接装夹具CAM生产线
13. 成型模具型腔CAD/CAM/CAE，FMS技术研究	(1)建立塑料模、压铸模、锻模CAD/CAM/CAE通用资料库及选材用材和模具失效分析专家系统 (2)建立型腔加工FMS示范车间 (3)建立各类成型模具CAD/CAM/CAE系统 (4)开发建立大型压铸模具的CAD/CAM/CAE系统 (5)研究大型复杂压铸模具的高压真空气淬热处理最佳技术工艺参数 (6)塑料型材挤出模CIMS系统

（续）

项　目　名　称	主　要　内　容
14. 摆动碾压齿轮模具的设计制造技术	研究摆辗模具设计制造技术，提高模具寿命
其他模具技术研究	
15. 陶瓷精密铸造模研究	(1)精铸模制造工艺及精度控制 (2)母模及陶瓷材料研究 (3)环保措施及装置
16. 模具表面处理新技术研究	(1)找出涂复层中加入超硬材料的方法 (2)金刚石涂层及模具工作型面涂覆工艺 (3)提高结合强度的方法 (4)微脉冲等离子表面技术应用研究 (5)TiC 气相沉积的研究
17. 汽车大型覆盖件模具研究	(1)冷冲压陶瓷模研究 (2)计算机成形性预测研究
18. 铍铜模具制造技术	铍铜合金配方及制模工艺研究
19. 快速冲裁落料制模技术	快速冲裁及模具技术研究、模具及落料设备制造
模具材料研究开发	
20. 新型模具钢推广应用	推广国内研制、使用效果较好的冷作模具钢、热作模具钢及塑料模具钢。提高使用寿命 1 倍以上。“十五”期间推广量 2 万 t (1)高性能模具材料应用技术 (2)模具热处理新技术 (3)模具材料综合评价、检验标准、质量控制、计算机选材等
21. 塑料模具钢系列化研究	研制、引进模具钢，研究钢种与模具使用要求相关的力学性能和工艺性能，评价实际使用效果，筛选出满足需要的不同硬度档次，不同使用性能的模具钢
22. 大型铝合金压铸模具钢研制	结合国家资源，研制适合于大型压铸模使用的新钢种，并进行实际评价
23. 提高汽车零部件温锻模寿命的研究	温锻模具选材、热处理、表面处理及使用效果评估
24. 提高陶瓷、耐火砖模具寿命	研究价格低、耐磨性高、高强韧性、变形小的模具钢及其表面处理。提高模具使用寿命 1 倍
25. 模具钢与模具选材专家系统	在模具钢性能、使用对比基础上，补充完善钢种数据，总结国内外模具材料领域的最新成果与经验，借助计算机技术建立我国的模具选材专家系统
26. 模具生产过程优化与控制管理	(1)各类模具工艺过程研究控制与管理 (2)各类模具生产成本与生产周期控制与管理

“十一五”振兴模具工业的途径与对策

中国模具工业协会

一、地位和作用

模具是制造业的重要基础工艺装备。用模具生产制件具有高精度、高复杂程度、高一致性、高生产率和低耗能、低耗材等特点，模具工业在制造业中的地位越来越重要。

1998 年 3 月在《国务院关于当前产业政策重点的决定》中，模具被列为机械工业技术改造序列第二位。随后的 1999 年和 2002 年，在国家计委和科技部发布的《当前国家重点鼓励发展的产业、产品和技术目录》、《当前国家优先发展的高技术产品产业化要点指南（目录）》及《当前国家鼓励外商投资产业目录》中，模具都被列入其中。所有这些，都说明了模具在国民经济中的重要地位。

模具在我国被分成 10 大类 46 小类，涵盖了各种用于金属和非金属成形的特殊工具。在我国的模具市场上，技术含量较低的低档模具已供过于求，但技术含量较高的中高档模具却供不应求，每年大量进口。例如 2002 年，在进口的 12.7 亿美元的模具中，技术含量较高的大型、精密、复杂、长寿命模具约 10 亿美元。因此，我国需要大力发展的是这些高档模具及对全行业有重大影响的模具标准件。按品种分，发展的重点是下列模具产品：①汽车覆盖件模具，特别是轿车覆盖件模具；②精密冲压模具，特别是多工位级进模和精冲模；③大型塑料模，主要是为汽车和家电配套的大型注塑模；④精密塑料模，主要是塑封模和多层、多腔、多材质、多色精密塑料模等；⑤大型薄壁精密复杂压铸模及镁合金压铸模；⑥塑料异型材和管路模具；⑦子午线橡胶轮胎模，特别是活络模；⑧新型快速经济模具；⑨主要模具标准件，如模架、导向件、推杆推管、弹性元件、标准组件、热流道元件等。

二、存在问题和原因

1. 存在问题

我国模具工业近年来发展很快，据不完全统计，2002 年我国约有模具生产厂点 2 万多家，从业人员约 50 万人，全年模具产值约 360 亿元。2002 年进口模具 12.72 亿美元，出口模具 2.52 亿美元。在 2 万多家生产厂点中，有一半以上企业生产的模具是自产自用的。在模具企业中，有大型企业 3 个（台资、港资）、中型企业几十个，其余都是小型企业，多数只有几十名职工，几百万元产值。

近年来，模具行业结构调整和体制改革步伐加快，主要表现为：大型、精密、复杂、长寿命中高档模具及模具标准件发展速度快于一般模具产品；塑料模和压铸模比例增大；专业模具厂数量及其产能增加较快；"三资"及私营企业发展迅速；股份制改造步伐加快等。从地区分布来说，以珠江三角洲和长江三角洲为中心的东南沿海地区发展快于中西部地区，南方的发展快于北方。目前发展最快、模具生产最为集中的省份是广东和浙江，这两个省的模具产值已占全国总产值的 6 成以上。我国模具总产值虽然已位居世界第三，但设计制造水平在总体上要比德国、美国、日本、法国、意大利等发达国家落后许多，也要比英国、加拿大、西班牙、韩国、新加坡等落后。落后和差距主要表现在下列 5 方面：

(1)总量供不应求，国内自配率只有 70%左右。其中中低档模具供过于求，中高档模具自配率只有 50%左右。

(2)企业组织结构、产品结构、技术结构和进出口结构都不合理。我国模具生产厂点中多数是自产自配的工模具车间(分厂)，自产自配比例高达 60%左右，国外 70%以上是商品模具；专业模具厂也大多数是"大而全"、"小而全"的组织形式，国外大多是"小而专"、"小而精"。国内模具总产值中，大型、精密、复杂、长寿命模具所占比例不足 30%，国外在 50%以上。2002 年进出口之比为 5:1，进出口相抵后的净进口已超过 10 亿美元，为净进口额最大的国家。

(3)模具产品水平和国际水平相比还有很大差距，模具生产周期比国际水平长许多。产品水平低主要表现在精度、型腔表面粗糙度、寿命及模具的复杂程度等方面。

(4)开发能力较差，经济效益欠佳。我国模具企业技术人员比例低，水平也较低，不重视产品开发，在市场经济中常处于被动地位。我国每个职工平均每年创造模具产值约 1 万美元，国外模具工业发达国家大多在 15 万～20 万美元，有的达到 25 万～30 万美元。随之而来的是我国模具企业经济效益差，大都微利，不少企业亏损，缺乏后劲。

(5)与国际水平相比，模具企业的管理落后更甚于技术落后。技术落后易被发现，管理落后易被忽视。国内大多数模具企业还沿用过去作坊式管理模式，真正实现现代化企业管理的还不多。

2. 产生的原因

造成上述差距的原因很多，除历史上长期以来未将模具作为产品得到应有的重视，以及多数国有企业机制仍不能适应市场经济之外，还有下列几个主要原因：

(1)国家对模具工业的政策支持力度不够。虽然有了正确的产业政策，但配套政策少，力度弱。目前享受模具产品增值税先征后返的企业全国只有 160 家，杯水车薪，大多数企业仍旧税负过重。模具企业采用高新技术进行技术改造，引进的设备要交纳不少税，影响了技术进步。民营企业贷款仍旧十分困难。

(2)人才严重不足，科研开发及技术攻关方面投入太少。模具行业是技术密集、资金密集、劳动密集的产业，随着时代的进步和技术的发展，掌握和运用新技术的人才异常短缺，高级模具钳工及企业管理人才也非常紧缺。由于模具企业效益欠佳及对科研开发和技术攻关不够重视，投入太少，科研单位和大专院校又将主要精力放在创收上，致使模具行业科技进步的步伐不大，进展不快。

(3)工艺装备水平低，且配套性不好，利用率低。近年来，我国机床行业进步较快，已能提供比较成套的高精度加工设备。但与国外装备相比，仍有较大差距。虽然国内许多企业已引进了不少国外先进设备，但总的来看装备水平仍比国外企业落后许多，特别是设备数控率和 CAD/CAM 应用覆盖率要比国外企业低得多。由于体制和资金等方面原因，引进设备不配套、设备与附配件不配套现象十分普遍，设备利用率低的问题长期得不到较好的解决。

(4)专业化、标准化、商品化程度低，协作性差。由于长期以来受企业"大而全"、"小而全"的影响，模具专业化生产水平低，专业化分工不细，商品化程度低。目前国内每年生产的模具中，商品模具只占 40%左右，其余为自产自用。模具企业之间协作不好，难以完成较大规模的模具成套任务，与国际水平相比有很大差距。

模具标准化水平低，模具标准件使用覆盖率低也对模具质量、成本有较大影响，特别是对模具制造周期有很大影响。

(5)模具材料及模具相关技术落后。模具材料性能、质量和品种问题往往会影响模具质量、寿命及成本，国产模具钢与国外进口钢相比有较大差距。塑料、板材、设备等性能差，也直接影响模具水平的提高。

三、组织方式

以国家政策为导向，以企业为主体，协会组织协调，产学研结合，是振兴我国模具工业的一种有效方式。

(1)国家制定扶持政策。模具行业中专业模具生产企业模具产品增值税先征收后返还 70%的政策，自 1997 年开始已执行 7 年，还将执行 2 年。由于改革和发展是一个渐进的过程，模具企业享受这一政策的范围、数量和返税额度也有一个渐进的过程。1997 年 80 家国有企业共返还税款 2 400万元，2001 年 145 家内资企业共返还税款 8 900万元，2003 年 160 家内资企业预计返税款可达 1.5 亿元以上。虽然享受政策的企业面窄、数量少，返税款也不多，但对我国模具工业的发展起到了巨大作用。直接的作用是享受政策的企业的模具生产的水平和能力有了大幅度提高，其产值年均增长率要比全行业平均水平高出约 5 个百分点，中高档模具比例提高较快。间接的作用是引导了地方和大多数企业，加快了改革步伐，加大了投入，加快了中高档模具的发展速度。这一政策的引导作用要比直接作用更大。因此，在目前我国模具仍旧总量供不应求，中高档模具大量进口，国内模具生产水平与国际仍有较大差距的情况下，“十一五”期间应延续这个政策。如果征后返的方式要改变的话，也应出台相应的扶植政策。例如，按模具产品技术含量高低及其重要程度对不同模具产品实施不同税率等。

(2)培育能代表行业水平的“龙头”企业，带动行业发展。企业是行业振兴的主体，对各类需要重点发展的产品应首先培育“龙头”企业，使之能在水平和能力上领先于其他企业，继而带动其他企业，逐渐推动行业发展。

(3)建立服务体系，使中小企业广泛受益。模具行业除个别企业外都是中小企业，力量有限，特别是信息和技术开发方面更显力不从心，他们难以完全依靠自己的力量去独闯市场。如能建立针对广大中小企业的行业服务体系，特别是信息和技术服务体系，使广大中小企业从中受益，必将有利于行业的振兴与发展。

(4)以企业为主体，发挥院校和科研单位作用，搞好产学研结合，尽快使成果产业化，并大力提高模具生产技术水平。

(5)发挥行业协会等中介组织作用，由协会组织行业内的主要单位落实振兴任务。

四、自主开发和引进

模具不是定型产品，它具有单件(个别也有小批)生产和对特定用户的依赖特性，依靠产品生产许可证和技术转让等引进方式不适合于模具行业。过去也曾引进过冲模和塑料模制造技术，但只起到一时的作用，效果不明显。因此，对模具行业来说，所谓引进，主要是引进已经商品化了的 CAD/CAE/CAM 软件和设备，而且对于引进的软件应加强二次开发工作。引进软件和设备的同时，相应的人员培训相当重要。根据模具行业实际情况，今后开发和引进工作的重点应放在如下方面：

(1)制订法律法规，出台相应政策，引导投资方向。建议借鉴日本在20世纪六七十年代的几个振兴法(振兴措施)及其实践经验，针对我国模具工业振兴的具体对象，制订我们的法律法规。配合新制订的法律法规，采取政府干预和经济扶持政策，出台相应的政策措施，以立法形式在金融、税收、装备等方面给予支持。对于已出台的政策，例如给部分专业模具厂增值税先征后返政策，鉴于它确实起到了扶持模具行业发展的良好作用及目前模具行业仍属幼稚行业，仍需国家继续扶持的实际情况，建议将这一政策延续到2010年，即“十一五”期间继续执行。如果由于我国加入WTO的过渡时期已过，“十一五”及以后出台的政策不能再分所有制和企业性质，只按产品来分，则可以对不同的产品实施不同的税率。同时应用经济杠杆鼓励对振兴对象的投资，用减免进口税鼓励高新技术及其产品的引进等。

(2)加快体制改革，努力调整产业结构。模具生产企业绝大多数是小型企业，“十五”期间体制和机制改革虽已取得较大成效，但多数企业尚未改革或改革步伐缓慢，因而机制不够活，管理落后，不能适应社会主义市场经济的发展。“十一五”期间应加快改革步伐，一方面以建立现代化企业制度为核心内容，进行股份制改造；另一方面以适应国内和国际两个市场为目标，进行机制转换，增强企业的核心竞争力，以适应我国加入 WTO 后的新形势。

目前模具行业产业结构不合理。主要表现在企业组织结构、产品结构、技术结构及进出口结构等方面。“十一五”期间应在有关政策的引导下，采取积极措施进行调整，使之逐步合理化。例如：鼓励专业化、商品化生产，鼓励大型、精密、复杂、长寿命模具及模具标准件生产，鼓励出口等等。

(3)坚持扩大开放，加强国内外企业之间的交流与合作，进一步加强吸收外资工作的力度，积极引进技术和装备。

(4)在国家有关部门大力支持下，加强产学研合作，推进模具行业科技开发和技术攻关工作，组织行业内产学研重点单位，分工合作，联合作战，争取早出成果，多出成果，共同享受成果，并加速成果产业化，以迅速提高行业的技术水平。

(5)用电子信息工程等高新技术和先进适用技术改造企业传统的生产模式，将先进技术转化为生产力。

(6)制订和完善模具标准，组织模具标准件大批量规模化生产，搞好模具标准件的产需衔接，促进模具行业发展。

(7)加强人才培训，提高人才素质。人才紧缺现在已成为行业发展的很大抑制因素。建议以某些基础好的工业城市为中心，在全国范围内建立高、中、低三级模具技术人才教育培训网。如有可能，最好能建立一个以培训师资和高级人才为目标的全国性的模具技术培训中心。

除了正规的教育培训外，企业应通过多种渠道对职工进行培训，以提高素质。

(8)努力发展优质模具钢和各种先进适用的模具加工和测试设备，以及刀具、夹具，努力改善模具行业和有关的周边配套条件。

模具工业中长期科技发展规划

中国模具工业协会

一、概述

模具行业实现工业化和商品化生产，是制造业生产技术进步的标志。现代模具设计与制造技术，涉及机械工程、信息与电子工程、冶金与材料工程、工程管理等学科专业范

围。模具生产(设计与制造)技术,历经下列3个阶段,即:

(1)手工作坊制造阶段。主要依赖模具工人的手工技艺,只能制造单工序冲模,胶木压模等简单模具。

(2)工业化生产阶段。采用通用切削机床和电火花机床,进行机械化、标准化生产。模具型件成形加工精度已可达0.0Xmm级;其通用零部件已有标准,实现了批量生产,缩短了模具制造周期(一般为3~4个月)。

此间,已能设计和制造中大型、较复杂、精度较高的各类模具。

(3)现代化生产阶段。采用数控加工设备,在高度标准化的基础上,实现了模具CAD/CAE/CAM生产,其型件加工精度可达微米级,按模具大小和复杂程度,生产周期只有90~20天或更短。模具标准化,对只能进行单件生产的模具,具有特殊的技术、经济意义。其内容包括:模具设计参数的规范化,通用零部件的标准化、参数化,系列化产品生产用模具的系统结构原型设计及其参数。这是实现模具CAD/CAE/CAM的必备条件。

研究高精、高效CNC机床的加工工艺,降低作业量,是提高模具工艺水平的关键技术;试验、研究易切削、耐高温、耐磨模具材料是提高模具使用性能的技术基础;研究单件生产过程的控制与管理理论、模式、方法,对模具企业则具有特殊的技术、经济意义。

所以,在未来20年内,开发、研究模具生产技术、模具高性能材料和模具生产过程的控制与管理,以不断提高模具工业的生产技术水平,是非常重要的。

二、技术现状与发展趋势

优化模具系统结构设计和型件的CAD/CAE/CAM,并使之趋于智能化,提高型件成形加工工艺和模具标准化水平,提高模具制造精度与质量,降低型件表面研磨、抛光作业量和缩短制造周期;研究、应用针对各类模具型件所采用的高性能、易切削的专用材料,以提高模具使用性能;为适应市场多样化和个性化,应用快速原型制造技术和快速制模技术,以快速制造成型冲模、塑料注射模或压铸模等,缩短新产品试制周期。这些是未来5~20年模具生产技术的发展趋势。

1. 技术现状

自20世纪80年代初到现在(1980~2003年),随着信息与计算机技术,以及NC、CNC机床的进步,国外发达国家的模具生产技术有了长足的发展,如:

(1)在广泛采用加工中心(MC)和普及CAD/CAM的基础上,一些先进企业已普及了高速成形铣削工艺和模具CAD/CAE/CAM一体化生产技术。模具CAD/CAE/CAM一体化生产技术,已成为模具设计、制造过程中关键性的核心技术。其中,MC和CNC坐标磨已成为广泛采用的通用生产装备。

(2)在应用IT技术和模具CAE软件基础上,一些先进企业已实现远程设计、资源共享,以及在核心技术CAD/CAE/CAM基础上进行虚拟设计与制造。

(3)一些专业化模具企业,在高度标准化、通用化,以及全面实现CAD/CAE/CAM(企业核心生产技术)的基础上,已从单件生产方式趋于无研、抛作业的、工艺过程可控的集成、流水线型的生产方式。

在模具生产线上,为优化型件制造工艺,还配制了具有组合加工工能的CNC机床,如:CNC成形铣削和电火花加工机床、CNC成形铣削和激光加工机床、CNC成形铣削和深孔加工机床等。

(4)近十余年来,在快速原型制造(RPM)技术和硅橡胶应用技术相结合的基础上,快速制造小型塑料注射模、压铸模等成型模已得到了应用,适应了市场多样化和产品试制加快的要求。

此外,多腔、多色、多材料的塑料注射模,在国外已较常见。

(5)近年来,采用掺有Zn、Cu、Mg、Mn元素的铝合金材料制造塑料注射模、吹塑模增多,这是一大变革。如德国Hoogovens公司生产的3种铝合金系列:Hokotol、Weldura和Gianta具有重量轻(比重为钢的1/3);切削抛光性能好(许用切削速度为钢的5倍);传热系数比钢高4倍,大幅度缩短了塑件成形周期并简化了冷却系统;导电率比钢高10倍,有利于电加工。

同时,铝合金性能可满足对塑料注射模型件强度、耐磨、耐蚀的要求,且可轧成300~800mm厚的模块,其基体组织均匀、变形小、加工及尺寸稳定。

在全国模具标准化技术委员会(1983年4月建立)和中国模具工业协会(1984年10月建立)相继成立以后,很快形成了我国模具工业的发展高潮,仅用近二十年时间,即形成了我国模具工业体系。主要有:①中国模具工业协会成立前后,很多省、市也相继成立了模具工业协会,形成了模具行业组织体系。②建立了我国模具技术标准体系和模具标准件生产及商品化供应体系。③民营、三资企业相继建立,至今已有近20 000个各种新研制的模具及与之相配套的企业,形成了中国模具工业的产业基础。其中,10%~15%的模具生产企业已配置了加工中心(MC)和模具CAD/CAM系统。中小模具生产中用的模架、导向副、模板等标准零部件的覆盖率已达60%以上。④在中专、大专院校中建立了模具技术专业,从事模具技术人才培养和生产技术试验、研究工作;在技工学校开展了多种模具工人的职业培训活动,形成了模具技术人才的教育与培训体系。

2. 发展趋势

近20年来,尽管我国模具工业建设实现了跨越式发展,已具有相当大、相当高的能力和水平,但与模具工业发达国家相比,在模具生产技术,模具企业管理和模具生产过程的控制与管理,模具生产装备、生产软件与工具配套3个方面,差距仍然很大,尚不在同一个水平、同一个平台上。差距的要点为:

(1)模具技术人员的生产经验和生产知识、技术,以及模具生产过程中的核心技术CAD/CAE/CAM的水平和内含还不及模具发达国家。

模具是专用技术产品,是只能进行单件生产的成型工具,工业发达国家每年需设计、制造百万副以上模具。显然,模具设计与制造过程中的经验与技术是非常重要的。

而由经验、技能沉淀固化成的生产知识或形成的技术传统，更是模具生产过程中的关键、核心技术。模具CAD/CAE/CAM生产技术，也是在长期积累的生产经验和生产知识的基础上形成的。所以，尽快研究、掌握模具生产经验、技能，及以之固化成的知识，并使之形成模具设计与制造的专家系统或生产传统，是今后10～20年必须解决的问题和任务。

(2)模具企业管理，模具生产过程的控制与管理，也远不及模具发达国家的模具企业精细、严谨、科学和高效。

德国、美国、日本等国家的模具企业是以质量、合理利益、为用户服务、建立企业信誉为宗旨，组织、教育员工，管理企业；以每副模具计划项目，并以其生产过程为控制与管理单元，以控制、保证每副模具的质量与性能。为此，企业不断创新或引入管理企业、控制与管理生产过程的方法和软件，以便在节约企业资源的条件下，适时掌控企业生产和经营服务业务，实现高效率运行。

(3)我国模具企业的数量庞大，且多为新建的家庭式企业或由计划经济条件下转型的企业。引进或创新管理企业的科学方法与机制缓慢，且受人才、观念、习惯、投入和体制等多方制约，致使企业生产和经营服务运行机制落后，不能充分、合理利用企业拥有的高效、高精生产装备等资源。掌握模具制造质量和生产周期的能力很低，甚至造成与用户之间的合同纠纷频发。

因此，研究或引入专用模具单件生产的管理与控制理论、模式、科学方法和软件，培养或引入管理人才，贯彻由行业或国家发布的模具企业规范、法规，转变或改造家庭式企业的体制、管理模式、习惯和观念等，是今后10～20年全面提高企业管理水平和企业素质亟待解决的问题。

三、模具市场需求分析

模具应用广泛，现代制造业中的产品构件成形加工，几乎都需使用模具来完成。因此，凡制造业发达的国家，模具市场均极为广阔；凡模具发达国家，制造业也必很发达和繁荣，模具也必拥有国内、国外两个市场。所以，模具产业是国家重要的创造技术和财富的技术资源。

1. 市场对模具的基本要求

(1)模具精度、质量和使用性能，必须达到用户或相应类别模具的验收技术条件标准。

(2)模具生产周期(供模期)，必须达到用户合同中规定的供模期限，以满足用户生产计划要求。一般，美国模具企业的供模期平均为2.5～3个月。日本模具协会则称其供模期只有美国模具企业平均供模期的1/3～1/2。

(3)模具企业须尽力降低生产费用，提高生产率，使模具合同价格趋于合理，以提高市场竞争力。

(4)模具企业须根据市场用户的产品性质、生产批量提供相应种类和不同使用性能的模具，这一点至为重要。为此，应广泛推广和提供适用于产品试制或多品种、小批量生产用的快速制造与价格低的各类经济模具。这对适应市场多样化需求和新产品开发具有重大技术、经济意义。

2. 模具市场组成和特点

目前，全球模具年销售总额600余亿美元，亚洲200亿美元左右，其中日本达100多亿美元，我国仅有40～50亿美元，而年进口金额逾10亿美元，明显反映出我国模具生产能力的差距。

为此，分析模具市场组成和特点，确立今后模具技术发展方向与趋势，至为重要。

(1)模具市场组成。模具市场主要由以下几方面组成：

1)汽车生产用模具。主要为中大型板材成型冲模和中大型注射模、内衬件热压模、压铸模等。

2)IT—通讯—电子产品生产用模具：主要为塑料注射成型模具、发泡模、吸塑模、板材成形冲模等。

3)家用电器产品生产用模具。主要为塑料注射成形模具、发泡模、吸塑模、板材成形冲模等。

4)电工—机械产品生产用模具。主要为中小型精密级进冲模与热性精密塑料模，压铸模，精锻模，冷挤、冷镦模，以及拉丝模等。

5)航空(天)器—铁路机车、船舶—动力机械生产用模具。主要为热锻模、铸造用金属模等。

6)建材—家具生产用模具。主要为金属与塑料型材挤出模、塑管与塑管接头注射模、陶瓷模(如砖模)、玻璃板等。

(2)模具市场特点。模具市场具有以下特点：市场将需求外观美(如家电产品)、精致(如手机、钟表)、技术含量高(如电子元件、多色塑件)、适意与豪华(如汽车)等的产品。无疑，为适应市场对产品多样化需求，模具型件结构将趋于更复杂；尺寸精度的稳定性(工作过程中变形、磨损量极小)将要求更高；表面粗糙度要求更低。总之，进一步提高模具技术含量，将进一步增加模具设计、制造难度。

在产品市场多样化的环境条件下，产品的市场寿命将缩短，产品改型速度将加快。这不仅将提高模具年需求量，供模期也要求越来越短。目前，为满足用户要求，许多模具厂的供模期已缩短到40天。

同时，研制和推广通用、快换模具，如快换冲模、快换塑料注射模是模具技术的重要发展趋势。

为保持企业产品的市场竞争力，企业必须加大产品技术储备，加快新产品开发、试制的速度和扩大产能。因此，加大研制、推广快速制造模具制造技术的力度，以适应新产品试制对模具的要求，已成为模具技术发展重要的趋势。

四、未来发展的总体思路和总体目标

纵观模具市场与模具生产技术现状、差距和发展趋势，模具行业在未来20年内，须以“十年生聚、十年生息”，发愤图强的精神，全面掌握和实现信息化、数字化模具生产技术，把我国建设成为发达的模具工业国家。

(1)未来十年内，在我国模具企业全面普及模具CAD/CAM生产技术的基础上，以模具企业为主体，依靠大专院校的科技力量，研究模具的分类学，实现模具零部件的标准化、参数化，以及模具结构的参数规范，并使之形成为模具CAD/CAM系统软件的支持软件；加速研究和积累模具设计、制造的经验、技能，并使之沉淀为生产知识，固化为专家系统；研究、应用RPM快速制造模具技术等。并在此基础上，使我国模具骨干企业(约15%～20%的模具企业)全面实现模具 CAD/CAM 生产技术。

(2)研究引入适于专用模具单件生产方式的企业管理、模具生产过程控制与管理和模具用户服务信息管理的理论、模式和方法及其软件,提高模具企业、模具行业在两个市场的核心竞争力。

(3)未来20年内,模具企业在全面掌握模具 CAD/CAE/CAM 关键、核心技术和全面采用信息管理的基础上,使各类各种模具均形成各自的设计与制造的企业群体、企业体系;实现模具标准通用零部件的集成生产体系;全面实现型件表面无研、抛作业,使成形加工工艺完全可控;使通用、系列产品生产用模具实现集成、柔性生产体系。即:在未来20年内,我国50%的模具企业,将达到国际的现代化工业生产水平,将使我国成为模具发达国家。

五、战略重点和主要研究任务

未来20年模具科学技术的发展战略重点为对模具信息化、数字化生产技术进行研究,主要任务为:

(1)研究开发三维(3D)的模具 CAD/CAE/CAM 系统,并形成拥有自主知识产权的软件体系。

(2)研究模具设计、制造参数,通用、标准、参数化构件及由经验构成的专家系统,并使之形成模具 CAD/CAE/CAM 数据库。

(3)建立模具企业生产管理系统软件的应用与开发体系。

(4)研究、开发金属板材成形工艺过程模拟分析软件。

(5)研究精密电火花加工工艺及其柔性制造单元。

(6)研究数字化快速制造模具技术。

(7)研究模具成型件材料的应用体系和模具型件用新材料。

六、政策措施

(1)模具设计与制造技术,与机械工程、信息与电子工程、冶金与材料工程、化工工程和工程管理等学科专业具有密切关系。同时,模具也是现代制造业的关键、核心技术。因此,模具科学及生产技术应当重点、独立立项进行发展研究。否则,将影响模具工业的发展与进步。

(2)由于模具技术实践性强,因此其科学技术发展与研究应以模具企业为主体,依靠科研院所、大专院校科研力量进行开放式试验、研究,以取得更好效果。

(3)为实现未来20年内的模具科学技术发展研究的总战略、总目标和主要任务,要充分发挥行业协会在规划、立项和实施中的组织协调作用。

(4)由于模具是专用技术产品,只能采用单件生产方式生产,其标准化对模具制造质量、周期和价格具有特殊影响,故国家应对模具标准化、标准件的研究、开发和生产加大支持力度。

(5)模具是技术型产品,技术含量高,对模具设计、制造人才,特别是对从事数控机床和模具 CAD/CAE/CAM 的职工素质要求很高。因此,必须建立高素质的教师队伍,加强模具技术人才的培养与培训。

(6)由于只能进行单件生产,生产过程长、制造设备精度高、生产管理复杂,对技术人才素质要求高,致使生产成本高,造成模具企业处于微利状态。因此,国家仍须给予政策扶持,继续执行增值税返还政策,以促进模具企业的技术进步。

模具产业结构现状及合理化趋势

中国模具工业协会

我国(不包括港、澳、台,下同)模具生产规模1992年约100亿元,1997年200亿元,2001年300多亿元,2003年达到450多亿元。经过长时期发展,特别是经过近10多年的快速发展,我国模具行业产业结构正在随着市场经济的发展而逐步改善。然而与模具发达国家相比和与国内外模具市场需要相适应来看,我国模具产业结构还有许多不合理之处,调整的任务还十分繁重。现就其中几个主要方面作一些情况分析,并提出一些合理化趋向之我见,与业内人士共同探讨。

一、模具产业结构的现状及合理化趋势

20世纪50年代后期开始出现专业模具厂之前,模具几乎全部是一些产品厂中的工模具车间(工段)为保证产品厂生产所需而生产。经过几十年发展,专业模具厂越来越多,作为商品在社会上流通的模具也越来越多。但是模具商品化程度目前仍旧很低,全国总水平估计只有40%左右。也就是说,自产自用的模具仍占多数。就企业资产的所有制形式来看,原先占绝大多数比例的国有企业,经过体制改革,许多已变成了股份制企业,特别是南方,国有模具企业已经很少。与此同时,"三资"企业和个体私营企业近十年来发展迅猛,在南方已经成为模具行业的主力。由于北方和西部地区大量的国有企业体制改革步伐较慢,就整个模具行业来看,国有企业仍旧占有很大比例。目前的情况大体上是国有企业、股份制及集体企业、私营及个体企业三分天下各有其一,其中和营及个体企业略多于1/3。

根据国际、国内模具工业发展情况看,模具这一产品适合于专业化、商品化生产,模具企业应走"小而专"、"小而精"、"小而特"道路,少数大型模具企业也应走"精而专"的道路,应有灵活有效的机制和快速反应的能力。因此,目前的组织结构不够合理。不断提高模具生产的专业化、商品化程度，使尽可能多的产品厂中的模具车间（分厂）独立出来，成为面向社会，自负盈亏的独立法人；有更多的模具企业走上"小而专"、"小而精"、"小而特"道路，并在条件成熟时走联合之路，或发展产学研、科工贸相结合的实体；有更多的企业经过改制和改革，具有灵活有效的机制和快速反应的能力，并提高企业综合素质和核心竞争力。这将是模具产业组织结构的合理化趋向。

二、模具产业产品结构的现状及合理化趋向

在市场经济中，一方面是工业产品的发展，尤其是新产品的开发，不断对模具提出各种新要求，促进模具工业的发展；另一方面，模具工业的发展也促进了工业产品的发展，两者相辅相成，共同发展。模具对工业产品的适应是相对的，不适应是绝对的。随着我国汽车、电子信息及家电工业的蓬勃发展，模具市场结构正在发生很大的变化。为提高模具的适应度，模具产品的结构必须不断调整。在模具产品结构中，冲压模具在近50年中一直占第一位。由于塑料工业的发展迅速，塑料模具的比例一直在快速提高，现在已占到第二位。铸造模具的比例近年来一直维持第三位，但内部结构已经有了显著的变化，即压铸模具比例正逐步提高。2003年我国模具产品结构见表1。

这样的产品结构比以前有了较大改善，但仍不能完全适应市场所需。从市场发展来看，塑料用途越来越广，塑料制品用量越来越多，塑料模具发展必须与之相适应。2002年和2003年，我国进口塑料模具约占进口模具总量的一半，约占我国塑料模具市场的1/4。由于机电产品进一步轻型化，除了塑料制品迅速发展之外，铝、镁轻金属及其合金制品也必将迅速发展。因此，在模具产品结构中，塑料模具和轻金属压铸模具的比例不断提高将是产品结构的合理化趋向。同时，随着模具标准化程度和模具标准件使用覆盖率的不断提高，各种模具标准件产品在模具产品总量中所占比例的不断提高也将是合理化趋向。在目前占比例最大的冲压模具中，国内供不应求、进口较多的是汽车覆盖件模具，多工位级进模及精冲模的比例不断提高也是模具产品结构合理化趋向之一。其他如子午线橡胶轮胎模具、新型快速经济模具、长寿命玻璃模和陶瓷模具等，在未来的模具产品结构调整中，逐渐增大比例也将是合理化趋向之一。总之，技术含量较高、市场上供不应求、大量进口的模具在今后的产品结构调整中应重点发展，不断提高其比例。

表1　2003年我国模具产品结构

模具类型	所占比例（%）	备　注
冲压模具	41.0	
塑料模具	39.0	其中大部分为注塑模具
铸造模具	10.5	其中大部分为压铸模具
其他各类模具	9.5	

三、模具产业技术结构的现状及合理化趋向

随着社会的进步和各行各业的技术进步，模具产业技术结构必须与其相适应。就整个模具制造技术来说，过去传统的模具设计和加工技术正在向数字化和信息化迈进，模具企业正在用高新技术对传统的模具制造技术进行改造。就目前的现状来看，CAD/CAE/CAM技术已普遍应用，但普及面还不够广，应用水平还较低；高速加工、电火花铣削及镜面和细微加工、激光加工、复合加工、超精加工等模具加工新技术目前还较少应用；逆向工程、并行工程、敏捷制造、虚拟技术等应用更少，多数还处于开发阶段；快速原型制造技术与快速经济模具制造紧密结合的各种技术尚需研究开发；数字化扫描、快速电极制造、模具表面工程、模具光整及修复等先进技术研究开发和推广工作尚有较长的路程要走；高质量新型模具钢的研制及模具材料的正确选用也还有许多工作要做。因此，我国目前模具产业技术结构还比较落后，与国外模具发达国家相比尚有很大差距，也不能适应各行各业对模具提出的新要求。

管理技术和人才结构也是技术结构的内容。从某种角度上来说，我国的模具产业管理落后比技术落后的问题更大，人才问题更是十分突出。

模具产业技术密集，许多模具都是高新技术产品，同时也为高新技术服务，这就决定了模具产业应有合理的技术结构。上述各项技术的研究开发和推广应用都是技术结构合理化趋向的重要内容。现代企业管理技术的应用和提高，模具高素质人才比例的提高等也是技术结构合理化趋向的重要内容。我国地域广阔，模具企业众多，企业之间技术水平参差不齐。有越来越多的企业用高新技术进行改造，并逐步实现信息化，这必将是我国模具产业技术结构合理化趋向的结果。随着技术结构的逐步合理化，模具生产各工序之间设备和时间结构也必将发生相应的变化，这也是应该注意的问题。

四、模具产业进出口结构情况及合理化趋向

由于我国模具设计制造水平和能力不能满足市场要求，因此每年都有大量模具进口，模具出口量很小，且大都是技术含量较低的中低档模具产品。

根据海关资料，1984～2003年我国模具产品进出口情况见表2。表中未包括随主机设备作为附件进口的模具。

表2　1984～2003年我国模具产品进出口情况

年　份	进口额/万美元	出口额/万美元	进出口比例
1984	2 429	136	29.4:1
1986	9 037	196	46.1:1
1988	18 851	465	40.5:1
1990	21 360	1 452	14.7:1
1992	42 000	3 000	14.0:1
1994	67 500	3 890	17.3:1
1995	81 100	4 941	16.4:1
1996	91 799	7 000	13.1:1
1997	63 000	9 428	6.7:1
1998	66 300	9 591	6.9:1
1999	88 300	13 349	6.6:1
2000	97 700	17 374	5.6:1
2001	111 174	18 775	5.9:1
2002	127 220	25 234	5.0:1
2003	136 930	33 680	4.1:1

从表2中可以看出，自1984年以来，总的趋势是进出口量相抵后的净进口量日渐增加，出口增幅一般要大于进口增幅，进出口比例日渐缩小，渐趋合理。但是，我国仍是世界上模具净进口量最多的国家，进出口仍旧严重不平衡，进出口比例仍旧不合理。

从长远来看，合理化趋向的第一步应该逐步做到进出口基本平衡，即逐步使进出口比例达到1:1左右。第二步应该是进一步扩大出口，使出口多于进口，将模具的净进口国逐步变为净出口国。目前，我国进口的模具大多为技术含量高的大型、精密、复杂、长寿命模具，而出口的模具大多为技术含量较低的中低档模具。因此，要实现这个目标，首先必须提高我国模具设计制造水平和能力，同时各有关企业要努力提高其包括产品出口能力在内的企业综合素质和核心竞争力。

〔撰稿人：中国模具工业协会周永泰〕

2003年模具工业运行情况

中国模具工业协会

一、影响运行的几个主要因素

1. 有利因素

汽车工业是模具的最大用户，2003年汽车产量达到444.37万辆，比2002年增长35.2%，其中轿车201.89万辆，增长83.25%。汽车"井喷"式的发展极大地促进了模具工业的发展。包括家用电器、办公用电器和工业电器在内的电器行业和电子信息产业及建材工业在2003年也高位运行。2003年机械行业产值比2002年增长31.9%，工业增加值增长26.05%。这些大量使用模具行业的高速发展，必然带来模具工业的高速发展。

国家实施的对部分专业模具生产企业的模具产品从2003年开始实施新一轮的增值税先征后返政策，不但直接促进各有关企业的快速发展，更主要的是在全国范围内起到了积极的政策引导作用。2003年继续有一部分模具企业从原来的母体企业中独立出来，成为面向社会、独立经营、自负盈亏的独立法人，促使企业能更好地发挥其优势和能力。同时，不少地方有关部门从国家的这一政策中深切感受到模具的重要性，因此，也积极支持当地模具工业的发展，相应出台了一些在地方政府职权范围内可以实施的支持模具工业发展的一些优惠政策。这些都极大地激发了广大企业发展模具生产的积极性。

2003年，外资继续快速进入模具行业，港资和台资表现突出，日本、韩国、美国等国家资金也比较活跃，三资企业发展很快。目前三资模具企业主要集中在广东、浙江、江苏、上海等省市，因此，这些省市模具工业的发展速度也明显快于其他省市。

2. 不利因素

2003年上半年，非典肆虐，人员交流和物资流通曾一度受阻，不少模具企业受到影响，生产量曾有下降。

2003年下半年开始，缺电情况越来越严重，16个省市拉闸限电，尤其是江浙一带，有些地方有1/3时间停电，对生产影响很大。

2003年原材料普遍涨价，钢铁大幅度涨价，个别材料涨价幅度几乎接近100%。材料涨价压缩了模具企业的利润空间，部分企业生产受到影响。

二、主要指标

根据国家统计局统计，2003年国有和500万元以上非国有模具生产企业全国共计572家，比2002年增加57家，2002~2003年国有和500万元以上企业主要指标见表1。

表1　2002~2003年国有和500万元以上企业主要指标

年　份	企业数/个	销售收入/亿元	利润总额/亿元	职工人数/万人
2002	515	111.0	6.1	8.0
2003	572	162.0	12.8	9.6
增长率(%)	11.1	45.9	109.8	20.0

这个统计资料存在一些不可比因素，不能确切反映我国模具工业的实际情况，但仍可看出一个趋向：2003年我国模具工业确有很大发展。

根据中国模具工业协会统计，2002~2003年194个专业模具厂主要指标见表2。

表2　2002~2003年194个专业模具厂对比情况

年　份	产品销售收入/亿元	工业总产值(当年价)/亿元	利润总额/亿元	职工人数/万人	人均年产值/(万元/人)
2002	28.6	32.2	2.85	4.0	8.0
2003	40.7	44.6	5.63	4.2	10.7
增长率(%)	42.2	38.4	97.40	4.1	32.9

这个统计资料虽然对比情况可靠，但大部分都是行业中业绩较好的企业，尚不能代表全行业情况。

中国模具工业协会根据2003年实际运行情况，再参照各方面统计资料，经研究确定2003年全国模具总产值为450亿元，比2002年增长25%。

三、模具进出口情况

根据海关统计资料，2003年模具进出口总额17.06亿美元，比2002年增长11.95%。其中进口总额13.693亿美元，比2002年增长7.65%；出口总额3.368亿美元，比2002年增长33.5%。出口总体发展平稳，结构得到改善，渐趋合理。

(1)按模具种类分，进出口最高的是塑料橡胶模具，进出口额分别占了进出口总额的56.9%和66.8%。其次是冲压模具，分别占了进出口总额的34.9%和17.5%。2003年各类模具进出口情况见表3。

(2)按进口货源地分，我国进口模具主要来自日本、中国台湾和韩国，其次是德国、中国香港特别行政区、美国和新加坡等。2003年我国进口模具主要货源地情况见表4。

(3)按出口目的地分，我国出口模具市场主要是我国香港特别行政区、日本、美国，其次是新加坡、中国台湾、泰国。东南亚其他国家，以及澳大利亚、韩国及欧洲也有一定的市场。出口香港的模具，其中不少是转口贸易，最终目的地比较分散。2003年出口模具主要目的地情况见表5。

表3 2003年各类模具进出口情况 (单位:亿美元)

模具种类	进口		出口	
	金额	所占比例(%)	金额	所占比例(%)
塑料橡胶模具	7.79	56.9	2.25	66.8
冲压模具	4.78	34.9	0.59	17.5
其他模具及模具标准件	1.12	8.2	0.53	15.7

表4 2003年我国进口模具主要货源地情况 (单位:亿美元)

货源地	日本	中国台湾	韩国	德国	中国香港	美国	新加坡
进口额	4.32	2.78	2.15	0.99	0.59	0.48	0.45
所占比例(%)	31.6	20.3	15.7	7.2	4.3	3.5	3.3

表5 2003年出口模具主要目的地情况 (单位:万美元)

目的地	中国香港	日本	美国	新加坡	中国台湾	泰国	印尼	越南	澳大利亚	韩国	马来西亚
出口额	12 024	4 202	2 889	1 350	1 260	1 176	1 012	847	776	735	715
所占比例(%)	35.7	12.5	8.6	4.0	3.7	3.5	3.0	2.5	2.3	2.2	2.1

(4)按进口目的地分，进口最多的省市是广东、江苏、北京、上海和天津，都达1亿美元以上。其次是辽宁、山东、福建、浙江和安徽。这10个省市进口模具占进口总额的94.5%。2003年进口模具最多的10省市情况见表6。

表6 2003年进口模具最多的10省市情况 (单位:万美元)

目的地	广东	江苏	北京	上海	天津	辽宁	山东	福建	浙江	安徽
进口额	30 649	23 400	17 380	16 587	10 370	8 900	6 233	6 094	4 728	3 179
所占比例(%)	22.4	17.1	12.7	12.1	8.8	6.5	4.6	4.5	3.5	2.3

(5)按出口货源地分，出口模具主要来自广东、上海、浙江、江苏等省市，其次是福建、天津和山东等省市，这7个省市出口模具占出口总额的83.7%。2003年出口模具主要货源地情况见表7。

表7 2003年出口模具主要货源地情况 (单位:万美元)

货源地	广东	上海	浙江	江苏	福建	天津	山东
出口量	14 068	4 091	3 794	3 117	1 068	1 063	959
所占比例(%)	41.8	12.1	11.3	9.3	3.2	3.2	2.8

(6)从进出口比例看，结构有所改善，渐趋合理。2003年进出口比例为4.1:1，其中广东最好，达2.2:1。1986~2003年模具进出口比例见表8。

(7)进出口相抵后的净进口额，2003年达到10.325亿美元，仍旧过大。1986年~2003年模具净进口额(进出口逆差)情况见表9。

表8 1986~2003年模具进出口比例

年份	1986	1988	1990	1992	1994	1996	1997	1998	1999	2000	2001	2002	2003
进出口比例	46.1:1	40.5:1	14.7:1	14.0:1	17.3:1	13.1:1	6.7:1	6.9:1	6.6:1	5.6:1	5.9:1	5.0:1	4.1:1

表9　1986～2003年模具净进口(进出口逆差)情况　　(单位:亿美元)

年　份	1986	1988	1990	1992	1994	1996	1997	1998	1999	2000	2001	2002	2003
净进口额	0.9	1.8	2.0	3.9	6.4	7.6	5.4	5.7	7.5	8.0	10.2	10.2	10.3

对这7个表作进一步分析,还可以得出如下结论:①塑料橡胶模具出口比例居10大类模具中首位,多年都占半数以上,发展前景好,今后仍应发展,他们在模具总量中的比例也将会继续提高。②模具进口货源地比较集中,模具出口目的地比较分散,世界模具市场广阔,出口前景继续看好。③三资企业和私营企业已成为出口主体。④进口模具占了我国市场的很大份额,我国模具水平和能力亟待提高,模具工业仍具有很好的发展前景。为此,仍需自身的积极努力和争取各方面的支持。

四、其他有关情况

由于需求旺盛,2003年模具行业投入增加,约有60亿元以上,创历史新高。60多亿元的投入中大部分用于进口大型、精密、关键设备。高性能的设备为提高模具制造质量、缩短周期创造了极为有利的条件。进口模具和出口模具的发展促进了模具设计制造水平的提高。2003年,中国模具工业协会技术委员会组织专家对各地拟申报国家级新产品的模具项目进行了正式申报前的初步评议,共评出20项作为推荐项目,比2002年多5项。2003年又有10多个企业被各级政府有关部门评定为高新技术企业,30多个企业通过ISO9000国际质量体系认证。CAD/CAE/CAM技术得到进一步推广应用。RP/RT技术、PDM、CAPP及RE技术、高速加工和热流道技术、CIMS及ERP等集成化制造管理系统都在模具行业中得到应用,并显示出许多优越性。整个模具行业的信息化发展势头良好。“技术集成化、设备精良化、产品品牌化、经营国际化”,将企业做强、做精、做专等理念,已成为一汽模具制造有限公司等行业骨干重点企业的行动准则和发展方向。

高速发展带来了两个问题,就是体制与人才。在高速发展的市场经济中,许多国有企业和部分集体企业的原有体制和机制显得有些不适应。因此,2003年也是模具企业体制改革和机制转换步伐加快的一年。股份制改造成功的企业,在市场经济中显得很有活力。市场竞争归根到底是人才竞争。许多企业,特别是新建企业和发展较快的企业都感到人才缺乏,特别是高级管理人才和高级技术人才及高素质的技术工人。人才缺乏制约了模具工业的进一步发展。

五、存在问题及展望

除了体制和人才问题之外,模具行业结构调整的任务仍旧很重。大型、精密、复杂、长寿命的中高档模具比例需进一步提高;进出口结构仍需进一步改善;模具商品化和标准化程度仍需进一步提高;模具企业仍需在技术进步、增强开发能力、提高经营管理水平等方面作进一步努力。

2004年,我国国民经济发展步伐将适当放慢,GPT增长率已从2003年的9.1%调为7%。汽车及机械等行业发展速度也会减慢。预计模具行业发展速度也必然减慢。能源紧张和材料涨价等不利因素仍旧存在。虽然如此,高速发展的惯性仍将保持一段时间,部分能量仍将继续释放。因此,预计2004年模具工业发展速度虽然不可能像2003年那么出人意料的高,但也不会低于通常的年份,15%左右的增长率可能是比较现实的。

模具质量工作

中国模具工业协会

模具的质量主要反映在模具精度、寿命、型腔表面粗糙度及结构等方面。当然,外观质量也是重要的。模具行业质量管理工作较为落后,至今尚无国家模具质量监督检测中心。现在,模具的质量主要靠各企业自觉地进行质量管理,自立地建立质量保证体系。同时,中国模协在双年举办的中国国际模具技术和设备展览会上对参展模具产品进行评述,并评出优质模具进行表彰,对推动模具行业质量工作和提高模具行业的质量水平起到了积极推动作用。1997～2000年,中国模具工业协会还每年编印了《国产优质模具汇编》,向全国模具用户推出了优质模具1 000多套,也促进了质量工作。中国模协模具材料委员会于1997年编印的《模具用钢推荐表》对模具生产企业正确选用模具钢、提高模具质量也起到了良好作用。模具行业虽然至今尚无国家级技术中心,但有些省市和部分企业在充分认识质量工作的重要性之后,先后建立了一些省市级和企业技术中心,对模具质量的提高及新产品开发也起到了良好作用。

我国模具设计制造水平和产品质量经历了一个漫长的发展提高过程。一方面是自行发展提高,另一方面是引进技术或从进口模具中吸取其精华而发展提高。低熔点合金模具在中华人民共和国成立前后已开始制造和应用,经过几十年的发展,水平提高很快,后来又发展了中熔点合金模具。这些主要是依靠自己的力量而发展提高的。汽车覆盖件模具从为货车配套逐步发展到为乘用车和中高档轿车配套,主要是学习国外技术而发展提高的。冲压模从单工序简单冲模发展到复合模,再发展到多工位级进模并使用硬质合金来提高其精度和寿命,这是我国自行研究开发与引进国外技术相结合,取得的成绩。现在个别企业生产的微米级长寿命多工位级进模已达到国际水平。为电子行业服务的塑料封装模长期依靠进口,1980 年我国研制成功一模400 腔塑封模已可替代进口,20 世纪 90 年代研制成功一模600 腔和一模1 200腔塑封模,现在已能生产2 560腔的塑封模,已接近国际水平。20 世纪 40 年代出现塑料模之后,我国主要依靠自己的力量和吸收进口模具的精华,从机外装料的简单胶木模发展到今天能制造为汽车、家电等配套的大型、精密热流道模具和气辅模具,部分产品已达到或接近国际水平。汽车橡胶轮胎模具从两半模发展到活络模,从斜胶胎模发展到子午线胎模,从铸模发展到镶嵌模和全钢模,中国企业既走过了自行研制开发成功的道路,同时也走过了引进技术的道路。目前,国内生产的部分全钢子午线橡胶轮胎活络模已达到或接近国际水平。经过几十年的发展提高,已达到或接近国际水平的模具还有大型复杂压铸模、塑料异型材高速挤出模、多型腔小模数精密塑料齿轮模、外墙地砖挤压成形模等等。

自我国等效采用国际质量管理体系标准以来,模具行业积极开展贯标认证工作。先是贯彻 ISO9001 和 ISO9002:1994,后是贯彻 ISO9001 和 ISO9002:2000。有的企业还通过了 ISO14000 环保认证和 QS9000 的汽车认证。通过 ISO9000 标准质量管理体系认证的企业名单见表 1。

表 1 通过 ISO9000 标准质量管理体系认证的企业名单

序号	企业名称
1	上海斯米克金刚石工模具有限公司
2	上海紫燕模具成型公司
3	长春三友模具有限公司
4	安徽荣事达塑料模具厂
5	青岛塑料模具实业公司
6	沈阳模具厂(现已更名为:沈阳子午线轮胎模具有限公司)
7	七一六研究所(连云港杰瑞模具有限公司)
8	天水长城精密模具厂
9	无锡模具厂(现已更名为:无锡曙光模具有限公司)
10	上海航空发动机厂模具分厂
11	海尔模具有限公司
12	科龙模具有限公司
13	东莞汇科模具塑料制品有限公司
14	东风汽车模具厂(现已更名为:东风汽车模具有限公司)
15	河北胜利集团模具公司(现已更名为:定州长胜模具制造有限公司)
16	洛阳市硬质合金工具厂
17	山西冲压厂
18	浙江模具厂
19	海信模具有限公司
20	天津通信广播公司模具厂(现已更名为:天津通广集团模具塑料有限公司)
21	中国扬子集团设备模具制造有限公司
22	正泰模具中心
23	大显模具公司
24	成都成飞汽车模具中心(现已更名为:四川成飞集成科技股份有限公司)
25	宁波双林集团股份有限公司(宁波双林精密模具有限公司)
26	成都宏明双新精密模具零件公司
27	西安黄河模具公司
28	洛阳河柴模具有限责任公司
29	广州广电林仕豪模具制造有限公司
30	昆山三建精密模具机械公司
31	上海帕斯高模具公司
32	上海海鸥精密模具冲压件厂
33	天津神光新技术开发公司
34	天津汽车模具有限公司
35	渭河工模具总厂
36	湘潭电机力源模具有限公司
37	鄂丰精密模具有限公司(现已更名为:湖北鄂丰模具有限公司)
38	苏州东风精冲工程有限公司
39	慈溪市横河塑料模具厂
40	宁波合力模具有限公司
41	南京金宁工装有限责任公司
42	浙江铁牛实业有限公司
43	深圳精密模具塑料工程有限公司
44	宁波跃飞模具有限公司
45	宁波信高股份有限公司
46	象山同家铸造模具厂
47	宁波车灯电器有限公司
48	宁波市北仑东雄电器有限公司
49	宁波锦隆塑模有限公司
50	余姚新华塑模有限公司
51	萧山精密模具标准件厂
52	郑州海特模具有限公司
53	上海日超精密模具有限公司
54	太仓求精塑模有限公司
55	深圳南方模具厂
56	宁波南方塑料模具有限公司
57	一汽模具制造公司
58	株洲南方航空工业模具制造厂
59	北京兆维工装有限公司
60	中国轻骑集团有限公司塑胶模具公司
61	跃进汽车集团南京模具装备有限公司
62	东方电机工模具有限公司
63	顺德市新强盛模具有限公司(现已更名为:顺德圣都模具股份有限公司)
64	揭阳市外轮橡胶机械有限公司(现已更名为:广东巨轮模具股份有限公司)
65	铜陵三佳模具股份有限公司
66	黄岩安吉尔塑胶模具有限公司
67	台州市亿力电器有限公司
68	浙江黄岩华日集团有限公司
69	浙江黄岩三叶集团有限公司
70	北京吉普汽车有限公司(工具厂)(现已更名为:北京比亚迪模具股份有限公司)
71	重庆江东机械有限责任公司(模具厂)(现已更名为:重庆江东模具股份有限公司)
72	宁波华众塑料制品有限公司(模具厂)(现已更名为:宁波华众模具制造有限公司)
73	南海市华达模具塑料有限公司

（续）

序号	企业名称
74	增城市实力模具标准件有限公司
75	江苏华富电子有限公司
76	慈溪市天龙塑料有限公司(模具厂)(现已更名为:慈溪市天龙模具有限公司)
77	宁波吉业汽配模具有限公司
78	宁海广达制模有限公司
79	平阳县机模厂
80	浙江黄岩重型塑料模具厂
81	浙江黄岩冲模厂
82	浙江黄岩享达塑料模具厂
83	浙江黄岩三雷模具有限公司
84	浙江黄岩模具六厂
85	浙江黄岩中联塑料模具厂
86	浙江黄岩纪元模具有限公司
87	浙江黄岩豪马塑料模具有限公司
88	浙江黄岩昌盛模塑厂
89	黄岩精惠普模塑厂
90	成都航天模塑股份有限公司
91	洛阳市建园模具制造有限公司
92	浙江黄岩模具二厂
93	株洲九方工模具有限责任公司
94	上海黄燕模塑工程有限公司
95	烟台泰利汽车模具制造有限公司
96	江苏振事达实业总公司
97	浙江滨海模具塑料厂
98	广州风行模具厂
99	高明市威利坚实业有限公司(现已更名为:佛山市顺德区威利坚实业有限公司)
100	宁波申江汽车部件有限公司
101	镇江船山模架厂
102	滁州市宏达模具制造有限公司
103	太原模具厂
104	烟台汽车模具厂
105	广东天阳模具有限公司
106	山东省莱芜市模具厂
107	潍坊模具厂
108	陕西省模具制造集团
109	上海吉泰交通三业有限公司
110	浙江春晖集团公司
111	福州模具厂
112	一拖(洛阳)模具厂
113	成都新志实业有限公司
114	广州广电林仕豪模具制造有限公司
115	许继模具制造有限公司
116	上海龙记金属制品公司
117	盘起(大连)工业有限公司
118	福州兰建模具模架有限公司
119	江苏吴江市升和精密模具有限公司
120	宁海县上达模具有限公司
121	宁波朗迪模具技术有限公司
122	佛山市顺德区新的模具制造有限公司
123	慈溪市鸿达电机模具制造中心
124	东莞中兴模具有限公司
125	湖大海捷(湖南)模具工程有限公司
126	深圳银宝山新实业发展有限公司

（续）

序号	企业名称
127	苏州工业园区兰佩铸造设备有限公司
128	苏州汇众模塑有限公司
129	苏州双林模具厂
130	顺德新的模具制造有限公司
131	洛阳卫创轴承模具有限公司
132	湖北十堰先锋模具股份有限公司
133	安徽宁国中鼎模具制造公司
134	中国扬子集团设备模具制造有限公司
135	滁州市科创模具制造有限公司
136	四川天元模具制造有限公司
137	宁波市北仑辉旺铸模实业有限公司
138	王子精品模具有限公司
139	青岛伊海模塑有限公司
140	烟台旭海汽车模具厂
141	宁波横河模具有限公司
142	山东济宁模具厂
143	太仓求精塑模有限公司
144	一汽工艺装备有限公司
145	深圳银宝山新实业发展有限公司
146	宁波远东制模有限公司
147	余姚市工程塑料厂
148	余姚新华模塑有限公司
149	上海申模模具制造有限公司
150	合肥大连模具有限责任公司
151	北京夏金宇模具科技有限公司

除了贯彻 ISO9000 以外，许多企业依靠科技进步，加强技术改造，重视内部管理，搞好企业文化，建立企业标准，使产品质量不断提高。例如：在《人民日报·市场报》、香港《大众报》、《中国消费报》等共同开展的以“庆祝消费者节日，维护消费者权益”为主题的大型宣传活动中，中国扬子集团设备模具制造有限公司在 2001 年“3·15 模具全国用户的暗访暨调查”活动中被列为“产品质量无投诉、售后服务无投诉 10 佳企业”。该公司的“扬子”商标被认定为安徽省著名商标。

铜陵三佳模具股份有限公司的“建西”牌塑料模具也被认定为安徽省著名商标。浙江省萧山精密模具标准件厂生产的“金龟”牌精密冷冲模被评为浙江省著名商标。广东巨轮模具股份有限公司的“吉阳”牌子午线轮胎活络模具被评为广东省著名商标。广东天阳模具有限公司的“天鹅”牌子午线轮胎活络模具荣选为中国知名品牌。海尔模具公司等企业提出的“您给我一个概念，我还您一个产品”的一站式服务，使质量工作进一步深化。

四川成飞集成科技股份有限公司等一批企业，坚持“质量第一、用户至上、全员参与、不断改进”的质量方针，以“创建一流企业，培养一流人才，制造一流模具”为目标，在推动技术进步、完善内部管理、建立和完善质量管理体系等方面都取得了较好成果。许多企业把质量工作重点放在“让顾客满意”上，进一步提高了质量工作的水平。

模具标准化工作

中国模具工业协会

一、模具标准化及其工效

模具工业是专用工装、专用成形工具、专用技术产品，故只能采用专门设计与制造的单件生产模式。模具的工业化生产实践证明：单件生产模式难以保证模具精度、质量和使用性能，且制模周期很长，制模费用很高。

为此，研究、制订互换性好、零件组合率高的模具零部件产品标准，进行批量或大批量生产，并建立定点、适时、优质、配套、安全销售供应服务体系，以提高模具标准件的使用覆盖率、生产工时利用率和模具装配精度，从而使企业资源、社会资源实现合理配置。

所以，推行、实现模具标准化，是改善模具单件生产模式的根本方法，是缩短模具设计、制造周期的基本措施。

美国于1936年组织模具技术专家成功制订了世界第一部模具零部件标准。此后，又组建了世界著名的模具标准件公司DME。二次世界大战后，德国组建了HASCO(哈斯科)、日本组建了FTABA(双叶电子工业)模具标准件生产公司，形成了世界上3个著名的模具标准件生产、销售供应体系。

经过30余年的发展，至20世纪70年代，美国、德国、日本等模具工业发达国家的模具企业生产的中小型冲模、塑料模的标准模架与标准零件的使用覆盖率已达90%以上；中大型板材成形冲模中使用的标准化零件已占冲模构件总数的60%以上，使模具制造工时减少25%～45%。同时，使模具装配精度提高到精密级或高精密级；使中等复杂程度的冲模、塑料模的制模周期缩短到1.5～2.5个月。

可见，模具标准化对模具企业和模具行业的功效都很高。为此，我国自1983年4月成立全国模具标准化技术委员会以来，仅经过20余年，就形成了模具技术标准体系和模具标准件生产与销售系统组成的市场体系，改善了模具单件生产模式。从而，将我国模具生产技术水平推进到一个新的、现代化的发展阶段。

二、模具技术标准体系

模具标准化工作是在全国模具标准化技术委员会(暂简称GMSTS)组织下进行的。GMSTS是在国家质检总局领导下进行模具标准化工作的专家组织。同时GMSTS也是国际标准化组织ISO的“P”成员。

GMSTS于1983年成立后，即研究、制订了模具标准体系表。体系表中将模具分为冲模、塑料模、压铸模、锻模、粉末冶金模、铸造金属模、橡胶模、玻璃模、陶瓷模和经济模具，共10大类。

经过近20年的努力，GMSTS根据体系表组织制订了56项模具技术标准，达350个标准号。其中按标准性质分为：模具零部件(产品)标准、模具工艺质量标准、基础标准与相关标准，共4种。

按标准级别分为：国家标准(GB、GB/T)和行业标准(JB、HB等)。

模具主要技术标准见表1。

表1　模具主要技术标准

标准种类	标准名称	标准号	标准号数/个
冲模零部件(产品)标准	冲模滑动导向模架	GB/T 2851.1、3～7	10
	冲模滚动导向模架	GB/T 2852.1～4	4
	冲模模架零件	GB/T 2855.1～14	14
		2856.1～8	8
		2861.1～16	16
	冲模滑动导向钢板模架	JB/T 7181.1～4	4
	冲模滚动导向钢板模架	JB/T 7182.1～4	4
	冲模钢板模架零件	JB/T 7184.1～4	4
		7183.1～4	4
		7186.1～4	4
		7187.1～6	6
	冲模通用零件	JB/T 7642.1～8	74
		7643.1～6	
		7644.1～8	
		7645.1～8	
		7646.1～7	
		7647.1～4	
		7648.1～8	
		7649.1～10	

（续）

标准种类	标准名称	标准号	标准号数/个
		7650.1～9	
		7651.1～2	
		7652.1～4	
	冲模导板模架	JB/T 8049.1～2	4
	冲模导板模导板	JB/T 8054.1～2	
	冲模凹凸模	JB/T 8057.1～5	5
	冲模典型组合	JB/T 8065.1～4	14
		8066.1～2	
		8067.1～4	
		8068.1～4	
塑料注射模零部件(产品)标准	塑料注射模中小型模架	GB/T 12556.1	27
	塑料注射模零件	GB 4169.1～11	
	塑料注射模大型模架	GB/T 12555.1	
	“——”	GB/T 12555.2～15	
压铸模零件标准	压铸模零件	GB 4678.1～15	15
锻模零部件(产品)标准(含金属体积变形模具)	螺旋压力机锻模零件:模块与模座压圈等	JB/T 5110.1、2、4、5、7	5
	平锻机锻模零件:凹模体与镶块毛坯等	JB/T 5111.1～3	3
	通用锻制模块毛坯尺寸	JB/T 5900	1
	机械压力机锻模零件	JB/T 6059.1～9	9
		6962.1～3	3
	锤锻模零件	JB/T 6060.1～4	4
	冷挤压预应力组合凹模	JB/T 5112	1
	金刚石拉丝模具	JB 3944	1
	冷镦模具通用件	JB/T 4208.1～81	
	冷镦六角螺栓、螺母模具	JB/T 4209.1～13	
		4210.1～25	
	冷锻螺钉模具	JB/T 4211.1～12	
	冷锻内六角圆柱头螺钉模具	JB/T 4212.1～13	
工艺与质量标准	冲模技术条件	GB/T 14662—1993	5
	冲模模架技术条件	JB/T 8050—1995	
	冲模钢板架技术条件	JB/T 7183—1995	
	冲模模架精度检查	JB/T 8071—1995	
	冲模用钢及其热处理技术条件	JB/T 6058—1992	
	塑料注射模技术条件	GB/T 12554—1990	7
	塑封模具技术条件	GB/T 14663—1993	
	塑封模具尺寸公差规定	GB/T 14664—1993	
	塑料注射模架技术条件	GB/T 12555.2—1990	
		12556.2—1990	
	塑料成型模具型面类型和表面粗糙度	JB/T 7781—1995	
	塑料模具成型部分用钢及其热处理技术条件	JB/T 6057—1992	
	压铸模技术条件	GB 8844—1988	1
	螺旋压力机锻模模块技术条件	JB/T 5110.3—1991	6
	“———”模座技术条件	JB/T 5110.6—1992	
	平锻机锻模模块技术条件	JB/T 5111.4—1991	
	紧固件冷镦模具技术条件	JB/T 4213—1996	
	硬质合金拉丝模技术条件	JB 3934—1985	
	聚晶金刚石拉丝模具技术条件	JB/T 5823)1991	
	玻璃制品模技术条件	JB/T 5785—1991	
	橡胶模具技术条件	JB/T 5831—1991	1
基础标准	冲模术语	GB 8845—1988	4
	塑料成型模具术语	GB 8846—1988	
	压力铸造模具术语	GB 8847—1988	
	锻模及其零件术语	GB 9453—1988	
	机械制图	GB 4457,4458,4459	引用
		GB 1800.1～3	标准
	公差与配合	GB 1801,1802,1803	
	表面粗糙度参数及其数值	GB/T 1031—1995	
		GB 3505,7220	
相关标准	开式压力机型式与基本参数	GB/T 14347—1993	应用

（续）

标 准 种 类	标 准 名 称	标 准 号	标准号数/个
	液压机主参数系列	JB/T 611—1991	
	塑件尺寸公差	GB/T 14486—1993	
	塑料压力成型机	JB/T 6490—1992	
	塑料注射成型机	JB/T 7267—1994	
	塑料挤出机	JB/T 6491,6492	
	锻压机械通用技术条件	JB/T 1829—1997	
	模锻锤型式与基本参数	JB 1843—1977	
	辊锻机(参数、精度)	JB/T 2403.1～3—1996	
	闭式冷挤压压力机	JB 2935,2936—1981	
	单双动钢板冲压液压机	JB/T 7343—1994	

注：1.GMSTS 正在修订模架标准；

2.GMSTS 正在制订模架标准。

之所以列出现行模具技术标准，一方面是想系统地介绍给同行，以便应用。另一方面是想说明 10 大类模具中，除陶瓷模、粉末冶金模与经济模具外，其他 7 大类模具均建立了各自的技术标准体系。基本上形成了我国模具技术标准体系。

但是，这些技术标准的科技含量和实用性尚待提高。为此，今后应坚持以模具企业为主体，依靠模具技术专家，并以满足市场需求为宗旨，对上述模具技术标准进行修订；研究、制订新的适应现代模具生产的技术标准。

三、模具标准件市场体系

模具标准件指组成模具的通用、系列化构件，包括模架、模板等基础件；凸模、型芯、凹模及其镶、拼件等成型件，以及定位件和各种通用机构等。

可见，模具标准件的精度、质量和技术含量将直接影响模具的装配精度、质量与使用性能。而模具标准件的市场体系则是由模具标准件生产企业与销售供应企业组成。因为，模具标准件市场只在模具行业内部运营，模具标准件与模具生产之间要具有很强的协同性。

1. 模具标准件市场规模

中小型冲模、塑料注射模模架，是标准件中的主导产品。2002 年模架销售额已达 40～45 亿元，其中 2002 年塑料注射模模架产量达 40 万套，销售额达 20 余亿元。且每年将有 15% 左右的增长率。由此可知，我国模具标准件市场已具相当规模。

2. 模具标准件市场运营机制

随着模具工业的发展，仅经 20 余年的努力，模具标准件不仅已具相当大市场规模，而且市场运营机制已趋于规范。

实践说明，要满足市场需求，绝非一或两个标准件生产企业所能完成的。模具标准件行业将是由一个模具标准件群体组成，各企业之间既有竞争，又有合作。因此，企业的经营思路和经营策略应以创造名牌企业、创造名牌标准件，保证企业利益和信誉为目标；遵循同行业竞争中的优胜劣汰规律；实行既合作、又竞争的原则，并以之来规范市场，实现现代模具、模具标准件生产资源的合理配置。

据此，为使模具标准件市场的运营机制适应专用模具单件生产模式的需要与转点，标准件市场采用的营销策略、方针、方法如下：

(1)正常的市场竞争方式，应当以保证标准件质量为基础，即制订模具标准件质量标准、质量方针和任务；建立模具标准件质量保证与管理体系，以控制标准件质量。同时，需以降低生产成本为主要内容。从而使标准件的市场价格与质量成为保证市场竞争力的基本条件。

(2)模具标准件需遵循定点、适时、安全、优质、配套服务的方针与方法。即指定销售点，保证标准件质量，保证用户配套，并适时供货，以保证用户进行安全生产。

显然，形成模具技术标准体系和标准件市场体系，是现代模具设计与制造的必备条件，是现代化模具生产技术的基础与保证。

〔撰稿人：中国模具工业协会许发樾〕

模具行业人才培训工作

模具人才培训部秘书处

中国模具工业协会模具人才培训部（原中国模具工业协会教育培训委员会）建立于 1985 年，秘书处挂靠桂林电器科学研究所。二十年来，中国模具工业协会模具培训部积极为行业服务，主要做了以下一些工作：

一、中国模具工业协会模具人才培训部（原中国模具工业协会教育培训委员会）的组织建设

中国模具工业协会于 1985 年 10 月成立。中国模具工业协会模具人才培训部（原中国模具工业协会教育培训委员会)同期建立。模具人才培训部由全国从事模具教学、科研、生产和管理的大专院校、研究院所、模具企业和行业协会的专家、学者与领导组成,现有委员与顾问共46人。

培训部的宗旨是:促进中国模具工业的发展与技术进步,加速我国模具专业人才的培养,提高模具企业职工的理论水平、技术素质和专业技能,促进模具新技术、新工艺和新的管理理念的推广,为行业做好人才教育培训的服务工作。

培训部的主要任务是:贯彻执行中国模具工业协会关于教育培训工作的指导方针,与不同层次的学校教育相结合,规划和组织模具行业的人才培养、职业继续教育和技术培训工作,在各地方模协教育培训委员会的配合下,建立全国模具教培网络,在有条件的大中城市建立模具人才教育培训基地,协调各方面的教培资源和师资力量,为我国模具行业积极培养不同层次的模具专业人才。

另外,组织行业技术交流、组织模具教材编写、组织行业人才需求与教培情况调查、建立模具教培网页、开展教培基地宣传等均纳入培训部的日常工作。

二、发展模具人才培训基地

模具人才培训基地的建设,构筑了我国模具人才培养的广阔平台。多年来,在行业各界的广泛关注与支持下,培训基地从无到有不断壮大,目前已发展到36个,初步形成了覆盖全国主要工业省区的模具教培网络。通过学校教育,培养行业生力军;通过职业继续教育与技术培训,提高行业在职职工的理论水平、技术素质和专业技能。每年为我国模具行业培养出大批不同层次的专业人才。

模具人才培训基地:浙大旭日科技开发有限公司、广州白云工商高级技工学校、广州市高级技工学校、宁波胜达电脑培训学校、广西桂中模具技术培训基地、上海现代模具技术培训中心、广东省机械研究所、温州市模具技术培训中心、宁波精意工业造型设计有限公司、广州南方模具工业学校、上海模具CAD国家工程研究中心、大连理工大学模具研究所、四川大学模具设计与制造专业、思美创(北京)科技有限公司、湖南铁道职业技术学院、重庆工业职业技术学院、广西南宁高新区模具培训基地、荣昌机械技校模具钳工专业、北京二轻工业学校现代模具实训中心、武汉大学计算机推广中心职业技能学校、福建省漳州工业学校、成都电子机械高等专科学校、沈阳模具技术培训中心、铜陵市三佳电子有限责任公司、广东高州迪奥(香港)第一理工学校、常州市劲克马模具花纹厂、江苏大学机械学院、重庆市荣昌职业高级中学、广东省高级技工学校、山东莱芜CAD教育培训基地、福建工程学院、南京阳帆软件有限公司、华中科技大学模具技术国家重点实验室、太原重型机械学院材料加工技术中心、茂名市茂南机电职业学校、泉州模具技术培训基地、兰州职业技术学院等。

三、组织模具培训教材的编写出版

2002年起,中国模具工业协会人才培训部与电子工业出版社密切合作,组织和邀请多年从事材料成形与模具相关领域研究或教学工作的华中科技大学、上海交通大学、四川大学、清华大学、大连理工大学等院校的专家教授和教师培训基地的专业老师共同编写出版模具培训教材系列丛书,作为向模具行业推荐的技术专著和供各教培基地选用的教材。

第一部《成形工艺与现代模具技术》系列丛书已陆续出版,包括《模具CAD/CAE/CAM》、《快速成形与快速制模》、《现代塑料模具技术》、《冲压工艺与模具》、《金属体积成形与模具》、《压铸技术基础》、《模具制造技术》共7册。另一套丛书(内容包括模具钳工、模具数控加工、电加工、模具材料热处理等)正在组织编写中。

上述第一套丛书搜集和纳入了国内外有关材料成形工艺与模具技术方面的最新研究与应用成果,以及模具生产实践中的成熟经验。内容涵盖了材料成形原理、工艺设计计算、模具设计方法以及应用实例,既有一定的理论基础,但更侧重于实际应用。是从事模具专业的技术人员为对象的实用型工具与技术参考书;另一套丛书则针对模具企业的现场操作人员。

这些丛书系统、完整、有针对性、有实用价值。系列丛书的出版为模具技术人员与现场操作人员的培训提供了具有较高水平且学以致用的教材,有利于我国模具制造业的人才培养,对于加快我国模具技术的发展将起到积极的促进作用。

四、开展多种形式的技术交流与合作

开展技术交流与合作是培训部的长期工作内容之一,多次组织了行业的模具技术培训班和技术交流活动。特别在2001年、2002年组织了由华中科技大学、上海交通大学、四川大学等知名教授主讲的“现代模具技术讲座”取得了良好的技术交流成果。

为了应对我国加入WTO后的挑战与机遇,2003年培训部组织中国培训基地的部分负责人到香港参观考察。这次技术交流活动中,考察了香港职业训练局的职能与运作,考察了香港塑胶模具科技发展中心的运行管理模式。在参观香港塑胶模具科技发展中心的过程中,双方就职业教育的教学模式、教学计划、专业设置、课程结构、教材选用等有关教育培训方面进行了广泛交流,并就如何加强双方的交流与合作,进一步提高人才培训质量等进行了深入的探讨。通过考察学习、研讨交流、参观访问等活动,使各培训基地的代表开阔了眼界,对加强今后的对外交流与合作,提高教育培训的质量与管理水平,推进我国模具行业的人才培训工作将产生积极作用。

五、组织教育培训基地统一宣传工作

为了加大对模具人才培训基地的宣传力度,提高各培训基地的社会知名度,从而扩大生源和获得良好的办学效果,培训部与中国模具工业协会会刊《模具工业》杂志联合开展了对模具人才培训基地的长期宣传工作。

从1998年第一期开始在《模具工业》杂志上建立了“中国模具人才培训基地”的广告专页。上半页为固定格式,刊登骨干基地的名称、电话与主要培训方向等内容。下半页为变换格式,滚动刊登各基地的基本情况的介绍。该项工作坚持多年,获得了良好的宣传效果,有效促进了各教培基地的招生工作与建设发展。

另外，从1998年起开展了模具人才培训部的网上宣传工作。培训部在模具网上设有专栏，刊出中国模具工业协会模具人才培训部各委员单位与委员名单和各模具人才培训基地名单及详细介绍。其特点是宣传面广，信息传递方便、快捷，形成了我们与国内外广泛沟通的窗口。

六、组织召开“中国模具工业协会模具人才培训部年会”

中国模具工业协会模具人才培训部每年都召开一次年会，先后在北京、南京、大连、广州、桂林、宁波等地举行。

会议内容包括：总结上年度的工作，交流各基地教育培训工作的经验，讨论下年度的教培工作计划，召开现代模具技术讲习班，介绍当代国内外先进模具设计制造与管理技术及其发展方向等。为推动我国模具的技术进步与管理水平的提高，促进模具工业的发展起到了积极的作用。

模具行业国际合作及交流情况

中国模具工业协会

改革开放以来，模具行业开展多种形式的国内外模具经济技术交流，加强技术引进、合作生产，促进了我国模具工业生产技术水平和开发能力的提高，加快了模具产品的开发、研制及生产过程，促进了模具工业的发展。

一、积极开展国际间模具技术交流，引进先进技术

在改革开发的初期，中国的模具工业还处于初始阶段，模具生产技术十分落后，中国模具协会（简称中国模协）积极帮助企业引进国外先进的模具技术，为引进国外先进的模具技术举办技术交流会几百场，参会人数达上万人次。如先后为加拿大HUSKY公司的模具热流道技术和先进的注塑技术及制模技术，加拿大Moldmaster公司的模具热流道技术，瑞典SECO公司和瑞典山德维克公司的先进刀具技术以及国外先进的高速铣削技术等模具相关技术举办专场技术交流会。在大型塑料模具，快速经济模具，汽车车身模具，模具CAD/CAM/CAE，模具材料，模具热流道，先进的加工刀具，先进的模具加工设备，模具设计与先进加工技术和ISO9000质量论证等方面，组织了广泛的交流，促进了模具生产技术水平的提高，推动了模具工业的发展。

在20世纪80年代末期，模具热流道技术在国外先进发达国家已有二十几年的发展历史，且普遍应用，而我国还处于科研单位的科技研发阶段。为了让中国模具行业更多地了解模具热流道技术，1989年，中国模协率先引进加拿大模具热流道新技术，为热流道技术在中国举办了多场技术交流会，场场爆满，使广大模具企业和科研单位了解模具热流道新技术的特点和应用。十几年过去了，现在国内大多数模具厂都普遍应用此技术，但是，在研究、开发、应用模具热流道技术方面，与国外先进水平相比，我国的差距还是较大。

为促进模具技术的国际合作，中国模协先后与波兰驻华大使馆、原民主德国驻华大使馆、加拿大驻华大使馆、澳大利亚驻华大使馆等，一起组织模具技术交流和研讨会及经贸洽谈。

二、举办和参加国际模具学术会议，提升模具技术水平，促进国际模具技术交流，与国际前沿科研开发保持同步发展

改革开放以来，中国模具工业有了较大发展，但是与先进发达国家相比，仍有较大差距，特别是大型、精密、复杂、长寿命的高档模具进口比例达40%以上。为适应国内各行业发展的需要，重视技术创新，加大科技投入，促进中国模具技术的发展，加强国际交流与合作，寻找与世界先进水平的差距，经科技部批准，2000年7月，中国模协在北京举办了“第一届国际模具技术会议”。来自中国、美国、加拿大、意大利、法国、日本、新加坡、韩国等9个国家的188名院士、教授、专家、学者、技术人员及厂长经理等参加了会议。经专家评审后，共收集论文86篇，用中英文印发和正式出版《第一届国际模具技术会议论文集》。论文水平较高，内容涉及模具CAD/CAM/CAE/CAPP，快速原型制造和快速制模技术以及模具新材料，高速铣削技术等模具相关技术。在模具方面有注塑模具、多工位级进冲模、精冲模具、压铸模具、板材成形模具、玻璃模具等，我国的研究水平在许多方面与发达国家同步。由于本次国际会议是在我国举办的第一届国际模具技术会议，因此，这是十多年来模具技术和学术研究，开发成果的一次大展示，也是国际上从事模具技术研究、开发和应用工作的同行之间的一次信息交流的盛会。与会的国内外代表都希望今后定期举办模具技术会议，给模具行业提供一个在模具学术和技术应用方面相互交流的平台。

2002年5月，中国模协在上海举办了“中国国际模具技术论坛”，来自法国、日本、奥地利、瑞典、美国和中国的14位专家作了演讲，250人出席了会议，会议印发了论文集。2004年5月，中国模协在上海举办了“中国国际模具发展论坛”，国家发改委产业司负责同志作了关于中国汽车产业及政策导向的演讲，同时还邀请美国、西班牙、德国、中国的专家作了演讲，有150多位模具厂技术和管理人员参加了论坛。这三次国际会议，对模具技术及其发展趋势进行了研讨，学习和交流了国内外先进模具技术，了解国际模具技术发展趋势，受到各方面的高度重视与好评。目前，模具工业飞速发展，模具技术日新月异，我国模具技术水平与先进发达国家相比仍存在较大差距，为了更好地适应整个经济高速发展的需要，模具界同行还要继续努力。

为了促进模具技术的交流，中国模协先后两次组织国内大专院校的教授、模具企业的专家和高级技术人员到新加坡参加国际模具技术会议和到马来西亚参加亚洲模具学术会议，并提交了十几篇论文，对促进国际模具技术发展和交流起到了推动作用。通过出国参加模具国际会议，使广大参加者了解了世界模具工业发展和模具技术的新动向、新趋势，同时为会员提供了一个相互了解、相互交流、相互学习的机会。这对进一步发展中国与世界各国模具界同行的技术经济合作，推动我国模具工业技术进步和技术创新，保持与世界前沿先进模具技术的科研、开发同步，具有十分重要的意义。希望今后我国广大模具科研院所、大专院校、具有开发能力的模具企业的科研技术人员，积极参加国际模具学术和技术交流活动。中国模协将继续加强国际间模具技术的交流与合作，为会员提供更多的信息和交流机会。

三、组团出国参展，开拓国际市场，促进国际贸易

为了拓宽国内外模具技术交流领域，开拓海外国际市场，扩大进出口贸易，1990年、1991年、1997年、2001年、2002年、2003年、2004年，中国模协先后组织国内模具厂商赴中国香港、新加坡、韩国、德国法兰克福参加国际模具展览会。在参展的同时，还组织有几十名模具企业厂长经理参加的参观团，参观展览、考察模具企业，与国外厂商交流了技术，促进了国际间模具的经济贸易合作。通过连续3年出国参加欧洲国际模具展览会，我们看到了世界上模具技术水平最高、规模最大、最具专业水准的模具展览会，对国际模具技术的发展现状及趋势和国际模具市场有了更深的了解，增强了走出国门和积极参与国际市场竞争的信心。虽然，我们与国际水平差距甚大，但是，只要我们坚持改革开放，加强国际经济技术合作与交流，努力提高生产技术水平，积极走出国门，参与国际市场竞争，进一步扩大出口，一定会在国际舞台上占有一席之地，为世界模具的发展做出贡献。同时，我国参展厂商在展会上也积极展示自己，到国际舞台亮相，扩大企业的知名度，广交朋友，扩大进出口贸易，有些企业连续4年参加中国模协组织的出国展。他们在展会上客户群不断增加，年年有订单，收获颇丰，这就是模具企业出展的魅力所在。同时，也可以看出，我国模具行业，经过20年的艰苦努力和飞速发展，通过引进技术、引进人才、引进管理、合资合作生产、联合设计等方式，提高了我国模具行业的整体水平，生产出符合国际标准、达到同期世界先进水平、能满足国内外市场需要的模具产品；积累了开发、生产和管理经验，涌现出一批具有国际市场竞争力和具有国际水准的优秀企业，成为模具产品的出口主力军。我们希望广大模具企业，积极参与国际市场竞争，参加国际模具展览会，在国际舞台亮相，中国模协将继续组织国内模具企业参与国际市场竞争，扩大组团参加各类国际和地区的模具知名展览会。

四、"走出去"——学习先进模具设计制造技术和管理经验
"请进来"——开展对外交流，接待外国团组

二十年来，为了学习和吸收国外先进制造技术和现代化管理知识，开展多种形式的国际交往活动，中国模协组织国内模具企业厂长经理走出国门，多次组团（几十个团组、上千人次）赴德国、法国、意大利、英国、美国、加拿大、韩国、日本、澳大利亚、新西兰、新加坡、马来西亚、芬兰、瑞士等国家和中国的台湾、香港地区考察和参观模具企业和大学、研究院所、培训中心，进行模具技术交流和经贸洽谈，并与当地模具协会和有关商会建立了联系，结识了许多国外模具同行，学习了国外先进模具技术和管理经验。通过考察学习，使我国模具企业了解了先进国家模具工业的基本情况；看到了国际高水平的模具和模具厂、培训中心、国外模具的标准化、商品化水平、模具质量监控、专业化分工、模具产销分包、模具CAD/CAM/CAE/CAPP技术、快速制模和快速原型制造技术、热流道新技术、模具新材料、先进的模具加工设备及加工技术，以及先进的模具管理经验；找到了我们的差距和不足，通过学习和借鉴国外先进技术和管理理念，推动了我国模具工业的发展。

中国模协还与世界许多国家的驻华使馆商务处建立了联系，相互支持和组织国际经贸合作和技术交流。应加拿大、西班牙、意大利政府的热情邀请和出资，中国模协还组织重点模具企业负责人代表团参观在当地举办的有关展览会和相关的模具企业，受到当地政府部门和有关协会的友好接待和欢迎，结识了许多新朋友，建立了联系渠道，增进了与各国模具同行的友谊，为促进在模具方面的经济技术合作和贸易打下了良好的基础。

二十年来，中国模具工业协会先后接待了来华访问的国际模具协会主席桑得尔（R.SANDER德国模具协会主席）、英国模具协会主席哈威、日本模具工业协会会长黑田彰一、美国机械和加工协会（NTMA）秘书长Thomas Garcia、美国精密金属成形协会总裁Mr.WillianE.Gaskin、法国模具协会会长Clande Merriere、澳大利亚模具协会秘书长Denis Payton、葡萄牙模具协会会长Joaquim、韩国模具协会会长金学权、中国台湾模具协会会长陈兴时、新加坡模具协会秘书长潘正光、美国机械制造技术协会会长栋卡尔森等有关国际组织负责人，还多次接待来访的新加坡模具工业协会代表团、美国模具工业协会代表团、法国模具工业协会代表团、韩国模具工业协会代表团、日本模具工业协会代表团、葡萄牙模具工业协会代表团、澳大利亚模具工业协会代表团、中国台湾模具工业协会代表团、加拿大模具工业协会代表团等，以及世界各国的模具公司和模具相关产业的公司负责人代表团。中国模具工业协会安排这些协会的代表团参观访问了中国的有关模具工厂，与中国的模具同行进行了技术交流和贸易洽谈，促进了国际模具企业间的合作，有些工厂通过外国朋友的来访，建立了联系，接到了模具订单，双方受益，促进了国际贸易的发展。

五、积极加入国际组织，加强合作与了解，相互沟通信息

为加强亚洲地区模具界的合作，促进亚洲模具工业的发展，通过1990年第一次亚洲模具会议（日本）、1991年第二次亚洲模具会议（韩国）的共同讨论、交流和筹备，于1992年

9月在新加坡正式成立了“亚洲模具协会联合会”(简称亚洲模协),中国模具工业协会是六个发起成员之一,当时的中国模具工业协会理事长杨铿先生出席了成立大会。中国模具工业协会作为亚洲模具协会联合会的成员,积极参加亚洲模具工业协会的各种会议和各项工作,缴纳会费。参加亚洲模具工业协会每两年编写一本《亚洲模具手册》,我国模具企业400多家入编,还有几家企业在上面作了广告,为会员进入国际市场创造了条件。亚洲模具工业协会还编辑出版了《模具名词术语手册》,中国模具工业协会和中国模协技术委员会还参加编辑了模具名词术语的工作。1994年5月11~12日,亚洲模具工业协会联合会第一届第二次理事会在上海召开。中国模具工业协会作为东道主接待了此次会议,来自亚洲9个国家和地区的17名理事和9名列席代表共26人出席了会议。会上,亚洲模具工业协会联合会的成员分别介绍了本地区的模具工业概况,讨论了亚洲模具技术发展方向,加强亚洲地区模具行业的相互联系,促进发展。为了更进一步加强与世界模具界的交流与合作,经有关部门批准,中国模具工业协会于2002年加入国际模具工业协会,积极参与国际组织的活动。至今,中国模具工业协会已与美国、德国、法国、意大利、西班牙、葡萄牙、英国、芬兰、瑞士、日本、新加坡、马来西亚、印度、韩国、澳大利亚、加拿大、泰国、菲律宾、印度尼西亚、中国台湾、中国香港等20多个国家和地区的模具协会、商会等同行业相关组织建立了合作关系,进行了互访活动,开展了技术、经济贸易等多方面的合作和交流,以及业务咨询服务。这些活动都为广大会员提供了了解国外模具工业发展动态和模具技术发展趋势的平台,扩大了信息交流,促进了国内外模具界的经济技术交流。

通过与国外同行业组织相互了解,建立合作关系,开展经济、技术贸易、管理等多方面的合作交流和咨询服务,推进了我会会员与国外同行及用户的交往与合作,增进了友谊,带来了显著的效益。1997年中国模具工业协会与韩国模具工业协会签署了经济、技术、贸易和展览会的合作备忘录,从1998年起,韩国模具工业协会每两年组织一次韩国模具厂商参加中国模具工业协会在上海举办的国际模具展览会及组织参观团参观展会。而且,两国模具企业经常互访,互相学习、交流和切磋。1998年,中国模具工业协会与美国机械制造技术协会为了促进两国经济技术交流和合作,以及促进两个协会主办的展览会的发展和互相协作,签署了合作意向书。这是中美两国模具与机械制造行业友好合作的新开端。通过签署协议,中国与美国两协会间互相沟通,开展经济技术贸易等方面的交流与合作。1999年,中国模具工业协会还拜会了美国机械制造技术协会总部,参观和访问了该协会的会员工厂,建立了联系,加强了沟通。同时,美国机械制造技术协会积极支持和组织会员单位参加中国模具工业协会在上海举办的中国国际模具展览会。

为了促进国际贸易,中国模具工业协会还与有关外国公司签署了建立代理、合作协议,并开展了有关工作。

为了加强海峡两岸模具行业的技术经济交流与合作,中国模具工业协会于2001年11月组团赴中国台湾访问,并考察了中国台湾模具企业,共同举办了“海峡两岸模具技术研讨会”;还多次接待中国台湾模具协会考察团到中国内地参观学习和考察。两岸模具行业在一起切磋模具技术、交流经验、贸易合作,增强了海峡两岸模具界的友谊。

为了促进模具技术的国际交流,应第三届APEC中小企业技术交流暨展览会组委会的邀请,中国模具工业协会常务副理事长兼秘书长曹延安在该届APEC大会的“表面技术和模具技术”技术交流会专场,做了“中国模具工业现状与发展趋势”的主题演讲。中国模具工业协会顾问、中国工程院首批院士、上海交大阮雪榆教授就“数字化制造技术”做了新技术发布,使APEC 21个成员的中小企业进一步了解了中国的模具工业状况和先进的制造技术,得到了与会代表的好评。

回顾二十年我国模具行业开展国际合作与交流的历程,中国模协自1984年成立以来,通过举办国际技术交流会、出国考察参观、出国参加国际学术会议、出国参加国际模具名展等多种形式,在加快模具行业的技术发展、引进外资、建立合作生产、开拓国内外市场、推动进出口贸易、扩大模具产品出口、开展国际咨询服务、相互交流国际信息、促进海峡两岸模具合作与交流等多方面,做了大量的工作,发挥了桥梁和纽带作用,取得了一定的成绩,深得企业信赖。而广大模具企业也乐于采用各种形式进行国际合作,取得了可喜的成果。

21世纪,随着国际生产要素优化重组和产业转移加快,科技发展迅猛,国际分工细化,中国经济正迅速融入世界经济之中。加入WTO以来,迎来了新的机遇和挑战,为模具行业创造了更多的活动空间,更好的国际合作大环境,更大的国际舞台,对模具行业也提出了更高的要求,中国模具业也进入了重要的发展时期。我国模具行业在技术上如何与国际同步发展和全面接受合作对象的设计与制造新技术;在管理上如何运用先进的管理模式和先进的管理经验及理念;在质量上如何优质控制,并达到国际一流水准;在信息上如何享受全球网络资源系统和用信息技术带动和提升模具工业的设计、制造和管理水平,如何应用以电子商务和Internet为代表的现代化信息技术推动市场全球化的发展和改变传统的经营运作和模式;在模具人员培训上如何运用高科技新技术来培养21世纪的高级人才等方面,加快与国际接轨,是我们的重要任务。

模具行业,任重而道远,希望模具行业把握机遇,迎接挑战,迅速提升,把模具行业推向一个更高更新的台阶。

中国模具工业协会将继续坚持务实精神,为模具企业国际合作发挥桥梁和纽带作用,推动世界模具的发展,实现共赢!

〔撰稿人:中国模具工业协会李玉华〕

中国模具工业协会主办的模具展览会20年回眸

中国模具工业协会

近20年来,中国模具工业协会(下简称中国模协)主办的模具展览会(下简称模展)伴随着中国模具工业的发展,经历了规模由小到大,参展厂商由少到多,影响力由弱到强的历程,现在已经逐步成为全面展示我国模具行业面貌,展现世界模具制造水平,开展国际、国内模具技术交流和经贸洽谈的、具有知名品牌的专业技术展览会。模展对促进我国模具行业的技术进步,推动企业的经贸交流和发展起到了重要作用。

早在1986年在上海创立国际模展初期,中国模协就从行业的发展需要、市场需求及展商心态多个角度来进行研究,并与英国业内人士探讨,提出要努力把展览会打造成为行业链中信息与贸易的交流平台,为行业发展服务。这是协会的责任,也是协会的重要工作之一。在中国当今经济形势下,协会要强化服务功能,既要服务于行业,又要服务于企业(会员)。因而展览会要以行业利益为第一要素,以展商利益、展出效果为衡量展览会品质的标准。协会以行业的长远利益作为制定战略的出发点,始终关注行业利益和企业(会员)的利益,这也体现了协会的作用。综观中国举办的工业展览会,没有行业做依托,没有一个行业氛围,展览会很难获得持久的成功。只有把展览会当作是一个为行业发展服务、展示企业技术进步的载体,促进模具和模具设备信息交流和贸易洽谈的平台,才能使展览会具有长久的生命力。

模具涉及各行业领域。中国模协是最早打破各行业各部门条块分割的跨部门的工业行业性社会团体。由于其行业的特点,当时行业内的交流及各项活动的开展都要照顾各工业部门间的关系,既要考虑机械、汽车行业要求,又要关注轻工、电子、航空航天、建材、包装等行业的要求,组织协调工作愈显得重要,而举办展览会,对行业交流起着最直接、最有效的作用。特别是在协会成立初期,模展使模具企业在各工业部门内不能显现出的共性问题得以表现出来,从而使模具行业主管部门找到行业发展的脉络。展览会对促进模具行业技术与经贸交流的历史贡献是应予肯定的。

一、中国模展发展历程

中国模具工业协会1984年诞生后,仅仅经过一年多时间,在有关各级政府部门及领导的大力支持下,中国模协与中国国际贸易促进会上海分会、上海市国际展览公司合作,于1986年5月在上海首次成功举办了第一届中国国际模具技术和设备展览会(以下简称:国际模展),开创了模展的先河。在1988年第二届国际模展之际,中国模协与上海市国际展览公司签订了长期合作协议,约定每逢公历双年5月,在上海定时定点举办国际模展,到2004年已成功举办了10届。目前由中国模协主办的国际模展已发展成为规模居世界第二、亚洲第一,在国内外有着广泛影响的大型专业性国际模展。

1987年5月,中国模协与有关方面合作,在沈阳又举办了第一届全国模具及加工机械展销会(以下简称:国内模展),作为在公历单年对国际模展的补充,逢公历单年举办的国内模展以国内展品为主,侧重开展国内技术信息和经贸交流,如今也已成定式。

纵观中国模协主办的模具展览会发展的历程,经历了三个阶段,即:20世纪80年代的初始与创业阶段,90年代创品牌阶段,新千年后走向国际化,成为中国乃至亚洲地区的模具业盛会阶段。

1.20世纪80年代的初始与创业阶段

1986年创办国际模展、1987年开始组织国内模展时,信息技术、数字网络技术离我们还很遥远,人们得到新技术的途径远不像现在这么快捷。当时,模具行业只是一种为企业内部生产配套为主的工装行业。中国模协在创建之初筹办模展,主要是为利用展览会学习国外先进技术,推动企业技术进步,开展技术和经贸交流。虽然那时展览会的规模不大,但行业交流的气氛浓烈,业内同仁都把中国模协举办的展览会视作行业的年度盛会。中国模协兼有政府行政部门的职能,与国际交往的渠道通畅;上海贸促会又具有半官方身份,在展览工作方面得到国内外模具、模具相关行业的认同。

2.20世纪90年代创品牌的阶段

20世纪90年代,随着展览的市场化进程加快,展览会审批的多元化,利益主体的多元化,许多机构、展览公司等单位全办起了模展。一些展览会的主办单位不考虑行业的需求,把展商拽来,认为就是市场的需要,就算是成功的展览会。全国搞"会展经济",却忽视了其市场需要、参展商的承受力。全国都在为拉动当地经济和各自的利益走"会展经济"的独木桥,甚至在一个城市一年举办了7个模展,全国挂着模展的各类与模具有关的展览会一年有50多个,有的展览会只有几十个单位参展,却号称"国际展"。为了创品牌展、保护品牌展、培育品牌展,只要有机会,包括中国模协在内的许多协会曾联名向政府主管部门提出在审批过程、管理环节上应杜绝展览会"过多过滥"现象。中国模协也曾被"盗用名誉",在不知情中成为某个展览会的主办单位,对此,我们也曾发过声明以正视听。面对市场竞争中的各种不规范行为,最终中国模协从行业的需要出发,确定不参与其他展览会,全力精心做好国际模展和国内模展这两个品牌。

1996年5月，世界展览联盟（UFI）派官员来沪考察了第六届国际模展。UFI是一个国际展览组织，它的成员展览会是国际上公认的品牌展览会。同年10月在UFI第43届大会上，中国国际模展被UFI正式接纳为会员，这使中国国际模展成为国际品牌展，取得了进一步向国际化发展的一张放心的“通行证”。

作为国际展的补充，国内展于1991年、1993年在苏州举办，1995年、1997年、1999年在南京举办，使国内模展成为中国模协开展行业活动的舞台，走出了一条适合模具行业的展览之路。

3. 新千年后国际模展发展成为我国乃至亚洲地区的模具业盛会，成为与世界沟通交流的窗口

进入新千年，中国市场经济已走向深化和完善阶段，展览业作为一种市场行为，经过20年左右的发展，也已走向整合规模、规范有序、理性研究之路。展商、观众更注重展览会的品牌和展览会主办单位的内在实力，不再盲从，而是已经开始理性地选择展览会。在中国国力增强、内需逐渐加大、世界制造业纷纷向中国转移的大背景下，在国内外通过广泛宣传中国模具行业的发展，使得2002年第九届国际模展展览面积达到2.8万m^2，2004年第十届国际模展展览面积扩大到3.5万m^2，韩国模具展团、中国台湾模具展团、香港模具展团携手亮相国际模展，海外展商已占展商总数的1/3以上；观众持续在10万人次以上，海外观众来自21个国家，充分体现了展览会的国际性。

2002年第九届国际模展、2004年第十届国际模展期间，中国模协还举办了高层论坛，邀请国内外政府部门官员、知名学者、企业领导共同探讨模具行业的发展，交流模具制造新技术。

随着世界范围内制造技术发展的速度加快，世界规模第一的模具业展览会——欧洲模展在德国法兰克福为每年举办一届。就此外资在华企业纷纷希望我们逢公历单年的模展也要考虑他们展示自己和与模具行业交流的需要，而改为国际模展。为此，在2001年浙江黄岩成功举办了第八届中国模具及模具设备展览会后，2003年在宁波本应举办的国内展适时扩展为国际性模展。这届模展虽然仍主要立足国内企业参展，但也为在华投资的海外企业参展创造了条件。2003年在宁波举办的国际性模展，已是中国国内模展的第九届。20年来，中国模协共举办了19届展览会，极大地推进了行业发展和技术进步。

二、经验和体会

经过20年洗礼，中国模协在展览服务工作领域积累了丰富的经验。举办模具专业技术展览及开展有关服务工作，已成为中国模协为模具行业、模具企业开展服务工作的重要载体。

1. 中国模协与上海国际展览有限公司合作办展取得双赢

中国模协和上海市国际展览有限公司合作20年，分工合作，统一协调，已形成固定模式。对展商来说，决定是否参展，参展规模大小，首先取决于展览会的展览效果。因此，对该行业的了解，对采购商的数目，对观众质量的认可等是展商参展的决定因素。从这点出发，中国模协负责向展商、采购商介绍行业情况，提供行业信息服务，利用日常交往向国内外相关单位宣传展览会。这就使协会的优势显现出来，协会的资源得到了充分利用。而展览公司具体负责展览现场服务，现场服务的好坏，展览流程的合理把握，也是一个展览会成功的重要因素，在这方面又是专业展览公司的特长。这样，两单位既有明确分工，使双方各自的优势得到了充分发挥，又是一个整体，加强协调配合，共同维护展览会的利益和名誉。通过双方的共同努力，从第一届的3千m^2、100多个展商发展到2004年第十届的3.5万m^2、800多个展商，走出了一条双赢、共同发展的成功之路。

2. 展览会成功与各地方模协的支持是分不开的

各地方模协作为展览会的支持单位，在历届中国模协主办的展览会筹备期间，都鼎力相助。各地方模协积极组织本地企业参展，指导企业办理参展的相关手续，为企业服务；同时，为展览会奔走宣传，组织本地企业到展览会上交流、学习。因此，中国模协展览会的每一次成功举办都凝聚着各地方模协的汗水。

3. 有关领导的关心，媒体宣传的配合是展览会顺利开展的重要保证

中国模协的各项工作的开展都离不开各级领导部门及其领导的关心和重视，展览会更是在各级领导的扶持下成长起来的。1990年5月，时任上海市副市长的黄菊曾为第三届国际模展剪彩；1994年5月，时任机械部部长的何光远和轻工业部部长于珍同赴上海出席第五届国际模展的活动；2004年，现任全国政协常务、中国机械工业联合会会长于珍再次亲临上海为第十届国际模展剪彩，并考察参观了展览会，国家发改委产业政策司的领导在第十届国际模展的发展论坛上发表演讲，介绍模具工业主要服务领域的汽车产业的发展和政策取向，这一切使模具界人士备受激励和鼓舞。

20年来，中国模协与我国工业类主导专业杂志、期刊10余家和各类综合、专业报纸30多家长期合作，他们在展览前后主动为行业、为展览会做各类宣传、报道。展前组织专栏，有模协领导专访、展商介绍、展品预览及广告宣传；展览会期间编印快讯、发布新闻消息；展后发表综述、专业人士访谈，适时将展览会信息传达到行业内外，起到了信息交流、扩大宣传的作用。随着行业的发展，中国模协还将这种宣传扩大到国外，2001年开始，在德国权威专业杂志、日本专业杂志上推出了展览会广告宣传、中国模协领导的专访报道等。这些使更多的国外人士了解了中国的模具行业现状，使展览会更具有国际性。媒体长期对行业及展览会的宣传，也使媒体与展览会实现了互动，扩大了宣传出版物自身的影响。这样，使展商、观众在展览会上；使未能赴展会的广大读者从媒体宣传物上，都能了解到行业的发展和展会动态。

4. 注重展览内涵，做好展览会评述和展品评定工作

在20世纪80年代办展初期，中国模协就指派专人对展览会进行评述，发表综合性评述报告。

从1994年第五届国际模展开始，中国模协正式委托其技术委员会负责组织专家组，对展览会展品的技术水平进行分门别类的详细评述。专家组由国内重点院校的资深教授、国内重点企业的厂长、技术厂长、总工程师等对模具相关领域有研究的专家组成。专家组本着认真负责、兢兢业业的科学态度，每届都交出了极有分量的评述报告，一方面对展品的技术水平与世界水平进行比较，找出差距，找出方向，引导企业的技术进步；另一方面，对本届国际模展与上届进行比较，反映展览会技术水平的提高。至今，多年的积累已形成一笔宝贵的技术财富。

同时，在1987年第一届全国模具及加工机械展销会（第一届国内模展）上，就开展了以国内模具展品为主题的评优评比活动，当时共选出202副优质模具，不少模具企业至今仍将1987年颁发的奖杯陈列着，作为企业的荣誉。

1990年第三届国际模展至今，在国际模展上共评出国际水平模具及模具标准件221项次、国内先进水平模具及模具标准件581项次，极大地激发了企业的创造活力，推动了企业的技术进步。除每届颁发证书或奖状外，1990年第三届国际模展和2004年第十届国际模展还颁发了奖杯，以资鼓励。

5．发挥境外展览公司的作用

境外展览公司对境外的展览流程、展馆管理、现场服务、单位协调等方面比较熟悉，但中国的行业情况，中国人的心理要求，文化背景他们并不了解。展览业是一种人性化很强的服务行业，因此，对境外展览公司我们主要是发挥其长处，由他们协助组织境外展团，并为境外展商提供一条龙服务。国际模展在上海的20年发展，我们一直注意发挥境外展览公司的作用，充分依靠他们，与他们分工协作，从而为境外展商顺利到华参展和参观，创造了有利的条件。在这方面，境外展商的作用也是极其重要的。

总之，中国的模具行业在发展、在前进，中国的模展服务工作也在向更高水平迈进。中国模协有责任、有义务为模具行业的繁荣，为中国模展的明天而继续努力奋斗。

〔撰稿人：中国模具工业协会秦　珂〕

中国模具工业发展简史

中国模具工业协会

一、中国模具工业发展简史

（一）发展历史简述

模具是用于将金属或非金属材料进行成形的一种特殊工具，在现代工业生产中，它是一种十分重要的工艺装备。用模具成形，具有效率高、质量好、节约材料、降低成本等优点。用模具生产产品或零件，已成为现代工业的重要手段和工艺发展的方向。现在，模具工业水平，已成为一个国家工业水平的重要标志。在轻工、电子、机械、邮电、交通、汽车、建材、军工等部门，如果没有模具就难以生产和发展产品，模具精度低则产品质量差，模具寿命短则生产效率低、成本高。

作为成形工具，模具在中国已有很久历史。几千年以前，很多器、皿、鼎、俑的制作都采用了模具。中国青铜器早已名扬四海，许多青铜器都是用模具成形的。青铜宝鼎铸造成功开辟了人类使用模具制造构件的先河。中国河北省怀来县北辛堡出土的战国早期（公元前475～221年）生产的红铜锤胎薄铜缶（音否，小口大腹，盛酒器），被学界认为是至今为止发现的世界上第一个冲压件，用冲压模具成形后，再使用冷咬接技术套接而成，证明了中国古代冲压成形和冲压模具在世界的领先地位。中国古代的陶瓷及首饰等手工业制品也早已开始应用模具。铸造铜币的模具当时叫“范”。早期的模具也叫“胎具”或“胎模”。中国发明活字印刷后，模具被用于铸造铅字。随铸造模具之后出现的是锻造模具和冲压模具，再后才有了橡胶模具和塑料模具。粉末冶金模具、拉丝模具、无机材料成形模具及其他类模具虽然都具有一定的发展历史，但他们的量都不大，在模具总量中所占比例很低。模具标准件则是模具专业化生产发展到一定水平后才出现的产品。在中国，它出现于20世纪60年代，直至80年代才形成规模生产。

长期以来，由于模具生产一直只作为保证生产的手段而被视为生产后方，因此，模具分类比较混乱。直至1987年中国的国家标准中才有了明确的模具分类。当时的10大类46小类的分类一直沿用至今，模具分类见表1。这有别于国际上对模具的分类（3大类65小类）。

中华人民共和国成立之前，由于工业基础十分薄弱，因此，模具用得很少，主要依靠钳工手工制作。有一定历史意义的是当时中国政府曾公派4人于1946年赴美国学习模具和夹具的设计制造技术，并向美国订购了一批模具加工的关键设备，向西屋电气公司购买了大批生产电动机、电器、仪表用的模具图样和有关资料。可惜的是，由于时局不稳，引进的设备和资料一直未得到应用。

表 1 模具分类

序号	模具产品名称	
	大类名称	小类名称
1	冲压模	普通冲压模、级进模、复合模、精冲模、切断模、拉深模、其他冲压模
2	塑料模	热塑性塑料注塑模、热固性塑料注塑模、热固性塑料压塑模、挤塑模、吹塑模、真空吸塑模、其他塑料模
3	锻造模	热锻模、冷锻冷镦模、金属挤压模、切边模、其他锻造模
4	铸造模	压力铸造模、低压铸造模、失腊铸造模、翻砂金属模、其他铸造模
5	粉末冶金模	金属粉末冶金模、非金属粉末冶金模
6	橡胶模	橡胶注射成形模、橡胶压胶成形模、橡胶挤胶成形模、橡胶浇铸成形模、橡胶封装成形模、其他橡胶模
7	拉丝模	热拉丝模、冷拉丝模
8	无机材料成形模	玻璃模、陶瓷模、其他无机材料成形模
9	模具标准件	冷冲模标准模架、塑料模标准模架、顶杆、其他模具标准件
10	其他类模具	食品模、包装材料模、复合材料模、合成纤维模、其他模

中华人民共和国成立后，中国政府陆续派人赴前苏联、捷克、民主德国学习模具设计制造技术，并翻译出版了一些模具书籍和图册等技术资料。随着前苏联援建的156项重点项目的建设，部分企业开始建设模具车间（工具车间、工模具车间）。长春第一汽车制造厂于1953年建立了冲模车间，还购进了一批关键模具生产设备，如大型仿形铣床、坐标镗床等。1955年中国出现了第一个专业模具厂——天津电讯模具厂。此后，专业模具厂陆续诞生。经过10年的发展，到1965年，全国已有专业模具厂50多个。改革开放后，中国的模具工业从20世纪80年代开始进入了快速发展阶段。尤其是1984年成立了中国模具工业协会，1986年二委一部（当时的国家计划委员会、国家经济委员会、机械工业部）转发了该会《关于振兴模具工业的报告》以后，模具工业蓬勃发展。1986年5月，在上海举办了第一届中国国际模具技术与加工设备展览会，开辟了模具行业国内外经济技术交流与合作的新渠道。80年代开始，由于引进了美国、日本、前联邦德国的模具技术和设备，中国的模具制造水平提高很快。80年代后期开始，由于技术攻关、技术开发取得成果，使中国的模具工业水平得到进一步提高。1989年3月，中国颁布了《国务院关于当前产业政策要点的决定》，在机械工业中，模具被列为技术改造序列的第一位，生产发展和基本建设序列的第二位，极大地促进了模具工业的发展。由于投资的增加和个体私营企业及“三资”企业的快速发展，中国模具工业在20世纪90年代得到了极为快速的发展，年均增幅约15%。2002年，中国模具总产值达360亿元，已超过德国而成为世界第三（仅次于日本、美国）模具生产大国。同时，模具技术水平也有极大提高。例如，目前中国已能生产中高档轿车的部分覆盖件模具；精度0.002mm、寿命1亿冲次以上的精密多工位级进模；重量达50t的大型塑料模具，2 560腔的精密塑封模具和精度达0.01mm、寿命100万模次以上的内镶式滴灌管滴头热流道精密塑料模具及多腔精密小模数塑料齿轮模具；全钢子午线橡胶轮胎活络模；双腔高速塑料异型材挤出模；自动扶梯和汽车齿轮箱箱体及发动机壳体等大型铝合金压铸模等。

为发挥群体优势和专业化生产的优越性，20世纪90年代中中国出现了“模具城”。最早的模具城位于浙江省余姚市。该“城”目前已进驻了500多个模具及与模具相关的企业，年产值超过15亿元，对带动周边地区的模具工业及当地的相关工业发展起到了很大作用。第二个是位于昆山市的江苏省模具工业实验区。该区也已吸引了100多个企业进驻，特别是吸引了众多高水平的外资企业，形成了特色，模具年产值也已超过15亿元。21世纪中，浙江宁海模具城开始建立，并获成功。至2003年，全国先后又有10多个模具城（或模具园区）正在建设或已开始筹建。

随着中国经济和模具工业的快速发展，模具进出口发展也很快。虽然出口增幅要大于进口，但进出口相抵后的净进口量仍很大，2002年达10.2亿美元，为世界之最。

现将中国模具工业发展史上较为重要的历史事件和近年来模具工业发展及进出口情况列于表2、表3和表4。

表 2 中国模具工业发展中的重要事件

年代	事件
20世纪40年代	出现塑料模具。1946年中国首次派人出国学习模具技术并引进资料和设备
20世纪50年代	一些大型企业建立了为本企业产品服务的工模具工段、车间、分厂。1953年长春第一汽车制造厂在中国首次建设冲模车间
1955年	中国第一家专业模具厂（天津电讯模具厂）诞生。此后，专业模具厂相继诞生
1958年	长春第一汽车制造厂开始制造汽车覆盖件模具
20世纪60年代	开始生产精冲模具。1964年开始精冲技术开发
1963年	第一机械工业部在电器科学研究院成立中国第一个模具研究室
1975年	中国第一本定期的模具刊物《模具通讯》编辑出版，该刊1985年更名为《模具工业》
1978年	原机械工业部在北京机电研究所成立模具研究室
1984年	中国模具工业协会成立
1986年	国家计划委员会、国家经济委员会、机械工业部共同转发了《关于振兴模具工业的报告》

（续）

年　代	事　　件
1989 年	在国家颁布的《国务院关于当前产业政策要点的决定》中模具被列为机械工业技术改造序列第一位，生产和基本建设序列第二位。同年，经国家计划委员会批准，华中理工大学（现为华中科技大学）成立塑性成形模拟及模具技术国家重点实验室
20 世纪 90 年代	“三资”模具企业和私营模具企业迅速发展，模具工业快速发展。1994 年，经国家计划委员会批准，上海交通大学成立模具 CAD 国家工程研究中心，郑州工学院（现为郑州工业大学）成立橡塑模具国家工程研究中心
1997 年 ~ 2005 年	国家对生产中高档模具的部分专业模具生产企业，实行模具产品增值税先按规定征收，后返还 70% 的政策
2002 年	被称为“中华模具第一股”的安徽铜陵三佳模具股份有限公司的股票上市

表 3　近年来中国模具工业发展情况

年　份	生产企业数/个	职工人数/万人	全员劳动生产率/(万元/人)
1987	6 000	30	1.0
1994	10 000	43	3.0
1998	17 000	50	4.4
2003	20 000	50	9.0

表 4　1984 ~ 2002 年中国模具进出口情况　（单位：万美元）

年份	1984	1986	1988	1990	1992	1994	1995	1996	1997	1998	1999	2000	2001	2002	2003
进口	2 429	9 037	18 851	21 360	42 000	67 500	81 100	91 799	63 000	66 348	88 274	97 700	111 174	127 220	136 930
出口	136	196	465	1 452	3 000	3 890	4 941	7 000	9 428	9 591	13 280	17 374	18 775	25 234	33 680

（二）政策与体制

一方面，模具在国民经济中已显示出越来越重要的地位，另一方面，模具的重要性还没有被充分认识，这就产生了长期以来模具一直供不应求的局面。在计划经济时代，模具不但不是商品，而且也不属于产品。直至 1987 年，《国家机电产品目录》才第一次将模具列入其中。1986 年 5 月，国家计委、国家经委、机械部以（86）机计函联字 873 号文发出了《转发中国模具工业协会〈关于振兴模具工业的报告〉的通知》，表明了中央政府有关部门已认识到了模具工业的重要性。1987 年 10 月，国家经委的经机〔1987〕657 号文发出了《关于优先安排模具规划建设项目的通知》。1989 年 3 月，在《国务院关于当前产业政策要点的决定》中，模具置于极其重要的地位。1992 年、1997 年、1998 年、1999 年、2000 年、2002 年，国务院及有关部门又先后在一些文件中明确对模具工业的发展予以鼓励和支持。例如，在《当前国家重点鼓励发展的产业、产品和技术目录》和《鼓励外商投资产业目录》中，模具都被列入其中。1983 ~ 1998 年，原机械部、机电部、机械委、国家机械工业局先后颁发了许多政策性文件来支持模具工业的发展。针对一个小类产品，国务院及有关部委连续颁发这么多文件给予政策支持，除了模具之外，好像再没有其他产品了。

为了进一步支持模具工业的发展，经国务院批准，自 1997 年开始，国家对部分专业模具生产企业模具产品实行增值税先征收，后返还 70% 的政策。这一政策从 1997 年的 80 个国有企业已逐步扩大到了 2003 年的 160 个包括民营和私营企业在内的专业模具厂。7 年间共返还 5 亿多元用于技术改造和科技开发，使这些企业模具设计制造水平有了很大提高，模具生产年均增速近 20%，比行业平均水平高出约 5 个百分点，效果十分明显。在这一具体政策引导下，有些省市也出台了一些支持当地模具工业发展的政策，许多大企业（集团）的模具车间（分厂）不断独立出来成为具有法人资格、面向社会的专业模具生产企业，促进了模具行业的结构调整与发展。

除了上述针对模具的政策之外，还有一些国家宏观政策对模具工业的发展也具有重大影响。主要有两个方面：

一是国家改革开放政策。这一政策使三资和私营模具企业迅速发展。三资企业不单带来了资金，更重要的是带来先进的技术及管理理念，激活了市场。私营企业则以灵活的机制活跃于行业之中。现在，三资企业和私营企业生产的模具已占总量的 60% 以上，而且占比呈不断上升的发展趋势。因此，这一政策对模具工业发展影响十分巨大。

二是国家对支柱产业、高新技术产业和其他一些有利于模具工业发展的政策的确定。五大支柱产业和高新技术产业的确定极大地促进了模具市场的发展，并为其进一步发展提供了极为广阔的空间。许多模具企业被国家和省市有关部门认定为高新技术企业，得到迅速发展。国家对电子信息产业、高速公路、塑料工业及新型建材的支持政策也为模具工业发展提供了广阔的市场。

中国模具生产体制随国民经济体制发展而变革，从计划经济体制向市场经济体制发展历经了漫长的道路。与其他机械产品相比，模具生产体制还有两大特点。

一是模具生产长期以来被视为企业的后方，模具自产自用的体制至今仍未得到根本改变。目前，在全国范围内，自产自用的模具仍旧要多于商品模具。这一体制阻碍了模具专业化生产的进程，也制约了模具工业的发展。在这方面与国外工业发达国家相比，确实落后了几十年。

二是专业模具生产企业绝大多数是小型企业，中型企业只占少数。这一体制基本类似于国外工业发达国家，它与模具生产特征相符合，因此，有利于模具工业的发展。小企业还便于转型，因此模具企业的改制步伐较快。现在，国有和国有控股的专业模具生产企业已成为少数，特别是在南方，已很难找到。改制后的模具企业经营情况普遍要好于改制前的状况。

（三）质和量的发展

模具的质量主要反映在模具精度、寿命、型腔表面粗糙度及结构等方面。当然，一套好的模具还应该有维修方便和具有良好外观质量的特点。模具行业质量管理工作较为落后，至今尚无国家模具质量监督检测中心。现在，模具的质量工作主要靠各企业自觉地进行质量管理，自己建立质量管理体系。同时，中国模具工业协会在每逢双年举办的中国国际模具技术和设备展览会上对参展模具产品进行评述，并评出优秀模具进行表彰，对模具行业质量工作和提高模具行业的水平起到了积极的推动作用。1997～2000 年中国模具工业协会还每年编印了《国产优质模具汇编》，向全国模具用户推荐优质模具1 000多套，也促进了质量工作。中国模具工业协会模具材料委员会于 1997 年编印的《模具用钢推荐表》对模具生产企业正确选用模具钢，提高模具质量也起到了良好作用。模具行业虽然至今尚无国家级技术中心，但一些省市和部分企业充分认识质量工作的重要性之后，先后建立起了一些省市级和企业的技术中心，他们对开展质量工作、提高模具质量及开发新产品也起到了良好作用。

自我国等效采用国际质量管理体系标准以来，模具行业积极开展贯标认证工作。先是贯彻 ISO9001 和 ISO9002：1994 年版，后是贯彻 ISO9001 和 ISO9002:2000 年版。有的企业还通过了 ISO14000 环保认证和 QS9000 的汽车认证。现在模具行业已有 200 多个企业通过了 ISO9000 质量管理体系认证。

除了贯彻 ISO9000 以外，许多企业依靠科技进步，加强技术改造，重视内部管理，搞好企业文化，建立企业标准，使产品质量不断提高。例如在《人民日报·市场报》、香港《大众报》、《中国消费报》等共同开展的以“庆祝消费者节日，维护消费者权益”为主题的大型宣传活动中，中国扬子集团设备模具制造有限公司在 2001 年“3·15 模具全国用户的暗访暨调查”活动中，被列为“产品质量无投诉、售后服务无投诉十佳企业”。该公司的“扬子”商标被认定为安徽省著名商标。铜陵三佳模具股份有限公司的“建西”牌塑料模具也被认定为安徽省著名商标。浙江省萧山精密模具标准件厂生产的“金龟”牌精密冷冲模架被评为浙江省著名商标。广东巨轮模具股份有限公司的“吉阳”牌子午线轮胎模具被评为广东省著名商标。广东天阳模具有限公司的“天鹅”牌子午线轮胎模具荣选为中国知名品牌。海尔模具公司等企业提出的“您给我一个概念，我还你一个产品”的一站式服务，使质量工作进一步深化。四川成飞集成科技股份有限公司等一批企业，坚持“质量第一、用户至上、全员参与、不断改进”的质量方针，以“创建一流企业，培养一流人才，制造一流模具”为目标，在推动技术进步、完善内部管理、建立和完善质量管理体系等方面都取得了较好成果。许多企业把质量工作重点放在“让顾客满意”上，进一步提高了质量工作的水平。

中国模具设计制造水平和产品质量经历了一个漫长的发展提高过程。一方面是自行发展提高，另一方面是引进技术或从进口模具中吸取其精华而发展提高。低熔点合金模具在中华人民共和国成立前后已开始制造和应用，经过几十年的发展，水平提高很快，后来又发展了中熔点合金模具。这些主要是依靠自己的力量而发展提高的。汽车覆盖件模具从为货车配套逐步发展到为乘用车和中高档轿车配套，主要是学习国外技术而发展提高的。冲压模从单工序简单冲模发展到复合模，再发展到多工位级进模并使用硬质合金来提高其精度和寿命，这是我国自行研究开发与引进国外技术相结合取得的成绩。现在，个别企业生产的微米级长寿命多工位级进模已达到国际水平。为电子行业服务的半导体塑料封装模长期依靠进口，1978 年，建西工具厂研制成功我国第一套 Y14—120 腔塑封模，1980 年上海研制成功一模 400 腔和一模1 200腔塑封模，现在中国已能生产精度 5μm 的2 560腔塑封模，已接近国际水平。20 世纪 40 年代出现塑料模之后，主要依靠自己的力量和吸收进口模具的精华，从机外装料的简单胶木模发展到今天能制造为汽车、家电等配套的大型、精密热流道模具和气辅模具，部分产品已达到或接近国际水平。汽车橡胶轮胎模具从两半模发展到活络模，从斜胶胎模发展到子午线胎模，从铸型发展到镶嵌模和全钢模，中国企业既走过了自行研制开发成功的道路，同时也走过了引进技术的道路。目前，国内生产的部分全钢子午线橡胶轮胎活络模已达到或接近国际水平。经过几十年的发展提高，已达到或接近国际水平的模具还有大型复杂压铸模、塑料异型材高速挤出模、多型腔小模数精密塑料齿轮模、外墙地砖挤压成形模等。汽车覆盖件模具，经过近 20 年的发展，模具质量和制造水平都有了很大提高。近 20 年来中国汽车覆盖件模具设计制造的进步情况见表 5。

表 5　近 20 年来中国汽车覆盖件模具设计制造的进步情况

项目名称		过去	现在
冲压工艺	数据来源	实物模型为主，产品图样，样板或主模板、样件	数学模型为主，提供车身零件的 CAD 数据及产品结构用图
模具设计	工艺设计	简单工艺图	DL 图设计、模面设计、CAD 的初步应用
	画图	人工及图样	普遍采用二维 CAD 或三维 CAD
	结构	比较简单、粗笨	框架结构、标准化。大量应用吊冲、侧冲等复杂结构
	标准件	没有统一标准、自制、种类少、应用率低	普遍采用行业标准或国外标准。向专业厂采购。品种增加（如氮气弹簧等）
机械加工	型面	仿形为主，少数数控	仿形加工和数控加工并存，数控为主，少数实现高速高精度加工

（续）

项目名称		过去	现在
	刃口	二维样板靠模铣、线切割	整体拼装数控加工
	NC 编程	模仿仿形加工的简单三维编程	适应高速高精度加工需要的精细编程
模具材料	铸件	合金铸铁、灰铸铁，铸铁件外观和材质不能达标	球墨铸铁、合金铸铁、灰铸铁实型铸造铸件，外观和材质基本满足要求
	镶块	主要为工具钢	主要采用铸、锻空冷钢
热处理	型面	火焰淬火	火焰淬火、真空离子渗氮
镶块	整体淬火	真空淬火、火焰淬火	
钳工冲压件	工艺	大量的研合，手工操作。钳工工序决定模具精度	以装配为主，研合量极大的减少，钳修主要是为了弥补工艺设计的不足和失误
	检查	少量应用检具。主要靠目视、试装	大量采用检具、三维测量机测量

在模具产量方面，1984 年以前没有统计数据，1984 年 10 月中国模具工业协会成立后，1985 年曾与机械工业部计划司一起做过第一次调查统计，并发布了统计数据。以后，统计工作由中国模具工业协会承担。近年来，国家统计局也有对全部国有企业和年销售额 500 万元以上非国有企业的统计数据。但是，由于模具生产企业每年都有较大的变化，而且多数自产自配，不少生产单位包含在其母体企业中，因此，很难有确切的统计资料。1990～2003 年模具产值见表 6。

表 6　1990～2003 年模具产值　（单位：亿元）

年份	1990	1992	1993	1994	1995	1996	1997	1998	1999	2000	2001	2002	2003
产值	60	100	110	130	145	160	200	220	250	280	316	360	450

（四）主要科研单位和人才培训基地

中国模具行业中的科研单位主要由三部分组成。最早出现的是 20 世纪 60 年代成立的一些原部属研究院所的模具研究室，如第一机械工业部电器科学研究院（后内迁到桂林改为研究所）的模具研究室和 20 世纪 70 年代成立的北京机电研究所的模具研究室等。由于 21 世纪开始科研单位走向企业化，模具研究难以为继，因此，这部分力量正在逐步削弱。第二部分是 20 世纪 80 年代开始陆续成立的一些大专院校的模具研究单位。这部分科研单位除了华中科技大学、上海交通大学和郑州大学的国家级研究单位外，行业中比较知名的还有大连理工大学、哈尔滨工业大学、西安交通大学、合肥工业大学、湖南大学、江苏大学、浙江大学、吉林大学、四川大学等院校内的模具研究所（室）。这些科研单位是中坚力量，担负着许多科研任务，也有许多成果。第三部分是 20 世纪 90 年代才逐渐开始建立起来的一些企业模具技术研究所（中心）。这部分科研力量主要为企业服务，但也有一些是省、市级的技术中心。安徽铜陵三佳模具股份有限公司、广东巨轮模具有限公司、沈阳子午线橡胶轮胎模具公司等的技术中心和科研单位都对企业的发展和行业的技术进步起到了积极作用。

中国的模具人才培训工作长期以来都是靠师傅带徒弟的办法进行，直至 20 世纪 80 年代开始才逐步步入正轨。1986 年以后，一些大专院校开始陆续设立模具专业来培养模具人才。现在设立模具专业正规培训模具人才的大专院校全国已有 60 多个。中等专科学校和技工学校培训模具人才的历史要早于大专院校。例如，成都电子机械高等专科学校（其前身为中等专科学校）已有 50 多年办模具专业的历史。江苏、上海、广州等地一些中等专科学校和技工学校也有几十年培训模具人才的历史。这些学校早期毕业生许多都是模具行业的骨干。

中国模具工业协会设有教育培训委员会，2003 年开始改为模具人才培训部，主要负责组织模具行业在职职工的培训工作。经考察和审定，目前全国已有 33 个被认定的培训点。这些培训点主要开展短期培训，对职工（包括工程技术人员和技术工人）及少量求职学生进行再教育。这些培训点中，包括由德国和日本援建的培训点、联合国和世界银行贷款项目的培训点、国家投资的培训点、民间投资和学校及企业设立的培训点等。这 33 个培训点培训内容各有侧重，具体情况见表 7。2002 年 9 月，“中国模具技术人才培训基地”在广州市高级技工学校正式挂牌，10 月，广州市劳动和社会保障局与香港职业训练局签署模具技术人才培训合作意向书，标志着培训工作开始向更高层次发展。

除了国内培训之外，部分人员也曾先后到国外培训。1954 年，长春第一汽车制造厂首次派十余名工程技术人员和工人到前苏联接受培训。20 世纪 80 年代和 90 年代企业派出人员主要是派往日本和德国接受培训。培训后的人员都成了模具行业的骨干。

表 7　中国模具工业协会认定的 33 个培训点及培训内容

培训点名称	主要培训内容
宁波精意工业造型设计有限公司	产品开发、模具 CAD/CAM、CNC 机床操作
上海模具 CAD 国家工程研究中心	模具 CAD/CAE/CAM、技术咨询
大连理工大学模具研究所	模具抛光、模具设计、模具 CAD/CAM
四川大学模具设计与制造专业	制品设计、模具 CAD/CAE、气辅及热流道技术
思美创（北京）科技有限公司（Cimatron China）	模具 CAD/CAM 软件 Cimatron、模具加工编程

（续）

培训点名称	主要培训内容
湖南铁道职业技术学院	模具设计、制造、模具 CAD/CAM、机床操作
重庆工业职业技术学院	模具设计、制造、模具 CAD/CAM
广西南宁高新区模具培训基地	模具设计、制造、模具 CAD/CAM、机床操作
荣昌机械技校模具钳工专业	模具钳工、CAD/CAM、机床操作、数控技术钳工
北京二轻工业学校现代模具实训中心	模具设计、制造、模具 CAD/CAM、机床操作
武汉大学计算机推广中心职业技能学校	模具设计与制造、CAD/Pro/E、UG 软件专业培训
福建省漳州工业学校	模具设计、制造、模具 CAD/CAM、机床操作
成都电子机械高等专科学校	模具设计、制造、模具 CAD/CAM、机床操作、产品造型
沈阳模具技术培训中心	模具设计、制造、模具 CAD/CAM、模具加工编程
铜陵市三佳电子有限责任公司	模具设计、制造、机床操作
广东高州迪奥(香港)第一理工学校	模具设计、制造、CAD/CAM、CNC、EDM 机床操作
常州市劲克马模具花纹厂	各类模具花纹文字的制作及技术培训
江苏大学机械学院	模具设计、制造、模具 CAD/CAM、表面强化
重庆市荣昌职业高级中学	模具设计、制造、机床操作
广东省高级技工学校	模具设计、制造、模具 CAD/CAM、机床操作
山东莱芜 CAD 教育培训基地	模具 CAD/CAM、CNC 机床操作
福建工程学院	模具设计、制造、模具 CAD/CAM
太原重形机械学院材料加工技术中心	模具 CAD/CAM/CAE、CNC 机床操作、快速成型
南京阳帆软件有限公司	模具 CAD/CAM 软件 Cimatron、模具加工编程
广州白云工商高级技工学校	数控模具设计及制造、CAD/CAM/CAE 技术
广州市高级技工学校	模具设计、制造、机床操作
泉州模具技术培训基地	模具设计、制造、CAD/CAE/CAM、CNC 机床操作
浙大旭日科技开发有限公司	三维造型与数控编程、逆向工程
广西桂中模具技术培训基地	模具设计、制造
上海现代模具技术培训中心	模具设计、制造、机床操作
温州市模具技术培训基地	模具设计、制造、机床操作
广州南方模具工业学校	模具设计、制造、模具 CAD/CAM、机床操作
华中科技大学模具技术国家重点实验室	模具 CAD/CAE/CAM

二、中国模具技术发展简史

(一)发展综述

与西方工业发达国家相比，中国的模具技术长期处于落后状态。虽然中国古代制造青铜器等手工艺品的模具在当时已达到相当高的水平，但他们并不是现代意义上的金属模具(日本和韩国称模具为“金型”)。模具作为一种产品，则是20世纪中期才开始的。中华人民共和国成立之前，无模具工业可言。中华人民共和国成立之后，经过三年恢复和“一五”计划大规模经济建设时期，随着经济的恢复和发展，模具设计制造技术有了较大进步。首先是冲模结构由单工序向复合模发展，少量采用级进模，模块由整体向拼块发展。塑料模(当时主要是热固性压塑模)主要是用锌铅合金制造，并出现了少量的橡胶塑。1951 年和 1952 年分别试制成功 800kW 和 300kW 水轮发电机大型扇形片复式冲模，它是我国第一次利用低熔点合金固定模具拼块和导套的结构。当时的级进模多为 3~4 工位。塑料模大都是移动式模具，机外脱模装料。当时的模具大都没有导柱、导套。

“一五”期间，前苏联援建的 156 项重点项目开工后，我国陆续派人赴前苏联、捷克、民主德国学习模具设计制造技术，有关模具书籍、图册等资料如冷冲压技术、洛氏冲压手册、冲模设计图解、塑料模设计等资料，部分翻译出版，对我国模具技术进步起到了积极作用。

民主德国的冲模采用导板式结构，薄料精密冲模采用压印法制造工艺，这些结构和工艺，在我国长期沿用。1955年我国翻译出版了冲模设计、冲模典型结构、塑料模设计、塑料模典型结构、压铸模设计、压铸模典型结构等6本资料，内部发行，对当时的模具设计都有一定的指导意义。

1955年底，一机部在哈尔滨电机厂开办了第一期工模具设计短训班，学员 30 多人，后来都成了我国模具行业的骨干。1956 年，电机工业部在上海华通开关厂和上海电机厂开展模具制造钳工机械化的试点工作，以成形磨削和拼合模块的方式解决钳工的锉削和热处理变形问题，研制了成形磨削工艺和多种成形磨削专用夹具及拼合模具结构，提高了模具制造精度和光洁度，缩短了制造周期，受到模具工人的欢迎。随后，由电器院工艺所编写了《模具拼块结构》和《模具制造的成形磨削》，由机械工业出版社出版发行。

1958~1965 年，模具结构向高效率、高寿命发展，模具标准诞生，模具加工采用成形磨削和电加工配套工艺，模具专业厂得到进一步发展。1958 年，一汽开始试制和生产红旗轿车和越野汽车，所需的覆盖件冲模由冲模车间负责供应，国内开始了自己制造汽车覆盖件模具的历史。

在冲模制造中，复合模结构进一步完善，有些工厂开始研制高效率的级进模和高寿命的硬质合金模。塑料模由热固性塑料模发展到热塑性注射模，对大批量的塑料件采用一模多腔的结构。压铸模也已扩大应用于铜合金铸件。为了适应多品种少批量冲压件的生产，第一机械工业部电器院工艺所与上海星火模具厂协作，研究制造了分解式组合冲模。有了这种模具，就可不做专用模具，只要对组合冲模进行调节、定位，就可将冲压件的圆弧、圆孔、方孔、缺口、弯角依次冲压成形，缩短了制造周期。

在模具制造方面，在已研制成功的成形磨削夹具的基础上，研制发展了专用成形磨床(M8955)，并由天津磨床厂、营口机床厂先后生产2 000多台，供模具行业应用。到1959年，成形磨削在上海、北京、天津、南京、沈阳、无锡、广州、湘潭等大中城市已普遍采用。

1958年，电火花加工技术也被引用到模具加工上来。1959年，上海华通开关厂自制伺服电机驱动的电火花加工机床已经试用于模具生产，北京模具厂自制了两台单机驱动电火花穿孔机，使用灰铸铁和铜电极制造模具。这时第一机械工业部电器院工艺所与北京低压电器厂协作研究模具的电火花加工工艺和装备，取得较好的进展。为了充分发挥成形磨削加工和电火花加工两种不同工艺的特点，许多模具车间与模具厂采用成形磨削加工凸模和电加工用电极，用电火花加工凹模和卸料板的配套工艺来制造冲模，使模具制造发生了革命性的变化。在电机冲片复合模加工中，研究发展了钢打钢的加工技术，简化了制造过程，提高了凸凹模的配合精度。

20世纪50年代开始，仿形铣被广泛用于模具型腔加工。

1963年，上海华通开关厂、上海电表厂首先自制电火花线切割机床用于模具生产，它可用来切割凸凹模、卸料板等零件，对一些轮廓形状较为复杂的冲裁模的加工，提供了新的方法。接着，北京、天津等地的模具制造厂也采用了这一新技术。

在这一阶段中，对型腔模的加工，研制了型腔冷挤工艺与装备。上海华通开关厂首先研制成功800t型腔冷挤压机，后来又试制了5 000t挤压机。由于型腔冷挤压是利用坯料的塑性能力，因此，适用于塑性较好的材料。对于塑性较差的材料，只能挤压形状较简单，挤压深度较浅的型腔。此项工艺在大城市模具制造中得到推广。

在型腔模制造中的另一问题是淬火问题。上海、北京等地模具厂家总结模具热处理的变形规律，采用等温盐浴光亮淬火工艺，基本上解决了胶木模的淬火问题。

从1958年开始，许多大中城市如上海、北京、天津、南京、无锡、沈阳、福州、广州、长春、济南、武汉、长沙等地相继建立专业模具厂，据不完全统计全国约有50多个。这些模具厂的设备条件和技术力量比较薄弱。

1962年，为了适应模具生产发展的需要，由第一机械工业部电器院工艺所制订了冷冲模零件标准与典型结构的标准，由原一机部批准作为部标，自1963年起颁布施行。这是我国的第一个模具标准。

1964年，原一机部扶植专业模具厂，给上海星火模具厂、北京模具厂、无锡模具厂投资更新设备。他们自制了双轴镗床、导柱研磨机、导套简易研磨机、强力铣床等设备，1965年正式投产，质量基本达到技术条件要求，并供应华东、华北、东北等地区。

1964年开始开发精冲技术，精冲模逐步向厚板精冲、大型精冲、复合精冲和三维精冲发展。

1966～1976年，模具结构与制造工艺无多大变化，但简易模具得到较快的发展，组合冲模由分解式组合冲模发展到积木式组合冲模。钢皮冲模从用于制造中型零件发展到用于制造大型零件。上海汽车厂用这种冲模冲制了长800mm，宽500mm不规则的椭圆形零件；济南汽车厂用这种模具冲制了长2 000mm的汽车零件。其结构有全钢皮式，软、硬钢皮组合式，钢皮、钢块组合式，钢皮、橡胶组合式多种，并发展了钢皮冲模的通用模架；薄板冲模也由单工序冲模发展到级进冲模。国防部门还发展了电磁薄板冲模。聚氨酯橡皮模在冲载、弯曲、拉深、胀形模具中得到应用，尤其对冲裁薄料时可获得无毛刺的零件。对拉深件研制了低熔点合金模具，主要用于加工农机与汽车所需板料厚度1～2mm不同类型的拉深件。试验中，对铋锡合金的基本金相原理和性能以及模具受压能力也作了简要的分析。此外，陶瓷型精密铸造制模技术也得到发展和提高。

电火花加工技术继续改进完善，研制了平动加工装置，能用一个电极进行粗加工和精加工；线切割由靠模加工和光电跟踪加工发展到数控加工和切斜度加工，生产效率和加工精度日益提高，成为冲模加工的主要手段。

为总结和推广我国在模具设计和制造方面的经验和先进技术，1973年，一机部责成桂林电器研究所模具研究室组织有关工厂、大专院校和科研单位共60多个单位编写了全套《模具手册》，包括《塑料模设计手册》、《压铸模设计手册》、《粉末冶金模设计手册》、《模具制造手册》、《冷冲模设计手册》、《锻模设计手册》6个分册，出版后受到读者的欢迎。在此期间，三机部与四机部也编写了冷冲模、塑料模和压铸模的设计手册或典型结构图册，很有指导意义。《模具手册》1982年出版第一版，重点介绍了各类模具的设计及成形磨削、电火花加工、线切割加工、电解加工、热处理、型腔冷挤压、陶瓷型铸造、电铸、堆焊等各种工艺在模具制造中的应用。在第一版的基础上，经许多专家、学者对该手册的修订，增补了大量的国内外先进经验、先进技术和数据，删去了部分已经陈旧的内容，于1994年出版第二版，仍分6个专题手册，内容更加先进和实用。

1975年，根据几次模具会议代表的要求，一机部批准由桂林电器研究所模具研究室编辑出版《模具通讯》刊物，这是全国第一本定期的模具刊物。出版以后受到模具工作者的好评，发行量每年都有增加。1981年以前为季刊，从1981年改为双月刊，现在为月刊。

20世纪60年代中期到70年代中期，第一汽车制造厂在包建第二汽车制造厂时，承担了东风140车型全套模具的制造任务，跨上了制造整个载重车车型全套模具的台阶。接着于1987年第一汽车制造厂为自己的CA—141载重车制造了全套模具，实现了换型任务。

在此期间，第二汽车制造厂、南京汽车制造厂、北京汽车制造厂、天津汽车制造厂等相继成立或扩建了自己的模具制造基地，各自努力提高模具制造的工艺水平和生产能力，以适应工厂的发展。当时只有第一汽车制造厂和第二汽车制造厂的模具厂完成过整个车型模具的制造调试和匹配工作，具备了整车模具的制造经验，但总体水平不高，只能制造载重车模具，还不能生产轿车高表面质量的外覆盖件模具。

20 世纪 80 年代开始，中国模具工业蓬勃发展，许多专业模具厂进行了技术改造，模具科研列入国家重点攻关项目。同时，国家还派几百名技术人员出国学习考察，并引进了许多国外模具技术，使机械、电子、轻工等工业领域的模具技术都有所突破。如东风汽车集团冲模厂采用新技术、新材料，为日本五十铃厂制造了大型模具，质量很好，得到日本的好评，在国际上赢得了信任。电子工业中，用来封装半导体二极管、三极管以及各种集成电路的大型热固性塑料封装模的制造精度高，要求在 600mm × 500mm 内上下平面的平行度误差不超过 0.02mm，型腔表面粗糙度 $R_a \leqslant 0.05\mu m$。这种模具我国过去靠国外进口，每副模具平均 6 万美元左右。1980 年，上海市仪表局组织所属单位对大型塑料模进行攻关，试制成功一模 400 个腔的模具，验收合格，投入生产应用。建西工具厂生产的塑封模于 1986 年获电子工业部科技进步一等奖，该厂还于 1993 年生产出 600 腔三极管塑封模（TO—92）。另外，家用电器中，电视机、录音机与洗衣机的大型复杂模具也陆续试制成功。

20 世纪 80 年代初，我国在电动机硅钢片生产中已研制成功六工位定转子片硬质合金级进模。由于模具结构合理，加工工艺先进，使用效果良好，最高刃磨寿命达 129.7 万冲次，平均刃磨寿命达 100 万冲次，毛刺控制在 0.05mm 以下，接近当时国际先进水平。印刷绕组电机转子片是非常精密的复杂薄料冲片。国外制造工艺是从照相腐蚀，金属沉孔，缩放仪机刻等方法逐渐发展到机械冲制法。我国于 20 世纪 70 年代中期采用照相腐蚀法试制成功印刷绕组电动机转子片，但生产效率低，成品率低，成本高。1981 年上海仪表电机厂研制成功高精度、高效率的转子冲裁模，效率比腐蚀法提高数十倍，成本仅为腐蚀法的 1/10。上海星火模具厂引进美国 DME 公司的塑料内热式热流道系统，已由上海电热电器厂和上海自动化仪表六厂试制成功。上海星火模具厂用此系统试制了一模 4 腔的热流道模具。武汉七三三厂对精冲模的研究与应用，取得了较好的成绩，研制成功精冲模通用模架。还有上海星火模具厂，已研制成功四个工位级进式的精冲模。1984 年在瑞士召开的国际精冲会议，我国有两名模具工作者被邀请参加。显像管、电子元件、汽车、电动机、电器、仪表厂围绕着产品，消化引进技术，研制微米级精度的多工位级进模和多型腔塑料模，也取得了良好成绩，当时已能制造出十多个工位的精密级进模和精度、难度较高的塑料模。

塑料异型材挤出模和塑料管道模于 20 世纪 80 年代初随塑料异型材和塑料管道设备及技术的引进而开始发展。建西工具厂于 1986 年生产出中国第一套塑料异型材挤出模。

模具标准化工作也取得了一定进展，参照 ISO 国际标准，冷冲模、塑料模、压铸型国标都已颁布执行，锻模、组合冲模标准和模具的名词术语也已制订。为适应我国工业发展和模具生产技术发展的需要，为推动、组织和统筹我国模具标准化技术工作，经国家标准总局同意批准，于 1983 年 10 月在长沙召开全国模具标准化技术委员会成立大会，委员会秘书处设在桂林电器研究所。模具标委会是国际标准化组织 ISOTC29/SC8 的“P”成员，下设锻模分委员会和塑料模分委员会。该委员会成立 15 年来组织制订了包括产品标准与质量控制标准在内的 46 项国家模具标准和行业标准，近 300 个标准号。

20 世纪 70 年代，上海各大学锻压教研室对冷挤压模具进行了研究试验，并提出了“见裂就分”的设计原则，结合全国各行各业的生产进行了试验推广，取得了良好的经济效益。为了推广应用，编写了《冷挤压技术》及《冷挤压图册》。华中工学院、上海交通大学、吉林工业大学分别对精冲模、冲裁模、锻模的 CAD 进行了研究，取得了初步的成果，CAM 技术在模具线切割加工中开始得到应用。

1983 年上海交通大学和上海市手工业局、手工业联社共同筹建成立了上海模具技术研究所。这种以改革精神建立起来的科学与经济结合的联合体，为发展我国模具事业开拓了新的途径。

为跟踪国外模具制造技术的发展，第一汽车制造厂、第二汽车制造厂和南京汽车制造厂于 1982 ~ 1985 年期间，先后联合派出技术人员和工人赴日本富士铁工所实习，参加生产劳动，时间 1 ~ 2 年，深入了解了国外模具制造技术的情况。一汽冲模车间于 1985 年购入第一台数控机床。各模具厂分别根据自己的实际情况，进行技术攻关，取得了很大成绩。

“六五”和“七五”期间，由于国家经委与科委的重视，模具被列入国家重点科研攻关项目。主要攻关目标是研究先进结构，提高模具寿命和制造技术水平。许多课题取得了成果，如锌合金模具、超塑性合金模具、精密冲模与塑料模先进结构与加工技术、电加工的低耗电源、超声波抛光、快速电铸成形、模具装配机、试模器、离子氮化等在生产中得到不同程度的推广应用。

随着模具生产技术的不断发展，模具行业技术交流等活动也非常活跃，全国性的交流每年都有几次。模具技术情报发行工作，也有较大的发展，上海、广州发行了不定期的刊物。此外，由桂林电器研究所模具研究室和模具生产技术部门编辑、翻译出版了各种模具专题译文集、图、册与参考书籍约 15 种。

为促进我国模具技术的发展，组织起来、统筹规划、互相交流、协作攻关，经原国家经委研究，决定建立中国模具工业协会，挂靠在机械工业部。遵照国家经委批示，1984 年 10 月，中国模具工业协会正式成立。1985 年起，《模具通讯》更名为《模具工业》，作为中国模具工业协会会刊，每月出版一期。1985 年 9 月，中国模具工业协会理事长杨铿等 6 人组团赴美国、法国、联邦德国、瑞士 4 国考察模具工业。1986 年 4 月杨铿代表中国模具协会编写并上报了《关于振兴模具工业的报告》。5 月，国家计委、国家经委、机械部转发了中国模具工业协会《关于振兴模具工业的报告》，为我国模具工业的发展揭开了新篇章。

20世纪80年代前期，由于引进了美国、日本、联邦德国的模具图样和精密加工设备，我国电器行业许多工厂开始掌握了20多个工位级进冲模和多型腔精密塑料模具的制造技术，并制造出了这种模具。

1988～1992年，由原国家经贸委下达计划，由机械部和中国模具工业协会实施，在全国范围内组织了上百个模具企业和有关科研单位、大专院校，共同进行模具技术攻关，取得了丰硕成果。这些成果主要有：冲压模具的设计制造技术、塑料模具的设计制造技术、铸压模具的设计制造技术、锻压模具的设计制造技术、模具表面处理技术、模具材料、模具计算机辅助设计与制造（CAD/CAM）技术、模具加工关键设备、模具寿命研究等方面。由于这些成果的取得及推广应用，使我国模具制造技术前进了一大步。

在汽车模具设计制造方面，以第一汽车制造厂、第二汽车制造厂和天津汽车制造厂为主要代表的汽车模具制造企业，20世纪80年代至90年代技术进步较快，在模型制造技术方面，自行研制成功可加工塑料，在国内联合试制成功三坐标测量机和划线机，采用可加工塑料为原料，以数控加工方法加工型面，以三坐标测量机检测，使模型制造技术全面达到当代模型制造国际水平。在毛坯制造技术方面，研究解决了实型铸造的一系列问题，于20世纪90年代初投入生产，使铸件重量下降了30%～50%，质量接近国际水平。这一时期，国内还研制成功具有中国特色的刃口堆焊合金焊条、空冷钢，为加工工艺的改进提供了条件。

1987年，第一汽车制造厂完成了平头车驾驶室全套内外主模型加工，模型全部采用CAD/CAM方法设计和制造，模型精度达到0.35mm以内，达到了当时的国际水平。

各工厂大力推行数控加工，天津汽车模具厂引进了9台高水平数控铣，其中包括高速数控铣，大大提高了型面的加工精度和表面光洁度。一汽模具制造公司1999年引进的数控铣和高速铣的性能又比天津引进的有了提高。

21世纪开始，中国模具行业引进设备的步伐加快，引进的设备水平也进一步提高。许多个体私营企业第一次创业时大都购买来自中国台湾的设备，第二次创业时多数购买欧美和日本的设备。一些实力强大的企业，一开始就定位于高档模具产品，所引进的设备大都是世界一流水平的设备。例如，四川宜宾五粮液集团的普什模具公司，到2003年已投资8亿元建设了精密塑料模和汽车覆盖件模两个分厂，关键加工设备及软件全部购自世界一流的机床生产企业。因此，该公司成为中国模具行业中设备最先进的模具企业，其生产出来的精密塑料模具也达到了国际水平。

经过多年的努力，我国主要汽车模具厂大多采用了当代模具制造技术，工艺水平已接近国际水平。第一汽车制造厂还于1997年引进了板料成形过程计算机模拟CAE软件、DYNAFORM和OPTRIS，对难于拉延成形的冲压件在制定工艺前进行分析，找出拉延的难点，预先进行优化，以减少模具调整时的困难。

“七五”后期和“八五”期间，国家对模具工业加大了投入，分批、分期改造了一批具有特色专长的专业模具厂和模具标准件厂，引进了一大批模具加工关键设备及精密塑料模、级进模、精冲模等设计制造技术，对提高我国模具制造技术及生产水平起到了推动作用。同时，许多大专院校开始设立模具专业，由联邦德国、日本援建及我国自己投资兴办的模具技术培训中心也陆续建立，模具技术人员及技术工人的培养开始步入轨道。

1991年，北京市电加工研究所设计制造了48脚集成电路引线框架级进模，尺寸精度±2μm，步距累积公差<5μm，总寿命1亿次，通过电子部鉴定，获1992年北京市科技进步二等奖。

“八五”期间，国家对模具技术的发展主要是对“重点企业技术开发项目”进行支持。列入“大型精密模具设计制造技术”国家重点项目的主要有3个子项，见表8。这3个项目，都先后通过了鉴定，达到了目标，这表明了当时模具技术的进步。

表8 “八五”大型精密模具设计制造技术开发项目

序号	项目名称	主要开发内容	考核目标	主要承担单位
1	精密多工位级进模	①采用硬质合金和合金钢镶块结构，开发硅钢片、电器、仪表用的多工位级进模。②级进模CAD/CAM系统的开发和应用。③模具标准数据库与信息系统。④开发针式接插件的24工位硬质合金精密级进模	模具加工精度达5μm，使用寿命8 000万次，实现自动送料、自动控制、自动保护，完成CAD/CAM软件用于生产，建立模具数据与信息系统	上海星火模具总厂、北京机电院精密模具公司、阿城继电器厂、机械部机械院、机械部桂林电科所
2	大型复杂锻造模、压铸模	①大型锻模（典型件为曲轴锻模和转向节锻造自动线模具）和复杂锻模（典型件为链轨节锻造自动线模具）的制造技术。②大型复杂压铸模的研制开发。③CAD/CAM系统开发。④材料和热处理工艺研究	锻件重量公差达精密级标准，模具精度0.05mm，锻模使用寿命达国外先进标准，压铸模使用寿命超过10万次	潍坊工模具总厂、广州型腔模具厂、机械部北京机电研究所
3	塑料注射模具设计制造技术	①大型、精密塑料模的先进制造技术。②塑料模CAD/CAE/CAM系统开发。③大中型注塑件/模具设计、制造集成系统	缩短大型、精密塑料模生产周期，提高模具寿命，自行开发的CAD/CAE/CAM系统在生产中达到应用，用大中型注塑/模具设计、制造集成系统制造的模具和塑料件达到20世纪90年代国际水平	安徽荣事达塑料模具厂、烟台北极星模具总厂、北京华正模具研究所、四川联合大学、郑州工学院、华中理工大学、福建省二轻工业研究所

我国铸造模具走过了从木模发展到塑胶模、铝模、再发展到铁模和合金钢模的漫长历程。

20世纪90年代后期制造铸造模具开始应用CAD/CAE/CAM技术和加工中心及三坐标测量机等先进设备。现已可以生产与国产和进口造型线及制芯机、浇注机上配套的汽车发动机缸体和缸盖铸造模具，以及汽车零部件及其他零部件铸造模具，部分模具已外销日本和欧美各地。

我国的压铸模制造精度已达0.02mm，型腔表面粗糙度可达 $Ra=0.40\mu m$，寿命约为国外模具的2/3~1/2，价格约为进口模具的1/3，质量稳定性和外观质量仍较差。近年来，温控技术在大型压铸模上的应用，提高了模具的使用寿命。21世纪真空压铸模刚起步。在半固态压铸、挤压压铸、铜合金压铸等方向尚面临着不少新课题。国内一些技术基础较好，并有一定实力的铸模生产企业已经开始筹划在CAD/CAE/CAM一体化、逆向工程、高速铣削、高速扫描及数字化系统、产品信息管理和电子商务等方面进行投入。

橡胶模具中专业化、商品化程度最高的当属轮胎模具。1987年，沈阳模具厂从原德意志联邦共和国AZ公司引进了子午线轮胎活络模具制造技术及主要生产设备，建成了中国第一条活络模生产线。该厂后来又从瑞士等国引进了五坐标加工中心和六轴五联动数控铣镗床等关键设备及国际先进的计算机软硬件，关键工序实现了无图化加工，大幅度提高了中国橡胶轮胎模具的生产技术水平，部分技术已接近国际先进水平。与此同时，广东天阳模具有限公司的前身揭东县轮胎模具厂成功地走出了一条自行研制开发的道路，依靠自己的力量，于1986年试制成功了我国第一套子午线轮胎活络模具。1991年，与外商一起成立天阳橡胶机械有限公司，引进了先进的技术、设备和管理。国务院发展研究中心市场经济研究所认定，该公司为中国首家开发子午线轮胎活络模具的企业，并授予“中华之最”奖牌。由于该公司在科技开发方面不断取得成果及在产品水平和规模上的快速发展，该公司1998年被国家科委认定为国家重点高新技术企业。同年，该公司子午线轮胎活络模项目获国家科技部颁发的火炬优秀项目奖。2002年，天阳模具有限公司获国家专利，并将该公司生产的“天鹅”牌子午线轮胎活络模具被认定为“中国知名品牌”。2003年，该公司又成功开发出中国第一套大型子午线工程轮胎活络模具，将我国子午线轮胎活络模具提高到了一个更高的水平。建立于1992年，更名于2001年的广东巨轮模具股份有限公司，也因其科技进步及快速发展，而于2001年被科技部认定为国家重点高新技术企业。该公司2000~2003年共获得组合可拆式轮胎模具、免通气孔无余料轮胎模具、线性轻触式导向轮胎活络模具等8项国家专利。目前，该公司是国内独家同时具备子午线轮胎模具两种结构(斜平面导向结构、圆锥面导向结构)、两种工艺(钢刻花工艺、精密铸造铝合金工艺)的制造技术和首家采用全电火花工艺加工模具的企业，已形成企业局域网，全面采用CAD/CAE/CAM技术。20世纪90年代，安徽王子精品模具有限公司开始与韩国合作生产嵌镶式贴花全钢子午线轮胎模具，并聘请韩国模具专家到公司工作，很快生产出了合格的嵌镶式贴花全钢子午线轮胎模具。4年合作期结束后，该公司已完全掌握了该项技术，所生产的嵌镶式贴花子午线轮胎模具已有部分出口。安徽大道股份有限公司也掌握了这项技术，并自行开发制造出嵌镶式贴花子午线轮胎活络模具。2003年才从中鼎密封件有限公司独立出来的中鼎模具制造有限公司，是中国橡胶密封件模具企业的“排头兵”，部分模具已达国际水平。

玻璃模具主要是玻璃器皿模具。电视机出现以后，显像管玻壳模具得到快速发展，但玻璃瓶模具批量较大。由于模具要在生产线上经受1 000℃以上连续高温，工作条件十分恶劣。因此，模具材料及寿命一直是玻璃模具的核心技术。20世纪80年代末至90年代，国家曾将研制玻璃模具新材料，提高玻璃模具寿命列入科技攻关项目并取得成果。当时，研制的合金铸铁可使玻璃模具寿命达到20万模次。

山东省冶金科学研究院研制成功的RE稀土微合金化铸铁模经工业性生产考核，寿命可达80万模次。该所1998年通过鉴定的SMRI—P2型D球墨铸铁双滴料玻璃模具材料已接近当时的国际先进水平。目前，中国玻璃模具生产能力主要集中在江苏省沙家浜一带，那里集中了上百家民营的玻璃模具专业生产企业，玻璃模具年销售额已超过2亿元，模具品种已有瓶罐、器皿、灯具、化妆品包装等四个系列，大部分企业已应用CAD技术，而且还于1998年自发成立了沙家滨玻璃模具协会。如果按水平与能力来说，天津ACI(天津)模具有限公司(合资企业)当属首位。随着电视机快速发展，显像管玻壳模具也得到了快速发展。河南郑州海特模具有限公司经多年研究与生产实践，2001年该公司生产的彩色显像管玻壳模具获国家科技进步三等奖。

陶瓷模具方面，广东佛山的星光工模具厂(现已改为星光机电公司)曾于20世纪90年代引进国外先进技术，使该厂生产的各种墙地砖挤压成形模具接近国际水平。后来，这一技术在其他企业也获应用，对提高中国陶瓷模具水平起到了十分重要的作用。

快速经济模具是一种很具发展前景的模具，它不属于模具分类中的那一类，它是人们对既“快速”——模具制造周期短，又“经济”——模具制造成本低的模具的总称。其中既有冲压模具，也有塑料模具，还有铸造和锻造模及制件成形过程中的中间模型等。这类模具特别在适应新产品开发和小批量生产方面，更有其灿烂的前景。

半个世纪以前，快速经济模具已在国外广为应用。快速经济模具在我国的应用也已有40多年的历史。按其技术种类，目前在我国已有应用的快速经济模具大致有如下10类：低熔点和中熔点合金模具、喷涂成形模具、实型铸造模具、铜基合金模具、电铸模具、陶瓷吸塑模具、树脂模具、旋转铸造模具、层叠模具、钢带冲模等。

快速成型技术(RP)自20世纪80年代问世以来，因其

"快速"魅力的迅速展现使之得到迅猛发展。现在,已经有光固化成形(SLA)、叠层成形(LOM)、选择性激光烧结成形(SLS)、熔融沉积成形(FDM)、三维印刷成形(3D-R)和快速冰冻成形等技术。快速制模技术(RT)主要分直接法和间接法两大类。制成的模具有软模(通常为硅橡胶模具)、桥模(通常为环氧树脂模具)和硬模(通常为金属模具)。RP不但能为RT快速提供原型,而且还可直接快速制造出硬模。RT则为RP提供了用武之地。RP与RT相结合使快速经济模具如虎添翼。据统计,应用RP/RT技术制作的快速经济模具从模具的概念设计到制造完成,仅为传统加工方法所需时间的1/3和成本的1/4左右,因而,具有十分广阔的前景。

快速经济模具以其"快速"与"经济"专长,其发展首先必须在"快速"与"经济"上下功夫。其次是在拓展其应用领域上下功夫。同时,提高快速经济模具的精度和寿命也十分重要。

中国农业大学、烟台机械工业研究所长期以来一直从事快速经济模具的研究,已有许多成果应用到生产实际中,并取得良好效果。清华大学、西安交通大学、华中科技大学则是快速成型技术的主要研究单位,近年来也有许多成果产业化。这些单位将RP与RT相结合,已使快速经济模具走出了一条更具发展前景的路子。

为进一步搞好模具技术工人的培训工作,中国模具工业协会咨询、培训与教育委员会组织有关技术专家及教师,经过多年努力,编写了模具职工培训大纲和培训计划,编著了《模具钳工工艺学》、《模具制造工艺与装备》、《模具材料及热处理》、《模具检测》、《模具结构与设计基础》、《模具常用机构与机械设计》、《模具加工设备电气基础》等7本配套教材,于1993年作为全国统编教材出版。该委员会还在全国组织以职业培训和在岗培训为目标的三级培训网,在全国设立33个培训点,为模具行业培训了大批专业人才。

1995年,厦门永红电子公司研制生产了一批达到国内领先水平的引线框架冲模,其中PLcc68腿的集成电路模具填补了国内空白。

20世纪90年代开始,港资、台资、日资、韩资等外资模具企业大量涌入中国,带动了中国模具技术的迅速发展。迈入21世纪以后,这一势头更加强劲。1997年出版了《简明精冲手册》、1999年出版了《精冲技术》,继《实用模具设计与制造手册》于2001年出版之后,《中国模具设计大典》于2002年出版。中国的模具技术必将得到更快的发展。

(二)模具设计技术发展概况

模具设计是决定模具开发制造能否成功的先决条件。模具设计技术大多依赖个人的积累经验。模具设计长期以来一直依靠人的经验和机械制图来完成。自从20世纪80年代我国发展模具计算机辅助设计(CAD)技术以来,这项技术已被大家认可,并且得到了越来越快的发展,已在模具制造中显示出了巨大的优越性。90年代开始发展的模具计算机辅助工程分析(CAE)技术现在也已有许多企业应用,它对缩短模具制造周期及提高模具质量有着显著的作用。一些工业发达国家的模具企业应用CAD技术已从二维设计发展到三维设计,而且三维设计占比已达70%以上。我国大部分企业还停留在二维设计的水平上,能进行三维设计的企业只有20%左右。CAE软件的应用国外已较普遍,国内应用还比较少,而且在用于预测零件成形过程中可能发生的缺陷方面水平还比较低。

我国模具CAD/CAM的研究开发工作始于20世纪80年代初,首先在华中理工大学(原华中工学院)、上海交通大学、北京机电研究院、浙江大学、西安交通大学和北京机电研究所等单位开展。此后,一些企业从国外引进了CAD/CAM系统,并与大专院校和研究单位结合,开发模具CAD/CAM应用软件。模具CAE的研究工作从20世纪80年代中期开始,华中理工大学、吉林工业大学、清华大学、郑州工学院和湖南大学等单位在这方面开展了许多研究工作,使模具CAE的研究成果逐步转化为实用技术。

下面以大事记的形式,简略地说明我国模具CAD/CAE/CAM技术的发展概况。

(1)1981年,电子部下达精冲模CAD/CAM课题,由华中工学院和国营七三三厂共同承担,1984年完成,并通过技术鉴定。精冲模CAD/CAM系统是我国第一个自行开发的模具CAD/CAM系统。该系统是在国产DSJ—130计算机上实现的。

(2)1983年,机械部将"冷冲模CAD/CAM"列为"六五"攻关项目,由华中工学院与机械部所属的北京模具厂等6个专业模具厂协作开发,1986年完成并进行鉴定,为我国自行开发的第一个冲裁模CAD/CAM系统。

(3)1983年,上海交通大学与上海市二轻局共建模具技术研究所,开始进行冷冲模CAD/CAM的研究,1986年完成并通过鉴定。

(4)1984年,机械部将"注塑模CAD/CAM"列为"六五"攻关课题,由华中工学院、北京模具厂和上海星火模具厂等单位共同开发,1987年完成并鉴定。该系统为我国自行开发的第一个"注塑模CAD/CAM"系统。

(5)1988年,浙江大学与成都无线电厂共建"蓉杭模具研究所",共同进行模具CAD/CAM技术的开发和应用。

(6)从20世纪80年代中后期开始,国内一些单位先后从国外引进CAD/CAM系统。如天津通信广播器材厂、北京六二五所等单位引进了注塑模CAD/CAE/CAM系统,进行消化吸收,并在生产中应用。

(7)国内在模具CAE,即塑性成形过程计算机模拟方面的研究,始于20世纪80年代中期。最早开始这方面研究工作的有华中理工大学、上海交通大学、北京航空航天大学、北京机电研究所和吉林工业大学等单位。

(8)1989年,经国家计委批准,在华中理工大学成立"塑性成形模拟及模具技术国家重点实验室",其主要研究方向为模具CAD/CAE/CAM和新型模具材料。

(9)20世纪90年代以来,国内汽车行业的模具设计制造中开始采用CAD/CAM技术。国家科委"863"计划将东风汽车公司作为CIMS应用示范工厂,由华中理工大学作为技术依托单位。开发的汽车车身与覆盖件模具CAD/CAPP/CAM集成系统于1996年初通过鉴定。在此期间,一汽和成飞汽车模具中心引进了工作站和CAD/CAM软件系统,并在模具的设计制造中实际应用,取得了显著效益。

(10)1994年,经国家计委批准在上海交通大学建立模具CAD国家工程研究中心,在郑州工学院建立橡塑模具国家工程研究中心。同年,联合国援建的精冲技术服务中心在北京机电研究所成立。这使我国模具CAD/CAE/CAM研究、开发和应用工作得到了进一步发展,新的成果不断出现。

(11)列入国家级火炬计划的塑料异型材模具CAD/CAM系统,已由连云港七一六所与武汉交通科技大学于1995年共同完成,该系统达到了国际先进水平,在生产应用中收到了很好的效益。合肥工业大学研究开发的塑料型材挤出成形模具CAD系统也达到了国际先进水平。

(12)广州型腔模具厂,在引进的压铸模CAD/CAM技术基础上,经过二次开发,1996年建立了适用于我国压铸模生产的CAD/CAM数据库,可实现压铸模CAD/CAM一体化,缩短模具生产周期30%以上,模具加工精度达到0.02~0.04mm。

(13)由机械部北京机电研究所自行开发的锻模CAD/CAM系统1996年通过鉴定,并在生产中得到应用。

(14)东风汽车公司发动机气道CAD及铸造模具CAD/CAM技术、富康轿车模具设计制造技术的开发和应用获1998年国家机械工业局科技进步三等奖。

(15)吉林工业大学的汽车覆盖件冲压成形CAE软件系统KMAS,1999年通过鉴定,并投入使用。

(16)中国扬子集团设备模具制造有限公司和合肥工业大学的冷冲模和塑料模CAD专家咨询系统,通过鉴定并获得应用。

(17)湖南大学完成了包括模具CAD/CAE/CAM一体化系统的汽车覆盖件冲压成形工艺与模具技术开发及应用(国家"七五"重点科技攻关项目)研究,并在生产中得到很好应用。该项目经进一步发展,于2003年以"汽车覆盖件冲压成形工艺与模具CAD/CAE/CAM一体化系统"项目,获国家科技进步一等奖。

(18)华中科技大学的HMCAD级进模CAD/CAM集成系统获教育部2000年度科技进步二等奖。

(19)北京航空航天大学和长春一汽共同开发的冲压成形模拟分析系统于2000年通过鉴定。该虚拟冲压软件属国家"863"计划的目标产品。

(20)2000年,北航海尔软件公司推出CAXA三维CAD软件,北京电加工机床研究所推出多工位级进模电加工CAPP系统。

(21)华中科技大学的快速成型系统和塑料注塑成型过程仿真系统的开发和应用及注塑模CAE软件和铸造成型模拟软件,分别于2001年和2002年获国家科技进步二等奖及教育部科技进步一等奖和二等奖。

(22)合肥工业大学模具CAD专家系统和北京机电研究所与上海材料研究所共同完成的热作模具钢选材专家系统,获2001年机械系统科技进步三等奖。

(23)北京艾克斯特科技股份有限公司与清华大学国家CIMS工程中心合作,开发了自主版权的专用冷冲模设计系统SS-die。系统中包含高工位级进模具的毛坯展开、条料排料、成本计算与工艺设计内容。

(24)郑州大学完成了基于模拟仿真的聚合物加工及模具优化设计与应用研究,获国家科技进步二等奖。

迄今为止,国内自行开发并在生产中应用的模具CAD/CAM系统主要有华中理工大学、北京航空航天大学等单位开发的注塑模CAD/CAE/CAM系统;清华大学、北京机电研究所和吉林工业大学开发的锻模和辊锻模CAD/CAM系统;华中理工大学、上海交通大学、西安交通大学、广州中科联公司和浙江大学等单位开发的冲裁模、多工位级进模CAD/CAM系统;华中理工大学和东风汽车公司开发的汽车覆盖件模具CAD/CAPP/CAM系统等。

由于CAD/CAE/CAM的应用,特别是20世纪80年代开始我国许多模具制造厂从国外引进了许多软件,包括冲压模、级进模、塑料模、压铸模、橡胶模、玻璃模、挤压模等相应软件,使我国模具设计制造水平有很大提高,也产生了较大的经济技术和社会效益。但由于人才缺乏和基础工作较差,引进的软件未能很好应用,未能发挥其应有效益的现象普遍存在,这是我们今后应十分重视和亟待解决的问题。目前,我国引进的软件主要来自美国、法国、英国、日本、澳大利亚及以色列等国。由于缺乏总体规划,各企业又偏爱高档,因此,引进工作比较混乱,缺乏二次开发及消化不良现象普遍存在,致使许多企业引进软件后,使用效率低下,未能达到预定目的。所以,在CAD/CAE/CAM技术方面,我们还有许多工作要做。

除了模具CAD/CAE技术之外,模具工艺设计也非常重要。计算机辅助工艺设计(CAPP)技术已在我国模具企业中开始应用。由于大部分模具都是单件生产,其工艺规程有别于批量生产的产品,因此,应用CAPP技术难度较大,也很难有适应于各类模具和不同模具企业的CAPP软件。为了较好地应用CAPP技术,模具企业自身必须搞好开发和研究。2003年潍坊模具厂信息化PDM/CAPP项目通过验收,这是国家"863"计划汽车模具行业中信息化子课题之一,表明信息化工程已在模具行业开始实施,该厂也因此被山东省科技厅评定为山东省第一批制造业信息化工程重点示范企业。

基于知识的工程(KBE)技术近年来已越来越受到重视。它是面向现代设计决策自动化的重要工具,已成为促进工程设计智能化的重要途径。KBE 技术作为一种新型的智能设计思想，将对模具的智能、优化设计产生重要的影响。KBE 技术已在一些高水平的模具企业开始应用。

(三)模具加工技术发展概况

在中国，模具共分 10 大类 46 小类。不同类型的模具具有不同的加工方法。同类模具也可以用不同加工技术去完成。模具加工的工作量主要集中在模具型面加工、表面加工和装配。模具的加工方法过去很长时间都是依靠手工操作完成，后来是手工操作与机械相结合，现在除尚需少量手工外，主要有精密铸造、金属切削加工、电火花加工、电化学加工、激光及其他高能波束加工及集两种以上加工方法为一体的复合加工等。数控和计算机技术的不断发展使其在许多模具加工方法中得到了越来越广泛的应用。在工业产品品种多样化、个性化越来越明显，产品更新换代越来越快，市场竞争越来越激烈的情况下，用户对模具制造的要求是交货期短、精度高、质量好、价格低。这就要求模具加工技术能尽量满足这些要求。

中华人民共和国成立初期，模具制造基本是用手工工具配以一般通用车床、刨床进行。“一五”期间，配上了铣床、磨床。1957 年用上了成形磨削工艺，1958 年以后用上了电加工工艺。电加工工艺和成形磨削工艺配套技术的应用，以及 1963 年开始的电火花线切割工艺技术的应用，使模具加工工艺前进了一大步。20 世纪 60 年代我国使用了型腔冷挤压工艺并研制成功了相应设备，在热处理方面采用了等温盐浴光亮淬火工艺。20 世纪 70 年代开始，我国从国外不断引进新技术、新工艺，其中，坐标磨床、曲线磨床、高精度平面及成形磨床、数控铣床、加工中心、电加工机床、三坐标测量机及研配压床、试模机、深孔钻、高速锯等，对我国模具加工工艺水平的提高起到了很大作用。热处理方面，20 世纪 70 年代开始应用真空油淬，20 世纪 80 年代开始应用深冷处理，20 世纪 90 年代开始应用真空气淬，对模具寿命的提高起到了很大作用。20 世纪 90 年代开始，高速铣削开始在模具加工中应用。目前，模具高速铣削精度已可达到 $2\mu m$，加工效率可比普通铣削提高 5 ~ 10 倍。但磨削加工仍是目前精密模具加工的主要手段。

在整个模具加工中，电加工占了很大比例。随着电加工技术的发展，模具加工工艺技术也随之进步。现将电加工技术在模具加工中的发展概况简述如下。

我国在 1952 年开始研究电加工技术，是世界上起步最早的国家之一。

1954 年根据前苏联 K3—14 电火花机床的照片，设计试制了一台用于加工喷油嘴的电火花加工机床，这是我国第一台电加工机床，以后开始研究试制 RC 弛张式脉冲电源的电火花成形机床(EDM)，初步用于冲压模加工。

1958 年研制成功了 DM5540 型电脉冲机床。该机床以 4.3kW 脉冲发电机为电源，具有效率高、电极损耗小的优点，适合于锻模加工。这样，我国电加工机床进入了以模具加工为主的新时期。

1962 年试制了电子管式脉冲电源的 EDM，1964 年又生产了第一台双闸滚管脉冲电源的 EDM，同年，诞生了 DYT2 液压伺服主轴头，这两种电源与 DYT—2 伺服系统相结合，与原 RC 电源的 EDM 相比，机床性能大为提高，基本上替代了 RC 电源的 EDM。在此基础上，对冲压模电火花加工工艺进行了系统的研究，开发了“钢打钢”加工工艺，解决了电极与冲头的配合问题，使冲压模电火花加工工艺很快在生产上推广应用。1965 年又开发了第一台晶体管脉冲电源的 D6140 电火花成形机床。当时的 EDM 主要用于冲压模加工，但晶体管脉冲电源的开发，开始了 EOM 在型腔模加工中的应用。

由于晶体管电源 EDM 及可控硅电源 EDM 的发展以及从 1966 年开始研制的平动头的不断完善，型腔模电火花平动加工工艺日趋成熟，在生产中普遍推广应用，促进了型腔模电火花加工的新发展。

20 世纪 80 年代，EDM 有了新的突破，特别是数控(NC)技术的发展，出现了 NCEDM。

在型腔模加工方面，NCEDM 不论从工艺技术、自动化程度、简化电极制造、扩大加工能力、减小电极损耗，还是从效率、精度、表面质量等，都有很大提高。

随着电火花线切割机床(WEDM)的发展，冲压模的加工主要依靠 WEDM 来完成。WEDM 从 20 世纪 60 年代起得到迅速发展。

1962 年，我国研制成功“靠模电火花线切割机床”，在冲压模加工中迅速推广，到 1965 年已生产 200 多台。1964 年开发了“光电跟踪电火花线切割机床”，同年，又发明了“快速走丝电火花线切割机床”并获国家发明三等奖。1969 年，我国第一台快走丝数控电火花线切割机床(快走丝 WEDM)通过鉴定，一直沿用至今。几十年来，WEOM 产品不断更新，性能不断提高，品种不断扩大，产量不断增加，现在每年产量达 2 万多台，其中 80% ~ 85% 用于模具加工，为模具加工做出了不可磨灭的贡献。

我国的低速走丝 WEDM 起步于 20 世纪 80 年代。在引进技术、合资合作的基础上，至 20 世纪 90 年代开发了一系列低速走丝 WEDM。如，汉川机床厂的 HCX250、苏州电加工机床研究所的 DK76 系列、北京阿奇公司的 CC100、苏州沙迪克三光机电有限公司的 DK7632 等机床性能有较大的提高。对冲压模加工，低速走丝 WEDM 在从工艺技术、功能、加工速度、效率、表面质量，以及对超硬材料的加工性能等方面，都有很大提高。

目前，EDM 已进入了精密加工的领域，用于模具加工，特别是用于型腔模具加工已经相当成熟，但是由于高速铣削的发展，EDM 技术面临严重的挑战，“电火花铣削加工”就应运而生了。

目前，电火花线切割加工(WEDM)的加工精度已可达 $2 \sim 3\mu m$，最佳加工表面粗糙度已达 $Ra = 0.8\mu m$，这对 IC 引线框架模的加工具有重要意义。由于大锥度方面的技术进展及自动穿丝、自动定位等技术的进步，WEDM在塑料和铝型材挤出模及冲压模制造中充分发挥了它的优势，精密WEDM和研磨、抛光相结合的加工方式，在模具加工中正在不断发展。20世纪末21世纪初开发出来的多轴（6～8轴）数控电火花小孔加工机和用于橡胶轮胎模加工的数控电火花轮胎模加工机及数控高效放电铣削加工机已投入使用，获用户好评。

除了电火花加工之外，最值得记述的是高速加工（HSM）在模具制造上的应用。近年来，中国模具制造业中一些骨干重点企业先后引进了高速铣床和高速加工中心，他们在模具加工中发挥了很好的作用。国外高速加工机床主轴最高转速有的已超过100 000r/min，快速进给速度可达120m/min，加速度可达1～2g，换刀时间可提高到1～2s。这样就可大幅度提高加工效率，并可获得 $Ra < 1\mu m$ 的加工表面粗糙度，可切削60HRC以上的高硬度材料，构成了对电火花成型加工的挑战。随着主轴转速的提高，机床结构及其所配置的系统及关键部件和零配件、刀具等都必须要有相应的匹配，从而使机床造价大为提高。现阶段，中国模具企业进口的高速加工机床主轴最高转速多数在10 000～20 000r/min，少数达到40 000r/min左右。国产高速加工机床目前还基本未在模具加工业应用。高速加工是切削加工工艺的革命性变革。从技术发展角度看，高速铣削正与超精加工、干硬切削加工相结合，开辟了以铣代磨的新天地，并极大地减轻了模具的研抛工作量，缩短了模具制造周期。因此，可以预计，我国模具企业将会越来越多地应用高速铣削技术。虚拟主轴并联机床和3D激光6轴铣床的诞生及开放式控制系统的应用，更为高速加工增添了光彩。

高速加工虽然已对电火花加工（EDM）构成严峻挑战，但是EDM技术的一些固有特性和独特的加工方法是高速铣削所不能完全替代的。例如，模具的复杂型面、深窄小型腔、尖角、窄缝、沟漕、深坑等处的加工，EDM有其无可比拟的优点。虽然高速铣削也能部分满足上述加工要求，但成本要比EDM高得多。对于60HRC以上的高硬材料，EDM要比HSM成本低。同时较之铣削加工，EDM更易实现自动化。复杂、精密小型腔及微细型腔和去除刀痕、完成尖角、窄缝、沟漕、深坑加工及花纹加工等将是今后EDM应用的重点。

虽然快速制模技术在中国已有半个多世纪的发展历史，而且已达到相当的水平，但是快速原型制造和快速制模（RPM/RMT）技术的结合是20世纪90年代才发展起来的。

RPM技术可直接或间接用于RMT。金属模具快速制造技术的目标是直接制造可用于工业化生产的高精度耐久金属硬模。间接法制模的关键技术是开发短流程工艺、减少精度损失、低成本的层积和表面光整技术的集成。RPM技术与RMT技术的结合，是传统快速制模技术（如中低熔点合金铸造、喷涂、电铸、精铸、层叠、橡胶浇固等）进一步深入发展的方向。现在，RPM/RMT技术已在中国模具行业中得到应用。RPM技术与陶瓷型精密铸造相结合，为模具型腔精铸成形提供了新途径。应用RPM/RMT技术，从模具的概念设计到制造完成，仅为传统加工方法所需时间的1/3和成本的1/4左右，因而，具有广阔的发展前景。

随着模具向精密化和大型化方向发展，超精加工、微细加工和集电、化学、超声波、激光等技术综合在一起的复合加工已开始得到应用。电加工、电化学加工、束流加工等多种加工技术已成为微细加工技术中的重要组成部分。

模具表面的光整加工至今未能很好解决。模具的研磨抛光目前仍以手工为主，效率低、劳动强度大、质量不稳定。中国已引进了可实现三维曲面模具自动研抛的数控研磨机，自行研究的仿人智能自动抛光技术也取得成果，今后会得到发展。特种研磨与抛光技术，如挤压衔磨、激光衔磨和研抛、电火花抛光、电化学抛光、超声波抛光以及复合抛光技术与工艺装备，也已在中国模具加工上得到应用，并收到了较好效果。

逆向工程也是20世纪90年代开始发展起来的模具加工技术。1999年，东风汽车模具厂和成飞汽车模具有限公司共同完成了逆向工程在汽车覆盖件模具制造上的初步应用，收到良好效果。目前，除汽车覆盖件模具外，不少塑料模具、冲压模具和压铸模具都已开始应用逆向工程。在逆向工程中，精密测量和高速扫描及数字化系统十分重要，有关设备和软件基本上从国外引进。

计算机和信息网络的发展正使虚拟技术成为现实。虚拟技术可以形成虚拟空间环境，既可实现企业内模具虚拟装配等工作，也可在企业之间实现虚拟合作设计、制造、合作研究开发，以至建立虚拟企业。虚拟技术目前已在中国少量模具企业中开始应用。

（四）模具材料发展概况

模具材料对模具质量及寿命有着极其重要的影响。因此，研究开发模具用钢新钢种，正确选用模具钢已越来越被大家所重视。

20世纪50年代，中国制作模具使用的钢材都是沿用前苏联使用的钢号，主要是T7、T10、CrWMn、9SiCr、Cr12MoV、Gr12、3Gr2W8V、5CrMnMo、5CrNiMo等，对要求强度和耐磨性高的模具，则选用高速钢W18Cr4V。1959年，中国开始有了自己的碳素工具钢、合金工具钢和高速钢标准。上述钢号的成分及其技术条件等均列入有关的标准中。

20世纪60年代初，为节约Cr和取代Ni，我国开始自行研制和开发新的模具钢，如耐磨性较高的冷作模具钢Cr4W2MoVT和锤锻模用钢5CrMnSiMoV，分别用于部分代替Cr12MoV和55CrNiMo钢。

20世纪70年代初，为节约原材料，提高毛坯精度，大力发展和推广少无切削工艺，发展了高效率压力加工设备，压力机逐渐取代锻锤；家电等行业的发展，对精密塑料模具的需求迅速增长；模具向精密、多型腔和长寿命发展。这些都对模具材料的性能提出了越来越高的要求，原有的模具钢已不能满足模具技术发展的需要。科技工作者结合国情，研制了许多新模具钢。经过许多工厂的实际应用和对这些钢的性能进行对比试验，其中一部分钢种显示出优异的使用性能和良好的工艺性能，受到模具制造和使用单位的欢迎。用这些钢制造的模具的使用寿命达到、甚至超过国外同类模具的使用寿命。在此阶段，还引进了少量国外通用的钢号，其中有些通过生产和使用，取得了良好的效果。高效、长寿命的硬质合金模具的使用日益增多，同时，还研制和开发了一些有一定特色的硬质合金，并取得了较好应用效果。

1. 冷作模具钢

T7、T10等碳素钢多用于制造使用寿命要求不高的冷作模具，但这类钢淬透性差、热处理易变形，耐磨性较低，故使用范围逐渐减少。一般较精密的冷作模具常用CrWMn制造，但其强韧性和耐磨性不高。国内研制成的6CrMnNiMoVSi钢（简称GD）是一种低合金冷作模具钢，有高的强韧性，用于制作易崩刀、易断裂的冲击模，具有高的使用寿命。国外主要是日本，在汽车等生产线上使用的一部分模具采用火焰表面淬火工艺并研制出一些主要供火焰表面淬火用模具钢。我国试制成一种与日本SX105成分相似的火焰淬火钢7GrSiMnMoV（简称CH），用火焰加热模具刃口的斜面，淬火后可获得硬度一般在60HRC以上的1.5mm淬硬层。CH钢已广泛用于制作剪切、下料和冲压模具，特别是大型镶块模具，效果良好。

为适应少无切削工艺对高强韧性模具钢的需要，我国研制成一种含铌基体钢65CrW3Mo2VNb（简称Nb）。这种钢的成分相当于W6Mo5Cr4V2高速钢淬火组织中的基体，但含碳量稍高，并加入少量铌。这种钢具有高的强韧性和良好的工艺性能，适用制作冷挤压、温热挤压、冷镦、厚板冷冲等模具，特别适用于制作难变形材料用的大型复杂模具。

对于要求耐磨性好的冷作模具，主要使用Cr12型高碳高铬钢，有时使用强度高、耐磨性更好的高速钢，其中钨钼高速钢W6Mo5Cr4V2的韧性较好，更适于制作这类模具。由于这些钢碳化物偏析大，特别是尺寸较大时，常导致模具的开裂。为此，国内开发出一些碳化物偏析较小的含Cr为6%左右的高碳中铬钢，如7Cr7Mo2V2Si钢（简称LD）和9Cr6W3Mo2V2钢（简称GM）。LD钢在保持高强韧性的同时，耐磨性高于Cr12MoV，用于制作多种冷作模具，使用效果好。GM钢经热处理后硬度及耐磨性与高速钢相当，而韧性优于高速钢，用于制作高速冲床模具、多工位级进模，以及高强度螺栓滚丝轮，模具有高的使用寿命。

2. 塑料模具钢

国内一般塑料模具常用退火态或正火态的45钢制作，或采用40Cr钢制作经调质后使用。要求硬度比较高的塑料模具常采用CrWMn或Cr12MoV钢制作。用这些钢制作的复杂模具经热处理后其变形常不能满足精密塑料模具的要求。国际上通用P20钢（3Cr2Mo）和一些改型的P20钢（如718钢，即在P20钢成分中加入1%的Ni），这类钢经调质预硬至30～35HRC，然后制模，完全避免了变形。1985年，我国已将P20钢列入国家工具钢标准，并逐渐得到应用。

但预硬钢存在加工较困难的问题。为解决这一问题，在钢中加入易切削元素硫、钙等，如国内研制成的8Cr2MnWMoVS（简称8Cr2S）和5CrNiMnMoVSCa（简称5NiSCa）。后者采用硫钙复合易切削系和喷吹冶金技术，改善了硫化物的形态、分布和钢的等向性能。这种钢适于制作大、中、小型塑料模具，预硬至30～40HRC后，易于切削加工。

我国还研制成一种成分与日本NAK55相近的时效硬化钢1Ni3MnMoAlCu（简称PMS），固溶处理后硬度为30HRC左右，然后加工制模，时效后硬度可达40～42HRC，具有优良的镜面加工性能。这种钢适于制作高精度塑料模具、透明塑料用模具等。用这类钢制作的模具，其质量和寿命已接近国外先进水平。

3. 热作模具钢

我国中小型锻模一般使用5CrMnMo钢，大中型锻模使用5CrNiMo钢。5CrNiMo钢的淬透性不够好，在截面尺寸为400mm×400mm时，心部不能淬透，回火稳定性也不够好，在保持40HRC时，回火温度不能超过520℃。因此，其性能不能满足大截面锻模对的要求。为此，国内开发出一些淬透性能可满足要求、热稳定性较高、强韧性好的热锻模具钢，如5Cr2NiMoVSiT和45Cr2NiMoVSi。前者与5CrNiMo钢相比，热稳定性高出150℃，经调质后在500mm×500mm截面上硬度可保持一致，其室温和高温力学性能显著优于5CrNiMo，这种钢适于制作压力机锻模。45Cr2NiMoVSi钢中的C和Si含量略有降低，更适于制作锤锻模。这两种钢制模具的使用寿命可比5CrNiMo提高一倍左右。

黑色和有色金属的热挤压和铜、铝合金的压铸模具，国内过去主要使用3Cr2W8V钢，这种钢的热稳定性高，使用温度达650℃，但其冷热疲劳性能差，其热稳定性在许多情况下亦不能满足要求。

H13钢（4Cr5MoSiVl）是国际上通用的热作模具钢，这种钢韧性好，有良好的冷热疲劳性，可用于制作热挤压模和铝合金压铸模。在使用温度不超过600℃时，以H13代替3Cr2W8V，模具寿命有较大幅度的提高。1985年H13钢列入了国家工具标准钢，并已得到迅速推广，使用量已超过3Cr2W8V。

国内还研制成功不少强韧性好、热稳定高的热作模具钢。3Cr3Mo3W2钢（简称HM1）可在保持较好的强韧性条件下具有较高的热稳定性，有比较好的综合性能，已较广泛地用于制作热挤压模、精锻模、有色金属压铸模等。5Cr4Mo3SiMnVA1钢（简称012A1）是一种基体钢，这种钢有比较高的热稳定性，断裂韧性高，碳含量适当，既可用于制作热挤压模具，也可以制作冷作模具，有较好的使用效果。4Cr3Mo2VNiNb钢（简称HD）具有良好的综合性能和高的热稳定性，可在700℃工况下仍保持40HRC的硬度，用于制作受热温度高的黑色及有色金属热挤压模具，有比较高的使用寿命。4Cr3Mo4VNb（GR 钢）有较高热强性、热硬性和耐磨性，用于制作驱动齿轮的高速铸模，寿命为 3Ci2W8V 的 3 倍。

4. 硬质合金及钢结硬质合金

硬质合金最早在拉丝模上得到成功应用。自 20 世纪 80 年代以来，由于电子工业的发展，高速冲床得到广泛的应用，冲击速度每分钟已达数百次、上千次，所用的高精度多工位级进模，对模具的寿命和精度的要求也越来越高，合金工具钢及高速钢的耐磨性、刚度和热稳定性，已不能完全满足这类冲模的要求，目前已较普遍地采用硬质合金制造。

我国常用硬质合金模具材料有 YG8、YG8C、YG11C、YG15、YG20 及 YG20C 等，WC—Co 系列，其硬质相为 WC，粘结剂 Co 的含量在 8% ~ 20%。这类硬质合金的工作硬度可达 88HRC，对于 Co 含量达 20% 的硬度也在 82HRC 以上。根据模具工作条件对耐磨性及弯曲强度的要求，可选用不同 Co 含量及 WC 粘度的硬质合金，以满足不同模具使用的要求。主要用于制作冲裁模、冷镦模和冷挤模等，使用寿命为合金钢模具的几十倍。

为了全面提高硬质合金的性能，国内已开发出超细粒度硬质合金，其 WC 晶粒尺寸平均在 1μm 以上，如 MO15，材 13，其硬度和弯曲强度有大幅度提高，用于制作收录机磁头、微型电机转子及彩色显像管电子枪等零件的多工位级进模，其精度及寿命可达较高的水平。

钢结硬质合金是以 WC 或 TiC 为硬质相，合金钢为粘结剂的一类新型模具材料，兼备硬质合金和合金钢的不同特性。因此，钢结硬质合金在模具行业也获得广泛的应用。

由于钢结硬质合金具有一系列特性，填补了高速钢和硬质合金之间的空白，自 20 世纪 60 年代美国以 Ferro - TiC 为商标将钢结硬质合金投放市场以来，获得长足的发展，我国也积极进行研制和开发。模具常用钢结硬质合金牌号有 DT、GT35、GW50、TLMW50 等。GT35 中硬质相为 TiC，DT、GW50 和 TLMW50 中是 WC，他们的粘结相多为中碳 Cr、Mo 合金钢，具有较好的热处理性和可切削加工性能。DT 钢结硬质合金退火态硬度 32 ~ 35HRC，使用硬度可达 62 ~ 64HRC，弯曲强度和冲击韧性显著高于 GT35 和 TLMW50，制作电机定、转子冲裁和落料模，使用寿命是 Cr12 型钢模具的 20 多倍，是 YG20C 硬质合金模的 2 倍。DT 合金中 WC 尺寸细小（小于 2μm 的占 50% 以上），而且分布均匀，还可用于制造螺钉冷镦模和螺栓冷挤压模，使用寿命是高合金钢模具的几十倍，获得较好的应用效果。

5. 铸铁

汽车覆盖件模具材料，大都用铸铁，主要是灰铸铁和 Mo - Cr合金铸铁及球墨铸铁。20 世纪 80 年代，我国研制成功了具有中国特色的刃口堆焊合金焊条和空冷钢。20 世纪 90 年代初开始应用实型铸造，使铸件质量与国际水平相近。1997 年东风汽车公司通用铸锻厂自行开发了冲模用三种铸铁（H215、H235、QT600—3A）和一种铸钢（50CrMo）新牌号，获机械部 1997 年科技进步二等奖。

由于国内目前大约 90% 的模具钢是采用电炉生产，与国外精炼或电渣重熔的模具钢相比，质量有很大差距，规格上又以圆钢为主。因此，对于高质量的模具，采用国外进口材料已越来越多。

（五）模具表面处理及修复技术发展概况

模具热处理和表面处理是充分发挥模具材料性能的关键环节。真空热处理、深冷处理、包括 PVD 和 VCD 技术的气相沉积（Tin、Tic 等）、离子渗入、等离子喷涂及 TRD 表面处理技术、类钻石薄膜覆盖技术、高耐磨高精度处理技术、不粘表面处理等技术已在模具制造中应用，并显示了良好的发展前景。模具表面激光热处理、焊接、强化和修复等技术及其他模具表面强化和修复技术正在受到进一步重视。

模具的承载能力、精度保持性和使用寿命在很大程度上取决于模具材料的热处理工艺。虽然，模具行业技术人员和科技工作者在常规热处理方面做了许多试验研究，并取得了不少成果，具体见表 9。但为了尽量避免模具表面的氧化脱碳及变形，20 世纪 60 年代开始，模具热处理开始采用气氛保护炉。但随着用户对模具的要求越来越高，最初应用的常规热处理工艺已越来越不能满足模具的精度保持性和寿命增加等要求。因此，对于要求较高的模具，从 20 世纪 80 年代开始，采用了真空热处理。一些要求特别高的零件，90 年代开始还采用深冷处理和高压气淬真空热处理。真空热处理、深冷处理和化学处理将是今后的主要发展方向。

表 9　部分常规热处理试验研究成果

序号	模具材料	处理工艺	模具类型	效果
1	H13	等温球化退火—淬火—回火	挤压模	比常规工艺提高寿命 50%
2	Cr12MoV	二次硬化法淬火	冷冲模	比常规一次强化淬火提高寿命
3	5CrNiMo	整体等温处理加轮廓感应加热淬火	热锻模	比常规工艺提高寿命 3 倍
4	LD	低温淬火回火	冷冲模	提高寿命
5	CH - 1	表面火焰淬火	冷冲模	提高寿命
6	高速钢	低温分级淬火——570℃三次回火	冷冲模	提高寿命
7	冷作模具钢、热作模具钢	常规热处理与表面强化工艺相结合	冷作模具热作模具	提高寿命

除了不断改进热处理工艺和技术之外，模具表面强化处理也能有效提高模具寿命。逐步得到发展并在目前有效应用的模具表面强化处理技术主要有：元素渗透技术（也称化学热处理）、硬化模表面沉积覆层技术（如TD处理等）、电火花表面强化技术、激光表面强化技术及镀、喷、焊、离子注入等技术。由探索太空所衍生出的干膜润滑技术是本世纪才开始应用于模具上的最新技术，已证明有良好效果。

大型、精密、昂贵的模具，有时由于意外及使用不当或即使在正常使用情况下，也常会发生局部损坏而导致模具不能继续使用。将模具修复，使之起死回生，既有极大的经济价值，又有利于环保，意义重大。因此模具修复技术已越来越被大家所重视。电火花堆焊、火焰喷焊、钎焊和微弧等离子堆焊是最初用于模具快速修复的技术。对于部分塑料模具热处理强化的型腔，也有用环氧树脂补缺的。农机研究院北京工艺材料研究所于1985年从瑞士引进了卡斯特林公司模具修复技术及设备（如钨极惰性气体保护焊机、等离子喷焊机、等离子粉末堆焊机、移动式等离子喷涂机等）和相关的模具修复专用材料等，使中国的模具修复技术获得很大发展。中国的模具修复技术及相关材料在20世纪90年代开始有了较快发展。北京工艺材料研究所目前已可用等离子粉末堆焊、脉冲TIG焊、电火花沉积堆焊、等离子喷涂等工艺对各种冲压模具、塑料模具、压铸模具和锻模等进行修复。由于效果好，该所已在全国各地设立了十多个维修点，为模具修复作出了很大贡献。装甲兵工程学院于2000年研制成功的特形表面修复技术及经过多次改进的微脉冲电阻焊模具修补机在国内产生了很大影响。随后，这种以微脉冲电阻焊（俗称冷焊）为基础的各种工模具修补机不断出现，并成功地用于实际。现在这一产品已成系列，并获多项国家专利。

电刷镀技术作为一种特殊电化学方法，鉴于其一系列优点，曾获国家科技进步一等奖和二等奖。它对模具型腔的修复和强化都有十分重要的作用，应用广泛，效果很好。目前镀液已发展到几十种，可根据模具种类及其损坏情况来选择适当的镀液。巨龙系列刷镀设备已获优秀出口产品奖，并被编入《世界名牌产品》丛书。对于表面耐磨性要求高的模具的修复，采用添加氧化锆粒子进行复合电刷镀，可达到较好效果，并能延长模具寿命。

在这里还值得一提的是模具表面抛光技术和装饰技术的发展，他们也属模具表面处理技术的范畴。抛光技术从沙子、油石、研磨等手工抛光开始，已陆续出现了喷沙抛光、机械抛光、电能抛光、超声波抛光、磁体抛光、磨粒流挤压珩磨抛光及数控复合抛光等技术，他们都已在模具生产中得到应用。将两种以上抛光功能集一身的抛光设备近年来不断出现。他们主要有电化学超声抛光机、脉冲电化学机械抛光机、超声波电脉冲抛光机等。部分抛光机已获国家专利。电动、气动及自动化数控抛光将是今后的发展方向。20世纪90年代和近年刚引进的数控自动抛光机在模具生产中的成功应用，提高了抛光技术水平。中国在自行研制仿人弹性研抛模具曲面、机器人超声电火花复合抛光自动研磨加工系统、机器人超声波振动弹性研磨、机器人自动研磨系统等方面已有不少成果，但尚未在模具企业中推广应用。这方面成果主要是由吉林工业大学完成的。

模具表面装饰主要是在塑料模具型腔表面形成各种装饰纹（如皮革纹、花纹等）。自从20世纪90年代大连从日本引进皮纹处理技术以来，目前国内已有许多地方可以承担装饰纹处理的任务。照相腐蚀法是目前最常用的皮纹处理法。此项技术已从单层皮纹向双层、多层和立体发展，并也可应用CAD技术。不断提高仿真性是模具表面装饰技术的发展方向。

改革开放以来我国模具工业发展主要成就

中国模具工业协会

我国模具工业起步较晚，基础薄弱，长期以来模具制造一直作为保证企业产品生产的手段被视为生产后方，因此发展缓慢。1984年，我国成立了中国模具工业协会，1987年模具首次被列入机电产品目录，当时全国共有模具生产厂点约6 000家，总产值约30亿元。随着我国改革开放的日益深化，市场经济进程的加快，独立于产品制造企业的模具及其标准件、配套件企业大量出现，模具产业得到快速发展，在市场竞争中，模具企业生产技术不断提高和规模不断扩大，模具行业得到很快发展。目前，我国模具产值已排名世界第三，2003年达到450亿元。

1988年~1992年，由原国家经贸委下达计划，由机械部和中国模具工业协会实施，在全国范围内组织了上百个模具企业和有关科研单位、大专院校，共同进行模具技术攻关，取得了丰硕成果。这些成果主要有：冲压模具的设计制造技术、塑料模具的设计制造技术、铸压模具的设计制造技术、锻造模具的设计制造技术、模具表面处理技术、模具材料、模具计算机辅助设计与制造（CAD/CAM）技术、模具标准件、模具加工关键设备、模具寿命研究等方面。由于这些成果的取得及推广应用，使我国模具技术前进了一大步。

“七五”后期和“八五”期间，国家对模具工业加大了投入，分批分期改造了一批具有特色专长的专业模具厂和模具标准件厂，引进了一大批模具加工关键设备及精密塑料模、级进模、精冲模等设计制造技术，对提高我国模具生产技术水平起到了推动作用。同时，许多大专院校开始设立模具专业，由前联邦德国、日本援建及我国自己投资兴办的模具技术培训中心也陆续建立，模具技术人员及技术工人的培养开始步入轨道。

1989 年 3 月，国务院颁布了《关于当前产业政策要点的决定》，在机械工业中，模具被列为技术改造序列的第一位，极大地促进了模具技术的发展。

1989 年，经国家计委批准，在华中理工大学成立“塑性成形模拟及模具技术国家重点实验室”，其主要研究方向为模具 CAD/CAE/CAM 和新型模具材料。

“八五”期间，国家对模具技术的发展主要是对“重点企业技术开发项目”进行支持。“精密多工位级进模”、“大型复杂锻造模、压铸型”和“塑料注射模具设计制造技术”三个项目被列入“大型精密模具设计制造技术”国家重点项目，都通过了鉴定，达到了目标，使我国模具设计制造技术又前进了一大步。

20 世纪 90 年代以来，在国内汽车行业的模具设计制造中开始采用 CAD/CAM 技术。国家科委“863”计划将东风汽车公司作为 CIMS 应用示范厂，由华中理工大学作为技术依托单位，开发了汽车车身与覆盖件模具 CAD/CAM 软件系统，在模具和设计制造中实际应用，取得显著效益。

1994 年，经国家计委批准，在上海交通大学建立了模具 CAD 国家工程研究中心，在郑州工学院建立了橡塑模具国家工程研究中心，使我国模具 CAD/CAE/CAM 研究、开发和应用工作得到了进一步发展，新的成果不断出现。

列入国家级火炬计划的塑料异型材模具 CAD/CAM 系统，已由连云港七一六研究所与武汉交通科技大学于 1995 年共同完成，该系统达到了国际先进水平，在生产中应用收到了很好的效益。合肥工业大学研究开发的塑料型材挤出成型模具 CAD 系统也达到了国际先进水平。

广州型腔模具厂，以引进的压铸模 CAD/CAM 技术基础上，经过二次开发，1996 年建成适用于我国压铸模生产的 CAD/CAM 数据库，可实现压铸模 CAD/CAM 一体化，缩短模具生产周期 30% 以上，模具加工精度达到 0.02 ~ 0.04mm。

由北京机电研究所自行开发的锻模 CAD/CAM 系统 1996 年通过鉴定，并在生产中得到应用。

1997 年，一汽引进了板料成形过程计算机模拟 CAE 软件，并开始用于生产。

由于 CAD/CAE/CAM 的应用，特别是从 20 世纪 80 年代开始，我国许多模具制造厂从国外引进了许多软件，包括冲压模、级进模、塑料模、压铸模、橡胶模、玻璃模、挤压模等相应软件，使我国模具设计制造水平有很大提高，也产生了较大的经济、技术和社会效益。但由于人才缺乏和基础工作较差，引进的软件未能很好应用，未能发挥其应有效益现象普遍存在，这是我们今后应十分重视和亟待解决的问题。

现在，国内已能生产精度达到 2μm 的多工位级进模，寿命可达 2 亿冲次以上。在大型塑料模具方面，国内已能生产 34in 大屏幕彩电和 65in 背投式电视的塑壳模具、8kg 大容量洗衣机全套塑料件模具及汽车保险杠、整体仪表板等塑料模具。在精密塑料模具方面，国内已能生产照相机和手机塑料件模具、多型腔小模数齿轮模具及2 560腔塑封模具等，精度可达 5μm。在大型精密复杂压铸模方面，国内已能生产自动扶梯整体踏板压铸模及汽车后桥齿轮箱压铸模。在汽车覆盖件模具方面，国内已能生产新型轿车的部分覆盖件模具。子午线轮胎活络模具、铝合金和塑料门窗异型材挤出成形模、精铸模或树脂快速成形拉延模等，也已达到相当水平，可替代进口。

改革开放以来，为适应国民经济发展对模具提出的越来越高的要求，模具工业发展十分迅速。不但国内传统的国有模具企业有了很大发展，而且三资和乡镇、个体模具企业的发展更为迅速。例如，广东省和浙江省原来模具生产规模不大，在国内未占重要地位，但目前，主要依靠三资企业的广东省（全省有5 000个以上模具生产企业）和主要依靠乡镇、个体企业的浙江省（全省有4 000个以上模具生产企业），其模具年产值已分别占全国的 4 成以上和 1/4 强。据不完全统计，1987 ~ 2003 年我国模具生产及进出口情况见表 1。

表 1　1987 ~ 2003 年我国模具生产及进出口情况

年份	生产企业数/个	产值/亿元	全员劳动生产率/（万元/人）	进口额/万美元	出口额/万美元
1987	6 000	30	1.0	2 429	130
1994	10 000	130	3.0	76 500	3 890
1998	17 000	220	4.4	66 348	9 591
2003	20 000	450	9.0	136 930	33 680

从表 1 可见，虽然我国模具工业发展迅速，但与需求相比，仍旧供不应求，其主要缺口在精密、大型、复杂、长寿命模具方面。

从国外模具工业的现状及发展趋势看，我国模具工业未来发展方向主要是，调整行业内部结构及提高技术水平。结构调整方面，主要是企业结构向着专业化发展，产品结构向着中高档模具发展，进出口结构向着增加出口和减少进口发展。技术方面主要是在精密塑料模成型工艺与模具结构的改进、多功能复合模具和复合加工技术、热流道技术和气辅技术、优质模具钢及表面处理、电子计算机及激光技术在模具设计制造上的应用、高速切削、超精加工及抛光技术、快速成型及快速经济模具等方面。总体来看，我国模具工业将向信息化方向发展。

在改革开放方针指引下，25 年来我国模具工业在国际合作方面也取得了较大成就。由中国模具工业协会及其他亚洲5个国家和地区的模具协会发起和筹备，1992年正式成立了亚洲模具协会联合会（FADMA），现在有成员单位12个，每年都召开国际会议，交流各方面情况。2002年，我国加入国际模协（ISTMA）组织，与世界上各个模具主要生产国有了更广泛的交往。25年来，中国模具工业协会在我国成功举办了多次模具技术国际会议，也多次成功地组织国内模具界人士到国外参加模具技术国际会议。

近年来，中国模具工业协会基本上每年都组织国内主要模具生产企业的厂长（经理）、总工程师和技术人员出国考察国外的模具技术，参观国外的国际模具展览会和有关企业，收到了很好的效果。这些国际交往都促进了我国模具技术水平的提高和模具工业的发展。

由中国模具工业协会和上海贸促会共同主办的每逢双年5月的中国国际模具技术和设备展览会至2004年已成功地举办了十届。由于它的展览规模、展品水平、参展厂商以及参展观众和展览效果不断提高，而且发展迅速，因此，经国际展览联盟（UFI）考察和研究决定，自1996年第六届开始，该展览会已正式成为UFI成员。自此以后，展览会发展情况更好，现在已成为国际模具技术和经贸交流的盛会，促进了我国模具工业的发展。这个展览会也成了国际上第二大国际模具展。

随着我国模具制造水平的不断提高，达到国际水平的模具产品不断增加，1987年全国模展中只有十几项，到2002年的第九届国际模具展中，我国共有71项模具产品达到国际水平。这也从一个侧面反映出我国模具工业的发展成就。

中国模具工业年鉴

China Die & Mould Industry Yearbook

2004

第Ⅰ部分

专文

中国模具工业全景观

专 文

冲压模具的现状与发展

塑料模具的现状与发展

铸造模具的现状与发展

锻造模具的现状与发展

压铸模具的现状与发展

快速成形技术和快速经济模具的现状与发展

异型材模具的特点及规模化生产方式的发展

橡胶轮胎模具的现状与发展

拉丝模具的现状与发展

模具材料研究开发工作的现状与发展

模具钢的现状与发展

模具信息化制造技术的现状与发展

模具设计制造和经营管理信息系统建设

台湾线切割放电加工机产业及技术现状

第十届中国国际模具技术和设备展览会模具水平评述

第十届中国国际模具技术和设备展览会国内模具展品评定结果

第十届中国国际模具技术和设备展览会模具制造技术及设备评述

冲压模具的现状与发展

一、冲压模具的基本情况

按我国标准，模具产品共分10大类46小类，冲压模具是其中的一大类。冲压模具约占模具总量的40%以上。冲压模具共分7小类，他们是：普通冲压模、级进模、复合模、精冲模、切断模、拉深模及其他类冲压模。也有一些习惯称呼被采用，如汽车覆盖件模、电动机硅钢片冲模等。按模具服务对象分，模具包含好几小类的模具。

1. 冲压模具需求及供应总体状况

据中国模具工业协会发布的统计材料，2003年我国（统计未包括港、澳、台，下同）冲压模具总产出约180亿元，其中出口0.59亿美元，约合4.9亿元。据我国海关统计资料，2003年我国共进口冲压模具4.28亿美元，约合39.7亿元。从上述数字可以得出，2003年我国冲压模具总需求约219.7亿元，总供应约180亿元，市场满足率81.9%。其中国内市场，总需求214.8亿元，总供应约175.1亿元，市场满足率81.5%。在上述供求总体情况中，有几个具体情况必须说明：一是进口模具大部分是技术含量高的大型精密模具，而出口模具大部分是技术含量较低的中低档模具。技术含量高的中高档模具市场满足率要低于冲压模具市场总体满足率，中高档模具的发展已滞后于冲压件生产，而技术含量低的中低档模具市场满足率要高于冲压模具市场总体满足率。二是由于我国的模具价格要比国际市场价格低许多，具有一定的竞争力，国际市场前景看好。如2003年冲压模具出口量比2002年增长78%。

根据中国模具工业协会统计资料，近十年来我国冲压模具产出情况见表1。

表1　近十年来我国冲压模具产出情况　　（单位：亿元）

年　份	1993	1994	1995	1996	1997	1998	1999	2000	2001	2002	2003
产　出	60	70	75	82	100	106	115	123	133	148	180

2. 冲压模具设计制造技术状况

(1)模具CAD/CAM及CAE技术状况。我国模具CAD/CAM发展已有二十多年历史，20世纪80年代初，华中理工大学、上海交通大学、西安交通大学、浙江大学、北京机电研究所、北京机电研究院等一批大专院校和科研单位开始研究冷冲模的CAD/CAM技术，以后陆续形成了商品化软件。由华中工学院和七三三厂于1984年共同完成的精冲模CAD/CAM系统，是我国第一个自行开发的模具CAD/CAM系统。由华中工学院和北京模具厂等单位于1986年共同完成的冷冲模CAD/CAM系统是我国自行开发的第一个冲裁模CAD/CAM系统。上海交通大学开发的冷冲模CAD/CAM系统也于同年完成。20世纪90年代以来，国内汽车行业的模具设计制造开始采用CAD/CAM技术。国家科委"863"计划将东风汽车公司作为CIMS应用示范工厂，由华中理工大学作为技术依托单位，两家共同开发的汽车车身与覆盖件模具CAD/CAPP/CAM集成系统于1996年初通过鉴定。在此期间，一汽和成飞汽车模具中心引进了工作站和CAD/CAM软件系统，并在模具设计制造中实际应用，取得了显著效益。1997年，一汽引进了板料成形过程计算机模拟CAE软件并开始用于生产。随后，北京航空航天大学的Sheet Form、吉林大学的KMAS及湖南大学和华中科技大学的板料成形CAE软件也逐步在生产中得到应用。

21世纪开始CAD/CAM技术逐渐普及，现在具有一定生产能力的冲压模具企业基本上都有CAD/CAM手段。其中部分骨干重点企业还具备CAE能力。但是成千上万不上规模的冲压模具生产厂点还没有CAD/CAM能力。例如，浙江金华一带和河北黄皮一带都有几百个乃至上千个冷冲模具生产厂点，绝大部分都是家庭作坊式的企业，大部分都没有CAD/CAM能力。从企业个数的比例来说，CAD/CAM的普及率还较低。但是，从一些具有一定规模的企业来说，普及率已比较高。

在CAD/CAM技术的引进方面，我国还存在不少问题。例如，缺少规划、引进混乱、偏爱高档、消化不良、使用效率低下、二次开发不够，以及没有根据我国模具行业的实际情况，应坚持以微机级软件引进为主的方针等。虽然CAD/CAM技术在冲压模具主要生产厂家得到了广泛应用，但在全行业还存在较大空白。一些国有企业的模具生产部门因缺乏资金，许多作坊式的模具生产小厂缺乏必要的技术人才，至今仍然采用传统的手工绘图方式，数控加工的使用率也很低。引进的CAE软件由于二次开发工作量大，尚未达到一定水平，运用情况还不理想。

模具CAD/CAM技术能显著缩短模具设计与制造周期，降低生产成本，提高产品质量，已成为人们的共识。在"八五"、"九五"期间，已有一大批模具企业推广普及了计算机绘图技术，数控加工的使用率也越来越高。特别是以生产家用电器和汽车的大企业为代表，陆续引进了相当数量的CAD/CAM系统，如美国EDS的UG，美国Parametric Technology公司的Pro/Engineer，美国CV公司的CADS5，英国DELCAM

公司的DOCT5，日本HZS公司的CRADE及space—E，以色列的Cimatron，还引进了AutoCAD、CATIA、DYNAFORM、MTLFRM、PAM—STAMP、ANSYS、MSC系列等软件及法国Marta—Daravision公司用于汽车及覆盖件模具的Euclid—IS和美国的PRO/DIEFACE等专用软件。国内汽车覆盖件模具生产企业普遍采用了CAD/CAM技术；DL图的设计和模具结构图的设计均已实现二维CAD，多数企业已经向三维过渡，总图生产逐步代替零件图生产。模具的参数化设计也开始走进少数模具厂家技术开发的领域。我国部分汽车覆盖件模具生产厂家开始采用CAE技术，已经能够初步进行板料的成形分析，计算机模拟，对拉延件的起皱、破裂等问题进行预测，指导DL图的设计和工艺模面的设计，缩短了模具的调试时间和模具的制造周期。由于国产软件水平与国外先进软件水平相比尚有差距，因此目前仍大量引进国外软件。

快速原型(RP)与传统的快速经济模具相结合，快速制造大型汽车覆盖件模具，解决了原来低熔点合金模具靠样件浇铸模具，模具精度低、制作精度低，样件制作难等问题，实现了以三维CAD模型为制模依据的快速模具制造，并且保证了制件的精度，为汽车行业新车型的开发、车身快速试制提供了覆盖件制作的保证，它标志着RPM应用于汽车车身大型覆盖件试制模具已取得成功。

(2)模具设计制造能力状况。我国冲压模具的设计制造技术和加工的关键设备早在1946年就第一次从美国引进，但直至1949年也未得到应用。中华人民共和国成立后，经过“三年恢复时期”和“第一个五年建设计划”，冲压模具的设计制造技术和能力已有较大发展。当时的冲模结构已由单工序模向复合模和级进模发展，模块由整体向拼块发展。当时的长春第一汽车制造厂等单位先后从前苏联、捷克和民主德国引进了模具设计制造技术和加工的关键设备。1958～1965年，模具结构向高效率、高寿命发展，模具标准诞生(1963年原一机部颁布了我国第一个模具标准——冷冲模零件标准和典型结构标准)，硬质合金模出现，模具加工采用了成型磨削与电加工配套工艺，模具专业厂得到发展。1958年，一汽开始试制和生产红旗轿车和越野汽车，所需的覆盖件冲模由冲模车间负责供应，国内开始了自己制造汽车覆盖件模具的历史。为适应多品种少批量冲压件生产，分解式组合冲模也在此时期诞生。20世纪70年代又发展了积木式组合冲模。当时为加工农机与汽车所需板料厚度小于2mm不同类型的拉深件，出现了低熔点合金模具。陶瓷型精密铸造制模技术也在冲压模具制造中得到应用。从20世纪60年代中期到70年代中期，一汽在包建二汽时，承担了东风140车型全套模具的制造任务，跨上了完成整个载重汽车车型全套模具制造的台阶。接着于1987年完成了一汽自己的CA—141载重汽车全套模具的制造，实现了一汽的换型任务。80年代初，我国在精冲模和微米级精度的多工位级进模研制方面取得了较大成就。80年代后期，我国模具工业得到蓬勃发展。“六五”和“七五”期间，模具被列入国家重点科研攻关项目。1989年3月，国务院颁布的《关于当前产业政策要点的决定》中，把模具列为机械工业技术改造序列的第一位，生产和基本建设序列的第二位。“八五”和“九五”期间，国家对模具工业加大了投入。自1997年起，国家对部分专业模具厂实施了模具产品增值税先征后返政策。这都极大地促进了模具工业的发展。现在我国冲压模具的设计制造能力已达到较高水平。例如，我国已能生产中档轿车的部分覆盖件模具；部分高精度多工位级进模和多功能模已达到世界水平，且模具制造周期也已达到国外同类模具水准；信息工程等现代制造技术已在许多模具厂得到应用等。尽管如此，我国的冲压模具设计制造水平和能力，尚不能满足市场需要，同国际水平相比仍有较大差距。差距主要表现在高档轿车和大中型汽车覆盖件模具及高精度冲模，无论在设计方面还是在加工工艺和生产能力方面，都有较大差距。轿车覆盖件模具，设计和制造难度大，质量和精度要求高，可代表覆盖件模具的水平。虽然轿车覆盖件模具在设计制造方法和手段上，已基本达到了国际水平，模具结构功能上也接近国际水平，在轿车模具国产化进程中前进了一大步，但在制造质量、精度、制造周期和成本方面，与国外相比还存在一定的差距。

标志冲模技术先进水平的多工位级进模和多功能模具，是我国重点发展的精密模具品种。有代表性的是集机电一体化的铁心精密自动叠片多功能模具，已达到国际水平。如南京长江机器制造厂的电动机铁心自动叠铆硬质合金多工位级进模具具有自动冲切、叠压、铆合、计数、分组、转子铁心扭斜、安全保护等功能，凹模采用拼块式，零配件可互换。常州宝马集团公司的步进电动机定转子带双回转叠片硬质合金级进模具有转子冲片落料、旋转72°再叠片，定子冲片落料、回转90°再叠片(以消除料厚误差)等功能。模具精度达2μm，步距精度2～3μm，双回转精度1′，寿命达到1亿次以上，已达到国际先进水平，完全可以替代进口，而价格仅为同类进口模具的1/2～1/3。其他如48、54、68条腿集成电路引线框架多工位级进模、电子枪硬质合金多工位级进模、轿车安全带多工位级进模、空调器散热片多工位级进模等，均达到国外同类产品水平。但总体上和国外多工进级进模相比，在制造精度、使用寿命、模具结构和功能上，仍存在一定差距。

汽车覆盖件模具制造技术正在不断地得以提高和完善，高精度、高效益加工设备的使用越来越广泛。国有大企业已拥有高性能的五轴高速铣床，民营企业中也开始使用三轴的高速铣床。NC、DNC技术的应用越来越成熟，可以进行倾角加工和超精加工。这些都提高了模具型面加工精度，提高了模具的质量，缩短了模具的制造周期。

模具表面强化技术也得到广泛应用。工艺成熟、无污染、成本适中的离子渗氮技术越来越被认可，碳化物被覆处理(TD处理)及许多镀(涂)层技术在冲压模具上的应用日益增多。深冷处理也已在生产实际中得到应用。

真空处理技术、实型铸造技术、刃口堆焊技术等日趋成熟。

激光切割技术得到了应用。如东风汽车模具厂拥有意大利生产的激光切割机，工作台面为2 500mm×5 000mm。

一汽模具制造有限公司和芜湖福臻模具公司等也拥有多轴数控激光切割机。激光切割技术的应用，缩短了模具的制造周期。

(3)模具质量状况。模具质量主要反映在精度和寿命方面，其次是结构和外观方面。当然，一套好模具，还应该是维修方便的。由于我国冲压件批量往往偏小，因此我国冲压模具在国内市场上寿命问题相对来说并不十分突出，而精度达不到要求、结构不合理、外观质量差往往成为质量的主要问题。现在我国一些主要冲压模具生产企业正在积极贯彻 ISO9000 国际质量体系标准，有些已通过了认证。这些企业所生产的冲压模具质量状况普遍较好。由于部分企业质量意识不强，加上设计水平和装备水平较差，因此产需之间质量纠纷也时有发生。为了满足市场需要和缩短与国外的差距，我国的模具企业除了应加强质量观念以外，还应在模具设计、材料选用、工艺改进、装备改善和企业管理方面多下工夫。

(4)模具专业化程度及分布状况。我国模具行业专业化程度还比较低，模具自产自配比例过高。国外模具自产自配比例一般为 30% 左右，我国冲压模具自产自配比例约为 70%。这对推行生产专业化产生有很大的不利影响。现在，技术要求高、投入大的模具生产专业化程度较高，例如覆盖件模具、多工位级进模和精冲模等。而一般冲模生产专业化程度就较低。由于自配比例高，因此冲压模具生产能力的分布与冲压件生产能力分布基本一致。但是专业化程度较高的汽车覆盖件模具和多工位、多功能精密冲模的专业生产企业的分布有不少并不与冲压件生产能力分布一致，其布局往往取决于主要投资者的决策。例如四川有较大的汽车覆盖件模具的生产能力，江苏有较强的精密冲模的生产能力，而模具的用户大都不在本地。

(5)模具材料发展状况。模具材料对模具质量及寿命有着极其重要的影响，因此，正确选用模具材料已越来越被大家所重视。20 世纪 50 年代，我国制作模具使用的钢材都是沿用前苏联使用的钢号。20 世纪 60 年代初，为了节约 Cr 和取代 Ni，我国开始自行研制开发新的模具钢，以耐磨性较高的冷冲模具钢 CrWMoV 来部分替代 Cr12MoV 等。随着冲压模具向精密多工位和高寿命发展，模具生产企业对模具材料的性能也提出了越来越高的要求。为此我国有关单位相继研制出了一些使用性能和工艺性能良好的模具钢新钢种。与此同时还引进了少量国外通用的钢号（如 D_2 等）。随着高效长寿命的硬质合金模具的使用日益增多，国内也研制开发出了一些有一定特色的钢结硬质合金。

T7、T8、T10 等碳素工具钢用于制造使用寿命要求不高的冷作模具，但这类钢淬透性低，热处理易变形，耐磨性较低，故使用范围逐渐减少。现在一般较精密的冷冲模具常用 CrWMn 制造，但其强韧性和耐磨性也不高。国内研制成的 Cr Mn Ni MoVSi 钢（简称 GD）是一种低合金冷作模具钢，有高的强韧性，用于制作易崩刀、易断裂的冲击模具有高的使用寿命。国外主要是日本，在汽车等生产线上使用的一部分模具采用火焰表面淬火工艺并研制出一些主要供火焰表面淬火用模具钢。我国试制成一种与日本 SX105 成分相似的火焰淬火钢 7CrSiMnMoV 钢（简称 CH），用火焰加热模具刃口的料面，淬火后可获得硬度一般在 60HRC 以上的 1.5mm 淬硬层，CH 钢已广泛用于剪切、下料和冲压模具，特别是大型镶块模具，效果良好。

为了适应少无切削工艺对高强韧性模具钢的需要，我国研制成一种含铌基体钢 65CrW3Mo2VNb（简称 65Nb）。这种钢的成分相当于 W6Mo5Cr4V2 高速钢淬火组织中的基体，但含碳量稍高，并加入了少量铌。这种钢有高的强韧性和良好的工艺性能，适用做冷挤压、温热挤压、冷镦、厚板冷冲等模具，特别适用于制作难变形材料用的大型复杂模具。

对于要求耐磨性好的冷作模具，主要使用 Cr12 型高碳高铬钢，有时使用强度高、耐磨性更好的高速钢，钨钼高速钢 W6Mo5Cr4V2 的韧性较好，更适于制作这类模具。由于这些钢种碳化物偏析大，特别在尺寸较大时，常导致模具的开裂，为此，国内开发出一些碳化物偏析较小的含 Cr 为 6% 左右的高碳中铬钢，如 7Cr7Mo2V2Si 钢（简称 LD）和 9Cr6W3Mo2V2 钢（简称 GM）。LD 钢在保持高强韧性的同时，耐磨性高于 Cr12MoV，用于制作多种冷冲压模具，使用效果较好。GM 钢经热处理后硬度及耐磨性与高速钢相当，而韧性优于高速钢，可用于制作高速冲床用模具、多工位级进模，以及高强度螺柱滚丝轮，模具有高的使用寿命。我国自行研制的 ER5、D12A、CG—2、LM1—2、GD、DS、GT35、DT 等钢种在生产中的应用也显示出了很好的效果。

汽车覆盖件模具材料，大都用铸铁，主要是灰铸铁和 Mo－Cr 合金铸铁及球墨铸铁。20 世纪 80 年代，我国研制成功了具有中国特色的刃口堆焊合金焊条和空冷钢。90 年代初开始应用了实型铸造，使铸件质量与国际水平相近。1997 年东风汽车公司通用铸锻厂自行开发了冲模用三种铸铁（H215、H235、QT600—3A）和一种铸钢（50CrMo）新牌号，获原机械部 1997 年科技进步二等奖。精冲模一般常用高铬合金钢（X210CrW12 等）和高速钢（S－6－5－2 等）、粉末冶金高速钢（CPM 等）、硬质合金（GT30 等）。

冲压模具中的不同零件因其作用不同，所以所用材料也各异。同一零件所采用的材料，也因其板材制品的材质、精度、产量的不同而不同。因此必须根据模具的结构及其具体服务对象来正确选用。冲压模具材料将朝下列方向发展：①硬度与韧性均佳的粉末高速钢。②引线框架冲模将越来越多地采用超微晶粒碳化钨材料。③陶瓷材料应有可能用于冲头制造。

模具钢品种很多，光是国产模具钢就有一百多种，其中冲压模具用钢就有好几十种，用钢情况比较混乱，对模具质量影响较大。为了使广大冲压模具生产企业能比较合理地选用模具钢，中国模具工业协会组织材料委员会有关专家对市场上主要模具钢进行了分析试验，从中得出了性能较好，又有一定生产量的工模具钢，1997 年出版了“模具钢使用推荐表”，其中推荐了冷作模具用钢 15 种，硬质合金模具用钢 8 种。虽然国产模具钢已有了许多品种和较大的产量，但与国外冲压模具钢相比，无论从品种上或质量上仍有较大差距,因此每年还需从国外进口许多模具钢。而且随着用户对模具的要求越来越高,模具钢的进口量也越来越大。我国的模具钢应该向品种规格多样化,产品精料化和制品化以及尽量缩短供货时间的方向发展。冷作模具钢应提高其韧性、强度、耐磨性和易切削性,以满足冲压模具发展所需。

二、冲压模具存在主要问题

我国冲压模具存在的主要问题与其他模具类似,模具生产周期、质量和数量仍旧是关键。与国际水平相比,我国冲压模具生产周期要比国外先进水平长;寿命和精度差距也较大。数量的不足主要反映在大型、精密、复杂、长寿命模具上。存在这些问题的主要原因是:①行业结构(如企业组织结构、产品结构、技术结构和进出口结构等)不合理。②企业综合素质欠佳、设计制造水平较低、开发能力弱、管理较落后;③模具人才严重不足;④资金投入不够;⑤专业化、标准化、商品化程度低,协作差;⑥模具材料及相关技术落后;⑦模具生产企业的效率和效益较低。

三、冲压模具的发展思路

1. 冲压模具发展的重点

发展重点的选取应根据市场需求、发展趋势和目前状况来确定。可按产品重点、技术重点和其他重点分别叙述。

(1)冲压模具产品发展重点。冲压模具共有7小类,并有一些按其服务对象来称呼的一些种类。目前急需发展的是汽车覆盖件模具,多功能、多工位级进模和精冲模。这些模具现在产需矛盾大,发展前景好。

汽车覆盖件模具中发展重点是技术要求高的中高档轿车大中型覆盖件模具,尤其是外覆盖件模具。

多功能、多工位级进模中发展重点是高精度、高效率和大型、高寿命的级进模。

精冲模中发展重点是厚板精冲模和大型精冲模,并不断提高其精度。

(2)冲压模具技术发展重点。模具技术未来发展趋势主要是朝信息化、高速化生产与高精度化发展。因此从设计技术来说,发展重点在于大力推广CAD/CAE/CAM技术的应用,并持续提高效率。特别是板材成形过程的计算机模拟分析技术。模具CAD/CAM技术应向宜人化、集成化、智能化和网络化方向发展,并提高模具CAD/CAM系统专用化程度。例如以色列Cimatron公司的Quick系列产品、美国DE/CAM公司的powerSHAPE系统、日本日立造船信息系统株式会社的三维CAD/CAM系统space-E软件、日本UNISYS株式会社的CAD CEUB软件等都是专用化程度较高的软件。板材CAE软件系统应向横向拓展、纵向深化和多维感知扩展。为了提高CAD/CAE/CAM技术的应用水平,建立完整的模具资料库及开发专家系统和提高软件的实用性十分重要。在加工技术方面,发展重点是高速加工和高精度加工。高速加工目前主要是发展高速铣削、高速研抛和高速电加工及快速制模技术。高精度加工目前主要是发展模具零件精度1μm以下和表面粗糙度$R_a \leqslant 0.1\mu m$的各种精密加工。提高模具标准化程度、搞好模具标准件生产供应,也是冲压模具技术发展重点之一。

为了提高冲压模具的寿命,模具表面的各种超硬处理(如TD处理等)技术也是发展重点。

由模具数字化制造、系统集成、逆向工程、快速原型/模具制造及计算机辅助应用技术等形成的全方位解决方案,为模具开发与工程提供服务,全面提高了企业水平和模具质量,这更是冲压模具技术发展的重点。

2. 冲压模具专业化标准化

由于历史和体制上的原因,我国模具标准化水平一直很低,其中冲压模具的专业化程度比塑料模和压铸模更低。这在一定程度上妨碍了冲压模具的发展。根据国内外模具专业化情况来看,专业化可以有多层意思:①模具生产独立于其他产品生产,专业生产模具外供。②按模具种类划分,专门从事某一类模具(如冲压模具)生产。③在某一种类模具中,按其服务对象或模具工艺及尺寸大小,选取该类模具中的某种模具(例如汽车覆盖件模具、多工位级进模具、精冲模具等等),组织专业化生产。④专业生产模具中的某一些零件(如模架、冲头、弹性元件等)供给模具生产企业。⑤按工序开展专业化协作。例如目前社会上的专门从事模具设计的公司、专门进行型腔加工或电加工协作的企业、专门接受测量或热处理委托任务的企业以及专业从事抛光业务的企业等等。这种多层次的专业化促进了模具行业的发展。这方面,虽然我国已有了一定进展,但专业化的路途仍旧遥远,必须加快进程才能适应形势发展需要。

标准化是基础,各国都很重视。我国模具标准化工作始于1983年“全国模具标准化技术委员会”成立以后。经过20年,在冲压模具方面,已经有了相应的基础标准、工艺质量标准、零部件标准、模架标准和相关标准,已共计颁布国家标准和行业标准125个标准号。由于汽车冲压模具的特殊性,我国汽车模具行业还制定了汽车冲压模具零部件中的14个通用装置、244个品种,共363个标准。这些标准的制定和宣传贯彻,促进了我国冲压模具标准化程度和水平的不断提高。随着技术进步和行业发展,早年以前颁布的部分冲压模具标准有些已不能适应现状,因此标准的修订和补充工作尚在不断进行。有些企业已开始制定企业标准。随着模具标准化工作的不断进展,模具生产专业化程度也必将不断提高。

3. 模具行业调整

行业调整是一个十分繁重的任务,模具行业更是如此。模具行业面临的调整任务主要有:企业组织结构的调整,模具产品结构的调整,模具技术结构的调整,模具进出口结构的调整等。

(1)模具企业组织结构的调整。使尽可能多的产品厂的模具分厂(车间)独立出来,成为面向社会、自负盈亏的独立法人是调整的方向。政府有关部门和行业协会已为此作出了不少努力,并已取得一定成效。

模具企业按小而精、小而专、小而特的方向发展,有些大型企业可以按精而专的方向发展,并且在条件成熟情况下企业之间进行联合,以及发展产、学、研和科、工、贸相结合的联合体，也是调整的方向。

（2）模具产品结构的调整。随着汽车工业、电子信息工业和家电工业的发展，冲压模具市场结构正在发生很大变化。与此相适应，冲压模具产品结构必须进行相应的调整。例如汽车覆盖件模具、汽车零件精冲模具、高精度高难度的引线框架冲模、接插件多工位级进模、各种电动机定转子级进冲模等，其产品种类和产量必将有很大发展，有关企业必须根据市场需求来调整其产品结构。总体来看，应不断提高技术含量高的大型、精密、复杂、长寿命模具的比例。

（3）模具技术结构的调整。21世纪已进入信息时代，信息时代的技术发展日新月异，模具行业和企业要发展，必须把握时代脉搏，必须自觉和主动地调整自己的技术结构。传统的模具设计制造技术必须用先进适用的高新技术进行改造。模具的技术含量必将逐步而快速地提高。现代化工业企业管理技术也必将逐步替代作坊式的管理模式。模具行业和模具企业，只有不断进行技术结构的调整，才能在瞬息万变的市场经济中立于不败之地。

（4）模具进出口结构的调整。2002年，我国冲压模具进口4.78亿美元，出口0.59亿美元，进出口相抵后净进口4.19亿美元，进出口之比为8.10:1。我国的冲压模具出口量只占生产量的1.83%。这样的结构明显不合理。模具工业发达国家，模具产出中一般都有30%左右的出口，出口模具大大多于进口模具。

我们虽然不可能在短时期内达到模具工业发达国家一样的进出口结构，但努力扩大出口，逐步改善出口结构，经过若干年努力，尽量做到进出口基本平衡，则应该是我们调整的目标。

（5）其他方面的调整。模具行业人才结构的调整，模具生产各工序之间设备和时间结构比例，模具成本和价格结构等都应随着社会的进步和技术的发展而不断调整。另外，目前已有冲压生产与模具生产更为紧密的结合方式，即冲压生产从产品主机企业独立出来单独生产或干脆在模具企业生产，这一趋向也是我们需要关注的。冲压模具生产企业之间的各种联合与协调也十分重要，例如使用总包与分包的办法来承接一些大项目等。

〔撰稿人：中国模具工业协会周永泰〕

塑料模具的现状和发展

随着人工合成技术的不断提高，塑料无论是性能、品种、产量都有大幅度地提高、成本也有所降低。塑料制品发展十分迅猛，已深入到各个领域。因此，各种塑料成型模具也有了相应的飞速发展。

首先塑料成型的方式及其模具类型日益增多。例如：注射模已从单纯的熔融态塑料的注射成型发展到现在的双色（料）注射、气体辅助注射、多点时间控制热流道浇口注射、一次注射二次合模等各种注射成型塑料模。各种塑料成型方式的混合能达到成型复杂制件的目的。例如：吹塑成型模从单纯的吹塑模发展到现今的注、拉、吹一体化成型模。气体辅助注射成型极大提高了塑制品的表面质量，简化了塑制品的结构，节约了用料，因而正在被推广使用。但其相应的注射设备结构变为复杂，投资将增大，这是影响其推广使用的制约因素。热流道注射模已从多点烧口同时注射，发展到多点热流道浇口按塑料流动情况进行有序时间控制注射，从而减轻了熔接痕，大大提高了大型塑制品的表面质量和强度。在塑料成型时复一层带有图案的薄膜或织物，从而减少二次加工成本的模具也已运用于大批量生产。例如汽车内装饰件模具，用于IC的塑封模，由于运用计算机技术对注射过程进行分析，对模具浇口进行合理布置，大大提高了IC塑封环节的合格率。

其次是各种超大型、超精密、超长寿、超高效以及众多特殊要求的模具也有相当的发展。例如：近50t重的超大型垫仓板模具；35t的洗碗机模具；大型的冰箱内胆吸塑模；型芯仅几丝的光纤通讯接插件模具；制件精度为0.5μm的小模数齿轮模具；达到光学要求的高表面质量的汽车车灯模具；寿命长达百万模次以上的超长寿命模具；拉制速度达每分钟数10m的高速塑料挤出模具；脱模机构相当复杂的四通水管成形模具等等都已研制成功，并已批量生产。

在模具设计中越来越注重提高制品的成形速率，为此在模具冷却系统设计中采取了很多的措施。例如：均衡的冷却系统；高导热率材料的选用；热管的选用；合理的冷却回路的设计等等，不但可以使塑料制品的变形得以减少，而且大大提高了生产效率。一次开模可得上百个零件的多层、多腔超高效注塑模，也是高生产效率模具的典型。多层模具可以使用与单层模具同样锁模力的注塑机、却生产出几倍于单层模具的零件，其效率之高可想而知。

模具CAD/CAM/CAE的广泛应用为塑料成形模具的设计、制造开创了广阔的天地。各种计算机辅助设计（CAD）软件已从借用“机械设计”软件而发展到现今的专用模具设计软件。专用模具设计软件充实了诸如各种模具结构等经验的智能化知识库，因而不但缩短了模具的设计周期，而且提高了模具的设计质量。各种反向工程软件的应用，大大缩短了对原型的测绘时间，并提高了测绘精度。Nvpv计算机辅助制造(CAM)软件也已从过去的简单造型功能、单纯的刀具轨迹编程,提高到能进行复杂造型,编制的程序却更简单,还充实了大量的切削经验数据,因而更加实用,大大缩短了编程时间,提高了生产效率和加工质量。Nvhio 计算机辅助分析(CAE)软件无论是使用性,还是实用性均有很大的提高,为模具设计中浇口的选用、冷却分析、变形分析提供了可信的参考意见,为缩短模具制作周期,提高塑料制品质量创造了条件。

模具加工手段的日新月异也是当今时代的特点之一。各类更高加工速度、更高加工精度、更加智能化的数控加工机床的推广使用,大大缩短模具的制造周期,提高了模具的制造精度。例如:具有模糊功能的电加工机床,可以降低电加工机床操作人员的技术等级;主轴转速大大提高的数控高速铣等机床的出现和大量使用,既可以加工相当硬度的材料,又可以提高加工精度,缩短了模具制作周期;高性能的刀具和石墨电极的大量使用,提高了加工效率和加工质量。多轴联动加工中心,则可加工相当复杂的型面模具零件。一副大型注塑模从过去 9 个多月的制作周期缩短到现今的 9 周甚至更短,如果没有上述的设计和加工手段的变革,这些成就简直无法想像。

各种新型模具材料的出现和使用,改变了过去只用一种 45 钢的局面,为提高模具质量、增加模具使用寿命、缩短模具制作周期创造了条件。各种易切削预硬钢等大量新钢种正被大量使用,满足了各种模具的需要。模具钢由于成分、冶炼、热处理、锻造等方法及设备的改进,使其性能有了很大的提高,从而大大提高了模具的质量、加工效率和寿命。

先进的特种加工方法正在为模具制作的革新作出贡献。一些有效的快速制模方法克服了模具在高温工作的问题,已从过去的冷冲模向塑料模发展。一种运用计算机三维控制技术将复有塑料薄层的粉状镍粒子进行堆积,然后烧结、渗铜制作的塑料模,可以进行万模以上的注塑生产。运用等离子喷涂形成型腔、型芯表层,而后用低熔点合金作充填注塑模,可以制作较高精度的模具,表面还可以制作各种仿真的花纹。

模具表面的腐蚀加工,可以刻蚀极其复杂的图纹,其塑制的表面皮纹几可乱真。模具表面的各种涂覆、处理、修补、研磨、抛光等新技术、新工艺大量涌现,适应了塑料模的各种需要,使塑料制品增添了色彩。

各种先进技术、新型材料的不断涌现,新塑料的诞生,必然使塑料模有更快的发展,其速度比前 20 年肯定要快得多。制模周期会进一步缩短,模具的精度和可靠性进一步提高,塑料制品将更能符合市场的需要。首先是塑料的成形方法会更加多样化,尤其是各种辅助成形方法的出现既会简化模具的结构,又将增强塑料制品的各种性能。新型模具材料和加工方法、手段的革新,会彻底改变目前塑料模的制作方法,大大缩短模具的制作周期、降低模具的制作成本。人类的各种模具设计和制作经验将被收集、整理和推广运用,基于经验和理论结合的新一代的智能化 CAD/CAM/CAE 软件的面世,又会产生新一轮的模具设计、制作的跃进。展望未来,塑料模的发展将给我们模具行业带来更大的机遇和挑战。

〔撰稿人:中国模协技术委员会张孝民〕

铸造模具的现状与发展

2001 年,全国各类铸件(铸铁、铸钢、有色合金)总产量 1 488.9万 t,居世界首位。其中黑色铸件产量1 375.2万 t,占 92.4%;有色合金铸件 113.7 万 t,占 7.6%。2002 年全国黑色铸件总产量1 626万 t,有色合金压铸件总产量超过 97 万 t。据推算,以后每年全国铸造模具的产值将超过 50 亿元,数目是相当可观的。

一、国内外铸造模具企业比较

全国铸造模具生产企业,大体可以分成以下几类:第一类为铸造模具专业厂(包括合资和独资企业),这些企业设备先进,技术优良,是铸造模具行业的主力;第二类是铸造专业厂的模具车间;第三类是近年来发展迅速的私营和民营模具厂,这类企业规模不大,数量众多,各有分工,协同作战,分布在江浙、广东一带,其中有一些厂已经具备了一定的实力;第四类是兼做铸造模具的其他一些模具厂。总之,铸造模具生产企业呈多元化,并向高水平发展,这也是我国经济发展带来的必然趋势。

国外发达国家的模具厂大体分为独立的模具厂和隶属于一些大的集团公司的模具厂两类,一般规模都不大,但专业化程度高,技术水平高,生产效率极高。

国外模具企业一般不超过 100 人,多数在 50 人以下。在人员结构上,设计、质量控制、营销人员超过 30%,管理人员在 5% 以下。人均生产率很高,年人均产值超过 100 万元,最高能达到 200 多万元。国内模具企业中一些私营、合资企业人员结构和国外差不多,但一些国企的人员结构还不尽合理。在年人均产值上差距还很大,多数在 10 ~ 20 万元,少数能达到 40 万元。

国外模具企业对人员素质要求较高,技术人员一专多能,一般能独立完成从工艺到工装的设计;操作人员具备多种操作技能;营销人员对模具的了解和掌握很深。国内模具企业分工比较细,缺乏具有较高综合素质的人员。

国外模具企业 CAD/CAM/CAE 技术的应用比较广泛。逆向工程、快速原型制造铸造模具使用也比较多。国内模具企业中一些骨干厂家在这方面和国外差距已经不大,有些已经达到国外水平。但一些中小型模具企业与国外的差距还是很大。另外在模具材料方面,随着国外技术的引进和我国自身研发能力的提高,差距在逐渐缩小。

在模具的价格和制造周期上,国外模具价格一般是国内模具的 5~10 倍,制造周期是 2~3 倍,一般把模具的调试时间也算在制造周期之内。在这两方面应该说国内模具企业还是具有一定竞争优势的。

二、铸造模具的设计与制造技术

我国是铸造大国,但远非铸造强国。我国铸造工艺水平、铸件质量、技术经济指标等较之先进国家有很大差距。砂型铸造还是主要的铸造工艺方法,其中手工、半机械化造型仍占有很大比例。但近年来中国压铸工业发展迅速,每年保持 7%~10% 的增长速度。中国的汽车工业也正在成长过程中,为了减轻汽车重量,轿车的铝、镁轻金属用量将进一步增长,这就对压铸件提出了更高的质量要求。我国铸造工艺装备同先进国家相比还有一定差距,20 世纪 90 年代以前,铸造模具的设计使用计算机的很少,制造也主要以普通万能设备为主。进入 90 年代,巨大的市场需求,特别是汽车、摩托车业的快速发展,极大地推进了我国铸造模具业的发展。同时随着合资和独资企业的介入,国外先进的模具设备和制造技术的引进,促使国产铸造模具设计和制造技术水平逐步提高,一些企业已经具备设计和制造大型精密模具的能力。如一汽铸造有限公司铸造模具厂设计制造的一套3 400t压铸机用的压铸模具,总重达 33.5t,是目前国产压铸模中最大的模具。

20 世纪 90 年代以来,铸造模具业在设计和制造方面的主要变化有:

(1)模具企业的生产技术水平提高,高新技术在模具的设计与制造中的应用,已成为快速制造优质模具的有力保证。

CAD/CAM/CAE 的应用,显示了用信息技术带动和提升模具工业的优越性,CAD/CAM/CAE 已成为模具企业普遍应用的技术。CAD/CAM 一体化技术已在铸造模具业中广泛使用,目前二维设计使用的软件主要是 AutoCAD;三维设计使用的软件比较多,主要有 Pro/E、UG、Cimatron 等。目前一汽铸造模具厂的 3D 设计已达到 95% 以上,在三维设计后使用三维虚拟装配检测技术对装配干涉进行检查,保证了模具设计质量,确保了设计和工艺的合理性。三维数据经过 CAM 软件编程,NC 代码直接传输到数控设备上进行模具加工。数控机床的普遍应用,保证了模具零件的加工精度和质量,大大提高了模具的准确率和生产效率。CAE 技术也在逐步运用到实际设计、生产中,运用 CAE 技术模拟金属的充填过程,分析冷却过程,预测成形过程中可能发生的缺陷,以及产品开发前期的凝固模拟,大大优化了工艺设计,缩短了试验时间。一汽铸造有限公司铸造模具厂在一些大型复杂模具,如发动机缸体、缸盖、变速箱壳体模具的设计中已经开始应用 CAE 技术对流场、温度场进行模拟分析,工艺成品率得到极大提高。

(2)铣削加工是型腔模具加工的重要手段。高速加工(High Speed Machining,简称 HSM)是以高切削速度、高进给速度和高加工质量为主要特征的加工技术,具有工件温升低、切削力小、加工平稳、加工质量好、加工效率高(为普通铣削加工的 5~10 倍)及可加工硬材料(可达 60HRC)等诸多优点,因而在模具加工中日益受到重视。高速加工技术引入模具工业,提高了模具精度,大大缩短了模具制造时间。研究表明,对于一般复杂程度的模具,HSM 加工时间可减少 30% 以上。

目前,模具企业为了缩短制模周期、提高市场竞争力,采用高速切削加工技术越来越多。HSM 一般主要用于大、中型模具加工,如汽车覆盖件模具、压铸模、大型塑料模具等曲面加工,其曲面加工精度可达 0.01mm。在生产中采用数控高速铣削技术,可大大缩短制模时间。经高速铣削精加工后的模具型面,仅需略加抛光便可使用,节省了大量修磨、抛光时间。

增加数控高速铣床,是模具企业设备投资的重点之一。

(3)电火花加工在铸造模具制造中是不可缺少的工艺方法。电火花加工对于淬火后的深、小型腔的加工仍是有效的方案。日本沙迪克公司的直线电动机伺服驱动的数控电火花成型机床具有驱动反应快、传动及定位精度高、热变形小等优点。瑞士夏米尔公司的电火花成型机具有的 P—E3 自适应控制系统、PCE 能量控制系统及自动编程专家系统,在铸造模具制造中有其不可替代的作用。

(4)精密、复杂、大型模具的发展,对检测设备的要求越来越高。现在精密模具的精度已达 2~3μm,铸造模具的精度要求也达到 10~20μm。目前国内厂家使用较多的检测设备有意大利、美国、德国等国具有数字化扫描功能的三坐标测量机。如一汽铸造有限公司铸造模具设备厂拥有德国生产的1 600mm×1 200mm三坐标测量机,具有数字化扫描功能,可以实现从测量实物到建立数学模型,输出 NC 代码,最终实现模具制造的全过程,成功地实现逆向工程技术在模具制造中的开发和应用。这方面的设备还包括:英国雷尼绍公司的高速扫描仪(CYCLON SERIES2),该扫描仪可实现激光测头和接触式测头优势互补,激光扫描精度为 0.05mm,接触式测头扫描精度达 0.02mm。

利用逆向工程制作模具,具有制作周期短、精度高、一致性好及价格低等许多优点。

(5)快速原型制造铸造模具已进入实用阶段,LOM、SLS 等方法应用的可靠性和技术指标已经达到国外同类产品水平。

(6)模具毛坯快速制造技术。主要有干砂实型铸造、负压实型铸造、树脂砂实型铸造等技术。

(7)用户要求模具交付期越来越短、模具价格越来越低。为了保证按期交货,有效地管理和控制成本已成为模具企业生存和发展的主要因素。采用先进的管理信息系统，实现集成化管理，对于模具企业，特别是规模较大的模具企业，已是一项亟待解决的任务。如一汽铸造模具厂基本上实现了计算机网络管理，从生产计划、工艺制定，到质检、库存、统计、核算等，普遍使用了计算机管理系统，厂内各部门可通过计算机网络共享信息。

利用信息技术等高新技术改造模具企业的传统生产已成为必然。

三、铸造模具用材料

铸造模具用材料可分别选用木材、可加工塑料、铝合金、铸铁、钢材等。

木模目前仍广泛应用于手工造型或单件小批量生产中，但随着环境保护要求和木材加工性能差的限制，取而代之的将是实型铸造。实型铸造以泡沫塑料板材为材料，裁减粘贴成模样，然后浇注而成铸件，该方法较之用木模，周期短、费用低。

塑料模的应用呈上升趋势，尤其是可加工塑料的应用日益广泛。

铝合金模由于重量轻，尺寸精度较高，因此应用仍较广泛。但近来应用有减少趋势，部分已被塑料模和铸铁模所取代。

铸铁模是大批量铸造生产的首选，并被大量使用。它具有强度高、硬度高、耐磨、加工性好、成本低、使用寿命长等优点。近几年来，由于铸造水平的提高，已有越来越多的模样、模底板、型板框等采用强度和耐磨性更高的球铁或高强度合金灰铸铁制作，而耐热疲劳性能更好的蠕墨铸铁也被用于制作热芯盒材料。

钢材以往在砂型铸造模具上主要用于制作标准件及结构件，较少用于制作铸造模具本体，因为碳钢使用寿命并不高于球铁或低合金灰铸铁，而合金钢价格又十分昂贵。但随着模具加工技术的提高及对铸模尺寸稳定性要求的提高，一些模具钢、铬钼合金钢，如H13钢，也开始用于制作热芯盒和铸模本体。在压铸模具中衬模材料早期主要采用3Cr2W8V，近年来较多地采用H13、瑞典的8407、DIVER等热作模具钢。压铸模具其他部分材料有碳钢、工具钢，也有一些铸铁。

模具型腔材料的重大改进，新的钢种也会有所进展。压铸模具由于其工作状态的苛刻性，对于材料有较高的要求，世界上发达国家都采用优质H13钢，国外模具钢厂直接以优质H13钢模块供应用户，不但方便用户，缩短用户的模块备料周期，更重要的是能确保模块的质量。由于国产H13模块材质得不到保证，影响了模具企业的生产，进口的H13钢价格远远高于国产钢材，为了降低模具制造成本，亟待开发国产优质压铸模具用钢。一汽铸造模具厂与吉林大学合作开发的新型高寿命压铸模具用钢，已初见成效。

四、铸造模具的发展趋势

计算机技术、自动化技术、网络通信技术在现代模具制造业中已得到实质性应用。现代模具制造能够利用CAD/CAE/CAPP/CAM技术和数控加工技术有效地对整个设计制造过程进行预测评估，迅速获得样品。现代技术的应用有利于争取订单、赢得客户，同时可节省大量的模具试制材料费用，减少模具返修率，缩短生产周期，大大降低了模具成本。适用新的技术的应用，各种新的组织管理思想应用而生，如并行工程、精益生产、敏捷制造，甚至利用网络通信技术，可在世界范围内组织最精良的动态联盟队伍来完成每个项目。

一般认为先进制造技术由以下几部分构成，但构成是动态的、变化的。

1. 现代设计技术

合理的设计是决定产品品质、环境相容性、经济性和满足需求的基础，设计的水平、质量和效率是决定产品开发能力和市场竞争能力的首要环节。在新的技术环境下，现代设计技术以计算机辅助工具和内涵丰富的数据库、知识库为支撑体系的智能技术为基础，将设计、制造和生产过程有机结合在一起。主要包括：计算机辅助设计(CAD)、计算机辅助工程(CAE)、反求工程技术(RE)、并行工程(CE)、协同设计技术(CSCW)、稳健设计技术(Robust Design)与质量功能配置、再生工程、绿色产品设计等。

2. 先进制造工艺技术

先进制造工艺是先进制造系统的基础，是实现优质、高效、低耗、清洁生产和保证产品质量与市场竞争力的前提。实现高效清洁生产的关键技术主要包括：计算机辅助制造(CAM)、无(少)切削加工、精密加工和超精密加工、非机械加工、快速原型制造(RPM)、仿生制造、虚拟制造(VMT)等技术。

3. 综合自动化技术

综合自动化技术事实上是通过现代系统管理思想贯穿在一起的包含计算机技术、网络技术、自动化技术的运作系统，以实现从信息、功能、过程直至企业的集成和技术的物化环节的优化，能够将制造企业的人、技术、管理和资源以及物流、信息流与价值流有机结合在一起。主要包括：分布式数控技术(DNC)、柔性制造技术(FMT)、集成制造技术(CIMT)、智能制造技术(IMT)。

4. 现代系统管理技术

现代系统管理技术是一项富有哲学意味的系统理论和方法。它在信息集成、功能集成、过程集成和企业集成的基础上，着重制定如何最大限度地发挥已有技术、设备、资源和人员的作用，最大限度地提高企业经济效益和竞争能力的组织与经营管理策略。主要包括：制造资源计划(MRPⅡ)、准时制造(JIT)和精益生产(LP)、敏捷制造(AM)、全球化制造(GM)和信息管理系统(IMS)、可持续发展战略及相关技术等。

现代系统管理技术在模具制造中的应用更多地体现为一种观念的转变，其中包括：

(1)集成化思想。这是现代系统管理的核心思想，信息集成实现了物与物之间的集成，功能集成实现了企业要素(即人、技术、管理和资源等)之间的集成，过程集成实现了企业内部组织(如产品开发过程、企业运营过程等)之间的集成，全局集成则实现了企业之间的集成。

(2)并行化思想。通过并行作业，可以有效地实现组织的扁平化，在模具设计时即考虑可制造性、可装配性，考虑模具的质量功能分配，这有助于减少反复，缩短开发时间。

(3)协同设计思想与团队精神。在集成化、网络化的并行环境中进行模具开发，要使得每一个环节都能按部就班地运作，必须恪守的原则是“协同设计思想与团队精神是工作成败的关键”。

从长期发展来看，我国经济保持持续增长，今后铸造模具总体需求还会增长。我国模具近年来以平均17%的速度增长，高于我国GDP的平均增值一倍多。铸造模具也可以保持同步的发展。因此铸造模具的发展空间还有很大。

铸造模具企业要转换机制，发展专业化生产，增强市场意识，促进铸造模具业的产业结构调整。过去，在计划经济条件下，大型企业内部设有模具分厂(车间)，制造能力和技术力量较强，占了国内模具产值的相当比例，除少量标准件外购外，大部分工作量均由模具分厂去完成，致使专业化、标准化程度低。加之受企业管理体制的约束，模具制造周期长，不能适应市场要求。进入WTO，我国铸造模具业也在逐步融入世界贸易一体化中。通过彻底的改革将计划经济的影响消除，为此，模具的商品化程度也将大幅度提高。国企股份制改造的步伐将加快，私营和个体企业的发展，使模具工业的企业结构发生较大变化。模具行业社会化大合作和专业化将加强，这是抵御加入世界贸易组织冲击的有效措施。传统的企业内的模具车间将有一部分通过改制成为独立核算的新经济实体，而大部分将被逐步淘汰。更多模具企业将走上专业化的道路，在本身专长的产品上保持优势，走专而精的道路。这样才能在竞争中得以生存和发展。过去那些没有专长的项目，包括所有类型的模具企业，致使设备、人才、资金等分散。这些企业将逐步在相对优势的项目上做强，得到发展，而将非专长的项目淘汰。模具的标准化也将进一步推行，模具的标准零件生产企业也将会得到快速的发展。

模具是技术密集型和劳动密集型结合的产业，中国有优秀的人才，模具钳工技术水平高，劳动力成本低。在进入WTO后，中国的投资环境将得到更大的改善，外商投资可以享受到国民待遇，不再会有外汇平衡、外销配额的问题，所以我国的模具行业将会有更多的中外合资和外方独资模具企业。同时，由于日本、新加坡和中国台湾等国家和地区的制造业生产点外移呈不可逆转的趋势，而更加开放的中国内地自然成为首选，模具企业势必跟进。

由于我国模具生产成本大大低于国外，随着模具制造技术的完善和质量的提高，不仅可以减少模具的进口，而且有可能逐步开拓出口市场，向国外出口更多的模具。

我国加入WTO后，模具进口在短期内将继续保持增长势头，模具出口将会有很大发展。相对东南亚及中东等国家，我国模具在技术、质量及价格上占有优势，出口前景看好。而外资企业进入中国，其模具的返销及出口也将成为我国模具出口的重要组成部分。

提高铸造模具设计和制造水平，主要包括：广泛采用CAD/CAM/CAE/CAPP技术；工艺和工装设计一体化；提高大型、精密、复杂、长寿命模具的设计和制造水平；大力发展快速制模和快速成形技术(RPM)；发展高速加工技术、发展高速测量技术和逆向工程(RP)；采用优质铸模材料，提高表面处理技术；提高铸造模具标准化水平和扩大标准件的使用范围。

积极推进行业管理，构筑行业管理协调网络，建立公平、合理的铸造模具价格体系。将进一步规范模具市场，规范的市场经济对质量的要求更为严格，质量就是市场。

现代制模的质量依赖于物化因素，再现能力强，整体水平容易控制。现代制模采用并行方式进行，设计和制造基于共同的数学模型，可以在模具总体工艺方案指导下通过公共数据库并行通信，相互协调，共享信息，以减少重复劳动，缩短加工周期。

总之，我国的铸造模具企业要发展，就必须转换机制，发展专业化生产，增强市场意识，促进铸造模具业的产业结构调整；积极推进行业管理，建立行业管理协调网络；加强技术人才的培养，强化一专多能；要广泛采用CAD/CAM/CAE/CAPP技术，提高铸造模具设计和制造水平；大力发展快速制模和快速成形技术、高速加工技术、高速测量技术和逆向工程等新技术、新工艺、新材料；提高铸造模具标准化水平和扩大标准件的使用范围。模具企业必须不断提高自身的技术水平和管理能力，才能在国内模具市场有立足之地，才能逐步开拓国外模具市场。

〔撰稿人：一汽铸造有限公司铸造模具设备厂张瑞卿、姚　杰、付　辉〕

锻造模具的现状与发展

一、锻造模具的技术特点

锻造模具(简称锻模)是实现模锻工艺的重要装备，是模具类别中历史较长的一个分支。由于锻造成形工艺的复杂性，相应的锻造模具具有如下技术特点：

(1)多工步成形，结构复杂。金属锻造成形属于体积成形，难以实现一步成形，需要多次变形，复杂锻件的成形步骤可达12步之多。因此，一套锻模也往往由10副甚至更多副模具构成。

(2)高温、重载，工作条件恶劣。金属成形温度在450(非铁金属)~1 300℃(钢铁材料)，模具型腔表面温度可达到300~750℃。同时，金属变形所需外力也要由压力机通过模具提供，用于钢铁材料锻造成形的模具承受的载荷达到500(热锻)~2 000MPa(冷锻)。

(3)由于金属坯料在高温高压下变形时的流动，锻模型腔除正常分模面外，需要保持型腔工作面的完整性，不能采用镶拼结构。

锻模的技术特点决定了锻模的设计，强烈依赖成形工艺的设计，必须很好地选用模具材料并进行合理的热处理，采用先进的加工技术，保证模具型腔的精度和表面质量。

二、锻模的设计技术

1. 锻模设计的基本原则

锻模的设计应遵循良好的使用性能、优异的加工性能和一定的经济性能三项原则。同时，要熟悉金属在锻造成形时的工艺特点，掌握各种锻压设备的基本结构和工作性能，从实际条件出发，设计出成形性好、服役寿命合理、便于安装调试和维修的模具。

要实现上述目标，在锻模设计中通常应考虑：①锻件的批量。小批量生产的锻件，尽量采用简单结构的模具，模具寿命也可以设计的低一些；中大批量生产的锻件，模具结构应采用具有制坯、预锻和终锻等多工步模具，模具材料要合理配合，以保证整套模具具有高的寿命。②锻件的材质。根据材料的变形能力确定成形工步和变形率，确保终锻后的锻件质量。③锻件的形状。形状复杂的锻件必须采用多模膛分散变形的方法，以减少模具载荷、降低压力机吨位、避免锻造缺陷产生。④锻造设备。主要考虑是锻锤，还有各种压力机，模具的结构及模具材料均须有所差别。

2. 锻模设计的一般程序

成品结构分析→确定锻造方法、选择锻造设备→设计锻件图→锻造工艺设计，确定模锻工步。终锻模膛、预锻模膛和制坯模膛设计→锻模的结构设计，包括与加工、装配相关的结构尺寸的确定→切边模、冲孔模设计→校正模设计(如需要)→确定各工步模具的材料选用。

3. 锻模设计技术进展

锻模的设计技术与其他模具的设计技术一样，都是随着计算机技术的发展和广泛应用而快速发展的。但由于锻造成形工艺兼有冲压工艺的多工步和铸造工艺及塑料注射成形工艺可成形复杂形状零件的特性，因此，锻模的设计过程更要求尽快采用CAD、CAM、CAE技术。

20世纪70年代，国外工业发达国家在航空工业和军事工业应用计算机技术的基础上，开始将CAD技术应用于民品，首要目标就是机床和工模具领域。由于当时计算机硬件性能较低而价格昂贵，加之专用设计软件商品化程度低，CAD技术主要是完成绘图功能，CAD技术在模具设计方面的应用主要集中在高等院校和一些大型企业。

进入20世纪80年代，计算机硬件功能如CPU运算速度、存储容量、图形处理能力大幅度提高，高性能工作站和PC机出现，计算机语言不断发展，带动了CAD软件的开发和商品化，推动了机械制造工艺、模具设计技术的革命性进步，AutoCAD、UG和Pro/E成为锻造工艺、模具设计的主要商品软件。计算机软、硬件的发展，使CAD技术迅速在企业推广和应用。

由于锻造成形过程是固态金属在高温、高载荷下的流动变形过程，通过计算机对这一流变过程进行分析和模拟，比塑料注射成型和金属压铸成型过程要困难得多。直到20世纪90年代开发的deform商品软件，使锻造成形过程金属流动分析、传热分析、应力应变分布(包括模具的应力应变)达到实用水平，而专业用于注射成型塑料模和压铸模分析的软件moldflow和c-flow是在20世纪80年代中期开发成功并商品化的。至此，锻造工艺、模具设计实现了CAD/CAM/CAE一体化。

4. 锻造工艺与模具设计

我国的锻造工艺、模具设计是在20世纪80年代中后期(“七五”期间)开始探索采用CAD技术的。国家在“七五”、“八五”期间投入了大量科研开发费用支持大学、科研院所和行业重点企业进行模具CAD技术的开发和应用。在这一过程中，项目承担者用了大约5年时间统一了思想：从独立进行软件开发转向对商品软件的二次开发和应用，尽快提高我国锻模的设计制造水平，以适应我国汽车和机械制造业的快速发展，减轻对进口锻件和锻模的依赖。

我国锻模设计制造技术在20世纪90年代中期实现了CAD/CAM一体化，21世纪初，在锻造工艺、模具设计方面实现了CAD/CAM/CAE一体化。目前，我国锻模生产企业采用CAD、CAM技术的占企业总数的50%~60%；复杂、精密锻件锻造成形用锻模设计制造中采用CAD/CAM/CAE一体化技术的达到80%以上(包括企业自身具备的技术条件、技术服务单位，如大学、研究设计院所和国外企业，提供的工艺模具分析设计服务)。一些关键锻件，如汽车发动机连杆、曲轴，汽车转向节，卡车锻造前梁，汽轮机叶片，涡旋压缩机的涡旋体等，其锻造工艺、模具设计中CAD/CAM/CAE一体化技术的采用率达95%以上。轿车发动机连杆分工步锻件实物照片见图1，连杆成形过程计算机模拟模型和网格图见图2，用于各工步模腔设计的锻件计算机造型见图3。图1是轿车发动机连杆采用CAD/CAM/CAE一体化技术的应用实例，轿车发动机连杆分工步情况为坯料—辊锻制坯(四道次)—压扁—预锻—终锻—冲孔—切边。

目前在锻造工艺、模具设计中采用的CAD/CAM/CAE一体化技术仍是计算机辅助技术，还不能实现计算机自动设计，因此，技术人员的知识和经验仍是锻造工艺和锻模设计的主体。

三、锻模的加工技术

锻模的加工主要指锻模模膛的加工。由于锻模模膛往往由多个复杂空间曲面相交构成且不能采用镶拼结构，因此对锻模模膛即模具工作面的精密加工，是在数控加工技术发展并采用CAD/CAM一体化技术后才真正实现的。

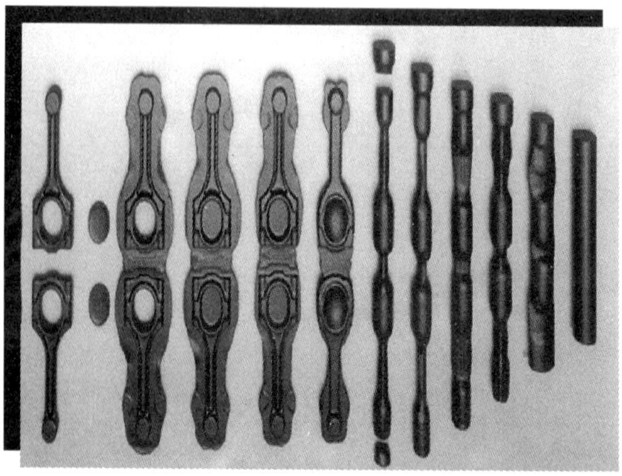

图 1　轿车发动机连杆分工步锻件实物照片

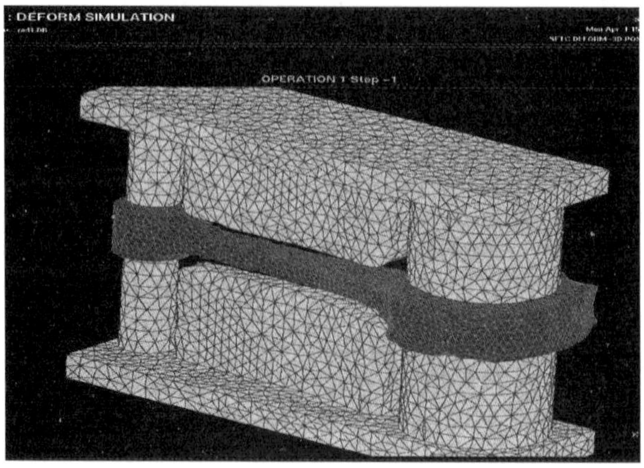

图 2　连杆成形过程计算机模拟模型和网格图

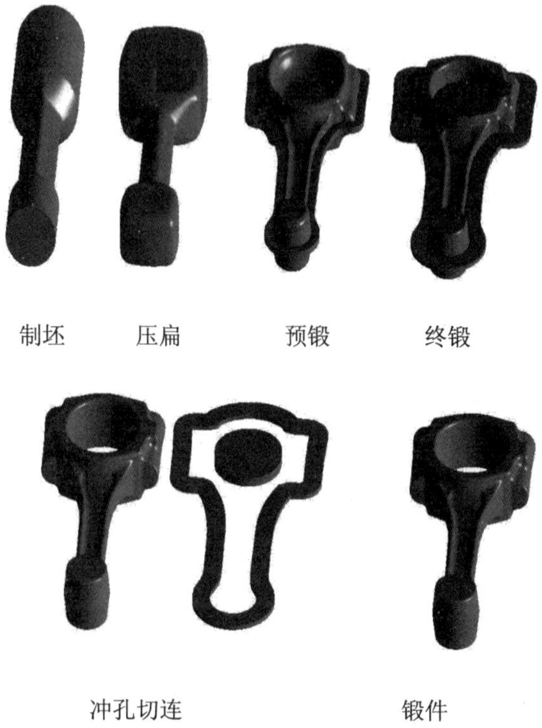

图 3　用于各工步模腔设计的锻件计算机造型

我国的模具行业应用数控加工技术始于 20 世纪 80 年代初期，当时的数控机床多为 NC 机床，机床功能较少，编程能力很差，不能满足锻模工作面的精密加工。90 年代初，CAD/CAM 一体化技术的掌握和 CNC 机床的采用，把我国锻模模腔加工精度提高到了新水平，也使加工工艺发生了重大变化。锻模传统加工工艺见图 4，锻模 CAD/CAM 一体化加工工艺见图 5。

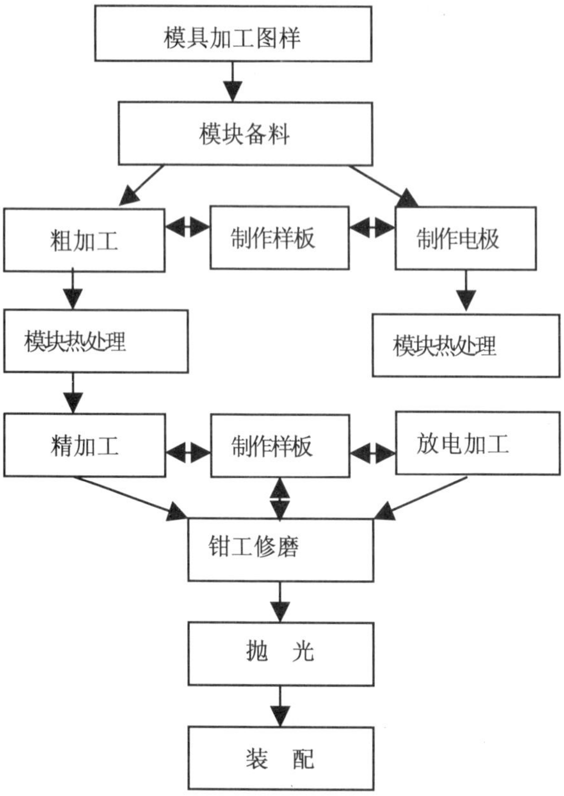

图 4　锻模传统加工工艺

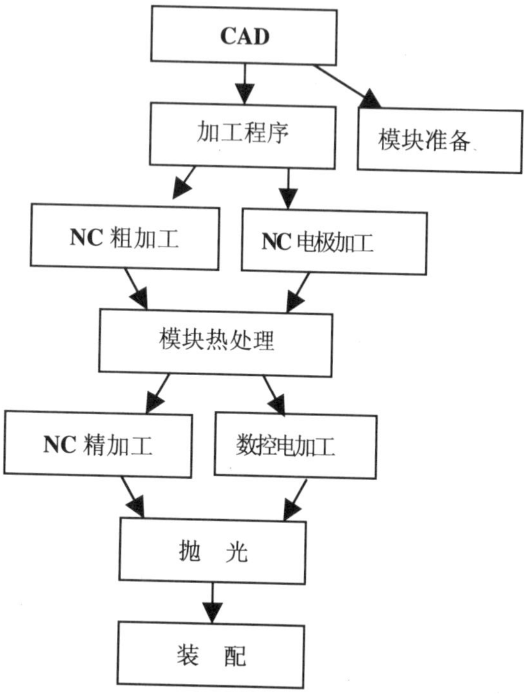

图 5　锻模 CAD/CAM 一体化加工工艺

从图4、图5可以看出:传统加工工艺中,模具型腔精度主要由分截面制备的样板控制,受截面划分疏密、工人技术水平高低的影响很大,特别是曲面精度和大批量生产的精密锻件的一致性难以保证。采用CAD/CAM一体化加工工艺,其最终精度由CAD提供的数据通过数控机床直接控制,加工精度高、周期短。

目前,我国的精密复杂锻模的型腔加工采用CAD/CAM一体化加工技术的达80%以上,达到了引进车型精密复杂锻件的技术标准。

四、锻模的材料应用技术

锻模的服役条件对锻模的材料及其应用技术提出了很高的要求:高的高温强度和强韧度组合,高的磨损抗力,优异的热疲劳抗力以及良好的冷热加工性能。

1980年以前,我国的锻模材料基本沿用原苏联的钢号,主要使用5CrNiMo、5CrMnMo(锤锻模)和3Cr2W8V(机锻模),可选用的范围很小,再加上当时的模块制备技术落后(冶炼技术、锻造技术和热处理技术),造成模具加工成品率低、使用寿命短。国家在"六五"、"七五"期间投入模具技术开发经费的60%用于提高模具寿命,其中50%以上用于新的模具材料研发和推广应用。近十年时间,我国研制了多种新模具钢,并对模具钢的性能进行了系列化研究,为正确合理选用模具材料和制定热处理工艺提供了可靠依据,也为我国锻模技术水平的提高打好了基础。我国研制的热作模具钢见表1。

表1 我国研制的热作模具钢

序号	钢 号	代 号	备 注
1	4Cr3Mo3W2V	HM1	热锻模
2	5Cr4W5Mo2V	RM2	热锻模
3	5Cr4Mo3SiMnVAl	012Al	锻模
4	2Cr3Mo3VNb	HM3	热锻模、温锻模
5	4CrMo2NiVNbB	HD	热挤压模
6	4Cr3Mo3W4VNb	GR	冷、热挤压模
7	4Cr3Mo2MnVNbB	Y4	压铸模
8	4Cr5Mo2MnVSi	Y10	压铸模
9	4Cr3Mo2MnVB	ER8	压铸模、挤压模
10	6Cr4Mo3Ni2WV	CG2	冷、热挤压模
11	4Cr3Mo2MnWV	TM	冷、热挤压模

1990年开始,国际上合金钢生产大国如日本、德国、瑞典和奥地利的工模具钢陆续进入中国市场。他们以优良的钢材品质、齐全的规格和良好的技术支持很快赢得了中国模具制造厂家的信任,成为精密、复杂、长寿命模具的首选用材。进入中国市场的国外冷、热锻模用钢及标准对照见表2。

表2 进入中国市场的国外冷、热锻模用钢及标准对照

标 准	UHB	ASSAB	BOHLLER	THYSSEN	GS	AISI	DIN	JIS	GB
国家和地区	瑞典	瑞典	奥地利	德国	中国香港	美国	德国	日本	中国
材 料	ARNE	DF-2	K460	THYRODUR2510	GS-510	O1	1.2510	SKS3	9CrWMn
	RIGOR	XW-10	K305	THYRODUR2363	GS-363	A2	1.2363		Cr6WV
	SVERKER-3	XW-5	K107	THYRODUR2436	GS-436	D6	1.2436		Cr12
	SVERKER-21	XW-41	K110	THYRODUR2379	GS-379	D2	1.2379		Cr12MoV
	CARMO	635H							
	VANADIS-4	VANADIS-4							
			K720	THYRODUR2510	GS-842	O2	1.2842		
			K600	THYRODUR2767	GS-767	6F7	1.2767		
	Vikin G	VIKING							
标 准	UHB	ASSAB	BOHLLER	THYRODUR	GS	AISI	DIN	JIS	GB
国家和地区	瑞典	瑞典	奥地利	德国	中国香港	美国	德国	日本	中国
材 料	ORVAR	8402				H13	1.2344	SKD61	4Cr5MoV1Si
	ORVAR	8407	W302	THY.THERM2344	GS-344	H13	1.2344	SKD61	4Cr5MoV1Si
	QRO-90M	QRO-90							
			W321	THY.THERM2885	GS-885	H10A	1.2885		
			W100			H21	1.2581	SKD5	3Cr2W8V
			W108			H19	1.2678		
			W300	THY.THERM2343	GS-343	H11	1.2343	SKD6	4Cr5MoSi1V
	ASP-60	ASP-60							
	ASP-30	ASP-30							
	ASP-23	ASP-23				M3:2			

五、结束语

我国的锻模技术在近十多年中,特别是随着我国汽车工业的发展,得到了快速提高,在设计技术、加工技术方面与国外工业发达国家处于同一水平。许多精密复杂模具的使用寿命也接近国际先进水平。因此锻模(除个别冷锻模具外)基本不需进口。这与我国政府对模具行业的科技投入和对模具企业实行的支持政策密切相关,也是我国模具行业、锻造行业科技工作者努力的结果。

〔撰稿人:北京机电研究所武兵书〕

压铸模具的现状与发展

我国压铸模具的产量和数量仅次于冲模和塑料模，占各类模具总产量的8%左右。已形成一支有一定规模，技术上能紧跟国外先进工业国家水平的队伍。近年来，由于摩托车、汽车及家电工业迅速发展，压铸行业出现了日新月异的局面，压铸工业新一轮的兴起，推动了压铸模制造工业的发展。当前，欧洲、美国、日本、韩国以及中国台湾地区的压铸件和压铸模用户纷纷在中国寻找供应商。

一、我国压铸模制造业基本情况

我国压铸模生产厂家众多，大体包括四大类。

第一类：由国有企业或原国有企业的重组、转制企业和近年发展迅猛的民营企业组成。这些厂家专业化生产，面向全社会承接汽车、摩托车、家电、电梯等行业的大、中型压铸模具制造。国内所需的压铸模具主要来自这类专业厂家。

原国有企业一般制模历史长，制作经验丰富，装备齐备，技术力量雄厚，综合技术领先，其造模水平最能反映我国当前压铸模的综合水准。规模较大的有：一汽铸造有限公司铸造模具厂、广州市型腔模具制造有限公司、北京模具厂、无锡市曙光模具有限公司等。但部分企业受体制影响，经营手段不灵活，生产率不高，有时交货周期较长。

民营专业模具厂数量众多，在全国各地特别是沿海地区星罗棋布，发展很快，总产量很大，已经成为压铸模具生产的主力军。他们机制灵活，以交货期短，价格低的特点迎合市场需求。近年来，不少企业得到当地政府及模具协会的大力支持，购进数控设备，CAD/CAM 软件，以至 CAE 软件，装备技术水平及管理水平有很大进步，模具制作质量提高较快，其中部分企业规模不断扩大，产值不断提高，表现出强大的生命力。宁波市2003年全年压铸模具销售额已达10亿元，他们所处地域协作和配套等环境好，如宁波北仑地区，模具企业共有500多家，成立了压铸模具工程技术中心、工业造型设计中心，热处理加工，模胚加工及模具配件供应遍地开花，供应快捷、方便。规模较大的有：宁波勋辉电器有限公司、宁波精鑫压铸模研究有限公司、北仑燎原模铸有限公司、宁海县裕铝业有限公司等。

第二类：合资企业，境外独资企业。这些企业设备精良，工艺先进，起点较高，聘请国外专家指导，引进先进管理模式及先进工艺，注重员工培训，讲究企业形象，总体上制模水平较高，模具质量可靠。规模较大的有共立精机（大连）有限公司等。

第三类：大企业中的模具分厂（车间）。汽车、摩托车主体企业及一些产量较大的行业（如制锁、玩具、电动工具）中的大型企业，其模具分厂（车间）承担着自身使用的模具制造任务。这些企业肯投入资金和人才，定向为本企业产品服务，部分难度过高或工期过短的模具仍交给专业模具厂生产。规模较大的有：上海皮尔博格汽车零部件有限公司、上海乾通汽车附件有限公司、东风科技汽车制动系统公司等。

第四类：压铸厂附设的模具车间。这类模具车间大多由原来为主业修模进而发展到造模，部分也对外承接模具加工业务。其最大优点在于能提供造模到铸件产出一条龙服务。如成都兴光压铸工业有限公司、重庆渝江新高模具公司、河南中原机械厂、广东南海市文灿压铸有限公司等。

总的来说，我国目前压铸模具生产厂家规模较小，生产人数最多的只有100~200人，固定资产最多的3 000~4 000万元，劳动生产率5~20万元/a。分布地区多集中在沿海经济发达省市及汽车、摩托车工业基地，如北京、上海、江苏（苏州、常州）、广东（广州市、东莞市、深圳市、佛山市）、浙江（宁波北仑区、鄞州区、宁海县、象山县）、四川、重庆市、辽宁和山东等地。

二、国内压铸模具生产概况

目前我国生产所需压铸模具基本上可以自给，但一些新品种零件模具，尤其是大型、薄壁精密模具技术含量高、难度大，一般还需引进，往往随着技术引进或进口大型压铸机的同时购进。同时，压铸模出口呈上升趋势。镁合金压铸模在我国刚刚起步。

1. 汽车行业

汽车行业使用的大中型压铸模具，如离合器、变速箱、转向器、齿轮箱等模具国内完全有能力自行设计和制造。此类模具多为汽车企业模具分厂或有实力的专业模具厂制造。同一产品的首个模具多随技术合作或技术转让从国外引进，其后补套的模具则在吸收、消化进口模具的基础上自行研制。上海乾能汽车附件有限公司从美国引进了3 000kN压铸机上使用的大型模具（连同冲边模），同时该厂自行生产部分自用大型压铸模，尤其是镁合金模具。东风汽车公司使用的富康轿车的离合器和变速箱大型压铸模，也是国内厂家制造。一汽铸造有限公司铸造模具厂2004年生产的“中间壳体——变速箱”模具，是迄今我国自行设计、生产的最大的汽车零件压铸模，该模具重达33.5t，铸件重量29kg，在32 000kN压铸机上成形，制造难度极大。广州市型腔模具制造有限公司前后为夏利、富康、北吉、长安、大众、通用、标致、本田、庆铃等汽车制造厂制造大型汽车压铸模。成都兴光压铸工业有限公司为第一汽车集团公司、东风汽车集团公司、长安汽车公司提供的模具，黑龙江省模具技术开发中心生产的汽车变速箱模具，北仑模具压铸有限公司生产的“双缸柴油机箱体”模具，都很具特色。这些厂家的产品，反映出我国目前在汽车大中型压铸模开发和制造方面，已具有一定水平，产量也有一定规模。

2. 摩托车行业

摩托车行业使用的压铸模具已能大量生产。自从我国成为摩托车生产大国以来，每年所需的压铸模具越来越多，绝大部分都是国产模具。不少企业提供的模具从性能与寿命上已接近日本同类产品水平。国内生产的摩托车模具完全可以满足于国内需求。摩托车模具主要来源于本行业的模具分厂及专业模具厂，特别是浙江宁波一带模具厂。如北仑地区众多的模具厂、北京模具厂、成都兴光压铸工业有限公司、共立精机(大连)有限公司、广州市型腔模具制造有限公司等每年都提供大量这类模具。此外，宁波经济技术开发区吉业汽配模具有限公司和湛江得力化油器厂生产的化油器模具水平较高。

3. 电动机、电器行业

电动机、电风扇、洗衣机、电视机、电熨斗、电热锅等行业所使用的压铸模具已基本自给，其制作水平能满足产品需要。

4. 特大型模具

特大型模具，如自动扶梯梯级模具，国内可以自行设计、制造。当前，我国电梯行业中使用的模具进口与国产参半。该类模具重达 20 多 t，制造精度高，如踏面齿距为 ±0.05mm，使用压铸机锁模力大于25 000kN，模具结构复杂，加工难度大，制造风险高。无锡市曙光模具有限公司最早生产梯级模具，已有多副交付使用。广州市型腔模具制造有限公司自 1999 年开始生产电梯模具以来，每年都生产几套电梯模具，模具采用温控技术控制模具工作温度，液压抽芯，有时一套模柜要安装 3 种规格的产品型腔(1 000mm、800mm、600mm)，甚至 9 种规格产品，模具加工精度高，互换性好，为用户节省造模费用。上述两厂生产的梯级模具，曾在中国国际(上海)模具技术和设备展览会模具评比中，获 A 类奖项(接近国际水平)。

5. 其他行业

热室压铸机所使用的模具，特别是在制锁、燃气具、水暖设备、仪表、玩具等行业大量使用，模具虽不大，但数目巨大。西安东方机械厂制造的高精度小型锌合金模具，广东运豪机铸有限公司(香港内迁企业)生产的仿真汽车压铸模，广东小榄镇生产的锁模、燃气具模具，以及江浙、广东一带生产的热室机使用的模具，都颇具特色，且有相当生产规模。

三、我国压铸模具制作技术水平

进入 21 世纪，我国压铸模设计、制造技术水平有很大提高，不少企业已引进和应用国外先进模具加工设备、使用软件、加工工艺及检测设备。

我国生产的压铸模与国外相比，价格低，一般约为国外同类模具的 1/2～1/5；周期短，如摩托车曲轴箱压铸模，国外一般在 4 个月能交付使用，而国内则在 2～4 个月之间；模具寿命与国外有差距，中型复杂的模具，国外往往在 10～15 万模次。国内做得好些的企业普遍在 8～12 万模次，个别差的还停留在 2～3 万模次；国产模具主要问题还在于品质稳定性差，外观质量差，尺寸精度难以保证，使用时故障率高，返修多，制约了压铸生产率的提高。

1. CAD/CAE/CAM 技术的应用

目前，压铸模具制造企业已普遍应用 CAD/CAM，CAE 的应用则刚刚开始，只有个别经济实力较强的企业引进了国外 CAE 软件，但使用好的较少。一汽铸造有限公司铸造模具厂制造的“中间壳体——变速箱”模具，设计过程中利用自有的 CAE 软件分析流道、热场，广州市型腔模具制造公司研发的电梯梯级模具，与国外专家共同采用 CAE 技术优化设计方案，改变以往的流道位置与方向，收到较理想的效果。重庆渝江新高模具公司建立了 CAD/CAE/CAM 计算机网络，全程实现无图样生产，起点较高。企业使用的压铸模专用软件主要是国外软件：如美国 PTC 公司的 Pro/Engineer、美国 EDS 公司的 UG、美国 CNC 公司的 Master CAM、以色列的 Cimatronns 及德国 MAGMA 公司的 MAGMA SOFT。此外，国内一些高等院校如清华大学、华中理工大学、华北工业学院、上海交通大学、太原机械学院、华南理工大学、东南大学、哈尔滨科学技术大学、华中科技大学等对压铸模软件进行了开发和研究。例如太原机械学院的系统软件，由四部分组成：操作系统、图形软件、数据库和应用程序，具有一定的应用性；华南理工大学和东南大学联合开发的“压铸工艺参数及缺陷判断的专家系统”，具有一定的综合优化作用；哈尔滨科学技术大学提出的“压铸模 CAD 系统”，华中科技大学对压铸模 CAD/CAM 系统历经十年的研究，取得了较好的效果。

2. 企业的装备及数控加工、电加工

全面采用数控加工、电加工技术，在模具型腔、型芯加工过程中以数控铣削加工、电加工技术代替传统金属切削手段。加工的高精度、高效率主要体现在铣削加工精度可达 ±0.02～0.05mm，加工效率与普通加工比较可提高 5～10 倍，并可获得 $<10\mu m$ 的表面粗糙度。特别是高速加工中心的应用，使精度、表面质量、效率大大提高，而且加工范围也得以扩大，一般数控铣对难以加工的小圆弧及小筋也可以加工。电加工应用很普及。多数企业采用粗加工后淬火，淬硬后精加工的工艺路线，从而解决了热处理变形导致尺寸偏差的问题。电极材料除部分企业采用石墨外，普遍还采用紫铜，但石墨电极的推广和应用越来越受到关注，极个别企业还引进专用的高速石墨加工中心，快速、优质制造石墨电极。国外普遍采用的精密快速定位夹具，国内企业还极少使用。

3. 材料热处理及表面处理

真空淬火的优越性越来越明显和被企业接受，淬火质量是直接影响压铸模具寿命的主要因素之一。尤其是采用气淬、高压真空淬火工艺，热处理过程没有氧化、脱碳，变形量少，辅以计算机控制，工艺稳定，淬火质量可靠。20 世纪

90年代，真空炉多为引进产品，目前国内多家企业生产，压力可达5～10Pa，近期模具行业多选用国产炉。不少国内企业热处理工序走专业化协作之路，由专业的热处理厂负责淬火及表面处理。北仑地区成立了多个热处理中心(厂)，广东佛山市、深圳、四川、重庆等地也建成多家热处理加工厂，由专业厂负责压铸模具的型芯和型腔热处理工作。

4. 压铸模具热模钢选用

压铸模具使用的热模钢以4Cr5MoSiVl(H13类)代替3Cr2WsV，钢材的冶炼采用电渣重熔或精炼甚至真空冶炼，以达到纯度高，杂质少，机械综合性能好，耐高温，从而延长了模具使用寿命。大中型复杂的模具多采用进口的H13钢。应用较普遍的材料有8407(瑞典)、W302(奥地利)、1.2344(德国)、FDAC、DAC5S(日本日立)、DH2F、DH31S(日本大同)以及国内上海宝钢、大冶钢厂、抚顺钢厂、本溪钢厂、长城钢厂生产的4Cr5MoSiVl(H13)钢等。

5. 温控技术的应用

温控技术在压铸行业的应用要求与模具制作时相配合，严格控制模具工作温度，以提高铸件质量，生产合格铸件，提高压铸生产率及延长模具使用寿命。大型模具、精密模具，如电梯、大的电动机壳体、大型汽车壳体等较多采用此工艺。

6. 真空压铸

真空压铸近年进入我国压铸行业，要求模具制作时相配合，以改善压铸过程中的成形条件和铸件内在质量。家电、仪表、阀体等模具采用此项技术。值得一提的是：宁波天正模具有限公司花巨资从美国引进了真空压铸模具制造技术，该技术是当今领先的技术。用该技术制造的模具可保证模具型腔的高真空度，生产出高质量的压铸件。该公司已成功制造供出口的高真空压铸模具10多套，受到国外客户高度评价。

7. 液压抽芯机构

模具抽芯系统普遍采用液压抽芯机构。

8. 冷却系统的设计

企业越来越注重模具的热平衡，越来越注重冷却系统的设计。冷却系统的设计在吸收消化进口模具的基础上，以CAE技术确定冷却点，冷却形式多样，冷却系统设计更趋于合理和科学。冷却系统所需元件标准化生产也应运而生。如接头、快换接头，点运水零件已商品化。市场上有日本、中国台湾供应的冷却系统标准元件。成都兴光压铸工业有限公司生产的点运水标准元件多种规格已商品化。

9. 模具表面抛光

国内企业基本以手工操作为主，辅以电动抛光及超声波抛光等，抛光工作量大、用时长。近两年压铸模具的制作都重视型腔表面的光亮，以保证铸件外表光亮。但国产铸件外表轮廓、线条清晰度与国外尚有差距，有待提高。

10. 压铸模具新领域的研究

镁合金模研究、半固态压铸的研究刚刚起步。

四、今后发展和几点建议

压铸模具增长速度较快，模具向大型化(产量大型化及一模多腔所致)、复杂化、精密化、薄壁方向发展。产品的更新换代周期短及市场竞争的激烈化，要求模具制作周期短，成本低，寿命长，可靠性高。市场的需求走向对模具制造业提出了新的挑战。

1. CAE技术的普及和提高

高速切削除大大提高切削效率外，还可以部分取代电加工、钳装和抛光工作，将来势必成为主流切削工艺。高速石墨加工中心(转速可高达40 000r/min)的使用，也将成为电极加工的新选择。CAE的研究、开发和推广，是以计算机为代表的高新技术，促进压铸模设计、制作的技术进步，使流道设计、热场分析、强度分析从依赖经验走向科学理论，这是必然的发展趋势。我国压铸模设计虽开始应用CAE软件对浇注系统和温度进行分析，但应用面很窄，绝大部分设计人员还是靠经验设计，可靠性不高。我国虽然有多家大学、院校和企业对压铸模具CAE进行研究，但从研究到实际应用还有一大段距离，建成的系统较少。迄今为止，还没有一个完整的系统，没有一个普遍让设计人员接受的、商品化的好软件。

2. 压铸模具标准化程度有望提高

模具标准化程度是衡量一个国家模具水平的重要标志，国外先进国家模具标准化率已达70%～80%，而我国一般不足30%。压铸模具新颁布的国家标准有：GB/T 4679—2003《压铸模零件技术条件》；GB/T 4679—2003《压铸模零件技术条件》；GB/T 8844—2003《压铸模技术条件》；GB/T 8847—2003《压铸模术语》。新颁布的修订版标准是在原有标准上参照或采纳国际先进模具技术标准，采纳或等效采纳国际通用标准，形成的目的旨在提高我国压铸模生产技术水平和产品质量，缩短与国际先进水平的差距，利于国际间科技和商业交流，增强市场竞争力。但标准还过于简单，执行、推广力度不够，标准件购买渠道不畅。

压铸模具专用标准件的生产及使用覆盖面远远低于塑料模和冲模，所供应的标准件品种少、规格不全，供应速度慢。压铸模常用的标准件、浇口套、液压油缸、模架、冷却系统元件、接头、油水管、耐热弹簧等采购渠道不顺畅，望引起重视。

3. 压铸模具钢的开发和稳定性的提高

国产压铸模具替代进口模具已是不争之实，但进口耐热钢在国内销售量相对国产钢材呈上升趋势。目前，多数大中型压铸模，精度高和使用寿命要求长的压铸模普遍使用进口耐热钢材。进口钢材价格昂贵，是国产钢的4～5倍，从而大大增加了模具成本。国产钢材稳定性差，冶炼手段不够先进，直接影响到模具寿命。因此，必须提高国产材料的质量，特别是保证稳定的质量，增强用户的信任度。中国是钢铁生产大国，完全没有理由在优质耐热钢中让国外商家独占鳌头。要研究、推广先进的冶炼、锻造、热处理、表面处理技术，充分发挥模具钢材的潜力，并确保供应渠道畅通。

4. 压铸模具生产技术管理

必须不断探索我国模具生产的管理新模式。模具一般为单件生产，要求制造周期短、寿命长、可靠性高，不同的模具形状各异，提倡借助先进技术和手段，如计算机辅助设计、编程及生产管理、并行工程、无图样生产、异地制造等手段，完成压铸模具的设计和制造。有一些企业已开始搞零件加工的控制管理，控制在制的成千上万个零件的加工进度、流程和工序生产安排，以缩短生产周期。总之，要探索出一条适合我国国情的“多快好省”的路子。

由于近年压铸行业技术发展很快，镁合金压铸、真空压铸、半固态压铸、挤压压铸、温控等技术的应用，要求模具制造技术更上一层楼，这也为模具市场开辟了更广阔的天地。

加强镁合金材料压铸模的研究，镁合金有很多优点：质轻、节能、防磁、散热好、防振、强度和刚性好、回收方便等。在产品轻型化，汽车零件、手提电脑、手机、电动工具等零件选材上，镁合金将会逐渐代替铝合金。我国具有丰富的镁资源，原镁产量居世界首位。可以预言，不久的将来，我国会成为镁合金压铸的大国，镁合金压铸模具制作会有乐观的前途。广州、西安、苏州、上海等地先后组织过有关专题研讨，我国镁合金模的开发已摆上议事日程。

此外，提高铜合金压铸模寿命，开发半固态挤压工艺及模具都是新课题。

〔撰稿人：广州型腔模具厂蔡紫金〕

快速成形技术和快速经济模具的现状与发展

随着全球经济的发展，技术创新不断取得新的进展和突破，技术的飞跃发展已经成为推动世界经济增长的重要因素。市场的激烈竞争，加快了产品开发速度，缩短了产品开发周期。制造业要满足用户日益变化的需求，其制造技术必须有较强的灵活性，产品的更新换代必须能够跟上用户的需求，甚至能够以单件生产来迎合市场。因此，产品开发的速度和制造技术的柔性化就显得十分关键。20世纪80年代后期，快速成形技术在美国首先产生并商品化。快速成形技术是集计算机、激光、电子、新材料等新技术于一体的新兴技术。该技术的发展，使得快速经济模具技术如虎添翼，应用范围不断扩大，类型不断增多，创造的经济效益和社会效益越来越显著。快速经济模具技术的显著特点是：制模周期短、工艺简捷、易于推广、制模成本低、精度和寿命能满足某种特定的功能需求，综合经济效益良好，特别适用于新产品开发试制、工艺验证和功能验证，以及多品种小批量生产。

一、快速成形技术与快速经济模具

随着计算机、激光技术及新材料的不断发展，快速成形技术的发展越来越快，RP技术是20世纪80年代后期发展起来的快速成形（Rapid Prototyping 简称 RP）技术，被认为是近年来制造技术领域的一次重大突破，对制造业的影响可与数控技术的出现相媲美。RP系统综合了机械工程、CAD、数控技术、激光技术及材料科学技术，可以自动、直接、快速、精确地将设计思想物化为具有一定功能的原型或直接制造零件，从而可以对产品设计进行快速评价、修改及功能试验，有效地缩短了产品的研发周期。而以RP系统为基础发展起来并已成熟的快速模具工装制造（Quick Tooling）技术，快速精铸技术（Quick Casting），快速金属粉末烧结技术（Quick Powder Sintering），则可实现零件成品的快速制造。美国、英国、德国、日本、瑞士、以色列、中国都推出了自己的商业化产品，并逐渐形成了一种新型产业。利用RPM技术可以直接或间接地快速制模，该技术已被汽车、航空、家电、船舶、医疗、模具等行业广泛应用。

1. 快速成形技术

快速成形技术包含以下几种典型工艺：①立体光固化技术（SLA）；②叠层实体制造技术（LOM）；③激光选区烧结成形技术（SLS）；④熔融沉积成形技术（FDM）；⑤三维打印成形技术（3D—P）。

2. 快速制模技术

快速制模技术包括以下几种典型工艺：

（1）表面成形制模技术，主要是利用喷涂、电铸、化学腐蚀等新的工艺方法形成型腔表面及精细花纹的一种工艺技术。实际应用中包括以下几种类型：电弧喷涂成形制模技术，目前该技术被广泛地用于飞机内饰件、汽车内饰件、家电、家具、制鞋、工艺品等表面形状复杂及花纹精细的各种聚氨酯制品的吹塑、吸塑、PVC注塑、PU发泡及各类注塑成形模具中；电铸成形技术，主要特点是节省材料、模具制造周期短，电铸层硬度可达40HRC，提高了耐磨性和寿命，表面粗糙度、尺寸精度与样模完全一致，适用于注塑、吸塑、吹塑、胶木模、玻璃模、压铸模等模具型腔及电火花成形电极的制造；型腔表面精细花纹成形的蚀刻技术，主要特点是制造周期短、费用低，修补破损花纹图案可做到天衣无缝。

（2）浇铸成形制模技术，其共同特点是以样件或样模为基准，浇铸出凸、凹模，型腔表面不需要机械加工。实际制模中主要有以下几种类型：①铋锡合金快速制模技术，是以样件或样模为基准，以铋锡合金（熔点138℃，胀缩率为0）为材料，以铸造的方法铸出凸模、凹模、压边圈的一种技术。该技术的特点是制模成本低，合金可重复使用，制造周期短，尺寸精度高，形状、尺寸与样件或样模完全相符，一次铸模寿命可达50～3 000件，非常适合新产品开发、工艺验证、样品试制及中小批量生产。②锌基合金制模技术，是一种以样模为基准，以熔点380℃左右的锌基合金为材料，分别浇注凸模、凹模，原则上型腔表面不进行机加工的一种制模技术。该技术特点是制模成本低、周期短，适用于制作薄板大型拉伸模具、冲裁模具及塑料模具。③树脂复合材料成形模具技术，是一种以样模或工艺模型为基准，以树脂或其他复合材料为材料，先浇注出凸模或凹模，再依据凸模或凹模浇注凹模或凸模，型腔表面不需机械加工，适用于制作大型覆盖件拉伸模具（也可局部镶钢）、真空吸塑模具、聚氨酯发泡成形模具、陶瓷模具、仿型靠模、铸造模型等。

(3)无模多点成形技术，板类件无模多点成形系统，它是利用计算机控制高度可调的基本体组成上下成形面，代替传统模具对板料进行三维曲面成形的先进制造技术。它是以计算机辅助设计、辅助分析、辅助制造、辅助测试（CAD/CAE/CAM/CAT）技术为主要手段的高技术集成系统，该技术已用于三维曲面（如球面、扭曲、马鞍面等）的实际生产中，降低了成本，提高了效率。

(4)金属板料无模快速成形系统，是一种数字化成形新工艺装备，引入RP技术分层制造的思想，柔性加工大型板壳类工件，它适用于轿车新车型大型覆盖件的无模成形。

二、快速制模的先进新技术不断涌现

在传统制模技术、快速制模技术的基础上嫁接新技术，不断涌现出很多缩短制模周期、提高模具精度的技术手段：一是无模快速成形技术突破了传统的模压成形的概念，以CAD/CAM/CAT为主要技术手段，快速地实现三维曲面的自动成形。二是快速换模技术得到广泛应用，由于产品品种增多，使生产中更换模具变得十分频繁，于是如何缩短冲压设备的停机时间，提高生产效率，快速换模的技术受到了人们广泛的关注。三是实型铸造技术、负压干砂铸造技术在汽车模具制造方面得到广泛应用。四是旋转铸造成形技术，这项技术是利用热硬化硅橡胶来快速制造模具，利用旋转铸造系统铸造高强度锌铝合金、铝锡合金等，这一技术可完成某些特定零件的快速制造。五是其他方面技术的应用。为简化模具的结构设计，降低模具成本，缩短模具制造周期，在国内外出现了一些其他方面新技术的应用，如快速拼装模具、快换模架、冲压单元、刃口堆焊、工具钢铸造、氮气弹簧等。

三、快速制模技术的发展趋势

传统快速制模技术受到新的快速制模技术的挑战，市场逐步萎缩。但这并没有阻碍快速制模技术的发展，反而更加激发人们通过新的技术发展，来改造传统的快速制模技术，如传统的低熔点合金模具，与快速原型、NC的嫁接改变了原来的制模工艺，提高了模具精度。随着计算机技术、数控技术、激光成形技术和材料科学的发展，人们利用现代高新技术来探求提高样模精度的方法不断涌现。采用快速原型制造技术（RP）制造样模，加快了样模的制造，提高了样模的精度，从而保证了模具的精度。快速原型制造技术（RP）的出现，为快速制模技术的发展创造了条件。RP技术的引入可以说是传统快速制模技术与现代先进制造技术结合的最佳典范。RP技术为传统快速制模技术注入了活力，同时，传统快速制模技术又为RP技术的推广应用提供了技术市场。

快速经济模具技术的发展突出表现在快速原型（RP）与快速模具制造（RT）上，RP + RT已成为国内外大力开发的领域之一。首先体现在快速原型制造（RP）上，国内外开发的快速原型设备品种逐年增多，性能逐年提高，软件系统逐年升级，制作效率有了很大的提高。如CPS系列紫外光快速成形机，自动化程度高，后续处理简易、时间短，且运行成本低。RP + RT的应用领域广泛，包括塑胶产品快速试制、汽车车身快速试制等，并且其应用领域不断扩大，新材料、新工艺、新设备不断涌现，必将促使快速成形技术及快速经济模具技术得到空前的发展。

综上所述，快速成形技术及快速经济模具技术种类越来越多，所具有的特点、应用范围各不相同。快速经济制模材料向着多品种系列化迈进，工艺不断有新的创新和突破，与之配套的设备不断问世，服务领域不断拓宽，创造的经济效益越来越显著。快速经济制模技术能使企业赢得市场，创造显著的经济效益，越来越受到企业的青睐。

〔撰稿人：烟台泰利汽车技术有限公司张华禹〕

异型材模具的特点及规模化生产方式的发展

建筑业的发展为建材提供了广阔的市场。异型材是建材中的一个重要分支，其中最主要的是塑料异型材和铝合金异型材。这两种异型材主要用于门窗和装饰。制造异型材的关键之一是异型材挤出模具的开发。异型材挤出模具是异型材挤出生产线的核心部分，其技术状态直接影响到挤出生产的稳定性、挤出制品的质量、挤出生产率以及模具本身的使用寿命。异型材的断面形状及尺寸不同，其模具也各异，但他们都有许多共同特点。正是由于他们的共同特点并有一定的批量，从产业化角度出发，许多异型材模具生产企业都越来越重视标准化设计与规模化生产。

一、异型材模具的主要特点

以聚氯乙烯(PVC)为主要原料的塑料异型材和以铝为主要原料的铝合金异型材是目前建筑异型材中的最主要两种。从成型过程来看，他们都是将原料经模具挤出成型为各种断面形状和尺寸的异型材。所以，这两种异型材模具的许多特点都是相同或相似的。例如，他们都有一些相似的结构和形状；都有一些相似的设计和工艺技术；因服务于同一行业而具有基本相同的市场特征等。因此，本文就以塑料异型材挤出模具为主要对象进行具体分析，而对铝合金异型材挤出模具与塑料异型材雷同之处不再作重复分析。

(1)模具服务面窄，需要量大，模具基本结构相似。塑料异型材主要服务于门窗行业。由于塑料门窗具有节能、美观、耐腐等优点，近几年来，塑料异型材消费量几乎每年以50%的速度增长。目前，全国已有塑料异型材生产线近4 000条，异型材年生产能力达300万t。与此相适应，塑料异型材模具年需要量约8 000套。

异型材挤出模具一般由口模(也叫模头、机头)和定形模组成。塑料异型材模具生产企业往往还生产真空定形水箱与挤出模一起成套供应。从模头流道的纵向截面看，其分配腔、引料流道和定形段的几何形状虽然因型材最终断面形状不同而不同，其拼块和镶块也因型材断面形状不同而各异，但其结构却基本相似。上述特性为模块的标准化、系列化创造了有利条件。

(2)模具生产属多品种小批量或多品种单件生产，但模具零件的几何形状相似。为适应不同门窗及装饰需要，塑料异型材已有上千种截面形状，而且还有一模双束(双腔)、双色共挤、塑钢共挤、后共挤、低发泡挤出等，因此，模具的品种很多。由于型材产量大，模具又有一定的寿命，塑料异型材模具除单件之外，往往会有一定的小批量。不同的单件和小批量模具，其零件的几何形状有许多相似之处，可找出许多共同的规律。上述特点为模具设计的标准化、系列化及零件成组加工提供了有利条件。

(3)模具材料品种少。由于PVC有一定的腐蚀性，因此塑料异型材模具一般都用不锈钢制作。应用最多的是经调质处理的2Cr13和3Cr13。如用进口料，一般用德国DIN标准的1.2316钢。其他材料用的很少。铝合金异型材挤出模目前用得最多的材料是H13钢。定形模真空盖板及加热板外壳一般采用铝合金。由于模具所用材料品种少，且模头一般只有圆形和方形，其尺寸可以系列化、标准化。定形模的长度、宽度及上下模块厚度也可系列化、标准化。这些都为模具的材料毛坯系列化、标准化打下了良好基础。

(4)模具加工精度要求并不太高，但要做到少依赖甚至不依赖于手工技巧却很难。异型材挤出模型腔尺寸精度一般都要求 $R_a \leqslant 0.02$mm；表面粗糙度，塑料异型材模要求 $R_a \leqslant 0.2\mu m$，铝合金异型材挤出模要求 $R_a \leqslant 0.4\mu m$(平模 $R_a \leqslant 0.8\mu m$)。要达到这样的要求，一般的车、铣、刨、磨和快走丝线切割加上钳工的手工技巧即可完成。但是，如果大批量生产，就应该摆脱对手工技巧的依赖。这就需要采用许多先进技术和先进加工设备。

二、异型材模具规模化生产方式的发展

木窗和钢窗正逐渐被铝合金窗和塑钢窗所替代。根据有关部门规划，2005年，我国塑料门窗在全国建筑门窗市场的占有率将达到20% ~ 25%，其中采暖地区的市场占有率将达到50%以上。替代是渐进式的。一方面是由于异型材模具的市场需求由小到大，发展迅速；另一方面是异型材模具生产企业要在市场上提高占有率和企业效益。因此，规模化生产方式就随着市场的发展而发展起来。

1. 模具设计技术的发展

十多年以前，大多数异型材挤出模具的设计主要依靠技术人员的经验及机械制图来完成。随着模具市场、计算机技术及规模化生产的不断发展，计算机辅助设计(CAD)技术在异型材挤出模具的设计上已逐步得以应用和普及。进而，计算机辅助分析(CAE)技术也在规模化生产中得到较好应用。现在，异型材挤出模具的设计技术正在向成熟经验理论化、理论知识系统化、CAD技术智能化方向发展。根据异型材挤出模具的结构相似、形状相似的特点，模具设计的标准化、系列化问题已在规模化生产企业引起重视。有的已利用软件平台建立了自己的标准零件库，为快速设计提供了更多的方便。

2. 模具加工技术的发展

由于制造普通异型材挤出模具对生产条件的要求不太高，一般的车、铣、刨、磨和电加工即可满足要求。因此，异型材模具发展之初，个体企业大量涌现。当时，主要加工工艺就是按单件生产，用普通通用机床加钳工来完成。生产周期长，产品质量较低，无法适应市场特别是为进口型材生产线配套所需。随着市场需求量的不断增加，以将“相似性原理”应用于模具设计与制造作为基本指导思想的“成组工艺技术”逐步被采用。异型材挤出模具零件按标准化程度大致可分为四类：标准件、重复使用件、相似类型件和特殊件。标准件可通过市场采购，重复使用件可编制企业标准件和企业通用件图册自己制造。例如定形模，其结构形式虽然因定形方法不同而异，但通过长期的经验积累，其结构已基本典型化，其中定位销、定位键、紧固件、垫圈、密封件等都是市场上可以采购到的标准件，模架和铰链等可成为企业的标准件。相似类型件可根据其相似性进行设计与制造，如模头与定形模中的各种模块等零件；特殊件虽与其他零件很少相似，但他们大都是挤出模的关键部件，也可用相似性原理进行设计形成部分相似结构，以利于成组生产。应用成组工艺技术，采用成组夹具乃至成组机床，将多品种产品中相似的零件聚集在一起，使之扩大批量，再用现代化的生产手段进行规模化生产，不但提高了模具加工质量，缩短了生产周期，而且为企业获得相当于大批量生产的良好经济效益创造了条件。对于塑料异型材挤出模具，不论他们的工艺是否相同或相似，只要他们的工艺所确定的加工设备相同或大部分相同，就把这些零件加工组划分在同一个成组单元内。这样，就形成由成组单机（如铣加工中心等）、模头成组生产单元、定形模模座生产单元、定形模生产流水线、车加工单元等组成的高效率的生产设备布局。随着技术的不断进步，由一般的成组技术与先进的加工方法、高效的生产管理系统、计算机技术和数据库技术等相结合，组成的更高层次的新成组技术。目前已在异型材挤出模的规模化生产企业中得到应用。同时，计算机辅助制造(CAM)、高速铣削、精密电加工、并行工程、柔性加工等先进加工技术直至计算机辅助工艺(CAPP)和计算机集成制造系统(CIMS)，也已在个别规模化生产的骨干企业中开始应用。

随着时代的发展，用户对塑料异型材挤出模具的要求也在不断提高。由渐变和异形面构成的复杂结构模具型腔以及有众多的沟槽、狭缝，单用一般加工设备已越来越难满足其加工精度和表面精粗糙度的要求。目前，一些规模化生产水平较高的企业已采用以高精度电加工和磨粒流挤压珩磨抛光为主的工艺路线，这就要求有良好的设备和相应的技术与之匹配。

3．模具生产企业管理技术的发展

异型材挤出模具发展之初，与采用比较原始的设计和加工技术进行生产相适应，模具生产企业的管理大多数都采用作坊式管理模式。现在，一些规模化生产企业已采用以特殊件为主线，以相似件为辅线的柔性配套形式生产，实行少库存和无库存的管理模式。先进制造技术与“以人为本”观念的有机结合，包括企业文化在内的现代企业制度的组织管理也已在规模化生产企业中开始应用。

异型材挤出模具从过去的作坊式单件生产发展为今天的规模化批量生产，无论是从设计技术、加工技术，还是管理技术，都已经有了很大的进步。与此同时，模具水平也有了很大提高，有些高性能挤出模具已经达到了国际水平。

三、规模化生产的成效

粗放经营向集约化经营发展是普遍规律，异型材挤出模具的生产也遵循这一规律。规模化生产没有形成之前，全国就有上千家异型材挤出模具生产企业。例如，广州和成都周边地区就曾各有100多个个体企业生产异型材模具（其中绝大多数是铝合金异型材挤出模具）。随着规模化生产的发展，逐渐形成了一些具有一定规模的专业生产企业，个体小企业不断减少。由此至少产生下列三方面的成效。

(1)生产集中度大为提高，先进技术得以采用。在目前的每年4 000多套塑料异型材挤出模具的国内供应量中，铜陵三佳模具股份有限公司占有率近30%；连云港杰瑞模具技术有限公司占有率约15%；北京长城牡丹模具制造有限公司和洛阳市建园模具制造有限公司占有率各约7%。这4家企业总占有率为60%左右，生产集中度较高。正是由于生产集中度较高，产品有了较大批量，才使企业采用先进技术及装备成为可能。例如，铜陵三佳模具股份有限公司和连云港杰瑞模具技术有限公司等都已装备了多台进口加工中心、精密慢走丝线切割机、挤压珩磨机、三坐标测量机等先进设备，采用了CAD/CAM/CAE/CAPP/CAQ及FMC等先进技术。

(2)模具水平得到快速提高。规模化生产好的企业往往非常重视科技开发和技术方面的投入。科技投入的增加必有回报，这就是产品更新换代加快，水平不断提高。例如，铜陵三佳模具股份有限公司近年来每年研发费用都占主营收入的5%以上，产品已达国内领先水平，有的已达到国际先进水平，“建西”牌模具已被评为安徽省名牌产品。企业已通过ISO9001国际质量体系认证，已被认定为全国CAD示范企业和国家级高新技术企业。北京长城牡丹模具制造有限公司创出了微发泡钢塑共挤技术及其模具等多项国家专利。连云港杰瑞模具技术有限公司和洛阳市建园模具制造有限公司的高速挤出模具和双出主型材挤出模也都达到或接近国际先进水平，新产品不断涌现。

(3)企业经济效益显著，呈现良性发展态势，并且已具备参与国际竞争的能力。规模化生产好的企业，模具销售利润率可达20%以上，比行业平均水平高出约一倍。利润的增加促进了投入的增加，投入的增加进一步促进了利润的增加。这样就使企业形成了良性循环，呈现了良性发展的势态。随着企业劳动生产率、市场占有率、赢利能力、市场响应能力和自主开发能力等企业核心竞争力的提高，产品出口能力也随之不断提高。现在，有些异型材挤出模具规模化生产企业的产品已出口到世界十多个国家和地区，初步具备了参与国际市场竞争的能力。连云港杰瑞模具技术有限公司还在上海专门建立了出口基地。

(4)企业发展方向明确，对前景充满信心。一些规模化生产好的企业都十分关心世界同行们的发展动态，因此，都能掌握发展方向。例如，面临国内外日趋激烈的市场竞争，企业共同认识到必须想方设法不断提高自己的产品质量和水平，进一步缩短生产周期和搞好售后服务。尽管各企业情况不同，但企业都满怀信心地打算在下列几方面积极采取措施，以求实效。①不断提高模具设计技术；②不断完善先进的加工工艺路线，实行精品化加工；③发展多腔挤出技术和高速挤出技术及共挤出模具技术和快速制模技术；④不断推出新产品，进一步提高模具的内在和外观质量；⑤提高模具的易操作性、可靠性、生产效率和效益；⑥进一步搞好专业化协作，发展大规模定制生产；⑦提高经营管理水平，提高企业综合素质；⑧降低消耗，实现买方和卖方“双赢”。

〔撰稿人：中国模具工业协会周永泰〕

橡胶轮胎模具的现状与发展

一、橡胶轮胎的现状

随着先进发达国家进行产业结构的调整，转向IT、电信和生物医学等高科技领域，传统的制造业则向中国及东南亚地区转移，这就为中国模具行业的发展带来了良好的机遇。

在国内市场上，轮胎市场的走势某种程度上将影响轮胎模具的市场，而轮胎工业的发展与汽车工业的发展又是紧密相关的。我国汽车工业经过前几年的较快增长(1998～2001年，年均增长13%)，到2003年出现高速增长(38.5%)，预计在这个高平台上还要持续增长，这给轮胎行业带来了新的发展生机。更为重要的是，新车型的出现，对轮胎性能要求更高，轮胎的子午化进程将大大加快。2003年全国轮胎产量增长13.8%，其中子午胎增长27.3%，子午胎中的全钢丝载重子午胎增长59.7%。预计到2005年，斜交胎年均增长速度将达到8.6%左右，而子午胎和全钢载重子午胎年均增速将达到25%和30%，潜力巨大。预计到2005年，我国轮胎的市场需求量将达到1.22亿套，产量将达到1.22～1.30亿套，子午化率将达到50%左右。轮胎的高速增长，必将带动相关材料(尤其钢丝帘线)和装备、轮胎模具(尤其全钢子午胎和高中档轿车子午胎用的活络模)的快速发展，从而为我国轮胎模具工业提供了难得的发展机遇。

目前，国内生产轮胎模具的厂家不断增多，市场竞争十分激烈。轮胎活络模具都达到了较高水平并可替代进口。同时，轮胎厂家对质量水平的要求越来越高。

据不完全统计，我国轮胎模具企业的数量已经超过100家，企业规模较小。其中子午胎模具企业十几家，而且估计年内还要增加四五家。

1. 优势和劣势

近两年，我国轮胎模具工业健康发展的重要标志是行业结构调整和企业改制步伐明显加快，生产继续快速发展，设计制造水平进一步提高。轮胎模具产销两旺，民间投资积极性很高，国家产业政策和优惠政策起到了很好的引导作用，成效显著。自“八五”规划和“九五”规划以来，通过技术改造，依靠技术创新，发展高新技术产品，依靠高新技术改造传统产业，使轮胎模具企业逐步向高新技术企业迈进。另外，生产规模和能力也得到了极大的提高，产品结构的多样化也越来越适应市场发展的需要。如花纹部分有铝合金、电火花钢制花纹块(圈)等。

一方面，一些规模较大的轮胎模具生产企业纷纷从国外(德国、瑞士、意大利等国家)引进国际先进的五轴联动加工中心；另一方面，轮胎模具CAD/CAM技术的推广及应用水平正在日益提高。在实现CAD的同时，应用CAM技术，实现了CAD/CAM设计制造系统。以生产子午胎模具的企业为代表，陆续引进了相当数量的CAD/CAM系统，如美国EDS的UG18、美国Parametric Technology公司的Pro/Emgineer、美国CV公司的CADS5、英国Deltacam公司的DOCT5、日本HZS公司的CRADE、以色列公司的Cimatron软件等，关键工序实现了无纸化加工，提高了模具的加工精度，实现了零部件互换，生产效率提高数倍。更重要的是优化了加工过程，使产品质量达到国际同行业同等水平。这些系统和软件的引进，在我国轮胎模具行业中，实现了CAD/CAM的集成，取得了一定的技术经济效益，促进和推动了我国模具CAD/CAM技术的发展。近年来，北航华正软件工程研究所开发自主的CAXA线切割系统等软件，具有适应国内模具的具体情况、能在微机上应用且价格较低等特点，为进一步普及模具CAD/CAM技术创造了良好条件。

与国外的模具企业，特别是欧美国家的模具企业相比，我国的模具企业缺乏国际竞争力，主要劣势表现在：①技术创新能力差，还没有建立起有针对性的、完备的研发体系和研发中心；②缺乏尖端人才，很难保持行业的可持续发展；③数控设备的普及率还不够高，数控设备的数量和质量与国外都有较大差距。

2. 机遇和挑战

加入WTO对中国模具行业是一个很好的机遇，市场开放后，会有更多产品转移到中国生产，带动了对模具的需求，再加上一些发达国家进行产业结构调整，将传统制造业转移出来，为模具行业的发展创造了良好的环境。模具企业的当务之急是调整结构，迎接机遇的到来。由于模具企业的顾客是轮胎企业，从某种程度上讲，轮胎市场的走势将影响未来的市场。

2004～2005年，是轮胎行业大发展的关键两年，国内除新建的轮胎项目将陆续投产、达标外，还有可能再新增9～11个项目。但预计全钢胎2005年总产能将达到1 800～2 000万条，2005年需求量1 800万条(年均增长28%)，子午化率45%。2005年载重轮胎子午化率还将继续提高，设想2010年达到65%，全钢子午胎3 000万条；2015年达到80%，全钢子午胎为4 000万条。而半钢胎2005年产能增加到2 600万条/a，外企将有可能增到8 100万条/a，合计10 700万条/a，需求量保守地估计为7 500万条，开工率75%，但轿车需求可能比预计来的更快，今后将会有更大发展。2010年半钢子午胎需求可能达到1.7亿条，2015年达到2.3亿条。另外，目前高速公路严抓超载，斜交胎的需求量又开始回升，迫使部分全钢轮胎企业限产、压产。这样一来，全钢胎模具和斜交胎模具在一定的时间内将有不稳定增长；由于每年50多种新车型的出现，半钢胎模具潜在市场很大，但竞争仍将是很激烈的。

世界经济形势变化相当快，多多汲取各方面的信息，分析研究行业动态，才能具有超前意识，更新管理理念，强化企业的战略意识。

二、橡胶轮胎的发展方向

1. 提高企业核心竞争力

轮胎模具行业企业在应对机遇和挑战方面，重点是提高综合素质和竞争能力，现提出如下几点建议：

(1)加大与国外公司的合作力度，不断引进国外资金和技术，不惜投入资金，用于技术改造、工艺改进、人员培训和新产品开发，使模具的生产技术水平有所提高，从而缩小了与国际水平的差距。

(2)按照市场经济的要求，加快建立现代企业制度，转换企业经营机制。同时，加强企业管理，提高生产经营水平，着力增强市场意识和模具产品商品化意识；增强开拓市场的能力，提高国际化经营水平。

(3)向管理要效益，充分体现"以人为本"的管理理念。加快开发人力资源，增强发展后劲，搞人才流动，发挥人才的主观能动性，提高管理及技术人员的综合素质，从国内外招聘对企业有用的尖端人才，推动企业的发展，增强员工的危机感和竞争意识；采用多种形式，开展多层次的模具企业在职职工的技能培训、技术培训，提高职工的技术素质，逐步实现技术工人持证上岗，以技能定岗位、定报酬；模具技术人员不断更新补充知识，提高从事高难度模具设计、制造能力，适应市场需要。

(4)提高轮胎模具标准化水平和标准件的使用率。我国模具标准件水平和模具标准化程度仍较低，与国外差距甚大，在一定程度上制约着我国模具工业的发展。为提高模具质量和降低模具制造成本，模具标准件的应用要大力推广。为此，首先要制订统一的国家标准，并严格按标准生产。第二是要逐步形成规模生产，提高商品化程度，提高标准件质量，降低成本。第三是要进一步增加标准件规格品种。

2. 创新

(1)利用多种手段提高技术创新能力(如委托开发、自主开发、中外联合开发等)，加快技术创新、技术引进、技术改造步伐，盘活存量、优化增量，进一步提高骨干模具企业的产品水平、工艺技术水平和装备水平；骨干模具企业基本普及CAD/CAM/CAE技术，扩大数控和电加工机床的使用范围；有计划地引进高速铣床、激光扫描仪、快速成型制造设备。

(2)在轮胎模具设计制造中全面推广应用CAD/CAM/CAE技术。近年来，模具CAD/CAM技术的硬件与软件价格已降低到中小企业普遍可以接受的程度，为进一步普及创造了良好的条件；基于网络的CAD/CAM/CAE一体化系统结构初见端倪，将解决传统混合型CAD/CAM系统无法满足实际生产过程分工协作要求的问题；CAD/CAM软件的智能化程度将逐步提高；模具的3D设计与成型过程的3D分析将在我国轮胎模具工业中发挥越来越重要的作用。

(3)应用优质模具材料和先进的表面处理技术对于提高模具寿命和质量也显得十分必要。

总而言之，我国的轮胎模具企业拥有广阔的发展空间，关键是企业如何提高自身的实力，适应现代化的运作机制，以满足市场需求。只有不断提高企业的核心竞争力，才能使企业在激烈的市场竞争中立于不败之地。

〔撰稿人：沈阳子午线轮胎模具有限公司陈　强〕

拉丝模具的现状与发展

一、行业的基本概况

拉丝模具行业是模具工业中的一部分。近千年来，拉丝模具始终在金属拉拔加工领域扮演着重要的角色。国外从公元4世纪起，就有了金属拔丝的记载；而我国明朝著名学者宋应星编撰的《天工开物》一书，也已记载了采用模具进行金属拔丝的详尽过程。而真正意义的现代金属拔丝始于19世纪采用机械设备拔丝，至今已有近200年的历史。拉丝模具在电线电缆、钢丝绳、钢帘线、金属丝网、金属制品、钨、钼丝及其他稀有金属丝材拉制等行业均有广泛应用。拉丝模具与拉丝设备、润滑材料构成了决定金属拉丝质量、成本最重要的3个要素。拉丝模具从材料上可分为两大类：金刚石拉丝模和硬质合金拉丝模。其中金刚石拉丝模又分为单晶和聚晶金刚石两类，具体见表1。近年来，随着世界加工业逐渐向中国转移，我国拉丝模行业有了较大的发展。2003年，我国拉丝模总产值2.7亿元，比1993年增加1.2亿元，硬质合金拉丝模产量达390t，比1999年增加90t。1993年、2003年我国拉丝模产量见图1。2003年我国金刚石拉丝模材料构成见图2。

表 1　拉丝模具材料分类及其特性

材　料　种　类		应用时间	特　　　性
单晶	天然金刚石	1820 年	为世界已知物质中最硬的材料,适用于表面质量要求高、小尺寸(ϕ1.0mm 以下)的有色金属及部分黑色金属线材的拉制
	人造单晶金刚石	1986 年	与天然金刚石性能相仿,但产品一致性好,更适合工业生产控制
聚晶	进口聚晶金刚石	1955 年	由金刚石微粉(1～50μm)高温高压烧结而成。与单晶材料相比,具有更好的韧性及耐磨性。适用于表面质量要求较高的非铁金属及部分钢铁材料线材的拉制
	国产钴基聚晶金刚石	1992 年	以钴作为催化剂烧结而成的聚晶金刚石材料。其性能已接近进口聚晶金刚石材料
	国产硅基聚晶金刚石	1970 年	以硅作为催化剂烧结而成。成本低廉,适用于表面质量要求不高的场合使用
硬质合金		1927 年	在大尺寸(ϕ3.0mm 以上)有非铁金属及钢铁材料线材的拉制中,有广泛的应用

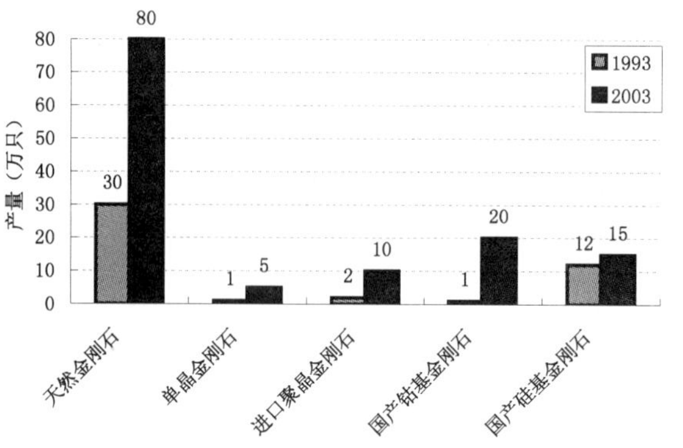

图 1　1993 年、2003 年我国拉丝模产量

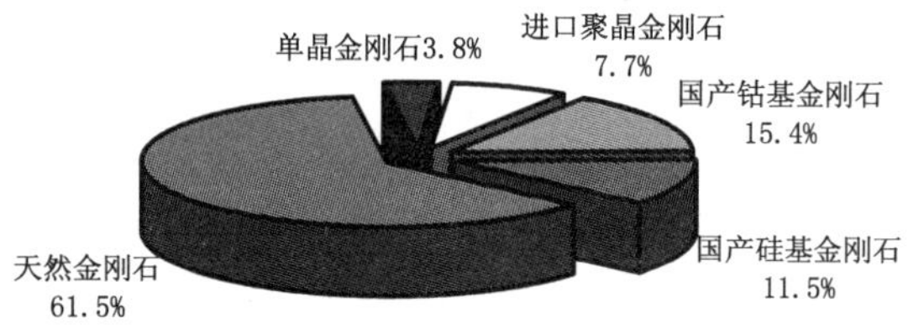

图 2　2003 年我国金刚石拉丝模材料构成

二、行业发展概况(近年来新技术、新工艺、新材料的应用)

拉丝模具行业,虽然属于传统的工艺技术型产业,但世界科学技术的发展,尤其是材料科学的发展,不可避免地推动着拉丝模具行业的发展。

1. 材料

近 50 年来,拉丝模具一直以天然金刚石与硬质合金为主要原材料。天然金刚石的稀缺与硬质合金越来越不能满足现代技术对线材质量的要求,使得人们不得不投入大量人力物力寻求新的材料。1955 年,美国 GE 公司发明了聚晶金刚石,并于 20 世纪 60 年代得到了广泛的应用。1984 年,日本住友公司率先研究成功以工业方法生产单晶金刚石,并于 90 年代在拉丝模领域得到了广泛的应用。单晶金刚石物理性能为:密度:3.52g/cm^3;弹性模量:1.50GPa;热稳定性:＞1 100℃。与天然金刚石相仿,而稳定性比天然金刚石更好。可以预见,随着单晶金刚石生产成本的降低,在大多数应用场合,单晶金刚石将会逐渐取代天然金刚石。90 年代起,全球掀起研究以气相沉积方法制造金刚石(CVD)的热潮,并在拉丝模行业中得以应用,在我国也取得了一定的进展。

2. 加工技术

(1)激光加工。随着线材质量要求的不断提高,拉丝模具也向高精度、微细方向发展。而激光加工在此扮演极为重要的角色。我国从 20 世纪 50 年代使用红宝石激光加工金刚石起,拉丝模行业的发展始终伴随着激光技术的发展。到目前,我国拉丝模行业已引进美国、瑞士等国的数控 YAG 连续调 Q 激光加工机 20 台以上。

(2)电火花加工。随着聚晶金刚石的问世,对金刚石的加工提出了更高的要求。1982 年,北京电加工研究所曹凤国等人发明了聚晶金刚石电火花加工技术,在我国拉丝模加工中具有里程碑般的意义。从此聚晶金刚石拉丝模在我国的应用获得了迅猛的发展。时止今日,在大尺寸聚晶金刚石的加工中,电火花加工仍起着关键的作用。

(3)超声波加工。拉丝模行业是一个传统工艺型行业,一直沿袭手工艺人采用纯机械研磨的方法制造模具。直到 20 世纪 80 年代末,随着超声波技术的成熟,逐渐取代了传统的工艺方法。目前除了硬质合金模具加工外,拉丝模的研磨抛光均采用超声波加工。

(4)数控自动加工。市场竞争的强大压力,迫使生产厂家不断寻求更高效、低成本的生产方法。国外不少厂家已经实现数控自动或半自动拉丝模加工。在我国,这方面的技术还很落后,只有少数几个钢帘线生产企业在硬质合金模具生产、修理中引进了德国、意大利的数控自动制模设备。

3. 检测技术

随着大量高速拉丝设备的引进,对拉丝模具的几何形状及精度的要求越来越高。而拉丝模内孔的检验,长期以来一直靠检验员凭经验判断模具孔型。1985 年,挪威 CONOPTICA 公司研制成功拉丝模内孔孔型光学测量系统。经过多年的完善,其尺寸测量精度已达到 0.3μm,角度测量精度达 0.5°。现已在全球各拉丝模企业获得广泛的应用,逐渐成为世界拉丝模行业公认的检验依据。目前,北京三信拉丝模具有限公司与上海斯米克拉丝模有限公司分别引进了此测量系统,并在生产指导、成品检验中发挥了十分显著的作用。

三、全国拉丝模企业现状

拉丝模行业显著特点之一是进入门槛较低,只需一二十万元,甚至几万元就可以建立一个小规模的拉丝模厂,因此小规模、甚至家庭作坊式的拉丝模厂数量众多,星罗棋布,带之而来的是行业的竞争日趋激烈。在全球总体原材料价格不断攀升的情况之下，我国的模具价格反而呈不断加速下滑的趋势。可以推论，目前我国拉丝模行业正处于行业整合的残酷竞争阶段。这与欧洲20世纪七八十年代的市场状态如出一辙。在20~30年前的欧洲，大大小小拉丝模厂亦有300个以上之多，经过几十年市场竞争的结果，有规模的拉丝模厂，现已不超过6个。

目前国内有一定规模（产值200万元以上）的金刚石拉丝模厂家约30~40个，硬质合金拉丝模企业约15~20个。金刚石拉丝模企业主要分布在北京、上海、浙江、江苏、广东、福建、安徽、江西、陕西、河北、天津等地区；硬质合金拉丝模企业主要分布在上海、天津、江苏、广东、湖北、河北等地区。

四、我国拉丝模企业在全球竞争比较

我国拉丝模行业与世界同行业相比，既有明显的优势，亦有显著的差距。我国的拉丝模企业，基本上为市场竞争机制中锤炼发展起来的非国有经济企业，并有庞大的劳动力市场支撑，其生产成本具有明显的优势。目前国内拉丝模具的价格，至少比国际市场低30%以上。而国外发达国家企业，普遍存在劳动力的匮乏，在欧洲及美洲的拉丝模企业，已经几乎看不见40岁以下的生产工人，这些企业的生存危机是显而易见的。另一方面，我国的拉丝模企业，在技术、管理，尤其是微细尺寸（小于0.03mm）模具制造技术以及产品品质的一致性、生产效率方面与国外发达国家企业还有较大的差距。目前国内微细尺寸模具仍然部分依赖进口。值得注意的是印度拉丝模企业的迅速崛起。近几年，印度的拉丝模企业发展迅猛，他们国内的市场环境、技术水平与中国相当，但由于语言优势，现已在国际市场产生了一定的影响。我国拉丝模企业若要在国际市场占有一席之地，必须认真研究印度企业的发展以及制定相应的策略。

五、拉丝模行业今后发展前景

拉丝模行业是一个传统的工艺技术型行业。在目前竞争激烈的市场环境下，我国拉丝模行业必然面临重新的整合。在今后数年之内，只有具有先进技术、生产效率高、服务更有效、具有规模效益的企业才能得以发展。另一方面，如果在国际市场的大环境下考虑，我国拉丝模企业有着良好的发展前景。只要抓住机遇，积极吸收国外先进技术，不断提高管理水平，加速开发国际市场，我国拉丝模行业成为国际拉丝模行业的主力军将指日可待。以西班牙的ESTEVES公司为例，20世纪70年代初，西班牙的经济在欧洲相对较为落后。而ESTEVES公司正是抓住此机会，利用成本的优势，不断扩张国际市场，在20年内从一个不知名的企业，发展到现在除本土外7个国家有工厂、全球第一的著名拉丝模企业。这一经验是十分值得我国拉丝模同行借鉴的。

〔撰稿人：中国模具工业协会拉丝模工业委员会王建拓〕

模具材料研究开发工作的现状与发展

随着少无切削和精密成形技术在我国的快速发展，对模具材料的性能要求越来越高，一些20世纪50年代以来长期沿用的老钢种已不能完全满足要求。为此，国内一些大学、研究所、钢厂和模具使用单位相继开发了许多具有优良性能的模具钢，使国内模具的使用寿命得到了很大提高，并使我国模具钢钢种系列逐渐得到了补充和完善。本文将从冷作模具钢、热作模具钢和塑料模具钢三个方面，扼要分析国内模具钢的研究开发情况。

一、冷作模具钢的开发概况

对冷作模具材料的主要性能要求是：良好的耐磨性，足够的强度和韧性，高的疲劳寿命，良好的抗擦伤和咬合性能以及良好的工艺性能。20世纪90年代以前，国内常用的冷作模具钢有：碳素工具钢T10A，合金工具钢9SiCr、9Mn2V、CrWMn、Cr6WV、Cr12、Cr12MoV、5CrW2Si，高速工具钢W18Cr4V、W6Mo5Cr4V2，轴承钢GCr15，弹簧钢60Si2Mn，渗碳钢20Cr、12CrNi3A，不锈钢3Cr13等。其中用量最大的是Cr12、Cr12MoV、T10A、CrWMn、9SiCr、9Mn2V、GCr15、60Si2Mn和、W18Cr4V。为满足生产要求，国内先后研究开发了一系列新型冷作模具钢。

1. 高强韧耐磨钢

Cr12系列冷作模具钢是应用范围较广的钢种系列，具有良好的淬透性和耐磨性，但共晶碳化物偏析较严重，韧性较差，淬火后异常变形较大。为弥补此类钢的性能缺陷，国内先后开发了一些高强韧耐磨钢，如7Cr7Mo3W2V（代号LD）、Cr8WMoV3Si（代号ER5）、9Cr6W3Mo2V2（代号GM）、Cr8MoV2Ti、80Cr7Mo3W2V等。与Cr12、Cr12MoV相比，此类钢的碳和铬的含量较低，改善了碳化物不均性，提高了韧性；适当增加了W、Mo、V等合金元素的含量，从而增强了二次硬化能力，提高了耐磨性。所以，此类钢在具有良好的强韧性的同时，还有优良的耐磨性和较好的综合性能，主要用于制造承受应力较大、要求高强韧性和耐磨损的各类冷作模具。

7Cr7Mo2V2Si（代号LD），最初是针对冷镦模具而研制的。其碳含量低于G.Steven推荐的“平衡碳”规律，使钢在具有高硬度的同时，又具有较好的韧性；加入Cr、Mo、V元素，有利于二次硬化，保证钢具有较高的硬度、强度和良好的耐磨性；加入一定量的 Si，以强化基体，提高回火稳定性。LD 钢常用的热处理工艺是1 100～1 150℃淬火、530～570℃回火，回火后硬度 57～63HRC。1 100℃淬火后的组织为细针马氏体 + 残留奥氏体 + 剩余碳化物，晶粒度 10.5 级。1 100℃淬火、570℃回火后的组织为回火马氏体 + 残余碳化物。LD 钢已被广泛应用于制造冷锻、冷挤、冷冲、冷压、冷弯等承受冲击、弯曲应力较大，又要求耐磨损的各类冷作模具。

Cr8MoWv3Si(代号 ER5)，在具有较高强韧性的同时，又具有突出的耐磨性。该钢在回火过程中弥散析出的特殊碳化物，是 ER5 比 Cr12 系钢具有更高强韧性和耐磨性的重要原因。ER5 钢适用于制造承受冲击力较大，冲击速度较高的精密冷冲，重载冷冲以及要求高耐磨的其他冷作模具。

9Cr6W3Mo2V2(代号 GM)，也是以提高耐磨性为主要目的而研制的高耐磨冷作模具钢。该钢通过 Cr、W、Mo、V 等碳化物形成元素的合理配比，并根据“平衡碳”规律配碳，使钢具有最佳的二次硬化能力及抗磨损能力，同时又保持了较高的强韧性和良好的冷热加工性能，适用于制造冲裁、冷挤、冷锻、冷剪、高强度螺柱滚丝轮等精密、高耐磨冷作模具。

2. 高速钢基体钢

高速钢基体钢具有相当于正常淬火高速工具钢的基本成分，并允许钢中保留 5%左右的过剩碳化物，另外再适当增加或减少某些元素的含量。此类钢有效地解决了高速钢碳化物不均匀分布和韧性较差的问题，钢的抗弯强度、韧性、塑性和疲劳抗力高于高速钢，但耐磨性低于高速钢，用于制造要求高强度和足够韧性的冷挤压、冷冲、冷镦等模具。由于高速钢基体钢的红硬性好，所以也用于制造热作模具。国内研制的高速钢基体钢有：65Cr4W3Mo2VNb(简称 65Nb)、60Cr4Mo3Ni2WV(代号 CG—2)、5Cr4Mo3SiMnVAl(代号 O12Al)、65W8Cr4VTi(代号 LM1)、65Cr5Mo3W2VSiTi(代号 LM2)等。

65Cr4W3Mo2VNb（简称 65Nb），其成分相当于 W6Mo5Cr4V2 钢淬火后的基体成分，但碳含量较一般基体钢高，以增加碳化物量和提高耐磨性。加入 0.2%～0.35% Nb，以提高钢的强韧性和改善工艺性。65Nb 用于制造冷挤压、厚板冷冲、冷镦等承受较大载荷的冷作模具，也可用于制作温热挤压模具。

3. 低合金冷作模具钢

国内开发的低合金冷作模具钢中，有 7CrSiMnMoV(代号 CH)、6CrMnNiMoVSi(代号 GD)、6CrMnNiMoVWSi(代号 DS)、CrNiWMoV 等。这些钢的淬透性好，淬火温度较低，热处理变形小，价格低，具有较好的强度和韧性的配合，适用于制造精密复杂模具。

7CrSiMnMoV(代号 CH)，在 820～1 000℃淬火，可获得 60HRC 以上的硬度，是一种空淬微变形钢，可以火焰加热空冷淬硬。该钢的耐磨性尽管比 Cr12MoV 差，但比 9Mn2V 和 T10A 好；抗弯强度、抗压强度和冲击韧性都优于 Cr12MoV 和 9Mn2V；热处理后的变形量和常用的 Cr12MoV、Cr2-Mn2SiWMoV、Cr4W2MoV 等钢相当。CH 钢具有良好的强韧性和良好的工艺性，可用于代替 T10A、9Mn2V、CrWMn、GCr15、Cr12、Cr12MoV 等制造对强韧性要求较高的冷作模具，如冲孔凸模、中薄钢板(2～5mm)的修边落料模等。由于该钢可以采用火焰加热空冷淬硬，所以也可用于制造要求表面火焰淬火的部分汽车模具。

6CrMnNiMoVSi(代号 GD)，较 CH 钢增加了 0.85%左右的 Ni，进一步强韧化了基体。该钢的淬火温度范围较宽，淬透性好，也可火焰加热空冷淬火，具有良好的强韧性。当用于制造易崩及断裂的冷冲模具时，模具寿命较高。

4. 无磁高强度模具钢

电子工业中的部分磁性元件需用无磁性的模具生产。7Mn15Cr2A13V2WMo 钢的导磁系数很低，强度、耐磨性良好，但切削加工比较困难。国内开发的无磁模具钢有 18Mn12Cr18NiN(代号 A18)、8Mn15Cr18(WCG)、50Mn18Cr4WN(简称 50Mn)等。其中 50Mn 具有低磁导率($\mu \leqslant 1.1$H/m)，较高强度和良好的加工性能，经1 020～1 070℃(水冷)固溶处理后，硬度 30HRC 左右。再经过 590℃ ± 10℃时效，硬度上升至 35HRC 左右。

二、热作模具钢的开发概况

热作模具大体分为热锻模、热挤压模、压铸模和冲裁模。5CrMnMo、5CrNiMo 和 3Cr2W8V 是热作模具钢中应用量仍然较大的钢种。5CrNiMo 主要用于厚度 300～400mm 的大中型锻模，5CrMnMo 适用于厚度在 250mm 以下的小型锻模。但当用于更大截面或更高温度时，这两种钢存在淬透性、热稳定性、热疲劳性及耐磨性不够的问题。3Cr2W8V 的高温强度较高，但钢的热疲劳性较差，韧性也不高，用于压铸模具和铝、铜合金热挤压模具时，模具的使用寿命都较低。国内在热作模具钢方面先后开发了几十种钢。

1. 大截面热锻模具钢

为弥补 5CrMnMo 和 5CrNiMo 在较大截面和较高温度时热稳定性、热疲劳性及淬透性不够的缺陷，国内开发了 45Cr2NiMoVSi(简称 45Cr2)、5Cr2NiMoVSi(简称 5Cr2)、3Cr2MoWVNi、3Cr2MoVNi(代号 B2)等大截面热锻模具钢。与 5CrNiMo 相比，45Cr2 和 5Cr2 中既含有较高的 Cr 和 Mo，又加入了少量的 V，使 CCT 曲线上的高温转变区上移，低温转变区显著右移，提高了钢的淬透性。截面尺寸 500mm × 500mm 以下的模具经 970～990℃淬火，650～680℃回火后，硬度可达 36～44HRC。45Cr2 和 5Cr2 还具有二次硬化能力，他们的高温强度较 5CrNiMo 钢高 50%，热稳定性高出 100～150℃，冲击韧性则相当。另外，钢的热磨损性、热疲劳性及抗热裂纹扩展的能力也强于 5CrNiMo。这两种钢用于制造12 000t以下机械压力机模具及 16t 以下模锻模具，模具的使用寿命是 5CrNiMo 钢制造的同种模具寿命的数倍。

2. 中小热锻模具钢

中小热锻模具的表面温度可达 600℃以上，5CrMnMo 和 5CrNiMo 的高温性能显然不能满足要求。3Cr2W8V 钢的高温强度较高，但韧性及热疲劳性能较差。为此，国内较早开发了 2Cr3Mo3VNb(代号 HM3)、4Cr3Mo3W2V(代号 HM1)、

4Cr3Mo3W4VNb(代号 GR)、3Cr3Mo3VNb、4Cr3Mo2MnVB(代号 ER8)等 3% Cr、3% Mo 和 3% Cr、2% Mo 型的中碳铬系高强度热作模具钢，其中 3Cr3Mo3VNb 是根据形成合金碳化物所需的碳量对 2Cr3Mo3VNb 做进一步成分调整而来的。这 2 种钢中加入了 3%左右的 Mo，既能提高钢的淬透性和防止出现回火脆性，又能提高钢的热稳定性。加入 V 和 Nb 则可起到细化晶粒，降低钢的过热敏感性作用。因此，钢的淬透性高，淬火加热温度范围宽，过热敏感性低，具有高温强度高、热稳定性好、塑性韧性好、冷热疲劳性能好、热磨损性能好等优点，用于制造不锈钢(2Cr13)等热锻模，轴承凹模和辊锻模，都取得了良好的使用效果。

4Cr3Mo3W4VNb(代号 GR)，除 Cr、Mo、V 和 Nb 外，又加入了 4% W，所以钢的高温强度和热稳定性得到了进一步提高，是中碳铬系热作模具钢中高温强度较高，热稳定性较好的钢种。该钢还具有良好的冷热疲劳性能，适用于制造工作温度 600～700℃的浅型腔中小锻模，也可用于制造铜合金热挤压模具。

除以上 3% Cr、3% Mo 型热作模具钢外，国内先后开发的 5% Cr 系中碳中合金热作模具钢已较大量用于制造热锻模具。如 4Cr5MoVSi、4Cr5MoVlSi 等，其中 4Cr5MoVlSi 具有优异的韧性和良好的冷热疲劳性能，适用于制造工作温度在 600℃以下，对韧性和塑性要求较高的模具。如用4Cr5MoVlSi 代替 5CrNiMo、5CrMnMo 制造汽车连杆、曲轴锻模，模具的使用寿命得到了明显提高；用于制造铝合金压铸模具和铝型材热挤压模具，模具的使用寿命较高。另外，该钢还可作塑料模具钢使用。目前，4Cr5MoVlSi 钢的优良性能已在国内得到了广泛认可，应用量已较大。许多大学、研究院所和钢厂不惜花重金对该钢做研究和生产质量改进工作，并就此打出了自己的优质品牌。

3. 压铸模具钢

在有色金属压铸中，3Cr2W8V 曾是应用最广泛的模具钢，5CrNiMo、5CrMnMo、3Cr2Mo 等中碳低合金钢也作为铝锌合金压铸模具钢使用。3Cr2W8V 的冷热疲劳性能较差，模具的使用寿命不高。为此国内先后开发了几种新型模具钢，如 4Cr3Mo2MnVNbB（代号 Y4）和 4Cr5Mo2MnVSi（代号 Y10）等。

4Cr3Mo2MnVNbB(代号 Y4)，最初就是针对铜合金压铸模具而研制的。该钢通过合理的成分配比，使其在达到高的热强性及热稳定性的同时，又保持了良好的韧性和塑性，抗冷热疲劳性能明显优于 3Cr2W8V，模具的使用寿命较 3Cr2W8V 模具有明显提高。该钢也可用于制造热挤压和中小热锻模具。

4Cr5Mo2MnVSi(代号 Y10)，是针对铝合金压铸模具而研制的，与 3Cr2W8V 钢相比，该钢具有抗冷热疲劳性能好、热处理变形小、抗铝熔损性能好等优点，模具的使用寿命普遍比 3Cr2W8V 模具提高一倍以上。该钢还可用于制造工作温度在 600℃以下的中小热锻等模具。

除 Y4 和 Y10 钢外，4Cr5MoVlSi、4Cr5MoSiV 也是理想的铝、锌合金压铸模具材料，应用量已很大。

4. 铜、铝型材热挤压模具钢

铜合金热挤压模的穿孔针、底模等长时间与高温铜坯接触，模具的使用工况较苛刻。用 3Cr2W8V 或 4Cr5MoVlSi 钢制作此类模具，模具的使用寿命一直较低。国内曾试图采用奥氏体热作模具钢来解决此类模具寿命低的问题，但因钢的冷热疲劳性能较差而仍未得到圆满足解决。在此背景下，国内有关大学、研究院所和钢厂先后推出了可以提高此类模具使用寿命的钢种，如 4Cr3Mo2NiVNbB(代号 HD)、4Cr3Mo2MnVNbB(代号 Y4)等。HD 钢较一般中碳 3% Cr、2% Mo 或 3% Cr、3% Mo 型热作模具钢又增加了 1%左右的 Ni，进一步提高了钢的韧性和塑性。在相同硬度(43HRC)下，其断裂韧性比 3Cr2W8V 钢高 30%。用 HD 钢制造的铜合金管材挤压底模和穿孔针的使用寿命较 3Cr2W8V 钢提高一倍左右，并在轴承环热挤冲头和凹模、气门挤压底模上也有成功应用的例子。用 Y4 钢制造铜合金挤压模底模和穿孔针顶头，模具的使用寿命也比 3Cr2W8V 模具稳定地提高一倍以上。

铝型材热挤压模平模和组合模对韧性的要求较高，4Cr5MoVlSi 是首选的模具材料，已被大量推广应用。

5. 高温玻璃模具钢

玻璃制品模具要求材料具有优良的抗高温氧化性能和冷热疲劳性能，良好的耐芒硝腐蚀性能，足够高的强度，良好的抛光性能，并要易于脱模。此类模具常用铸铁、合金铸铁或 3Cr13 不锈钢制造，钢的性能远满足不了实际需要。为此，国内开发了代号为 GY 的高温玻璃模具钢。该钢是 Si—Cr—Mo 系预硬钢，具有良好的冷热疲劳性能，优异的抗氧化性能，优良的抗热触性能和较高的玻璃粘附温度。该钢在预硬后(35HRC 左右)加工，加工性能良好，尤其适用于制造玻璃熔化或成形温度较高、表面质量要求高的玻璃制品模具。

三、塑料模具钢的开发概况

塑料模具钢国内发展较滞后，到目前为止仍未有完整系列的钢种。在 20 世纪 90 年代之前，国内常用的塑料模具钢仍然是 0.4%～0.6%碳的碳素结构钢，如 45"和 40Cr，另外再以 T10A、GCr15、CrWMN、5CrNiMo、5CrMnMo、Cr12、Cr12MoV 等作补充。国内先后开发了十余种新型塑料模具钢。

1. 预硬化型塑料模具钢

为避免大、中型精密塑料模具热处理后变形，保证模具的精度和使用性能，相继研制开发了预硬化型塑料模具钢。此类钢一般是中碳低合金钢，在调质(30～40HRC)后切削加工成型，然后直接投入使用，主要用于制造复杂、精密和长寿命的大、中型塑料模具。

3Cr2Mo 是国内较早开发的塑料模具钢，与 AISIP20 相当，目前已在许多钢厂生产。在使用时，一般先进行预硬处理，即先 850～880℃淬火，580～640℃回火，预硬至 28～35HRC 的硬度，然后再进行切削加工。该钢适用于制造大、中型精密塑料模具，如电视机、洗衣机壳体等塑料模具，并已获得较大量应用。另外，也可用于制造锌合金压铸模具。

除 3Cr2Mo 外，国内先后开发的 5CrNiMnMoVSCa(简称

5NiSCa)、8cR2MnWMoVS(简称 8Cr2)、40CrMnVBSCa(简称 P20BSCa)、Y55CrNiMnMoV(代号 SM1)等是易切削型预硬塑料模具钢。在这些钢中加入了 S、Ca、Pb、Se 等元素以改善预硬钢的加工性能。如 5NiSCa 钢预硬硬度为 39HRC 时,磨削力比 25HRC 的 40Cr 还小。此类钢不仅适用于制造大、中型精密注塑模具,还可用于制造精密冷作模具。

2. 时效硬化型塑料模具钢

为满足制造高精度、复杂塑料模具的需要,国内先后开发了几种时效硬化型塑料模具钢,如 10Ni3MnCuAl(代号 PMS)、25CrNi3MoAl、Y20CrNi3AlMnMo(代号 SM2)、06Ni6CrMoVTiAl(简称 06)等。此类钢一股含较低的碳,含 Ni、Al、Ti、Cu、Mo 等合金元素,在固熔后硬度较低(一般 HRC≤32),易于切削加工,加工后再时效处理,以获得所需要的使用性能。由于时效温度低,时效后模具变形很小,所以适用于制造高精度、复杂的热塑性塑料模具。

10Ni3MnCuAl,代号 PMS,经 850℃±20℃固熔后,硬度为 30~33HRC。经 500℃左右时效后,弥散析出硬化相 A13Ni,基体硬度随之上升至 38~43HRC。该钢具有优良镜面加工性能,模具表面粗糙度可达 $R_a0.05\mu m$,适用于制造要求高镜面、高精度的各种热塑性塑料制品模具,如光学仪器镜片模具,磁带内外壳和电话机、石英钟、车辆灯具等塑料壳体模具。

Y20CrNi3AlMnMo,代号 SM2,含 0.1% 左右的 S,切削加工性能得到改善,是一种易切削型时效硬化塑料模具钢。

3. 耐蚀塑料模具钢

当较大批量地生产聚氯乙烯、氟化塑料、阻燃塑料等塑料制品时,模具需耐氟、氯等卤族元素气体的腐蚀,为此需在模具表面镀铬或直接采用耐腐蚀钢。

国内开发的耐腐蚀塑料模具钢 0Cr15Ni4Cu3Nb(代号 PCR)属于马氏体沉淀硬化不锈钢,在1 050℃固熔(空冷)后得到单一的板条马氏体组织,硬度为 32~35HRC,经 480℃左右时效后,析出弥散强化相 CuNi,硬度上升到 39~44HRC。该钢在含有氟、氯等离子的腐蚀性介质中的耐蚀性明显优于 17—4PH(0Cr17Ni4Cu4),适用于制造含氯、氟或混入阻燃的热塑性塑料的注射模具。

4. 非调质塑料模具钢

非调质钢在锻、轧后即可达到预硬,不需再进行调质处理。为改善切削加工性能,有些钢中还添加了适量的 P、S 和 Ca。国内对非调质塑料模具钢的开发较晚,25CrMnVTiSCaRE(代号 FT)、2Cr2MnMoVS 和 2Mn2CrVCaS 即是近几年开发的新钢种。锻、轧空冷后,ϕ100mm FT 园钢的硬度可达到 30~35HRC。

四、国内模具钢存在的问题及发展建议

经过近二十年的持续努力,国内相继开发了近百种模具钢,其中不乏性能优良、应用前景良好的钢种,大大地推进了我国模具钢技术水平的提高。我国每年模具钢用量在 30~40 万 t,且逐年增长。近年来国外模具钢的进口数量日益增多,而国内研制的模具钢应用量却在减少。

1. 目前我国模具钢市场存在的主要问题

(1)普通模具材料占主要地位,而优质模具钢较少。采用真空精炼或电渣重熔的模具钢材产量少,大多为常用的电炉钢生产。

(2)模具钢规格少,大多为黑皮圆钢、扁钢、六方光板材及预硬化的材料,标准件少。国内模具钢市场 80% 以上仍以黑皮圆钢供货,不能满足用户需求。

(3)模具钢销售市场不完善,产销渠道不畅通。钢厂一般只供应较大批量订货,一般的钢材供应点大多品种单一、规格不全,技术力量较弱,不能适应市场运作。

(4)模具新材料宣传力度不够。许多企业长期以来只知道常用的几种模具钢,生产工艺落后,技术跟不上,模具产品落后。

2. 对我国模具钢发展的几点建议

随着近年我国模具工业的迅速发展,模具材料也日益被广大企业所重视。随着很多复杂的、精密的、大型的和长寿命的模具趋于国产化,我国的模具材料生产工艺和技术也相应提高,全面提升了模具材料的质量水平。国产的优质模具材料将逐渐替代进口材料,为此就国内模具钢发展提出几点建议供参考:

(1)增加模具钢品种,加速模具钢生产的规格化、精品化和商品化。模具钢生产单位,应增加模具钢品种和规格,特别是扁钢和模块,甚至是精加工交货或预先热处理过的制品。用户仅需最后加工成型,就可直接使用。这样可显著缩短制模周期,提高模具制造企业的经济效益。

(2)提高模具钢的质量。现在国内许多模具钢厂都已采用先进的冶炼设备和工艺生产模具钢,如炉上精炼、真空冶炼和浇注、电渣重熔等工艺,大力提高纯净度高、均匀性好、质量稳定的模具钢产量。

(3)大力推广新型模具钢。近二十年来,国内的一些大学、研究所和钢厂相继开发了在冷模、热模、塑料模等方面有一定特色的新型模具钢,其中一些新材料的技术水平已达到或超过国外同类材料的水平。经过推广应用,可以解决模具使用中的技术难题,能大幅度提高模具寿命和经济效益。目前模具新钢种的量和品种都较少,产量仅占模具钢全年生产量的 2%~3%,远远不能满足市场需求。因此还需提高产量,扩大应用范围。同时还需建立适应市场需求的经销机制和灵活的销售渠道,及时提供客户所需钢材。

(4)开发特殊性能的模具钢种,进一步完善钢种系列。虽然目前我国已有较完整的模具钢系列,如开发的粉末冶金模具钢、易切削模具钢,建立的玻璃、陶瓷、耐火砖和地砖等成形模具用钢系列等,但距用户需求尚有一定差距。

模具钢市场的开拓和发展是一项长期的系统工程,要求研制、生产、销售和推广各部门协同,形成开发、试制、生产、销售及售后服务一条龙服务体系,使我国的模具材料迅速地赶上世界先进水平。

〔供稿单位:中国模具工业协会模具材料委员会〕

模具钢的现状与发展

一、模具钢市场前景看好

随着我国模具制造业的快速发展，模具市场日趋旺盛，需求不断增长，为国内模具钢市场注入了活力。据测算，模具所用钢材在模具工业总产值中占近20%，按目前国内模具工业450亿元产值计算约90亿元为钢材产值，数量在70万t左右，其中模具钢占大部分。生产一台汽车整机大约需要20 000套模具，其中相当一部分是塑料模具，因而通过汽车等新兴产业的带动，我国塑料模具在未来几年里发展空间巨大，模具钢需求必然随之增加。

二、取得的成绩和存在的问题

近几年，中国模具钢制造水平取得了长足的进步。以汽车覆盖件为代表的大型复杂冲模，大屏幕彩电和背投式电视机的塑壳模具，8kg大容量洗衣机全套板等塑料模具，自动扶梯整体踏板及汽车后轿齿轮箱的大型精密复杂压铸模等国内都能生产。模具CAD/CAE/CAM技术已广泛应用于模具行业，并开发出有自主知识产权的模具CAD/CAE/CAM软件；电加工、数控加工技术在模具制造上普遍采用；一些骨干模具生产企业开始使用高速加工技术，这都为国产模具钢提供了一个潜在的大市场。模具工业的快速发展，对国内模具钢的产量、品种、规格及品质水平提出了更高要求，国产模具钢生产企业要尽快适应模具市场的变化趋势。

但我国合金模具钢与美国、日本、法国及瑞士等国际先进水平相比还存在一定的差距，在品种、质量、尺寸规格及性能等方面都难以满足市场需求，导致我国每年有40%的中高档模具必须从国外进口。近五年来，我国平均每年进口模具近10亿美元，2003年进口模具13.7亿美元（出口模具3.4亿美元），我国已成为世界上最大的模具进口国。近十多年来，我国冶金行业研制开发和引进了大量的钢种，如美国ASTM标准的A2、D2、H13、H10、H11和P20、01、S5、S7钢等，瑞典的718、8407及日本的SKD11、SDK61、PMS钢等，以满足模具行业的需求。

我国科研开发投入不足，装备现代化改造步伐落后，市场开发及应用水平较低，国产模具钢相当一部分尚不能满足用户对供应量、质量和品种的要求。不少小铸钢是拿回收社会中淘汰下来的旧模具回炉重化，不经去除杂质，又锻轧成材，重新制模，以解决供应不足问题。而高档、高精度、高质量、大型模具所用钢材，大部为进口钢材。汽车覆盖件模具和大型零件压铸模具基本上仍依赖进口，这些模具用钢年需求量至少在5万t以上。

三、我国模具钢产业存在的问题

模具钢品种、规格不全，低档次较多，高档次较少。高质量、高性能模具钢的品种少，尚未形成塑料、玻璃、建材、陶瓷等专用的非金属制品模具钢系列。扁钢、模块、精料制品比例比较低，钢材的利用率较国外低10%左右。另外，为满足制造大型、精密、复杂、高寿命模具的需要，国外发展预硬化钢，而国产钢基本上停留在退火阶段，或热轧状态供货，并且供货周期较长，这是我国家电行业模具企业大量进口模具钢的主要原因。

模具钢的专业化生产程度较低。中国模具钢分散在十几个企业生产，大部分生产厂家的生产工艺装备落后，且不配套，特别是后部工序，深加工设备落后，从而制约了国产模具钢质量的提高和性能的稳定。

模具制造多为单件或小批量生产，其所需钢材有品种多、规格多、数量少、需供货及时等特点，与冶金厂大批量生产有矛盾。国外通过钢材商店可随时解决零售问题，而国内缺乏这种中间环节，用户难以"材适所用"，从而严重地影响了模具制造周期和质量，加大了制造成本，也延缓了高效模具钢的推广和模具钢科技成果转化为生产力的步伐。

模具钢市场秩序不规范，除了质量和价格等以外，还有以国产模具钢冒充进口模具钢在市场上销售的现象。

四、与国际先进水平比较找差距

1. 冷作模具钢

目前我国冷作模具钢只有Cr12、Cr12MoV、CrWMn钢等。我国的Cr12MoV钢中，铝和钒的含量较低，比D2钢综合性能差。CrWMn含碳量较高，且不含钒，容易产生严重的网状碳化物，影响使用性能。随着冷冲压制品向高精度、高效率、多品种发展，要求模具钢具有耐磨性和较高的韧性，因此，一些国家已开发出D2等钢种，如日本、瑞典等开发了SHD11(D2)、XW~42(D2)、FT32(D)以及A2、01、W1等钢种。而这些新钢种基本覆盖了冷作模具用钢。

2. 热作通用型模具钢

国产热作通用型模具钢种中只有2个钢号。而国外除了有6个通用型钢种外，还新发展了DR090系的YHD3、H26等。为提高热作模具钢的热强性、抗回火稳定性和韧性，瑞典开发的QR0905新钢种，在提高稳定性与韧性的同时，使合金元素的含量更趋合理，被称之合金含量与成本价格最佳配合的钢种。日本开发的DH12钢，改善了钢的高温力学性能，以适应大批量生产铝合金压铸模的需要。

3. 塑料模具钢

塑料模具钢的差距则更大。目前在国家标准中仅1个钢号，而美国有7个钢号，且形成了较完整的用钢系列。日本现在的塑料模具钢在模具钢产量中已占首位，主要品种有非合金塑料模具钢、预硬型塑料模具钢、镜面塑料模具钢、耐腐蚀塑料模具钢等。据国内外塑料模具技术比较显示，国外的淬火钢模具寿命在 160 万～300 万次，国内只有 50 万～100 万次；非淬火钢模具寿命，国内也只有国外的一半。我国的模具生产企业希望国内钢厂研制开发用于塑料模架的 S48C、S50C；用于高镜面塑料模具的 SM1、SM2；用于高镜耐触塑料模的 PCR、PCL 等新型模具钢。此外，还需开发 CrMnN 系列无磁模具钢、高温玻璃模具钢等特种模具用钢。

因此，钢铁企业要根据国内模具制造业发展的趋势和模具市场的要求，抓紧研制开发高精度、高韧性、耐腐蚀、高质量的模具钢新品种，使国产的热作和冷作模具钢达到世界先进水平。

五、面临新的发展机遇

2003 年 3 月，欧洲知名模具钢生产商意大利鲁奇尼集团与深圳市兆恒抚顺特钢有限公司在深签署协议。根据协议，鲁奇尼将借助兆恒全力进军深圳高新技术产业，发展亟须的高端模具钢市场，并逐渐向珠三角及整个华南地区辐射。高新技术产业的迅猛发展，对各种模具钢需求与日俱增，尤其是高端模具钢市场前景看好。目前深圳周边及珠江三角洲地区已经成为中国模具工业最为发达的地区之一。此外，国内浙江东部的余姚、宁海、黄岩、温州等地区的模具工业发展也很快。

加入 WTO 后，各行业大批境外企业的涌入，使作为支持工业的模具行业迎来新一轮的发展机遇。目前，发达国家将模具生产向我国转移的趋势进一步明朗化。由于模具行业是一个技术、资金、劳动力都相对密集的产业，我国的平均劳动力成本仅是美国的 1/40～1/30。随着我国经济的快速发展，我国技术人才的水平也在逐步提高，而工业发达国家模具行业逐渐萎缩的趋势，也加速了这些国家把本国模具工业向工业和技术基础较好的国家转移。

模具信息化制造技术的现状与发展

全球经济一体化的发展浪潮，使世界的产业布局进入了一个大的调整期。其中，全球制造业正以垂直整合的模式向亚太及中国转移，中国正日益成为世界产品的制造基地。据预测，21 世纪机械制造工业零件粗加工的 75%，精加工的 50% 都需要通过模具来完成，其中汽车、电器、通信、石化和建筑等支柱行业尤为突出。模具工业作为制造业发展的基础，将直接影响新产品的开发和产品的品质。出于对模具工业的重要地位的认识，1997 年以来，国家相继把模具及其加工技术和设备列入了《当前国家重点鼓励发展的产业、产品和技术目录》和《鼓励外商投资产业目录》。国家对部分重点专业模具厂实行的税收优惠政策，对扶植模具工业的发展发挥了积极作用。从目前来看，我国生产的模具有些已接近或达到国际水平，但总体来说还远不能适应国民经济发展的需要，大型、精密、复杂、长寿命等高档模具有很大一部分依靠进口。以 2002 年为例，我国模具产值约 40 亿美元，而进口模具达 12.72 亿美元，这还不包括随进口设备和生产线附带进来的模具。为了巩固我国世界工厂的地位，并向全球市场及时提供物美价廉、有创新性的产品，我国的模具工业除了要提高精密、高效、自动化程度高的机床应用比例外，更应在产品设计、企业决策、市场拓展和内部管理等方面探索新的生产管理模式。随着计算机的迅速普及和网络应用的飞速发展，信息化技术为我国模具企业提高核心竞争力提供了重要手段。

1. 模具 CAD/CAM/CAE

CAD 技术起步于 20 世纪 50 年代末。1963 年，美国麻省工学院的 I.E. 萨瑟兰德率先提出了 SKETCHPAD 系统，为交互式图形生成和显示技术的发展奠定了基础。60 年代中后期以后，欧美的一些大公司开始重视并投入到 CAD/CAM 技术的研究和开发中，极大地推动了 CAD/CAM 技术的发展。随着模具工业的飞速发展，CAD/CAM 技术逐渐被引入模具工业，并日益受到企业的重视。日立、日电、富士通和松下电器等公司早在 70 年代中期就成功地将 CAD 技术应用于冲压模具的设计和制造，使设计时间缩短了 1/2 以上。但是，大多数优秀的 CAD/CAM 系统都是面向机械行业的通用型系统，对模具企业而言，专业性还不够强，设计生产效率还不够高。针对市场的这一需求，国际厂商纷纷加大投入，针对各类模具的特点，推出了功能完善、操作方便的专用 CAD/CAM 系统。例如，美国 UGS 公司针对多工位级进模和注塑模分别推出了多工位级进模设计向导 CAD 系统（Progressive Die Wizard）和注塑模设计向导 CAD 系统（Mold Wizard）。两系统均无缝地集成于该公司的三维机械 CAD/CAM 系统 UG 中，为用户提供了级进模和注塑模设计环境与工具，封装了模具设计的专家知识，提供了丰富的标准化的模架库、零件库和镶件库。又如以色列 Cimatron 公司推出的 Quick 系列产品能在统一的系列环境下，使用统一的数据生成三维实体模型，完成产品设计，生成三维实体模型，并在此基础上进行自动分类，生成凸、凹模并完成模具的完整结构设计，进而对凸、凹模进行自动数控加工。

面对模具 CAD/CAM 的发展浪潮，国内的不少研究单位和公司也开发出一些面向模具行业的 CAD/CAM 系统，具有较高的实用价值。在国内,华中科技大学最先开始冲压工艺设计专家系统的研究,于 1986 年开发成功冲裁模 CAD/CAM 系统 HPC。该系统注重于人机交互界面的设计,可完成落料与冲孔的单冲模、复合模和级进模的设计。图形输入采用编码方法,能在两三分钟内做出数千个排样方案(包括单排、双排和调头双排),并从中选出材料利用率最高的方案。上海交通大学模具 CAD 国家工程研究中心与瑞士 Feintool 公司合作开发了精冲模工艺设计 KBE(Knowledge - Based Engineering,基于知识的工程)系统,与青岛海尔模具公司合作开发了注塑模模架选择 KBE 系统,与日本山中合金株式会社合作开发了冷锻模设计 KBE 系统等,使其具备了在数字化制造、系统集成、反向工程、快速原型制造及计算机辅助应用技术等方面提供解决方案的能力。北航海尔软件有限公司推出的 CAXA 品牌系列 CAD/CAM 软件也能够为用户提供有关模具工程的解决方案。

与其他工业相比,模具工业有其自身的特点。模具的设计制造是由产品模型到生产装备的逆向过程,一副模具制造好后,还要经过多次反复的试模、修模的过程,以达到成形工艺的要求、提高产品的精确性和成品率。但是,试模、修模的次数直接影响着模具的生产成本和生产周期,如何及早发现设计方案的不合理处,减少试模、修模的次数,以满足市场对模具质量和交货期日益苛刻的要求,已成为一个非常突出问题。数值分析技术 CAE 的出现为解决这个问题提供了有力的技术支持。CAE 软件诞生于 20 世纪 70 年代初,到 80 年代中期逐步形成商品化的通用和专用 CAE 软件。最典型的是 FEA(有限元)分析软件和运动学、动力学仿真软件,能对结构的静力和动力问题进行分析,还能进行振动模态分析、热分析、电磁场分析、流体分析和多场耦合分析等。世界著名的 FEA 软件有 MSC/NASTRAN、ANSYS、DEFORM、DYNAFORM、PAM - STAMP 和 AUTOFORM 等。

在国内,华中科技大学模具技术国家重点实验室在国家自然科学基金和其他课题基金的资助下,经过 10 余年的努力,开发出独具特色的、具有当前国际先进水平的三维注塑成型仿真系统 HSCAE3D。该系统能直接在三维实体模型上划分网格,显示三维分析结果,并把知识工程技术引入系统的开发中,利用人工智能所具有的思维和推理能力,代替用户完成大量工艺参数、制品几何信息、分析结果数据场等信息的分析和处理。目前,该系统已成为具有知名度的商品化软件产品,在青岛海尔模具有限公司、科龙电器有限公司等一批著名企业中取得了成功应用的经验。2001 年该项目获中国高校科技进步一等奖,2002 年又被评为 2002 年度中国机械工业 5 项重大科技进展发布项目之一。湖南大学经过对薄板冲压工艺与模具的设计理论、计算方法和关键技术的深入和系统的研究,创建了一套从基础理论与方法到 CAE 冲压分析,到冲压工艺的实验研究,再到冲压工艺设计和模具设计制造的具有自主知识产权的系统技术与装备。该项目成果已在湖南大学汽车技术研究与开发中心、上汽五菱汽车股份有限公司等企业建立起应用示范点。吉林大学开发了板材冲压成形性分析软件 KMAS。华中科技大学模具技术国家重点实验室开发了基于逆算法的面向模具设计人员的快速板材成形分析软件 FASTAMP,并在生产实际中应用。

我国模具行业已广泛采用 CAD/CAM 技术,在应用中取得了显著效益。目前,较有规模的模具企业都已采用 CAD 技术,甩掉了图板。经济实力较强的模具企业已采用 CAM 技术加工复杂模具型面。国内采用 CAD/CAM 技术较早,水平较高的单位很多,如第一汽车集团公司、东风汽车集团、成飞集团、天津汽车工业(集团)公司、海尔集团等企业。但是,目前我国大部分模具企业应用 CAD/CAM 技术还局限于二维绘图,三维设计的应用尚处在开始阶段,数控加工在模具制造中所占比例仍然较低,与国外先进水平相比,还有相当大的差距。

CAE 在我国模具行业的应用刚起步,只是在经济实力相当雄厚的企业,例如第一汽车集团公司、东风汽车集团、海尔集团等单位,才购买了少量的商品化软件,开始尝试应用。除资金因素外,目前阻碍 CAE 广泛应用的另一个重要因素是人才,这是因为目前的商品化 CAE 软件对应用人员的水平有较高的要求。

2. 产品信息的集成管理平台 PDM

随着 CAD/CAM/CAE 软件及其他应用软件的普及应用,计算机产生的类型不同、格式各异的数据资料,如市场分析报告、产品设计信息、加工图样、零件加工工艺、数控加工程序清单、仿真测试结果分析及各种说明书等,迅速增加。如何有效管理这些异构数据资料已成为企业面临的一大难题。20 世纪 80 年代初提出 PDM(产品数据管理)技术就是为了解决电子信息资源的管理问题。进入 90 年代后,计算机网络大规模普及、数据库技术飞速发展,以及 C/S 模式(客户服务器模式)和 B/S 模式(浏览器服务器模式)的广泛应用,促使 PDM 技术有了很大发展,所涉及的范围也逐步由过去单一的计算机信息管理扩展到"所有与产品相关信息和所有与产品相关过程的管理"。标准数据交换格式(如 STEP)和中间件技术(如 CORBA)的应用,使得 PDM 系统具有很好的兼容性和开放性,能透明地跨越各种异构的系统,识别不同格式的文件。因此,PDM 系统作为一个信息的沟通平台,可对企业的各种产品及其相关数据进行统一管理,并在产品开发的整个过程中协助管理者对开发过程进行有效的控制和管理。与此同时,设计人员在产品生命周期内的各个环节和产品过程相关的各个地方均能及时、准确地获取产品的相关信息,并对产品数据进行一定权限范围内的操作。这种产品数据的高度集成和共享,使得新产品的开发时间和成本大为缩减。据国外资料统计,实施 PDM 至少能降低工程成本 10%,可缩短产品生产周期 20%,减少工程变更控制时间 30%,减少工程变更数量 40%。

目前,国外的公司已开发出一些产品功能齐全、开放性好、思想新颖、技术先进的 PDM 产品,如 UGS 公司的 IMAN,IBM 公司的 Product Manager,SDRC 公司的 Metaphase,PTC 公司的 Windchill 等。这些产品在波音、IBM、福特汽车、通用汽车等公司得到推广应用,取得了成功。国内一些企业,如春兰、海尔集团、长虹和康佳等采用IMAN系统，西安飞机设计所采用IBM的PM系统，也取得了一定的成功。与此同时，国内的软件厂商也纷纷推出自己的PDM产品，如武汉天喻公司的IntePDM，武汉开目技术集成公司的KMPDM，清华同方软件公司的TFPDMS等。国产的PDM系统，无论是在功能、技术、思想上还是稳定性方面与国外产品都有较大的差距，但在价格和定制程度方面有一定优势，因此在国内的一些企业中也得到应用，如天喻公司的IntePDM系统，同方公司的TFPDM系统，大恒公司的DHPDM系统等。

3. 以CIMS为标志的企业信息化

继20世纪中后期诞生了CAD技术，1984年信息化技术进入管理业务领域，产生了MRP/MRPII技术等。这些单项技术在各自领域已达到很高的水平，但由于这些单元技术间、设备间缺乏有效的信息沟通和协调，如CAD技术一般用于产品形状定义，CAM重点用于NC编程，CAE则侧重于数值模拟，各自都有不同的信息需求和文件格式，使得各系统之间的信息交流很不顺畅，从而形成了一种所谓的“自动化孤岛”状态。如何将各种单元技术有机地整合在一起，综合地应用起来，就成为研究热点。美国于1973年首先提出CIM(计算机集成制造)理念，其基本思想是把制造企业中的各种活动，如市场分析、经营决策、工程设计、制造加工、质量控制、售后服务等，作为一个互相紧密相连的整体，并将整个制造过程视为一个数据搜索、传递、加工和处理的过程。CIM是一种先进的哲理，是基于传统制造技术、信息技术、管理技术、自动化技术和系统工程技术的一门综合性技术。但限于当时的技术条件，直至20世纪80年代初，基于CIM理念的制造系统CIMS才逐渐被制造领域重视并采用。近一二十年里，在市场竞争的激励与相关技术进步的推动下，CIM理念及其技术在实践中不断充实、完善与发展，由最初的计算机集成制造发展成为现代集成制造，其内涵也从企业内部信息的集成，逐步发展到设计制造过程的集成(并行工程)，再到企业间的集成(动态联盟)。

我国于1986年提出的高技术发展计划中确立了CIMS主题。自1989年开始，选择了20家典型企业实施CIMS应用示范工程，从1994年开始选择了80多家企业组织推广应用。CIMS的实施在不同程度上缩短了产品的交货期和报价时间，降低了产品的成本和库存，提高了产品的产量和质量。例如，国家“863/CIMS”主题以华中科技大学作为技术依托单位承担了东风汽车公司的车身与覆盖件模具CAD/CAPP/CAM集成系统的开发与应用实施。该集成系统实施以后，车身设计效率提高1倍以上，工艺设计的效率提高50%以上，加工出的覆盖件模具的质量已接近国外水平，显著提高了东风汽车公司的车身和覆盖件模具产品的质量，缩短了车身的设计与制造周期，增强了企业的竞争力。国内模具行业实施CIMS或企业信息化项目的单位还有海尔、科龙、成飞、北汽福田、鄂丰等许多企业。这些企业通过实施企业信息化项目，提高了在整个企业范围内应用计算机技术的水平，创造了显著的经济效益，也在国内模具企业中发挥了典型示范作用，积累了宝贵的应用经验。

模具制造是典型的单件生产方式，即为多品种少批量生产的极端形式，每一批次模具的每一个品种一般仅有一件，因此，通常的MRPII、ERP系统并不适合模具企业的应用。这也是模具企业信息化面临的一个难题，目前尚未得到很好的解决。现在，绝大多数企业信息化项目还停留在ERP系统的局部应用，例如，合同管理、财务管理、物料管理、设备管理等方面，生产计划管理与车间调度控制应用甚少。针对模具企业的特点，国内有些高校和研究机构已在开展这方面的研究，其中MES(制造执行系统)是当前的一个研究热点。MES是为企业的计划层和车间执行层间建立双向的信息沟通平台的。有人将MES定义为“能通过信息传递，对从订单下达到产品完成整个的生产过程进行优化管理”。MES对从生产计划到生产成品的生产活动全过程的相关硬件和软件系统进行管理和优化，通过控制和利用实时准确的制造信息来指导、传递、响应、报告车间发生的各项活动，从而为企业决策提供有关生产活动的评价信息。制造执行系统协会(MESA)对MES应用的调查研究发现，运用MES技术，可缩短制造周期45%，减少在制品17%，改进产品质量/减少次品15%。北京航空航天大学、东南大学、南京理工大学等单位在国家“863”计划资助下，在MES理论与应用系统开发方面做了一定的工作，如提出了面向敏捷制造的车间先进管理控制系统；从建立敏捷制造企业的车间生产管理系统出发，提出使用先进的MES思想和软件辅助建立敏捷车间系统。国内的MES研究仍主要停留在MES的思想、内涵及体系结构方面，尚未能推出技术成熟的实用MES软件。

〔撰稿人：华中科技大学模具技术国家重点实验室李畅、李志刚〕

模具设计制造和经营管理信息系统建设

广州广电林仕豪模具制造有限公司专业从事汽车、家电塑料模具、冷冲模具的制造。早年的广州林仕豪电脑化模具公司是中国模具业最早推行CAD/CAM进行模具设计制造的企业之一，开创了电脑化模具制造先河。重新组建后的广州广电林仕豪模具公司在广泛运用 CAD/CAM 的基础上，不断开拓创新，深化 CAD/CAM 的运用，并增加了 CAE 分析技术的运用，使计算机辅助制造技术运用日臻成熟。公司借助对传统制造业的信息化改造先机，使自己成为广州制造业的信息化示范单位，从而实现了从管理上提升企业竞争力的目标。

一、信息化建设情况

1. 项目背景

(1)为了适应我国加入 WTO 后模具行业面临的挑战和发展机遇，国外企业纷纷在中国设厂。

(2)国外模具企业主要生产大型、复杂、精密、多腔的等附加值较高的模具产品，依赖电脑辅助技术及分析系统进行设计和制造。车间基本实现了全自动化加工，仅有少数装配工作由人工完成，大部分的人员集中在设计开发部门。目前，国产轿车外覆盖件模具几乎都是进口的，大部分轻型车的覆盖件模具和许多客车和货车上的一些重要零件的模具也是进口的。而我国这类模具设计制造手段只是基础的电脑辅助手段，车间加工虽然普遍运用数控机床进行加工，但远远达不到无人加工的阶段，效率比较低，人均产值与国外相比更是存在较大差距。

(3)由于公司部分计算机软硬件设备是收购原加拿大广州林仕豪电脑化模具制造有限公司留下的设备，设备效率偏低，设计加工的能力已经跟不上发展步伐，生产周期与质量检测制约着生产规模的发展。同时，随着新产品的层出不穷，对模具设计制造的要求也越来越高，公司面临着进一步提升的压力与机遇。

(4)中国的模具行业现在都已进入快速发展时期。特别是汽车模具行业借助政府对汽车行业的支持政策，已呈现出欣欣向荣的景象，模具行业正朝着精密、大型、复杂、长寿命的方向发展。同时，广州的汽车行业也正需要一个集中的、有规模的模具服务中心为其提供模具。该中心将缩短模具的设计制造周期，提高产品质量，降低产品成本，形成小批量大规模的新型生产模式，最终提高广州汽车行业的竞争力。

为了更好提升该公司的生产加工能力和市场竞争力，实施信息化建设已经成为公司迫在眉睫的首要任务。

2. 主要内容

广电林仕豪公司现代化经营管理和设计制造信息化系统的应用包括三层内容。

(1)最低层是数据层。这一层主要集成了企业各应用系统的业务数据。这些企业应用系统包括生产管理系统、CAD/CAE/CAM/PDM 系统、财务管理系统、物料管理系统、订单管理系统、人事管理系统。

(2)中间层是 OA 层。这一层是企业的信息传递、协同工作、控制决策、指令传达的层次，是企业的业务信息交流平台。

(3)最高层是 Web 结构的企业间协同工作层次。这一层是企业信息沟通的外延，连接着企业分布在全球不同地区的公司分支机构、业务伙伴和用户。

3. 项目实施过程

(1)扩充、改造内部局域网络(LAN)，加强公司网站建设。原网络部分设备及布线的更新及改造；新建网络信息点 80 个；建设新厂房部分的网络设备；购置整个网络系统的高质量交换设备；购置网管软件及网络安全产品；增添服务器两台，建立 CNC、EDM 加工监控系统。

1)完善 CAD/CAM 系统。引进三维电子样机 CAD/CAM/CAE/PDM 一体化软件——CATIA，高速加工软件——日立造船 HZS，进一步提高公司产品的设计、加工能力，加强对汽车类曲面的处理，提高高速铣床的加工效率。

2)建立 CAE 系统。MOLDFLOW 是专用的注塑流动分析软件，其在速度等重要性能上具有很高的性价比。引进注塑流动分析软件，以增加对塑料产品流动分析、装配分析、干涉分析手段，提高模具设计的质量及效率，有效缩短模具制造时间。

3) 建立 PDM 系统。引进产品数据管理软件——SmarTeam，提供一个统一的平台，管理与产品数据相关的所有数据，用户在整个产品生命周期中维护和管理模具的相关信息，包括项目管理、图文档管理、工作流程管理、产品结构管理和配置管理等功能模块。

4)建立逆向工程、快速原型制造及虚拟设计制造技术。以三坐标测量仪的精确测量、快速扫描、三维抄数功能为主，提供先进制造系统的硬件平台，在逆向工程、同步工程运用中发挥核心作用。

(2)建立现代化企业管理系统

1)完善财务管理系统。财务管理系统包括两部分：会计核算和财务管理。会计核算主要是记录、核算、反映和分析资金在企业经济活动中的变动过程及其结果。它由总账、应收账、现金、固定资产、多币制等部分构成。财务管理的功能主要是基于会计核算的数据，再加以分析，从而进行相应的预测、管理和控制活动。它侧重于财务计划、控制、分析和预测。

2)建立物料管理系统。物料管理系统主要包括库存控制、采购管理、委托外加工及统计等内容。

3)建立办公自动化系统。办公自动化系统包括建立以下平台：企业通讯平台、信息发布平台、协同工作平台、信息集成平台、日常办公平台、知识管理平台和公文流转平台等。

4)开展电子商务。

二、信息化实施效果

总体效果：整个体系建立以后，广电林仕豪公司生产技术实力明显增强，管理上得到了有效改善，生产效率也有了巨大提高。市场反应能力及反应速度提高 30% 以上，信息内部损耗减少 20%，生产率提高 25%，成本节约 30%。项目实施前后的对比见表 1。

1. 各系统应用部分的效果

公司的网络建设从开始的几十台计算机，增加到现在的一百多台，保证公司各部门至少有两台以上的计算机可以工作，并且全部可以相互连接，组成一个中型的局域网。公司通过 ADSL 专线接入 Internet，加强了公司产品和服务的网上推广活动以及与客户的电子交流。企业建立了电子邮局，方便内部沟通，大大提高了办公效率。

表1 项目实施前后的对比

	市 场	信 息	生 产	成 本
实施前	主要依靠特快专递进行技术沟通，浪费了很多时间 通过电话沟通	由于员工的不停流动，造成信息数据不断流失 由于计算机硬件故障	全部依靠人工进行技术沟通 加工软件利用率不是太高	对采购与库存不能进行有效的控制
实施后	通过网络进行技术沟通，节约了大量时间 通用互联网进行很详细的沟通	公司的所有数据全部存贮在服务器上，使用 PDM 进行管理	全部通过计算进行技术沟通 充分利用计算技术机进行加工	对采购与库存加以控制，使资源共享，提高了利用率

整个 CAD/CAE/CAM/PDM 软件系统能大大提高设计效率，缩短产品设计周期，更进一步提高公司产品的设计、加工能力。主要加强对汽车类曲面的处理，提高新型高速铣床的加工效率，增加对塑料产品流动分析、装配分析、干涉分析手段，提高模具设计的质量及效率，有效缩短模具制造时间，并提供一个统一的平台来管理与产品数据相关的所有数据。公司目前已经实现设计加工无图化，全部由三维数据模型控制加工要求。设计 PRO/E 软件与制造 MASTER-CAM 软件、CIMATRON 软件结合使用，保障了模具生产的可行性，使用 MOLDFLOW 软件进行 CAE 分析，为设计的合理性与准确性提供了强有力的依据。

项目的开发使广电林仕豪公司具备生产高档次、大型、复杂、精密汽车模具的能力。该公司的设计和制造手段、加工工艺、研发能力等方面已超过港台先进水平，已具备参与国际竞争的实力。公司的信息化建设同时为广州市、广东省的汽车模具企业树立一个很好的示范样板。

2. 应用覆盖率

公司共有 5 个部门，该系统已经在所有的部门中得到应用。目前公司所有技术人员、管理人员可共享网上信息资源，形成了以企业先进设计制造为核心，其他软件系统为辅助的小型集成办公平台，实现了电子信息、数据信息的网上交换与共享。系统在部门的应用情况见表 2。

表2 系统在部门的应用情况

		设 计 部	生 产 部	其 他 部 门
CAD/CAE/CAM	使用前	对大型的模具设计不够精确，汽车类曲面不能很好的进行处理 流动分析不准确，对加工造成一定的难度	加工精度不够，经常使一个产品多次返工 大部分工作依靠人工来完成，工作效率较低	对设计加工不够了解 不能准确的说出一个产品的生产周期
	使用后	缩短了模具设计周期，降低了成本，提高了模具质量 具备了设计精密汽车模具的能力，超过了港、台先进水平	利用先进加工软件，提高了加工精度和模具加工质量，降低了成本 减少了人工操作，几乎全部由计算机技术一次完成	了解了加工工序，提高了各部门的响应速度 使市场部更好更快的去响应市场
PDM	使用前	资料难以管理，查找起来比较麻烦 不能很快了解产品的加工进度	不能很好地掌握模具加工进度	设计加工资料不能很准确的到达生产加工一线
	使用后	解决了上述问题，方便了大家沟通 能够很好的控制加工时间	能够很好的接收上个部门的加工资料，解决了由于资料不全而影响加工进度的问题	各类客户资料与要求能够快而准的到达设计加工部门
OA	使用前			公司各部门不能够协同办公 日常办公效率比较低，一个公文要几天才能签完
	使用后			公司各部门能够进行协同办公，提高工作效率 实现了移动办公，使公司工作流程更加标准化、规范化
金蝶软件	使用前			不能有效的对采购与库存进行控制，库存过多，资金占有率较高 固定资产核算，工资核算全部由手工计算，不能由计算机自动完成
	使用后			采购与库存得到有效控制，固定资产核算与工资核算全部由计算机自动完成 对财务计划、控制、分析和预测起了很大作用

三、项目实施的经验、体会及今后的发展思路

1. 实施经验与体会

(1)成立专项小组,而且专项小组的主要领导必须是项目实施单位的一把手或主要领导。

(2)统一思想,协同行动,和对待ISO9000质量体系认证工作一样高度重视,并发动全员参与。

(3)制定信息化分阶段实施计划,针对生产经营所需,紧密联系生产经营实际,找出示范性作用大的环节作为重点工作首先突破。

(4)把信息化管理作为完善企业管理的重要手段,所使用软件系统作为公司标准化管理的一个重要工具,并根据所使用软件的不同,制定出相应的使用规定,使软件系统发挥出应有的功能。

(5)要根据企业的自身情况,合理的进行改革,最重要的是要使计算机技术得到应用,必要时可以强制性让计算机进行运作。

(6)必要时可以请专门的IT人员进行再次开发或直接开发,但必须适用。

(7)实施以前必须对公司的计算机用户,以及将要使用计算机的用户进行整体的培训。不一定要在计算机上使用,但一定要了解其中的好处,提起使用兴趣,在脑海中形成一个好的理念,让使用者从心里先接受它,实施完成就会很好应用起来。

2. 发展思路

信息化手段的运用,先进制造系统的建立,人的主观能动性和高科技信息工具的联合效能,大大提高了企业的运作效率,提高了管理的科学依据,摆脱了经验主义的管理模式,这种提升给企业带来的影响将是深远的、长久的,是现代化制造业提升的关键,是传统模具企业腾飞的双翼。

该套系统投入使用后,使广电林仕豪模具制造有限公司模具生产能力有了大幅度提升,模具产量达年产200套以上,其中大中型模具占了30%以上。同时信息化系统的应用,对公司的生产技术手段和管理控制水平也带来质的变化,达到了香港和台湾同行的先进制造水平。广电林仕豪模具制造有限公司也由传统型模具制造业企业转变为现代化的模具制造企业。

今后无论在什么行业,计算机辅助工作已成为一个必不可少的工具与手段,尤其是在制造业中,计算机应用给企业带来的无限价值已成为一个不可否认的事实。所以,在广电林仕豪公司,除了应用好现有的系统之外,另打算在现有的基础上,对信息化系统进一步进行开发与利用,使之发挥更好的作用,为企业带来更多的效益。

目前正在建立广东省模具协会、广州市模具协会的行业协作平台,推进协作设计的信息化应用。

〔供稿单位:广州广电林仕豪模具制造有限公司〕

台湾线切割放电加工机产业及技术现状

世界上生产线切割机的国家屈指可数,产要有瑞士的AGIE及CHARMILLES两家公司,日本的MITSUBISHI、SODICK、FANUC、MAKINO、SEIBU、HITACHI、BROTHER公司,另外西班牙的ONA公司,韩国的SPM、AV&G公司、进永公司,印度的ELECTRONICA公司产量较少,外销实绩不易统计。中国台湾线切割机产量也居世界前列。中国大陆也有不少企业生产线切割机。其单价分布,瑞士的产品价格约在85~280万元之间,日本产品在65~200万元之间,而中国台湾产品在30~90万元之间。各国产品在行程大小、机械精度、品牌知名度、功能多少等方面有所差异。

2003年,中国台湾慢走丝线切割机产量仅次于日本与瑞士,稳居世界第三,约650台,其中前两位生产厂商庆鸿与徕通公司的产量就有530台,其他厂商如亚特、健升、乔懋、美溪、秀丰、健晟、联盛、群基、新烽、奕庆等厂商之生产总和约120台。

目前中国台湾地区能生产慢走丝线切割机的厂商有10家以上,超过世界上任何一个地区,且都拥有自己的技术专长。这其中最主要的原因在于台湾有一个先进的研发机构——工业技术研究院。该单位自1991年起即投入PC-Based线切割机电控系统之开发,历经十几年的努力,解决了线切割机在控制器与放电电源两项关键技术,并广为推广。工业技术研究院为半官方半民间机构,其经费部分来自政府的科技项目经费,部分来自民间企业的投入。由于中国台湾的电火花加工机产量曾高居世界第一,生产厂家约有40家。其中多数厂商有意趣投入高单价、高技术的线切割机生产行列,从而形成有相当规模的台湾线切割机产业。下面就中国台湾开发生产的线切割机控制器、放电电源及自动穿线系统做一分析与比较。

1. 控制器(Controller)

目前台湾线切割机使用的控制器主要有3种:

第一种为工业技术研究院开发的标准控制器,操作简单,功能较少。其规格与日本fanuc兼容。由于各家线切割

机生产厂商对控制器功能有不同要求，因此标准控制器仅满足多数厂商的一般功能要求为目标。该控制器的主要厂商有健升、乔懋、秀丰、新烽、健晟等。第二种为庆鸿公司向工业技术研究院引进技术后自行修改有控制器。该公司在1991～1998年连续与工业技术研究院合作，并在该院平台上注入日本系统的使用习惯，发展自己的控制系统，使得控制器颇具特色。自1999年起，庆鸿公司线切割机产量每年以30%以上的速度增长，成为台湾线切割机发展最快的企业。2003年，该公司生产400多台以上，其中逾60%的机器安装于大陆华东及华南地区。第三种为徕通公司自行发展的控制器。徕通公司拥有来自工业技术研究院的完整研发团队，工业技术研究院线切割机开发主管及计划主持人皆移至该公司，因此公司的研发实力遥遥领先其他各家厂商。有部分厂商因为该团队离开而放弃了线切割机的开发计划。目前，徕通公司的控制系统有几个特点：①控制器可与Fanuc、Mitsubishi、Sodick 3种语言兼容，因此当客户厂商拥有上述三个品牌任一种机器时，再购进徕通品牌机器，则原程序可以不经转换即可使用。②高精度的转角及伺服控制功能，使得加工后模具的配合更加精密。③独步世界的自动穿线功能，可以加工300mm的工件直接在断线点穿线，成功率在90%以上。由于这些特点，该公司仅成立3年，月产即达25台。

2. 放电电源(Discharge Power Unit)

放电电源是线切割机最关键的核心技术，不论是加工速度或是表面粗糙度皆与电源有绝对的关系。

中国台湾的线切割机电源自1998年起即开始陆续换装无电解电源，可保证间隙平均电压为0，消除电解现象，减少由于工件中之铁、碳、钴、钼等元素释放而引起的工件表面软化，导致模具寿命降低的幅度。根据测试，以无电解电源进行加工，铜线耗损率可减少10%～15%，加工速度约提高5%，而冲压模具的寿命，比传统加工法可提升5～6倍。因此，不论是粗加工还是精修加工皆可使用无电解电源。以0.25mm的黄铜线为例，其最大加工速度可达$200mm^2/min$；在表面精修部分，以高频的切换技术，控制每发能量的输出，以保证加工快速、精细。技术领先的厂商如徕通已可完成3刀加工R_a0.55um，4刀加工R_a0.3um，5刀加工R_a0.2um以下之精加工技术，有效地提高了模具的寿命。

3. 自动穿线(Auto Wire Threading)

线切割机的穿线可分为手动穿线、半自动穿线、全自动穿线三种。由于全自动穿线必须有精密的剪线机构、穿线机构、多组位置侦测及信号控制系统，在设计上相当复杂，且其专利相当多。尤其是早期发展线切割机的AGIE及CHARMILLES两家公司在自动穿线方面申请了相当数量的专利，所幸部分基本的专利已陆续到期，如美国专利3891819、3928163、3987270、4431894、4495393等。目前台湾仅徕通及庆鸿两家公司此项技术居领先地位，其中徕通公司的自动穿线系统采用独特的线进给控制及铜线退火装置，具有机构简单，控制快速，系统稳定的优点，其穿线速度可于8s内完成，且断线点穿线成功率可达90%以上，甚至300mm厚的工件都可在断线点直接穿过，自动穿线速度、厚度和成功率堪称世界第一，实为中国人的骄傲。

另外几家台湾厂商如健升、乔懋、美溪等则为半自动穿线，其动作是以水带线，在线以手动穿过下机头时，利用水的冲力，将线带往机台后方的出线滚轮处，而完成穿线的动作。因此在下机头之下方必须具备冲水与导管装置，以使线能借着水的冲力，顺着导管的方向顺利的穿出线滚轮，操作上亦称便利。

慢走丝线切割机未来发展趋势。未来世界线切割机的发展潮流应朝向高精度化/高速度化/无人化加工的方向迈进。

在高精度化方面，加工工件应有良好的尺寸精度及工件的表面完整性；在尺寸精度方面，必须克服线绕曲所引起的精度误差。

高速度化方面，目前以三菱加工速度$500mm^2/min$为最快，然其使用$\phi0.36mm$的特殊线，其线面积为0.25mm铜线的2.07倍，加工间隙与耗损皆过大，实用价值尚待观察；较实用之设计应是采用$\phi0.25mm$铜线，实现$250mm^2/min$稳定的加工，目前已有很多家厂商的展品具有此一功能。

在自动化方面，人工成本的不断上涨是导致自动化提升的一大因素，减少人为操作错误则是另一重要因素。自动化的提升以自动穿线装置的开发为首要重点，在加工过程中其可减少约80%的人力需求，人员仅剩处理上料/校模/排除废料等工作。对任何一个厂牌的线切割机而言，上料/校模可以由自动工件交换APC(Auto Plate Change)完成，废料排除可以由机器手臂完成，3R，EROWA或Hirschman皆有相关之配套设备可以选用，然而因其整套价格可能超过一部线切割机之费用，因此始终只有于展会上看到，在亚洲地区之应用实例实在是屈指可数。

线切割机历经数十年的持续发展，中国台湾的线切割机行业在世界同行业中占有举足轻重地位。未来5～10年，在中国成为世界第一大市场的同时，大中华地区将有机会建立起一个完整的线切割机产业链，以内需市场为养分，培养起3～5个国际级的非传统加工企业，不但在成本上具有绝对的竞争优势，亦能在技术上与欧美日等一流大厂匹敌。当然实现这一目标还有赖于两岸中国人共同努力。

〔撰稿人：徕通科技股份有限公司梁瑞芳〕

第十届中国国际模具技术和设备展览会模具水平评述

第十届国际模展模具评定评述专家组

第十届中国国际模具技术和设备展览会(中国国际模展)于2004年5月12~16日在上海举行。本届模展展览面积超过35 000m²,是我国历届规模最大的国际模展,不仅国内外知名厂商都踊跃参展,而且展出了许多精品、名品、新品,因此,本届模展体现了模具技术的当代水平。由中国模协聘请的专家,对参展模具进行的水平评定结果,有58副模具、14套模具标准件达到国际水平,证明了我国模具工业强劲的发展势头。

1. 塑料模及橡胶模

本届展览会中参展的塑料模数量仍居各类模具的首位。其中汽车、家用电器、办公设备、通信等制品模具不仅数量大,品种规格多,而且品质都有较大幅度的提高。比上一届模展更突出的变化是模具水平的提高带有普遍性。例如汽车保险杠、仪表板、前风罩等大型模具不仅展出的厂家多,而且制品外观质量都有了较大提高。例如,上海黄燕模塑工程有限公司的汽车后视镜模、宁波远东制模有限公司的汽车保险杠模、广州广电林仕豪模具制造有限公司的汽车后保险杠模具等,不仅形状复杂而且外观质量高。其中不少已为整车厂采用。大量家电、办公设备结构类制品模具制模精度、模具结构的复杂性等都有了很大的提高,例如,广东南海公司为日本三洋公司配套的空调底座模具,结构复杂、精度高。又如,青岛海信模具有限公的移动电话C3698下翻后壳模,不但结构复杂、精度高,而且部分结构外露部分又有表面外观的要求。余姚宁波舜宇模具有限公司展出了精度达到0.005mm的手机摄像头调焦环模具;宁波锦隆电器有限公司展出了能达到气体密封的外包弹性塑料的探测仪保护套模具。展品中还出现了不少模具型腔、型芯基体硬度达到50HRC的高硬度精密塑料注射模。这些成就的取得与众多模具企业大量采用先进的制模技术和设备是密切相关的。而一些超薄(制品中间仅厚0.08mm)制件或超厚制品模具也达到相当水平。例如,福建厦门海盛模具有限公司的膜过滤支撑板模具,制品为长800mm、宽450mm、厚8mm的板状零件,要求平面度为0.08mm;又如一些精密光学镜片制品的模具。这些模具不仅普遍运用计算机辅助分析(CAE),对模塑过程进行分析,还在积累了大量成型经验的基础上,进行了系统分析。制品的外观越来越受到重视。为此,在模具的选材、研磨抛光等工艺上采取了措施;而热转移印模的运用,使制品的外观又有了突变。例如,广东科龙模具有限公司的冰箱拉手热转印模,其制品外观十分优美,而且耐磨,并可长期保持所印图案的清晰度。除了大量的注塑模以外,还有挤塑模、吸塑模、环氧树脂热反应成型模、橡胶模等模具的展出,这些模具也都有较高的水平。例如铜陵三佳模具股份有限公司展出的宽达600mm的挤塑模、厦门耐德工贸有限公司生产的用于电器高压绝缘的APG环氧树脂热反应压力凝胶模、广东巨轮模具股份有限公司展出的线性轻触式导向结构活络子午线轮胎模等均已达到了较高的水平。所有这些表明我国的塑料模已从过去的单纯仿制、加工精度粗糙,发展到现在运用大量的先进技术和理论知识,进行设计制造,产品水平有明显提高。更重要的是这已不是个别的企业,而是涌现出大批的具有相当水平的模具企业,这是我国模具水准的整体提升。模具水准的提高不仅需要先进的制造技术和成熟的经验,更要依赖优秀的质量管理体系,具备所有这些条件才能使我们的塑料模具一步一步走向成功,走向世界。

2. 冲压模

体现高水平制造技术的多工位级进模及精密冲压模,在本届模展上,参展的厂家近50个,是历届展出厂家最多的一届。展出的品种之多,也是历届之最。从展出的品种来看,有显像管电子枪零件、手机连接器零件、数码相机零件、集成电路框架零件、电子电脑零件、家用电器零件、汽车零件、电器仪表零件、电动机铁心零件、机壳零件、接插件等冲压模具;从展出模具的技术水平分析,模具的复杂程度、制造精度、使用寿命和性能、制品精度及外观质量均有较大提高,模具制造周期等也显著缩短。主要特点如下:

(1)精密、复杂、高效、长寿命模具是展出亮点。约有10副集成电路框架、电子芯片、接插件多工位级进模与高速冲床连机运行,在展览会进行现场生产演示。冲次速度每分钟达300~800次,充分显示了精密冲模高效率生产的鲜明特色,不仅给参观者留下了深刻的印象,也是本届模展的一大亮点,体现了模具制造技术及模具工业强劲的发展趋势。

(2)新品和精品模具精彩纷呈。无锡国盛精密模具有限公司展出的手机充电器接口连接器多工位级进模,采用国际上流行的三板框套式和六大八小精密双导向结构,设置侧面抽芯机构及多处斜楔成形装置,冲裁及成形件采用硬质合金材料,凹模采用拼块式,主要模板经多次热处理和冰冷处理等。模具在高速冲床上使用,冲次速度每分钟400次以上,至今已使用1亿冲次,预计使用寿命2亿冲次,精度为2μm。冲制材料为0.2mm厚进口铜合金,制件形状复杂,有6处弯曲成形,3处内钩形触点弯曲,要求成形高度的一致性在0.02mm内,制件尺寸稳定达到图样及各项技术要求,模具档次及性能与进口模具相当。展出的用于彩管电子枪组件的G1膜片级进模和G5厚板精冲模等,均达到国外同类模具水平。南京金宁工装有限责任公司展出的GU形磁心自动压模，成形零件采用硬质合金材料，形状复杂加工难度大，主要零件制造精度达5μm内，表面粗糙度R_a0.10μm。模具结构形式巧妙，产品压制时，芯柱、外环、底件3部分密度均可分别调整，提高了使用寿命和可靠性，模具可连续压制50万次以上，总寿命压制300万次以上。模具结构制造精度、产品质量等，与国外模具水平相当。用这类模具生产的制品是高性能高质量的“神舟”五号飞船是唯一的磁心产品。峰川模具(东莞)有限公司展出的数码相机簧片级进模很有特色。18工位，制件材料0.15mm厚的不锈钢片，制件多处悬臂弯曲，形状较复杂，加工难度大。模具结构主体采用四组滚珠独立导柱，分段模板采用12组滑动导向件，结构紧凑，标准化程度高，凸模凹模采用合金工具钢材料，预计寿命300万次，整套模具制造周期只用19天。展出的汽车零件16工位级进模和家用电器零件连续拉伸模，均达到较高水平。广东科龙模具有限公司展出的汽车零件级进模具，为国外设计制造，模具采用无切边拼镶式结构，步距大，结构紧凑，制品材料较厚2.6mm，经表面弯曲、成形、翻孔冲压，废料少，产品达到国外模具验收标准。模具外形尺寸较大[1 500mm×660mm×358mm]，模具重量1.6t，制造周期30天，凸模凹模材料采用G12MoV，预计寿命30万次。这套典型的厚板级进模，体现了较高水平。上海精联模具有限公司展出的大型13工位级进模，采用4组滚动独立导柱和12组滑动导向件，模板分块组合，导料件25对。模具外形尺寸2 000mm×600mm×400mm，模具重量约2t，冲制2mm厚的08F材料，制件形状复杂，多面打弯成套设备成形，高度较高，很有特点，模具总体水平较高。成都宏明双新精密模具有限公司展出的弹簧片43工位级进模，冲制材料0.2mm厚的不锈钢片，多面成形立体弯曲，采用硬质合金刃口件，在高速冲床上生产，尺寸精度在0.05mm内，每分钟300冲次，使用寿命已超过1 000万次，替代了进口模具。

(3)多功位模具技术进步显著。有代表性的是集机电一体化的电动机铁心自动叠片硬质合金多功位级进模。从展品来看，几乎覆盖了在高速冲床上生产的所有铁心件，本届展出以双排铁心自动叠片、大规格铁心自动叠片模具为主，模具水平及技术含量又上了一个新台阶。

南京长江电器集团工模具有限公司展出的发电机铁心双排叠装模，重量约3.2t，是目前国内最大的模具之一。工件铁心外径ϕ158mm，转子铁心带台阶叠片，叠高度达100mm以上。慈溪鸿达电机模具制造中心展出的压缩机电动机定转子铁心自动叠片模，转子铁心气隙量由模具上增设的工位完成，免去二次机加工，同轴度达ϕ0.02mm以内，铁心扭槽采用高性能机电式驱动扭转机构，是目前国内制品精度最高的叠片模具之一。铁心自动叠片硬质合金多功能级进模，主要件制造精度达2μm，步进精度3μm以内，槽形凹模拼块精度1μm，回转精度1′，模具在高速冲床上使用，具有自动冲压、叠片、扭槽回转、分组等功能，直接冲出定转子铁芯组件，冲次速度每分钟300次以上，模具寿命达1.2亿次以上，模具具有高精度、高难度、长寿命的特点，是国产化程度最高的模具品种。

(4)精密冲压模技术水平明显提高。南京三乐集团有限公司机械分厂展出1套6副微波炉49L门E大型连续模，模具总重约6t，是目前生产该类制品规格最大的一套模具。该模具采用氮气弹簧管路系统、缓冲垫、复合斜楔等结构和技术，保证了制品成形精度的稳定可靠，提高了模具性能和使用寿命，预计寿命100万次以上，制造周期60天。模具结构和制造精度以及制品质量等，均达到较高水平，并获得外资企业较高评价。

国外参展的高精度多工位级进模主要为瑞士布鲁德尔，德国拉斯特、日本ISIS等公司产品，在高速冲床上联机演示的还有韩国展团技星等公司展出的翅片铁芯、接插件、IC引线框架等制件模具。国外公司展示的模具技术和制件质量及形状复杂等代表了国际先进水平。国际上流行的超精密制造技术，已应用于高档模具制造业中。

国内精密多工位级进模在制造精度、使用寿命、性能和稳定上与国外先进水平相比仍存在一定差距。主要表现在模具的材料质量和性能，热处理质量和表面处理手段等方面。模具制造周期已达到国外同类模具水平。模具价格与国外同类相比有较高竞争性，但是需防止国内在价格上的无序不良竞争，以保证模具国产化水平稳步发展。

3. 汽车覆盖件模具

汽车覆盖件模具随着汽车行业的高速发展获得了同步发展。本届模展共有40余家国内汽车覆盖件模具生产企业参加了展览，比上届参展企业增加40%。实力最强的国内几家企业都参加了本届展览，且参展企业都经过精心策划，展出了能反映其技术水平和综合实力的冲压件产品和模具资料。因展览会的级别高和各在展企业的重视，模展展出的汽车覆盖件模具和资料能反映出我国汽车覆盖件模具的技术进步。主要体现在模具形成全过程中运用的方法、手段、程序和结果。从本届模展看，技术的进步可以总结为：先进技术推广普及升级、模具质量明显提高。主要体现在如下方面。

(1)先进软件技术。第九届上海国际模展上，CAD/CAM技术运用已较为普遍，但是作为汽车大型覆盖件模具开发中的核心技术——代表冲压工艺分析的CAE技术在我国汽车覆盖件模具生产企业普及面还很少。经过2年的时间，由于该技术已发展成为一项比较成熟的共性技术，投资效果好，故本次参加模展的企业的运用率较高，大、中型汽车覆盖件模具生产企业已普遍采用。运用的CAE软件也已在传统的只作成形性分析上实现了升级，能参与冲压工艺的全过程，在分析内容的广泛性、实用性、精确性方面都有显著的进步。该项技术对产品设计与工艺分析、提高模具特别是拉延模的成功率、缩短模具制造周期、提高模具质量有着显著的作用。

取代二维CAD设计的三维CAD设计推广运用速度较快，已在部分大、中型模具生产企业被采用。为模具制造实现无图化、数字化加工迈出可喜的第一步。为消除CAD、CAM信息孤岛，实现CAD/CAE/CAPP/CAM一体化，连接CAD

与CAM桥梁作用的计算机辅助工艺设计(CPPP)技术的运用已出现在少数企业中,这为提升企业的综合管理水平、引导模具工业的技术进步和发展将产生重要影响。

(2)模具质量水平的提高。本届模展展出的产品已覆盖了代表汽车车身技术难度和质量水平的全部覆盖件零件,如侧围、整体侧围、翼子板、发动机盖内/外板、行李箱盖内/外板、大型复杂地板、顶盖、复杂骨架等制作模具,模具类型主要集中于工艺性最强的拉延模和复合性高、结构复杂的修边冲孔翻边复合模。模具质量的提高主要体现在模具形成的全过程。

代表汽车覆盖件模具质量要求和水平的轿车覆盖件模具在本届模展中展出比重增大,展出零件复杂、产品验收标准较高。除上届展出的已具备一定水平的门内/外板、顶等零件外,本届具代表性的产品为一汽模具制造有限公司展示的QQ整体侧围模具和东风汽车模具制造有限公司展出的近期将推入市场的日产中级轿车上的发动机盖外/内板拉延模。东风的模具和冲压件已通过日本日产标准验收。可以看出,排除生产产能的因素,国内一流模具公司已实现从局部零部件、中低级轿车模具过渡到整车零部件、中高级轿车模具产出的能力。国内高端模具水平与国外的差距正在缩小,中高级轿车模具全依赖进口的局面将会逐渐得以改变。这是汽车覆盖件模具质量水平取得显著进步的有力证明。

模具设计质量的提升是非常显著的。CAD/CAE技术的普及和运用已使DL图设计在冲压工艺分析方面接近国外水平;标准化结构、标准件、典型性结构的运用及其在此基础之上的灵活技术处理,已使模具结构复合程度更高、结构布局更合理、运行更可靠。具有代表性的展品中有一汽模具制造有限公司为德国大众自动线设计的天窗顶骨架件模具,设计过程中运用CAE技术进行了17轮工艺方案分析、三维实体设计、动态模拟自动传送干涉检查;东风汽车模具制造有限公司展出的左/右后轮罩外板拉延模,该模具单动拉延、适应自动化生产线的生产配置、压边圈分体并采用氮气缸作浮动压边圈动力源、工作面整体镀Cr;北汽福田潍坊模具厂展出的福田奥铃皮卡主地板翻边侧冲孔模,复合程度高,并运用勾冲吊楔结构和内埋浮动式吊楔结构;湖北十堰先锋模具股份有限公司展出的SUV后侧围外板,零件形状复杂、工艺难度非常大,所用的模具为3D CAD设计,单动拉延,压料面、工艺补充面、拉延筋设置等科学合理;其他参展企业,如天津汽车模具有限公司、四川成飞集团股份有限公司、哈飞汽车模具制造有限公司、长安汽车股份有限公司模具中心等都有高质量的产品在展会中展出。

一汽模具制造有限公司、东风汽车模具制造有限公司展出了用于自动化生产线的覆盖件模具资料,其模具和零件质量都通过外方质量标准的验收。一汽模具制造有限公司还展出了一套多功位自动化模具。这些都标志着模具技术、模具质量和综合水平的提高。

模具制造质量的进步也是十分明显的。随着高性能加工设备投入使用,CAM技术运用日益成熟,有的单位建立了知识库、刀具库、刀夹库、主轴头库等,可实现虚拟加工以检查干涉。精密加工、多轴联动加工、倾角加工方法的运用,提高了模具制造质量。同时,模具钳工精细化处理仍是必不可少的环节。湖北十堰先锋模具股份有限公司展出的SUV后侧围外板拉延件制件反映出拉延模在钳工制作上的精细和效果。

(3)其他技术。其他如逆向工程技术、测量技术、表面涂镀技术、综合检具工装、标准化运用等都取得了不同程度的进展。例如,国内代理的国外标准件中的液压斜锲元件,因元件系统运用液压原理能形成动力源,在一定范围内元件安装角度可随意变化,可随意改变活塞运动方向,故可完成难处理的斜面冲孔、局部复合倒钩形状的工艺工序;可取代部分的斜锲、吊锲,能避免因局部产品工艺的需要而增加工序和模具的问题。我们称其为柔性斜锲,可作为可选择元件来进一步增强模具的复合性或简化复合结构。

4. 压铸模和重力铸造模

(1)压铸模。在数量和品种上仅次于冲模和塑料模的压铸模,从展示的铸件来看,近两年在新技术的推广应用,模具的使用寿命,尤其是外观质量都有了显著提高。这次参展厂商约15家,主要分布在浙江省北仑地区,还有长春、广东、台州、四川等地区,产品集中在汽车、摩托车、家电行业的压铸件,体现了蓬勃发展中的我国压铸模工业的制造水平。现代模具制造技术在我国的推广应用,我国目前制模工艺和流程与国际先进水平已相近。参展企业在设计、制造过程中全部应用CAD/CAM,部分还辅以CAE进行流道分析,热场分析。优质耐热钢H13已成为主要选用钢种,真空淬火,淬硬后精加工,在合模机上装配调试,在三坐标测量仪上检测已成为通用、关键工序和手段。不少参展厂家近年新购进高速加工中心,慢走丝线切割机床,真空淬火炉,三坐标测量仪,大大提升了加工质量和缩短了制模周期。如摩托车曲轴箱类模具一般2个月左右可以试模,一汽铸造有限公司铸造模具厂生产的“中间壳体——变速箱”模具和广州市型腔模具制造有限公司生产的“电梯梯级”模具均属特大型压铸模,制造周期都在半年之内。

高速铣的应用,既加快了加工速度,还大大提高了加工能力和零件表面质量,可以减轻电加工,钳配及抛光工作量。电加工过程以石墨电极取代紫铜电极也越来越被厂家接受。

国产模具替代进口模具,进而走出国门出口到欧、美、日本工业发达国家,体现了我国压铸模质量有了飞跃的进步。成都兴光机械厂生产的液晶背投电视投影机本体压铸模,产品尺寸精确,薄壁成形完整,产品出口日本;广州市型腔模具制造有限公司的汽车零件模具也分别出口到日本、美国。

展品中,北仑华盛模具厂展示的缝纫机机头模具,结构复杂,流道设计合理。成都兴光机械厂的显微镜座压铸模以及北仑模具压铸有限公司的双缸柴油机箱体系列产品,形状复杂,抽芯数目较多,制造难度高。成都天光机械厂的汽车离合器压铸件,表面质量较好,产品成型理想,给观众留下较深刻印象。还值得一提的是：一汽铸造有限公司压铸模具厂展示的中间壳体——变速箱模具是迄今我国生产的最大的汽车零件压铸模，该压铸件重 29kg，模具质量达 33.5t，在32 000kN压铸机上成形，制造难度极高。该模具在设计中，通过 CAE 流道分析设计浇注系统，铸件质量较好，该模具的成功制作，反映了该企业有较高的模具生产实力和水平。广州市型腔模具制造有限公司展示的1 000mm电梯梯级模具，该模具通过组合能生产 3 种规格梯级（1 000mm、800mm、600mm）。在制造过程中，该公司技术人员与国外专家联合分析设计（确定设计方案，进行 CAE 流道分析及设计），踏面表面质量显著提高。该模具造工精细，尺寸准确，替代了进口模具，不失为一套精良的大型模具。

从这次展览会上也反映出目前我国压铸模具制造上与国外工业发达国家尚有差距：①模具在使用过程中可靠性不稳定，使用中故障率高，造成停产修模，影响班产。模具易出现龟裂、破裂，寿命还赶不上进口模具。②镁合金模具在上海、广东、四川等地区已生产了不少，但没有参加展示。而且，行业内对此类模具研究不深。③CAE 技术、高速铣、石墨电极加工中心的应用还未普及。④国产模具替代进口模具已是不争事实，但进口耐热钢在国内销售量却相对国产钢呈上升趋势，说明国产材料还存在差距。

(2)重力铸造模。这次参展的厂家不算多，但基本上反映了目前我国重力铸造模具生产的新动向。浙江省象山地区是我国目前重力铸造模具的主要生产基地。宁波合力模具有限公司、宁波强盛机械模具有限公司、洛阳一拖模具厂以及一汽铸造有限公司铸造模具厂都展示了近两年的一些水平较高的铸件，品种基本集中在汽车缸体、汽车进气歧管，汽车缸盖等。

目前我国模具厂已普遍采用 CAD/CAM，已能独立开发、设计、制造汽车行业用的重力铸造模，模具寿命为 15 万模次左右。宁波合力模具有限公司展示的 CAMI 下进气歧管铸造模用于铸造通用汽车上的零件，以及三菱 4G6 缸盖，水平较高。洛阳一拖模具厂展示的轿车进气歧管，外形及外观质量好，铸件成品率高。

我国重力铸造模具大量生产起步较晚，与国外同类模具相比有较大差距，主要是铸造过程中产品合格率偏低。

5. 快速模具制造及快速成形技术

快速模具制造及快速成形（RP）技术在近两年来发展迅速，参加本届模具展览会的有关快速模具制造及 RP 技术的厂家、科研院所和大专院校有近 20 家。展品技术水平和质量给人们留下了深刻的印象，体现了快速模具制造及 RP 技术正向着高精度、更快捷的方向发展和进步。

(1)快速模具制造及快速零部件制造技术不断提高，形成了专业化生产能力。随着全球经济的发展，市场的激烈竞争，加快了产品开发速度，缩短了产品开发周期。新产品的快速开发试制给模具的快速制造提出了更高的要求，近年来快速模具制造商投入了很大的人力和物力，对各种模具的快速制造进行研究开发，对传统的快速模具制造技术进行改造、嫁接了先进的 RP 及 NC 技术，取得了可喜的成果。如本次模展展出的北京殷华快速成形与模具技术有限公司、华中科技大学塑性成型模拟及模具技术重点实验室、华中科技大学武汉滨湖机电技术产业有限公司、深圳殷华快速模具制造有限公司、上海联泰科技有限公司、北京隆源自动成型系统有限公司、上海申模科创有限公司、宁波科创制造技术有限公司、马路科技顾问股份有限公司、数码汇聚有限公司等的 RP 技术，都能较好地的应用于新产品开发过程中的设计验证与功能验证；较好地应用于新产品开发过程中的单件、小批量和特殊复杂零件的直接生产；都能通过各种转换技术将 RP 原形转换成各种快速模具，如硅胶模、金属冷喷模、陶瓷模等，适应了产品更新换代快、小批量和个性化生产的发展趋势，都已形成了专业化生产能力。烟台泰利汽车零部件制造有限公司（是山东省快速模具工程技术研究中心）研究开发的汽车覆盖件快速模具制造技术近年来有较大的突破。他们在原来传统快速模具技术的基础上嫁接 RP 原形制造技术及 NC 技术，改变了传统的模具制造工艺，提高了汽车覆盖件快速模具制造的精度，满足了轿车新产品开发试制的需要，填补了我国汽车车身试制中的空白，达到了国际同类模具制造水平，在我国汽车开发中逐渐被采用。该公司的低熔点合金快速模具、中熔点合金快速模具、复合材料快速模具及电弧喷涂快速模具及喷涂设备、喷涂材料的研究已逐渐形成系列化、产业化，已具备快速制造新型汽车覆盖件的专业化生产能力。

随着新产品开发速度的加快，快速成形技术市场越来越大，发展迅速，对设备的性能要求越来越高。从本次模展展出的快速成形设备的情况看，无论从成形的速度到成形的精度及表面质量、后处理等性能较以往都有了较大的提高。如陕西恒通智能机器有限公司研制的 SPS 激光快速成形机，激光扫描速度 2～8m/s。激光光斑直径 <0.2mm，表面质量好，后处理简单省时。公司还研制了 CPS 紫外光快速成形机、CLM400 快速成形机、ZK 系列真空浇铸成形机等。上海联泰科技有限公司开发的 RST 系列、RSS 系列、RSB 系列激光快速成形机、RIM 成形机/低压注型技术，还有 Z－Corp—基于三维打印技术的快速成形机。其特点是设备成本低、成型速度快、可打印真彩色原型，细节再现能力也较好，并且可以成形嵌套的封闭结构。由于成形过程不用加工支撑结构，所以数据处理过程非常简单。深圳海维斯特科技有限公司的 HVST 真空注型系统，宜于生产具有特色的高精密和少量多样化的产品。

(2)快速成形材料及快速模具材料发展迅速。本次展会展出快速制造系统的厂家均展出了各种快速成形材料。这些性能不同的材料是汽车、航空、医疗器械、电子、日用品等领域的理想应用材料。如 AXSON 公司开发生产了一系列用于快速样件制作的高性能聚氨酯树脂，利用这些材料可以经济快捷地制作原形件进行测试、装配，从而缩短产品开发周期，降低开发风险。快速模具材料，除低熔点合金材料、中熔点合金材料外，沈阳（丁氏）宏可材料有限公司展出的“宏可基础制模系列材料”是一种用以制作基础模型、模具的专用材料，该材料能缩短制模周期、降低制模成本、提高模具加工精度，达到了国际同类产品的性能指标。

纵观本届模展上近20家展出的快速模具制造及快速零部件制造技术，显示了现代制造技术向着更快捷更精密的方向发展，该技术的发展必将推动产品制造业的高速发展。

6. 模具标准件

模具标准件(简称模标件)是模具的重要组成部分，是模具的基础构件。模具标准化程度和应用水平是衡量现代模具整体技术水平的重要指标，也是模具工业发展中不可忽视的重要环节之一。从本届展览会上展出的各类模标件来看，的确具有与时俱进、蓬勃发展的特色，主要表现在以下几个方面：

(1)参展厂商多。据不完全统计，共有78家国内外厂商参展，比上届多了近20家，是历届最多的一次。其中美国IEM公司，日本MISUMI(上海)公司等著名厂商首次展出了他们的展品，引起了与会客商的极大关注。

(2)展品的品种、规格增加较多。不仅有历届展出的冲模模架、塑料模模架、导柱、导套、推杆、推管，模具弹簧等商品化程度较高的产品，而且有许多新型模标件，如翅片冲孔模凸凹模、气动式提升器、弹簧式翻边顶出器、预翻边连杆机构、斜导柱滑块装置、NAAMS系列斜楔装置、氮气弹簧、热流道系统和液压冲切系统元器件以及各种类型精密含油导向件等高技术含量、高附加值的展品。

(3)模标件产品的设计制造技术有显著提高。随着CAD/CAM技术的普及应用，许多企业在不断提高专业化和产品质量的同时，已开始注意向客户提供产品数字化图形库(光盘)。另外，实型铸造、高速铣削(HSM)、特殊表面处理(涂镀、填充、粉末冶金)、真空热处理等新工艺、新技术正在逐步推广应用，使产品的技术性能和质量水平有了明显提升。

(4)汽车模标件专业生产经销商显著增多。随着我国汽车模具国产化率的逐年提高，对汽车模标件的需求量大增。因此专业化生产经营汽车模标件的厂家也逐年增多。仅参与本届展会的就有10余家，如：大连盘起工业公司、西安(1001)航光模标所、天津众鑫模标件公司、北京世茂公司、北京永茂公司、美国IEM公司、上海MISUMI公司等。他们的展品品种、规格多，都具有较高的技术水平。

随着我国模具工业的迅猛发展，国内企业经济体制和经营机制改革的深入，外企和港台企业的介入以及私企的兴起，使我国模标件行业呈现一派蓬勃发展产销两旺的大好局面。但也存在一些带有倾向性的问题值得重视，主要有如下5个方面：①展品中仿制品居多，自主开发能力不足。那些技术含量高、结构先进、性能优异、质量上乘、更换便捷的模标件，基本上都是按日本MISUMI、SANKYO、FUTEBA、美国D.M.E、德国HASCO等世界著名企业标准生产的。当然也有某些创新和改进。这说明我国模具标准水平还有待进一步提高。②部分模标件技术含量较低，从申报评优的53项模标件展品中，仅标准模架就20项，导向件(导柱、导套)18项，合计38项，占70%以上，而其余多为推杆、推管之类，技术含量相对较低的产品。这说明，我国模具行业从事新型模标件研究和开发工作薄弱，与国外工业发达国家模标件品种多、规格全、档次高相比，差距甚大。③模标件的外观质量较差，本届模标件展品的外观质量比往届有一定提高，但与国外产品的光彩夺目相比，还是有相当差距，虽然说展品的内在质量是最重要的，但也不能忽视展品的外观质量，应在不断提高内在质量的同时，努力提高外观质量。④模标件的生产厂、点分布不均，本届国内模标件参展商多来自上海、江苏、浙江和广东等模具工业相对发达地区，这说明我国模标件生产销售网点分布严重不均，这在某种程度上也影响了模标件的广泛应用。⑤无序竞争的现象较严重。

据初步了解，国产模标件平均售价仅为国外价格的50%～80%，中低档产品售价更低，具有相当的竞争力。外资企业为了占领国内市场，已开始降低售价(少数产品降价幅度达40%)。这是值得国内企业高度重视的动向之一。外资企业在已实现规模化生产的部分产品上采取降价措施，是借助他们的设备和技术上的优势，实现薄利多销，产生了规模效益。这与国内个别企业不计成本、盲目压价、低价倾销、抢占市场的无序竞争行为具有本质上的差别。无序竞争势必导致偷工减料、粗制滥造、质量下降，甚至殃及行业总体利润率水平，将进一步拉大我国与外国模具价格的差距。这是需要认真研究、亟待解决的问题。

7. 模具材料

本届模展的模具材料展商约30家，其中几家展商是国际上知名的模具钢研究和生产企业。本届模展基本反映了当前模具材料的先进水平及发展趋势，也在一定程度上反映了我国模具企业的模具用材水平。其突出特点如下。

(1)模具材料系列日趋完善与细化，系列化程度已越来越高。模具材料的分类已不仅仅是按热作、冷作、塑料等大类分成系列，而且在同一大类中，还按使用性能或用途的不同有进一步细化的趋势。例如，瑞典一胜百(ASSAB)公司的塑料模具材料中，根据用途不同，又将耐腐蚀塑料模具钢进一步细化成6个品种，有色金属塑料模具材料则有硬铝ALUMEC，铍铜MM30、MM40和PT18。大同特殊钢株式会社的热作模具钢系列中，铝镁压铸模具钢又有DHA、DH2F、DH21和DH31－S 4个钢种，前两种钢用于一般用途，后两种钢则用于大量压铸生产的场合。按硬度高低从低到高将塑料模具钢分档，已成为许多模具钢生产和销售企业细化塑料模具钢品种的常规做法。

(2)根据模具对使用性能的新要求，通过调整材料成分，或借助先进的工艺方法和工艺手段，不断开发具有特殊使用性能的新型模具材料。乐嘉文(BOHLER)公司采用粉末冶金工艺方法生产高碳高合金模具钢又有新进展，在本届模展上又推出了新型粉末高速钢S290，使其粉末高速钢的数量增加到了5个。与S390相比，S290的Co含量提高到了11%左右，使钢的硬度达到了69～70HRC。S290主要用于不锈钢精冲模。据介绍，该公司还开发了新型冷作模具钢S360和S390，主要用于冲压模。瑞典一胜百(ASSAB)公司通过调整成分，并采用电渣重熔(ESR)的生产手段，开发了 STAVAXSUPREME,与 STAVAXESR 相比,STAVAXSUPREME 的淬透性较好,适合于较大截面的模具。另外,一胜百还通过同时采用电渣重熔(ESR)和真空冶炼(VAR)两种精炼工艺,开发了塑料模具钢 POLMAX。据介绍,POLMAX 具有极好的抛光性,优良的耐腐蚀等性能,主要用于有特殊镜面要求的模具。除上述钢种外,相关企业还在本届展览会上推出了其他模具钢钢种。相比之下,在借助先进的工艺方法和工艺手段,不断开发具有特殊使用性能的新型模具材料方面,国外知名企业明显地走在了我国企业的前面。

(3)不断提高产品质量与性能,已成为模具材料生产企业的普遍追求。材料的质量与性能得到了模具材料生产和使用单位的普遍重视。对于模具钢生产企业来说,尽管各自最终达到的质量和性能的优良程度仍存在差异,有时甚至这种差异还很大。但无论是国外还是国内企业,都在通过不断改进或更新工艺方法和工艺手段,进一步提高材料的纯净度、致密度、均匀性、等向性及质量的稳定性,进而提高材料的使用性能。这也是模具材料发展的大趋势。相对而言,本届模展展示的模具钢质量和性能基本上处于较高水平。

对于国内大部分模具材料使用企业来说,尤其在制造精密、复杂、长寿命的模具时,模具材料的性能、质量及其质量和性能的稳定性已成为选材时考虑的主要因素。这一点也在一百五十余套参加本届模具评定的模具用材情况中得到了突出体现。

(4)国内模具用材水平又有明显提高。在本届模展上申请参加评定的一百五十余套模具中,使用的模具材料有塑料模具钢 2738、NAK80、P20、718、GS718、S316 等;冷作模具材料 O1、D2、D6、7CrSiMnMoV、Cr12MoV、ASP23、ASP30 和 V10 等;压铸模具钢 W302—2000、H13 等,其中国外牌号占绝大多数。上述材料基本上是近十年来开发或已在大力推广的具有良好使用性能的模具材料。因此,与上届相比,本届参加评定的模具在用材水平上有新的提高。

〔撰稿人:第十届国际模展模具评定评述专家组叶 军(组长)、单秉俊(副组长)、张孝民(副组长)、陈德忠(副组长)、李德群、安文宝、吴玉道、郑义和、马颖生、张华禹、张顺福、邹云甫、蔡紫金、谢小华〕

第十届中国国际模具技术和设备展览会国内模具展品评定结果

——72 项模具及模具标准件具有国际水平

在 2004 年 5 月 12 ~ 16 日举行的第十届中国国际模具技术和设备展览会上,受中国模具工业协会委托,中国模具工业协会技术委员会组织专家对国内企业参展模具及模具标准件的技术水平进行了分析比较,有 58 项模具和 14 项模具标准件具有国际水平;有 61 项模具和 27 项模具标准件具有国内先进水平。具有国际水平的模具见表 1,具有国内先进水平的模具见表 2,具有国际水平的模具标准件见表 3,具有国内先进水平的模具标准件见表 4。

表 1 具有国际水平的模具

序号	模 具 名 称	制 造 单 位
1	奥迪 A6 汽车走线槽注塑模	浙江余姚市工程塑料厂
2	MINMIG 外壳二次成型模具	宁波美灵塑模制造有限公司
3	手机摄像头调交环注塑模	宁波舜宇模具有限公司
4	蜗壳 48 BASE 注塑模	余姚市恒利塑胶钢模有限公司
5	净水瓶盖注塑模	余姚市新华塑模有限公司
6	奇瑞汽车保险杠注塑模	宁波远东制模有限公司
7	按摩器手柄气体辅助注塑模	宁波朗迪模具技术有限公司
8	医疗器材泵体注塑模	余姚市通运重型模具制造有限公司
9	冰箱手柄注塑模	广东佛山顺德百年科技发展有限公司
10	空调分体机底盘注塑模	广东佛山顺德百年科技发展有限公司
11	汽车圆柱盖上、下盖注塑模	广东佛山顺德百年科技发展有限公司
12	冰箱拉手热转印模	广东科龙模具有限公司
13	发电机电机(双排)叠装模	南京长江机器集团工模具有限公司
14	GU 形磁芯自动压模	南京金宁工装有限责任公司
15	微波炉 49L 门 E 连冲模	南京三乐集团有限公司机械分厂
16	自动扶梯梯级压铸模	广州型腔模具制造有限公司
17	四回路保护阀本体压铸模	广州型腔模具制造有限公司

（续）

序号	模具名称	制造单位
18	福田奥铃皮卡主地板翻边侧冲孔模	北汽福田汽车股份有限公司潍坊模具厂
19	G1膜片冲模	无锡国盛精密模具有限公司
20	连接器级进模	无锡国盛精密模具有限公司
21	G5厚板冲模	无锡国盛精密模具有限公司
22	宽幅异型材挤出模具	铜陵三佳模具股份有限公司
23	MGP注塑模	铜陵三佳模具股份有限公司
24	侧围自动化落料模具	一汽模具制造有限公司
25	汽车冲压件模具	一汽模具制造有限公司
26	汽车侧围拉延模	一汽模具制造有限公司
27	多工位自动化冲模	一汽模具制造有限公司
28	FM仪表板总成浇铸模具	一汽模具制造有限公司
29	空调底座注塑模	南海华达高木模具有限公司
30	轿车进气岐管铸模	洛阳一拖模具厂
31	柴油机曲轴锻模	洛阳一拖模具厂
32	汽车后视镜壳注塑模	上海黄燕模塑工程有限公司
33	线性轻触式导向结构活络模	广东巨轮模具股份有限公司
34	医用丁基胶塞系列模具	孝感三江航天红林模具制造有限公司
35	后侧围外板拉延模具	湖北十堰先锋模具股份有限公司
36	左右后轮罩外板拉延模具	东风汽车模具有限公司
37	汽车前端PUG检具	东风汽车模具有限公司
38	发动机罩内板拉延模具	东风汽车模具有限公司
39	发动机罩外板拉延模具	东风汽车模具有限公司
40	移动电话CDMA下翻后壳注塑模	青岛海信模具有限公司
41	膜过滤器支撑板注塑模	厦门海盛模具有限公司
42	定转子铁心自动叠片模	慈溪鸿达电机模具制造中心
43	电机组装 HAIER PUMP CASE 注塑模	浙江黄岩亨达塑料模具有限公司
44	时代轻卡水晶款灯具注塑模	浙江模具厂
45	汽车仪表台注塑模	浙江模具厂
46	1311双面托盘注塑模	浙江黄岩荣信模具塑料厂
47	后侧围下部内饰板注塑模	黄岩星泰塑料模具有限公司
48	美人豹车门内把手注塑模	浙江黄岩纪元模具有限公司
49	阀门注塑模	浙江黄岩纪元模具有限公司
50	SIDE GUIDER 注塑模	浙江黄岩美多模具厂
51	前盖(气辅)注塑模	浙江黄岩美多模具厂
52	91cm(36in)电视柜前框注塑模	浙江陶氏集团有限公司
53	PP内槽消音顺流三通注塑模	黄岩东方模具厂
54	73cm(29in)电视机前框注塑模	浙江黄岩永宁塑料模具有限公司
55	家用豪华型电饭煲注塑模	佛山市科尔技术发展有限公司
56	下进气歧管铸造模	宁波合力模具有限公司
57	圆柱形滴头注塑模	山东莱芜精瑞模具有限公司
58	风神前保险杠注塑模	浙江嘉仁模具有限公司

表2　具有国内先进水平的模具

序号	模具名称	制造单位
1	手机耳机盖注塑模	宁波美灵塑模制造有限公司
2	粉盒外底注塑模	宁波舜宇模具有限公司
3	松土机底座注塑模	宁波锦隆电器有限公司
4	探测仪保护套注塑模	宁波锦隆电器有限公司

（续）

序号	模具名称	制造单位
5	按钮安装螺母注塑模	余姚市新华塑模有限公司
6	一汽马自达隔热板冲模	宁波朗迪模具技术有限公司
7	医疗传感器支承架注塑模	余姚市通运重型模具制造有限公司
8	订书机压钉板冲模	余姚市通运重型模具制造有限公司
9	汽车左右装饰板注塑模	广东佛山顺德百年科技发展有限公司
10	汽车大灯装饰罩注塑模	广东佛山顺德百年科技发展有限公司
11	汽车圆柱盖上、下盖注塑模	广东佛山顺德百年科技发展有限公司
12	汽车转向柱上、下半护罩注塑模	广东佛山顺德百年科技发展有限公司
13	烤箱手柄注塑模	广东佛山顺德百年科技发展有限公司
14	汽车仪表面板注塑模	广东佛山顺德百年科技发展有限公司
15	冰箱上抽屉注塑模	广东科龙模具有限公司
16	冰箱底座面板注塑模	广东科龙模具有限公司
17	电视机后壳套件注塑模	广东科龙模具有限公司
18	冰箱拉手气辅注塑模	广东科龙模具有限公司
19	汽车零件 WSBRACKET 冲模	广东科龙模具有限公司
20	水泵电机(双排)叠装冲模	南京长江机器集团工模具有限公司
21	显像管耳环级进模	南京三乐集团有限公司机械分厂
22	汽车组合式干燥器本体压铸模	广州型腔模具制造有限公司
23	福田奥铃皮卡左右前轮罩翻边整形冲孔侧冲孔模	北汽福田汽车股份有限公司潍坊模具厂
24	福田奥铃皮卡翼子板拉延	北汽福田汽车股份有限公司潍坊模具厂
25	福田奥铃皮卡左右翼子板、侧翻边侧冲孔模	北汽福田汽车股份有限公司潍坊模具厂
26	福田奥铃皮卡翼子板、侧翻边侧冲孔模	北汽福田汽车股份有限公司潍坊模具厂
27	福田奥铃皮卡前围本体、拉延模	北汽福田汽车股份有限公司潍坊模具厂
28	f7×36R×2P 空调翅片模	无锡国盛精密模具有限公司
29	铝合金压铸模具(显微镜罩)	成都兴光机械厂
30	汽车纵梁前段系列模具	长安汽车股份有限公司模具制造中心
31	LG 微波炉面框注塑模	天津通广集团模具塑料有限公司
32	园林机械电动工具外壳注塑模	上海翰氏模具成型有限公司
33	定位板一出二件连续冲模	深圳市生辉精密模具五金有限公司
34	双排无废料硬质合金级进模	安徽省芜湖万通模具责任有限公司
35	数码相机零件步进模具	峰川模具(东莞)有限公司
36	汽车零件步进模具	峰川模具(东莞)有限公司
37	家用电器步进-单冲	峰川模具(东莞)有限公司
38	柴油机连杆锻模	洛阳一拖模具厂
39	塑料注射模具(6388 手机)	北京兆维工装有限公司
40	汽车仪表架本体注塑模	上海黄燕模塑工程有限公司
41	汽车空调风叶轮注塑模	湖北鄂丰模具有限公司
42	越野车机盖压合模具	湖北十堰先锋模具股份有限公司
43	电视机 53cm(21in)前壳注塑模	青岛海信模具有限公司
44	电脑显示器后壳注塑模	青岛海信模具有限公司
45	汽车车门本体注塑模	厦门海盛模具有限公司
46	丰田面罩注塑模	浙江黄岩亨达塑料模具有限公司
47	50QT—42 摩托车灯注塑模	浙江模具厂
48	汽车保险杠注塑模	浙江模具厂
49	尾灯面罩三色注塑模	台州大发模具制造有限公司
50	汽车车门把手注塑模	浙江黄岩纪元模具有限公司
51	汽车前保险杠注塑模	浙江模具厂
52	分体空调出风口底座连体注塑模	浙江黄岩美多模具厂

（续）

序号	模 具 名 称	制 造 单 位
53	后盖注塑模	浙江黄岩美多模具厂
54	顶灯灯体注塑模	浙江黄岩美多模具厂
55	91cm(36in)电视机后框注塑模	浙江陶氏集团有限公司
56	多曲面反射镜 BMC 注塑模	浙江赛豪实业有限公司
57	73cm(29in)前框注塑模	浙江黄岩永宁塑料模具有限公司
58	汽车后保险杠注塑模	广州广电林仕豪模具制造有限公司
59	冰箱、冰柜发泡注塑模	滁州市宏达模具制造有限公司
60	63cm(25in)电视机前框注塑模(外)	浙江黄岩永宁塑料模具有限公司
61	63cm(25in)电视机前框注塑模	浙江黄岩永宁塑料模具有限公司

表 3　具有国际水平的模具标准件

序号	模 具 名 称	制 造 单 位
1	翅片模冲孔凸凹模	盘起工业(大连)有限公司
2	塑料模架	浙江亚轮塑料模架有限公司
3	滑动模架	陕西渭河工模具总厂
4	斜导柱滑块装置	西安航光模具标准件研究所
5	预翻边连杆机构	西安航光模具标准件研究所
6	氮化顶针	昆山奕杨精密五金有限公司
7	快捷模架	昆山华星模具导向件有限公司
8	自润滑独立柱	昆山荣滕模具制品制造有限公司
9	标准系列注塑模架	佛山市顺德区圣都模具有限公司
10	钢板四导柱滚动模架	镇江船山模架厂
11	钢板精冲模架	镇江船山模架厂
12	可卸四导柱滚珠模架	杭州萧山精密模具标准件厂
13	高精度冷冲模架	杭州萧山精密模具标准件厂
14	精密导向件	杭州萧山精密模具标准件厂

表 4　具有国内先进水平的模具标准件

序号	模 具 名 称	制 造 单 位
1	标准阶梯凸模	盘起工业(大连)有限公司
2	标准直顶杆	盘起工业(大连)有限公司
3	精密冷冲模架	无锡曙光模架有限公司
4	精密可拆卸滚动导向部件	陕西渭河工模具总厂
5	精密滚珠模架	陕西渭河工模具总厂
6	推管(司筒)	增城实力模具标准件有限公司
7	冷冲模架	山东模具总公司
8	自润滑独立导柱	昆山华星模具导向件有限公司
9	加密型双头滚动导向件	昆山华星模具导向件有限公司
10	精密钢板模架	昆山华星模具导向件有限公司
11	锥度滚珠导向件	昆山荣滕模具制品制造有限公司
12	精密双向滚珠导向件	昆山荣滕模具制品制造有限公司
13	滚动导向件	昆山荣滕模具制品制造有限公司
14	推杆 \ 推管	安徽振华模具标准件有限责任公司
15	独立导柱	镇江船山模架厂
16	三板滚动模架	镇江船山模架厂
17	滚动导向件	镇江船山模架厂
18	独立导柱(A)	镇江船山模架厂

（续）

序号	模　具　名　称	制　造　单　位
19	独立导柱(B)	镇江船山模架厂
20	铸铁模架(A)	镇江船山模架厂
21	铸铁模架(B)	镇江船山模架厂
22	中间导柱圆形模架系列	杭州萧山精密模具标准件厂
23	滚珠导向部件	杭州萧山精密模具标准件厂
24	顶针、推管(司筒)	东莞市锦鸿塑胶五金模具配件有限公司
25	顶针 A	增城实力模具标准件有限公司
26	顶针 B	增城实力模具标准件有限公司
27	锥度顶针	增城实力模具标准件有限公司

第十届国际模展模具评定评述专家组名单:叶　军(组长)　单秉俊(副组长)　张孝民(副组长)　陈德忠(副组长)　李德群　安文宝　吴玉道　郑义和　马颖生　张华禹　张顺福　邹云甫　蔡紫金　谢小华

〔供稿单位:中国模具工业协会技术委员会〕

第十届中国国际模具技术和设备展览会模具制造技术及设备评述

第十届中国国际模展模具评定评述专家组

第十届中国国际模具技术和设备展览会(模展)于2004年5月12～16日在上海举行,本届模展展览面积超过35 000m^2,精品、名品、新品精彩纷呈,胜况空前。在模具制造技术及设备方面,国内外知名厂商都参加了展出,体现了模具制造技术的当代先进水平及其发展趋势,显示了模展的强大生命力,必将对我国模具工业发展起到积极的促进和推动作用。

本文就本届模展中的现代模具制造技术及关键设备进行评述。

1. 加工中心与数控铣床

本届模展共展出各种加工中心和数控铣床60余台。分别来自瑞士、德国、意大利、美国、日本、西班牙和我国台湾省及香港地区的厂商,国内也有部分机床厂产品参展。

展品仍以高速铣削机床(HSM)为主,国外展品全部是高速铣,国内只有合资和独资企业有来件组装或按国外图样生产的高速铣展出,我国台湾厂商展出的高速铣多于上届。从总体上看,本届展品的技术水平高于上届,表现在:多次展出的产品技术上更加成熟,首次展出的新产品技术水平更高。纵观参展产品都各有特色,由于不少展品在上届或前几届展出和评论过,现只对首次展出的新产品介绍如下:

德国的德马吉公司历来是展品最多的展商之一,本届共展出各种模具加工设备9台,其中加工中心6台,有2台是首次展出。其一为DMC 75V立式加工中心,该产品就是继上届展出的DMC 64之后进一步改进完善的 *X*、*Y*、*Z* 3个坐标均由直线电动机驱动的立式加工中心。DMC 75V立式加工中心 *X*、*Y*、*Z* 3个坐标行程为750(885)/600/560(600)mm,主轴转速18 000r/min,主轴功率35kW,最大转矩119/85Nm,*X*、*Y*、*Z* 三向快速进给均为90m/min,加速度2g,刀柄SK63,刀库容量30把。该机床是专门针对模具行业开发的,机床立柱采用龙门结构,*X* 轴导轨在立柱上面,*Y* 轴在床身上,工作台前后移动时重心始终在导轨范围内。系统为Heidenhain ITNC530,具有很快的处理速度。该机床还有五轴联动的派生产品,可借助主轴头的回转摆动与数控回转工作台实现五轴联动加工。为降低部件高速运动时的温升和热变形,该机床在3个运动部件上装有温度传感器,对温度进行监测和位置补偿。由于三轴速度匹配得当,故三维加工时切削进给速度可以达到30～40m/min,并保持很高的加工精度。

另一台首展的DMC60T是一台具有自适应功能的高精度立式加工中心,是一个由模块化组成的系列,由DMV60/80/100等机床组成。展出的DMC 60T *X*、*Y*、*Z* 3个坐标行程为630/560/560mm,主轴电动机15kW,主轴转速12 000r/min,刀柄SK40,快速进给三轴均为50m/min,加速度6m/s^2。高速型主轴转速为24 000r/min,最高42 000r/min。该机床还可以提供一种自适应功能软件ATC,这是用于模具加工工艺的一种专家系统,是针对表面质量、精度、速度(效率)3种加工目的而设置的专家系统软件,可帮助操作者优选最佳工艺参数,以实现最佳加工效果。

瑞士阿奇夏米尔公司是瑞士著名的电加工机床生产厂,这次除展出多台精密电火花机床外,同时还展出1台高速铣削中心(HSM)。原因是2000年瑞士生产精密机床的米克朗公司并入了该集团,这次展出的是米克朗公司并入该集团后开发的HSM800加工中心,从某种意义上体现了该集团的经营思想:模具加工的成套性。因为EDM和HSM两者是模具精加工不可缺少的加工设备。米克朗公司这次展出的HSM800主轴转速为36 000r/min,主轴功率为32kW,加工范围 $X/Y/Z$ 为 800mm × 600mm × 500mm,承载1 000kg,是该系列最大的一种。

米克朗公司以生产精密机床著称,所开发的HSM400U获2002年度欧洲高速加工奖第一名。其产品能保证工件最佳精度的主要原因是:机床选用高阻尼材料作床身,从而使机床刚性和抗振性好。采取的主要措施有:封闭的O形龙门结构、人造大理石的床身、$Y-Z$ 溜板高强度的铸造结构、高速电主轴采用负载能力高、使用寿命长的陶瓷混合球轴承,并装有用于热补偿的温度传感器和矢量控制系统,以及安装在三轴上的精密光栅尺,以保证加工精度。另外,电主轴还装有恒温水冷装置及高压喷射干式或湿式冷却剂的装置和良好的防护,保证高速加工时冷却剂不会泄漏。除上述结构上的保证外,为使操作人员能根据加工主要目标优选出最佳工艺参数进行加工,从而达到最佳加工效果,米克朗公司开发了Cyclone专家系统MCE。该系统是针对短的加工时间、最高的精度和最佳的表面质量这三个高速切削机床加工的目标而开发的。操作人员可通过三角形显示界面确定并设置参数,参数显示直观,操作方便,故操作人员经短期培训即可掌握。例如,主要目标是粗加工,效率当是关键,操作人员只需将加工时间设为最优先级,则专家系统将会放宽公差带,并在转角和曲线处只粗略的切出轮廓,机床会提供尽可能大的进给速度,从而获得高的切削效率。如果主要目标是精加工,其精度和表面质量是重点,若要求最高精度,则系统会为之设定较窄的公差带,同时进给传动机构在尖角和曲线处减速,以免过切,但在保证精度的前提下,仍尽可能采用最大进给速度。除此之外,米克朗公司还提供一个选择功能,即机床与手机连接的功能。在操作人员离岗,设备处于无人管理时,一旦有问题会自动通过手机向操作者报警。像这种有针对性地提供工艺软件的还有美国赫克(Hurco)公司,该公司提供的"提升速度控制软件AVC"和"表面加工软件ASF",可自动选择曲面各点达到最好表面质量时的进给速度,从而加工出最好的表面。

日本牧野公司展出了包括电火花机床和数控磨刀机在内的7台机床,其中加工中心3台(V22、V33和V56)。V22加工中心为首次展出,是一台小型立式加工中心。主轴电动机8.4kW,转速400~40 000r/min,转矩2Nm,进给速度20m/min,适合于电极及淬硬钢小模具的高速精铣。V33上届展出过,并已做过简单介绍。V56工作台550mm × 1 050mm,$X/Y/Z$ 三向行程为:900mm × 550mm × 450mm,承载重量800kg,主轴转速20 000r/min,最大进给速度20m/min,主轴锥孔7/24 40号,HSK为可选,主轴热变形量 ± 1μm,主轴振幅小于 ± 2μm,在恒温条件下切圆精度0.004/250mm。牧野机床高速加工效果好,如加工手机壳模,使用 R_a0.3mm球头刀,主轴转速20 000r/min,进给速度300mm/min,加工材料硬度52HRC,加工表面粗糙度 R_a0.4μm,且换刀无接刀痕。V56立式加工中心的结构设计采用龙门式立柱结构,X 向导轨置于立柱上方,Z 轴导轨置于X轴滑板上,使 Z 轴无悬臂现象,从而保证在全行程内的优异加工精度。Y 轴在床身上,工作台前后移动时重心始终在导轨范围内,所以机床整体刚性好。主轴采用中心冷却和内压润滑系统及热变形补偿技术,可以最大限度降低机床热变形的影响,从而使V56机床即使长时间高速运转也可以保证加工工件的高精度。机床热稳定控制系统(选项)可以使冷却油流经立柱,从而降低立柱的热变形量。除此还有主轴载荷监控功能和牧野专家控制系统等。总之,V56机床结构是针对高速铣削加工而精心设计制造的,十分适合模具高速加工。

特别值得一提的是,德国科恩(KERN)公司生产的HSPC2825超高速精密小型加工中心(有加工实物样品,机床未参展),最高主轴转速160 000r/min,据称为世界之最。五轴五联动,定位精度 ± 1.0μm,分辨率0.1μm,加工零件精度可达 ± 2.0μm,最高加工工件硬度为57HRC,最小可加工 ϕ0.03mm的小孔,能加工淬火钢、硬质合金、陶瓷材料,最佳表面粗糙度 R_a0.2μm,刀具采用在线测量,可消除主轴高速旋转和静止时对刀具长度的影响,可加工硬质合金刀片模等各类精密小型模具。

这次五联动的加工中心展品多于上届,德马吉公司展出2台,其余斯宾纳、海默、ALZMETALL及菲迪亚等公司各展出1台,不少厂家在其样本资料中明确有五轴联动高速铣削机床供应,如米克朗公司、日本牧野公司以及西班牙德克雷亚公司等。这说明模具加工对五联动机床的需求日益增多,特别是三维型面加工的高速铣削只有保持刀具轴线与被加工型面间一定的倾角才能获得好的表面加工质量,因此需要五联动机床。

我国内地和台湾省厂商的加工中心和数控铣大都为普通结构,其主轴转速一般为6 000 ~ 8 000r/min,超过10 000r/min的展品不多。原因是传统结构的主机其刚性、精度及抗振性等均不适应高速铣削加工需要。展品中也有专为高速铣削设计的国产机床,但都是合资和外商独资企业的产品,如沈阳菲迪亚高速机床有限公司的HS664及D165高速立式加工中心完全是按FIDIA公司图样制造并配用FIDIACI控制系统,还有德马吉公司在中国生产的DMC64V和DMC63高速立式加工中心,系统为西门子810D,售价89.99万元。台湾厂商本次展出的高速铣床有冠德机械有限公司的GT—66VS30B立式加工中心,该机工作台面积500mm × 700mm,主轴功率20kW,最高转速30 000r/min,采用水冷温控系统,快速进给30m/min,加速度分别为 X—0.8g、Y—0.9g、Z—1g以上。机床结构布局与日本牧野公司的V56相似,也是龙门型立柱,工作台在床身上做 Y 向运动等。台湾快捷机械股份有限公司展出的GTV—96高速立式加工中心,其主轴转速24 000r/min,功率29kW,切削进给速度20m/min,最高40m/min(选项),$X/Y/Z$ 行程为900/600/500mm。GTV—96造型独特,立柱和床身铸为一体,且立柱三面呈“门”型，在这一机身的顶面装有直线导轨，可移动的横梁在其上做 X 运动，而 Y 向滑板沿横梁导轨运动，主轴箱滑体在 Y 轴滑板上运动的桥式结构，所以刚性较好。这种结构的机床工作台不动，所以承载能力大，占地面积小，机床各主要参数适合进行高速铣削。展机所切样件表面粗糙度为 $R_a 0.8\mu m$，可以满足模具加工的需要。

从上述展品的特点中可知，适应高速铣削的机床不是主轴转速高就能进行高速铣削的，真正能做高速铣精加工的机床除主轴转速高、进给速度快、加速度大外，机床还应具有高精度、高韧性、高阻尼及良好的抗振性，且运动部件发热少、热变形小、传动平稳等特点。这些要求一般只有通过新设计才能解决，在原有产品上改造很难实现。展出的高速铣削机床基本上是国外产品。国内还没有真正自主产权的 HSM，虽然不少主机厂近年来也为模具加工开发了不少新产品，如汉川机床有限责任公司展出的 XH714、715 等，但尚无高速铣削机床面世。而先进的日益成熟的高速铣削加工技术已在模具制造中引起越来越广泛的关注，这项技术也是现代机械加工业值得推广的一项高新技术，希望我国机床制造厂能早日开发出具有自主产权的 HSM 及数控铣床，为提升我国模具制造的总体技术水平服务。

2. 特种加工机床

本届模展中用于模具加工的特种加工机床主要是电火花线切割加工机床（WEDM）、电火花成形加工机床（SEDM）、高速小孔电火花加工机床（HSEDM）、快速成形机床（RPM）等。根据现场统计，本届模展共展出特种加工机床 128 台，其中国内的低速走丝电火花线切割机床（LSWEDM）约 13 台，国内的数控电火花成形机床（NCSEDM）及普通电火花成形机床（SEDM）约 47 台，国内的高速小孔电火花加工机床（HSEDM）约 15 台，其他 1 台，国外的低速走丝电火花线切割机床（LSWEDM）约 9 台，数控电火花成形机床（NCSEDM）约 6 台，精密微细电火花加工机 1 台，高速小孔电火花加工机床（HSEDM）1 台，快速成形机床（RPM）5 台。特种加工机床参展的规模之大、数量之多、品种之全，参展厂商之踊跃，充分证明特种加工机床在模具制造业的重要地位。

（1）电火花线切割加工机床——以割代磨的时代即将到来。我国年产 HSEDM 约25 000台，市场较大。这次参展的苏州沙迪克三光机电有限公司、苏州金马机械电子有限公司、苏州新火花机床有限公司、杭州机床集团、杭州华方数控机床有限公司、泰州冬庆数控机床有限公司、江苏三星机械制造有限公司、上海汇盛机电有限公司、上海大量电子设备有限公司、北京阿奇夏米尔工业电子有限公司等的产品，都有一定的技术进步。例如，上海大量电子设备有限公司参展的 TP 系列机床、采用超短程往复走丝模式，可加工出无黑白条纹、色泽均匀的工件，研制的耐磨性导向装置，能完成精度为 ±0.006mm 较高精度加工。据该公司介绍，机床还能进行多次切割，以提高加工精度，改善表面粗糙度（$R_a \leqslant 1\mu m$）。又如，泰州冬庆数控机床有限公司生产的 DK7780Z 机床，采用大偏距单立柱设计，U、V 轴大行程锥度装置，上出式偏置伸缩摆杆组件等关键技术，可实现切割厚度 250mm 时锥度为 60°，切割厚度 600mm 时锥度为 30°的大厚度大锥度切割，为国内领先水平。

但是总体来说，HSWEDM 目前很难实现高精度加工，模具的精密加工还要依靠 LSWEDM 来完成。我国的 LSWEDM 近几年来已有长足的进步，本届模展中也能充分的体现我国 LSWEDM 的水平。目前，具有代表性的北京阿奇夏米尔工业电子有限公司、苏州沙迪克三光机电有限公司、汉川机床有限责任公司、苏州电加工机床研究所等企业，所生产的 LSWEDM 其加工工艺水平为：最大切割速度 150 ~ 250mm²/min，加工精度 0.005 ~ 0.01mm，最佳表面粗糙度 $R_a 0.5 \sim 0.8\mu m$，基本功能齐备，有的还具有无电解电源。在这次模展上，新出现生产 LSWEDM 的厂商有：杭州机床集团、杭州瑞鹏机电有限公司、上海京美电脑机械有限公司等，预计还有一些企业将进入 LSWEDM 的开发生产行列，说明我国 LSWEDM 市场前景看好。但是我国的 LSWEDM 与国外先进水平的 LSWEDM 相比还有较大差距，能真正用于模具精密加工实现以割代磨的还是国外高水平的 LSWEDM。

本届模展，国外一些知名厂商都有 LSWEDM 展出，代表了当今 LSWEDM 的先进水平。例如，日本沙迪克公司的 AQ550L、AQ325L 以及加工精度更高的 AP200L 等，日本三菱公司的 FA20S（大连生产）、FA20V（日本生产），其中 FA20V 利用 $\phi 0.36$mm V 型高速丝，其最大切割速度可达 500mm²/min，利用 SL 控制功能，提高了加工精度，直线度为 2μm，转角精度 1μm，（未注工件尺寸）；日本牧野公司展出的 SP43，在异型切割时，经 3 次切割、平均切割速度 94mm²/min，$R_a 0.5\mu m$；瑞士阿奇夏米尔公司展出的 ROBOFIL380、AGIEC-UTPRDGRESS。该公司的 CC 电源机床，在切割厚度为 60mm 的异型工件时，切割速度可达 400mm²/min，在精加工时，加工精度为 ±2μm，$R_a \leqslant 0.2\mu m$，变质层 ≤1μm。该公司首次展出的 PRDGRESS 机床，最大切割速度为 500mm²/min，开发的 e-CUT 新型电源，在一次切割的情况下其表面粗糙度可达 $R_a \leqslant 0.8\mu m$，切割速度为 300mm²/min，减少了多次切割次数，使整体切割效率与没有 e-CUT 新型电源相比，提高 200%，而且减少了滤芯、树脂及电极丝的消耗。该机床精加工的轮廓精度为 3μm，表面粗糙度 $R_a \leqslant 0.2\mu m$。

在这次展览会的技术讲座上，瑞士阿奇夏米尔公司介绍的 AGIE CUT VERTEX LSWEDM 是一台国际领先水平的高精度机床。机床处于封闭的恒温（20℃ ±1℃）状态下工作，具有双丝切割交换系统（相当于电极库），全自动穿丝，细丝切割为 $\phi 0.02$mm，可实现轮廓精度 1 ~ 2μm，$R_a \leqslant 0.05\mu m$，转角精度 ≤1μm 的精密加工。例如，加工高 30mm 的钢冲头，$R_a 0.051\mu m$，直线度 ±1μm，轮廓精度 $T_f < 2\mu m$。

在冲压模加工中，过去 WEDM 一直受到坐标磨（JG）的质疑，认为 WEDM 加工的模具往往具有微观裂纹或变质层，影响模具的寿命。因此，认为冲压模的精密加工必须由连续轨迹坐标磨（NCJG）来完成，而对具有内清角或 NCJG 难于成形磨削的凹模采用镶拼结构，拼块由光曲磨或成型磨来加工完成。因而，WEDM 在精密模具加工中，只用于半精加工。随着 WEDM 的发展，特别是 LSWEDM 的技术进步，其中主要是精密机床设计制造技术、机床的恒温技术或热隔离、热平衡技术、脉冲放电能量的优化及防电解电源技术、电极丝自动交换及细丝切割技术、完善的分门别类的专家系统，以及表面完整性技术等一系列技术的进步，使 LSWEDM 逐渐步入精密加工领域，即使加工硬质合金也没有微观裂纹，表面变质层≤1μm。实验证明，所加工的模具寿命等于或超过 NCJG 加工的模具寿命，说明在冲压模加工中以割代磨的时代即将到来。为了充分说明这一问题，不妨对 LSWEDM 与 NCJG 加工工艺指标及性能作一比较，LSWEDM 与 NCJG 加工工艺指标比较见表 1。

表 1 加工工艺指标比较

对比项目 / 机床名称	轮廓加工精度/μm	圆度/μm	孔距精度/μm	表面粗糙度 Ra/μm	最小内清角 R/mm	夹角和小圆弧表面粗糙度 Ra/μm	最小孔径/mm	锥度加工精度
LSWEDM	2～3	2	3～5	0.05～0.2	0.01	1～2	0.1～0.2	1.5′/30°
NCJG	3～5	2	2～5	0.2	≥0.8	—	≥1.0	—

此外，LSWEDM 可实现 30°/400mm 大锥度大厚度加工，而 NCJG 难于实现；LSWEDM 可实现上下异型切割，而 NCJG 难于实现；LSWEDM 对超硬材料加工，其技术经济性能优于 NCJG；NCJG 型孔加工，需要进行预加工，然后进行精加工；LSWEDM 可以进行整体加工（只需打穿丝孔），所以 LSWEDM 效率高于 NCJG；LSWEDM 加工的表面质量已达到磨削质量等。

本届模展是国内最大的模展，但不论是国外或国内都没有展出 NCJG（JG），而 LSWEDM 国内外参展共有 22 台之多，这充分说明以割代磨的时代即将来临。

（2）电火花成形机床——与高速铣（HSM）相辅相成。本届模展中 SEDM 展出的数量最多，国内外共计 53 台。日本沙迪克公司 AQ 系列及 AM3L NCSEDM，日本牧野公司的 EDGE 系列 NCSEDM；瑞士阿奇夏米尔公司的 ROBOFORM23、AGIETRON ADVANCE，日本三菱公司的 EA12D 等都是具有先进水平的 NCSEDM。这些机床以往参展过程中大多已予报道，值得一提的是两个方面：一是主轴高速跳跃功能。日本沙迪克公司的直线电动机主轴的高速跳跃性能，为深槽、窄缝加工创造了良好的条件，并由于改变排屑方式改善了加工工艺。现在日本牧野、三菱、瑞士阿奇夏米尔等公司的 NCSEDM都开发了主轴高速跳跃功能。这是与 HSM 竞争的重要功能。二是混粉加工技术。日本 3 家公司都开发了混粉加工技术，以实现大面积镜面加工，其表面粗糙度达到 R_a0.1～0.2μm。这也是近几年与 HSM 竞争开发的新技术。

这次国内展出的 NCSEDM（SEDM）明显的特点是大型和混粉加工。上海京美电脑机械有限公司展出的 RNC307 大型双头 NCSEDM，具有 2 个主轴头及 2 个电源（150A×2）、三轴联动，工作台尺寸为3 100mm×1 000mm，X/Y 轴行程为 3 115/720mm，Z 轴行程为 500mm，可进行汽车覆盖件模具等的加工，为这次模展的最大 NCSEDM。常州第二机床厂展出的 D7190K 双主轴头机床，工作台面积为1 400mm×900mm，主轴行程 500mm，可进行大型模具加工。还有香港精品机械有限公司展出的英格索尔公司生产的 GANTRY 系列大型龙门式 NCSEDM，这样本届模展共展出了 3 台大型 NCSEDM。另外，北京机床研究所精密机电有限公司也开发生产了 AUTO FORM 71100D 双头大型 NCSEDM（未参展）等，说明 HSM 发展的今天，大型 NCSEDM 仍有一定的市场。国内混粉加工的 NCSEDM 为首次展出。北京市电加工研究所展出的 BM30 混粉加工 NCSEDM，可进行 R_a≤0.1μm 的镜面加工；哈尔滨工业大学麦克瑞自动化设备有限公司展出的 HQSF 大面积镜面加工 SEDM，可在 100mm×100mm 的工件平面上加工出表面粗糙度为 R_a0.107μm 的镜面。

以上说明：本届模展展出的 NCSEDM（SEDM）数量最多，说明该机床在模具制造业中具有良好的市场前景，即使在 HSM 发展的今天，仍有着不可替代的作用。HSM 更适合于加工浅型腔、型面过渡较为平滑的型腔，对这些大、中型模具加工具有一定的优势。但对于具有深槽窄缝的型腔，具有内清角的型腔、棱边清晰的型腔、微细、复杂、精密的型腔、深型腔（L/D≥5）的加工，则应该是 NCSEDM 的特长。在大中型型腔模中，有大量深槽窄缝、R<0.3mm 的内清角、清晰的棱边、局部微细、复杂、精密的型腔，有大量的加工需要 NCSEDM 去完成。这次模展中，一些大型 NCSEDM 参展说明中、大型腔模，如果不用 NCSEDM 直接加工，就是在 HSM 加工之后还离不开用 NCSEDM 进行局部加工。这是这次模展中大型 NCSEDM“东山再起”的主要原因。NCSEDM 主轴高速跳跃功能具有重要应用价值，这也是与 HSM 竞争中开发的。当前中大型型腔中精密深槽窄缝有日益增加的趋势，它一般形成制品的加强筋和风冷翅片，过去这种深槽窄缝的深度一般为 50mm，近来不少为 100mm，这是 HSM 无法加工的，只有用 NCSEDM 完成。且具有适应控制的主轴高速跳跃功能，才能完美地完成所有的深槽窄缝加工。本届模展中，特别是国外 NCSEDM 基本都具有主轴高速跳跃功能，就是基于这方面的原因。SEDM（NCSEDM）的镜面加工受到面积的限制，开发的混粉加工技术虽然还存在一些问题，但它可以进行大面积镜面加工，其表面粗糙度可达 R_a≤0.1μm，并具有良好的表面质量。国外生产混粉加工机床已有多年历史，国内则第一次展出。国外专家认为：在模具加工中，最后加工的表面粗糙度要求为 R_a≥0.6μm，可以直接由 HSM 加工完成，最后加工表面粗糙度 R_a<0.6μm，则先由 HSM 加工并留 0.05～0.10mm 余量，然后用 SEDM（NCSEDM）混粉加工工作液进行精加工，去掉 HSM 的刀痕，可达到 R_a0.08～0.10μm。本届模展中，日本牧野公司展出了 1 台加工电极的 HSM。专用于加工石墨电极的 HSM，国外已有产品供应，国内正在开发，目前用于加工石墨电极的 HSM 虽然价格比较昂贵，但由于 HSM 加工凸形工件的优越性，推动了电极制造技术的进步，这种机床越来越受到重视，具有一定的市场容量。在比较有规模的型腔模厂、点中，都以 HSM、大中型 NCSEDM 及专用于石墨电极加工的 HSM 成套设备，

联合加工模具的实例不胜数举，预示着型腔模具加工的发展方向。

以上都证明了 HSM 与 NCSEDM(或 SEDM)是相辅相成，共同发展，谁也不能替代谁的结论。

(3)六轴数控精密微细电火花机床——微型精密模具及零件加工的新技术。瑞士 SARIX 公司展出的 SX—200—HPM 六轴($X/Y/Z/C/A/B$)数控精密微细电火花机床，$X/Y/Z$ 轴行程为 350mm/200mm/200mm，X/Y 轴的定位精度最高达 ±1μm，分辨率为 0.1μm，工作台上装有电极修整(制作)装置，采用线电极等方式进行修整，通过 $X \cdot Y \cdot Z \cdot C$ 等相关轴的联动，进行各种形状电极的反拷贝加工。利用 $Z/C/A/B$ 轴可进行复杂的空间位置或多工位微小孔加工，可加工 $\phi \leqslant$ 0.02mm 的微孔，例如可进行硬质合金集成电路模具的穿丝孔加工等。也可以通过数控轴联动进行异形孔加工，进行微小型模具及微小零件加工(例如齿宽为 0.02mm 小齿轮加工等)。该机床还可以进行电火花铣削加工，用 ϕ0.045mm (展位上介绍为 ϕ0.02mm)至 ϕ3.0mm 的棒状或管状电极进行微小型、精密、复杂、超硬材料模具和零件的铣削加工。该机床加工的最佳表面粗糙度 R_a0.05～0.1μm。这是在我国首次展出的高新技术设备。

(4)金属模具快速成形机床(RPM)——新概念模具制造设备。快速成形(RP)是 20 世纪 80 年代末发展起来的先进制造技术，它是一种由 CAD 模型直接驱动的快速制造复杂形状实体的技术，由于它采用离散/堆积原理，因此理论上可以制造任意复杂形状的实体。又由于它的成形加工无需专用夹具和工具，加工过程中无人干预等一系列优越性，国内外都在研究直接利用 RP 技术加工金属模具的可能性，但在国内还没有成功的先例。在国外德国优思(EOS)公司在这方面处于领先水平。据介绍，该公司的金属粉末材料是关键技术。本届模展德国优思公司带来了由该公司金属粉末激光快速成形系统制造的金属模具样品，给精密模具制造提供了一个全新的手段，是模具制造技术重要的发展方向之一。

德国优思公司的金属粉末激光快速成形系统，使用 200W 激光器，光斑直径 0.1mm，烧结层厚度 0.02～0.05mm，可烧结钢粉及铜粉，烧结密度 99.8%，烧结的钢模具硬度为 45HRC，烧结精度可控制在 ±0.03mm 以内(工件尺寸不详)，这是模具制造技术的新动向。

3．数控雕刻机

在本届模展上国内外厂商展出的数控雕刻机随着高速电主轴技术、高速刀具技术、逆向工程(RE)技术、CAD/CAM 技术、激光加工技术的发展，已经从应用于文字标牌面板、印刷滚筒、压纹压花滚筒、铸币模具、轮胎模具、鞋模模具等的雕刻加工发展到对石墨电极进行加工，并呈现向高精度、高速度、高自动化方向发展的趋势，同时还融入了新的加工技术——激光加工、超声振动加工，因此备受模具制造业的关注。

本届模展上德国 LANG 公司展出了 IMPALA400S 高速数控雕刻机，其主轴转速为60 000r/min，主轴功率为 2.6kW，可加工硬度为 64HRC 的硬质钢模具。该机的定位精度为 ±0.003mm，重复定位精度为 ±0.002mm，并配有刀库(5～96 把可选)和用于检测刀具长度、刀具直径和刀具破损的非接触激光对刀测头，显示出该机的高精度、高速度、高自动化雕刻加工的水平。为增强市场竞争力，该公司还生产专用型、经济型数控雕刻机及激光雕刻机，以适应不同用户的需求。

意大利 VENTUKE 公司展出了 BLACKSTONE 五轴联动数控雕刻机，其主轴转速为60 000r/min，主轴功率 2.6kW，刀库容量为 7 把，带有可倾斜 ±90°和旋转 360°的工作台，实现五轴加工，还可配激光扫描头，显示出数控雕刻机集成 RE 技术、CAD/CAM 技术向五轴雕铣加工中心发展的趋势。

德国 DMG 公司展出了适用于深度雕刻的 DML40 激光雕刻机。该机采用功率为 100W 的 YAG 激光器，Q 开关装置发出的激光脉冲功率可达 200kW，激光束的直径为 0.04mm，可加工槽宽为 0.04mm 的深槽。机床还配有 CCD 摄像头，用于工件定位。其 Laser Soft3D 软件可直接调用 CAD 的 STL 图形文件生成控制程序，采用分层去除材料的方式对工件进行精密加工，表面粗糙度 $R_a<1\mu$m。DMG 公司还展出了用于对玻璃、陶瓷、硬质合金等难加工材料零件加工的 DMS35 ultrasnic 超声振动加工机。其超声振动功率为 1.5kW，频率为 17.5～21.5kHz。表面粗糙度 $R_a<0.2\mu$m。

国内北京精雕科技有限公司展出了 2 台雕刻机，其主轴转速为24 000r/min，该公司的 JD Paint 精雕软件具有丰富的功能，使其具有高效的特点；洛克机电系统工程(上海)有限公司展出了 3 台啄木鸟雕刻机，其主轴转速为 24 000r/min；台湾全量工业股份有限公司展出了 CL 系列高速数控雕刻机，其主轴转速为50 000r/min，主轴功率为 1.5kW，刀库容量为 14 把。

4．测量仪器

本届模展上，德国、英国、日本、意大利、美国、法国、比利时和国内海克斯康测量技术(青岛)有限公司(原青岛前哨朗普测量技术有限公司)、中测院测量技术研究所等世界著名的测量仪器制造厂商展出了近 40 台三坐标测量机、便携式 CMM 扫描仪、便携式扫描仪、形象测量仪、激光跟踪仪等测量仪器，展示了测量仪器应用新材料、新技术不断向高精、高效、多功能复合化方向发展。

(1)三坐标测量机。本届模展上英国 LK 公司展出了 evolution 系列高精度三坐标测量机。该机采用比一般工业陶瓷刚度质量比更高的单晶陶瓷材料制作横梁和主轴，配置 SP25M 点测和扫描一体化的测头，采用自动温度补偿技术、测头动态补偿技术，使其可在 15～30℃ 温度范围内实现高精度的点接触和扫描测量。Evolution plus 的空间测量精度 MPE_E 为 $1.2+L/400(\mu m)$。LK 公司在 G90C/CS 大规模的三坐标测量机上还采用了双电动机驱动、双光栅检测技术，减少由导轨直线度误差引起的阿贝误差，保证大型零件的空间测量精度。

德国蔡司(ZEISS)公司展出了 Prismo Vario 三坐标测量机。该测量机的 3 个轴均采用防倾斜和防扭曲的四面环抱式空气轴承，主轴和横梁均用陶瓷材料制作，使其具有更高的刚度和精度，可配置 VASTXT 点接触和扫描一体化的测头，还可配 RDS 旋转装置，RDS 旋转装置的 2 个旋转轴均可旋转 360°，在旋转装置上可安装接触时测量的 RST—P、TP6、TP20、TP200 测头和非接触式测量的 Viscan 光学形像测头、DTS 二极管光学测头，扩大了三坐标测量机应用范围。其 Prismo Vario 5 的空间测量精度 $MPEPE_E$ 为 $1.7 + L/300(\mu m)$。

美国 Gidding & Lewis Sheffield 公司展出了 Endeanor 系列三坐标测量机。该测量机采用直线电动机直接驱动，减少由传动引起的误差，采用全自动温度补偿技术使其在环境温度变化 ±5℃的范围内仍能保证测量精度。

日本三丰精密测量仪公司展出了 Beyond - Crysta 系列高精度三坐标测量机。该测量机的温度补偿系统由安装在各坐标轴尺上的温度传感器和安装在工件上的温度传感器组成，独特的结构设计使测量机在温度偏离 20℃时，在测量空间上有相似的变形，从而使测量机在 16～26℃温度范围内保证空间测量精度。测量精度为 $2.5 + L/250(\mu m)$，测量速度（探针接触工件的速度）为 480mm/min，也可配各种接触式和非接触式测量的测头，其测量螺纹有效深度的测头可测量 M4～M20 的螺纹。

国内著名的海克斯康测量技术（青岛）有限公司展出了 PMM—C 系列（德国 LEITZ 公司）、GLOBL IMAGE 系列（意大利 DDEA 公司）、MICRO—HITE3D（瑞士 TESA 公司）等 7 台三坐标测量机。GLOBL IMAGE 可配置触发式测头完成箱体类零件的单点测量，也可配置扫描测头和非接触式光学测头完成复杂轮廓曲面的扫描测量。PMM—C600P 超高精度三坐标测量机的测量精度 MPE_E 为 $0.6 + L/600(\mu m)$。

青岛雷顿数控设备有限公司展出了可配置 RENISHAW 公司全系列接触式测头、LS 系列激光线扫描测头、激光点扫描测头和高分辨率 CCD 光学形像测头的 NC 系列复合式测量机。配有可支撑以上各种测头的 ULTRA—DMIS 测量软件，可直接读取 CAD 数据，生成工件检测程序，完成箱体类零件和复杂零件的轮廓形状及自由区面的检测。其 Leader-Soft Gear 齿轮测量软件使三坐标测量机也可用于检测渐开线圆柱齿轮的周节误差、齿形误差和齿向误差，展示了现代测量机的多功能复合化，它既是一台传统的三坐标测量机，又是一台激光扫描仪和形像测量仪。

（2）便携式 CMM、便携式扫描仪、激光跟踪仪。本届模展上美国 FARO 公司、CIMCORE 公司、德国 GOM 公司、法国 ROME 公司分别展出了用于生产现场测量的便携式 CMM、便携式扫描仪。值得指出的是我国中测院测量仪器研究所也展出了填补国内空白的 LSC 便携式 CMM。

比利时 KPYPTON 公司展出了采用红外线发光二极管摄像技术的 K600—CMM 便携式 CMM，测量精度 0.07mm。

美国 API 自动精密工程公司、FARO 公司分别展出了适用于大型工件现场测量的激光跟踪仪。其中 API 公司展出了配有数码摄像机的第三代激光跟踪仪。新增加的数码摄像机用来帮助操作人员确定远距离的测点目标，操作人员只要用鼠标点击摄像图形中的测点目标，控制智能软件就会自动搜索测点目标并对其进行测量，使仪器的操作更简易、快捷。

意大利 $LTF_{S.P.A}$ 公司展出了 CYCLOP—1 型二维轮廓投影测量仪，该投影仪具有水平透射测量、垂直透射测量和反射测量功能。还可配 P4—N 测头/仿形装置，用于测量叶片，仪器的测量精度为 $2.5 + L/100(\mu m)$。

纵观本届模展上测量仪器采用新技术的成果，显示出测量仪器随着高分辨率 CCD 摄像装置、激光线扫描测头、激光点扫描测头等非接触式测量的测头技术、图像处理技术以及支持各种测头的测量软件技术的发展，不断向高精度、高速度、高效率、多功能复合化方向发展。这也为我国对非接触式测量技术、图形处理技术、测量软件技术的研究开发提供了借鉴。

5. 模具 CAD/CAM/CAE 技术

参加本届模展的 CAD/CAM/CAE 软件开发厂商主要有英国 DELCAM（中国）有限公司的系列化产品，包括 2～5 轴高速加工系统 Power Mill、CAD 设计系统 Power SHAPE、逆向工程系统 Copy CAD、模具检测系统 Power INSPECT、立体浮雕系统 Art CAM、CAD 数据接口模块 PS - Exchange 和协同合作管理系统 PS - Team 等。法国 Missler Software 公司的系列化产品包括注塑模具设计制造软件 Topsolid/Mold 和冲压级进模设计制造软件 Top Progress；以色列 Cimatron 公司的集成化的 CAD/CAM 产品包括产品设计、工模具设计、专项模块（造型、鞋模、数据交换、逆向工程和产品数据管理）和数控编程；日软信息科技（上海）公司的 Space - E CAA V5 软件，是对 CATIA V5 软件的模具型芯和型腔设计和制造进行了功能扩充；美国 Neil soft 公司的金属压铸模三维设计软件包括计算充模参数、设计浇注系统、设计软件系统和计算冷却过程参数等；澳大利亚 Mold flow 公司的系列化的塑料注射成型过程模拟软件包括快速试模分析 MPA、高级分析 MPI 和品质控制专家 MMS；上海交通大学申模计算机系统集成有限公司的 CAD/CAE/CAM 系统能用于模具数字化和智能化；CAXA 软件服务制造公司的系列产品包括设计软件 CAXA 电子图板（二维）和 CAXA 实体设计（三维）、数控加工软件、协同管理软件、工艺软件、编程系统和铣雕机床；华中科技大学模具技术国家重点实验室的系列化产品，包括三维注塑成型模拟系统 HSCAE 3D（流动、保压、冷却、应力分析、翘曲预测和注塑机过程仿真）、板料冲压成形与模具设计快速分析软件 Fast AMP。

以上参展项目基本上代表了当前国外和国内的先进水平和发展趋势，具体体现在如下 3 个方面。

（1）模具 CAD/CAM 系统专用化程度不断提高。随着模具工业的飞速发展以及 CAD/CAM 技术的重要性被模具界所认可，针对各类模具的模具专用系统更加宜人化、集成化和智能化。例如 Cimatron 公司集成的 CAD/CAM 产品（5.1 版本）包括的软件功能十分齐全，能为模具行业的整个工作流程提供一个完整、全面的解决方案。该产品能在统一的系统环境下，使用统一的数据库，完成产品设计、生成实体模型、自动生成凸凹模、进行模具的结构设计，并方便地对模具的工作部位进行数控加工。又如英国的 Power SHAPE 公司软件中的 PS - Moldmaker 模块，可自动地产生模具分模面、进行模具结构的设计，其加工信息被自动封装，可直接输出到 Power Mill 模块进行高速数控加工。法国 Missler software 公司在其三维实体造型系统中加入了用于注塑模和级进模设计制造的软件 TopMold 和 Top Progress，能方便地用于注塑模和冷冲级进模的三维设计和制造。

(2)塑性成型过程计算机模拟技术进步显著。塑性成型过程计算机模拟技术内容十分广泛。这次参展的项目主要涉及到塑料注射成型过程仿真和金属体积成形、板料成形过程仿真。塑料注射成型过程仿真属于机械、力学、材料和计算机交叉的新兴学科，软件开发难度较大。虽然世界各国研究的单位很多，但最终能形成有影响的商品化系统为数不多。这次参展的有 Mold flow 公司的产品、我国台湾科盛科技股份公司的产品 Mddex 3D 和华中科技大学的产品 HSCAE 3D。他们共同的特点是从中面流(二维)发展到双面流(二维半)再发展到实体流(三维)；由过去仅能分析薄壁件扩大到能分析壁厚不均匀的注塑件；由单纯的数值计算发展到数值计算与人工智能相结合的优化工具。我们欣喜地看到，华中科技大学模具技术国家重点实验室的三维实体流的系列软件已包括流动、保压、冷却、应力、翘曲等一套完整的模块，并独创出注塑机全过程仿真模块和工艺参数优化模块，这标志着我国在该领域已达到了当今国际的先进水平。

上海交通大学申模计算机系统集成有限公司开发的金属塑性成形三维有限元仿真系统中的刚(粘)塑性有限元分析和动态边界处理软件，华中科技大学模具技术国家重点实验室最新推出的基于有限元逆算法用于板料冲压成形与模具设计快速分析的软件，都达到当前国际先进水平，可适用于机械、材料、航空航天、造船、汽车、家电和轻工等涉及锻压模具加工的各个领域。

(3)面向模具企业的系统集成日益重要。近几年来，模具界对 CAD/CAM/CAE 系统的要求已从单纯的建模工具转变为要求支持从设计、分析、管理和加工全过程的产品信息管理集成化系统。

这次参展的我国 CAXA 公司的表现十分引人注目，他们提出的目标是面向大市场(长江三角洲和珠江三角洲)、迈向国际化(国际合作、战略联盟)和实现大跨越。所谓大跨越是指从 CAD/CAM 单元软件产品向产品全生命周期管理(PLM)制造业信息化集成解决方案跨越。近两年来，中国制造业的迅速崛起和 IT 应用的不断深入和成熟，制造企业信息化已从局部和单元的 CAD/CAM 应用迅速延伸，PLM 市场快速形成，成为了继 ERP 之后企业信息化的最大热点。因此，如何将 CAD、CAM、CAE、CAT(计算机辅助测试)和 PDM(产品数据管理)进行系统集成，以获得为模具企业需求的完整全面的解决方案是目前 IT 领域中的一个重要发展方向。我国模具行业在系统集成和数字化分析技术方面尚处于起步阶段，在近几年内可望在家电和汽车工业中首先取得突破。

〔撰稿人：第十届国际模展模具评定评述专家组叶　军(组长)、单秉俊(副组长)、张孝民(副组长)、陈德忠(副组长)、李德群、安文宝、吴玉道、郑义和、马颖生、张华禹、张顺福、邹云甫、蔡紫金、谢小华〕

中国模具工业年鉴

China Die & Mould Industry Yearbook

2004

第Ⅱ部分

地区概况

中国模具工业全景观

地区概况

我国模具工业布局概况

我国模具工业起步较晚,发展较快,布局渐变。

模具在我国的制造和使用虽然已有很长历史,但作为工业的一部分,还是从20世纪80年代才开始发展,90年代才逐步形成规模的。由于长期以来模具一直被视为生产后方,因此其最初的布局都是跟随着主机而被动布局的。例如中华人民共和国成立不久的"156项"建设项目,其中不少就有工模具车间。20世纪60年代开始出现了为数不多的专业模具厂,基本上都集中在大城市,如京、津、沪等地。发展到80年代,专业模具厂已有100多个,其布局大部分集中在大、中城市。90年代是我国模具工业快速发展时期,由于上万家乡镇、个体私营、三资及民营股份制企业如雨后春笋般的拔地而起,布局情况就有了很大变化。其变化的趋向是使我国模具工业的主产地由北向南和由西向东转移。从目前情况看,珠江三角洲地区和长江三角洲地区已成为我国模具最发达的地区,其模具产值已占全国的70%以上。其中尤以广东和浙江两省最为集中,其次是上海和江苏。近年来,山东和安徽的模具工业发展也很快,而且已产生了一些行业的排头兵企业。例如青岛海尔模具有限公司目前是国内生产大中型塑料模具的排头兵,铜陵三佳模具有限公司目前是塑料异型材模具和引线框架塑料封装模具的排头兵企业等。

关于模具工业布局状况,一般都是按产品的产值、产量分布状况进行分析,但也可以按企业数多少或大规模企业的分布状况进行分析。

2003年全国模具按产值分布情况见表1,按省市分布情况见表2,按企业大小分布情况见表3。

表1 2003年全国模具按产值分布情况

项　　目	城　　市
产值>50亿元的城市	深圳、东莞、宁波
产值10~50亿元的城市	台州、温州、昆山、上海、苏州、广州、佛山
产值1~10亿元的城市	北京、天津、重庆、沈阳、大连、长春、哈尔滨、沧州、青岛、十堰、铜陵、滁州、洛阳、成都、西安、揭阳、汕头、泉州、厦门、南京、无锡、常熟、惠州、珠海、河源、沧州、常州、福州、株洲、莆田、晋江

表2 2003年全国模具按省市分布情况

项　　目	省　　市
产值≥200亿元的省市	广东
产值≥100亿元的省市	浙江
产值≥50亿元的省市	江苏、上海
产值10~40亿元的省市	福建、安徽、山东、辽宁
产值<10亿元的省市	其他各省市

注:西藏、新疆、青海、海南、宁夏模具产值≈0。

表3 2003年全国模具按企业大小分布情况

项　　目	城　　市
产值>10 000万元企业的城市	深圳、东莞、河源、青岛、长春、十堰、天津、昆山、广州、大连、无锡、揭阳、铜陵、莆田、晋江
产值5 000~10 000万元企业的城市	台州、上海、佛山、沈阳、哈尔滨、沧州、成都、南京、潍坊、宁波、佛山、南海、苏州、江门、珠海、高明
产值1 000~5 000万元企业的城市	北京、重庆、滁州、洛阳、西安、汕头、厦门、常熟、惠州、常州、福州、株洲、长沙、包头、太仓、南通、江都、镇江、宝应、连云港、扬州、杭州、温州、金华、舟山、绍兴、宁国、芜湖、福州、烟台、即墨、龙口、郑州、湘潭、德阳、天水、岐山、吉林、鹤壁、安阳、济南、诸城、平湖、常州、江阴、南昌、广汉、昆明、蓬莱、寿光、漯河、郑州、高要、中山、惠州、上虞、合肥

〔撰稿人:中国模具工业协会周永泰〕

北京市模具工业

一、模具工业发展的几个阶段

北京市模具工业是随着改革开放，在快速发展的经济浪潮推动下得以发展壮大的。20世纪80年代初至今，模具工业整整走过了20个年头。在这期间模具工业的发展大体可以分为三个阶段。

（1）从20世纪80年代初期到中期，北京模具工业处于封闭或半封闭状态。除有6~7个专业模具企业，如北京模具厂、标准件模具厂、二轻模具研究所、玻璃模具厂、建筑五金模具厂等向社会提供模具服务外，大部分企业是设在整机厂内仅为本厂提供服务，各企业把模具车间（工段）作为辅助部门来对待。模具生产力比较低，技术水平也比较落后。

（2）从20世纪80年代中期到90年代中期，模具工业处于改革开放机制转变的大好时期，随着改革开放不断深入，模具工业也发生了巨大变化。过去只是整机厂一部分的模具企业纷纷采取不同的承包模式来调动模具制造部门的积极性。这种企业就有100多家，占整个行业的50%以上。还有的企业采取更大的改革力度，对模具部门给予独立法人地位，有独立的经营权利，有单独的银行账号。这种企业有5~6家，如东方模具厂、鑫迪模具公司、北京机电研究院模具公司等。

管理机制的改革和技术改造投入的不断加大，使很多模具企业焕发了活力。在这一阶段，全行业技术改造投入达7 000~8 000万元，购置了上百台数控加工设备，引进了先进的模具成形技术。北京模具协会每年组织国外先进技术推广交流活动十几次。如推广模具新钢种、塑料模具、热流道成型技术、CAD/CAM技术等，并陆续组织模具技术培训班，共培训400~500人，经培训的很多人都成了技术骨干。由于软硬件条件得到改善，北京模具工业的模具设计和制造水平得到了很大提高，如制作出了双桶洗衣机、63.5cm（25in）、73.7cm（29in）电视机用的大型注塑模具，电子工业用的引线框架精密多工位级进模具，加工电机矽钢片的高寿命硬质合金冲模等。

（3）从20世纪90年代中期到2003年，企业进入调整、重组、改制阶段。随着全市产品结构调整的加快，北京市有一些曾以高新技术产业作为重点发展的企业，长期技术水平得不到提高，设备陈旧老化，不能适应市场发展需要的就很难生存，有的被合并，有的转产，特别是一些国有主机厂的模具车间受影响最大。几家老的模具企业，除北京模具厂在“七五”期间购置了几台先进设备，还可以维持外，其他几家模具厂基本都被合并或转产。

与此同时，有一批民营和个体企业应运而生。有些企业在体制改革上进行了大胆的尝试，由国有或国有控股转制成经营者控股，真正做到产权清晰。如迪蒙普瑞、夏新宇模具公司等，还有一些外商也看好北京市场，投资成立了一些独资和合资企业，如台商富士康投资1.5亿元，在亦庄经济开发区建立了富士康模具公司。

现在模具制作水平可以说是金字塔形，少数企业制作大型、精密、复杂、高寿命模具，大多数企业制作一般精度模具。民营企业数量占60%以上，但制造能力低，目前制造能力强的还是一些国有模具企业和外商企业。今后的工作是要加快国有企业转制和技术水平的提高，民营企业要做大、做强、做出特色。

北京模具工业今后发展总体上是要面向北京重点行业，适应市场需要，面临的任务还是很艰巨的。当前，北京模具制造能力技术水平、人员素质，都与市场需要存在很大差距，有特色、高水平、市场占有率大的模具企业还不多，这就需要我们加倍努力。特别是加入WTO以后，国际制造业正在加快向中国转移，北京作为我国的首都是外商重点选择的投资基地，这给我们既带来了机遇，也提出了更高要求。

二、基本情况

目前北京市有模具生产厂点170多个，模具年产值约5亿多元，比“九五”期间增长30%，从业人员8 000多人。模具年产值在500万元以上的企业约20个，具有生产大型、精密、复杂类型模具的重点企业12个，共有数控加工设备300多台。从经济成分上分，国有（包括国有控股）模具企业65个，占37%；民营企业90个，占53%；“三资”企业15个，占9%，“三资”和民营企业每年以5%~10%的速度增长。

从以上数字分析：改革开放以来，北京模具工业取得了较大的发展，但总体上还不能适应全市经济发展需要，一些关键、高水平的模具还需要依靠进口解决。据不完全统计，2001年北京市进口模具（包括从中国台湾、香港）约1 000多万美元。

三、北京市重点发展的几个行业模具制作情况

1. 北京市计划重点发展的几个行业都离不开模具工业的支持

（1）电子信息行业。这个行业有80%以上的零件是用模具成形的，如集成电路的引线框架就需用微米级的高精度级进模具成形。引线框架还需要用塑料模具封装，这需要精密的多型腔塑料模具。计算机行业更离不开模具，包括外壳和内部的许多零件都需要塑料模具和精密冲压模具成形，北京中关村就是一个很大的市场。北京模具协会每月都接到很多回国创业人员咨询电话，大部分都询问什么地方可以加工

模具，需要协会推荐一些模具的合作伙伴。这说明电子信息等高新技术产业发展离不开模具工业的支持。当前，全市有能力加工电子信息等行业需要的精密模具的企业，只有5～6家，如北京兆维工装有限公司、北京机电研究院模具公司、迪蒙普瑞模具公司和精工模具厂雅范斯精密电子工程有限公司。但是这些企业在加工精度和交货周期上存在很大差距。目前，很多电子产品需要的模具已由毫米级向微米级发展，而现有的人员素质、软件和设备条件都很难达到，这应是北京市一个需要重点发展的一类模具。

(2)汽车行业。现在人们对汽车，特别是对轿车的质量要求越来越高，外形要线条流畅，美观漂亮。要达到这些要求，就必须有汽车模具特别是大中型覆盖件模具作保证。最近几年北京市的汽车工业快速发展，目前以北汽福田、北京现代和北京吉普为代表的商用车、轿车及越野车板块全面快速增长。北京市目前只有比亚迪一家可加工汽车大型覆盖件模具，这家企业原来是北京吉普汽车有限公司的一个模具分厂，2003年由深圳一家作充电电池的民营企业比亚迪公司投资2.2亿元，建一个汽车模具厂，但正常运转还需一段时间。

估计北京市大型汽车模具每年需要100套，而目前年加工能力不足20套，2004年可达到50多套。

(3)生物工程、医药和建材行业。现在北京市几乎没有专门加工生物工程、医药等方面需要模具的厂家，主要是靠一些加工一般模具的民营企业承担，环境和加工手段都很难达到要求。加工建材挤出模具的有北铝同益模具有限公司和长城牡丹模具有限公司，主要加工铝和塑料挤出模具。总的看来，我们还应该重视这几个行业，调查市场的需求，扶植、引导有条件的模具厂向专业化方向发展，并吸收国内外厂家来本市投资建厂。这几个行业每年需要大约7 000多副模具，现每年可以供应3 000多副。

2. 外商及民营企业投资加快了全市模具行业发展

北京模具市场容量很大，一些境外厂商纷纷看好这个市场。台湾富士康模具公司在亦庄经济开发区投资1.5亿元建立一个模具厂。新加坡在上地开发区建了一个生产电子模具为主的模具厂。日本在平谷经济开发区建了一个以生产家电模具为主的模具厂。我国加入WTO以后，外商纷纷来到北京了解探讨合作的可能性。澳大利亚从2002年下半年以来，两次组织较大规模交流考察团来北京与有关厂家接触。美国、德国、法国、日本也不断有模具厂家业北京进行市场调查和探讨合作可行性，但是合作成功率较低，因为我们模具厂家条件都比较差，可供外商选择合作对象太少。外商在北京建模具厂有两个好处，一个是可以提高我们加工水平，学习到他们一些技术和管理经验，另外也为我们招商引资创造一个较好的环境，比如富士康在亦庄建的模具厂紧临诺基亚，他们可以相辅相成，互利互惠，诺基亚手机模具基本上都是富士康制造、开发的。同时富士康也取得了很好的效益和稳定的市场，诺基亚也没有后顾之忧，加大了在北京投资力度，进行了第二次投资。富士康为亦庄开发区其他企业也解决了很多模具难题，亦庄开发区在招商时也可以打出这个品牌。

民营企业除比亚迪在北京投资建汽车模具厂外，沧州地区也有一家远东集团在北京投资建模具厂，浙江等地也有些模具企业想到北京发展，提出是否建立一个模具园区。但由于北京地价较高，也没搞成，今后预计还会有更多的厂家对北京模具市场感兴趣。

四、采取措施，加快发展北京市模具工业

如何加快北京市模具工业发展的建议：

1. 加快模具工业的体制改革

目前北京市国有模具企业占主要成分（主要指模具销售额），而这些模具厂都是由整机产品厂的模具车间（分厂）发展起来的。虽然经济上独立核算，但企业发展投资还是靠总厂（公司）来规划，有的名义上改成有限公司，但实际上还都是国有股份占大股，自己没有主动权，如何发展全靠总厂（公司）来安排。在经济上，每年都向总厂交管理费及房屋租赁费等，负担很重。要想进一步加快发展，必须多方吸收个人股份及民营企业股份，逐步向民营企业发展。

2. 加快制造业信息网的建立

通过信息平台的建立和运作，以互联网络为主要媒体，以为新产品开发、制造模具为切入点，针对北京市产品市场，以中小企业为对象，实现三维CAD设计资源、快速原型制造资源、模具设备加工资源、人才资源等的共享，提高企业的产品设计制造能力及设备利用率。

3. 设立模具开发基金，推广应用高新技术

为使模具工业不断吸收高新技术，逐步缩小与先进工业国家在模具制造领域上的差距，对影响整个行业发展的关键性技术开发项目，政府有关部门要给予适当扶植，每年有计划地拿出一部分基金支持重点技术开发项目。项目可由模具协会组织有关专家提出，报有关专业科技开发项目的主管理部门批准。

4. 注重人才培养

现在高档模具供不应求、大量依靠进口的原因主要是因为北京市模具工业技术水平低，装备条件差，更重要的是因为缺乏掌握先进技术的人才。在人才培养上应该发挥多方面的积极性，可以有公办、民办、民办公助、企业自助的方法，采用多种形式办学，只有这样才能培养更多的模具人才。此外，模具企业还要与科技界、教育界建立多层次与多种形式的交流与合作，实现产、学、研结合培养更多的人才。为适应各企业对高素质技术人才的需求，可利用北京大专院校及科研院所的优势，组织软件和数控操作人员培训班，这项工作已和清华大学和北京工业大学取得联系。

5. 支持专业模具企业做强、做大、做出特色

当前模具市场竞争非常激烈，要想在市场站住脚，必须有自己的特色，要对那些机制好、水平高，有特色的模具企业加以重点扶植。北京模具协会曾对北京十大重点模具企业作过介绍。这些大企业涵盖了制造大型、精密、复杂、高精度模具的企业，其中包括比亚迪汽车模具有限公司（制作大型汽车模具）、北京兆维工装有限公司（制造精密塑料模具）、北京机电院精密模具公司（制造精密冷冲模具）、北京

迪蒙普瑞模具公司(制造精密电子产品冷冲模具)这样有实力的公司。这些企业都有一定基础,产品市场前景也非常好。但是北京兆维工装有限公司和北京机电院精密模具公司改制没有到位,仍是国有控股。必须加快转型,要广泛地吸收个人、民营企业及外资的资金,做大做强,并在税收、贷款、进出口等方面力所能及地给予支持。要积极支持和引导外商及一些民营企业在北京独资或合资组建制造大型、精密模具专业厂,为他们创造良好的投资环境,如土地占有费、税收给予优惠政策,以及帮助他们开拓市场,帮助他们解决技术及管理人才等问题。

6. 加大模具重要性宣传力度

加强与媒体的沟通,使他们认识到模具也是高科技产业,宣传模具及模具技术对产品开发的重要意义。模具工业与高新产业一样同属新兴工业,模具水平高低决定着产品质量的高低,是决定高科技转化为生产力的很重要因素。同时,就国有模具企业的现状及问题予以呼吁,以加快模具工业发展。

〔撰稿人:北京市模具协会单加祥〕

天津市模具工业

近几年,尤其是2003年以来,随着汽车、摩托车、家电、电子产品、建筑业等工程塑料件需求量的快速增长以及世界上有实力的大公司如摩托罗拉、盖泽、丰田、三星电子、富士通、三美电机以及梅兰日兰、伊莱克斯、LG电子、雅马哈等公司配套用模具需求的增加,天津市模具工业有了较大的发展,设计制造技术水平有了较大提高。模具CAD/CAM/CAE技术应用范围的不断扩大,如UG、PRO/E等有关软件在大型汽车覆盖件模具、精密注塑模具、精密多工位级进模具上的应用,进一步提高了高精度模具的综合水平。

随着市场经济的发展,天津市模具工业进行了深化改革,一批国有中小模具企业进行了改制。先是津荣天和机电有限公司改制成股份制企业,相继又有原天津纺织机械厂工具处改制组建成立股份制天龙工具有限公司,天津环贵模具公司由集体企业改制为民营有限公司等。随之昊拓汽车模具有限公司、众鑫模具标准件公司、欧通电子有限公司、华跃模具厂、神州学人科技发展有限公司等一批民营模具企业迅速崛起。

2003年,天津市国有企业体制改革明显加快,天津模具两大国有企业:天津汽车模具公司和天津通广模具公司先后进行了股份制改革,实现了现代化企业制度,调动了职工和企业管理者的积极性,加快了企业发展步伐。以天津汽车模具有限公司为例,2003年实现销售收入8 911万元(全部为模具产品),比上年增长78%。目前,该公司正通过合资、参股、控股和托管企业的方式逐步实现集团化经营。

天津市模具行业已形成国有、合资、集体、民营多种所有制形式共同发展的格局。截止至2003年底,可统计到的模具生产厂家有191个,其所有制构成比例见表1,与全国的比较见表2。

近几年来,天津市模具工业以市场为导向;以支柱产业为依托;以技术进步为动力,为重点行业配套服务,积极开拓国内、国际两个市场,初步形成了三大类别的模具布局。

表1　2003年天津市191个模具生产厂家所有制构成比例

所有制形式	国有及国有控股	合资、独资	民营、集体
企业数/个	69	50	72
占比(%)	36.0	26.0	38.0

表2　2003年全国及天津市模具企业有关情况

指标名称	全国	天津市	占比(%)
企业数/个	2 000	191	1.0
产值/亿元	450.0	6.9	1.5
2003～2005年经财政部、国家税务局总局审核批准模具行业模具产品增值税先征后返70%优惠政策的企业数/个	160	7	4.3

1. 以大型汽车覆盖件模具和精密多工位级进模具为代表的冷冲成形和精密冷冲模具系列

(1)大型汽车覆盖件模具生产代表厂。天津汽车模具有限公司专业设计制造大中型汽车车身内外覆盖件模具,拥有先进的CAD/CAM/CAE系统和大型五面数控铣床、大型三坐标测量机和大型冲压设备等配套齐全的汽车模具专用生产设备,应用计算机网络技术,实现资源共享,快速进行数据和信息交换。先后为多个汽车制造厂家提供数百套优质汽车车身模具,产品综合水平达国内先进水平。

(2)精密多工位级进模具生产代表厂。天津津荣天和机电有限公司拥有先进的CAD/CAM/CAE系统、日本沙迪克公司高精度慢走丝线切割机和电脉冲机床、美国摩尔数控坐标磨床。精密冷冲模广泛用于断路保护器、汽车、移动通信、电子产品、计算机、微型电动机等领域,该公司生产的多工位级进模具步距精度3～5μm,产品综合水平居全国前列。

2. 以大型精密注塑模具和复杂型腔压铸模具为代表的型腔模具系列

(1)大型精密注塑模具生产代表厂。天津通广集团模具塑料有限公司是天津市应用CAD/CAM/CAE技术较早的模具企业。几年来，为汽车仪表板、保险杠、6.5kg洗衣机桶、空调器罩等产品提供模具，产品综合水平达到国内先进水平，为LG微波炉承制的8种面板模具可与进口模具相媲美。

(2)中小注塑模具及压铸模具生产厂。天龙工具有限公司拥有日本加工中心、美国坐标磨床、瑞士慢走丝线切割机床、日本电火花加工中心等数控设备，为汽车行业压铸件生产精压铸模具。天津神州学人科技开发有限公司高定位、高起步，主要从事中高档压铸模具生产，公司拥有数控加工中心、数控线切割机床(瑞士进口慢走丝)、精密电火花加工机床等精密加工设备，公司以其独特的技术优势和产品的高技术含量，成为中国模具制造业的后起之秀。

3.综合类模具系列

生产玻璃模具的ACI模具公司，生产子午线轮胎活络模的天合轮胎模具公司，以及生产标准注塑模和冷冲模架、顶杆、推管等模具标准件的各厂家发展较快。ACI公司生产的玻璃模具有60%出口。标准注塑模架，按DME标准生产，销往美国市场。顶杆、推管、导向件专业化水平有了明显提高。

总之，以上几大类模具是天津市模具行业的主体。但是模具技术精度、标准化程度、生产周期与国外先进水平相比仍有一定的差距。如：塑料模型腔精度0.02~0.05mm，国外先进水平为0.005~0.01mm；汽车覆盖件模具多数还是为中低档轿车服务，为高档轿车服务的模具较少。

提高生产大型、高精度、复杂模具的水平，是天津市模具工业的主攻目标。汽车覆盖件模具要搞模板化设计，UG软件升级至18版，可缩短模具设计工时60%以上。精密多工位级进模具软件升级PRO/E高端版本，可提高设计及加工能力30%~40%。大型精密塑料模具引进高版本UG软件，建立局域网络，并开展CAE分析，增加高档次扫描测量系统，可扩大市场占有率。

虽然天津模具工业与国内先进地区和国外相比有一定差距，但是天津模具工业具有良好的发展前景。天津市是北方工业重镇，天津市经济技术开发区更是全国开发区中的佼佼者，开发区已有内外资企业1.1万个，一些国内外知名企业已落户开发区，模具工业中丰田汽车模具中心已在开发区建厂。天津在模具设计、制造人才培养方面也有一定优势，中德现代工业技术培训中心、天津职业技术师范学院、天津轻工职业技术学院都分别设置了有关模具设计制造的专业。这些学校师资优秀、设备精良、培养的人才受到广泛好评。这些都为天津市模具工业的发展提供了良好基础。

〔撰稿人：天津市模具工业协会 刘 立〕

上海市模具工业

一、概况

随着市场经济的发展，行业结构的调整，上海相当一部分国营模具企业已完成改制，“三资”和民营模具企业不断涌现。据不完全统计，到2003年底，上海有模具企业1 000多家，从业人员6万多人，其中工程技术人员1.5万多人，熟练技术工人4万多人，且近几年上海每年要净增模具企业近100家。目前，上海模具工业的企业结构大致是：国有企业占20%，民营企业占42%，“三资”企业占38%，民营和“三资”企业正逐步成为上海模具工业的主力军。

1999~2003年上海市模具工业产值见表1。

表1 1999~2003年上海市模具工业产值

指 标	1999	2000	2001	2002	2003
产值/亿元	21.6	27.9	34.0	41.0	50.0
比上年增长(%)		29.2	21.9	20.5	22.0

上海市模具工业中“三资”和民营模具企业的产值，每年以20%~30%的速度增长。

二、上海市模具工业的蓬勃发展

随着“三资”和民营模具企业的不断涌现，上海市模具工业已逐步由新的管理体系和新工艺、新技术、新设备取代了原有的管理理念和传统的技术、工艺、装备，已成长为能适应世界形势发展需求的行业。上海获原模具有限公司、上海紫燕模具工业有限公司、上海赫比电子有限公司、上海天海电子有限公司、上海华德塑料制品有限公司、上海协博精密模具有限公司、应用精密制造(上海)有限公司、上海维科精密模具有限公司、上海第一精工模塑有限公司、上海夏普模具工业控制系统有限公司等新兴模具企业，代表了这个潮流。这些公司观念新、装备精良、人员素质高、接单能力强，企业效益逐年提高。

在模具制造装备方面，1997年上海仅有1台五轴高速铣，当时绝大多数模具企业都是用普通设备制造模具。目前，上海相当一部分模具企业拥有美国摩尔的坐标磨床，辛辛那提的龙门加工中心，德国Roders、DMG公司的各类精密设备，瑞士的各类精密设备，瑞典的精密定位基准系统，日本的牧野、三菱、日立、东芝、沙迪克等公司的各类精密设备。上海工业拥有的瑞士、德国、意大利等国的五轴高速铣等高、精、尖设备，累计共有近千台。上海地区模具企业广泛采用五轴五联动加工中心和高速铣，采用定位基准系统，以提高模具的制造精度和缩短模具的制造周期。上海按DME、Hasco、Futaba和Strack标准加工制造模具，举世闻名。

随着我国加入WTO，世界上一些大公司纷纷在上海设立全球采购中心或分公司、办事处，世界上一些著名的模具制造商和与模具相关的公司、企业也在上海及周边地区建立加工基地。有的企业为便于给客户配套，到上海及周边地区开设生产性分公司，或把总部搬到上海。国内一些著名的模具企业也纷纷在上海及周边地区设立分公司或分厂。鉴于这个变化，近几年来，在上海及周边地区出现了一大批具有世界或中国先进水平的模具企业。这些企业有先进的装备，并利用先进网络技术对工厂进行管理，使上海模具工业的管理、技术、装备、制造水平，发生质的改变。

1. 上海模具工业拥有先进的模具设计、工艺、制造能力

目前，上海的模具企业广泛使用具有世界先进水平的计算机软件，如Catia、UG、Pro－E、Cimatron、DELCAM、Moldflow、AutoCAD等，尤其是使用便捷的Solidworks软件，可以直接接受各方面提供的数据并根据这些数据进行模具设计。

上海紫燕模具工业公司、上海屹丰模具制造有限公司、上海荻原模具有限公司、上海夏普模具工业系统控制有限公司、上海千缘汽车车身模具有限公司、上海华庄模具有限公司、上海吉泰交通工业有限公司等分别为上海的支柱产业——汽车制造和家电业提供中大型注塑模具和冲压模具。又如福仕德精密工程（上海）有限公司、上海柏斯高微电子工程有限公司、公准精密模具（上海）有限公司、应用精密制造（上海）有限公司等设计制造的硬质合金级进模、半导体用塑封模具和半自动冲模及其他精密冲模也有相当水平。上海海鸥精密模具冲压件厂已成为许多国际大公司小型精密冲压模具和冲制件的供应商。上海赫比电子有限公司、上海天海电子有限公司、凯纳捷－交通模具有限公司、上海柏斯高模具有限公司等制造的小型精密模具受到国际客户的青睐。

2. 上海模具工业拥有良好的配套环境

在模具标准件和模具钢材方面，如上海龙记金属制品有限公司专门生产注塑用精密模架，亦提供优质钢材的模板和内模镶件，最近该公司又开辟了来图定制冲压模架、压铸模架的业务。一胜百、乐嘉文、上海日嘉金属制品有限公司、宝钢集团上海五钢有限公司、抚顺特钢公司专业提供各种牌号模具用钢。上海材料研究所从事高性能冷、热作模具钢的研究和生产。

盘起贸易有限公司上海事务所专业经营各种精密级（冲压、注塑、半导体和压铸）模具标准件、非标准件以及相关配件。最近，日本的Misumi公司在上海设立了销售公司，Futaba公司在昆山建立了工厂，所有这些构筑了上海模具工业发展所需的配套环境。

在上海市模具工业协会的组织下，上海模具工业有一个设备协作网，协作网内企业在设备加工上，可以互通有无，协作加工。这样可以大大提高企业承接订单的能力。此外，还有一个CAD/CAM协作网。参加该协作网的企业专业人员，可以相互交流经验，取长补短，大大加速了模具CAD/CAM的普及和提高，对提高上海模具工业的模具设计水平大有裨益。尤其是最近，世界各国制模先进公司，纷纷在上海设立设计事务所，如日本积水工机所上海代表处、德国Stemke塑料技术有限公司上海代表处等。这些模具设计事务所的设立，将进一步提高上海及周边地区的模具设计、制造水平。

3. 上海模具人才培训基地有了新发展

上海交通大学模具技术研究所、上海现代模具技术培训中心等10多所大、中专院校和企业培训中心的模具技术专业培训点，专门从事模具制造技术、CAD/CAE/CAM、数控机床操作、应用和维修以及电脑应用技术的职业培训，可源源不断地为模具工业输送技术人才。模具企业为了提高模具质量、缩短周期、降低成本，抢占国内外市场，除了提高企业管理水平外，还必须将模具从业人员的素质提高到一个更新、更高的水准。鉴于这种情况，上海市劳动和社会保障局要求上海市模具行业协会参与筹建模具制造培训鉴定中心的工作。为了体现上海国际大都市的形象，将建立以一流的培训设备、一流的信息化管理、一流的鉴定考核为目标的培训基地，覆盖模具制造、安装及调试、整修等相关专业内容和技术层次。经过协会和一些专家、学者的共同努力，现已完成模具制造工职业标准和培训教材大纲的制订，正在进行4个等级制造工教材的编写和拟订模具技术培训和鉴定试行方案等。培训基地厂房改造、设备采购工作也准备就绪，正待实施。上海模具培训中心的成立将为上海模具工业的持续发展，提供技术人才的保证。

三、上海模具工业发展的新思路

（1）目前上海地区模具发展的趋势，要求上海的模具企业走出国门，了解世界对模具的需求，让世界了解上海的模具制造水平。

（2）在业内提倡模具生产专业化与模具带产品两种模式发展的模具工业，适应世界的要求。

（3）在业内提倡模具企业在不断提高管理素质、提高工艺装备水平的基础上，扩大企业规模。

（4）在业内提倡诚信经营，公平竞争，重合同守信用的经营作风。为此，颁发了行规行约，模具计价办法，模具收款、付款方式等一系列行业文件，以创造一个公正、公平、公开的经营环境，方便各国商人前来进行贸易活动。

（5）在业内提倡小企业、大社会的协作原则，提高模具企业的接单能力。

（6）及时介绍新观念、新技术、新工艺、新装备，以多种形式交流先进经验，推广现代模具企业建设、经营办法，促进模具企业的素质提高。

（7）继续加大模具人才的培训力度，以满足模具工业的需求。

〔撰稿人：上海市模具行业协会傅其光〕

江苏省模具工业

江苏是我国工业比较发达的省份，以加工工业为主，是模具需求的集中地区。据不完全统计，江苏省模具生产厂现有350余家，在职职工23 000多人，其中技术人员比例将近1/3。2003年，全省模具工业形势良好，模具、模具标准件等呈现购销两旺势头，全年模具企业模具销售收入超过25亿元。

目前，江苏省生产模具、模具标准件、模具材料及其他模具配件的生产企业和经营网点，以苏南为中心遍及全省各地，基本上形成了苏南以大型塑料模、压铸模为主；苏中以塑料模、冷冲模为主；苏北以汽车冲压模为主的生产营销格局。与国内同行相比，江苏省模具工业在某些领域形成了自己的特色，主要有以下几个方面的优势：

一、具有较强实力的模具生产基地

1998年11月4日，经江苏省人民政府批准，在昆山设立江苏省模具工业实验区，分4期建设，到2005年建成。建成后的模具工业实验区将成为以生产精密冷冲模、复杂大型塑料模、压铸模为主，其他种类为辅的生产基地；成为模具先进技术推广、应用和示范基地；成为模具人才培训实习基地和模具企业联络的信息中心。截止至2000年底，实验区一期规划已全部完毕。2001年底，进入模具实验区的企业已达40余家，总投资3亿元，开发总面积超过30万 m^2。

二、模具设计与制造能力较强

无锡小天鹅模具制造有限公司、常州日新精密机械有限公司、昆山中大模架有限公司、太仓求精塑模有限公司、跃进汽车集团工模具有限公司等一批模具生产企业，都具有较强的模具设计制造能力。常州日新精密机械有限公司主要从事精密级进模的研制开发和冲制产品生产，有国外引进的成套精密模具加工设备和冲压设备。该公司生产的外径为ϕ140mm的电机转子级进模与自动叠铆硬质合金模具在国内同行中处于领先水平。昆山中大模架有限公司是在昆山大型塑料模架厂基础上改制建立的，是目前国内生产大型模架的规模最大的专业制造厂家之一，配备有各类大型、精密、稀有设备80多台(套)。2000年下半年，该公司又投入200多万元购置台湾龙门型数控加工机床，并建立了计算机工作站，大大提高了大型模架及模具的深加工能力。

三、模具科研开发力量雄厚

南京航空航天大学在模具的开发、模具CAD/CAM/CAE的应用技术开发等方面；江苏大学在汽车模具的研究与开发以及模具先进制造技术等方面，都拥有较多的科研成果。

四、模具教育培训资源丰富

要提高模具质量，就需要有一支高素质的模具职工队伍，这是振兴模具工业的百年大计。全省现拥有南京航空航天大学、江苏大学、南京理工大学等一大批国家重点院校从事模具专业技术人才的教育培训工作，可以培训从模具操作到硕士学位的初、中、高级模具专业技术人才。

〔撰稿人：江苏模具工业协会曹根基〕

南京市模具工业

南京模具工业协会于1984年10月成立，至今已有20年历史。20年来，南京模具工业不断发展，模具技术水平和生产能力逐步提高，并取得了一定成效。

一、南京模具工业发展概况

南京工业是以机械、电子、汽车、石化等工业为主逐步发展起来的，已形成较为雄厚的工业结构体系：部属企业和军工企业多，企业大而全，技术力量较强等。随着经济体制改革不断深化，整机产品结构的调整，模具生产企业的机制也发生了较大变化。整机产品生产厂的模具分厂已有较大部分改制成模具责任有限公司，成为独立核算的法人企业。模具企业以市场需求为导向，面向社会参与市场竞争，取得了显著成效。

(1)南京模具工业协会对10人以上模具生产企业的统计，共有职工1 368人，其中工程技术人员占职工人数的21.56%；模具加工设备897台，其中精密数控设备占20.61%；固定资产原价10 996万元。2003年，模具总产值11 085万元，比上年增长16.32%。近5年产值年均增长16%左右。南京有代表性的模具企业是南京金宁工装有限责任公司(隶属于南京金宁电子集团公司)，职工73人，有精密数控和配套的模具加工设备50余台。模具设计采用CAD技术，专业研发、生产精密、复杂、长寿命的软磁铁氧体磁芯成型模具，主要零件采用硬质合金，制造精密程度达μm级，表面粗糙度$Ra = 0.20 \sim 0.10\mu m$，模具技术水平和质量达到国外同类模具水平。2003年，模具产值842万元，比上年增长20.1%，模具商品化率达到76.2%。公司改制后，模具生产面向市场，5年来，平均每年增长率达20%左右。用公司设计制造的金宁牌模具生产的磁芯产品荣获目前国内惟一的国优金奖，是惟一被用于卫星上的磁芯产品。模具总量的14.2%出口国外，销往美国、日本及东南亚各国。

(2)南京市模具行业不单是能力和产量的提高，最重要的是模具设计制造水平和质量的提高。1990年5月的第三届至2002年5月的第九届在上海举办的“中国国际模具技术和设备展览会”上，经专家评议，南京参展的模具中就有18套达到了国际水平，并且连续7届均有高档模具得到最高评议和奖项。在展会上得到最高评议的有代表性的是南京长江机器集团工模具有限公司设计制造的电子接插件簧片多工位级进模、定转子铁芯自动叠铆硬质合金级进模、塑封电机半定子铁芯组合叠装模、大型吊扇电机铁芯自动叠片模等9套模具，均达到了国际水平。由于南京市参展的模具水平和质量的提高，赢来市场，模具国产化程度也随着提高。

(3)科研技术和技术开发成果显著。南京市有多项成果通过国家和省部级鉴定，获得了科学技术进步奖。如定子铁芯自动叠装模的研发获国家科技进步二等奖，定转子铁芯叠转子扭角硬质合金级进模的研发，获部级科技进步二等奖，软磁铁氧体磁芯成型硬质合金压模的研发获部级科技进步二等奖，电机铁芯自动叠铆硬质合金级进模的研发获省级科技进步三等奖等。南京市还有多项成果通过中国模协技术委员会专家组评审，推荐为国家级新产品模具。这类模具技术的突破，填补了国内该类模具技术的空白，并形成产业化，取得了较好的技术经济效益。

二、南京模具技术发展及目前水平

近几年，南京市模具技术有了很大发展，模具水平有了较大提高，大型精密、复杂、高效和长寿命模具的设计制造技术及手段接近或达到国际水平。

(1)汽车覆盖件模具方面，有代表性的是跃进汽车集团南京模具装备有限公司。该公司是国内主要汽车模具生产企业，企业通过技术改造，配备和引进了模具制造关键设备及制造技术，提高了生产能力和模具水平。汽车车身模具的实型铸造、制模可用于加工塑料和新型风冷钢等，取得了较好成效，提高了模具质量及缩短了生产周期。在设计制造方法和手段方面，已接近国际水平。

(2)精密冲压模及多工位级进模方面，有代表性的是南京三东集团机械分厂。该厂拥有高精尖配套设备和制模高级人才，技术力量较强，企业为多家合资公司设计制造了大型精密冲压模、精密级进模，可以替代进口产品。在微波炉门E系列壳体大型连续模上，采用氮气弹簧管路系统、缓冲垫、复合斜锲结构和技术，提高了模具可靠性和寿命以及制件成型精度与表面质量。设计制造的显像管耳环系列级进模，采用凸、凹模镶件技术以及快换、斜锲、检测装置等结构，模具精度和制件质量达到国外同类模具水平。还有南京十四所二分厂设计制造的电器“EI”片系列精密级进模，采用镶拼技术和无废料冲裁结构，模具精度、生产效率及材料利用率等，均达到国外同类模具水平。

(3)精密多功能模具方面，有代表性的是南京长江机器集团工模具有限公司。该公司设计制造的电机铁芯自动叠片多功能模具，采用模架三板式双导向、槽形凹模拼块、扭角回转系统及叠片分组机构等结构和技术，在一套模具内自动冲压成形，扭槽回转、叠铆、分组、输出铁芯组件等功能。模具的主要零件制造精度在2μm内，步距精度在3μm内，表面粗糙度为$Ra = 0.10 \sim 0.40\mu m$。模具在高速冲压生产线上使用寿命达到1.5亿冲次以上。模具结构、功能、精度、寿命、制品质量等方面达到国外同类模具水平，可以替代进口产品。该公司已发展成为国内最大的专业生产电机铁芯自动叠片的多功能模具企业之一。

(4)大型塑料模具及精密塑料模具方面，有代表性的是南京熊猫电子股份有限公司模具分公司。该公司是国内主要塑料模具生产企业。在大型塑料模领域有较强的设计制造能力。设计制造的大屏幕彩电前壳大型塑料模具，采用气体辅助注射技术，解决了大型塑壳制品壁厚差异较大的成形难题，产品变形小，表面质量好。该技术提高了产品质量，降低了成本。模具技术水平及大型前壳制品质量接近国际水平。南京普天通股份有限公司精模制造中心设计制造的通讯接插件多腔精密塑料模具，技术水平及多腔制品质量接近国外同类模具水平。

(5)软磁铁氧体磁芯成形模具方面，有代表性的是南京金宁工装有限责任公司。该公司是国内最大的专业生产软磁铁氧体磁芯成型模具的企业之一。公司多次从德国、日本引进模具制造技术，不断创新，采用硬质合金材料制作型芯腔，提高模具使用寿命。应用型芯固定结构新技术，提高了模具性能和可靠性。研发一模多腔磁芯成型模具，替代传统的一模单腔，提高了生产效率。经3次重大突破，自行设计制造的软磁铁氧体磁芯成型硬质合金压模技术，具有国产化的自主知识产权。模具技术水平、精度、质量等方面达到国外同类模具水平，可以替代进口产品。

(6)压铸模具方面，有代表性的是南京金城机械有限公司。该公司是国内最大的生产摩托车铸模的企业之一。设计制造的摩托车发动机缸体、齿轮箱壳体等铝合金压铸件模具，在模具技术水平和压铸件质量上达到国内先进水平。模具大部分实现了国产化。

三、南京模具发展趋势

南京是长江三角洲的重要城市，在加快推进石化、电子、车辆、化工、钢铁等产业的发展中，必将推动南京模具工业的持续发展。

(1)以市场为导向，以急需为重点，发展精密高档模具，提高产品水平，为国民经济发展服务。模具的主要市场是汽车和摩托车行业、家用电器行业、电子及通讯产品行业、塑料制品及仪器仪表行业、摄影摄像器材及建材等行业。这些行业将有较大发展，对模具需求很大，模具市场十分广阔。

(2)以国内外市场信息为导向，以全市模具企业生产技术能力为基础，重点发展汽车覆盖件模具、精密冲压模具和壳体连续模具、精密多工位级进模和多功能模具、大型塑料模具和精密塑料模具、精密磁芯模具、大型复杂压铸模具等大型、精密、复杂、高效、长寿命模具，这些模具市场紧缺，需求量逐步增大。

(3)为提高生产效率和减少资源消耗,模具成形的零件向大型和多件发展。如铁芯自动叠片多功能模具,铁芯零件外径将突破162mm;单排模具向双排模具发展,铁芯零件外径将突破95mm;铁芯零件外径60mm左右的双排模具,将向多排多件发展。模具日趋大型化,提高了生产效率和材料利用率,大型模具市场需求分额不断增大。模具大型化是模具发展的必然走势,大型化模具的精度将越来越高,结构和制造难度将越来越大,模具技术含量将不断提高。

〔撰稿人:南京市模具工业协会李立新〕

苏州市模具工业

十多年前,苏州模具行业还很薄弱,主要是电器、仪表、轻工、家电等行业的国营和集体企业,约百余家生产厂点。他们的模具加工设备落后,生产、技术水平不高,模具品种单一,标准化和商品化程度较低。

改革开放以来,苏州市的经济发生了翻天覆地的变化。2003年利用外资取得突破,全市新增合同外商直接投资和实际利用外商直接投资跃居全国城市首位,分别达到124.96亿美元和68.05亿美元,合同外资占全国的10.9%;实际利用外资占全国的12.7%。2003年苏州市全部工业产值7 010.77亿元,比上年增长37.8%,总量位居全国第二位,仅次于上海。其中规模以上工业完成产值4 976.59亿元,比上年增长39.1%,位居第三位,仅次于上海、深圳,高于天津、广州。2003年苏州市进出口总额达到656.63亿美元,增长80.4%,其中出口326.34亿美元,总量居深圳、上海之后,位列全国城市第三位,出口增幅76.2%,名列首位。2003年全市固定资产投资达到1 408.93亿元,总量位居上海(2 452.11亿元)、北京(2 157.1亿元)之后,投资增长速度73.3%,居大中城市之首。呈现出的特点:是国有经济、三资企业、私营个体投资齐头并进,工业和第三产业投资的联动发展。

随着苏州市开放型经济总量的扩大,苏州工业园区、苏州高新技术开发区、昆山经济技术开发区等一批国家级经济技术开发区的崛起,使苏州逐渐成为全球制造业的重要基地。至今已有近100个世界500强企业落户苏州,共投资了近250个项目,合同外资达到了73.4亿美元。尤其是电子信息产品(主要为IT产业)的迅猛发展,与之相关的软件业、IC产业、光电业也开始集聚苏州。目前全市IT企业已达到1 500多个,产值将突破2 000亿元,增速高达30%,产品销量占到全国销量的8%。仅昆山地区年生产笔记本电脑就约1 000万台,占世界产量的20%左右。其他汽车工业、家用电器、电子通讯、轻工塑胶等行业也发展很快。这些行业的产品,60%以上要用模具生产,因此促进了模具行业的互动发展,模具企业如雨后春笋般出现。据不完全统计,目前有各类性质(主要为三资、民营、少数为国营、集体)模具厂点1 000余个,从业人员3~4万人,模具总量粗略估算已达50~60亿元,成为全国主要新兴模具工业区之一。下面对1 000余个模具厂点按如下分类进行分析说明。

1. 按模具企业的形成类型来分

(1)国外和中国香港及中国台湾地区模具企业,跟随主导企业进入苏州地区。如日资的TOWA半导体设备、台资的鸿准精密模具、港资的茂森精艺金属等。

(2)浙江等周边地区民营企业家,看好苏州地区发展前景,搬迁或投资设厂。如苏州双林电脑器件由浙江宁海搬迁来苏;苏州汇众模塑、振元模具、日兴模具、昆山华富电子等由浙江民营企业家投资设厂。

(3)本地国营、集体企业改制或新成立的民营企业。如改制的苏州微研、仪元科技、金塔模具等,新成立的兰佩铸造、力嘉模具、金月金属制品等。

2. 按模具企业的规模来分

(1)产值上亿元规模的企业主要为外资或港、台独资企业,约有近10个左右。

(2)产值1 000万元以上规模的企业,则三资、民营和国营、股份制均有,约有上百个企业。

(3)产值1 000万元以下规模的企业,则遍布苏州各地区,约有上千个企业。

3. 按企业分布地区来分

(1)相对比较集中的为昆山市,现有模具企业300多个,产值约20亿元。其中江苏模具工业实验区为省级模具园区,后升格为国家火炬计划昆山模具产业基地,已有各类模具企业近百个,2003年实现产值15亿元。一期工程27万m^2已开发完成。主要生产精密复杂的电子信息等部件模具,家电注塑、吸塑模、汽车精锻模、压铸模及各类模架、精密导向件及其他标准件等。

(2)另一相对集中的为苏州市区的苏州工业园区、苏州高新技术开发区、吴中区、相城区等处。现有模具企业400~500个,产值约20~25亿元。该区域三资企业集中,设备先进,管理到位,模具水平高。主要生产各类精密复杂的电子信息、通讯、机电、仪表等部件模具;汽车、家电、轻工、电子等注塑、吹塑模具;汽车、摩托车等压铸模、铸模等。

(3)常熟市、张家港、吴江市、太仓市共有模具企业400~500个,产值约10~15亿元。常熟市沙家浜镇、张家港市塘桥镇、吴江市松陵镇等相对较集中。主要生产各类家电、电子、机电、汽车产品模具及各类轻工、玻璃模具等。如常熟市沙家浜镇,昔日革命历史名镇,如今成了"玻璃模具之乡"。全镇共有玻璃模具专业生产厂100多个,从业人员2 000多人,年销售收入2亿元左右。行业产品品种已发展为4大系列(瓶罐模具系列、器皿系列、灯具系列、化妆品包装系列),市场也从国内拓展至国外,产品档次已从国内中低档发展至国际高档品质。目前该镇生产的玻璃模具产品在国内市场占有率已在50%以上,有较高的知名度。其他各地模具也各具特色、流光溢彩。

4. 苏州市模具工业在自身发展的过程中形成的一些鲜明的特点

(1)模具企业数量多,地区相对集中,发展速度快。如上所述,短短十余年间,模具企业由百余个飞速发展至1 000多个,翻了几倍。产值由几亿元增加至50~60亿元,也翻了几倍。这样的发展速度大大超过了14%的全国平均发展速度。地区主要集中在苏州市的工业园区、高新技术开发区、吴中区、相城区;昆山市经济技术开发区、高科技园区模具实验区;张家港市塘桥镇、常熟市沙家浜镇、吴江市松陵镇等。

(2)三资、民营企业比翼齐飞,技术起点高,总体模具水平已逐步与国际接轨。由于苏州市外向型经济发达,日本、韩国、新加坡、德国、荷兰、美国及中国台湾、中国香港等国家和地区的独资、合资企业很多,达13 500余个,其中不少企业具有模具制造能力,并达到相当水平和规模。如:凯硕电脑、飞利浦创能科技、爱普电器、博尔达米克朗精密工程、绿点科技、富优技研、日本TOWA半导体设备、新兴精密电子、三星电子、吉田精密模具机械、日本牧田、富士电子、西湖亿模塑胶、昆山正大新成精密锻造、远轻模具、六丰机械、鸿准精密模具、勖祥精密模具、永儒塑胶、适新模具技术、尚声电子、锦虹精密模具、恒昌精密模具、香港茂森精艺等。这些企业不仅引进了国外先进设备和制模技术,而且聘用了国内外的高级模具人才,采用了先进的管理模式,技术起点高,模具水平已与国际接轨。不少民营企业,技术起点也很高。如苏州汇众模塑有限公司引进日本、意大利等国先进的制模和检测设备,有大型加工中心和数控铣、大型龙门铣、大中型电加工机床、三坐标测量机等关键设备30余台,还引进了美国的计算机工作站,采用CAD/CAM技术及低压注塑技术,已能生产重达40t的汽车保险杠注塑模,年生产能力达200套以上。昆山华富电子有限公司引进瑞士恰米尔慢走丝线切割机、日本三菱电火花成形机、美国摩尔坐标磨床、德国PETEWE、德国DECKEC、MAHO加工中心、德国DEMAG注塑机等各种先进设备20余台,开发的各类精密高速冲模、精密注塑模已为外资企业配套应用。“0.5mm间距FPC/FFC连接器”被列为省火炬计划项目。又如苏州兰佩铸造设备有限公司引进了三台日本牧野高速加工中心,一台德国蔡司公司三坐标测量机生产的铸模和重力浇注铝合金汽车发动机缸体模具,均达到国内先进水平。

(3)模具企业特色明显、服务对象明确。如汇众模塑、双林电脑器件、太仓求精塑模、昆山三建模具、昆山成功模具、振元模具、日兴模具、金塔模具、张家港华丰模具、天江模具等公司主要生产家用电器、电脑器件、汽车内外饰件、轻工包装等注塑模、吹塑模;华富电子、香港茂森精艺、苏州微研、恒昌精密模具、仪元科技、力嘉模具等公司主要生产各类电子连接器、卡座扦槽、复印机零件、五金冲压件、电机铁芯等精密冲压模和磁钢成型压模;苏州兰佩铸造、远轻模具等则主要生产汽车发动机及轮毂等部件压铸模和铸模;昆山中大模架、宏顺大型模架、昆山精密模具标准件、华星导向件、北桥弹簧厂等公司则专业生产各种大型模架、模具导向件、模具弹簧等标准件。

(4)模具行业整体配套性强。苏州市模具行业除上述有大量标准件生产企业为之配套外,还有一批模具材料和设备等专业供应企业。如华东机电化工配套公司(模具城)为华东地区最大的模具材料、标准件、塑机和模具设备的经销商。公司营业办公面积5 000m², 仓库面积2 500m², 目前有正式员工168人,公司实行电脑化管理,配置12辆专车为用户送货,经营商品达2万多个品种规格,年销售额近亿元。2003年通过了CQCISO9001:2000质量管理体系认证,2004年被有关机构评为“AAA”资信等级单位和批准为中华人民共和国进出口企业。该公司目前正在筹建成立模具配套集团,其他还有太仓蒂森等数十个模具钢材销售企业。另外,苏州又是模具主要加工设备——电加工机床的主要生产基地之一,年生产各类电火花线切割机、电火花成形机、电火花高速小孔穿孔机等数千台,拥有沙迪克三光、苏州电加工所中特公司、长风、金马、宝玛、新火花、江南赛特、华龙、中谷、山力等数十个生产企业;近年来,国外知名厂商如生产加工中心的瑞士博尔达—米克朗公司、日本牧野公司等均已落户苏州;其他生产注塑机、液压双动拉伸机、铣床、锯床等的配套企业也不在少数。除此之外,苏州市还有以苏州园区职业技术学院为主的模具技术人才培训网络。

综上所述,苏州模具工业的飞速发展,对苏州地区的经济发展起到了良好的促进作用。但和国内模具发达地区的广东东莞、顺德、浙江黄岩、宁波等地相比,尚存在各工序的专业化协作厂点较少,模具厂点的集聚度不高,高素质模具技术人才严重短缺等差距,影响了模具产品在国内外市场中的竞争力。

〔撰稿人:苏州市模具工业协会秘书长柯小荣、经象山〕

昆山市模具工业

昆山作为一个新兴城市,近年来已逐渐发展成为长江三角洲地区的一个重要的制造业基地,模具产业近年也得到迅速发展。但作为昆山模具产业的先驱者,当初只有一家大型模架厂、一家标准件厂以及一些零星的作坊式的模具加工点,远远不能满足周边地区发展的需要。1998年11月,经江苏省人民政府批准,在昆山高科技工业园内建立了“江苏模具工业实验区”。通过几年的探索与实践,实验区的模具产业已初具规模。现在昆山市共有模具企业220多家,区内有企业100余家,内、外资比例为4:6。

实验区以本省、市的需求为先导,以跟踪产品研制、开发模具市场、提高经济效益为中心，以优惠的政策、便捷的交通、高效优质的服务为手段，给模具厂商创造一个宽松的投资、经营环境和生产条件；鼓励与支持企业采用先进设计与制造技术，按发达国家及地区的标准生产模具及配套的标准件，提高模具的技术水平，逐步培育一批科技含量高、能替代进口的科技先进企业，从而鼓励与支持企业实现从进口逐步走向国外出口的转变。实验区加入国际互联网，建立模具信息网络，促进区内企业与国内外企业之间的信息交流。发挥行业协会的作用，积极创造条件建立公共技术平台，推广国内外先进技术，促进技术更新。加强人才培养，探索学校与企业、国内与国外合作培养模具人才的模式，以满足园区人才的需要。积极开展国内外、境内外的合作，探索在高科技工业园内建立信息、开发、设计、制造、销售、服务等多位一体的产业结构。在以上指导思想的基础上，通过招商引资，模具实验区已基本形成一个集模具制造、模具标准件制造、模具材料、模具生产设备制造及模具人才培训的专业实验区。

实验区自从1999年正式运行以来，已吸引了日本、马来西亚、印度、美国、英国、新加坡、中国台湾和中国香港等国家和地区以及江、浙地区的模具企业进入园区创业。现在区内模具产业结构比较合理，主要产品有：有大型汽车覆盖件模具，长寿命、高精度的电机叠转模、接插件塑胶膜，精密小型、超小型级进模，用于家用电器及IT产业的精密注塑模具，摩托车、汽车轮毂用的压铸模具等。随着昆山制造业的不断发展，目前仍不断有内、外资企业进驻昆山，仅模具实验区已累计引进资金15亿元。基地同时拥有像江苏华富电子、三建模具、凯翊精密模具、宏顺大型模架、源进塑胶、鸿准精密模具等6家江苏省高新技术企业。经实验区申请，2003年9月经国家科技部批准成立了“国家火炬计划昆山模具产业基地”，把昆山模具产业发展推向了一个更高的层次，使昆山成为中国模具制造的一个重要基地。

〔撰稿人：昆山市模具工业协会杜人杰〕

浙江省模具工业

宁波市模具工业

一、基本情况

经过近30年的发展，宁波市模具产业整体发展迅速，其规模、从业人员、产值额、均在全国名列前茅。宁波模具工业概况见表1。

表1 宁波模具工业概况

项　目	内　容
企业数	3 000余家
企业大致分布情况	宁海(大型塑料模为主)　北仑(压铸模具为主) 余姚(小型模塑为主)　慈溪(家电模为主) 鄞县(汽车零部件模为主)　象山(铸造模为主)
从业人员	约11万人 其中：技术人员7 500余人
设备技术情况	数控设备　6 000余台 加工中心　3 000台左右 CAD/CAM/CAE　500余家
模具销售额	2000年：58亿 2001年：78亿 2002年：108亿 2003年：120亿
模具类型	塑料模　压铸模　铸造模　粉末冶金模 冲压模
科研机构	江西科学院(北仑)模具热处理研究分院 北仑压铸模研究中心 浙江大学(宁海)模具技术工程中心 宁波大学模具技术研究所 宁波工程学院市重点实验室宁波刀模具工程技术研究中心
人才培训基地	中国模协(北仑)培训基地，宁波大学、宁波工程学院、宁波职业技术学院、浙江轻纺职业技术学院、浙江机械学校、宁波技师学院、鄞州职教中心、宁波第二技工学校、宁海技工学校、宁海双林职高、宁海二职高等模具专业
模具出口国家和地区	日本、韩国、美国、意大利、土耳其、巴基斯坦、荷兰、瑞士以及台湾等

二、地位及特点

宁波模具业在全国有较高地位，已无可争议的成为中国主要模具生产基地。国内外同行对宁波有不同的称谓：“模具之乡”、“模具之城”等。国家有关部门授予宁海为“中国模具生产基地”；余姚为“中国轻工模具生产基地”。原中国模具工业理事长杨铿为北仑大矸镇欣然题词“中国模具之乡”。据调查，宁波铸造模具占全国产量60%以上，压铸模占全国40%以上，粉末冶金模占全国25%以上，塑料模占全国7%以上。在全国享受优惠政策的166家企业中，宁波占有36家。

宁波模具对宁波制造业的带动作用十分明显。模具工业的发展推动宁波市支柱行业的发展。模具作为核心行业，有力地支撑、并极大地带动宁波本地的支柱行业。模具体现制造业的核心竞争力，因为模具的技术决定制造业产品质量和市场开发能力。如宁波市塑料工业85%、小五金机80%、电器90%的零部件需要模具加工，服装8%、汽配60%、小家电、文具95%以上的零部件都需要模具来生产。模具行业的发展带动了其上游产品注塑机的发展（宁波市注塑机产量占全国60%）。促进了下游产品如塑料制品、汽配件、电器、五金、家电（洗衣机产品已占全国一半）等相关产业的迅速发展：一是加速了这些行业产品的更新换代；二是不断促进这些行业技术水平的提高，从而带来了效益的提高。有专家估计，宁波目前模具工业的产值120亿元，但她对宁波国民经济贡献率至少在1 000亿元以上。模具行业的发展对宁波经济的发展起着举足轻重的作用。

模具工业的发展促进宁波市的出口。宁波市地理位置优越，外向型经济发达，模具业的发展促进和带动了宁波市模具相关产业，如塑料、机电、五金、汽车零部件、打火机、文具等的出口。目前宁波出口优势产品，无一例外均需模具制作。同时，有些模具企业本身已能生产出高水平的模具，具有一定的国际竞争能力，具备了走向国际市场的条件。如大鹏模具塑料、宁波佳利来塑胶压铸模、宁波东睦粉末冶金模、鸿达的机电铁芯模、天龙的电子模，以及宁波合力、同家、南方、横河、天正等模具厂，均开始走向国际市场。

宁波模具有以下几个特点：

(1)量多面广。

(2)品种齐全。在塑料模具方面宁波有极强的生产实力，在国内有较高地位。仅余姚、宁海两地，专业的模具生产企业就有1 000多家。部分企业引进了日本、德国、意大利的先进制模设备和模具CAD/CAM/CAE集成系统，生产的塑料模公差均在0.01mm，制造的大型模具已达50t以上，每年在国优模具的推荐中，占有较多份额。宁海第一注塑模具厂、宁波双林集团模具有限公司、慈溪天龙模具有限公司、宁波华众模具有限公司、慈溪横河塑料模具有限公司生产的模具取代了进口的模具。宁波市东睦冶金公司拥有目前国际最先进的数控设备20余台，用他们厂模具生产的粉末冶金件远销到日本、韩国以及欧美等国家，其模具寿命长、质量好、精度高，很受同行业的推崇。

另外，宁波市在其他模具的设计制造方面，也有不同程度的发展。如橡胶模具、陶瓷模具、玻璃模具等的设计制造也达到了一定的水准。已有能力制造出较为复杂的产品模具。

(3)“块状经济”明显。如上所述，宁波模具业相对集中特点明显。例如北仑大矸镇有压铸模具企业500余家，全镇模具产业销售收入达20余亿元，压铸模成为该镇的一大特色产品，该镇还成立了宁波市压铸模研究中心、江西科学院（北仑）热处理分院、中国压铸模网站。其开发加工的压铸模精度可达到公差0.04mm以内，表面粗糙度在0.01～0.2um，寿命高达20万次。又例如余姚以精密小型塑料模为主，宁海以大型塑料模为主等等，各显特色。

(4)知名度高。压铸模具、铸造模、粉末冶金模在全国名气较盛。因此，北仑被称为“压铸模之乡”，余姚、宁海被称为“塑料模之乡”，象山被称为“铸造模之乡”。宁波模具企业现几乎为松下、福日、东芝、日立、三菱、爱普、别克、美联以及海尔、长虹、一汽、东风、大众、小天鹅、荣事达等等国内外所有的著名企业和品牌服务。

(5)发展速度快。宁波模具企业大部分为个私企业，机制灵活，效率高，中国模协经营管理委员会公布的2003年全国模具产值达到3 000万元以上的企业有45家，宁波有9家，占20%；人均产值超20万元的36家企业中，宁波占有6家，占16.7%。全市模具产值以每年20%以上的速度增加。据2000年调查，全市销售额1 000万元的企业寥寥无几，而2003年达到50多家。

三、发展趋势

随着现代工业发展步伐的不断加快，产品更新换代周期急剧缩短，模具总量供不应求，宁波在全国城市中经济发展迅速，对模具的需求量日益增长，如北仑的同创电脑、奉化的波导手机、慈溪的家电、电子、鄞州的摩托车、汽车配件、余姚的塑料制品等，巨大的市场需求推动宁波模具工业调整发展。随着WTO的加入，国外同行看好宁波模具业，中国轻骑集团模具生产厂已整体从济南搬到宁海。台湾模具工业同业公会、葡萄牙国家模具协会组团相继访问宁波；日本模协已三次组织企业考察宁波。日本住宅、林内及法国、美国、新加坡等各国模具采购商又来宁波寻找模具生产加工企业，宁波的模具行业具有非常广阔的发展前景。

宁波模具业显示出良好的发展势头：

(1)先进技术将广泛应用，发展速度更快：快速成型、高速切削、慢走丝切割加工、离子氮化、三坐标检测、三维造型、热流道、虚拟装配、干涉检查、反向工程等当代世界先进技术及工艺纷纷入驻企业。未来5年，宁波模具业模具销售收入将超过150亿，模具产品质量达国际20世纪90年代末的先进水平。部分企业达到国际先进水平。

(2)“五大生产基地”初露端倪。宁波“十五”模具发展专项计划中提出要建设“五大”生产基地，即余姚、慈溪、宁海塑料模生产基地，北仑压铸模生产基地，慈溪家电模生产基地等。

(3)“龙头”企业将起领导作用。未来几年中，宁波市将出现一批生产规模大、产品质量高、设备先进、在全国乃至全世界处于领先的模具龙头企业。

宁波双林集团今年一次就购入了5台具有国际先进水平的德国加工中心，董事长邬永林提出“要做世界最大、最好的模具企业”。宁波华众已在宁波高新技术开发区置地3.3万m^2，成立模具研发中心和模具新加工基地，目标是要成为中国最好的模具生产基地。慈溪鸿达电机模具加工中心1万m^2的新厂区已落成，他们的口号是“创鸿达品牌，争中国第一”。此外宁波恒诚、慈溪天龙都在谋划大发展。

(4)校企合作将良好发展。宁波模具业的发展促进了高校模具专业的发展,除原来宁波高等专科学校、浙江万里学院原先设有模具专业的院校外,最近,宁波职业技术学院、浙江轻纺职业技术学院等均开设了模具专业。他们均邀请模具企业的工程师、专家参加"指导委员会",为学生上课;而模具企业也邀请学校专业老师研究模具加工中的课题。宁波大学还成立模具技术研究所,浙江大学在宁海成立了模具技术工程中心。这种校企之间的良好发展势头,必将进一步提升宁波模具业的档次。

(5)配套更加齐全和便捷。目前国内外著名的模具加工设备、刀夹具、仪器仪表、材料以及各种软件、先进制造技术纷纷进入宁波,一个电话就能送货上门,技术更加先进,服务更加称心,质量更加放心。

四、极需关注的几个问题

(1)管理水平、产品质量极需提高。宁波市模具业的管理水平较低,普遍采用的是"承包制",这种管理方式阻碍引入先进的工艺,阻碍管理水平的进一步提高。个别企业甚至存在严重的"脏、乱、差"问题。

(2)企业规模较小、档次低,极需整合和提高。宁波的模具企业70%以上为"微型企业",有的尚未摆脱"家庭作坊"模式。由于管理水平低,加上企业规模小,模具企业缺少规模效应。同时由于模具低水平的内耗竞争较多,产品质量难以上去,生产高档次的模具的能力不高,无法集中体现产业优势,难以同先进地区竞争,许多高精度的模具仍无法加工。

(3)发展"瓶颈"制约急需解决。一是热处理水平不高。宁波市热处理规模小、设备差,企业自身投入困难,制约了宁波市模具业的发展。例如宁波市许多技术含量高的高档模具还需要到上海加工处理,成本的增加一定程度上削弱了宁波市模具企业的竞争力。

二是缺乏相应的标准件企业。虽然我市模具企业较多,但与之相配套的标准件企业少,而且规模很小,不能负担起为我市企业提供模具标准件的任务,大部分标准件需外地或国外引进,在一定程度上提高了制造成本。

(4)政策扶持极需加强。模具制造的加工设备要求比较先进,投入量大。由于企业自身没有能力将大量的资金投入到设备的更新中,宁波市加工设备的技术含量相对较低,这就阻碍了宁波市模具企业发展上台阶。模具企业发展到一定程度,必然从原来的低水平的劳动密集型转向高新技术密集型,这就需要投入大量的资金和技术。而宁波市模具企业大多是靠自身的积累一步一步慢慢发展起来,自身资金和科技力量不够,如果不借助外力,发展就跟不上。但由于企业规模小,吸纳外来资金和技术力量不够强。同时,模具企业有巨大的社会效益,但其本身却存在"料轻工重、税负重"的实际情况。模具属劳动密集型、技术密集型行业,知识、劳动、技术投入量大,周期长,而这些在增值税中均不能抵扣。其前期准备工作投入较大,价格昂贵(一副模具上百万),企业风险较大,模具工种技术要求高,其工人、技术员、工程师等工资成本高。上述种种均急需相应的扶持政策。

(5)应加强与国外先进模具厂家合作,积极引进高档次的模具生产企业。

〔撰稿人:宁波市模具行业协会林森茂〕

余姚市模具工业

据余姚市模具工业协会统计,2003年,全市商品模具产值达20.5亿元,比上年增长45%,出口模具占到10%以上,显示了余姚模具业广阔的发展前景。

近年来,余姚市政府确立了加快发展制造业的工业经济发展战略,并把模具业发展作为重中之重加以扶持。连续数年,实施了一系列优惠政策,对模具企业引进先进设备,生产20t以上大型精密模具以及对获得经中国模具工业协会技术委员会评审,具有国内先进水平及国际水平的模具(简称国家级优质模具)进行奖励。2004年,余姚市政府决定加大政策扶持力度,对应用先进技术兴建大型热处理生产线项目,除享受余姚市技改贴息的优惠政策以外,财政再给予奖励,而且单独列支。2004年还对应用技术和管理软件的模具企业给予奖励。这些扶持措施,给模具行业的发展注入了新的活力。近年来,余姚市模具企业技改积极性空前高涨,直接用于设备更新的资金达到5 200多万元,新增高精度慢走丝机、加工中心等先进设备350台,使全市模具行业的技术装备水平上了一个新台阶,形成了一批上规模、重管理、讲信誉的模具骨干企业。

余姚市模具业开创于20世纪60年代。1996年中国余姚模具城的兴建,为余姚众多模具企业创造了极好的发展机遇。率先进入余姚模具城的宁波远东制模公司、余姚通运重型模具公司等一批企业,抓住模具城开发的有利时机,加快发展,使企业产值连年翻番。如今,余姚模具城已完成总投资13亿元,吸纳模具及相关产品的企业500多家,年销售额达到15亿元,成为目前国内集模具生产、材料经销、设计检测于一身的、规模最大的模具工业园区之一。

近年来,余姚模具业积极倡导行规行约,把质量、价格、材料、交货期作为讲诚信的重要内容,要求企业重自身信誉,树立余姚模具品牌形象,获得明显效果。特别是余姚模具协会的27家理事单位,更是带头履行,无一例发生过有关质量、价格、交货期等方面的纠纷。余姚模具品牌正日益受到国内外客户的关注,2004年5月的上海国际模具展上,参展的11家企业先后与208个客户建立了合作意向,其中国外客户45个,第一批客户洽谈后,就新增模具业务1 000多万元。

〔撰稿人:余姚模具工业协会韩长茂〕

宁海县模具工业

宁海县模具从业人员达5万多人，其中模具工程技术人员250余人，制模技工7 000多人，还有5 000多技工到广东、北京、山东、香港甚至到美国等地打工。从20世纪50年代胶木模具创业，60年代的冲压模具，70年代的塑料橡胶模具，80年代的压铸模，至90年代形成了以大型、精密、多型腔为主体的模具产品规模生产。

宁海县共有模具加工专业企业500多家，有模具车间、班组的相关企业1 200多家左右，街头巷尾的单机加工不计其数。2003年，宁海县模具销售额31亿元，已成为县域工业的特色经济。宁海县模具行业协会采取了三个步骤为宁海模具工业的发展做出了贡献。

(1)培训人才。1999年3月宁海模具行业协会培训中心建立，已培训CNC操作人员和三维造型会编程的技工1 000多人。

(2)引进先进设备、技术。1998年全县仅有6台数控铣床，至今拥有数控机床1 200多台，其中数控铣床355台。大型精密模具年设计制造能力达3万套，模具主要产品综合水平居国内前列，骨干企业的部分产品达到当今国际先进水平。目前已形成能够开发生产十大类模具的能力。其中大型塑料模、精密模、冲压模、橡胶模、压铸模等在国内外具有相当影响。宁海大鹏模具塑料有限公司在引进德、美、日先进的数控机床后，成功开发了“惠尔普”全自动洗衣机整套模具。此外，还为日本“松下”、“小天鹅”洗衣机，宏图高科家电等名牌产品提供模具。企业订货量充足，年销售额在2 500万元以上。2003年又投资1 500万元，征地2 000m^2进行扩建，推进企业上规模、上档次。目前宁海县模具出口美国、德国、韩国、日本、中国香港等国家和地区，发展势头强劲。近年来，宁海先后涌现出“南杰”、“申江”、“上达”、“春雷”、“宏伟模架”等一批相当规模的模具业新生力量，为创名牌、闯市场、跨出国门打下了良好的基础。宁海地方政府把模具行业列为支柱产业，8个模具企业被列为增值税先征后返、实力工程、高新技术企业，为模具工业企业积累资金、引进先进设备和技术、大展宏图创造了条件。

(3)走集约化发展的道路，建造宁海县模具工业城。宁海模具城于2000年底奠基开始建设，2002年8月模具加工企业进城试营业。2003年3月正式开业并被授予“中国模具生产基地”称号。宁海模具城总体规划100万m^2，已建成厂房10万m^2，入城企业130个，年销售额5亿元。从整体看模具城有限公司是一家大企业，但又是分开各自独立的企业。宁海模具行业在继续发展模具城的基础上，重视“中国模具生产基地”的品牌效应。宁海模具工业协会在“树品牌、创一流、争第一”上狠抓落实，在模具城建立和完善8大中心：模具制造、锻压热处理、培训教育、信息、模配材料交易、研究开发、检测、展览中心；引进当今世界一流的设备、技术、管理和人才，做好招商引资工作，打造一个集模具制造、加工、产品研究开发，原辅材料供应、销售，信息技术交流，展览、商贸等多种设施一体的综合性、多功能、大规模，具有现代化水平的模具生产基地。

〔撰稿人：宁海模具行业协会叶有邦〕

台州市黄岩区模具工业

一、黄岩模具产业的发展历程

黄岩模具制造业有近50年的历史，产业基础扎实，特色优势明显。

20世纪50年代中期，原黄岩第二轻工局系统出现了第一家专业模具企业(黄岩模具社)。到60年代后期，不断办起了以专业制造塑料模具为主的乡镇企业，生产一些小型简单的模具。80年代以后，个体、民营模具加工企业应运而生。1986年，机械工业部副部长杨铿来黄岩考察时，将黄岩誉为“模具之乡”。

进入20世纪90年代，为了适应市场的需求，各模具企业纷纷进行技术改造，添置先进设备，培养引进专业技术人才，加强内部管理。1992年4月，黄岩塑料模具厂(后更名为浙江模具厂)被列入国家重点支持的模具企业，黄岩模具制造业向上规模、上水平的方向发展。1992年8月成立了黄岩市模具协会(后更名为黄岩模具协会)。到1997年，专业模具企业迅速发展，企业规模不断扩大，数控机床(含加工中心)的拥有量快速增加，并能生产大型复杂长寿命的塑料模具。1998年5月，中国模具工业协会杨铿理事长再次来黄岩考察时，对黄岩模具业的发展作了高度评价：“黄岩模具在全国很有影响，在全国模具行业中，黄岩大型塑料模具处于国内先进水平，黄岩塑料模具的发展对中国塑料制品业的发展作出了很大贡献。”1998～2000年，是黄岩模具制造业实现腾飞的3年。随着黄岩模具业技改速度的加快，到2000年底已拥有数控设备1 000余台，其中加工中心300余台，开始生产替代进口的模具和出口模具。2001年3月，杨铿名誉理事长第三次来到黄岩考察认为：“黄岩模具工业发展迅猛，模具产品达到了很高的档次”，并题词“黄岩模具走向世界”。

二、黄岩模具制造业的发展概况

黄岩模具制造业位居全国前列，塑料模具与塑料制品在全国占有重要地位。

黄岩模具制造业的主要产品是塑料模具，约占模具总量的85%,也生产冲压模、压铸模、铸造模及其他模具。以汽车、摩托车、家电、音像、管件、物流等6大系列为主的塑料模具,品种规格齐全,生产周期短、成本低,模具的质量和档次满足了用户的需求。黄岩模具已进入国内除西藏以外的全部省市,而且还进入欧、美和亚、非等近20个国家和地区。

现有模具生产厂点2 000多个,专业模具厂(公司)525家。拥有数控设备1 500余台,其中加工中心400多台。近年来不少企业购进UG、Pro-E、Cimatron等模具设计制造软件。

随着生产总量的提高和能力的扩大,模具质量和水平显著提高。模具CAD/CAM技术和电加工、数控加工技术得到广泛应用,并发挥了重要作用。塑料模热流道技术、气体辅助注射技术和CAE技术被普遍采用,并取得了成效。

近几年来,黄岩模具制造业有4个企业获得省级高新技术企业称号,1个获得省级高新技术研究开发中心称号,获得国家级和省级火炬计划项目各2项。2002年11月,被浙江省科技厅批准为"黄岩塑料模具省级高新技术产业基地"。2003年7月,被国家科技部批准为"国家火炬计划黄岩塑料模具产业基地"。有21个模具制造企业获得ISO9001质量管理体系认证证书。

三、黄岩模具技术的发展水平

1. 黄岩模具被评为国家优质模具称号

1987年、1990年,有12副模具获中国模具工业协会国优模具称号;1990年有3副模具获轻工部国优模具称号;1998年、1999年有74副模具被中国模具工业协会推荐为国优模具,其中塑料模具72副,占全国推荐塑料模具总数的37%。

2. 中国模具工业协会对黄岩模具的技术评定

中国模具工业协会技术委员会于1994年、1998年、2000年、2002年4次组织专家组,对全国国内企业申报的优质模具进行评述,评定结果:黄岩模具被评总数87副,占全国被评总数400副的22%。其中,黄岩塑料模具被评86副,占全国被评总数220副的39%;黄岩塑料模具被评为国内先进水平的有57副,占全国142副的40%;黄岩塑料模具被评为国际水平的29副,占全国78副的37%。中国模具工业协会对黄岩塑料模具的技术评定见表1。

3. 黄岩模具历年被评审推荐申报国家级新产品的模具技术水平状况

中国模具工业协会技术委员会组织专家组在1997~2003年对全国模具申报国家级新产品前进行的评审推荐,黄岩共参加5次。具体见表2。

表1 中国模具工业协会对黄岩塑料模具的技术评定

评定日期		塑料模具评定/副		评述、评定塑料模具达到的技术水平/副				黄岩评定数占4次合计的比例(%)	
年	月	总数	黄岩	国际水平		国内先进水平		国际水平	国内先进水平
				总数	黄岩	总数	黄岩		
1994	5	43	10	6	0	37	10	0.0	17.6
1998	5	55	19	19	4	36	15	13.8	26.3
2000	5	64	27	19	8	45	19	27.6	33.3
2002	5	58	30	34	17	24	13	58.6	22.8
合计		220	86	78	29	142	57	100.0	100.0
黄岩占总副数比例(%)		100	39	100	37	100	40		

表2 黄岩模具历年被评审推荐为国家级新产品的塑料模具技术水平状况

评审推荐年度	推荐黄岩模具数/副		评定被推荐塑料模具的技术水平数/副			
	总数	其中塑料模具	国际先进	国际	国内领先	国内先进
1997	5	4	0	0	0	4
1999	11	11	0	7	0	4
2000	11	11	0	7	2	2
2001	5	5	1	3	0	1
2003	10	9	5	4	1	0
合计	42	40	6	20	3	11
各档水平占总数的比例(%)		100.0	15.0	50.0	7.5	27.5

从表1、表2看出,黄岩模具制造业在20世纪90年代前主要是量的发展。90年代后由于技改的不断投入,在量的快速发展的同时,开始向质的方向转变。1998年后,随着技改投入的加大和一批具有规模经济和特色的企业的形成,黄岩模具业已陆续生产出口模具和替代进口模具,模具的质量和技术向国际水平靠拢,且发展速度明显加快。2001年开始又提高了一个档次。

表1、表2中,模具产品被评为国际水平的企业有:浙江模具厂、浙江陶氏模具集团、浙江黄岩美多模具厂、浙江赛豪实业有限公司、浙江嘉仁模具有限公司、浙江黄岩重型塑料模具厂、浙江黄岩冲模厂、浙江黄岩荣信模具塑料厂、浙江黄岩享达塑料模具厂、浙江黄岩东方模具厂、浙江黄岩华美塑料模具有限公司、黄岩纪元模具有限公司、黄岩日成模具有限公司、浙江黄岩兰华塑料模具厂、浙江黄岩振雄塑料模具厂。

四、黄岩模具制造业的特色

(1)集群化聚集了一个具有良好特色的块状经济。黄岩模具制造业中多数企业集聚在西城区,其他企业也大都近靠西城区域。目前,集聚区域总占地面积已达到 500 万 m^2 左右,形成了集聚程度高、"集群结构"特色明显的专业化、规模化经济区。2001 年 5 月,浙江省把黄岩模具业作为浙江地方特色产业,在美国匹茨堡举办的第十七届世界发明展上发布推广。

(2)专业化形成了一批专业化程度较高的行业骨干企业。目前,黄岩模具制造业以塑料模为主,商品模生产也以专业模具厂为主,加工配套件与服务企业专业分工细。模具产值达到1 000万元以上的企业 15 个;模具产值在 500～1 000万元的企业 30 个。形成了以生产家电和汽车塑料模具为主的浙江陶氏集团,以生产空调器模具为主的黄岩美多模具厂,以生产汽车大中型内外饰件塑料模具为主的浙江模具厂、黄岩重型模具厂和浙江嘉仁模具有限公司,以生产车灯模具为主的浙江赛豪实业有限公司、黄岩天成车灯有限公司,以生产冲压模具为主的黄岩冲模厂,以生产物流模具为主的浙江黄岩荣信模具塑料厂和浙江黄岩豪马塑料模具厂,以生产摩托车塑料模具为主的黄岩华日集团等一批特色明显、实力雄厚的骨干企业,并逐步实现了规模集聚效应,增强了自身的竞争和应变能力,为黄岩模具工业的进一步发展创造了良好条件。

(3)协作化形成了一个功能齐全的社会化协作网络。黄岩模具行业在发展过程中还办起了众多专业性强,有自己特色的加工服务企业。他们为模具制造企业从设计制造到装配调试及材料和标准件供应的各个过程进行加工服务,并逐步形成了一个比较完善的、功能齐全和专业化程度较高的社会化协作网络。这个网络为形成"企业集群"的整体效应,发挥了重要作用。

五、黄岩模具制造业的发展方向

采用信息技术等高新技术改造、提升黄岩模具产业的技术水平和管理水平,增强自身创新能力,形成核心竞争力,构筑先进的模具制造业,是黄岩模具产业"十五"期间的发展方向。其中主要有:

1. 引导和扶植具有较强经济实力和技术基础的骨干企业迅速发展

一是加快引进先进技术和先进设备,提高设计制造水平;二是加速文化和信息化的建设,在生产技术、经营管理方面,努力培养一批高技能人才与技术娴熟、手艺高超的一线操作人员,提高企业员工的整体素质。形成一批具有国际竞争力能满足国内外市场需求的核心企业。

2. 引导和扶植为模具制造企业加工服务的、具有特色的、专业化水平高的小微型企业健康发展

小微型企业是形成社会化协作网络的基础,他们的健康发展对促进社会化和协作化水平的提高和全行业整体效应的发挥,将起到重要作用。

3. 重点发展大型、精密、复杂、长寿命模具

努力提高这类模具的水平和比例,以扩大替代进口模具的产量和增加模具出口。模具企业要与学校、科研单位建立多种形式的交流与合作,实现产、学、研结合,培养人才,增强创新能力,不断提高模具的设计制造水平。

4. 扩大产业集聚,形成新型企业群体和产业链,促进行业加速发展

努力营造良好环境,吸引国内外企业、上下游企业和相关产品的企业落户,为产业聚集和发挥集聚效应创造必要条件。

5. 构建具有国际竞争力的模具产业基地

确保完成规模为 $6km^2$,总投资 50 亿元的"十五"期间规划用地。本着以增强国际竞争力为导向,以提高市场占有率和经济效益为目标,以加快集聚、优化产业结构为突破口,走"政府引导、政策扶持、市场运作"的路子,按照高起点、规模化、专业化和国际化的原则,发展一批具有国际竞争力的产品,一批规模相当的骨干企业,形成同类产品的制造中心、产品创新研发中心、质量检测中心、人才培训中心、信息中心和物流中心,建成独具特色、优势明显、国际竞争力强、拉动作用大的模具产业基地。

〔撰稿人:黄岩模具协会王钦守〕

安徽省模具工业

安徽模具工业的发展起步较晚,20 世纪 60 年代以前没有独立经营的模具企业。60～80 年代相继建起了一些小型专业模具厂,最多时全省有 9 个模具厂。80 年代后期一度下滑到 6 个。到了 90 年代中后期逐步从低谷中走出,进入发展时期。1993 年安徽省模具工业协会成立,当时全省有模具生产能力的厂(点)800 多个,其中 99%是作为整机产品生产厂的技术后方,分散在各个企业内部。90 年代后期到新世纪初进入了快速发展时期,原属整机产品生产厂技术后方的模具生产厂(点)相继独立经营,走向市场;一批民营企业开始建立;境外、省外模具企业到安徽投资办厂;一些到沿海模具企业打工的模具人员回乡创办企业等,形成了多路大军齐进安徽模具领域的可喜局面。到目前为止,全省已形成具有一定规模的模具企事业单位1 000多个,从业人数 2 万多人,2003 年全省模具工业产值 10 多亿元,基本形成了较为完善的模具工业体系。纵观安徽省模具工业发展,主要有如下几个特点:

一、模具工业体系基本形成，整体实力逐步增强

从20世纪90年代开始，安徽模具工业进入发展时期，在国家和省的扶持下，相继建立了荣事达模具公司、铜陵三佳模具公司和扬子设备模具公司等较大规模的模具企业，与此同时一些较小规模的专业模具厂也纷纷建立。1993年10月27日安徽省模具工业协会正式成立，共吸收团体会员、个人会员70多个。团体会员主要来自模具制造企业、大专院校及模具研究院所。1999年在省经贸委的领导下，安徽省模具工业协会牵头组织编制了《安徽省模具工业"十五"发展规划》。在编制规划时，对1998年底前的75个重点模具生产厂(点)进行了调研分析:75个模具生产厂(点)中具有独立法人资格的仅25个；属国有企业50个，集体17个，股份制8个；75个单位共有职工8 341人，各类设备2 317台，其中关键设备225台；拥有固定资产原价56 194.6万元。从2002年开始，安徽省模具工业协会对其中25个重点模具企业进行年度生产经营统计，从统计结果可以看出，安徽省模具工业已进入发展的快车道。2002～2003年安徽省重点模具企业主要经济指标见表1。

表1　2002～2003年安徽省重点模具企业主要经济指标

年　份	职工人数/个	产　值/万元	销售收入/万元	实现利税/万元	出　口/万美元	关键设备/台/套
2002	3 676	38 439	34 838	6 342	28.0	991
2003	4 036	53 575	44 458	7 552	312.0	1 418

从表1可以看出，2003年比上年模具产值增长39%，销售额增长27.6%，利税增长19%，出口增长10倍。目前，安徽省模具工业已形成从研究开发、生产经营、服务配套到教育培训的完整体系，以安徽省模具工业协会为中心的协调服务体系也已形成。特别是近年来民营模具企业、股份合作模具企业得到快速发展，已成为安徽模具工业的一个亮点。

二、模具产品品种较为齐全，技术水平有很大提高

安徽模具工业的发展是紧紧围绕安徽制造业发展的需要而发展的。安徽是我国重要制造业基地之一，钢铁及有色金属、汽车与工程机械、家用电器、橡胶轮胎与橡胶制品、化学建材、信息技术与产品等行业在国内均占有重要位置。根据省8大产业基地建设规划，到2007年全省汽车产量将达120万辆，各类家电2 000万台，其中彩电、冰箱、洗衣机、空调器产量分别为500万台、530万台、320万台和525万台。此外，安徽的叉车和挖掘机、橡胶轮胎、塑料型材和管材等生产规模和产值均居全国前列。据估算，仅上述重点加工制造业领域的模具年需求就达15亿元以上。强大的市场需求拉动了安徽模具工业的发展。目前，已形成以芜湖和合肥为代表的汽车模具生产基地，以滁州为代表的冰箱吸塑和发泡模具基地，以铜陵为代表的型材挤出模和集成电路包封模基地，以宁国、合肥为代表的橡胶密封件和汽车轮胎模基地，以马鞍山和无为县为代表的模具材料与标准件基地，以荣事达和天大集团为代表的大型注塑模具基地，以蚌埠天宝产业控股公司和芜湖万通模具公司为代表的级进冲模基地。塑料型材挤出模、集成电路包封模、级进模、冰箱吸塑发泡模以及模具标准件等已处于全国领先水平；汽车覆盖件模具、橡胶轮胎活络模也从无到有，已达国内同类产品水平。安徽模具的供求关系也由供不应求达到总体上供求基本平衡，部分领域开始向省外、境外拓展市场，模具出口也由过去1～2个企业发展到7～8个企业，出口地区已由发展中国家向美欧等工业发达国家发展。

三、基地建设步伐加快，装备水平进一步提高

模具是资金密集、技术密集和劳动密集的"三密集"产业。基地生产能力、装备技术水平和从业人员素质是衡量一个地区模具工业实力的重要标志。安徽省模具工业主要由三部分企业组成:第一是原国有、集体企业的模具车间改制或破产重组的模具企业。例如铜陵三佳模具股份有限公司是原3个国有军工企业破产重组而成；杨子设备模具公司、万通模具公司、长安模具公司、青峰震宇模具公司和天宝产业控股公司模具厂等都是从原企业的模具车间分离出来独立经营的。这部分企业大多有固定的生产经营场所和必要生产设备及人员，条件较好。但随着技术的不断进步和模具工业的快速发展，他们已不能满足市场要求，急需改造以提高综合生产能力和技术水平。三佳模具公司利用中华模具第一股上市募集的大量资金进行技术改造。三年来，先后完成多个重大技术改造项目，并同日本、韩国、法国等多家企业合资，建成了以集成电路塑封模具为中心的封装设备、引线框架等多个企业，增添了大批高精度模具加工设备，使企业规模、装备水平、产品技术水平均处国内领先地位。扬子设备模具公司适应设备和模具加工要求高的需要，把原来精度不高的100多台普通加工设备卖掉，新添置了一批数控加工机床和电加工机床，并以租赁承包形式重组了安徽冷冻机厂的一批进口设备，使设备加工能力和技术水平大大提高。芜湖万通模具公司原为芜湖微电机厂的模具车间，20世纪80年代利用外国政府贷款购置了一批关键加工设备，但场地狭小，不能满足模具生产的需要。2003年，工厂决定移地建设，现已完成两幢厂房建设，很快可以搬迁并投入生产。阜阳震宇模具公司也拟从其母体厂中搬出，到阜阳经济技术开发区新建模具厂。第二类是省外或境外模具企业来皖投资兴建的模具企业。这类企业大多技术力量雄厚，资金充足，建厂的起点较高。如安徽福臻技研公司由上汽奇瑞控股公司，台湾福臻出资、出技术，建设起点高，设备精良。该公司是安徽惟一、国内为数不多的能从事汽车研发和全套模具生产的专业汽车模具公司。第三类是民营模具企业，这些企业的经营人员多是原国有或集体企业的模具技术或经营管理骨干，握有技术和市场优势，兴办企业初期多半是小本经营，租用设备和场地进行生产，在很快完成原始资本积累以后，现已纷纷投资办厂。近年来，已有安徽振华标准件公司、皖东经纬模具公司、当涂特种材料公司、合肥众邦科技公司和合肥大道模具公司等企业完成征地、

建厂和搬迁工作，在八皖大地出现一批生机勃勃的新型模具企业。目前，尚有一大批民营模具企业，也拟投资新建模具生产厂，并酝酿组建合肥民营模具产业基地。

四、生产模具的技术队伍不断壮大，教育培训体系基本形成

改革开放以来，安徽模具人才的流动经历了由流失到恢复性增长的过程。随着我国西部大开发战略的实施，中西部地区迅速发展，特别是制造业重心向中西部转移，模具技术人员回流已成定局，出现模具从业人员稳步增加的局面。近两年来，全省模具技术人员迅速增加，其主要来源首先是新毕业的大专院校毕业生。一些学校为适应市场需要增设了模具专业，加上非模具专业学生也改行从事模具生产，使模具工业每年新增技术人员的比例高出一般加工制造业。第二是原先到江、浙、广东等地区打工的模具技术人员和技术工人纷纷回家乡创业。安徽振华标准件公司的主要创办人就是20世纪80年代天津振华标准件的创始人。第三是境外、省外模具人员看准了安徽强大的模具市场，来安徽从事模具事业，仅安徽福臻一个公司就从中国台湾、日本等地吸引多名技术和管理骨干。王子精品模具公司的子午胎贴花技术就是从韩国引进技术人员和技工而开发成功的。目前，安徽模具工业的人才培训工作也逐步走上以学历教育为主，业余培训为辅的完整教育培训网络。逐步形成从技工学校到大专、本科直到研究生教育的完整的模具教育培训体系，保证了人才的不断补充，实现了模具人才流动的良性循环。

安徽模具工业虽然取得了很大进步，但同沿海经济发达省市相比，与市场要求仍有很大差距。安徽模具工业总量仅为广东、浙江省的1/10左右；安徽模具的总体生产能力与市场需求也不平衡，特别是汽车模具只能满足市场需求的50%左右；一些大型精密模具，如汽车覆盖件模具和全钢子午轮胎活络模具刚刚开始生产，远远满足不了市场需要；大型精密关键设备尚显不足，全省高速数控铣床仅2台；模具生产经营管理水平还很粗放，协作配套关系和机制也不健全等。

〔撰稿人：安徽省模具工业协会刘传经〕

山东省模具工业

一、山东模具工业的发展与现状

改革开放以来，特别是经过近十年来的快速发展，山东省模具行业已发展成为一支具有国内先进水平的专业化队伍。目前全省有模具厂(点)1 000多个，较“八五”、“九五”期间增长了两倍以上，从事模具生产的专业人员有6~7万人。全省模具产值约30多亿元。

(1)模具门类比较齐全，工艺相对配套，具有一定特色的模具工业体系正在形成，模具材料、毛坯供应、标准件制造等各类模具产品的省内配套率已达80%以上，除大型模架、弹簧、热流道元件等少数产品外，省内基本都可以解决。

(2)模具产品在国内外知名度较高。大型、复杂、精密型腔注射模，大型轻轨、地铁、国防等铝合金挤出模、精密复杂的压铸模、精盖件模具、轿车内饰件模具以及快速经济模具等，不但在国内有较高的知名度，并有大量出口。如烟台爱开天隆模塑有限公司(原烟台北极星模具公司)生产的小型精密复杂的注塑模具、压铸模具均已达到了国际先进水平。奥迪车上的化油器模具，全国招标只有其一家能做，并且一次试模成功，达到了德国同类模具的水平。该厂生产的模具几乎全部出口，照相机、传真机、复印机、VCD遥控器等模具均为国外客户生产。德国、法国、日本、美国等模具发达国家，均是其长期客户。由于他们制作的模具水平高，技术先进，在国内外的知名度相当高。他们每年承接的国外订单很满，为了扩大外向型生产，该公司在上海又新建了一个模具厂，以满足日益增多的国外客户需要。

青岛海尔模具公司生产的大型、精密、复杂的注塑模具，还涉足汽车领域，为丰田、福特等国外汽车公司生产大型注塑模具。其生产的模具不但满足海尔集团新产品开发的需要，还远销美国、澳大利亚、德国、韩国、伊朗等国家。

近年来，随着新技术的采用，特别是CAD/CAM技术在全省的广泛应用，大大提高了模具设计和制造水平。在1998年、2000年、2002年举办的第七届、第八届、第九届上海国际模具技术和设备展览会上，山东省海尔、海信、烟台爱开天隆模塑有限公司、北汽福田潍坊模具厂、莱克、烟台平安等企业申报和参展的模具及模具标准件，经中国模具工业协会专家组评定，全部为优质产品，其中有多项达到国际先进水平和国内先进水平。在大型汽车覆盖件模具方面，潍坊模具厂自行设计制造的农用车、皮卡、商务车等外板拉延模，均达到了很高的水平。其中自行设计制造的欧曼重型货车全部整车模具2002年通过了省科技厅组织的专家鉴定，达到了国内先进水平。在大型注塑模方面，海信模具公司为日本松下公司生产的73.7cm(29in)、86.4cm(34in)以及大型背投彩电前后壳注塑模具，海尔模具公司生产的双连桶洗衣机、全自动小神童洗衣机、空调器、汽车保险杠、仪表板等模具以及烟台爱开天隆模具有限公司生产的DVD齿轮注塑模、理光相机、佳能传真机、复印机等注塑模具均达到了国际先进水平。青岛塑料模具实业公司为丰田公司以及国内5大轿车生产厂制造的轿车内饰件模具及生产的内饰件均有很高的水平。此外,汽车齿轮、连杆及曲轴锻模等均达到了较高的水平。

(3)模具制造技术与装备水平大大提高。CAD/CAM/CAE技术已被山东省重点企业普遍采用。部分模具企业产品开发已实现逆向工程。产品和模具的开发全部实现了零件化、全网络三维设计。近几年来,通过技术引进和开发,逐步改变了全省模具企业以普通机床加工模具的历史,一批加工中心,特别是高速、高精度加工中心,数控钻铣床、数控电火花机床、数控慢走丝线切割机床等先进设备进入模具生产领域,大大提高了模具加工精度,减轻了劳动强度,缩短了模具制造周期。全省引进的数控模具加工设备无论在数量上还是档次上,在全国都位居前列。

(4)创名牌,造就一批高素质企业队伍。经过十几年的快速发展,山东省模具工业发生了非常大的变化,涌现出一批具有代表性的优秀企业、公司。如青岛海尔模具有限公司、青岛海信模具有限公司、北汽福田潍坊模具厂、烟台爱开天隆模塑有限公司、青岛塑料模具实业公司、烟台泰利汽车模具制造有限公司、烟台汽车模具厂、龙口丛林机械制造厂、寿光万龙模具有限公司、华泽精密模塑有限公司、即墨吉泰模具制作有限公司、青岛伊海模塑有限公司、青岛纺机金惠模具有限公司等一大批优秀企业。这些企业在规模、产值、技术水平、设备条件和利税等方面均大大超过了“八五”、“九五”以前全省其他一些大型专业模具厂的水平。其中以青岛海尔模具公司最具代表性,它不但是山东省模具工业的排头兵,在全国模具工业也占有领头羊的位置。2000年,海尔模具公司在只有200人的情况下,产值达1亿元,人均产值50万元,这在当时全国是绝无仅有的。

几年来,青岛海尔模具公司模具产值以每年30%~50%的速度增长,1998年销售额4 602万元,1999年7 400万元,2000年达到1亿元,2002年实现销售收入2.1亿元,2003年更是达到了2.5亿元。该公司保持高速发展的重要原因之一就是不断追求科技进步,追求技术领先。公司现有职工300余人,其中包括博士在内的本科以上毕业生占1/3以上,公司紧紧围绕产品开发和制造两个中心环节,大力推进知识创新,使公司整体水平提高到国际先进水平,为更好地参与国际竞争奠定了基础。

二、山东模具发展面临的机遇

加入世贸组织,为制造业、特别是汽车和模具工业带来了新的发展机遇。

(1)入世首先融合了国际和国内两个市场。中国广阔的市场,便宜的劳动力将会吸引更多的国外企业到中国采购汽车零部件及模具。山东省是制造业大省,汽车工业已被列入全省发展重点,山东半岛城市群制造业基地已经形成,以青岛为龙头的8地市联手打造山东制造业基地,在能源、技术、资金、人才、设备等方面可以互补,力争把山东的制造业做大、做强,这无疑给山东的模具工业发展带来了契机。

(2)随着上海通用东岳汽车落户烟台,青岛一汽、中国重汽、中汽车、福田汽车、淄博轻骑汽车加上时风等农用车,山东已形成从轿车、商务车、重型汽车、工具车、轻卡到农用车等多品种多系列的汽车生产大省。汽车模具的需求量非常大,这不但给全省的模具企业提供了广阔的市场,同时也为全国的汽车模具企业提供了模具和零配件市场。山东得天独厚的地理环境也成为外商的投资热土。山东地处东部沿海与日本、韩国隔海相望,山东的制造业主要面向日本、韩国。日本和韩国企业遍布青岛、烟台、威海等市,仅青岛一市就有6 700多个韩资企业。日本本田公司在烟台投资3亿元的光建模具公司正在建设中,这对山东的模具工业是一个不小的冲击和机遇。

(3)由于关税的进一步降低,有利于模具制造技术和设备的引进。国家对进口大型数控设备的退税补贴政策现在已在东北三省开始试点,这无疑使模具制造企业急需的大型精密数控加工设备的引进更为容易。同时,对全省一些模具企业急需技术改造、更新设备、提高设计能力、引进大型数控机床和检测设备也是个绝好的机会。

三、存在的问题和差距

(1)技术装备和工艺水平有差距。近几年来,山东省模具企业的技术装备和工艺水平虽有很大提高,但差距仍然存在,除有一定规模的企业外,一些小企业设备依然陈旧、精度差、工效低,不能满足用户对质量的需求和产品的需要,而且也影响到全行业的发展。

(2)模具厂(点)分散,专业化和商品化水平不高仍是制约企业发展的因素之一。山东省具有一定水平、能够承接有一定技术要求,且能独立运作的模具企业不过几十个,人才设备利用率低。大量模具到外省协作,而自己的力量没有充分发挥作用。

(3)模具企业的交流与协作有待进一步加强,模具生产企业与模具用户的联系也要进一步沟通。山东省汽车模具这几年发展较快,以潍坊模具厂为龙头,有一定规模水平的汽车模具厂全省就有八九个。这些企业的设备、技术力量都有一定的水平,虽然有协作,但做的还不够,如果这些企业能联合起来共谋发展,那么,将成为国内的一流企业。

(4)模具CAD/CAM技术发展不平衡,特别是CAD的应用水平普遍较低。计算机应用于山东省模具行业是从CAM起步的,工厂购置了数控机床,必须借助计算机进行造型和编程,从而促进了CAM技术的发展。但在CAD方面,除一些有一定实力的企业外,目前,真正要做到辅助设计,尚需在软硬件配套及二次开发上下功夫,CAE的应用更窄。

(5)热流道、气辅技术及高速铣削等新技术未能较好的推广使用。注塑模应用热流道及高速铣削技术在全省一部分有实力的企业中已较早使用,但普及还很不够,而气辅技术只有少数企业掌握,高速铣削是第三代模具加工技术,也只有一部分企业采用,与一些先进的省份相比,还有一定的差距。

(6)人才短缺,培训问题十分迫切。山东省模具行业紧缺人才有以下三类:一是掌握CAD/CAM技术的模具设计及工艺人员;二是数控机床操作人员;三是高级技工(模具钳工)。全省只有山东大学、山东理工大学有模具专业,培训学校和培训基地太少,且学校培训的人才偏重于掌握计算机技术,实际经验尚需在实践中锻炼。能培训数控机床操作和模具技工的学校也不多,每年的毕业生供不应求,因此必须采取措施,大力开展各类模具人才培训工作。

四、开拓进取,迎接挑战

模具工业的发展是与制造业整体发展分不开的。随着国际制造业中心正在加快向中国转移,山东将是制造业重心转移的直接受益者。山东虽然是装备制造业的大省,但模具工业的总体水平比起模具发达的省份,还有一些差距。因此各级领导和企业家们一定要提高认识,重视模具工业的发展,牢固树立"没有优质模具就没有优质产品"的观念,改变长期以来重产品、轻装备的思想。要理清思路、突出重点、分类服务,建设具有山东特色的模具工业体系。

模具是基础性工艺装备,由于历史原因,全省模具工业厂(点)分散,基础不等、实力不均。因此,整体推进大而全地搞好山东模具工业是不太现实的。只有立足现实,在摸清家底的情况下,分类进行重点建设。大致可分为三种情况:一是具有一定实力和水平的专业模具厂,对这类企业着重在新产品开发、新技术推广、政策扶持等方面多给予支持。二是尚未取得法人资格,但已实行独立核算,单独经营的企业,在技术开发、新技术推广、市场开拓方面给予支持,引导其向独立法人资格方向发展。三是有依附整机产品厂的模具车间、工段等,主要通过提供经济技术、市场信息,使其不断提高自己的水平和市场适应能力,争取向独立核算过渡。

在山东模具体系的布局和建设上,坚持把握5个原则:①市场需求第一的原则。所有重点扶持的模具企业都要摸清市场需求,瞄准服务产品对象,走市场导向型,不盲目布点建设。②小而精原则。借鉴国外发达国家的模具企业90%以上为20~30人左右的小型企业,全省模具企业也要本着小而精的原则,选准产品定位,办出自己的特色,不搞小而全,大路货。③分工协作原则。同类模具产品最好不要多头发展,大型关键精密设备尽量分头添置、互相协作。④主附产品配套原则。把模具产品与配套标准件、原材料、原器件分开建设,提高专业化。⑤依托现有企业原则。模具厂点建设尽量利用好现有条件,特别是一些大、中型企业基础好,投资有来源、产品有市场,便于尽快见效。

山东省已初步形成的具有山东特色的4大模具工业集中地:以青岛为核心的大型精密、复杂的注塑模基地,以潍坊为核心的大型汽车覆盖件模具基地,以烟台为核心的精密复杂的中小型注塑模和压铸模以及快速经济模具基地等。

〔撰稿人:山东省模具工业协会刘秉华〕

湖北省模具工业

一、基本概况

湖北是我国的老工业基地之一。目前,模具及模具标准件生产厂家和经营点,以武汉为中心遍及全省各地,基本上形成了十堰、襄樊、随州以汽车模具为主,鄂州、黄石以塑料模具为主,荆州、宜昌以轻工、军工所需模具为主的格局。

据不完全统计,湖北省内约有200多家模具及模具标准件生产企业和科研机构。同国内相比,在某些领域形成了一定的特色。主要有以下几个方面的优势:

(1)汽车模具制造水平较高。东风汽车模具有限公司、十堰先锋模具股份有限公司在汽车大型覆盖件等模具设计、制造方面,处于国内领先地位,可为国内许多车型设计、制造关键模具,部分模具达到国际先进水平。

(2)精密模具制造能力较强。鄂丰模具有限公司、国营七三三厂、国营六一二厂等企业都具有较高的精密模具制造能力。

(3)模具材料具有独特的优势。作为全国重点特种钢厂之一的大冶特种钢集团和武汉钢铁(集团)公司,近年来研制生产出多种先进的新型模具钢,这对提高模具质量,延长模具寿命提供了良好条件。

(4)模具科研开发力量雄厚。华中科技大学在模具材料研制、模具CAD/CAE/CAM应用技术开发等方面;武汉理工大学在汽车模具、陶瓷模具研究与开发方面;武汉机械工艺研究所在精密铸锻模和快速简易制模方面,均处于国内领先地位,拥有较多的科技成果。

(5)开展模具教育培训条件优越。湖北省拥有华中科技大学、武汉理工大学、江汉大学、湖北工业大学、机械工业武汉高级模具工培训中心等一大批重点院校,师资力量雄厚,教学设施齐全,可开展从模具操作工到硕士学位等初、中、高级教育培训,为模具行业培养各类专业人才。

(6)模具重点建设项目较多。"八五"、"九五"和"十五"期间,湖北省一批模具重点建设项目分别被列入国家和省里的技术改造专项计划。如东风汽车模具有限公司利用瑞典政府贷款,建立精冲模具制造加工中心,最近又和美国科尔亚洲有限公司合资在武汉经济技术开发区成立了武汉东风科尔模具标准件有限公司。鄂丰模具有限公司改制后投资700多万元在鄂州经济开发区建了新的厂房,成立了塑料管件模具 CAD/CAM 设计制造中心。随着世界三大汽车巨头 PSA、日产、本田齐聚武汉,未来5年内武汉市政府将投资800亿元全力打造“武汉制造”,省外众多知名企业纷纷赴汉开拓市场,以建立产销量大、规模一流的模具及汽车零部件生产厂家。这些重点项目的建成,将提高湖北的模具设计制造能力。

二、湖北省模具工业的发展及存在的主要问题

1. 发展情况

改革开放以来,湖北省的模具工业有了较大的发展,主要表现在:

(1)发展速度较快,且经济效益和生产集中度有较明显的提高。据对中国模具工业协会经营管理委员会编撰的《全国模具专业厂基本情况》中湖北省内10家重点模具企业的有关数据进行分析,这10家模具企业1999年模具产值12 525万元,2003年增加至18 776.5万元;销售收入1999年为13 418万元,2003年增加至17 537万元;利润总额1999年为1 653万元,2003年增加至2 026万元。2003年,在中国模具工业协会的统计资料中,湖北的十堰先锋模具股份有限公司、孝感三江航天红林模具制造有限公司人均模具产值超过10万元。

(2)模具的设计制造技术水平有了较大的进步。例如东风汽车模具厂反向工程系统的引进、开发和应用,为国内模具工业的制造提供了一种全新的技术和方法,整体技术达到国际20世纪90年代末先进水平。鄂丰精密模具有限公司利用从国外引进的计算机工作站、CAD/CAE/CAM 软件及模具制造专用设备,相继开发了汽车塑料件模具和 PVC—U 硬聚氯乙烯管件模具,其设计制作的立体四通模具在一定程度上替代了进口产品。华中科技大学模具技术国家重点实验室开发的 HSC 注塑模 CAD/CAE/CAM 系统,无论在数学模型、算法、集成度还是在商品化程度上,均可与国际同类优秀软件媲美。该软件对于减少模具返修报废、培养模具技术人才、提高制品质量,产生了显著的经济和社会效益。

在2002年第九届中国国际模具技术和设备展览会上,东风汽车模具有限公司参展的 EQ1064 前地板拉延模、后保险杠拉延模、轿车发动机罩压合模,湖北十堰先锋模具股份有限公司参展的汽车冲压件模具,湖北鄂丰模具有限公司参展的供水管道用阀门球阀本体注塑模,均被中国模具协会技术委员会专家组评定为具有国际水平的模具。湖北十堰先锋模具股份有限公司参展的金杯雪佛莱油箱上盖拉延模也被评为具有国内先进水平的模具。

(3)模具市场的发育已见雏形。一批专业模具厂应运而生,还有一批全能厂的模具分厂(公司、车间)准备通过改制,成为具有独立法人资格、面向全社会的专业模具厂。为了发挥武汉中心城市的辐射作用,湖北省模具工业协会还同武汉三联模具有限责任公司联合在武汉筹办了包含有加工生产、经营、模具产品展览、业务洽谈和模具钢材五大功能区的“湖北模具城”。“湖北模具城”的创建,同遍布全省的模具企业、科研单位一起,初步构建了湖北模具市场的雏形。这将有利于加速湖北省模具标准化、专业化、商品化、国产化的进程。

2. 存在的主要问题

这些年来,湖北省模具工业虽然有了很大的发展,但在许多方面同沿海发达的省份相比,仍有较大的差距。

(1)企业结构不合理。在湖北省的模具企业中,国有成分比较重,模具生产厂家半数以上是工模具分厂(公司)、车间,自产自用的模具比重大。近年来,民营和股份制模具企业虽有所发展,但远远不能适应市场的需要。

(2)大型、精密、复杂、长寿命高档模具设计制作水平不高。尽管湖北省拥有东风汽车模具有限公司、湖北十堰先锋模具股份有限公司、湖北鄂丰模具有限公司等一批国内知名模具企业,但从整体来看,大型、精密、复杂、长寿命高档模具设计制作水平还较低。企业拥有精密数控加工设备的比重还不大,CAD/CAE/CAM 技术的普及率不很高;许多先进模具技术的推广应用不够广泛。

(3)模具专业化、商品化、市场化、标准化程度较低。由于湖北省模具生产厂家相对不集中,且大部分全能厂的工模具分厂(车间)生产的模具属自产自用,市场化程度低,企业之间的生产技术协作比较差,因而模具生产周期比较长。要形成有序、完备、集中和有协作能力的按现代机制运行的市场,还需作大量的工作。

三、促进湖北省模具工业快速发展的基本思路

1. 合理调整模具企业的结构

根据模具工业发展的需要,推动各类资本的流动和重组,促进混合所有制和民营模具企业的发展,增强其创业创新的动力,形成良好的竞争和市场秩序。

2. 加强同国外和省外模具工业的交流与合作

同国外和省外模具工业的交流与合作一方面可为湖北省的模具企业带来先进的装备、技术和现代经营管理信息;另一方面可使全省模具企业更多地投身到国内外模具市场中去,打破封闭,参与竞争,从竞争中进一步发展壮大。

3. 充分发挥行业协会的桥梁纽带和行业管理作用

湖北省模协自成立以来,在开展调查研究、掌握行业现状,协助政府部门实行行业管理,开展技术交流、技术培训、技术咨询和技术服务以及向政府部门提出行业发展规划和经济技术政策建议等方面,作了大量富有成效的工作。因此,要进一步促进湖北模具工业的发展,充分发挥行业协会的桥梁纽带和行业管理作用是一个不可或缺的重要条件。

〔撰稿人:湖北省模具工业协会程旭旦〕

湖南省模具工业

最近几年，湖南的制造工业，特别是机械装备和模具工业正以前所未有的高速度发展起来。湖南原有的几家规模较小、设备陈旧、技术落后、经营机制又不适应市场经济环境的模具专业厂，逐渐被淘汰和兼并。与此同时，通过企业的改革、改组、改制和改造，以及社会各类经济成分的加入，一批有生命力的、有各自特色的专业模具企业应运而生。这些专业模具企业有的是从大中型国有企业中通过改制、重组分离出来的专业模具企业；有的则以高新技术为核心，按符合市场经济规律的现代企业模式组建起来的模具高新技术企业；也有以民营资本为主体、专业模具技术为依托、市场需求为导向，组合起来的服务对象十分明确的专业模具企业。这一批在新浪潮中诞生的技术先进、设备精良、机制灵活、实力雄厚、具有各自特色、有明确服务方向的骨干重点模具企业，是发展湖南省模具工业、振兴湖南制造业、打造“湖南制造”的希望。

据湖南省模具工业协会统计，目前湖南省模具生产厂点近500多个，模具产值约3亿元。具备模具年生产能力在500万元以上的企业二十多个，骨干重点模具企业十多个。骨干企业主要分布在长沙、株洲、湘潭地区。这3个地区是湖南经济发展的“金三角”，给处于发展期的湖南模具工业，提供了一个大有作为又极具发展空间的光明舞台。

湖南省骨干重点模具企业大部分以生产冲压模具为主，其中又以板金成形冲压模具见长，冷冲压模具产量约占模具生产总量的60%。其次是塑料模具、精密压铸模、多工位级进模、硬质合金模、粉末冶金模、橡胶模具等。大型精密成形冲压模具、硬质合金模具是湖南模具行业的强项之一。

湖南省骨干重点模具企业数量虽然不多，但都具有一定规模，技术水平较高，研究开发能力强，而且特色明显各有所长。如株洲航空工模具公司长期从事飞机发动机、航模等多类精密尖端产品的工装模具设计制造，企业拥有一大批经验丰富的高科技专业人才和不亚于国外同等类型模具企业的先进设备。近几年通过结构调整和技术改造，模具开发生产能力得到进一步提升，在设计制造精密、复杂、多维空间成形模具方面具有较高的水平，公司的经济效益也在持续递增。

湖南海捷模具工程有限公司是按现代企业模式组建起来的一家模具高科技股份制企业。公司的“汽车车身覆盖件冲压成形工艺与模具CAD/CAE/CAM一体化技术系统”项目通过国家科技部、教育部组织的鉴定，荣获“国家科学技术进步一等奖”。这项技术达到了国际先进水平，部分技术居国际领先地位。这家创立短短3年的模具企业由于拥有领先的技术、优秀的科技领军人物和一批技术骨干，再加上现代化的经营理念，企业年销售额每年以翻番的速度增长，现在年产值已达3 000多万元。公司已为上海通用汽车、长丰猎豹等国内多家知名汽车企业设计制造了大批汽车覆盖件模具、夹具和检具，已成为国内生产汽车模具装备的后起之秀。

以高科技的应用来促进模具业的发展，是湖南模具工业的一大亮点。海捷模具公司将高新技术成功地应用于大型精密汽车覆盖件模具的设计与制造，模拟冲压变形过程、预测薄板冲压成形过程中常见的起皱、拉裂及回弹等多种缺陷，及时改进和优化模具冲压工艺装备，大大减少了模具修模、试模的次数和工作量，充分保障了模具的设计、制造，试模全过程精确、快捷、高效、低成本。

地处中小企业群集经济活跃地区长沙县的北山汽车模具厂，对“陶瓷型精密铸模技术”，进行改进和完善，使制模周期大为缩短，制造成本相对降低，在快速、低成本制模领域里开创了自己的天地，开拓了广阔的市场。

株洲九方模具有限公司、湘潭力源模具公司、长沙汽电模具公司等一批骨干重点模具企业，结合各自的特点和市场状况，分别引进了含CAD/CAE/CAM等模具设计制造新技术和部分较先进的大中型数控制模设备，深入进行结构调整，强化企业管理，建立科学考核制度，加速经营理念的变革。这些模具企业特别注重企业文化的建设，树立“以人为本”的观念，有计划地引进人才、用好人才、培养人才、并留住人才，以保证企业具有持续发展的动力源泉。通过近几年的努力，湖南省模具工业的整体实力有了很大的提升，经济效益普遍有所提高。

湖南省模具协会准备主要运用三大战略来发展湖南模具工业。首先是加大科技投入、升级和改造，实施高新技术带动模具工业发展的战略。充分利用技术上的最新成果，尤其是一些具有自主知识产权的“制高点”和一批有特色、有优势的模具技术专长项目，形成核心竞争力，实现模具产业结构优化升级。在科研、工业、经济相对集中的“长株潭”地区，在现有模具工业的基础上重点扶植、培育、发展一批高水准的模具企业。第二是同步战略。以市场为导向，紧密围绕湖南省重点发展的支柱产业和体现湖南工业水平、形象的标志性工程项目，积极做好基础配套、工装模具开发的同步战略。实现模具工业发展与地方整体新型工业化进程同步，以达到良性互动。第三是开发人力、人才资源战略。湖南模具工业的发展必须依靠自己的人才优势，荟四方之俊秀、集百业之精英。这就需制定切实可行的人事制度，建立科学的用人机制、宽松的适应人才发展的环境，最广泛地吸引优秀的科技人才、管理人才和高级技工，团结一致、勤勉自强、开创未来。

湖南省模具工业宗旨是“追求卓越、创造完美、坚持诚信、报效社会”。全行业要把湖南省模具工业建成科技含量高、经济效益好、资源消耗低、环境污染少、人才资源得到充分发挥的新型工业化行业。

〔撰稿人：湖南省模具协会马　骅〕

广东省模具工业

改革开放以来，广东一批对模具需求量大的行业，如家用电器、电子通信、信息产业、塑料和包装制品业、建筑材料、玩具和五金制品等已发展成为全省工业经济中的重要行业，也成为全国同行中的佼佼者。作为工业生产重要基础工艺装备的模具工业，也正是在这种良好的条件和广阔的空间中，在努力适应全省工业发展的需求中得到了迅速的发展和提高。全省模具工业的经济规模和经济综合实力逐年扩大，模具品种逐步齐全，模具企业的技术装备水平和模具品质不断提高，适应市场需求和出口创汇的能力逐步增强，在全国同行业中的地位逐年上升。据2002年底的不完全统计，广东模具工业产值已达160亿元、出口模具创汇达1.34亿美元，分别占当年全国模具行业产值360亿元、出口模具2.52亿美元的44.4%和53.2%。

一、各类模具企业并驾齐驱、规模扩大、模具品种齐全

广东模具工业同全省其他工业一样，基础十分薄弱。直到20世纪80年代中期基本上还没有真正独立的模具生产厂，所有模具的制造都是由作为技术后方附设在整机产品厂的机修车间制造，模具的销售市场也仅仅限于满足本厂的需求。全省工业经济的快速发展，为模具制造业提供了广阔需求市场，使各种经济类型的模具企业飞跃发展，出现了国营、民营、外资、合资模具企业并驾齐驱、互相促进的兴旺局面。许多原来作为企业技术后方的模具车间(组)从产品厂分离出来独立走上社会，成为全省模具业的开拓者和主力军，为全省模具行业和全省工业的发展作出了巨大贡献。个体、股份合作和股份制的民营模具企业也如雨后春笋般涌现出来，迅速成为全省模具行业最具活力的生力军。一批挟先进技术装备和管理水平的中国香港、中国台湾和日资模具企业和中外合资模具企业踊跃进入广东，参加广东模具市场的竞争，对广东模具工业扩大规模、提高品质起到了重要的推动作用。1996年广东省模具工业协会组织了一次比较全面的调查，当时全省已拥有国营、民营、外资、合资的模具制造厂点4 000多个，从业人员10.3万人，工业总产值50亿元；到2000年全省各种类型的模具制造企业增加到6 000多个，从业人员16万人，工业产值120亿元，4年翻了一番多。2000年广东模具工业不管是企业数量、企业规模、工业总产值，还是平均增长速度都名列全国前茅。2002年以后，仍保持年均近20%的速度增长，年均增长速度仍然高于全国各省市同行同期的水平。据中国模具工业协会经营管理委员会统计，2002年全国模具产值2 000万元以上的50个企业中，广东占11个，其中5个排名在前10位。尚未纳入中国模具工业协会经营管理委员会统计而产值在此标准以上的企业广东省还有14个。随着模具工业规模的扩大，原来需用量最大的各类塑料模具产量，广东省继续名列首位。橡胶模具、五金模具、汽车、摩托车模具、铝型材模具、各类陶瓷模具等也相继得到发展，品种逐步齐全，基本上能满足全省工业产业结构调整的需要。广东省家用电器、电子通信、信息产业、交通运输设备、塑料和橡胶制品、包装材料和建筑材料等行业需要的模具，大部分可以由省内模具厂生产供应。与此同时，为省外和国外企业加工的模具数量也在逐年增加。

二、出现一批拥有先进装备、技术和管理的带头企业

面对激烈的市场竞争，以及大批海外企业的迁入和外资、合资企业的推动，广东省模具企业纷纷加大投资，引进国外先进的技术和设备，提高自己的技术装备水平和产品档次。2000年底，基本上能代表全省模具工业技术水平的10个专业模具厂，投入购买高新设备的资金就超过3亿元，购进了立式快速加工中心、电火花机床和高速高精度电火花成型机、慢走丝线切割机、三维激光数字扫描仪、数控三坐标测量机、校模机等高新设备330台(套)，超过了1996年以前全省模具行业所拥有的高新设备的总价值和总数量。2001年以来，又有一大批企业投入大量资金添置了一批高新设备，保持了技术和装备的领先地位，为企业在竞争中发展壮大创造了坚实的物质基础。先进的装备，以及CAD/CAE/CAM技术的广泛应用和管理水平的提高，使全省涌现出一批模具行业的骨干和带头企业。这批企业技术装备精良，管理者和职工素质高，生产及经营管理比较规范，综合经济实力比较强，得到了省内外同行们的一致认可，其中一些企业在亚洲和世界都享有极高的声誉。他们是：广东科龙模具有限公司、顺德百年科技发展有限公司、深圳康佳精密模具制造有限公司、珠海格力电器股份有限公司、联盛(番禺)塑料五金模具有限公司、广州广电林仕豪模具制造有限公司、广东巨轮模具股份有限公司、广东揭阳市天阳橡胶机械有限公司、河源龙记金属制品有限公司、东莞龙记五金制品有限公司、东莞德胜钢材制品有限公司、东莞汇科模具塑料制品有限公司、忠信制模(东莞)有限公司、鸿丰五金(惠州)有限公司、中山志和家电制品有限公司、南海华达高木模具有限公司、顺德圣都模具有限公司等等。中国模具工业协会的领导考察后充分肯定了这些企业的进步,并称赞"这一大批骨干企业不但在华南模具制造中起到了画龙点睛的作用,而且在全国模具行业中也起到了模范带头作用"。中国模具工业协会领导对广东模具行业的技术水平也给予极高的评价:"广东模具制造业的技术水平,特别是塑料模具的技术水平,进入了全国先进水平的行列。广东模具制造业的总体技术水平领先于全国总体水平5年左右,一些模具生产骨干企业,其技术水平已接近国际水平;模具企业的管理、模具加工工艺、模具生产的专业化水平和标准化程度,也领先国内其他地区,模具的质量和寿命在全国也是先进的"。

三、广东模具品质较高,出口创汇能力强

广东省模具质量和寿命在全国也是先进的,尤其表现在塑料模具方面。压铸模、精密冲模和橡胶模、陶瓷模也有一定特色。广东模具制造业与国内其他地区相比有如下特点:

(1)塑料模具占主导。在广东模具最近4年平均每年约20%的快速发展中,塑料模具始终占主导地位。在模具总产量中,塑料模具占60%以上,这个比例远比全国的平均水平要高得多。

(2)模具品质较高。广东省有些过去依赖进口的模具现在可以在省内生产,而且已达到国内领先水平和接近国际水平,一批模具已被评定为国家级新产品。例如广东科龙模具有限公司的翅片模、面板塑模、外箱本体模等都被评定为"2000年国家级新产品"。广州型腔模具厂、广州广电林仕豪模具制造有限公司的一批产品分别被评为"2001年、2004年国家级新产品"。一些大屏幕电视机外壳、大容量洗衣机桶、汽车饰件等塑料模具和轿车变速箱壳体、自动扶梯整体压铸件等压铸模也都达到相当高的水平,可与国外模具相媲美。

(3)专业化和标准化程度高于全国水平。由于广东模具发展历史较短而受海外影响较大,因此专业化和标准化程度接近国际水平,模具生产专业化和标准化水平明显高于全国水平。专业化和标准化程度高有利于缩短模具生产周期,提高模具质量,更能适应市场经济的需求。

广东模具有较强的市场适应能力和出口创汇能力。一方面进口模具已由20世纪90年代中期的每年3.6亿美元下降到2000年后的1亿多美元。另一方面,出口模具却由90年代中期的每年2 000~3 000万美元发展到2000年超1亿美元,出口量连续三年占全国模具出口量的50%以上。2001年和2002年广东模具出口占全国的比重分别为52.2%和53.3%。

四、广东模具制造业前景远大,加入WTO后机遇更大

2001~2005年,全国模具工业年均发展速度将可达12%左右。由于模具需求量大于生产量的状况将在"十五"期间延续,以及广东模具制造业加工能力的不断提高,广东模具制造业的发展极有可能会高于这个平均数,而达到15%以上。这样大的市场需求和这样高的发展速度可充分说明:广东模具制造业前景将无限光明。

展望未来,广东模具制造业的特色和发展趋势将与全国类似,有如下几点:

(1)模具制造将越来越多地应用高新技术和先进适用技术。主要有CAD/CAE/CAM技术、高速切削技术、热流道技术、快速成形技术、逆向工程、敏捷制造、网络技术、虚拟技术、激光技术、复合加工技术及超精加工技术和新材料技术等。

(2)模具技术含量将越来越高。模具日趋大型化、复杂化、精密化、功能复合化、高效化,以及高寿命化等,这将要求模具技术含量越来越高,并不断提高大型、精密、复杂、长寿命模具比例。

(3)模具的专业化生产和标准化程度将进一步提高。这方面虽然广东已领先于国内其他地区,但与发达国家相比还有很大差距,缩短差距任重道远。

(4)广东的模具进、出口量将继续领先于国内其他省市。由于有良好的生产和需求基础以及灵通的市场信息、通畅的销售渠道等各种有利条件,全省模具业的出口量将继续扩大。模具进出口的发展和海外先进技术及管理的不断引进,必然会使广东模具制造业比国内其他地区率先融入世界模具市场。

特别是我国加入WTO以后,广东模具制造业的机遇将大于挑战。除价格水平要比国际低很多这个优势外,全省模具生产的强项,如塑料、橡胶制品、包装制品、五金制品、建筑材料等模具,在生产能力、质量水平和档次上都具有较强的比较优势。而全省汽车工业(主要是轿车)、机械工业、电子工业将进一步加速发展,对模具的需求将越来越大,模具业发展拥有广阔的空间。同时,随着世界经济一体化进程的加快,将会有更多发达国家的模具制造业向广东转移,加上广东本地合资和民营、国营模具生产厂家的发展,"广东成为世界模具加工中心"的预言,将会迅速变为现实。国际模具市场对我国也将更加开放,广东模具进入国际模具市场的机遇增大,出口前景令人乐观。

五、提高服务质量,为模具业发展添砖加瓦

广东模具工业持续快速发展,迅速成为中国模具的主要市场,但是与发达国家的模具水平相比还有很大的差距,还必须加大力度,大力开发大型、高精度、复杂、长寿命的模具,以逐步缩小与国外的差距。

广东省模具协会将把功夫下在进一步提高服务质量上,使协会的优势得到更加充分的发挥,取得更大的成效。比如,制订的发展规划要能真正起到正确引导行业和企业发展的作用;及时向政府部门反映模具行业的情况,争取对模具行业的政策扶持;帮助企业研究并采取具体实用的应对各种情况的有效措施;帮助企业组织解决技术难题的协作攻关;提高各种技术和信息交流的时效性和指导性;举办高品位的展览会,提高其专业性和实际成效;还要积极开拓与国内外同行，特别是模具发达地区和国家的各种交流、学习活动，以先进的技术和管理推进全省企业和行业不断提高水平等。

省模具协会尽快把各主要品种的模具和关键生产环节的专业委员会组织起来，增加服务层次，增加服务力量，扩充服务领域，深化各项服务工作，竭诚为全体会员企业和模具行业更快更好的向前发展添砖加瓦。

〔撰稿人：广东省模具工业协会李立赐〕

四川省模具工业

四川省是我国西部重要的工业基地，在航空航天、机械、电子、军工、化工、核工业等领域形成了较强的生产和科研实力，与之相适应地形成了为其配套的门类齐全的模具生产能力。

在计划经济条件下，由于条块分割和“大而全、小而全”体制的影响，模具生产能力被封闭在各个生产企业之内，不仅难以发挥其整体实力，而且难以有大的发展。

改革开放以来，随着对外开放和我国经济的高速增长，促使全省模具工业向现代设计制造技术和经营管理体制迈进。1984年，四川省模具工业协会在成都成立。一些有实力的国有企业通过引进国外先进设备和技术，使模具制造实现了从传统工艺向CAD/CAM技术的跨越，带动了全省模具技术水平的提高。随着我国企业体制改革的深化，全省原隶属于各产品生产厂的模具车间或分厂通过改制逐步独立出来，走向市场，获得了新的活力；民营专业模具厂大量涌现，现已发展到3 000多个。全省现已形成了一批技术先进、设备精良、模具产品达到国内或国际先进水平的大型及特大型模具企业，其中模具年产值1 000万元以上的已超过20家，有3家企业的年产值超亿元。全省模具产值已由20年前的约7亿元增加到20多亿元，模具企业的经济效益也明显提高，全省模具工业呈现一派蓬勃发展的大好局面。

一、四川省模具工业的特色

全省模具工业品种齐、实力强、积累了长期的设计制造经验，具有雄厚的基础。许多种类的模具都具有国内先进水平和较高的知名度。

1. 汽车覆盖件模具

成飞集成科技股份有限公司是国内生产汽车覆盖件模具的主要基地之一，其设备投资达3.2亿元，拥有CAD/CAE/CAM系统和大型数控加工设备，其模具为上海大众、四川丰田等国内许多大型汽车厂配套，并正从生产内覆盖件模具向生产外覆盖件模具和成套汽车模具发展，2003年模具年产值达8 900多万元。新近建成的普什模具有限公司，投资8亿元，建成了具有世界一流生产手段的大型覆盖件模具、注塑模的生产企业，为本田、四川丰田、长安铃木等公司提供模具，模具年产值已达1.2亿元，是一家有很大潜力的特大型模具企业。成都天元模具厂是一家民营汽车覆盖件模具生产厂，每年覆盖件模具的产值也达到2 000多万元。此外，成都航发工具装备公司、东电机工模具公司和一些汽车厂也具有一定的中型覆盖件模具的制造能力。四川省已逐渐成为我国西部汽车覆盖件模具的重要生产基地。

2. 精密冲模和精密多工位级进模

这类模具的制造厂主要分布在全省电子、航天、汽车等行业，这些行业由于自身高质量产品的需要，经过多年的积累，形成了较强的模具设计制造能力。象成都宏明双新精密模具零件有限责任公司和广元建平工具厂的精密多工位级进模、绵阳华丰企业集团的精密接插件模具、旭光电子股份有限公司的精密冲模和一些民营企业如成都泽仁实业有限责任公司等生产的复杂成型模具已达到国内先进水平，部分达到国际水平。其中，最具代表性的宏明双新公司拥有当今国内最先进的模具加工设备和CAD/CAM技术，通过了ISO9001质量体系认证，模具制造精度达到0.005mm，许多模具替代了进口，并正在大力进军国际市场。

3. 电机模具

四川东方电机集团是我国发电设备的重要出口企业，生产直径在ϕ1m以上的大型定、转子电机模具是东方电机工模具公司的特长。成都电机厂制造的具有自动迭片功能的多工位精密级进模、四川东风电机厂的微电机模具、宜宾电机厂等的各种电机模具也具有较高水平。

4. 塑料模具

精密注塑模是全省模具行业的另一强项，有不少企业具有国内一流的设备和技术水平。成都航天模塑股份有限公司是为神龙“富康”轿车提供塑料件模具的国内三大配套企业之一，同时还为重庆长安、庆玲、四川丰田汽车提供配套塑料件模具。该企业拥有CAD/CAE/CAM系统和数控加工设备，并运用热流道和气辅成形技术，其生产的注塑模、吸塑模以及搪塑工艺在省内外具有较高知名度，2003年产值1.9亿元。位于成都高新技术开发区的赫比（成都）精密塑胶制品有限公司是目前全省装备最现代化的外资模具企业，有7台夏米尔电加工机床和牧野高速铣加工中心等许多世界名牌加工设备，并采用3R夹具作模具加工的基准传递，所加工的均为国外订单的精密塑料模具，并供不应求。最近，成都高新区又有保利根等几家外资模具厂开业，更增强了塑料模的生产能力。

长虹电子集团公司是我国彩电和家用电器的生产巨头，每年需用大量高档的塑料模和其他模具。长虹自身拥有先进和庞大的模具生产实力，对气辅成形技术也有深入的研究。其模具使用量大、要求高，除部分自制外，也进口或从国内模具厂订购34in电视机壳等模具，因此其机械厂(负责工模具生产)还有很大部分工作量是修理模具。此外，普什模具有限公司、成都航发工艺装备有限公司、广汉瑞星塑胶有限公司等生产的大中型塑料模，成都电子模具中心、成都天兴仪器厂、锦江电机厂等生产的精密注塑模和吹塑模、吸塑模，以及电子、邮电通信行业企业生产的精密接插件塑料模也都各具优势。其中，天兴仪器厂拥有SLA激光成形机、电极擦削成形机以及进口的快速制模设备，这些设备在全省企业中还是较少的。近年来，拥有较高装备水平的民营模具企业也不断出现，如成都好风科技有限公司、绵阳昊星精密模具有限公司等，都采用CAD/CAM技术和数控加工，其生产的塑料模具均有较高的水平。

全省生产塑封模的企业主要有成都中科院科学仪器研制中心、四川乐盈精密机械有限公司、成都尚明公司等3个，其产品长期供应国内IC行业。

5. 压铸模

重庆市摩托车和汽车工业的崛起，也使四川省的压铸件生产得到蓬勃发展，全省出现了数以百计的压铸厂，促进了压铸模生产的迅速发展和技术水平的不断提高。其中，最具代表性的是成都兴光压铸工业公司。该公司不仅有多年生产大型精密复杂压铸模的丰富经验，而且投入3 000多万元进行技术改造，采用CAD/CAM系统和数控加工技术，并拥有从德国进口的真空淬火炉。该厂还拥有以1 500万美元引进的亚洲最大的压铸自动生产线，是全省最具实力的压铸模及压铸件生产厂。此外，军工系统的红光公司、成都航空发动机公司以及电子行业的一些厂也有较强的模具生产能力，民营压铸模生产厂也发展迅速。现在四川省内汽车、摩托车的各种复杂压铸模省内基本上能自己生产，不少压铸件的质量已可同国外产品媲美。

6. 铝合金挤压模

铝合金建材的广泛应用促进了四川省铝合金挤压模的发展，仅在成都市周围就有100多个挤压模生产厂点，且绝大部分为民营企业，其模具销向省内外各地。像西南冶金机械厂、成都快雁模具厂等每年的产量上千副，模具质量较高，有的优于国外产品。

7. 玻璃模具

四川省名酒众多，每年酒瓶的需求量极大，并且款式不断变化，因此玻瓶模具的需求旺盛，省内有不少生产厂点。成都今朝机械模具厂曾是全省主要的玻璃模具生产厂，引进了英国玻璃模CAD/CAM技术、加工中心和抛光机等设备。随着时代的推移，一家民营企业龙泉阳光玻璃模具总厂已成为全省最大的玻璃模具生产厂，其年产值近2 000万元，可生产复杂造型的高质量玻瓶模具，产品为省内各名酒厂配套，现在正寻求通过与国外企业合作，进一步提高模具档次和质量，向国际市场进军。

8. 其他模具和相关项目

四川省的大型热锻模、陶瓷模具、硬质合金模具、磁体模具、冷挤压模具、拉丝模等，由于其主体厂是国内的重点企业，因此其许多专用模具的制造处于国内领先水平。另外，鞋模生产能力在西南地区也是最大的。

四川省温江模具花纹研究所是从国营大厂发展出来的民营企业，有丰富的经验和较高的制作水平，和其他几家企业一起，基本可满足省内模具花纹的需求。目前，省内各地出现了不少民营的线切割、电火花加工、数控加工、模具刻字等服务点，解决了模具行业部分协作加工问题；但快速经济模具、模具修复、模具抛光、模具表面处理等为模具行业服务的项目在四川省尚无专业服务点，在一定程度上影响了这些新技术在全省的推广应用。

9. 模具标准件、模具材料及辅助产品

中国航天科技集团公司长征模架厂专业生产冷冲模架、独立导柱和导向件，其质量较好，且价格较便宜，在省内外有一定的用户群。自贡大安永力导向件厂生产的滚珠保持架广泛运用于精密冷冲模架、多工位级进模等，产品覆盖全国各地，2003年销售额达150万元。成都高纯石墨制品厂采用国内外最新技术和设备生产的细粒度、大规格等静压石墨产品批量出口美国、德国，并越来越多地应用于电火花加工。最近，成都三圣模具制品有限公司和一些民营企业也开始生产塑料模架和模块，但规模尚不大。全省大部分模具标准件，如冷冲模架、塑料模架、推杆、弹簧、导向件以及抛光工具、电加工辅料等基本上从省外引进。

模具材料的供应随着一些民营材料供应商实力的发展逐步有所改善，常用国产模材的中小型锻件和割板已可较方便地供应，而大型锻件省内供应周期很长，难以满足要求。近来，一胜百、日本、德国、韩国等已在成都建立了进口模材代理点，以解决全省对高质量和大型模材的需求，但由于价格较高，运输周期较长，用量还较小。

二、四川省模具行业存在的主要问题

尽管四川省模具工业有了很大的发展，但比国内东部地区和国外先进水平仍有较大差距，主要为：大型、精密、复杂、长寿命高档模具制作水平和能力不足；模具市场发展不完善、模具标准化程度低；全省模具企业的体制、经营理念和运作模式比较落后，大大影响了全省模具技术设备优势的发挥和劳动生产率的提高。从一定意义上讲，这种“软件”差距比“硬件”差距对全省模具工业发展的影响更大。

三、四川省模具工业的发展思路

(1)四川省模具工业要加快发展，必须围绕省确定的“加快发展电子信息、水电、机械冶金、医药化工、饮料食品、旅游等支柱产业”的发展战略，在为实现这一战略的服务中，寻求自身的发展和提高。现在不少国外技术高新产业公司落户四川省和成都市，提高了对高档模具的需求，为全省模具发展提供了机遇。

(2)加强与国外和省外模具企业的合作，使全省模具企业更多地投身到国内和国际模具市场中去，打破封闭，参与竞争，从而推动全省模具企业的发展。

(3)借鉴国外模具协会以经济为纽带把成员单位组织成统一协调运作的大经济实体的经验，加强全省模具工业的协作，提高模具工业的活力和竞争力。

(4)加强对民营模具企业的支持和扶助，是加快全省模具工业发展的重要途径。

〔撰稿人：四川省模具工业协会朱钦泽〕

陕西省模具工业

陕西省具有相当规模的模具企业约200余个，一批企业的设计、工艺、制造和装备水平达到国内先进水平，取得了一批科研开发成果，产品质量水平不断提高，陕西模具工业已经成为我国西部科研开发和生产制造基地之一。

改革开放20多年来，陕西已发展成为国家的一个工业比较发达的省份，国防军工、机械、汽车、电子、通讯、能源化工等行业已成为全省的支柱产业，在全国占有一定地位。历史的原因，形成了陕西国有大中型企业多，投资规模大，加工工业发达等特点。计划经济时代的国有大中型企业，大而全、小而全的体制烙印，决定着模具业（包括公司、分厂、车间）必定内涵于企业，隶属于企业，模具产品供需于企业内部，形成了模具自制、自配、自给的封闭式发展格局，这是陕西模具业的一个特点。

虽然在众多的国营大中型企业中集中了一批模具人才、技术装备，但这种优势相对分散并各自为政，不能集中成为全省的优势，大型、精密、复杂的模具依然不能制造，相当的模具需要进口。

近15年来，特别是近5年来，通过深化体制改革全省模具企业和模具工作者充分利用陕西的这一大优势，使陕西模具工业得到迅速发展。

1. 初步建成比较完整的陕西模具行业体系

1989年陕西省模具工业协会成立。建立了模具快速成形、模具及模具标准件研究开发机构。组建了陕西省模具制造集团和陕西模具标准件制造集团，西安模具工业园区正在积极建设中。与大专院校联合组建了陕西省模具人才培训中心和陕西省模具教育人才培训中心。开设了三个模具材料、模具标准件供销部门。一个集科研开发、产供销、人才教育培训为一体的行业体系的建成，有力地推动陕西模具工业的发展。

2. 全省模具行业结构、企业结构、产品结构进一步得到调整

陕西模具行业提出了发展思路，即实施三大战略（集中优势战略、借助优势战略、行业结构调整战略）；以潜在优势为突破口发展成现实优势，以虚拟联合为切入点实施强强联合；以提升质量发展特色为主线，立足自给，面向全国，走向世界。在这一思想指导下，全省模具行业结构、企业结构、产品结构得到进一步调整。陕西模具制造集团、模具标准件制造集团、模具人才和模具教育人才培训中心的建立，标志着陕西模具行业开始由分散向向集团化、集约化、规模化方向发展。企业体制改革的加快，一批大中型企业实施主辅分离，模具企业以股份制、民营制等形式走向市场。一批外资、中外合资和个体、民营模具企业应运而生。根据企业本身的特色和优势，一批企业面向汽车、电子、通讯、家电等行业，发展大型、精密、复杂模具，模具标准件向精密、多品种方向发展。

3. 积极推广应用新技术、新工艺、新装备改造，取得显著成效

一批企业用高新技术、信息技术改造现有企业，增加关键精密装备，大力推广应用CAD/CAE/CAM和先进实用模具设计软件，较快地提升了企业的技术装备水平和设计制造水平，提高了企业可持续发展和市场适应能力。西安交通大学先进制造技术研究所研究开发的快速成型技术和快速模具制造系统、咸阳彩虹集团零件厂制造的精度达2μm的精密级进模、西安微电机厂工模具分厂制造的寿命达2亿次的硬质合金ϕ140cm定转子多工位扭斜自铆扣电机级进模、陕西渭河工模具总厂生产的精密级冷冲模架、一〇〇一研究所生产的模具强力弹簧等都达到了国内先进水平和国际水平。

〔撰稿人：陕西省模具工业协会陈博源〕

西安市模具工业

西安市模具工业是在“一五”、“二五”及三线建设中，是随着一大批大中型企业、军工企业和科研院所的建成而发展起来的，有着比较雄厚的基础。随着改革开放的步伐，近几年又有较大的发展。据统计，西安市模具生产企业有120多个，从业人员约0.8万人，生产总值约4.3亿元。其中冲压模具占42.9%，塑料模具占28.6%，压铸和精铸模占

14%,锻模占 9%,模具标准件占 0.5%,其他模具占 51%。有各类加工机床和测量设备8 046台,其中数控机床约 250 台(占 3.1%),线切割机床 248 台(占 3.0%),电火花机床 96 台(占 1.2%),高精度磨床 176 台(占 2.1%),表面抛光纹饰设备 25 台,三座标测量机 35 台,激光测量机 5 台,试模设备 25 台。随着市场经济的发展和科学技术的进步,西安市模具技术水平有了很大的提高。航空航天企业工模具分支机构除满足本部门当前和未来发展的需求外,还是地方模具的技术后盾。其他产品使用的模具(指西安地区生产的),就冲压模具而言,已能生产出尺寸精度达 2μ、25 工位的高精度复杂连续模,象西安微电机厂生产的总寿命达 2 亿次长寿命硬质合金 ϕ40 定转子多工位扭斜自铆扣级进模。西安中实模具厂生产的具有冲、切、叠压、计数、分组、扭斜和保护等多功能的复杂级进模,其寿命达到 1.2 亿次。西安西玛模具公司生产的高速六工位电机冲模,其结构特殊,硬质合金镶嵌,冲速1 200次/min,寿命3 000万次以上,属国际通用的先进的水平。就塑料模具而言,黄河模具公司能生产 6.5kg 洗衣机筒注塑料模和 122cm 电视机塑壳模。西安地区生产的模具标准件更具特色,1001 工厂生产的强力弹簧达到国际先进水平,其生产的预压缩量弹簧装置、球锁式快换凸模及固定板、斜楔(侧冲)装置、固体润滑(含油)导板和导套、精密塑料模标准零部件均具有国内先进水平。西安交通大学研制的激光快速成型设备——立体光固体化(SLA)成形机和冲压级进模具 CAD/CAM 系统(XJCY)也都达到国内领先水平。

西安市模具工业的发展有很多优势,如西部大开发战略带来的极好机遇;西安地区已有雄厚的工业基础;高新技术的幅射作用和市场牵引;科教和技术人才比较明显的优势;电力供应充足,基础设施优良,通信业发达;地区的地价和劳动力相对比较便宜。但也有不少问题,西安市模具工业发展相对落后,模具工业的总体水平不高,其主要原因是思想观念相对落后,科技投人不足;工业结构不尽合理,企业机制转换滞后;人才结构不合理,自主创新不足;模具水平落后,高新技术对模具工业渗透力和改造力不够;装备落后,标准化程度低;企业管理落后,节奏缓慢;地区特色不明显,定位不明确,不少市场所需模具西安市的企业无法生产;地区差别制约着西安模具工业的发展。为了进一步促进西安模具的发展,西安模具工业协会今后将协助政府部门做好如下一些工作。

(1)转换观念,加强对模具工业的领导。

(2)建立多元化投融资体系,大幅度增加投入。

(3)加快经济结构调整,重点发展民营企业。

(4)加速工业结构调整,明确模具工业发展定位。

(5)组建模具工业基地,改变西安地区模具工业“散”和“软”的问题。

(6)发挥行业协会作用,加强模具企业间的协作。使西安市模具工业在近几年有一个大踏步的发展。

〔撰稿人:西安市模具工业协会陈天顺〕

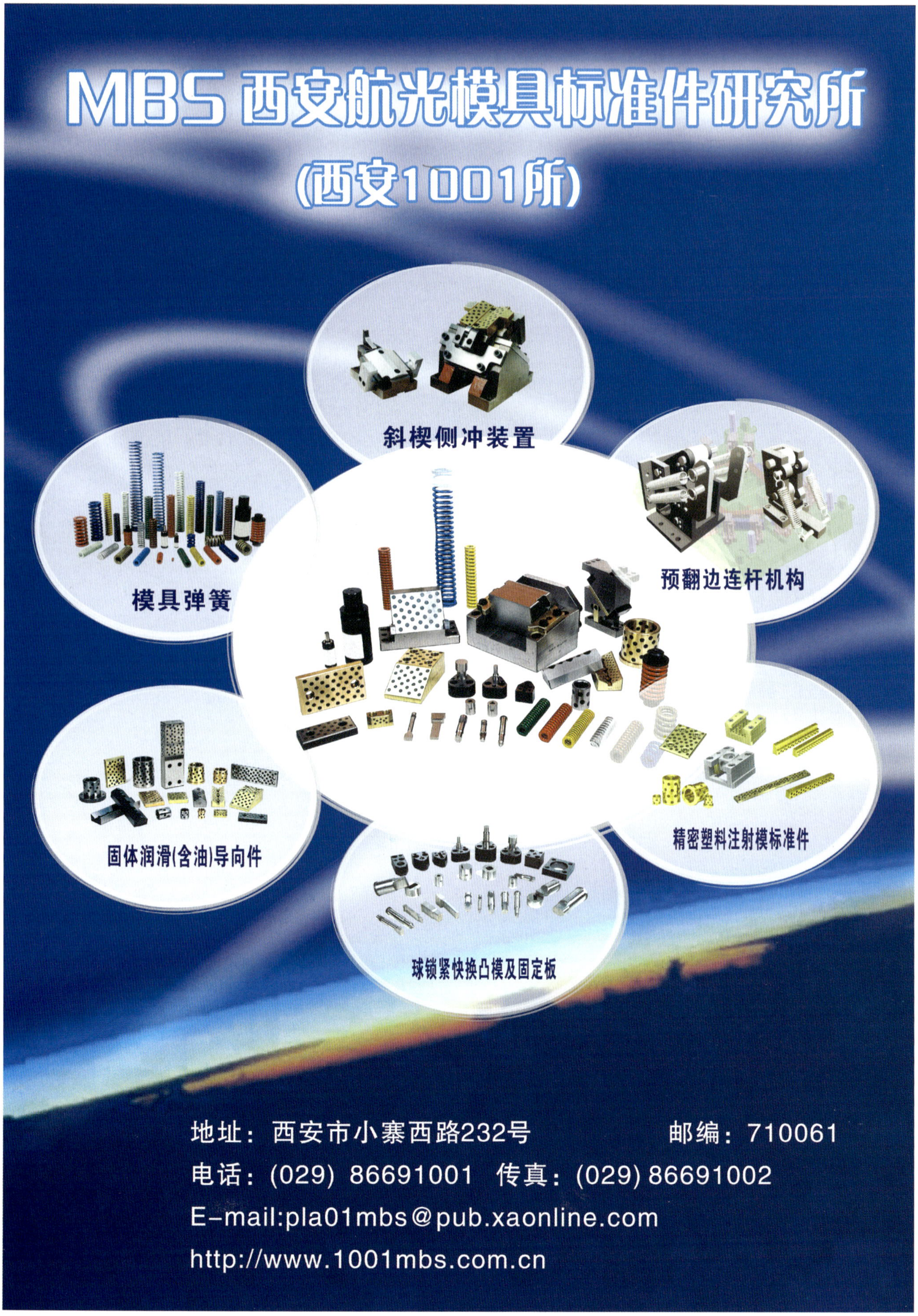
MBS 西安航光模具标准件研究所
(西安1001所)
斜楔侧冲装置
模具弹簧
预翻边连杆机构
固体润滑(含油)导向件
精密塑料注射模标准件
球锁紧快换凸模及固定板
地址：西安市小寨西路232号
邮编：710061
电话：(029) 86691001
传真：(029) 86691002
E-mail:pla01mbs@pub.xaonline.com
http://www.1001mbs.com.cn

东方模具——走向世界

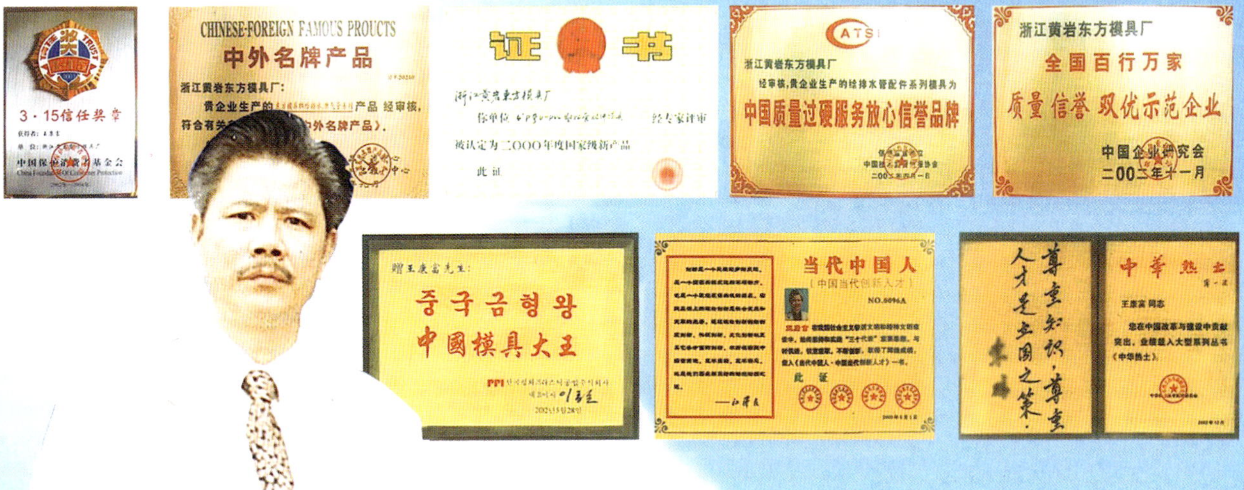

浙江东方模具厂是专业从事给排水、排污、燃气、住宅消音排水管配模具制造的厂商，具有30余年丰富制模实践经验。制造的模具销往中东、东南亚、欧洲等地。

东方模具厂制造的模具连续10多年荣获省优、国优、国际水平、中外名牌称号，几十年的历程，东方模具厂永不止息的攀登，以高科技、高品质为己任，铸就新的辉煌！

企业宗旨：企业坚信“一流的质量和完善的售后服务”质量是企业生存的根本。一切以客户为基础，一切为了客户为理念的服务宗旨。

Zhejiang Dongfang Mould Factory majors in manufacturing mould of water-providing and drainage, sewage drainage, gas, resident's sound-dissolve drainage tube. It has a history of 30 year in manufacturing moulds. Make our moulds the best sellers not only all over the country but also in Middle East, America, Europe, South-east Asia, etc. It won the honor of province-excellence, national excellent, and international excellent. For decades the factory has climbed forever with high quality and high technology. And won the glory.

The aim of enterprise: we believe firmly that ‘the first quality and perfect service after selling is fundamental to life of enterprise. We provide all products and services based on all customers’ needs.

地址：浙江省(台州市)黄岩西城东路浙江黄岩东方模具厂　　邮编：318020　　http://www.east-mould.com
电话：(0576)4013641　4013763　　传真：(0576)4013859　　E-mail:zjhydf@mail.tzptt.zj.cn

宁海县南杰模塑有限公司

宁海县南杰模塑有限公司是一家从事生产各种模具的专业厂家，是中国模具工业协会会员单位。建厂 20 多年来，公司以丰富的模具制造经验，结合现代先进的 CAD/CAM/CAE 技术，广泛采用电脑设计、数控加工、专用器具检测制造的先进工艺，生产出塑料模、冲模、热压成型模及一系列汽车内饰件模具、检具，供应国内外市场。以模具的高精度、高质量、短周期，深得客户的信赖和赞誉。

公司位于东海之滨宁海县的市中心区，陆、海、空交通便利，是我国重要的模具生产基地。公司占地面积约 8000m²，建筑面积 5500m²。设备先进、齐全，技术力量雄厚。企业现有中高级职称人员 15 名，现代企业高级管理人员 5 名，模具专业技术人员 25 名，模具工 100 多人，拥有加工中心、线切割、电脉冲等先进机床几十台，全年模具生产能力计值 3000 万元以上。企业坚持 ISO9001:2000 的质量保证体系，确保模具结构的先进性和模具使用寿命。

公司在上海设有分厂和办事处，以便利顾客联系工作和开展售后服务。

企业坚持“质量第一，信誉至上，技术领先，诚信服务”的宗旨，竭诚为客户服务，欢迎国内外客户光临指导。

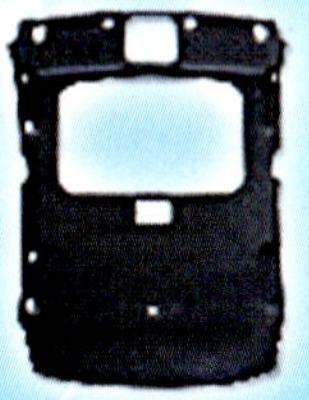
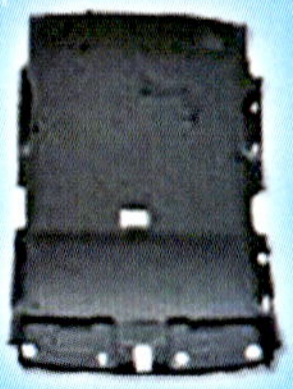

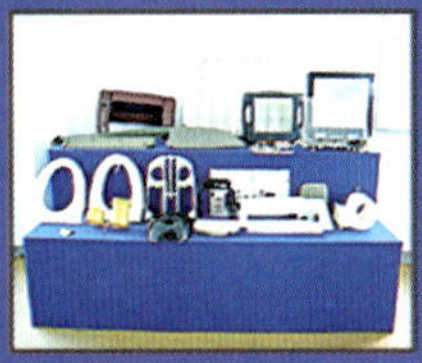

总经理：唐兴圆
手机：13906602048
地址：浙江省宁海县城关回浦
邮编：315600
电话：(0574) 65571561
传真：(0574) 65571561
http://www.njms.cn
E-mail：njms@mail.nbptt.zj.cn

安全
生产

FZSMJ
安全

余姚市工程塑料厂

YUYAO CITY ENGINEERING PLASTICS FACTORY

余姚市工程塑料厂(宁波杰士达工程塑模有限公司)是专业从事注塑模具及塑胶制品生产的股份制企业，地处“模具之乡”——余姚市，占地面积15000m²，建筑面积8000m²。现有员工120多人，其中大中专学历以上的专业技术人员占60%以上，能熟练掌握HASCO、DME制模标准。年制模能力600余套，模具出口马来西亚、日本、美国、法国等国家，所制模具多次被评为“国家优质模具”。公司还被国家有关部门列为模具行业之“重点企业”，并通过国家ISO9001:2000质量管理体系认证。

愿以公司的真诚为您提供优质的服务。

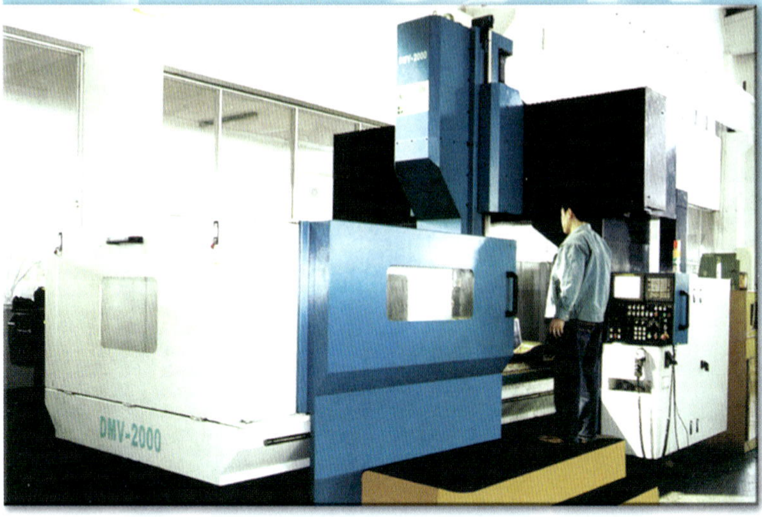

龙门加工中心

总经理：张瑞江　手机：13705840537
地址：浙江省余姚市阳明西路801号
邮编：315400
电话：(0574)62800834　62800852
传真：(0574)62800851
http://www.jieshida.com
E-mail:zhangrj@vip.sina.com

杰瑞模具
JARI TOOLING

杰瑞模具 国际品质

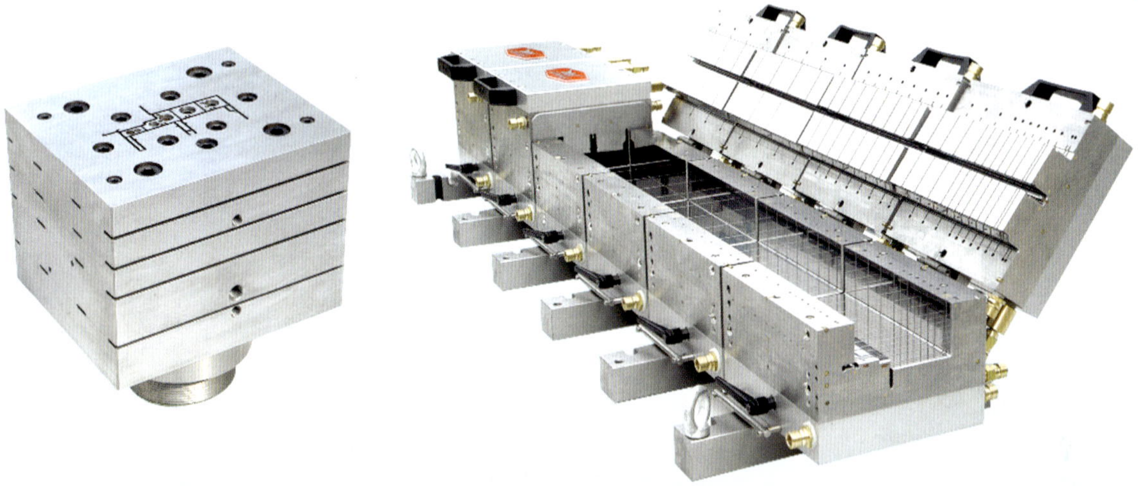

连云港杰瑞模具技术有限公司是国内塑料异型材挤出模具行业的开拓者。公司拥有国际一流的模具专用电加工设备，年产高性能模具800余套。

公司不断致力于新产品、新技术的开发，其中高速挤出技术、一模多腔、共挤出、微发泡等技术达到同内领先水平。公司现拥有五项国家专利，编制出版了两本技术专著，参与制订了《塑料挤出模具》部颁标准。

杰瑞模具公司产品已成功应用于国内近400余家型材企业，产品先后出口到美国、德国、英国、土耳其、日本等二十多个国家，并在德国设立了销售服务中心，在上海建成了国内较大的挤出模具出口基地。我公司已成为国内综合实力较强，出口量较大的挤出模具制造商。

连云港杰瑞模具技术有限公司
地址：连云港市海连东路42号
电话：(0518)5821056
传真：(0518)5821686
http://www.jaritooling.com
E-mail:fwy990@sina.com

宁国市王子精品模具有限公司

中韩合作的宁国市王子精品有限公司，座落在风景秀丽的黄山脚下—宁国市经济技术开发区。公司现有员工 138 人，占地面积 21660m^2。

公司专业研发生产的力车胎模具，摩托车轮胎模具，汽车轮胎模具，飞机轮胎模具，工程车轮胎模具及金属球，锻组合模具，以满足各类轮胎制造客户及耐磨球锻企业的需求，于 1999 年率先引进具有国际先进水平的贴花模具制造技术，制造的贴花模具被公认是轮胎外观制造上的突破。产品销往全国 20 多个省市，并出口到泰国、印尼、印度等国家和中国台湾地区。

现有立式加工中心，韩国制造的车、铣设备，数控车床，电脑数控刻字机，数控电火花自动成型机床及完备的检测仪器设备。具有大量生产各类轮胎模具的能力。

公司积 30 年模具专业制造之经验，十分重视内部质量管理，严格按照 ISO9001 国际管理标准进行操作确保产品的高水平、高质量。公司经营围绕“以客户为中心”的原则，满足顾客个性化的需求，细化客户满意度和客户保持率的标准，用每一个具体的行动维护王子的品牌形象。

活络模具

电火花自动成型模具

数控雕刻机

电火花机组

数控车床

数控线切割

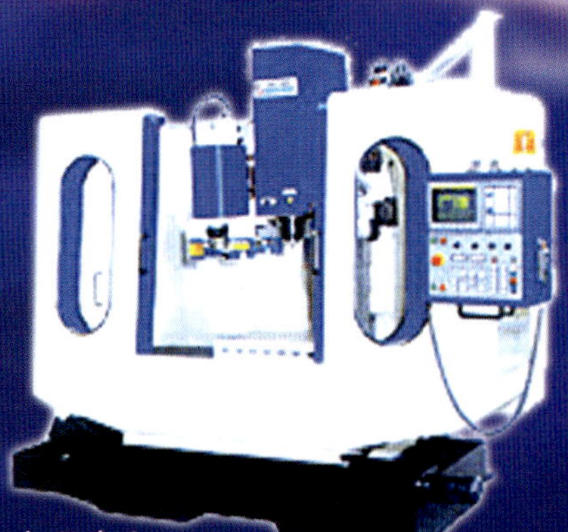

加工中心

钢球模具

地址：安徽省宁国市山门南路 123 号
邮编：242300
电话：(0563)4180205
传真：(0563)4180512

福建宏达模具塑料厂

HONGDA MOULD PLASTICS FACTORY FUJIAN

福建宏达模具塑料厂位于福厦高速公路福州段路口，从事模具设计与制造已有二十几年历史，有员工360多名，工程技术人员50多名。

该厂实现了以数控加工为主，普通机加工为辅的现代制模方式，拥有5台大中型加工中心以及配套齐全的机械加工设备和大中型注塑机，以设计制造塑料模具为龙头，同时承接压铸模、冷冲模的设计与制造。该厂可代用户设计开发产品，并实行塑料模具和塑料制品一体化批量生产。

该厂通过了ISO9001质量管理体系认证，管理制度健全，质量可靠，价格合理，交货及时，深受广大客户的信赖。欢迎新老朋友惠顾，共谋双赢，共展宏图。

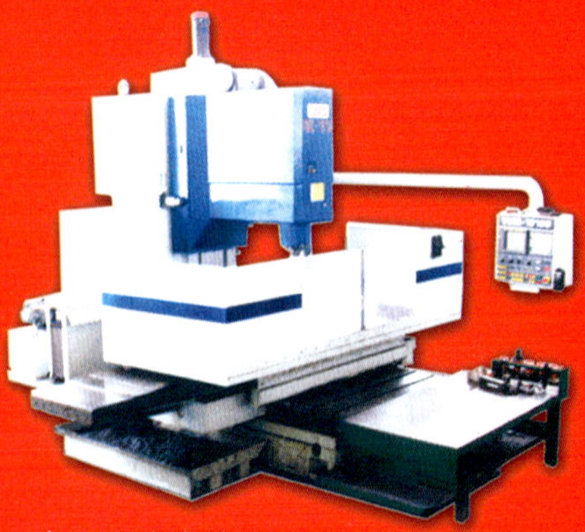

中国台湾高峰16100型加工中心
（行程X1600mm Y1000mm z700mm）

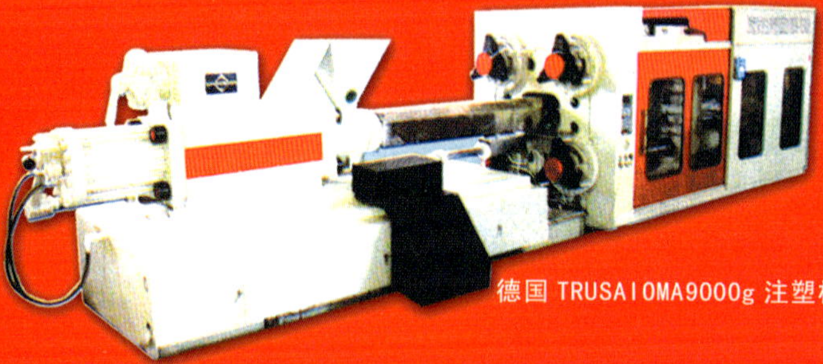

德国TRUSAIOMA9000g注塑机

中日合资宁夏小巨人加工中心
（行程X1000mm Y600mm Z500mm）

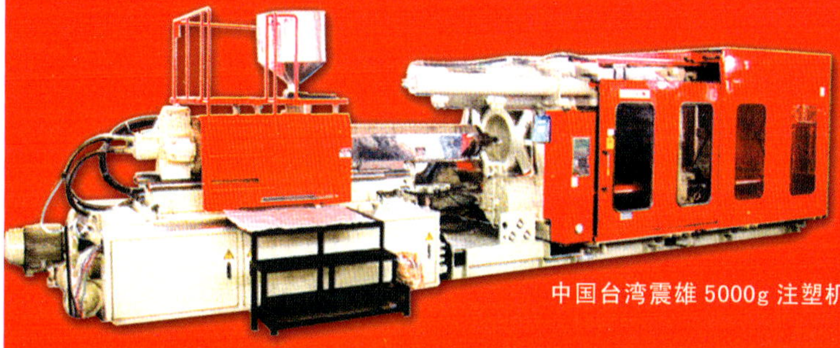

中国台湾震雄5000g注塑机

地址：福州市仓山区螺州镇敖山工业小区
邮编：350019
电话：(0591)3536598 3536601
传真：(0591)3491723
http://www.hongdamould.cn
E-mail:nianqing@hongdamould.cn

佛山市南海华达高木模具有限公司

FOSHAN SHI NANHAI HUADA-TAKAGI MOLD CO.,LTD.

佛山市南海华达高木模具有限公司成立于1996年，是佛山市南海华达模具塑料有限公司与日本高本精工株式会社及蝶理株式会社组成的合资公司，占地面积10560m²，有职工230人。

公司以空调、汽车、摩托车为主的大型、复杂、高精度模具而响誉业界。公司的主要客户来自国内外著名的集团企业，如空调类的海尔、科龙、长虹、松下、大金、三洋……，汽车类的广州本田、东风本田、日本丰田等，摩托车类的本田、雅马哈、铃木、大长江等，出口日本的模具达到总产量的40%，公司拥有强大的CAD/CAM/CAE软件系统，具有与客户协同研发设计产品的能力。公司拥有各类进口大型、精密、自动化的加工设备（投资总额近1000万美元），是华南地区屈指可数的塑料模具加工基地。

公司将以短货期、高品质、低成本、为您的产品提供高质的模具。

总经理：吉井友行

地址：广东省佛山市南海区里水镇新兴路94号

电话：(0757) 85668866　85684112

传真：(0757) 85660969

EFENG

湖北鄂丰模具有限公司

湖北鄂丰模具有限公司是华中地区较大的塑料模具设计制造公司，中国模具工业协会理事单位，湖北省高新技术企业，并通过了ISO9000:2000版认证。公司采用CAD/CAM/CAE技术设计、制造模具，拥有各类模具加工设备80余台（套），其中从国外进口的数控设备28台。主要生产型腔模具，同时承接产品开发和快速原型制作以及塑料产品加工业务。产品范围包括各类塑料管道系列、各类汽车系列及电器塑料件模具及制品等，年生产能力450副，塑料制品2000t。公司产品多次获得“国家重点新产品”称号，公司并拥有多项专利技术。目前，公司产品已出口至法国、德国、美国、泰国、非洲等国家和地区。

模具车间

管件模具

给水管件产品

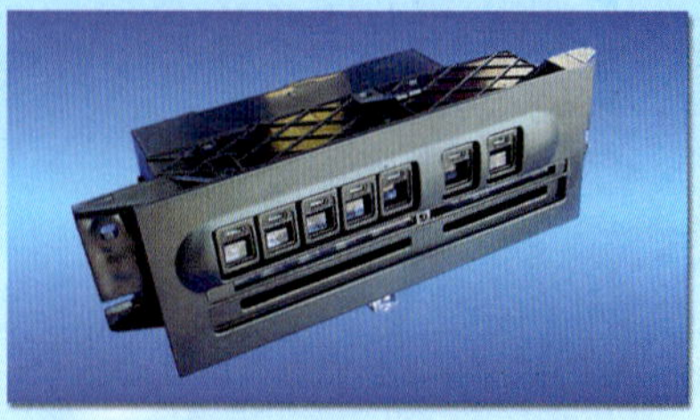
汽车样品

球阀产品

高速电脑铣床

地址：湖北省鄂州市站前路8号
邮编：436003
电话：0086-711-3350266/3350566
传真：0086-711-3350299
http://www.efeng.com
E-mall: market @ efeng.com

通过ISO9001：2000质量管理体系认证

苏州市华东机电化工配套公司

SUZHOU SHI HUADONG MECHANICAL, ELECTRICAL AND CHEMICAL ENGINEERING SUPPORTING FACILITIES CO.

●中国模具工业协会团体会员单位 ●江苏省模具工业协会常务理事单位 ●苏州市模具工业协会挂靠单位

专业经营

模架 模具配件 金属材料 量具工具 刀具刃具 磨具磨料 化工料剂 塑机及周边设备 机床设备及机床附件

苏州市东华机电化工配套公司位于苏州市苏虞路1号，交通十分便利。公司经过十年艰苦创业，本着“薄利多销、便利客户、优质服务”之宗旨，已成为100多家实力雄厚的国内外知名企业在苏州地区的总经销、总代理，并已在1万多家网络客户中树立起良好的商业信誉。入世以来，公司开展了正常的国际贸易，重点销售机床、塑机、模具材料，市场份额不断扩大。

公司办公面积5000m^2，仓库面积4500m^2，总经营面积近10000m^2。公司于2002年建立了精加工模具材料的专业工厂，经营商品达2万余个品种规格，并配备车队为用户提供送货上门服务。1998年经国家商标质量管理体系认证，公司于2002年通过CQCIS09001：2000质量管理体系认证；2004年被银行系统评为“AAA”资信等级单位。近期被批准为进出口企业，并被江苏省消费者协会评为“诚信单位”。公司愿意在互惠互利的基础上，同国内外新老客户加强合作，发展关系，共创未来。

华东地区大型机床、塑机、模具材料城

诚恳邀请中外知名品牌企业来我公司参观指导，共创美好明天！

地址：江苏省苏州市苏虞路1号汽车北站向北100米
邮编：215001
董事长：柯小荣
电话：（0512）67530419 67528173
传真：（0512）67524677
http：//www. hUadongjidian. com
E-mail：szhdjd@163. com

大连瓦轴集团轴承装备制造有限公司

厂房一角

大连瓦轴集团轴承装备制造有限公司是隶属于瓦轴集团的国有独资公司，是我国轴承工业的发源地。

公司占地面积 4 万多 m^2，有员工 500 人，是东北地区实力较强的轴承装备制造基地。主要从事各种冷、热冲压模具，锻压模具，精密量具，夹具，工装，轴承专用设备的制造、改造、维修及配套协作等服务。

公司广泛采用 CAD/CAM 一体化设计，拥有现代化的数控设备、先进的整套热处理设备和表面处理设备、先进的检测设备和检测手段。可加工的尺寸范围 ϕ0.8~2500mm，最大加工尺寸可达 6000mm，最高精度可达 IT2 级。

公司将以雄厚的技术实力、精良的加工装备、完善的检测手段、优秀的市场服务来满足客户的需求。

总经理徐焕林携公司全体员工欢迎您的光临。

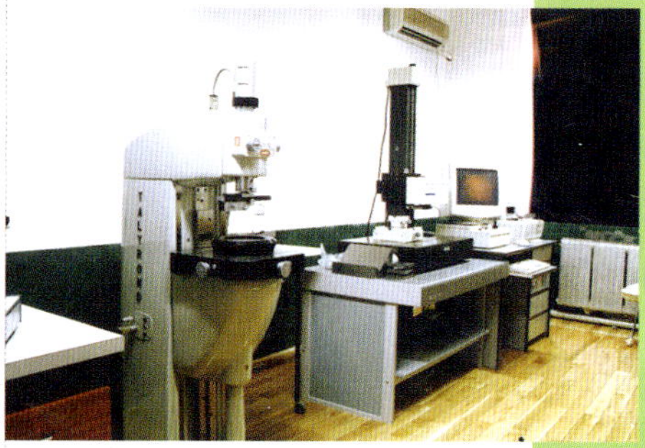

检测设备

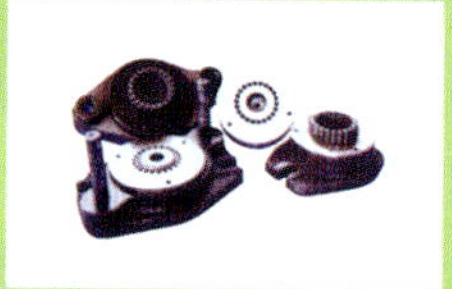

盒形保持架冲压模

筐形保持架冲压模

菱形保持架冲压模

菊形保持架冲压模

浪形保持架冲压模

浪形保持架冲压模

公司外景

地址：辽宁省瓦房店市北共济街一段一号
邮编：116300
电话：(0411) 85509888-3676、3802
传真：(0411) 85508836
E-mail:zbgs@zwz-bearing.com

一拖（洛阳）模具厂

车后门

一拖（洛阳）模具厂是以锻造模具、冲压模具、铸造模具为主导产品的专业模具厂。具有强大的模具加工手段。同时具备各种模具工艺开发、设计、制造及调试的能力,企业已通过 ISO9001：2000国际质量认证。

该厂拥有专业工程技术人员50余名,高性能UNIX、NT图形工作站、高性能PC机等30余台,模具设计制造采用全三维CAD/CAE/CAM/PDM集成技术和逆向工程。现为河南省信息化制造重点示范企业。

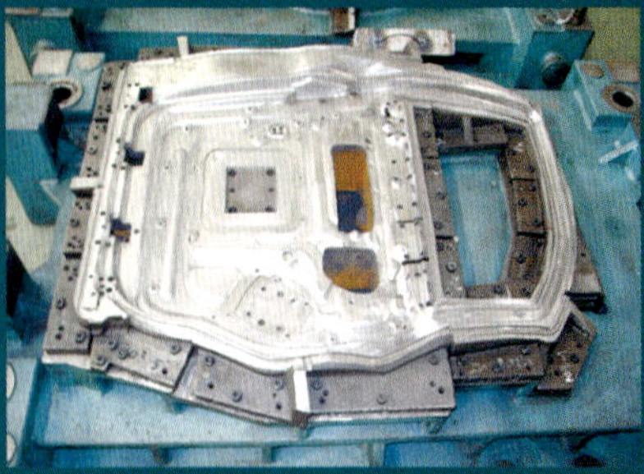
车内门

主导产品：

冲压模具　以汽车车身覆盖件模具为主。

铸造模具　以发动机缸体、缸盖、复杂箱体及进、排气管类模具为主。

锻造模具　以连杆、曲轴、前梁等复杂模具为主。

质量方针：“科技先导，品质制胜，顾客至上，追求卓越”

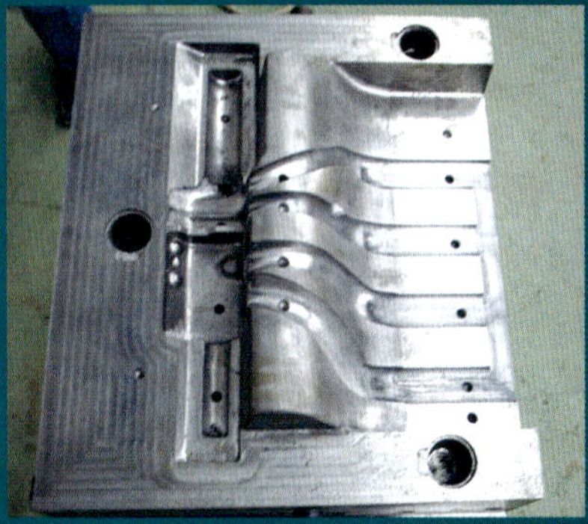
进气歧管热芯盒

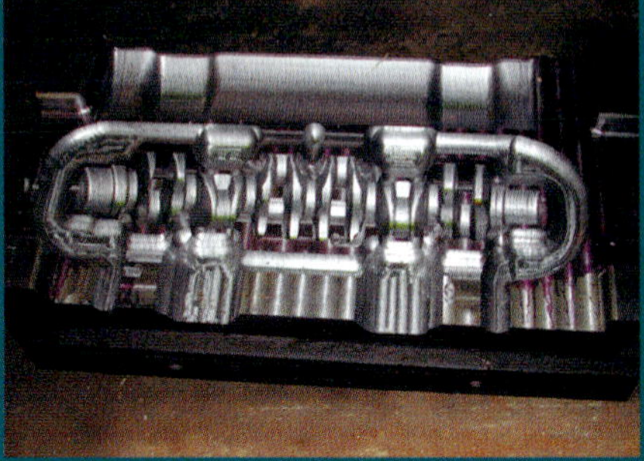
六缸曲轴锻模

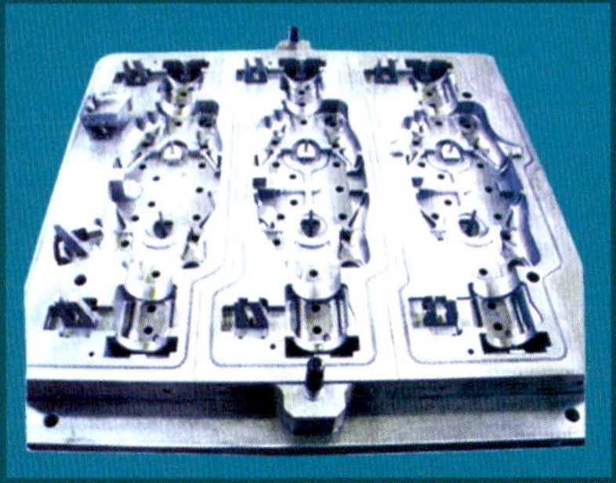
六缸主体热芯盒

地址：河南省洛阳市建设路154号　　电话：(0379) 4968855
邮编：471004　　传真：(0379) 4968855

宁海县上达模具有限公司

NINGHAI SHANGDA MOLD CO.,LTD.

宁海县上达模具有限公司前身为上海无线电三十厂宁海模具分厂，创办于1987年，现为中国模具工业协会成员单位，宁波市模具行业协会理事单位，宁海县模具行业协会常务理事单位。公司自成立以来，专注各类汽车、家电等大中型精密、复杂注塑类模具的设计与制造。现有固定资产1000多万元，厂区占地面积2500多m²，拥有员工50余人，其中经验丰富的制模技师15人。

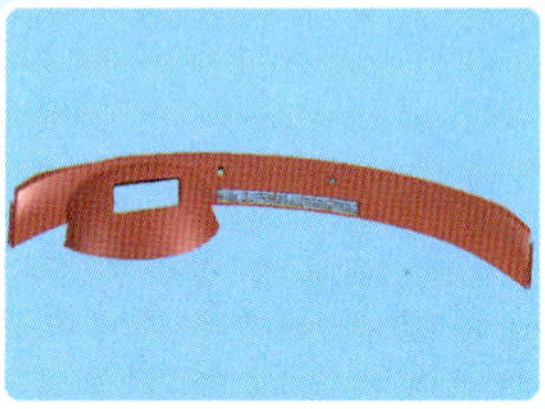

公司全面采用美国EDS公司的UG Ⅱ NX2.0 CAD/CAM/CAE一体化软件包进行模具产品的开发、设计及加工。

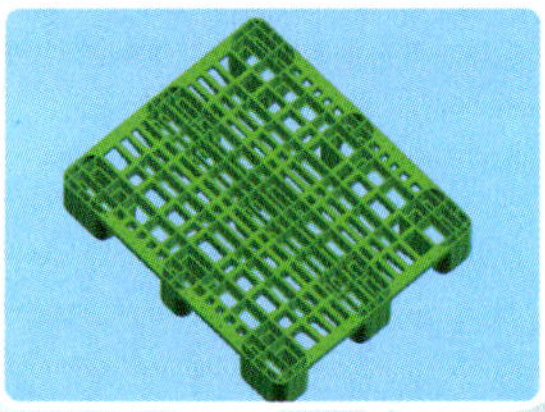

展望未来，公司已在宁海县模具城购置土地7000m²，计划新建厂房5000多m²，并添置进口的高速加工中心机，三坐标测量仪等加工和检测方面的软硬件设备，在现有的基础上进一步提高模具的制造和管理水平。

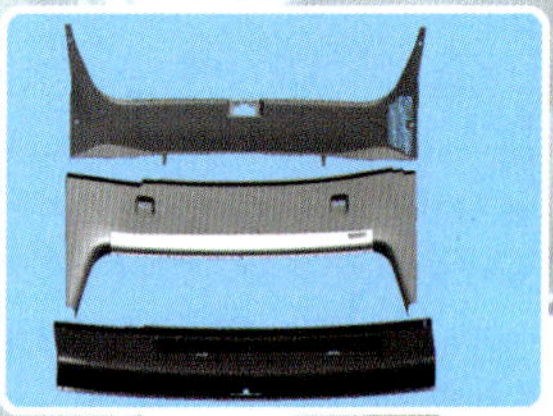

用科学的管理、先进的技术、合理的价格、优质的服务立足于市场、取信于客户，是公司的宗旨。公司全体员工热忱欢迎广大海内外朋友来公司考察合作，共创美好未来。

董事长：赵永康　　总经理：赵广元
地　址：浙江省宁海县跃龙街道中山西路168号
邮　编：315600
电　话：（0574）65582379　65596856　13805856856
传　真：（0574）65556655
http://www.sdmould.com　　网络实名：MOULD

FOTON 福田模具

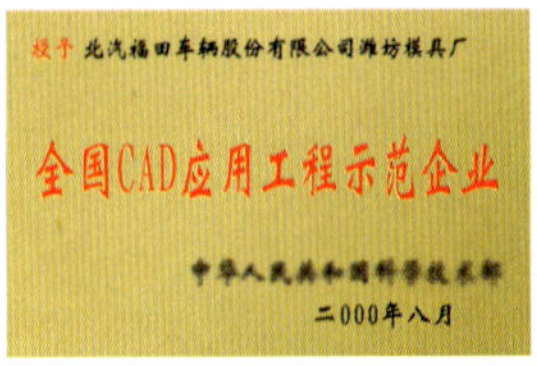

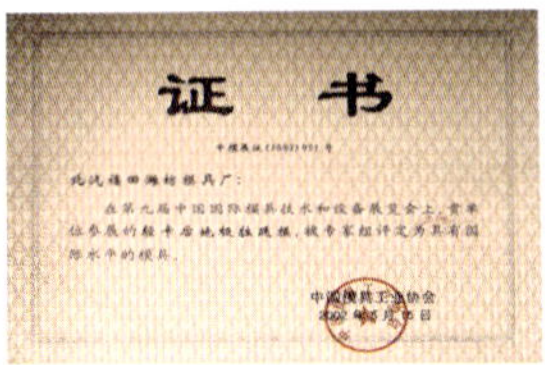

中国台湾数控强力龙门铣

福田公司潍坊模具厂座落于美丽的风筝之都潍坊市坊子区凤凰山开发区，是北汽福田汽车股份有限公司设在潍坊厂区从事车身开发的事业部，面向国内外客户承接各种大中型汽车覆盖件模具专业生产厂。企业现有职工260人，其中专业工程技术人员80多人，拥有一支国内一流水平的设计队伍。

企业始终坚持适中规模、稳步发展的战略方针，拥有用于模具制造的关键设备——意大利高速五轴铣床，中国台湾五面体龙门铣及西班牙、美国的激光扫描测量机，日本数控机床10台，以及大型试冲、延配模具等设备30台，建成了一条面包车冲压生产线，模具制造能力达到年35万工时，冲压件年产百万件。企业具有整车身模具协调匹配能力，固定资产近亿元，先后为福田公司开发奥铃轻卡、奥铃轿卡、风景海狮面包、欧曼重卡等车型模具2000多套，2003年为上海通用、西安比亚迪设计制造了部分轿车模具，实现了在车身模具制造上的突破。与国内一汽、东风、天汽、烟台汽车、北京吉普、上海通用、西安比亚迪等国内汽车厂家有稳固的商务关系。

作为国内汽车模具生产企业，在行业中承担了“产品及其模具的协同设计与制造”国家863项目，企业生产管理实现计算机信息化手段，在模具设计制造上采用了三维实体建模、逆向工程、精细化加工、PDM与CAPP技术，采用美国先进的UG软件开展CAD/CAM技术，生产组织实现计算机ERP管理，为模具设计制造提供了一个先进的信息化管理平台。企业多次参加国际、国内模具展览，2002年上海第九届国际模具展览会上参展11套模具全部获奖，其中后地板拉延模被评为具有国际水平的模具。2003年4月山东省组织专家小组对欧曼重卡车身模具进行鉴定，达到国内同类产品领先水平， 2002年11月顺利通过了ISO9001质量体系认证，2000年被评定为全国CAD/CAM应用示范企业，被山东省认定为高新技术企业，2003年6月被认定为山东省制造业信息化工程重点示范企业称号。

前围本体拉延模

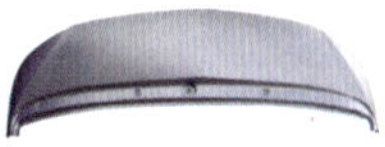
前围本体

后翻门外板拉延模

后翻门外板

翼子板侧翻整形模

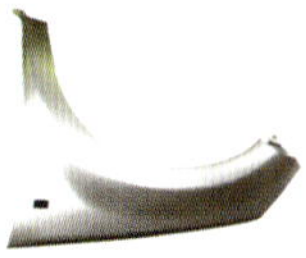
翼 子 板

意大利五轴联动数控铣床

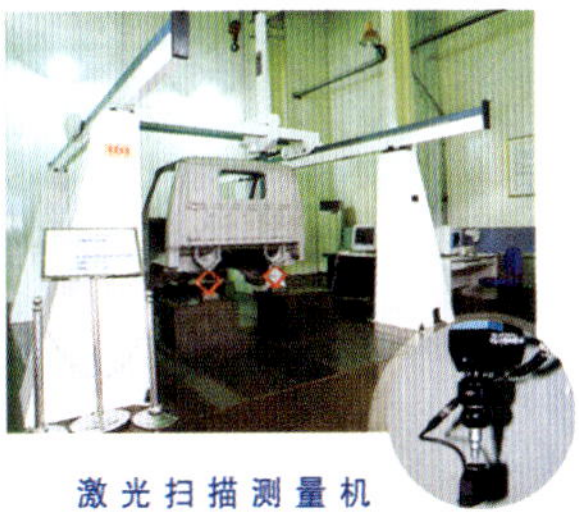
激光扫描测量机

激 光 切 割 机

地址：山东省潍坊市北海南路192号
邮编：261206
电话：(0536)7608682
传真：(0536)7602270
E-mail：wfmjc@foton.com.cn

北汽福田汽车股份有限公司潍坊模具厂

Ciyan 中国慈燕

www.ciyan.com

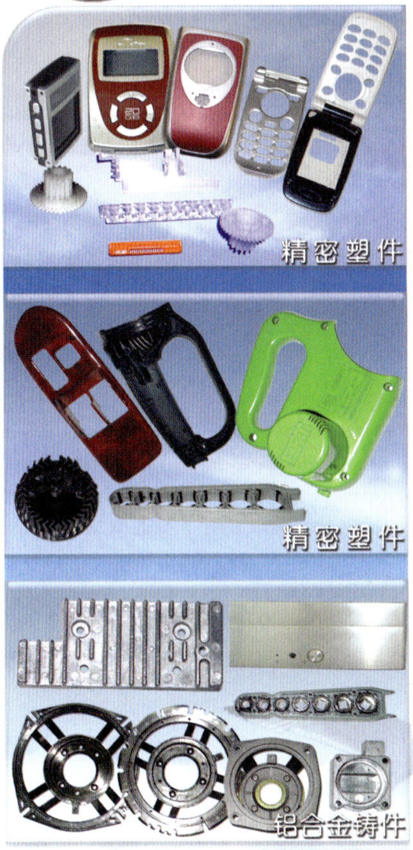

科技是先导，设备是基础。公司先后从日本、德国、瑞士、意大利等国家引进了CNC加工中心、高精度数控电火花成型机、线切割、雕刻机众多先进的设备，是一个具有较强规模的制模工厂。公司在模具设计制作的同时，也有帮助客户产品设计的部门，而且又有注塑（从50T-1600T40多台注塑机）、铝压铸、铝框拉丝、冷冲、喷漆、烫金、丝印到零件组装等强大的配套车间，使之成为一条龙加工基地，被评为宁波模具十强企业之一。

公司秉承“以高尚的人品塑造优秀的产品”的经营理念，成就了一系列的优质产品：小而精的有通信配件、大而难的有液晶电视、PDP等离子电视机塑料外壳、LCD-TV液晶电视、音响外壳、DVD面板、功放面板、手机及MP3、各种电动手动工具、汽车塑件等为主的模具产品系列。铝型材拉丝能用较小的模具投入制造出既豪华又多品种的各种电视机及音响面框，使之成为一个多功能配套基地，这些充满魅力的产品为海燕赢得了市场先机和广阔的前景。目前，海燕产品已遍布美国、德国、加拿大、日本、新加坡等20多个国家，国内遍布20多个省市，成为众多国际、国内知名厂商的长期合作伙伴。全心全意为用户是公司的质量方针。公司全体员工以最诚恳的态度热忱欢迎客户来公司考察指导。

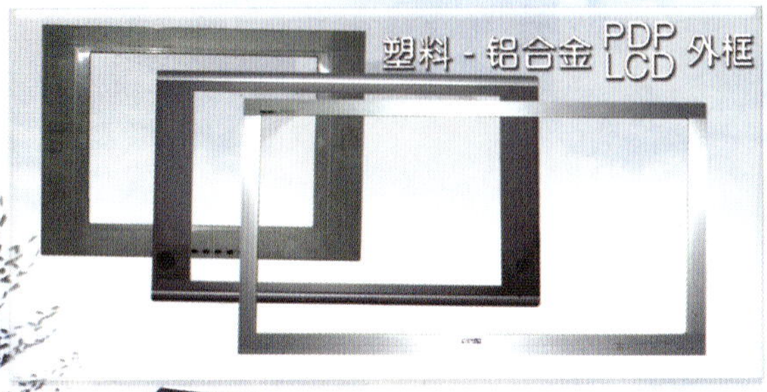

电话：(0574)63451888
传真：(0574)63451588
E-mail: ciyan@ciyan.com
地址：浙江省慈溪市天元镇芦庵公路209号

慈溪市海燕塑料制品有限公司

机械工业武汉高级模具工培训中心

简　　介

机械工业武汉高级模具工培训中心，是经国家机械工业主管部门批准建立的，2003 年被授予国家高级技能人才（机电项目）培训基地。中心利用世界银行贷款 340 万美元，引进了先进的模具设计加工、检测设备 400 多台（套），占地 33000m²。与武汉市第一技术学校、武汉市高级技术培训中心、武汉市模具行业协会合署办公。旨在振兴中国模具工业，培养掌握现代技术的高级模具人才。

主要专业设置：

- 高级模具制造
- 塑料模制造
- 冷冲模制造
- 模具计算机辅助设计／辅助制造
- 数控机床及自动编程

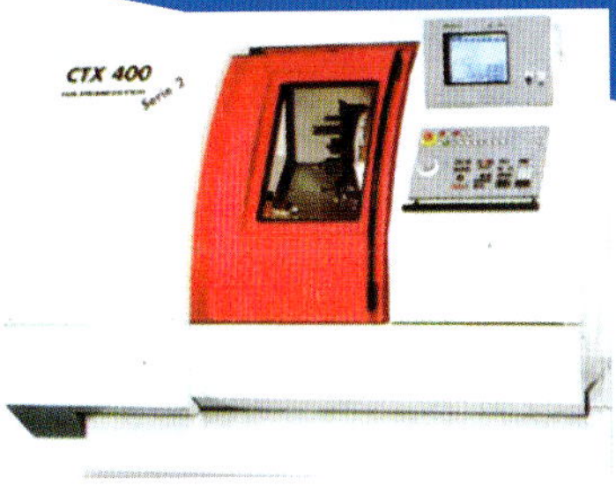

CNC 车床（德国）

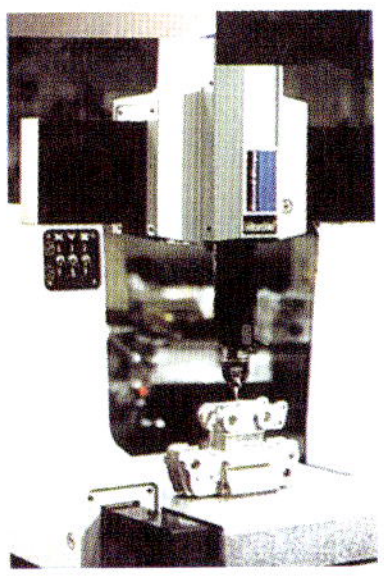

三坐标测量机（美国）

CNC 连续轨迹坐标磨床（瑞士）

快速成型机（美国）

CNC 电火花机床（日本）

100 吨翻转试模机

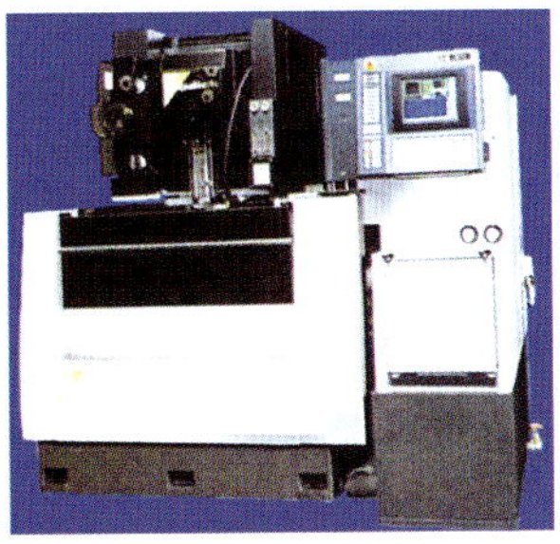

CNC 慢走丝线切割机床（日本）

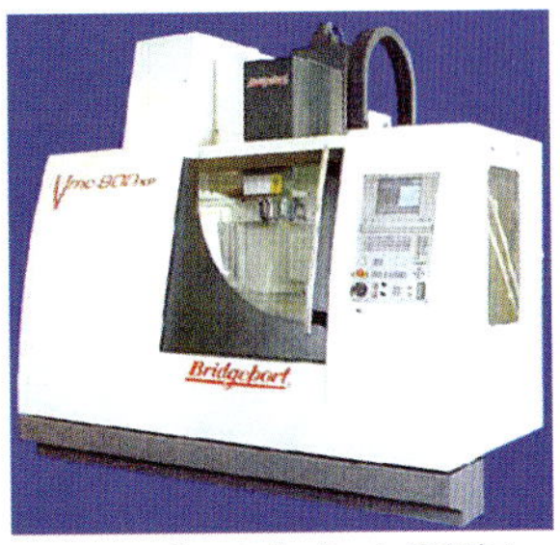

CNC 加工中心（英国）

地址：武汉市汉阳区七里庙舒家湾 70 号　邮编：430051　电话：（027）84674865　传真：（027）84632853　联系人：李京平

一、公司简介　广东圣都模具股份有限公司前身是行业知名度很高的顺德市新强盛模具有限公司，目前是一家专业生产各种模胚、模具、提供模具钢的大型中资民营企业，公司已于2002年1月顺利通过英国GLOBAL ISO9001:2000认证，是中国模具行业中较早通过ISO9001:2000新版认证的企业。公司是中国模具工业协会重点支持和发展的团体会员，是广东省模具工业协会常务理事单位，是华中科技大学模具技术国家重点实验室的研发基地和技术创新基地。2003年，公司相继被广东省确定为“广东省高新术企业”和“广东省民营科技企业”，被顺德区科技部门认定为“顺德区大型，精密塑料模具工程技术研发中心”依托单位。目前，公司的技术水平、生产工艺和加工设备均达到国内领先水平。如自行开发的洗衣机一体桶注塑模、CW1.8电饭煲注塑模、冰箱抽屉面板注塑模、34寸彩电注塑模等产品，深受科龙、美的、康佳、厦华等知名上市公司的好评。而与广电林仕豪合作开发的汽车保险杠塑模，与中山志和合作开发的汽车仪表板注塑模等，也获得了成功。公司的经营方针是把勤信、创新、发展、管理放在首位，并严格按ISO9001:2000质量认证体系运作，保证从科研、设计、生产、经营全过程的高标准管理，提高企业的市场竞争力。

二、2003年业绩　销售收入15000万元，纯利润1217万元，上缴税金363万元，出口创汇100万美元。

三、2004年展望　公司正在实施改制上市，以期建立合理、规范的法人治理结构和内部管理机制。公司将继续招聘一批素质较高的技术管理人才，增加技术研发力量，加强人才培训、技术交流、对外宣传和后勤保障工作。2004年要做好模具的CAD与建库工具的研发、工艺的CAPP规划、设计文档的管理系统、反求工程的研究应用、技术支持协议的签订和落实、项目申报书的制定和落实、汽车内饰件模具新产品开发等工作。公司产品定位在大型精密塑料模具的研发和制造及其材料应用。重点应用好CAD/CAM/CAE技术、高速铣削加工技术、模具加工工艺技术、模具材料研发应用技术。把项目进行细化，每个项目跟高等院校和科研院所开发设计新产品，实施专利战略，开发自主知识产权产品，积极做好新产品的申报、鉴定、评审工作。2004年主要开发汽车后保险杠拉伸模、汽车空调注塑模、大屏幕彩电模、P20模具钢材料研发应用等。

加工中心车间一角

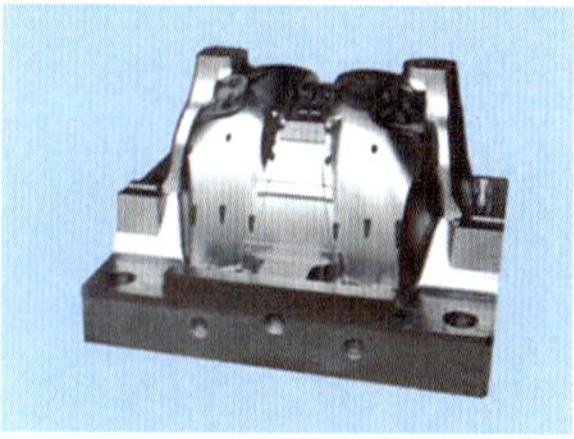
大型汽车挡泥板模具

彩电后壳模具

Shengdu Mould Co. Ltd was named Shunde New Qiangsheng Mould Co. Ltd, which was very famous in this sector before. At present, Shengdu is a large private company manufacturing various mould embryo, mould and providing mould steel professionally. Shengdu obtained successfully British Globaal ISO9001: 2000 Quality Management Certificate in Jan. 2002. Shengdu is the first company to pass ISO2000 in mould sector in China. Shengdu is a key company member supported and developed specially by China Mould Association. Shengdu is a standing director unit of Guangdong Mould Industry Association. Shengdu is also an R & D base and technology innovation base of Mould Technology National Key Lab of Huazhong University of Science and Technology. In 2003, Shengdu was approved as "Guangdong High and New Technology Enterprise" and "Guangdong Private Technology Enterprise" by Guangdong Science and Technology Bureau and was approved as support unit of "Shunde Large and Precision Plastics Mould Engineering Technology R & D Center" by Shunde Science and Technology Bureau. At present, technical level, production process and processing equipments of Shengdu is leading in this sector in China. The integrated washing machine drum plastic injection mould, CW1.8 rice cooker plastic injection mould, refrigerator drawer panel plastic injection mould and 34-inch color TV plastic injection mould etc products are well praised by Kelon, Media, Konka and Xiahua etc famous stock companies. The co-developed car front fender plastic injection mould cooperated with Guangzhou GRG Lamko Mold Manufacturing Co. Ltd and car panel plastic injection mould cooperated with Zhongshan Zhihe Company etc had a good success. The operation policy of Shengdu is to take trust, innovation, development and management as the most important policies. Shengdu manages herself according to ISO9001 Quality Management System standard, so Shengdu can guarantee high standard management from R & D, design, production to marketing, which improved the competitive ability of Shengdu.

Economic indicators of Shengdu in 2003: Sales income: 150 million RMB, net profit: 12.17 million RMB, taxes: 3.63 million RMB and export volumn: 1 million USD.

Shengdu 2004 expectation: Shengdu is under modification to be a stock company. A reasonable and regular corporation management structure and management mechanism will be established. More high qualification technology management staffs will be hired to improve R & D, to train the staffs and carry out technology exchange, makes promotion and logistics. In 2004, R & D of mould CAD and database buildup, CAPP plan of process, design file management system, project research and application, technology support agreement signing and execution, project application letter making and execution, car interior decoration mould new product R & D work. Shengdu positions herself in large and precision plastic mould R & D, manufacture and mould material R & D application technology. The key point is to use CAD/CAM/CAE technology well and high speed milling process technology, mould processing technology, mould material R & D application technology. Shengdu will make detailed plan for each project. Each project will develop and design new product with college and research institute. The patent strategy will be carried out. Shengdu will develop the product with her own intellectual property right. Shengdu will make the new product application, evaluation and approval well. In 2004, Shengdu will focus on car rear fender stretching mould, car air conditioner plastic injection mould and large screen color TV mould and P20 mould steel material application etc.

地址：广东省佛山市顺德区陈村镇大都工业区　电话：0757-23300212至227(共16线)　传真：0757-23300228　邮编：528313　E-mail:sdl@sdxqs.net
http://www.sdxqs.net

慈溪市天龙模具有限公司

慈溪市天龙模具有限公司位于浙江省模具之乡慈溪市，是一家专业生产经营精密塑料模具的专业企业，有各种技术人员370人。公司采用目前国际上一流的模具设计、加工技术，引进先进的设计编程软件PRO/E、UGII、CAD/CAM中心，投入巨资购入瑞士CHARMILLES慢走丝切割机床、电火花机床23台，日本MAKINO高速加工中心11台和数控三坐标测量仪、光度测量仪、投影仪、工具显微镜及日本FANUC注塑机4台，成为设备齐全的模具设计、制造中心。

公司于2003年通过SGS9001认证，成功引入ERP管理软件，并于2002年加入中国模具工业协会，是宁波市模具行业的信用企业。

“没有最好，只有更好！”天龙模具力争做的更好。

主要客户

LG
Schneider Electric
PHILIPS
SAMSUNG 三星电子
MINOLTA
AMP
首信
EASTCOM
ASCO
TOSHIBA 東芝
National Panasonic
Texas Instruments
BRAUN
JVC
3M 中国
CEC 中国电子
MOTOROLA
三菱电机 MITSUBISHI ELECTRIC
cooper

地址：浙江省慈溪市宗汉街道新界路
邮编：315301
电话：(0574)63206666
传真：(0574)63216966
http://www.ptianlong.com
E-mail:tooling.sales.cx@ptianlong.com

深圳市兴龙机械模具有限公司

深圳市兴龙机械模具有限公司成立于1981年，占地面积5000多m^2，拥有加工中心、坐标镗床、重型铣床、热处理等高精设备及加工手段，是一个技术先进、实力雄厚的生产塑胶模架的专业厂家。1988年，公司被评为广东省先进企业，公司生产的“天鹅”牌塑胶模架被评为广东“省优产品”。

1996年，公司研制、开发了模架生产专用设备——立式带锯机，现已形成三大系列。该锯机的锯台进给及锯带调速使用的交流电机变频调速器选自日本松下公司产品，电气控制系统选用法国产品；并采用液压升降机械送料，实现了全部自动化，既满足模架生产厂家的使用，又能满足钢材供应商的使用要求，是加工钢板的先进设备。公司还可以根据用户要求修改设计。公司郑重承诺：立式带锯机实行“三包”，即包上门安装、调试，包培训操作，包售后服务。

标准塑胶模架

立式带锯机床

总经理：庚元弟
地　　址：深圳市罗湖区水贝工业区贝丽北路71号
电　　话：(0755)25601586
业务电话：(0755)25532044
模架销售部电话：(0755)25605848
传真：(0755)25530038

MC精密虎钳／治夹具系列／分度头系列／刀测仪
MC Machine Vise With Attachments and Rotary Table
ISO-9001:2000
SGS
UKAS QUALITY MANAGEMENT
005
SAFEWAY
SYMBOL OF EXCELLENCE WINNER
SAFEWAY
協威機械工業股份有限公司
台湾省台中县梧栖镇435台中港关连工业区自立一街196号
电话：886-4-26308857　传真：886-4-26308868
E-mail：safeway@ms7.hinet.net
http://www.safeway-vise.com

遠東制模 FAR-EAST MOULD

高技能　高技术　高品质　高效率

宁波远东制模有限公司创建于1999年，专业从事大型精密塑料模具的设计、加工、制造，是浙江省高新技术企业，已通过ISO9001质量体系认证。塑料模具年生产能力750套，模具产品多次被评为“具有国际先进水平”的优质模具。

详细资料请浏览本公司网页：

www.yuandong-mould.com

宁波远东制模有限公司

地址：浙江省余姚市模具城金型路109号

邮编：315400　网络实名：远东制模

电话:(0574)62630468　62666070

传真:(0574)62660628　62666070

E-mail：ydzm@mail.nbptt.zj.cn

yydzm@163.net

浙江黄岩美多模具厂

MEIDUO

样品室一角

浙江黄岩美多模具厂专业从事空调、冰箱、汽车件、显示器、办公用品等注塑模具的设计和制作，年产值3000多万元。企业已通过ISO9001:2000国际质量体系认证，生产的模具得到了海尔、海信、广州松下、韩国大宇等国内外知名企业的认可，并出口到日本、韩国等国家。

空调底座 -- 模具

地址：浙江省黄岩经济开发区澄江路10号
电话：(0576)4276728
传真：(0576)4276913
联系人：黄先生 13905761935 (0576)4285808
　　　　邱先生 (0576)4276670
http：//www.mdmould.com
E-mail：hymd@mail.tzptt.zj.cn
　　　　contact@mdmould.com

上海日嘉金属制品有限公司

上海日嘉金属制品有限公司成立于1997年，是由日本住友商事株式会社、大同特殊钢株式会社、石原钢铁株式会社共同投资成立的。公司专门从事大同特殊钢之工模具钢的库存、加工、销售业务，并提供相应热处理服务和机械加工服务。公司有日本技术专家常驻，可及时为客户提供技术咨询服务。长期以来以优良品质和良好的服务获得广泛好评。

上海日嘉，精益求精，与您携手共创美好的明天。

地址：上海市嘉定区励学路 858 号
邮编：201818
电话：(021)59512988（总机转）
传真：(021)59510606
http://www.nikka-metal.com
E-mail:rijia@ nikka-metal.com

上海标准件模具厂

SHANGHAI FASTENERS PUNCH&DIE WORKS

上海标准件模具厂是上海电气（集团）总公司所属的专业模具厂。主要生产紧固件模具、工具、量具和各种锻模、冷冲模等模具，有几十年的模具生产经验，在市场上享有较好的声誉。该厂已通过 ISO9001:2000 质量体系认证。

该厂的主要产品大类有各种标准的十字槽精冲模、硬质合金圆模、缩径模、切边冲头、内六角冲头、自攻搓丝板和十字槽测深量具等。

该厂拥有一大批模具制造专业人员，能利用 CAD 设计和制造各种特殊模具、工具，有国内先进的加工设备和测量设备，保证了产品质量。

该厂愿意同各厂共同开发新产品，提供先进、可靠、优质的模具、工具、量具。

上海标准件模具厂竭诚为您服务！

地址：上海市真北路 930 弄 49 号
邮编：200333
电话：(021)52819661　52803503
传真：(021)5280 2067
http://www.sbm-china.com
E-mail: zhjwang@online.sh.cn　sbm@sbm-china.com

苏州市振元模具制造有限公司

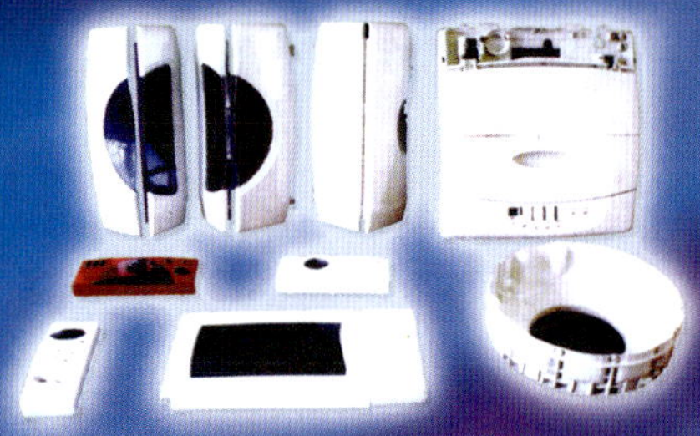

部分塑件

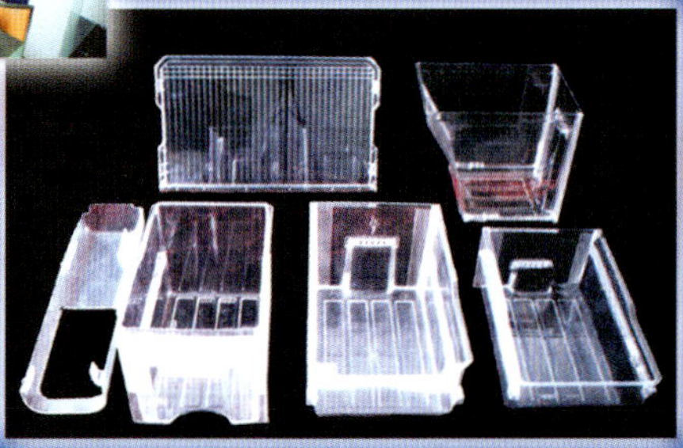

冰箱透明塑件

地址：江苏苏州市吴中区木渎镇中山东路 95 号
邮编：215101
电话：(0512) 66258762　66253830
传真：(0512) 66257806
http://www.szzymj.com
E-mail:uuszzymj@pub.sz.jsinfo.net

福 州 模 具 厂

福州模具厂擅长设计、制造薄板覆盖件深拉伸冲压模具，如各种汽车、摩托车、汽油发电机油箱模具及产品，目前已为许多著名外资企业制造了多种规格，形状复杂、高品质的摩托车油箱模及头盔箱冲裁模、汽车结构件冲压模，质量达到进口模具水平。

主要客户有 YAMAHA 发动机株式会社、江苏泰州雅马哈发动机有限公司、广东大长江摩托车有限公司、轻骑－铃木摩托车有限公司、金城－铃木摩托车有限公司、广州五羊－本田摩托车有限公司、上海新大洲－本田摩托车有限公司。

福州模具厂于 2003 年 12 月被福州佳新创辉机电有限公司全资收购，注册资金 3000 万，公司主营各种冲压模具、各种中小型汽油发电机和发电机部件等。

地 址：福建省福州市金山工业区金塘路 11 号
邮 编：350002
电 话：(0591)3744388，3744868
传 真：(0591)3740488
http//:www.jiaxin-soqi.com
E-mail: wsy@jixin-soqi.com

佛山市科尔技术发展有限公司

佛山市科尔技术发展有限公司成立于 1997 年，是产品开发和精密注塑模具制造的专业厂家，主要从事家电、视听、通信、办公器材等产品的开发和模具制造。公司总投资 2000 多万元，注册资本 500 万元，现有员工 200 多人，工程技术人员占 1/5 以上，年模具制造能力 1000 多套。公司主要加工设备有：进口 VMC1600、VH70S、HV50、HV35 加工中心（CNC）5 台，牧野 S33L 高速加工中心 1 台，电加工设备 16 台，其中 CNC 火花机 5 台。CAD/CAM/CAE 已在设计制造中全面应用。

地址：佛山市顺德区容桂街道高黎工业区朝光路 23 号
邮编：528306
电话：（0757）28373699
传真：（0757）28308681
联系人：周锦新、张勇帆
http: //www.koer.com.cn
E-mail: koer@koer.com.cn

沈阳市丁氏宏可材料有限公司

宏可材料——

宏可材料—可加工塑料是我公司 1997 年自主研发的国内创新产品，它应用于各种模型，模具，检具，快速制模行业。

具有代表性的两种产品技术参数如下

HK970840

高精度可加工材料，易于机另工及手加工，具极佳的尺寸稳定性及侧边强度.

应用范围

主模型制作复制模型铸造模型

产品性能

密度 :0.75~0.80g/cm³

抗压强度 :25~35N/mm²

抗弯强度 :32Mpa

肖氏硬度 :70~75D

热畸变温度 :75~80 ℃

线热膨胀系数 :(55~65)×10⁻⁶1/℃

HK970860

高韧性的可加工塑料，极佳的耐冲击性及耐磨损性.

应用范围

锤击模具快速浇铸模型各类夹具，检具真空吸塑料模具

密度 :1.3~1.4g/cm³

抗压强度 :85~90N/mm²

抗弯强度 :42Mpa

肖氏硬度 :90~100D

热畸变温度 :90~100 ℃

线热膨胀系数 :(90-100)×10⁻⁶1/℃

宏可可加工塑料——可高速切削
5~50min 双组份快速复制模型——节省时间
制做检具、夹具的宏可材料——尺寸稳定
精密铸造用宏可材料制作模型——高精密度
适应 CNC 加工及手工操作——方便快捷
适应各种材料的粘接剂——任意粘接

HK970840 材料制作的轿车前保险杠检具

用宏可材料加工汽车子午线轮胎模型

宏可材料制作的汽车双侧门框检具

地址：沈阳市苏家屯雪松路 55 号
邮编：110101
电话：(024) 89116688
传真：(024) 89815388
http://www.Hongkesy.com
E-mail:HK@Hongkesy.com

中国模具工业年鉴

China Die & Mould Industry Yearbook

2004

第Ⅲ部分

企业概况

中国模具工业全景观

企业概况

高新技术企业名单

国家高新技术企业介绍

国家重点实验室和国家工程中心介绍

部分省市级高新技术企业介绍

部分重点企业介绍

部分模具材料生产企业介绍

部分模具设备生产企业介绍

高新技术企业名单

一、国家级高新技术企业

铜陵三佳科技股份有限公司

广东巨轮模具股份有限公司

天阳模具有限公司

宁波双林精密模具有限公司

二、部分省、市级高新技术企业

北京迪蒙普瑞模具技术有限公司

北京兆维工装有限公司

北京夏金宇模具科技有限公司

天津汽车模具有限公司

天津神州学人科技开发有限公司

沈阳子午线轮胎模具有限公司

一汽模具制造有限公司

上海申模模具制造有限公司

上海亚虹模塑有限公司

上海超日精密模具有限公司

南京长江机器集团工模具有限公司

苏州东风精冲工程有限公司

无锡市国盛精密模具制造有限公司

无锡曙光模具有限公司

苏州工业园区兰佩铸造设备有限公司

江苏华富电子有限公司

昆山三建模具机械有限公司

昆山宏顺大型模架有限公司

鸿准精密模具(昆山)有限公司

昆山源进塑胶电子有限公司

凯翔精密模具(昆山)有限公司

浙江陶氏模具集团有限公司

浙江模具厂

浙江赛豪实业有限公司

浙江天翀车灯集团有限公司

宁波跃飞模具有限公司

黄岩美多模具厂

浙江炜驰机械发展有限公司

宁海第一注塑模具有限公司

宁海大鹏模具塑料有限公司

黄岩天成车灯有限公司

慈溪市鸿达电机模具制造中心

宁波合力模具有限公司

宁波远东制模有限公司

宁波横河模具有限公司

绍兴县骏马机械制造有限公司

滁州市宏达模具制造有限公司

厦门海盛模具有限公司

青岛海尔模具有限公司

山东华泽精密模塑有限公司

莱芜精瑞模具有限公司

烟台泰利汽车模具制造有限公司

青岛浩州模具有限公司

洛阳市建园模具制造有限公司

湖北十堰先锋模具股份有限公司

湖北鄂丰模具有限公司

孝感三江航天红林模具制造有限公司

湖大海捷(湖南)模具工程有限公司

株洲九方工模具有限责任公司

广东科龙模具有限公司

广州广电林仕豪模具制造有限公司

深圳市华益盛模具有限公司

佛山市顺德新的模具有限公司

柳州福臻模具有限公司

四川成飞集成科技股份有限公司

成都宏明双新精密模具零件有限责任公司

成都航天模塑股份有限公司

东方电机工模具有限公司

国家高新技术企业介绍

铜陵三佳科技股份有限公司

铜陵三佳科技股份有限公司是中国模具行业第一家上市公司(股票代号600520),被誉为“中华模具第一股”,由2个中外合资公司、1个国内合资公司和2个专业加工工厂组成。是国家火炬计划重点高新技术企业、中国青年科技创新行动示范基地、电子材料产业基地之重点骨干企业,是全国CAD示范企业,全面通过了ISO9001:2000质量管理体系认证。现有以下主导产品:以化学建材挤出模具为主的塑料型材生产成套设备,以半导体塑料封装模具、塑封压机、自动冲切成型系统、自动封装系统为主的半导体生产成套设备,以汽车模具和精密汽车零部件为主的汽车工业用产品,各类产品在其行业内都具有优势地位,大部分产品已达到国际先进水平。自1965年成立以来,公司先后研制出中国第一套塑料型材挤出模具和中国第一套集成电路封装模具,并负责编制了塑料挤出模具及塑料封装模具国家标准。已形成年产化学建材挤出模具1 500套、半导体集成电路塑料封装模具200副、自动冲切成型系统60套及引线框架级进冲模2 400PIN的生产基地。

公司运用科学的管理机制实现高效生产运营;引进MRPII先进管理体系,构建宽带网络平台,实现信息化管理;以尖端技术、精良装备和丰富的制造经验,确保优良品质。

公司将以模具技术为核心,坚持“创造价值,贡献社会”的宗旨,横向整合,纵向延伸,在化学建材、半导体和汽车零部件等领域求精、求强、取得发展和腾飞!

广东巨轮模具股份有限公司

广东巨轮模具股份有限公司创立于1992年8月,经过十几年的艰苦砥砺,发展成为国内轮胎模具同行规模最大的企业,从一个镇级的传统工业小厂,演变为国家级重点高新技术企业。

一、成长历程

广东巨轮模具股份有限公司是一家采用现代高新技术开发制造汽车子午线轮胎模具的专业公司。公司成立时是“揭东县东阳机械有限公司”,1997年变更为“揭阳市外轮橡胶机械有限公司”,2001年12月,经广东省政府批准,变更为“广东巨轮模具股份有限公司”,注册资本人民币10 300万元,初步实现了所有权与经营权的分离。经营范围是:汽车子午线轮胎模具、汽车子午线轮胎设备的制造、销售及相关技术开发。目前员工700多人,其中技术人员占1/3以上。生产能力达到年产2 500套模具,其中子午线轮胎活络模具1 000多套,产值2亿多元。公司在产品质量、工艺配方、技术档次等方面不断提升,现已成为国内知名轮胎制造企业的重要合作伙伴。其产品不但畅销全国,更远销美国、印度、东南亚等国家和地区。

近年来,公司以高科技为核心,坚持“高起点、高品位、高效益”的三高战略,以成为具有世界领先水平的子午线轮胎模具制造基地为目标,引进先进装备和专业人才,致力开发新技术、新产品。1999年,公司被广东省科技厅认定为“广东省高新技术企业”;2001年,又被国家科技部认定为“国家级重点高新技术企业”;2002年,被广东省经贸委认定为“广东省技术创新优势企业”;2003年,被国家财政部、国家税务总局列入全国160家增值税先征后返70%的重点模具制造专业企业;2004年,经国家证券委发审委评审通过,同意该公司首次发行股票,成为国内第二家获准上市的模具制造企业,由此获得了开启资本市场之门的金锁匙,进入发展的快车道。

二、科技创新

该公司坚持以企业技术创新能力为核心,全面培育企业的核心竞争力。为了保持技术创新优势,一方面引进先进设备及应用机电信息化技术改造旧装备,一方面逐步加大对科研及开发经费的投入,形成较强的技术开发能力,使企业能够根据生产和市场需要,迅速将科研成果转化为生产力。

公司十分注重软硬件的高起点建设,用信息化手段对企业运行体系进行调度、监控,逐步实现无纸化和数字化管理。同时,通过引进先进技术和尖端设备,使产品从设计到加工,从装备到工艺都与现代轮胎模具前沿技术相揉合。采用美国UGⅡ等CAD/CAE/CAM系统和美国SGI计算机工作站进行设计、模拟、制图;采用法国NUM1060、日本FANUC和德国SIEMENS等CNC系统和德国五轴高速加工中心等各种数控机床进行加工,采用瑞士威力铭五轴五联动加工中心进行基模与商标字体的雕刻,采用美国CORDAX RS—150

DCC大型三坐标检测仪和拼装检测台与CAD系统联机进行成品检测,误差能控制在0.001mm以内。产品从设计到成品出厂的时间由半年缩短为2个月,并使模具生产从粗活、体力活逐步转化技术活和脑力活为主,从粗放型转向集约型。

高素质的科研队伍专门从事汽车子午线轮胎模具、橡胶机械技术的研究开发。公司每年从销售额中提取5%以上投入研究开发,技术创新走在行业前列,科研成果累累。近几年,共有8项产品获国家专利,其中1项发明专利、7项实用新型专利,另有5项申请专利已被受理;研究成果"高精密铸造铝合金子午线轮胎模具"项目被列入国家级"火炬"计划项目,获2000年科技部科技型中小企业技术创新基金支持,获广东省科技进步奖励二等奖;"免排气孔轮胎模具"项目填补国内空白,被国家经贸委列入2002年国家重点技术创新项目;"线性轻触式导向结构活络模具项目"被列入国家"双高一优"技术改造导向计划项目。

在现有科研基础上,该公司向高层次科研领域扩张,经广东省科技厅、省经贸委、省计委联合批准建立"广东省轮胎模具工程技术研究开发中心",专门从事汽车轮胎模具、橡胶机械的研究开发;与高等院校和科研院所合作在北京经济技术开发区建立科研机构——北京中京阳科技发展有限公司,充分发挥国内知名专家和专业人才的作用,以子午线轮胎生产技术研究开发为主线,带动相关装备、原材料以及技术附加值高的橡胶产品的研究开发与成果转化,推动企业自身乃至模具、橡胶行业的技术进步。2003年4月,该公司的企业技术中心又被广东省经贸委、财政厅、国税局、地税局、海关广东分署联合认定为"广东省重点企业技术中心"。

三、提升质量

"质量是产品的生命,产品决定企业的发展"。对于这一点,该公司的领导者有着清晰的认识,一开始就建立起完善的质量保证体系,确立"以质量求生存,以信誉求发展"的方针。2000年5月,该公司通过了ISO9001质量体系认证,公司产品由此获得通往国际市场的通行证,产品质量全面提高。按照ISO9001质量保证体系的标准要求,公司建立了严格的质量保证体系和完善的售后服务系统,对产品的主要原材料供应商,即分承包方进行唱标评审,从源头把好质量关,同时进行全过程的质量控制。

该公司产品营销策略有以下几方面:

(1)实施差异性市场策略。新老产品、技术含量差别产品和利润率悬殊的产品并存,如二半模具和活络模具分别满足不同客户。

(2)市场定位是主导制造商。要在全国同行中拥有最大的市场占有率,在价格变动、新产品开发上、分销覆盖和促销强度等各方面都要走在行业前头。

(3)产品策略和价格策略。公司在较长时间内将保持产品组合广度窄(即产品大类少)的现状,而着重加深产品的组合深度(同一大类产品项目数),在主业成熟后适当提高产品组合密度(相关联产品);传统产品采用以成本及利润为基础的成本导向定价方法,专利产品和高新技术产品采用以市场需求及客户接受度为基础的需求导向定价方法。

(4)销售渠道策略。根据行业特点,公司主要采取直接销售渠道和短销售渠道,一般不经过批零商、代理商,实现厂对厂的服务,减少中间环节。

(5)销售促进。推进策略和拉引策略并用,做好售前、售中、售后服务,并着力树立企业知名度和美誉度,培育客户忠诚度,树立良好企业形象。

四、优化管理

该公司的决策层深刻认识到:公司经营机制的创新和产品技术含量的提升,是企业可持续发展的关键因素。为此,公司决策层根据市场的变化和自身的优势,及时调整企业定位,确立新的经营机制和发展方向。通过建立现代企业制度,明晰了公司产权,完善法人治理结构,健全了决策机制,避免和减少了公司经营风险,促使公司业绩持续多年实现巨大飞跃。为强化内部管理,公司在进行新厂区建设时,就已规划预埋了地下光纤,在办公楼就能对车间每个生产细节进行实时监控;采用"一卡通"管理食堂、酒吧和考勤等后勤系统,考勤还引进电脑指纹识别系统,大大提高规范化、自动化程度,提高工作效率。

此外,公司建立了内部管理局域网,初步实现办公自动化和企业资源计划,对生产、销售、库存、进货、财务、人事等进行电脑联网管理;建立了完整的管理程序,编制公司经营管理手册,形成适用于自身发展的管理软件,将企业的产、供、销、存、财等环节有机地衔接起来,用信息化和制度化促进管理的现代化和最优化。同时,不断完善法人治理结构,健全现代化企业制度,深化三项制度改革,强化各项专项管理和综合治理,使企业管理水平得到明显提升。

五、未来展望

未来,广东巨轮模具股份有限公司将致力建设"专、精、特、新"的现代化汽车子午线轮胎模具开发生产基地,打造世界知名品牌,进一步向紧密相关行业扩展,延伸产业链;加大科技投入力度,建设好企业自身的科研机构,通过科技成果产业化、技术交易、科技协作、成果推广、技术服务和技术交流等形式,促进我国轮胎模具制造业以及橡胶产业的升级发展和技术进步,迎接未来10年我国子午线轮胎工业发展的黄金时期。

天阳模具有限公司

20世纪90年代初,成功开发出我国第一套子午线轮胎活络模具并已步入发展快车道的天阳公司,迎来了新的机遇。1990年12月,整合而成的强大实体——天阳橡胶机械有限公司诞生了(天阳模具有限公司的前身)。当时,国内外子午线轮胎活络模具分圆锥面和斜平面两种，天阳公司起步之日便选择了制造难度大、精度要求高的斜平面子午线轮胎活络模。而人工刻字、刻花、人工边脚整型及人工操作机床等各环节却很大程度上制约和影响了生产的效率和质量。于是在八九十年代公司就利用现代信息技术改造和提升传统产业，并收到了良好的效果。

公司先后投入3 000多万元引进一批高、精、尖先进的技术设备，同时发挥企业技术人员的聪明才智，利用信息技术研制轮胎模具数控加工设备，有效地提高了企业的生产能力和竞争力。随着国内全钢丝子午轮胎技术先后从英、美和意大利等国家的引进，轮胎花纹复杂、技术层次高，对模具的加工和质量提出了更高的要求。为此，公司领导迅速做出决定，增加信息化技术的资金投入，引进电脑控制设备和数控加工机械，并聘请专家对公司技术人员进行信息化技术培训，提高企业整体技术水平。公司曾是当时揭阳地区最早运用CAD计算机绘图软件的企业之一，引进的四坐标电脑加工中心设备更是集铣、镗、钻、攻螺纹等多项切削功能于一体，其加工精度、加工效率都是原有加工设备难以比拟的。先后投入使用的“CK6163C”等数控车床在生产过程中发挥了巨大作用，是现代轮胎模具生产中不可缺少的重要设备。公司科研人员认真钻研，敢于创新，将先进的信息技术与公司的加工设备相结合，自行设计制作的轮胎模具数控刻花机和数控刻字机，结构独特、性能可靠、加工精度和自动化程度高，加工范围广，使用效果良好，使子午胎模具花纹、字体不等距不规则排列的加工难题迎刃而解，是国内轮胎模具行业中最先进的新一代轮胎模具加工设备。新引进的微电脑控制电火花成形机床，提高了轮胎模具生产过程的机械化自动化程度，减轻了工人的劳动强度，加快了生产上规模、企业上等级的发展速度。一系列高科技专用设备的引进与开发不仅解决了轮胎模具型腔多弧面、多曲线相接等加工难题，也使我国轮胎模具生产初步实现了机械化、智能化。

高新技术的不断应用与推广，加强了天阳公司在行业中的优势地位和领导作用。在国内全钢丝子午胎生产线上，该公司生产的活络模具一度达到85%的市场份额，更有30%的“天鹅”品牌飞向世界多个国家，为我国子午胎活络模具在世界发展史上添加了光彩浓重的一笔。随着模具业及市场的不断深入发展，天阳模具有限公司将继续加大对信息化技术的投入。2003年底，天阳公司在技术改造中又投入了5 000万元，为企业在新项目、新技术的研发与突破上，奠定了坚实的物质基础。同时也为引领我国轮胎模具民族工业进一步发展并在世界舞台上做出了积极的努力。国内第一套子午线工程轮胎活络模具于2003年试制成功，又为发展我国模具行业作出了新贡献。

2004年4月，中国模具工业协会及广东省模具工业协会的领导和专家们在天阳公司考察时，充分肯定了天阳模具有限公司在推动我国子午线轮胎模具业发展方面做出的巨大贡献，并看到了中国轮胎模具工业兴旺发达的美好明天。

宁波双林精密模具有限公司

宁波双林精密模具有限公司是宁波双林集团股份有限公司的下属子公司，集团公司为国家级高新技术企业，总资产达7.8亿元，现有分公司13个和人才培养基地——高级职业中学一所。

模具公司总资产达1.4亿，可加工小到50kg，大到25t的各类注塑、冲压、橡胶、压铸等模具，加工精度可达到0.003mm，年加工模具能力达2 500套，产品远销美国、加拿大、日本、韩国、以色列、土耳其等十几个国家。

公司现有员工600多名，其中工程技术人员200余名，博士、硕士研究生20多名，先后通过了ISO9002、ISO9001质量体系认证、UL认证和QS—9000/VDA6.1质量体系认证。历年来，公司曾获得了十项电子产品专利和多项国家级、市级新产品证书和高科技项目奖。

一、发展科技，以人为本

从某种意义上说，现代企业的竞争就是人才的竞争，现代化的高新科技企业尤其必须要有高素质的人才结构。根据企业发展的需求，集团公司把求才、育才、用才和留才的工作列为企业管理的重要位置，建立“以人为本”的用人机制，提高员工队伍的整体素质。在人才管理的战略上，主要采取“外引内培”的举措，注重人才的适用性和针对性，打破了不少私营企业固有的家族式管理模式。树立了引“五湖四海精英”、共谋“振兴双林事业”的目标，为模具公司的发展带来了新的活力。

引进人才促进了公司的发展。不少产品的开发成功主要是靠外聘工程师在技术上的指导和钻研，同时也为公司培养了一批本地技术员，为企业今后的发展打下了良好的基础。对引进的人才，大胆放手，委以重任，让他们有发挥作用的舞台与机会。大部分高素质的外聘用制人员均担任了各分厂厂长(经理)和各部门负责人。公司还为外聘人员创造良好的工作生活条件，让他们安心工作，从而增强了企业界的内部凝聚力。目前模具公司拥有外聘工程师和高层管理干部人员50余名，他们都是邬永林董事长从全国各地聘请来的。

“十年树木，百年树人”，为提高公司员工的整体素质，强化新进员工的技能技术水平，培养公司适用的人才，克服以往新进员工实际操作经验缺乏的弊端，也为回报社会，1994年公司投资300多万元，外聘10余名教师，创办了宁海双林高级职业中学，纳入宁海县教委招生计划，面向全县招生。经过公司领导及学校教师的共同努力，双林高级职业学校办学成效显著，毕业生也因为具有较强的实际动手能力备受用人单位青睐。目前已有6批模具设计与制造、机电一体化两个专业的600余名职业高中毕业生通过培养，派送到下属宁波双林精密模具公司分公司实习、工作，其中首届毕业生已成为各分厂车间的生产的中坚力量。企业办学在宁海县内属首创，近几年的办学实践也证明，通过自己学校培养一支敬业爱岗的员工队伍是一个成功的路子。

为加强对高层次人才、大中专生和中层以上干部们继续教育和深造。公司采用外部培养深造和内部培训提高相结合的办法，聘请国内著名培训中心教授来授课、聘请国外先进专家进行长期辅导，不断提高员工的思想素质和技能水平。

自公司创办至今，由于坚持“以人为本，科技进步”的用人原则，建立“外养内培”的育才培训制度，有力地促进了企业的稳步发展。可以说，双林集团从当初的一个小小的乡镇企业发展到今天的规模，很大程度上得益于邬永林董事长的重才爱才，任人唯贤的用人观念和用人机制。

二、开拓求实，科技创新

抓住机遇、深化改革，充分利用目前企业的现有基础，通过扩建生产规模加强技改，提高产品的质量和档次，满足日益增长的国内市场需要，积极拓展国际市场，以占有更大的市场份额。“入世”以后，出现“群狼”蜂拥抢滩的局面，必将给国内工业，特别是国内民营企业带来严峻的挑战。中国企业要同世界先进企业进行激烈的竞争，还存在一定的差距，这也是公司所面临的巨大问题，为此，公司加强以下几方面的工作：

1. 加大技改投入

公司加强技改投入，注重科技兴厂，1996 年 10 月，通过了 ISO9002 质量体系认证，但国内企业在管理、技术、设备、资金等方面都落后于发达国家，公司一直以“质量为生存之本”为导向，经过十多年的努力，虽然产品质量同世界同行相比具有同等水平，但公司在加强管理的同时，迫在眉睫的是设备自动化程度必须立即进行技改，淘汰旧的设备，添置先进的设备。1998 年新增投资3 000万元，建造了3 600m^2的精模中心，增添了各类先进模具加工设备 70 多台(套)，2003 年又投资5 000万元引进德国的加工中心 4 台和高、精、尖类的数控设备。目前已拥有国内领先、国际同等水平的整套加工设备，精密模具加工与注塑件制造设备。公司现已成为市级 CAD 示范企业，并针对模具设计的要求及通用软件的不足进行了一些二次开发，开发成果已应用于日常的设计工作之中。

2. 加强与国际技术交流

虽然公司的技术达到了国内先进水平，但跟国外像日本、美国等一些大企业相比，还有较明显的差距。为提高技术水平，以适应中国加入 WTO 后激烈的竞争形势，公司董事长及总经理先后赴日本、泰国、德国、美国等几家著名的模具生产厂家进行考察，并与几家国外知名企业达成合作意向。相信通过这些技术合作，必将使公司的模具技术水平更上一层楼。

三、追求完美，积极开拓国内国际市场

产品质量是企业生存和发展的关键，多年来公司视质量为企业的生命，牢固树立“质量第一，用户至上”和“三不政策(不制造不良品、不接收不良品、不流出不良品)”观念，以“一流的管理，一流的质量，一流的服务满足用户的要求，开拓国内国际市场”的方针，逐步建立完善质量管理体系，不断提高产品质量各服务水平。

公司在精密模具产品设计、生产与制造方面积极开拓国内市场，取得了较好的成绩。目前已为上海贝尔、上海索广、宁波波导、上海通用、长安之星、阿尔卡特等众多公司厂家生产出高精密度的模具，产品领域涉及通讯、电子、汽车等诸多方面。

注重发展科技，以人为本，这是公司在过去的发展历程中所摸索出的经验，也是公司在以后的发展中所必须坚持的一项重要指导思想。

国家重点实验室和国家工程中心介绍

塑性成形模拟及模具技术国家重点实验室

一、实验室概况

华中科技大学塑性成形模拟及模具技术实验室(以下简称实验室)是我国在塑性成形和模具技术领域中惟一的国家重点实验室，主要研究方向为塑性成形过程的计算机模拟、模具 CAD/CAE/CAM、快速成形与快速制模、精密成形新工艺、新型模具材料和表面改性技术等。

实验室具有一支高水平的研究队伍，其中教授、博士生导师 21 人，具有博士学位的研究人员近 30 人。李志刚教授任模具技术国家重点实验室主任，中国工程院院士阮雪榆教授任实验室学术委员会主任。实验室为我国模具行业培养了大批高层次人才，每年培养硕士生逾百人，博士生 20 人。

实验室开展应用基础研究和关键技术攻关，取得了一批具有国内外先进水平的研究成果，其中一些成果已在实际生产中应用，产生了显著的经济效益和良好的社会效益。近5年中，实验室共承担了171项研究课题，其中国家科技攻关计划课题6项，863计划课题9项，国家自然科学基金课题28项，973预研课题1项，国际合作课题8项，省部级课题79项，其他40项。

在此期间，实验室的科研成果共获国家科技进步二等奖4项，部、省级科技进步二等奖7项，三等奖5项。此外，实验室的科研成果还获得了SME大学领先奖1项、GM中国科技成就一等奖1项和省部级优秀教学成果一等奖1项。

为了更好地保护知识产权和为国民经济建设服务，5年来实验室共申报专利数十项，已有25项专利获得批准，其中包括发明专利14项，实用新型专利11项。

在科学研究的基础上，5年来实验室共发表论文945篇，出版著作7部。

二、实验室研究成果

1. 塑料注射成型过程的仿真

实验室在研究塑料注射成型过程的仿真方面，建立了塑料注射成型过程中充模、保压和冷却过程计算机仿真的数学模型和相应的数值算法，研制了塑料注射成型过程的仿真系统。

该项研究成果的主要理论和技术创新包括：①解决了用三维实体模型取代中心层模型的关键技术，实现了基于三维实体模型的仿真分析。②采用有限元/有限差分/控制体积的综合方法，解决了因制件尺寸在不同方向差异大而导致的计算时间过长的问题和成型过程中的移动边界问题。③将数值计算与人工智能技术结合，将仿真软件由被动式的计算工具提升为主动式的优化系统，在注射时间优化、分级注射优化和自动报告仿真分析结果等方面有效地发挥了人工智能的作用。④提出了高精度、高效率的预测塑料制品熔合纹的算法，预测精确度高于国际上同类软件的先进水平。

该仿真系统现已在全国100多个厂家应用，产生经济效益1.1亿元。该系统在全国10多所院校应用于教学，产生了良好的社会效益。

塑料注射成型过程的仿真研究成果获得了国家科技进步二等奖和中国高校科技进步一等奖，并被科技部评为2002年度中国机械工业五个重大进展发布项目之一。

2. 快速成形技术及系统

实验室承担并完成了863/CIMS重大目标产品项目，研究了薄材叠层(LOM)和选择性激光烧结(SLS)两种快速成形技术，取得了以下创新成果：

①发明了无拉力叠层材料送进装置等独特技术，获得9项专利，使LOM制件精度提高到±0.10mm(国外产品精度为±0.25mm)，SLS制件精度达到国际先进水平。②研制出综合指标超过国外产品的新型薄材叠层快速成形材料，制作出壁厚1mm，局部壁厚0.3mm的复杂薄壁件，扩大了LOM技术的应用范围。③研制出国外系统尚不具备的软件，包括STL文件容错切片、计算机三维实体模型直接切片、自适应网格划分、在线实时自适应切片、激光扫描装置的速度规划、离散数据反求STL文件等，使LOM和SLS两种快速成形系统的综合技术指标达到和超过国际先进水平。④发明了用于SLS快速成形的上送粉装置，大大降低了SLS快速成形系统的结构尺寸和制造成本，并使保护气体消耗量减少。⑤解决了国产CO_2激光器在长时间连续工作条件下的功率不稳定问题，在快速成形系统中成功采用国产CO_2激光器，使制造成本中激光器的费用降低了95%。

基于上述技术创新，完成了HRP和HRPS两个系列的快速成形系统的开发，并已为全国各地企业单位提供了60多台设备。该研究成果获国家科技进步二等奖。

3. 高性能数控系统

为改变我国数控技术可靠性差、不能实现高性能控制、无自主版权的局面，模具技术实验室与华中科技大学数控研究所合作，研究开发了具有自主产权的高性能数控系统，达到了国际先进水平。

由于高性能数控系统的优秀性能，现已在机床和塑性加工设备行业推广应用，获得了显著的经济效益和良好的社会效益。该系统为国内许多骨干塑性加工设备制造厂家配套，在液压机、机械压力机、卷板机等数控塑性加工设备上应用，创造的经济效益超过亿元。该项研究成果获国家科技进步二等奖。

4. 汽车车身与覆盖件模具CAD/CAE/CAPP/CAM集成系统

实验室在完成“863”计划项目——东风汽车公司CIMS示范工程中，建立了汽车车身与覆盖件模具CAD/CAE/CAPP/CAM集成系统。该系统在覆盖件冲压方向优化、工艺补充部分设计和基于功能部件的覆盖件模具参数化设计等方面，性能达到了国际上同类软件的先进水平。该系统在东风汽车公司应用后，使汽车车身的开发和整车全套模具的设计制造周期比原来缩短了1年以上。应用该系统开发了轻型车和轿车，大大提高了自主开发新产品的能力。

此项成果对增强我国汽车工业的新产品开发能力和市场竞争能力，具有十分重要的意义，在我国汽车行业起到了良好的示范作用。该研究成果获得了GM中国科技成就一等奖和SME颁发的大学领先奖。

5. 冲压成形过程仿真

为了在汽车覆盖件等冲压模具的设计与制造中有效地应用冲压成形仿真技术，实验室研究开发了可用于冲压工艺和模具设计与优化的FASTAMP仿真软件。该冲压成形过程仿真软件中，采用了具有独创性的基于逆算法的工艺参数优化算法，可用于仿真拉延、翻边等冲压成形过程的仿真，计算冲压件内的应力和应变分布，预测破裂和起皱等缺陷，优化工艺和模具结构，可大大缩短试模时间。

FASTAMP软件是具有独立自主产权的板料成形快速分析软件。

6. 精密多工位级进模CAD/CAM系统

精密多工位级进模结构复杂、精度要求高，设计与制造难度大、周期长。目前，我国使用的精密多工位级进模大部分需要进口。为了给此类模具的设计制造提供先进的技术手段，实验室在这方面开展了大量研究，并取得研究成果，其创新之处在于：①发展了适用于冲压件及其工艺设计的特征技术，采用参数化特征造型和基于特征设计的方法实现了冲压件的定义和多工位冲压工艺的设计。②建立了基于面向对象方法的冲压工艺设计专家系统，提高了工艺设计的智能性和可靠性。③模具结构设计采用三维设计方法，实现了 CAD/CAM 一体化，也为模具动态仿真提供了条件。

经相关专家评定，精密多工位级进模 CAD/CAM 系统达到了当前国际先进水平。该成果现已应用于我国电子工业，取得了显著效益，获得教育部科技进步二等奖。该成果得到国际上有关单位的重视，实验室应邀与美国 UG 公司开展了合作研究。

7. 熔射快速制造金属模具技术

实验室承担了国家自然科学基金、“863”计划项目，研究出快速制造金属硬模的技术——熔射快速制造耐久金属模具技术，并获得国家专利。

该项技术特点包括：①模具尺寸精度远高于铸造法和粉末烧结法，制模的尺寸精度可控制在 0.1% 左右。②模具表面硬度可达 820HV，制造的模具具有很高的耐磨性。③后加工性能好，研磨后模具表面粗糙度可达 $R_a = 0.2\mu m$，表面质量高于铸造法和粉末烧结法，可满足塑料模具的表面质量要求。④与一般的机加工方法相比，其制模成本和周期均可降低 50% 左右。⑤无电铸（镀）制模所存在的污染问题，符合环保要求。

8. 铸造凝固过程计算机模拟

实验室承担并完成了国家经贸委重点技术创新项目——先进铸造计算机一体化集成技术。研究开发成功铸造凝固过程模拟计算机软件系统，可分析铸造凝固过程，预测铸件缺陷，为改进和优化铸造工艺过程提供了有力的分析工具。

该系统已在首钢、鞍钢、东风汽车公司等 20 余家单位应用，已产生近亿元的经济效益。该系统在我国冶金工业、汽车工业和国防工业的关键铸件生产中发挥了重要作用。由于其计算精确，结果可靠，德国西门子公司指定该系统为国内向其出口铸件的首选模拟软件。

9. 高韧度耐冲击冷模具钢（DS 钢）

DS 钢采用多元少量合金化方案，优化合金配比，达到高韧度耐冲击的优良性能。这种材料淬火后硬度可达 60～62HRC，回火后硬度 53～62HRC，可代替 6CrW2Si、9SiCr、CrWMn 和 Cr12MoV 等。与增碳 H12 钢（美）相比，一次冲击韧度提高了一个数量级，同时具有较高的强度和耐磨性，综合性能达到国际先进水平。在十多个厂家使用结果表明，采用 DS 钢制作冷冲模、冷挤模和冷剪模，模具寿命分别提高了几倍到几十倍，产生了良好的经济和社会效益。此项成果 1997 年获湖北省科技进步三等奖。

10. 新型热作模具钢（HD2 钢）

HD2 钢是一种新型的马氏体热作模具钢，可代替传统的热作模具钢 3Cr2W8V，用作铜管热挤压的穿孔针和挤压模，使模具寿命提高 3.5～10 倍。该成果 1997 年获湖北省科技进步三等奖。

11.《中国模具设计大典》

模具技术国家重点实验室作为主编单位，邀请和组织了 14 名两院院士和数十名知名专家教授，编写出版了《中国模具设计大典》。《中国模具设计大典》的出版，对于我国模具技术的发展与创新具有重要的促进作用。

国家模具 CAD 工程研究中心
上海模具技术研究所有限公司

国家模具 CAD 工程研究中心（以下简称中心）是经国家计委批准于 1996 年 4 月在“上海模具技术研究所”基础上建立的从事模具 CAD 以及数字化制造领域内科研和成果转化的研究开发机构。中心依托于上海交通大学进行建设，目前已转制为上海模具技术研究所有限公司。

中心现有员工 200 余人，其中教授 9 名，具有博士学位人员 15 名，硕士学位人员 50 多名。是国家批准的硕士、博士培养点和博士后流动站。中心主任阮雪榆教授，是中国工程院首批院士、塑性加工和模具专家、数字化制造技术专家。中心设有数字化制造技术、模具制造技术、CAD/CAM/CAE 技术、塑性成形技术、人工智能在制造技术中的应用、高速切削、反向工程/快速原型/快速模具、集成 PIM/ERP/CNC、特种加工技术等研究方向，并在这些领域内取得了较大的突破，技术水平居世界先进或国内领先。中心以市场为导向，成立 4 个子公司和一个科技进修学校，进行市场化运作和企业化经营，中心还开展了有效的国际合作与交流，先后建立了近 30 多家联合研究室和应用中心，如联合国教科文组织/日本 SHIMANO 公司—上海交通大学冷锻技术教室、美国福特汽车公司上海 C3P 联合研究室、日本 SODICK 联合研究中心、美国 ETA/CAE 联合研究室、瑞士 FEINTOOL 精冲技术联合研究室、美国 SPS TECHNOLOGIES 联合研究室、瑞士 HATEBUR CAD/CAE/CAM/PDM 联合研究室、美国 UG/MOLDWIZARD 联合研究室、美国 iSIGHT 联合研究室、日本咖路联合研究室、德国亚琛—上海金属成形创新中心等；与国内合作有：上海烟草机械有限责任公司、上海 SAIC—SJTU汽车模具工程中心、株洲电力机车厂技术中心、哈尔滨建成集团数字化制造技术联合研发中心、山西惠丰数字化制造技术联合研发中心等。近几年来，中心承担了国家自然科学基金课题、“十五”重点攻关项目、FORD 基金等多项国家重点研究项目。目前，中心由上海交通大学徐汇校区和浦东张江高科技园区两部分组成。

中心近几年的成果：

(1)“产学研构建先进制造技术人才培养新体系”2001年获国家教育部二等奖、上海市教学成果一等奖。

(2)上海科技馆“上海科技馆工程建设与研究”项目获得2003年国家科技进步二等奖、2002年上海市科技进步一等奖。

(3)“FA425型粗纱机”1999年获国防科学技术二等奖。

(4)“强力旋压计算机模拟及缺陷预测”2002年获国防科学技术工业委员会科技进步三等奖。

(5)“模具CAD及信息管理软件开发”1999年获上海市科学技术进步三等奖。

(6)“模具电火花加工过程计算机仿真系统”2000年获上海市科学技术进步三等奖。

(7)上海市“十五”重点科技攻关项目“智能设计与虚拟设计应用技术”于2003年通过上海市科委鉴定，达到国际先进水平。

(8)由中心自主开发的基于知识的注射模和基于知识的冲模设计软件集成了丰富的模具专家知识和经验，具有产品可成形(型)分析，模具结构设计，工艺参数优化等功能。

(9)由中心自主开发的基于对象的知识处理系统软件，采用面向对象的知识处理方法，能够有效将工程设计知识数字化和集成化，提高企业的知识管理水平。

中心下属的子公司有上海沙迪克软件有限公司、上海申模计算机系统集成有限公司、上海申模模具制造有限公司、上海申模科创有限公司和上海徐汇区申模科技进修学校。

国家模具CAD工程研究中心历年主要成果见表1。

表1 国家模具CAD工程研究中心历年主要成果

项目名称	时间	成果等级
微机冲裁模CAD/CAM系统	1988年	上海市科技进步二等奖、国家科技进步三等奖
大型洗衣机盛水桶注塑模	1989年	轻工业部科技进步二等奖
全自动洗衣机大型塑料注塑模具	1989年	上海市科技进步一等奖、轻工业部科技进步二等奖
皮革塑料花纹轧辊模制造技术	1989年	轻工业部科技进步三等奖
复合金属衬套成形工艺与模具技术研究	1992年	上海市科技进步三等奖
模具CAD及信息管理软件开发	1999年	上海市科技进步三等奖
模具电火花加工过程计算机仿真系统	2000年	上海市科技进步三等奖
注射模KBE设计系统V1.0	2003年	自主版权
冲模KBE设计系统V1.0	2003年	自主版权

橡塑模具计算机辅助工程技术国家工程研究中心

橡塑模具国家工程研究中心是我国第一批利用世行贷款兴建的科技发展项目下的49个工程研究中心之一，是河南省惟一一家利用外资建设的科技发展项目，是全国14个设在高校的科技发展项目子项之一。

经过7年的努力，中心已完成工程化基础设施建设，拥有一支具有工程化开发研究的高素质队伍，在模具相关领域或行业显著提高了科技成果工程化、产业化能力，解决了许多重大工程技术问题，促进了高技术产业的发展，并有效地利用高新技术提升传统模具产业技术水平，推动了行业的技术进步，为参与国际经济和科技竞争创造了有利条件。

中心通过世行贷款和国内配套资金，在模具技术领域形成了一批系统性大型工程化验证环境，建设了完整的工程研究开发用先进设备和分析仪器，具备了材料和制品分析测试和大型可靠性试验的相应条件与配套设施。为发展模具高技术产业、提升传统产业技术水平和与国际科技水平迅速接轨创造了有利条件，已经形成了相应的模具工程化研究开发中心。并于1999年成立了项目下的有限公司，通过技术转让、技术服务等多种途径，中心实现了良好的社会效益和经营业绩。

中心在建设期间，坚持边建设、边运行的方针，在橡塑模具及相关技术领域取得了重大研究和技术开发成就，获得了包括国家科技进步二等奖、原化工部和河南省科技进步一等奖在内的多个奖项。

工程中心在本领域已形成的工程研究能力，增强了工业成套技术的开发和集成能力，将对国民经济的发展产生长远的影响。尤其针对河南的模具工业现状，新工艺、新装备、新产品的工程化、产业化和重大科技成果向企业的迅速转移，不仅可促进中小企业和区域经济的发展，同时也提高了企业的技术和产品在市场上的竞争力。实现了工程中心为国民经济建设服务的宗旨。

同时，通过世行贷款科技发展项目的实施，中心学习了整套先进技术和先进的管理方法，对国际市场、国际贸易和标准等多方面问题有了比较全面的了解，逐步形成了与国际科技水平迅速接轨的机制。中心在建设和运行过程中，跟踪国际发展动向，锻炼和造就了一大批掌握国家政策、具有较强的市场洞察力、能把握前沿研究方向、善于团结、懂经营、会管理的学科带头人和工程研究人才。目前，中心拥有高级职称人才21人、中级职称人才34人，其中，国家级突出贡献专家1人、博士7人，硕士14人，他们是中心建设的中坚力量。作为知识和技术的载体，高素质的科研人员为工程中心步入良性循环创造了条件，为企业参与国际竞争奠定了良好的基础。

中心的宗旨是将具有市场价值的重要科研成果进行后续的工程化研究和系统集成；着力于开发适合规模生产需要的共性技术、关键技术，增强产业实力。

中心依托于郑州大学，其目的是探索科技与生产结合的有效形式和新的运行机制，强化科研成果向生产转化的薄弱环节，提高我国工业生产技术的开发和竞争能力，促进产业结构调整和产品更新换代，促进利用高科技改造传统产业，加速高技术产业化的进程。

中心的经营与管理以市场需求为导向，科技发展计划与传统产业市场相结合，体现高起点、高效率、高功能的特点，采用新型的运行机制，依靠不断开发和推广技术，逐步扩大社会效益和经济效益，使中心自身经济运转逐步实现市场—科研—生产—市场的良性循环。

中心的主要任务是以研究开发先进的橡塑模具的设计与制造技术为总体目标，对橡塑模具 CAD/CAE/CAM 技术进行工程化研究和成套开发，为企业提供成熟配套的生产实用技术，形成全方位面向市场的、集工程化研究开发，技术转移和技术培训为一体的橡塑模具 CAD/CAE/CAM 技术工程化研究开发的产学研基地。中心对外可承接的任务及可提供的服务主要包括：塑料模具的设计与制造；精密复杂塑件的数控编程、加工；塑料制品的成型加工；注塑成型 CAE 分析；模具 CAD/CAM 软件的开发、应用及培训。

科技发展项目的主要任务之一就是建立高水平的工程化基地、培养高水平的工程化人才。本项目以高校为依托建立了生产、教学和科研紧密结合的工程化教育新体系。探索产学研合作模式，构建依托于工程中心的现代高层次创新人才培养的产学研基地，以项目研究为载体开展产学研合作模式，并取得了显著成绩。通过机制创新与持续发展，为科研成果的工程化和市场化创造了一个良好的发展环境，促使知识和人力资源实现有机整合，建立吸引人才、发挥人才作用的合理机制，稳定和吸引了一批人才，通过参与工程研究中心的组建和经营管理工作，不仅提高了科技人才的管理水平与自身素质，还促进其思维方式和传统观念的改变，使其研究方向紧密结合社会发展与市场需求。中心通过高水平的建设和大量对国民经济具有一定影响力的工程化项目的实施，使中心面向国内外市场吸引、聚集和培养了一大批高质量、高水平的科研及管理人才队伍。

中心完成的注塑制品及模具设计与制造的计算机集成技术，实现了塑件设计、模具设计制造及塑件生产的一体化和最优化，提供了一套新的注塑模具及制品设计、生产概念和方式，并研制出具有自主版权的橡塑成型过程计算机模拟及模具优化设计集成系统（Z—MOLD），该系统已在双缸洗衣机连体桶、彩票机外壳、轿车尾翼、精密电容器、掌上 DVD 等数百套精密复杂模具制品的设计和制造中得到应用，显著缩短模具设计制造周期和产品开发周期，提高了产品质量、档次及附加值，并取得了显著的经济效益。中心为通讯、生物、电子、汽车等行业的高新技术产品设计制造精密模具 400 余副，其中 80 余副可以替代进口。设计和制造出的 2.5mm 模具，其制品在“神舟一号”飞船上使用，并大量用于程控交换机集成电路生产中。该设计集成系统得到了推广，已销售百余套，中心还在华北、东北、郑州和西南地区建立了 4 个培训中心。

中心近年来在申长雨主任带领下，围绕橡塑模具和橡塑制品成型技术领域主持承担及完成了国家“八五”、“九五”、“十五”重点科技攻关、“863”、攀登计划、国家自然科学基金重点项目和国家杰出青年科学基金等国家级科研项目十余项，省部级科研项目十余项。获得国家科技进步二等奖 2 项、省部级科技进步一等奖 3 项、省部级二等奖 2 项，出版著作 6 本，发表论文 300 余篇。

作为高校内的科研实体，中心在学科建设和人才培养上也取得了巨大成绩，于 1999 年、2000 年、2001 年先后通过“模具、材料工程及装备”河南省重点开放实验室、国家博士学位授权点和“材料加工工程”国家重点学科的评审，目前已培养（含在读）博士生 11 名、硕士生 47 名。

中心以自身为母体，与海外科研技术结构联合成立了研究机构，包括与台湾中原大学和台湾清远大学合作，成立模具应用技术中心；与美国 Wiscomsin 大学、Cornell 大学、加拿大 McGill 大学、香港科技大学等高校和研究机构，开展多方面的合作。

在过去的几年间，中心除和大型骨干企业合作以外，也非常重视向中小企业转移和扩散技术，开发适合于中小企业应用的技术，发挥了工程中心在本行业中的带动作用，促进了相关企业和配套生产厂家的技术进步和企业发展。

为了尽快缩小和发达国家的差距，参与国际竞争，中心通过购买国外的先进技术和设备来发展和进行技术创新，这是利用世行贷款建设工程中心的一个优势。例如，中心开发的彩票机模具和产品，质量达到客户的技术要求，价格却只有日本、中国台湾价格的 1/2 ~ 1/3，在模具设计与加工、产品设计与制造等方面，已经形成了综合配套的研究及开发能力，成为该行业的技术开发基地，具有很强的国际竞争力。

中心通过建设，形成了一条科技成果转化为现实生产力的通道，即形成了以工程中心为桥梁，以国家重点学科、省级重点实验室等从事应用基础研究的基地为技术源头，以从事工业生产的科技型企业为技术实现，加快了科技与经济结合的进程。这种“研究开发—工程化研究—工业生产”的新模式的形成，不但加快了技术转移和扩散，而且增强了中心的原始创新能力。由于更接近工业生产和市场，也可以不断从实践中吸收新的知识和技术营养，学科也得到较快发展。有利于科研成果的迅速转化和扩散，促进科学技术与经济的紧密结合和良性循环。

中心还将学习和完善科技创新的理念和管理体制，下决心做到“有所为，有所不为”，集中力量办大事。在新的科技发展条件下，中心要继续增强自身的科技开发能力，进一步加快我国原创性科技创新成果的产品化、产业化，在促进我国高技术产业发展方面发挥更大的作用。

工程中心建设本身是我国改革开放的成果，“引进来”的重大技术装备为我国企业“走出去”、参与国际竞争创造了有利条件。

在新的历史时期，中心将坚持“引进来”和“走出去”相结合的做法，通过外派学者，引进设备和专家等措施，在更大范围、更广领域和更高层次上参与国际国内两个市场，优化资源配置，拓宽发展空间。在这样的国内外环境下，工程中心将会继续引进国际先进技术和关键设备，重点解决支柱产业的共性、关键性技术难题，促进形成和发展具有自主知识产权的产品和产业，为提升我国企业的技术含量做出贡献。

部分省市级高新技术企业介绍

四川成飞集成科技股份有限公司

四川成飞集成科技股份有限公司成立于2000年12月6日，注册资本8 041万元，目前总资产3.7亿元，总占地面积36 000m^2，有员工720余人。本着高起点、高科技和经营规模化的发展理念，公司在现有基础上实施了汽车模具第三期技改工程，引进了一批国内外先进的数控加工设备、冲压调试设备、检测设备及计算机软、硬件。目前，公司拥有各类设备700余台，其中包括数控铣床、压机、数控磨床、大型三坐标激光扫描测量机在内的先进大中型设备近50台（最大规格的五面加工数控铣床行程可达6m×4m×2m），大型计算机工作站近100台，微机近100台。

公司目前的主要产品有汽车模具、航空模具、航空装配型架、数控加工零件、航空地面设备等。公司工模具产品的设计制造技术在国内汽车覆盖件模具和航空工模具行业中位居前列。公司是国内四大汽车覆盖件模具制造企业之一，国内规模最大的独立于汽车整车制造商的汽车覆盖件模具制造商，四川省确立的重大工艺装备国产化基地，中国模具工业协会理事单位。公司被认定为成都市高新技术企业，并通过了GB/T19001:2000质量体系认证，曾获得国家科委、国家技监局、全国电子信息系统推广办公室联合授予的“CAD应用工程先进单位”称号。

2003年，公司实现销售收入1.2亿元，比上年增长21%；实现税前利润3 026万元，比上年增长4%。2003年共完成模具产值8 924万元。

模具制造业属资金密集型和技术密集型产业，科技含量高且技术复杂，生产工艺和技术发展迅速。公司作为我国汽车模具制造行业的骨干企业，产品的技术含量和质量水平一直位于国内前列，在行业内享有较高的声誉。2003年，公司与意大利FONTANA公司联手进入一汽大众市场，同时进一步向国内外客户推荐，使公司知名度进一步提高，到目前为止，公司与国内年产万量以上的轻型车制造公司均建立了业务关系，并继续保持国内骨干汽车模具企业的知名度，也与国外一些汽车制造商保持业务联络，积极开拓国际市场。

浙江陶氏模具集团有限公司

浙江陶氏模具集团有限公司（原浙江黄岩模具二厂）是一家集科、工、贸为一体的多元化、外向型民营股份制企业，注册资金1亿元，年创产值近1亿元，是我国最大的塑料模具设计制造企业之一。公司已通过ISO9001:1994和ISO9001:2000质量体系认证。

公司座落于素有“中国模具之乡”的浙江黄岩西城新堂，企业所处地理位置优越，毗邻104国道，距高速公路进出口处仅2km，交通十分便捷。公司占地面积约35 000m^2，建筑面积25 000m^2。2003年，公司实现销售收入9 000万元，创税利1 200万元，创汇250万美元。

经过数年的发展，公司坚持以人为本的发展理念，拥有了雄厚的实力和一批高素质的专业人才。2003年，企业又引进各类优秀人才50多名，其中大学生占25%，大专生占50%，有一定实践经验的中专、高中生占25%，而这些人员中多数年龄在35岁以下，他们年轻有为、风华正茂。引进的人才主要有：设计人员，他们能够熟练的运用各种设计软件；经过培训能够独立的编程和模具与塑件的设计制造人员；外贸人员，他们能流利地用外语与外商接洽交流，为企业在国际市场上的顺利经营起到了必要的作用；管理人才，加强企业的管理能力，提升企业的管理水平，促使企业进一步走上规范化、制度化、科学化，从管理中出效益，推动企业的快速稳定健康发展。

公司拥有各类先进加工设备80多台（套），其中有引进具有国际先进水平的CAD/CAM/CAE系统，有美国SUN工作站和Pro/E、CIMATRON、FFCAM等软件。精密加工设备是提供客户优质产品的坚实基础，CNC最大工作范围能达到

4.0m×2.0m,精确的三坐标测量机为制造优质、高精度的产品提供了更好的保障。注塑机锁模力从80t到1 300t一应俱全,能更全面地为客户提供良好的服务。为不断地提高技术水平,提高产品质量和市场竞争力,根据“依靠技术改造,促进技术进步”和“浙江省先进制造业基地建设规划”的精神,公司强抓技改投入,2004年设立了“年新增200套高精模具技改项目”,这个项目固定资产投资2 480万元,配套流动资金500万元,拟购置自动化程度高、生产能力强、力学性能稳定可靠、具有国内领先水平的生产设备。这样能节约生产成本,取得更大的经济效益和社会效益。

公司除重视在技改方面的投入外,更重视专利和新产品的开发。公司1999年初开始研究开发家电产品、塑件外观设计技术,建立了完善的知识产权管理制度和职能机构,有研究开发中心和专利管理办公室,聘用了专业的设计开发人才进行专利技术开发,并设立技术开发费用,用于新产品、新技术的开发和奖励。公司每年都对每项开发的新产品进行专利申请,后生产投放市场,效益非常好,专利技术产品的产值逐年大幅度递增。2000年专利成果转化为生产创产值3 000万元,实现税利400万元,到2003年实现专利产值增至7 500万元,创利税1 000万元。公司还建立了专门的档案管理和专利维护管理,如建立专利产品检索汇总表,保证了专利产品的帐、物、卡一一对应,便于正确管理和使用,防止企业受到侵权,维护了本企业专利产品的正常和良好使用,为企业的快速稳定发展奠定坚实基础和有力保障。

公司近几年取得了较大成绩,获得了众多的荣誉。公司被评为中国塑料模具特色基地骨干企业、浙江省高新技术企业、台州市“128”工程、黄岩区十强企业、浙江省质量管理先进企业、浙江省十佳行业明星企业、台州市重合同守信用单位、AAA级信用单位。

公司的主导产品有:汽车系列、家电系列、电子和通信系列、摩托车系列以及日用品系列等塑件产品和模具。在这些产品中,家电产品被列为国家火炬计划项目;汽车综合仪表、保险杠塑件和模具、彩电机壳产品和模具、双缸洗衣机连体桶产品和模具等被列为国家级新产品;空调机壳产品和模具、空气净化器模具、彩电机壳产品和模具、汽车保险杠塑件和模具等获国际水平奖。公司产品中有26项申请了国家专利,其中22项已取得了专利权。

公司目前已成为VALEO(法雷奥)、TOYOTA(丰田)、HONDA(本田)、RESTEL、VIDEOCON、海信、熊猫、厦华电子、上广电等中外著名企业集团的配套厂家,并于近年致力于开发国外市场,取得了一定的业绩,服务范围扩展到美国、意大利、法国、印度、印尼、日本、沙特、埃及等。

企业领导班子团结协作,年富力强,开拓进取意识强烈。公司董事长陶永华任中国模具工业协会常务理事、黄岩市模具工业协会会长,是台州市黄岩十佳优秀企业家、科技拔尖人才、劳动模范,现任黄岩区人民代表。从事本行业工作多年,懂经营、善管理,有很强的责任心和事业心。

公司坚持以科技为先导,以“坚持认真,实现最佳”为质量方针,以最佳的员工素质、最佳的企业形象、最佳的产品质量、最佳的服务,取信于顾客,满足顾客需求。

浙江模具厂

浙江模具厂创建于1982年,主要生产汽车、摩托车、家电类大中型、复杂、精密模具及塑料制品,素有“模具之乡模具王”的美称。是国务院确定的国家特定振兴企业(大型精密塑料模具全国惟一厂家),经“八五”技术改造,“九五”一期、二期“双加”工程建设及ISO9001国际质量体系认证,掌握了具有国际水平的模具制造技术和质量管理模式,由原来单一的模具制造逐步发展为从新产品的造型设计到制品生产模塑一体化的生产体系。技术创新和改造使企业迅速发展,从而成为国家模具行业的重点骨干企业,国内开发、设计、制造汽车、摩托车塑料模具及制品行业排头兵企业,被省政府命名为“小型巨人”企业、省高新技术企业、塑料模具特色产业基地和浙江模具省级高新技术研究开发中心,被列入浙江省“五个一批”重点企业、台州市“128”工程企业和区重点骨干企业,现正承担实施国家“十五”规划中“双高一优”的重点技术改造项目。

工厂现有员工860人,其中高中级职称178人,大专以上学历412人。企业先后荣获省最佳经济效益工业企业、省科技进步企业、市星级管理企业、重合同守信用企业、“AAA”级资信企业和银行“黄金客户”等殊荣是国税入库500万的企业之一。

工厂先后斥巨资从美国、日本、德国、西班牙及中国台湾等国家和地区引进国际先进的设备、软件和国产大型设备186台(套),包括CAD/CAE/CAM系统、大型数控铣床、数控加工中心、大型精密电火花成形机、三坐标测量仪、模具研配压床、自动绘图机、计算机工作站、50~20 000g系列注塑机等,能开发、制造重达50t的大型精密、复杂、长寿命模具,提升了自身的技术装备水平,促进了模具生产由传统的手工制模向以CAD/CAE/CAM技术为核心,数控加工为主体,手工加工为辅的先进制模方式转变,进而带动整个黄岩模具工业技术水平的提高。

由于工厂采用了先进设备和技术,依靠自身的科技力量为全国各大中型汽车主机厂研制开发了能替代进口的大型、复杂、长寿命的塑料模具9 000多套及其制品。如红旗、奥迪、别克、大众、依维柯、富康、金杯海狮、哈飞微型车系列等车型的内、外饰件塑料模具,为汽车塑料模具国产化作出了贡献。为钱江、嘉陵、建设、新大洲、比亚乔等摩托车生产企业共设计开发各类骑式、踏板式摩托车及沙滩车、电动车等80多个款式的模具。为夏普、惠尔浦、日立、海尔等家电企业开发的各类家电模具,受到广大主机厂的一致好评。已有40多个产品获得各类专利,拥有自主知识产权。其中丰田海狮面包车(整套塑件)、6440(丰田莱特斯)仪表台、奥迪汽车面罩、电缆筒体等注塑模具被国家经贸委认定为国家级新产品。汽车保险杠、仪表台、前大灯、1.22m(48in)彩电外壳、空调外壳、洗衣桶、灯具及摩托车塑件等产品的50多套注塑模具在历届模具工业展览会上被认定为具有国际水平、国内先进水平的模具,并有部分模具及产品出口到欧美、日本、印尼、马来西亚、越南和中国台湾等国家和地区。

随着我国加入WTO和新经济时代的到来,新世纪将会面对更大的机遇和挑战,该厂将继续以技术创新,开发高精产品,实现汽车塑料模具国产化为己任,突出超前开发设计能力,以塑料模具和汽摩塑件生产为基础产业,实现模具和塑件同步快速增长,提高企业经济总量和效益。加大技改投资力度,加快企业现代化管理步伐,着重引进先进制模设备和技术,引进和培养一大批适应高新技术的人才开发设计"三高"(高品位、高质量、高技术含量)的、能替代进口和供出口的高档模具产品。大力提升市场竞争力,努力争创国际一流的模具开发制造企业,为中国模具工业的腾飞添砖加瓦。

浙江赛豪实业有限公司

车灯是汽车的三大安全件之一,同时车灯还对汽车的外观起到画龙点睛的作用,在对汽车外观和安全性能要求不断提高的市场背景下,车灯开发已越来越被汽车开发厂家所重视,作为车灯成形的关键设备——车灯模具的开发已成为整车开发的一个重要环节。车灯模具科技含量高,结构复杂,无论是在产品设计、光学设计,还是在模具制造、注射成型工艺等方面都存在着许多技术难点。专门从事车灯模具开发的浙江赛豪实业有限公司,立足于管理创新、技术创新,在近30年的创业历程中,走出了一条既有专业特色,又有专业深度的不凡之路,在车灯的核心零件——复合曲面反射器模具、三色尾灯转位一次成形模具等高难技术领域里取得了不朽的成绩,多项技术先后通过了国家级新产品鉴定,公司被认定为浙江省高新技术企业,中国塑料模具/压铸模骨干企业联合体成员企业,成为国内车灯模具研发的排头兵之一。

浙江赛豪实业有限公司在创业之初,跟其他民营企业并无区别,靠勤劳、守信的经营风格,走过了资本原始积累,企业运作经验积累等二次创业的必备前提条件后,开始寻求高端市场的着陆点,但多次失败促使企业高层不断分析和总结经验。公司如何面临诸多的问题?要具备什么样的核心竞争力。企业才能可持续发展?为此,企业高层大胆决策,引进德国车灯模具专家重点改造企业的技术工艺流程,培训工程设计人员,确立公司以工程设计、工艺为主线,以项目管理体制为平台的运作体系。通过近2年的国内外资源整合,公司在车灯模具这一专业领域,形成了从产品结构设计、光学设计分析、模具设计、工艺设计、加工保证等整套CAD/CAE/CAM技术体系,并结合分工细化、项目团队竞争机制等有效管理手段,使公司的技术实力不断加强,同时在与车灯行业世界排名第一、第二的VALEO、HEALL等企业的合作中让公司员工感受压力,感受到与世界上发达工业国家的差距,并将其转化为创新的源动力。软件的改善并不能一劳永逸,随着市场拓展能力的加强,半机械半手工的制造模式已不能适应市场要求,大规模地技改投入势在必行。为此,公司在强化技术创新的同时,不断引进精密设备,如高速加工中心、数控火花机、合模机、慢走丝线切割、深孔钻等,实现设计、加工工艺、制造全过程控制,以满足模具单件生产的特殊需求。

长风破浪会有时,直挂云帆济沧海,在21世纪的今天,公司的目标是打造一个国际领先的模具企业,铸造一个具有市场附加值的SAIL品牌。这也是全体公司员工为之奋斗的共同愿景。

宁海第一注塑模具有限公司

宁海第一注塑模具有限公司创建于1984年,专业从事大型精密注塑模具的设计制造,是中国模具骨干企业,中国模具工业协会理事单位,浙江省高新技术企业。公司注册资金800万元,厂区占地面积1.5万 m^2,建筑面积8 000m^2,现拥有固定资产2 500万元,企业员工150余人,具有大专以上学历的科技人员38人,其中工程师8人,高级工程师2人,企业技术力量雄厚,生产工艺先进,年生产大型模具能力超过500副,产品覆盖家电、汽车两大行业,同时进入国际市场。模具质量达到替代进口的水平,在国内处于先进地位。

(1)公司历史悠久。本公司原名宁海县第一注塑厂,创办于我国改革开放的初期,创办人鲍明飞先生号称"模具大王",在模具的设计开发上具有很高的专业造诣。企业一直坚持"科技立厂"的经营理念,注重引进国内外高新技术改造传统制模方式,并且在同行中率先步入大型注塑模具的制造领域。1987年成功研制国产第一套双桶洗衣机连体桶注塑模具,国内第一套54cm、64cm彩电塑壳模具和国产第一套17cm彩显塑壳模具均由本公司制造。1996年在宁海县率先购买第一台数控加工中心并且购买了第一套CAD正版软件,在引进数控加工技术和推动CAD/CAM应用方面起到了示范作用,为全县模具产业的快速发展做出了重大贡献。

(2)技术实力雄厚。本公司全面采用国际先进的UG软件,拥有完整的CAD/CAM/CAE系统,通过局域网络实现产品数据的高速传递,模具的设计制造并行化,可以大大优化模具设计,缩短制模周期。公司建立了市级模具工程技术中心,拥有一支专业知识配套、锐意创新的技术开发队伍，在大型模具和复杂精密模具的设计方面积累了丰富的经验。公司还购进美国 Cimcore 的激光扫描柔性测量系统，解决大型复杂模具制造过程中的在线检测，同时可以为客户提供从逆向工程、产品开发到模具设计和快速制模的完整解决方案。企业制造设备精良，拥有数控加工中心 7 台，数控深孔钻床 2 台，电火花加工设备 13 台，线切割机 10 台，大小合模机各 1 台，其中大型龙门数控铣床最大加工范围达到3 000mm × 2 000mm × 80mm(高)，大型电火花机可容纳工件尺寸达到 2 500mm × 1 400mm。公司坚持以人为本，重视员工培训，同时拥有一批熟练的模具技工。

(3)为顾客创造价值。本公司始终坚持以顾客为中心，以科技为依托，以员工素质为保证，高效率制模，高质量服务，竭尽全力为顾客创造价值。公司在模具生产中始终贯彻“质量第一、客户至上；交期准时，服务诚信”的质量方针，建立规范有效的检测和管理制度，保证模具设计制造的全过程处于受控状态，企业于 2000 年通过英国标准协会的 ISO9001 质量管理体系认证。公司在经营模式上坚持创新，将模具生产置于顾客新产品开发的全过程之中，变传统的售后服务为产前、售后双向服务，充分发挥企业的技术优势，主动介入顾客的产品设计阶段，最大限度地满足顾客对市场快速响应的要求。建厂 20 年，公司坚持服务为先，质量为本，树立了诚信的社会现象。展望未来，公司将一如既往地坚持“科技立厂、精益求精、诚信服务”的宗旨，继续加大科技投入，积极采用现代高新技术，提高制造工艺水平，开拓新的市场空间，为顾客提供更好更多的服务。

宁海大鹏模具塑料有限公司

宁海大鹏模具塑料有限公司位于经济发达的长江三角洲南翼宁海县城关华山科技园区，创建于 1993 年，秉承模具之乡的优良传统，历时十载，从一个手工作坊式的小厂发展成一个集模具制造、注塑成型、无尘喷涂、丝网印刷于一体的中国模具骨干企业、浙江省高新技术企业、宁波市模具信用企业，连续 3 年被评为宁海县实力型企业。

目前，公司拥有固定资产5 000万元，厂房面积25 000m^2，员工总共 350 人。模具厂 200 人，其中设计人员 40 余人，具有高级模具技工 48 人，熟练制模技工 64 人。公司拥有美国高精度 3D 测量仪、德国高速加工中心、日本电火花、中国台湾双色注塑机等先进设备 70 余台(套)，10 万级无尘喷涂流水线 3 条，微机 50 余台。公司耗资 400 万元购买 CAD/CAM/CAE 等软件并建立内外部网络信息体系，完全实现了设计与加工的一体化。

公司擅长设计制造各种高难度、高精密模具，并且质量稳定，在同行业中具有领先水平，可与进口模具水平相媲美。10 年的专业模具制造历史，使公司在汽车模具及家电模具领域有相当的经验。目前客户有松下电器、上海惠尔浦、UTSTARCOM、富士康、TOYOTA、HONDA、MITSUBISHI、四川长虹、无锡小天鹅等生产厂家，产品深受用户的信赖与好评，并成为松下电器，上海惠尔浦优秀供应商。

公司深知只有完美的品质加上完善的服务，才能赢得用户长久的青睐，为此，公司正全面执行 ISO9001 和 TS16949 国际质量体系标准，并已通过 ISO9001 质量体系认证。同时和日本爱知等公司合作在国外设立了售后服务点，以期更好的服务与合作。

刻苦、奋进、精益求精是大鹏公司本色；学习、接近、达到、赶超国际模具先进水平是大鹏人不懈的追求。

宁波跃飞模具有限公司

2003 年，宁波跃飞模具有限公司在当地政府及上级有关部门的大力支持和帮助下，经过全体员工的共同努力，各项经济指标均取得了较好的成绩。实现销售收入2 350.65 万元，比上年增长 26.28%；实缴税金 462.85 万元，比上年增长 23.65%；实现计税利润 576.35 万元，比上年增长 28.08%；完成工业总产值3 000万元，比上年增长 30.3%。

随着模具行业的迅速发展，尤其是世界制造业中心向中国市场转移的趋势，公司原厂房及设备已经不适应企业发展的需要。因此，2003 年公司投入技术改造资金2 800万元，移地扩建厂房，增加设备，并于 11 月迁入新址生产。

2003 年是严重缺电的一年，为了保证正常生产，公司购置了 300kV·A、120kV.A 发电机组各 1 台。

为了适应模具工业的迅速发展和高新科学技术在模具制造行业中的广泛应用及模具产品科技含量不断提高的发展趋势，公司在技改投入中侧重加工设备的投入，新增了高速加工中心 2 台，三坐标测量机 1 台，多功能深孔钻 1 台，数控火花机 4 台，2t、8t、25t 液压合模机各 1 台，300 ~ 1 250t注塑机 6 台，线切割机 5 台，CAD/CAE 工作站 15 台，模具设计软件 1 套，5 ~ 20t 行车 7 台，多功能磨床 2 台。

公司十分重视专业技术人才的引进和员工的技术培训。2003 年，公司通过多种渠道招聘，引进大专学历以上专业人才 12 名，充入到模具设计、编程造型，企业管理各职能部门。同时，公司邀请了大专院校的教授和专业老师到公司对员工进行专业培训。从 2003 年 11 月初搬进新厂房开始到年底，公司举办了 6 个班次的专业培训，从而提高了专业技术人员和管理人员的整体水平。

公司还十分重视管理。企业经营管理，严格按照 ISO9001 国际质量管理标准的流程进行运作。降低能耗，保证质量。车间现场在5S管理的基础上增加安全生产管理，定为6S管理。在企业经营管理方面着重对开源节流，增收节支管理，健全和完善了公司内部各项规章制度，特别明确和规范了财务审批和核算制度，加强了模具成本核算，财务部门直接参与生产全过程，对每个生产环节的主要材料、辅助材料及加工费用进行统计核算，准确地计算出每副模具的实际成本，真实地反映出企业的经营成果。

为了营造融洽的文化氛围，增强员工的凝聚力，公司采用VI系统理念，对每位员工加强企业理念灌输，使员工有一种归属感，以企业为荣。同时邀请法纪部门老师来公司对全体员工上道德法纪教育课，增强每位员工的法纪观念，树立与打造跃飞公司良好团队的形象。

公司经过十几年的艰苦创业，并经历了2次大的跨越式发展，目前已达到相当规模。从2001～2003年享受增值税先征后返政策，对公司加大技改投入力度起到了关键性的作用。现在公司虽然具有一定的生产规模，但同国内尤其是国外先进模具企业相比还存在着很大的差距。因此，公司决不会满足于现状，还需加倍努力，在技术人才，先进加工设备，设计软件等方面继续加大投入，同时还需请国家继续给予大力扶持。

成都宏明双新精密模具零件有限责任公司

成都宏明双新精密模具零件有限责任公司前身为宏明电子实业总公司模具中心，1958年创业，2000年7月由宏明电子股份有限公司和成都双新实业开发有限责任公司及部分自然人合资成立并注册青羊区双新科创园。现已成为专业从事制造中小型高精度、高效率、高寿命模具的国内一流专业厂家，并在国外具有一定的知名度。

公司产品主要面向信息通信和汽车电器行业，制造生产高精度零件的高效、长寿命精密模具。公司员工中有1/3具有大中专以上学历，在市场竞争即是人才竞争的今天，公司所遵从的“以人为本”的管理理念，使公司已经跻身于国内一流的专业厂家。公司的客户主要是国内一流的大型企业和国外知名公司。

公司从市场、开发、设计、管理到生产均采用全套的CAD/CAM/CAE技术为支撑，在内部进行网络化管理。同时，公司通过Internet与客户实现了资源共享，以达到信息获取的快捷、准确。由于公司采用了信息化技术，使公司的运行形成了高效的循环闭合。同时，公司致力于吸收、研究、开发新技术，狠抓技改创优势，先后从瑞士、德国、美国等国家引进当代一流的CNC制模设备，如瑞士AGIECUT EXCELLENCE 2慢走丝、AGIEAT—100C电火花、瑞士AGIE光学曲线磨、德国DMGCNC镗铣床、德国MAHR三坐标测量仪等一流设备近22台(套)，采用CAD/CAM/CAE技术，应用并行设计与制造原理，积极推行高精度、高品质、高效率模具的开发和研制，缩短了制模周期。先进的技术和设备加上高素质的员工，公司为众多国际知名客户提供优质服务。同时，也为模具这个被称做“朝阳工业”的新兴工业的腾飞倾尽全力。

近年来，公司看准市场前景及发展空间，明确以“精密模具带动精密零件，精密零件生产作为公司新的经济增长点”的经营思路和发展方向，大胆进行技术改造，经过不断的改造、创新，利用模具开发、制造的优势，利用双新科创园为促进入园企业发展所提供的各项优惠政策及优质服务，快速发展成为以精密模具、精密冲压零件、注塑及嵌塑零件、局部电镀为一体的高新技术企业。

公司在积极推行硬件投入的同时，本着“精益求精，让顾客完全满意”的经营理念，重视内部管理水平的提高，积极推行并行加工理念、ERP、5S管理模式，通过了ISO9001和QS9000认证。公司发展势头良好，被认定为市“高新技术企业”，市成长型重点企业，被MOTOROLA公司授予“优秀供应商”的称号。公司生产的产品被列入市“三高”模具及零件产业化火炬计划项目。

成都航天模塑股份有限公司

成都航天模塑股份有限公司是一家集模具和塑胶制品研发、制造、销售及售后服务为一体的规模化股份公司，公司注册资金5 700万元，目前总资产1.3亿元，公司总部占地面积8 000m^2，现有员工496人，经营领域覆盖汽车、家电、通信、玩具及医疗器械等行业，并已在各个领域特别是在汽车零部件开发制造方面建立起了自身强有力的品牌和信誉。

公司将艰苦奋斗、严谨务实的航天精神与现代企业规范经营相融合，在不断完善自我、挑战未来中，逐渐成为一家生机勃勃、蒸蒸日上的开放型现代化企业。公司拥有一大批懂经营、善管理、有技术的高新技术人才。以“精益求精、追求完美”的航天精神为指导思想，以“精心策划、严格控制、持续改进、顾客满意”为质量方针，以“最好的产品、最佳的服务，赢得顾客的尊敬”为经营理念。大胆开拓，诚实经营，勇于进取，在激烈的市场竞争中站稳了脚，逐步壮大和发展。1999年和2000年先后在武汉、广东投资建立了武汉燎原模塑公司和东莞航天精密模具公司2个子公司，为公司跨地域集团化发展奠定了基础。

公司多年来追求技术领先战略，注重科技进步及技术改造，不断引进国外一流的生产设备和加工技术，拥有美国DEC公司工作站、德国四轴联动数字化仿形镗铣床、中国台湾三轴联动加工中心、日本沙迪克电加工机床、意大利高精度三坐标测量机等精密制模设备近百台，以及美国VT—550、英国

PPC—4MF—2 气体辅助注射系统、日本 MPP—S70 喷涂机械、2 000t、1 500t超大型注塑机、美国搪塑生产线、超声波焊接及性能检测和理化分析等设备仪器逾百台。同时拥有世界先进的 CAD/CAM 软件，法国的 CATIA、美国的 Mastcam、英国 Delcam 软件，通过计算机与数控机床进行数据传输，实现 DNC 在线加工，从产品概念到工业生产的快速转变。

公司以强大的模具设计、制造、气体辅助注塑、搪塑及塑料喷涂为核心技术，从产品设计、模具设计和制造、产品生产到交付用户的全过程提供解决方案，生产的产品主要包括汽车内、外大中型塑料装饰件、功能件等，年塑料原料吞吐量已近2 000t，专有技术及企业规模在西南地区独此一家，部分技术已占据国内领先行列。公司全面地实施 QS:9000(EAQF94)质量保证体系并通过认证，目前为二汽神龙、四川丰田、重庆庆铃、长安福特、长安玲木、武汉万通等十余家国内知名汽车制造商和汽车零部件企业及长虹、前锋等著名家电厂家配套产品达 400 余种，并多次获得主机厂的优秀供应商称号。

公司目前销售网与服务网已覆盖北京、长春、河北、湖北、重庆、广东、新疆等十余省市地区，并已在部分地区建立了大型中转仓库，数十专业服务人员在各地驻扎，可迅速为用户解决问题。

浙江炜驰机械发展有限公司

浙江炜驰机械发展有限公司位于祖国的东方明珠——舟山岛东部，329 国道旁，与海天佛国普陀山隔海相望。

公司经过长期不懈的努力，积累了雄厚的技术力量和资金，占地面积80 040m^2，厂房面积25 000m^2，总资产8 000多万元，员工 500 余名，其中工程技术人员 90 余名(中级以上职称占 70%)，专业设计制造各种模具已有十多年历史。

公司拥有一流的生产设备：SM—200、SM—3000、TH5680 等立式加工中心和日本三菱 M35K 电脉冲、三菱 DWC90SB 慢走丝线切割等精密机床 100 多台，100 ~ 630t 规格齐全的调试设备 20 多台，以及德国 LH108 三坐标测量仪等检测设备。高精度设备保证了模具的产品质量。

公司拥有国际水平的 CAD/CAM 系统，一大批技术工人能够操作数控机床，主要设计制造轿车车身模具、底盘件模具、内饰件骨架模具和锻模等，年产模具 500 余副，是上汽集团下属汽车零部件厂的专业定点模具制造商。

公司依靠科技创新和管理创新，获得了一系列殊誉：被评为浙江省高新技术企业、浙江省诚信企业、浙江省最具有成长性的民营企业，舟山市质量五星级企业。“炜驰”商标获舟山市著名商标称号。公司生产的模具产品被列为中华科技精品，中国进入 WTO 推荐产品。公司已通过 ISO9001：2000 国际质量体系认证。

公司坚持：团结、求实、精益、创新的企业精神，致力于打造高技术高附加值先进制造业，打造“炜驰”品牌，以高品质产品和完善服务来赢得广大客户的信赖。

浙江天翀车灯集团有限公司

1997 年 3 月，在具有一支富有塑料模具创造队伍的黄岩远东模具厂的基础上成立的黄岩天成车灯有限公司，坚持走创新的道路，依托我国汽车工业飞速发展的大好机遇，得到快速、持续的发展。从创立当年年产值仅 500 万元的小作坊式的企业，发展到 2003 年年产值 1.28 亿元，成为集科研、设计、生产为一体的，建立了现代企业制度的、以制造优质模具为基础的专业生产汽车、摩托车车灯的浙江天翀车灯集团。

公司创立以来，坚持走艰苦奋斗，依靠科技创新的发展道路，每年投入可观的资金进行技术改造。公司在黄岩最先购进了模具快速成形机、数控加工中心、三坐标测绘机、精密数控雕刻机等一大批模具制造设备，运用 CAD/CAE/CAM 技术，提高模具设计、制造技术水平，以优质的模具保证了车灯产品的高质量。

2001 年，公司瞄准了国际车灯先进制造技术的发展趋势，启动多曲面反射体车灯制造技术的研究、开发，产学研结合，联合攻关。采用分片抛物面计算模型为车灯制造进行多曲面反射体配光计算，建立了多曲面反射体的光学数值分析模型，开发专用软件，经过反复试制，获得了具有完全自主知识产权的多曲面反射体车灯制造技术，用这项技术制造的车灯产品，获得了 17 项国家专利，被国家科技部列人国家中小型企业创新基金项目和国家级“火炬”、“星火”项目。该项目 2002 年获台州市人民政府颁发的科技进步二等奖，用该项技术生产的产品 2003 年被浙江省科技厅评为高新技术产品，公司亦被浙江省科技厅 2003 年 4 月定为省高新技术企业。这些荣誉进一步提高了企业的知名度、美誉度、信任度，市场发展前景更为广阔。

公司在注重技术进步的同时，在管理上不断创新，1998 年通过了 ISO/9001 国际质量体系认证，2004 年初通过了 QS/9000 质量管理体系认证，并启动了 ISO/TS16949 质量管理体系的认证工作。此外，公司建设以高效、创新、诚信、以人为本为价值理念的企业文化，引进 CIS 企业形象识别系统，从精神、行为、视觉等识别上，创立完整的企业形象，以先进的企业文化，凝聚全体员工正在发挥和潜在的力量。将全体员工的目标聚集到企业的发展战略上，在创新中不断超越，在创新中不断成长，在创新中实现对社会的价值。

公司将继续以创新为强有力的翅膀快速腾飞，把自己做大做强，从成功走向优秀，从优秀走向卓越。

东方电机工模具有限公司

东方电机工模具有限公司是东方电机股份有限公司控股下的独立法人单位，公司成立于2001年3月，由原东方电机股份有限公司工具分厂、工艺处工装设计、质检处工具检查合并而成，公司注册资产1 500万元，占地面积8 500m²，拥有员工266名，其中高级工程师7名，工程师27名，专业数控编程人员2名，高级技师3名，各种技术开发人员73人。

公司具有强大的机械加工能力，拥有各类主要生产设备180多台，其中三轴数控龙门加工中心2台，高精度慢走丝线切割机床1台，快走丝线切割机床5台，以及龙门导轨磨床，坐标镗床、高精度万能磨床、热处理设备、行车以及万能工具显微镜等各类设备，能满足大、中、小型零部件的加工和装配要求。由于东方电机工模具有限公司是东方电机股份有限公司控股下的子公司，它可以依托东方电机股份有限公司强大的科研开发、加工能力和检测设备，完全有能力承包大型、精密机械的加工和安装调试项目。

40多年以来，公司承担了东方电机股份有限公司所有发电设备配套模具、刀具、夹具、量具、辅具和工地安装专用工装的研发、设计和制造任务，积累了丰富的设计、制造和管理经验，树立了良好的产品质量信誉。

公司以质量第一的企业精神、用户至上的基本宗旨，大力推行全面质量管理，以求从产品实现过程的每个要素都达到国际标准。公司1994年12月获华信技术检验公司颁发的质量体系（GB/T19001—ISO9001:1994）认证合格证书，2002年9月又获得(GB/T 19001—ISO 9001:2000)认证合格证书，2003年9月通过了中国新时代质量认证中心对公司的GJB9001A:2001军工质量体系认证。同时，东方电机工模具有限公司所有计量器具都要送东方电机股份有限公司计量测试中心检测，该计量测试中心是国家一级计量单位，因此，公司的产品质量在整个制造过程中均能被有效地控制。

公司的目标是充分利用管理、技术、制造能力创造更好的经济效益，实现企业资产的保值、增值，为社会、为国防建设提供高品质的产品和服务。

湖大海捷(湖南)模具工程有限公司

湖大海捷（湖南）模具工程有限公司创建于2001年1月，是以湖南大学为依托，以研究和制造汽车覆盖件模具、夹具、检具、CAD/CAE/CAM一体化技术为支撑而成立的一家高科技股份制企业。2001年4月通过湖南省高新技术企业认证，2002年12月通过了ISO9001:2000质量管理体系认证，湖南省工业协会会员，湖南省制造业信息化重点示范企业。

公司座落在长沙市东郊榔梨镇红光村，建筑面积17 000m²，总资产3 000万元。公司成立至今，年销售额以翻番的速度发展，2003年总产值已达3 000多万元。公司主要从事汽车覆盖件冷冲模具的设计和生产制造，能提供从工业产品造型、逆向工程到产品的结构设计、模具设计和制造一整套服务。

公司有主要股东中国工程院汽车专业唯一院士——郭孔辉院士，湖南大学机械与汽车工程学院院长钟志华教授为指导，公司依托湖南大学机械与汽车学院模具研究开发中心，工业造型系，共有13位博士生导师、博士、硕士在公司从事模具新技术的开发与研究以及工业产品造型设计。公司采用现代化管理模式，企业运作方式与国际接轨，拥有一批企业管理、国际合作和国际贸易经验丰富的经营管理队伍。公司现有员工128人，其中技术人员35人。公司以“汽车覆盖件成型工艺与装备CAD/CAE/CAM一体化技术”为技术核心，该项技术通过了由国家科技部、教育部组织的鉴定，达到了国际先进水平，部分技术为国际领先水平。于2003年初荣获国家科学技术进步一等奖。2001年10月，该项技术成功移植到上海超级计算中心的巨型计算机上，并与国内著名汽车模具厂和汽车设计公司天津模具厂、成飞集成科技有限公司、柳汽福臻模具厂、柳州五菱工模中心、泛亚技术中心、同捷科技有限公司、同心集团等联合开展模具设计与成型分析以及车身结构设计工艺审核工作，在汽车车身和模具行业影响深远。

公司拥有模具制造设备60台(套)，主要设备有：数控加工中心5台，大中型试模压力机2台、三坐标测量仪2台。公司生产大、中型模具年制造能力为200余套。

公司已为上海通用汽车公司、长丰猎豹、北汽福田、柳州五菱、吉利汽车公司、沈阳金杯、江铃汽车公司等知名汽车厂生产了大量覆盖件模具、夹具和检具，开发和制造了具有自主知识产权的菱形概念车。

公司下步打算投资2 000万元，添增设备，扩建厂房，加大生产能力，力争年总产值达到1.5亿元左右，经过不断创新，公司将办成国内具有一流水平的现代化模具企业。

部分重点企业介绍

一汽模具制造有限公司

一汽模具制造有限公司的前身是1954年成立的第一汽车制造厂工具分厂的冲模车间，当时只有60台设备，人员不足百人，是中国最早的汽车车身模具阵地。经过50年的艰苦创业，如今发展成为占地面积12万 m^2，建筑面积5.5万 m^2，固定资产3.3亿元，拥有一支优秀的技术人员队伍和体现当今国际先进水平的软硬件的国内最具竞争力的车身模具骨干企业。

半个世纪以来，公司曾为一汽和国内外几十个厂家提供了货车、面包车、轿车的车身模具，同时还援建了国内外一些冲模厂，向行业输送了大批优秀人才，为中国汽车工业和车身模具业的发展做出了不可替代的重大贡献。

一、技术集成化

经过几十年的模具设计制造实践，特别是十多年轿车模具的设计制造实践，公司培育出了国内一流的各类人才和正在成长的年轻的科技人员队伍。二十多年来，公司向日本、欧美等国家选派了大批进修生、考察团、验收团、联合设计人员，他们学习国外的先进制造技术和管理经验，加以消化应用、开发创新，使公司在CAD/CAE/CAM一体化、模具调试、新产品开发方面居国内领先地位，一些项目正接近和赶上国际水平，在科技进步和技术创新方面取得了令人瞩目的成果，在国内率先建立起轿车整车模具制造工艺平台。公司实现了信息化，为企业的发展插上了腾飞的翅膀。

二、设备精良化

为了适应轿车模具制造的需求，从1998年起，公司每年进行大规模的技术改造，投入巨资引进了代表当今国际先进水平的软硬件。2002年开始，公司投资约1.9亿元进行新一轮技术改造：新建7 000 m^2 高速数控铣厂房，安装新订购的十几台高速数控铣床和三坐标测量机，使模具制造工艺水平达到新的高度，数控加工能力提高2倍。到2003年年底，公司数控铣床达到30台、大型调试压床23台、大型三坐标测量机4台。

三、产品品牌化

先进齐全的设备和雄厚的人力资源正在支持公司为国内外用户提供大型、复杂、精密的模具和周到的服务。公司主导产品是：冷冲模具、检验夹具、焊接夹具、主模型、内饰件模具等。

公司根据用户的需求开发了轿车整体侧围冷冲模具、多工位自动化模具、自动化落料模具、组合式检验夹具、内饰件模具等多种新产品。目前这类新产品的比例逐年增加，特别是在出口到德国大众公司和日本丰田公司的模具中所占比例显著提高。

公司先后设计制造了小红旗、捷达、世纪星、红旗“旗舰”、宝来、奥迪A6、MAZDA6、中华、威驰、奇瑞、日本丰田、德国大众公司汽车等十几款轿车的部分内外覆盖件模具。公司正在设计制造另一款轿车发动机罩内外板、左右前后翼子板、行李箱内外板、顶盖等主要覆盖件模具，2002年年底承接了载货汽车整车模具项目。

四、经营国际化

近年来，公司积极开展国际合作，迅速提高了经营能力、技术平台及管理水平，增强了参与国际竞争的综合能力，逐年加大了模具出口比例。

2003年的销售收入和利润分别是2000年的3倍和5.6倍；近几年员工的收入每年递增百分之十几，在产值、利润、质量、市场信誉等方面居国内车身模具行业领先水平。更为重要的是，本着“帮助客户成功，共同打造未来”的经营理念，凭借一流的产品和服务，赢得了众多用户信赖，成为一汽—大众、一汽轿车公司、一汽车身厂、青岛汽车厂、富奥公司、塔奥—金环公司、金杯通用、奇瑞、天津—丰田、北汽福田、日本丰田、德国大众等公司的模具供应商，产品走向亚洲、欧洲、非洲和美洲。

总之，公司的一切经营管理活动都是围绕着“第一”和“更好”进行的，即制造更好的模具，供给用户生产更好的汽车，让用户获得更佳的经济效益，从而打造“第一模具”品牌，使之成为用户首选，使公司成为汽车企业走向新的辉煌的“第一伙伴”。“第一模具　第一伙伴”是企业的核心价值观。

汽车工业的前景非常美好，车身模具工业的“钱景”也非常看好。公司继续推行“经营国际化”、“技术集成化”、“设备精良化”、“产品品牌化”。同时大力推行“人才工程”，培养出国内最出色的研发人员、设计人员、工艺人员队伍、营销人员及管理人员队伍，培育出最优秀的协作团队，把自己做强、做精、做专，打造中国第一汽车车身模具品牌。公司愿和模具同仁、供应商一道，把时代提供的历史机遇紧紧抓住，把中国的车身模具事业办好。

青岛海尔模具有限公司

随着世界经济的一体化以及中国加入 WTO，中国模具工业迅速发展，成为世界模具供应商中一支不可或缺的生力军，越来越受到国际同行和客户的关注。

青岛海尔模具有限公司经过近 10 年的发展，以其独到地为客户提供完整的解决方案的手段，赢得了客户，也赢得了模具国际化市场的一席之地。

青岛海尔模具有限公司隶属于海尔集团，系中外合资企业，始建于 1993 年。公司现有员工 400 余人，其中本科学历以上 CAD/CAM/CAE 工程师 100 余人；拥有包括大型以及高速、高精密加工设备、精密检测设备在内的各类专业设备 100 多台。公司主要生产各类塑料注射成型模具、吸附模具以及钣金模具，2003 年，生产能力已达到4 315套，最大模具重达 40t，是目前国内最具竞争力的模具研制开发基地之一，产品涉及家电、汽车、摩托车、通信、医疗器械等领域，是青岛市认定的高新技术企业之一。

一、每个人都是一个创新的源头

使企业充满活力的根本在于人，如果说海尔是培养人才的土壤，那么海尔文化就是促使人才成长的肥料，它给每个海尔人提供了可以实现人生价值的广阔舞台。他们在这个舞台上通过经营自我，挑战自我，不断满足市场需求，以用户为师，不断创新，在自己的工作岗位上不断创造用户价值，在使企业发展壮大的同时，自身的价值也得到了充分体现。

为了更好地整合资源，从 1998 年开始，先后有博士、专家、硕士来海尔模具工作。科技人才的加入，提高了海尔模具的整体素质，加强了人才的综合培养，真正使每个人都成为一个创新的源头。

二、一流的开发手段

海尔模具 C3P 中心是模具公司的研发中心，它立足于家电产品的整体开发，延伸到汽车行业的逆向工程技术的应用，C3P 中心涉及到了产品的前沿开发，在产品设计、模具开发、注塑成型分析等技术领域中以其独特的并行工程、全三维化设计平台，PDM 数据库管理为模具设计、开发一步到位确定了前端的技术可行性。

(1)模具公司拥有世界一流的 ATOS 逆向以及三坐标等测绘设备，为模具公司从单一的电子电器行业产品模具开发转化为可以兼容汽车行业的多领域、多层次的市场份额奠定了技术基础。C3P 中心凭着“给我一个概念，还您一个产品”的开发理念，在过去的 10 年里，为海尔集团各产品事业部的新品开发提供了全套的技术方案，开发领域包含了所有的家电产品，从洗衣机、冰箱、空调、电视到微波炉、洗碗机、油烟机等。

2003 年是国际化的汽车市场急剧发展的一年，抓住机会，就等于抓住了市场，针对国际化的汽车相关产业发展需要，海尔模具 C3P 中心开始专注于逆向工程技术的应用，利用先进的测量手段完成了多款汽车所有内饰件的开发订单。

(2)除去前期数据提取的手段，在新产品的开发验证中，C3P 中心还拥有快速成型、手板加工、快速模具的技术，在 3D 图形完成后立即组织原型加工、验证，从而确保产品开发的一步到位。对于新品的上市，小型样机的组装，C3P 中心还可以通过快速模具提供用户小批的样品。

(3)以网络化的企业设计标准为基础，全三维的模具开发平台是模具设计质量提高、周期缩短的一个重要保障。海尔模具 C3P 中心以人为本，通过有经验的工程师进行设计经验沉淀形成设计标准，根据设计的标准自行开发了三维软件应用数据库，集结加工工艺于 3D 图形，在设计与加工间实现了无纸化交接，为数控加工工艺的 CAPP 提供了可行的前端数据。

(4)利用 Mold－flow 的流动分析软件，海尔模具公司对于模具的前端浇注系统设计进行充分的预算，避免了模具在加工完成后不必要的更改，也是缩短模具交付期的重要保证。C3P 中心集结 CAD/CAM/CAE/PDM 的管理、研发平台，既可以保持自己企业的数据管理规则，从而维持自己数据的独立性；又可以通过一致的协议或者中间件来维护数据的相关性，从而保证和维持联盟企业的运作。

三、敏捷的网络化制造系统

先进的设备和一流的加工精度，保证了模具加工尺寸的一步到位，缩短了模具的整体交货期，也提供了国际一流的模具加工质量。

海尔模具有限公司目前拥有牧野、DMG、日立、夏米尔等数控加工中心 26 台，精密抛光设备 16 台；通过刀库、刀具参数的自我开发，结合加工软件的应用，形成了海尔模具公司的 CAPP 数据平台，使加工效率比常规加工提高一倍以上，加工精度达到 0.002mm 以内；以 3R 为核心的工件快速装夹系统在数控、电蚀工序的广泛应用，不仅实现了单个工序的工件快速交换系统，也实现了上、下道工序间工件的快速交换，减少了工序间机床的校表时间，杜绝了由于装夹基准引起的加工质量问题，保证了机床的 24h 运转。

四、模具 ERP 管理系统

海尔模具公司与世界最先进国家合作进行企业信息化管理系统开发，将海尔模具的设备、人员、流程引入到先进的计划软件中，开发了海尔模具的 ERP 管理体系。

该系统通过工艺评审，确定额定工时；根据不同的设备加工能力、加工精度、加工效率进行不同等级的 MASTER 信息评定；根据模具订单的合同工期要求，由计划管理系统进行生产平衡自行计算，确定每一个模具零件的加工工期要求，自动形成订单的零件加工计划。

每个零件的加工信息通过条形码扫描技术即时进入到计划控制系统，该系统根据扫描数据每天自主地进行日清，对于零件的加工实际情况、定单交货的总体要求进行实时计划调整分析。

该计划实时分析监测订单负荷、调度人力和设备资源、根据加工定额自动排定最优的定单计划，通过工序条形码扫描终端，实时采集订单执行信息，为订单控制提供全面准确的数据信息。该系统的采用，使海尔模具公司在订单规模迅速扩大的情况下，有效地保证了交货期。

海尔模具为用户着想，由项目经理为客户提供一站式服务，即：概念设计、产品逆向工程—RPRT快速原型制作—模具CAD/CAM/CAE，缩短模具制作周期，提高注塑生产效率—零件化加工和模具组装生产—产品、零件检测—小批量塑件试制服务—提供注塑生产工艺参数—模具使用、保养说明指导—易损备件以及标准件明细—现场交付、调机生产—模具使用现场培训—定期对客户回访、提供咨询服务。

也就是说，项目经理负责从订单到模具开发制作、进度质量控制、交付以及售后服务等一站式服务。及时回访客户，提供技术支持，了解客户需求，提供解决方案。

五、管理创新，调动员工的积极性

在推行市场链流程再造机制的同时，为提高设计一次到位率，促进工程师的快速成长、营造人人对市场负责的环境，海尔模具通过激励机制调整，使人人关心自己的工作效果，每个人的目标和市场目标紧密结合起来。

海尔集团的思路是：转换订单就是转换人，坚决推行三个彻底主义：市场上彻底的订单主义，分配上彻底的成果主义，目标上彻底的第一主义。通过经营人，使编程效率大大提高，通过效率上墙的考核机制，编程员每天根据母本测量自己的编程工时，每周一汇总，每月一统计，连续3个月完不成自己编程工时目标的将没有资格进行等级升迁，这种机制大大调动起了编程员的积极性，程序保证了设备的负荷。

另外，为更好地使每个人和市场挂钩，海尔模具又在编程员当中搞起了包机制，编程员改变了以前只对自己所编程序负责的现状，编程员在编程的时候，不但要考虑成本、效率问题，而且还要保证自己承包的设备整体盈利，也就是说，只要工艺安排哪台设备，就有相应的编程员主动去编程，不需要管理者进行工作分配，大大调动起了编程员的积极性。

现在，海尔模具已先后出口伊朗、日本、美国、意大利、澳大利亚等国家，先后为丰田、福特、本田、日产、三菱、拉达、大众等汽车厂家开发汽车仪表板、保险杠、内外饰件及汽车功能件类模具，同时为佳能、三星、LG、三洋等国际知名厂家设计加工打印机、显示器、彩电、冰箱等模具，并以优良的模具制品和服务，赢得了国内外客户的广泛赞誉。

海尔模具将秉承海尔“真诚到永远”的理念，为客户提供一站到位的服务，从客户的利益出发，不断满足客户的个性化需求，打造国际一流的模具供应商。

天津汽车模具有限公司

天津汽车模具有限公司（以下简称天汽模）座落在天津市北辰区韩家墅，从事汽车模具的生产已有40多年历史，原为天津汽车集团公司的模具中心。1995年从天津汽车集团公司分离出来，成为面向全国、面向市场的汽车模具专业公司。公司的主要产品是汽车覆盖件模具，特别是大中型覆盖件模具的制造。近年来，为满足用户的需求还成功地开展了几个整车的逆向工程开发。

天汽模是国内同行和广大用户公认的中国一流汽车模具公司之一。1987年，天汽模是国内第一个完成汽车模具现代化生产改造的企业，1995年又是国内第一家独立成为面向市场的大型汽车模具专业公司，2003年又成功完成由国企向民企的改制。在企业的机制这个关键问题上，天汽模总是不失时机地争得先机，为企业发展带来巨大的活力和市场空间。

由于天汽模始终面向市场，非常重视用户的需求，把提高产品质量和服务质量视为第一位的大事。因此，在市场上赢得了很高的声誉。品牌和口碑形成了天汽模最大的无形资产。

自20世纪80年代后期，天汽模就非常重视技术的引进和提高，始终跟踪国外特别是日本先进企业的生产工艺和技术，曾数次共派遣上百人去国外培训。特别是近5年来，和丰田公司的技术合作交流，使企业的技术、管理水平上了一个大的台阶。天汽模的技术和管理，一直被国内同行认可，在计算机应用技术、标准计划管理、模具的流水线式生产和模具加工、调试技术等方面都处于国际水平。

天汽模现有职工250多人，其中研究生、高级工程师十几人，助理工程师、工程师以上技术人员占职工总数的50%以上。基于天汽模20年的发展和投人的巨额培训费，天汽模培养和积聚了优秀的人才队伍，这是作为模具这种人才密集型企业最宝贵的资源。

在天汽模的历史上，2003年是一个巨变的年头，公司由一个国企转变为民营控股的有限责任公司。体制的变化带来巨大的活力，正在新的一年中得到充分的展现。

2004年，天汽模在企业发展上，探索一条“大规模、小企业”的模式。在组织结构上进行重大调整，拟组建各专业分公司和子公司，改扩建技术中心和内板、外板、实型、设备、信息等专业分公司、子公司。内板分公司经过一年的技术改造，数控加工中心增加7台，加工能力增加1倍以上。实型分公司经过技术改造，数控机床达到4台，具备实型的全数控加工能力。天汽模的外板分公司经过近半年的运作，已经完成引进设备的采购，进人厂房施工建设阶段，计划2004年8月以后正式投人生产。

天汽模将通过合资、参股、托管等方式组建、改造一系列的模具、铸造、设计等专业公司。目前，合资组建的冲压件公司已经开始正常运作；托管的第一家模具公司已经开始正常生产；最大的投资企业河南鹤壁天淇模具公司，经过短短的几个月时间，已完成企业注册、土地征购、工厂设计、建设、进口设备招标采购等一系列工作，计划于2004年8月投产;其他合资、合作企业也正在筹建中。

通过上述公司的运作,截止至2004年年底,“天汽模”汽车模具企业团队将初步形成。届时将拥有30~40台大型数控机床、12~15台600t以上试模冲床、年设计、制造能力大于1 500标准套,实现分工高度专业化、整体规模化、经营集团化的崭新汽车模具企业。

2003年是中国汽车工业“井喷”的一年,汽车产量和销售达到400多万辆,其中轿车产量达到200多万辆。在轿车产量翻番的背后,是轿车车型的翻番。过去的一年,新车型的涌现超过原有几十年的旧车型总数。

随着汽车开发力度的增加,汽车模具企业也实现了前所未有的发展。原有的民营模具企业在数控加工能力上的全面提升,使中国汽车模具的制造能力成倍增长。

汽车销售的火爆带来模具市场的商机,同时又刺激了模具工业发展,也带来了模具市场的竞争。

但总的来看,2004年对天汽模来说是机会大于竞争。面对可喜的市场,天汽模2004年的合同额计划在2003年实现1.2亿元的基础上,力争增长25%,达到年合同额1.5亿元。

2003年,国外用户在中国采购模具的热情空前高涨,每月到天汽模考察、洽谈模具的外商络绎不绝,天汽模正面临着向国外出口的极好时机。经过几年的准备和企盼,2004年是天汽模走向国际,实现企业发展第二步的时候了。

欧美汽车企业面临降低开发成本的巨大压力,国外模具企业的成本又居高难下,造成国外模具企业发展的萎缩,这为公司的发展提供了外动力。要提高模具的档次,真正占领国内轿车模具的市场,迫切需要用户的信任和自身产品质量的提高,这就是出口模具的内动力。

国际市场的开发成功,必将大大提高企业的生存能力和竞争力,为企业带来更大的发展空间,使天汽模早日迈进世界先进模具企业行列。

在天汽模所有的优势中,技术优势是非常重要的一环。CAE技术应用、实体设计、实型数控加工技术、高速高精度编程加工技术和模具制造工艺技术,使天汽模能够保持先进和领先大部分同行企业。天汽模2004年的技术进步重点,仍然是通过这些技术的完善、开发来提高生产效率。特别是要在实体设计模板化、构造面编程、少人无人化加工、无图制造等方面取得突破性进展,继续扩大企业的技术优势,并使其转化为生产力。

企业要做大,但又要避免大企业的弊端,引进内部竞争机制是关键一环。天汽模无论是内板分公司,外板分公司,天汽模的合资、托管企业,都是独立核算、自负盈亏,各企业之间都会形成一种自然的竞争机制。每一个企业的管理者和职工,都希望自己管理的和所在的企业成为一个技术先进、管理科学、效率最高的企业。

天汽模的发展必然带来现有人才的严重稀释和匮乏,人才培养成为企业能否发展的最大考验。现在,人才的竞争成为竞争的一个焦点,谁能在人才上领先一步,谁就能在竞争中占得先机。

在人员管理方面,对原职工,要提高每一个人的素质,包括职业素质、技术水平、事业心、成就感和对企业的满意度。对新职工强化岗前培训。采取的措施是联合社会办学,建立天汽模模具技术培训中心,并逐步完善和加大投入,最终建立起具有企业品牌,在全国有影响力的“天汽模”培训基地。在岗前培训中,天汽模精心组织教材、教师,科学组织教学。采用目标教学,强化实践训练等方法,探索出一条多出人才、快出人才的新路。

在多年的企业发展中,天汽模创造、发展了具有自己鲜明特点的企业文化,“学习、诚信、简单、快速”的信念,带领天汽模走向更加辉煌的明天。

〔撰稿人:天津汽车模具有限公司常世平〕

龙记集团

龙记集团始创于1975年,是由现董事会主席邵铁龙先生和其弟现董事长邵玉龙先生在香港创立。20世纪80年代,由于消费品市场要求和质量的不断提高,模具设计更趋复杂,交货期却缩短,对模架及粗成型的需求不断增加,龙记集团掌握机遇,进军模架市场。随着经济的发展,龙记集团在不断改良技术及产品质量以满足客户要求的同时,预见到中国工业的迅速发展,于是制订了以国内作为龙记集团主要生产基地的方针,再次为龙记集团的长足发展把握契机。

1992年,邵氏兄弟在东莞市建立了国内第一所生产厂房——东莞龙记五金制品有限公司,翻开了龙记集团创业史上崭新一页,随后为配合华东、华北市场,1995年龙记集团于上海市建立上海龙记金属制品有限公司,而2004年下半年即将投产的台州龙记金属制品有限公司,则是这一策略的进一步延伸;1996年龙记集团又于广州市建立广州龙记金属制品有限公司;1997年,龙记集团于河源市建立的河源龙记金属制品有限公司,成为现代集团国内最大的模架生产基地,全面提升生产力,以满足客户需求,仅在河源龙记金属制品有限公司,便配置了高精度的加工中心及其他设备500多台,员工达3 000多人,为客户由150mm×150mm的小型模架以至2 500mm×5 000mm的超大型模架及模板提供材料、零件、粗加工以至精加工的全面服务,使客户在提升制模能力上无后顾之忧。

为促进龙记的产品能更方便地服务客户,龙记集团在华东、华南地区不断增设分公司、办事处,销售标准模架、零配件、钢材及接受客户的订单。随着分公司、办事处的快速增长,龙记集团与客户的距离拉得更近了。

为进一步配合多元化及国际化服务,在此期间,龙记集团又分别于新加坡、日本、马来西亚等地设立分公司,扩大市场领域。龙记集团更成功地取得瑞典“一胜百”、日本“大同特殊钢”及“三菱制钢”等优质钢材之经销权，为客户提供更完善的优质服务。

“品质第一”是龙记集团之根本政策方针。早在1987年，龙记集团便为提高模架精度及质量，突破性地引入计算机数控加工中心加工模架，提高精度及效率，实为香港模架业之首创；并采用了计算机辅助设计系统（CAD/CAM SYSTEM），增强绘图及高精度三轴弧面加工技术，大大提高工作效率及服务水平；同时，为实现全面提升模架质量，龙记又增设了导柱、导套零配件生产线，并早已成功地分别为模架、钢材及零配件之营运系统获取ISO管理体系之认可，又于早期各所属工厂相继获取ISO9001:2000质量体系认证。

龙记集团为客户提供标准模架、订造模架、内模件、模具配件及钢材等产品，同时可为客户提供热处理、烧焊和质量鉴定等增值服务，近年又推出了LKM Heatlock热胶道系统，配合LKM模架设计的热胶道系统，能完全解决热胶道安装在模架上的各种难题，使热胶道系统和模架之间的配合更完善、更合理，大幅度地简化制造流程，进一步为客户使用热胶道系统提供方便及更完善的优质服务。

1993年，龙记集团母公司成为同业中首家在香港联合交易所的上市公司。1997年初，龙记集团又于新加坡成功上市。时至今日，龙记集团已成为行业的翘楚，产品行销美国、日本、欧洲、东南亚等多个国家的主要市场，为实现国际化、全球化奠定了稳固的基础。龙记集团全体员工将继续努力为客户提供最优质的产品及最优良的服务，以回馈广大客户长期以来的支持与厚爱。

基于河源龙记五金制品有限公司的高速发展，2003年，龙记集团董事局决定与河源市政府携手合作发展“龙记工业园”，至此，河源龙记金属制品有限公司与“龙记工业园”总面积已超过了$1km^2$。随着“龙记工业园”的展开，标志着龙记集团迈进到一个新纪元。

盘起工业（大连）有限公司

中国模具工业正以超过国民经济增长率两倍以上的惊人速度发展，举世瞩目，为行业带来了千载难逢的巨大商机，同时行业间的竞争也日趋白热化。从竞争的特点分析，主要是围绕着Q（质量）、D（交期）、C（价格）三个方面展开。

模具标准件在模具成本中通常占3%～7%，比例虽不算高，但却影响甚至决定了模具的质量。从欧美、日本等发达国家的发展进程上看，最初模具标准件都没有形成产业化的社会分工，而是由模具制造商自行设计制造的。随着行业的发展和竞争的加剧，才逐渐形成模具标准件的行业分工和社会化生产。中国模具工业正在经历着同样的发展历程，这是因为高质量的模具标准件是保证模具质量的必要条件。另一方面，模具制造商无法忽视来自专业化标准以下几方面的诱惑：首先可以提供比自制标准件更高质量的产品和服务。其次，通过引进商品化的标准件可以把模具的制造周期压缩到最短。第三，可以减少模具制造商相应的资源配置，享受标准件制造商低成本的规模生产优势，甚至通过其实现标准件的零库存，从而有可能把模具的制造成本降到最低。由此看来，模具标准件产业化水平的提升和标准化推进，必将对模具行业的发展及模具制造商竞争力的提高起到巨大的推进作用。

作为中国最大的模具标准件制造商，盘起工业（大连）有限公司在1990年成立初期的定位只是日本盘起工业的半成品加工基地。然而，经过十几年的滚动发展，规模逐渐扩大，现已达到年产值3亿元以上，拥有1 700多名队伍的制造、销售一体化企业，并继续保持突飞猛进的发展势头。企业的长足发展特别是近年来中国国内销售业务的高速增长似乎不是他们原本就有的野心与追求，而是客观上市场需求和拉动伴随而来的结果。作为中国模具标准件行业的先驱，为一流模具制造商提供一流的标准件，以Q、D、C的全方位竞争优势推进中国模具事业的发展与标准化进程，是公司员工坚持不懈的努力与追求。

作为高端模具标准件象征的盘起产品不仅服务于外资、港台企业，而且近期在以江浙地区为代表的颇具规模和影响的民营企业中也受到了前所未有的青睐。这意味着中国模具界民营企业的崛起、实力的增长和品牌意识的提高，也反映了盘起工业已经确立了更加灵活务实的市场战略，改变了以往在业界内“高品质、高价位”的印象，在保持自身品牌优势的同时，在更广泛的层面上实现了与中国模具市场需求的对接。盘起工业将围绕着Q、D、C做出持续不断的努力，与模具制造商携手并进，寻求共同的发展与进步！

西安航光模具标准件研究所

西安航光模具标准件研究所专业从事精密弹性元件和模具标准件的开发与研制。多年来，始终坚持质量第一、技术进步的宗旨，先后完成了多项为我国航空、航天等军事装备配套的高精度、高性能弹性元件及为模具配套的标准件。深得用户好评并获得上级嘉奖。

近年来，随着汽车产业的发展，汽车模具的需求量逐年增加。该所以市场客户需求为导向，为了解决模具用标准件的国产化以及国产模具提高水平、降低成本、缩短交货期等问题，着手研制并生产了系列的模具标准件产品。

目前，该所有六大类产品可向模具行业及汽车行业厂家供应：弹性件——模具强力弹簧及各类型精密弹簧；冲切件——各种标准和规格的凸模、凹模、固定板以及多凸（凹）

模组合固定板；导向件——各种标准的无油自润滑元件（含油导板、导套）；侧冲件——各种类型的斜楔侧冲装置；预翻边连杆机构——包边模用部件；斜导柱滑块装置。

以上产品基本覆盖了汽车模具用标准件的范围，已向全国主要的汽车厂和模具厂供应。既可替代进口产品，又可满足国内自行设计制造模具的配套需要，具有较大的社会效益，赢得了汽车模具厂家广泛的认可和信任。

该所主要的技术成果有：

(1)扁钢丝圆柱螺旋压缩弹簧(模具强力弹簧)被国家科委、中国工商银行、中华人民共和国劳动部、国家外国专家局和国家技术监督局联合评为国家级新产品，并被西安市人民政府评为市科学技术进步一等奖；被中国人民解放军总后勤部评为全军科学技术进步二等奖。

(2)由该所起草制订的中华人民共和国机械行业标准——《JB/T 6653—1993 扁钢丝圆柱螺旋压缩弹簧》被机械工业部评为机械行业科学技术进步三等奖。

(3)模具强力弹簧、斜导柱滑块装置、预翻边连杆机构三大类产品被中国模具工业协会技术专家组评定为“具有国际水平的模具标准件”，固体润滑耐磨板(含油导板)、固体润滑导套(含油导套)、侧冲装置(侧冲器)、球锁式快换凸模及固定板等产品被评定为“具有国内先进水平的模具标准件”。

(4)全国汽车行业模具标准中，有 89 项直接采用了该所编制的企业标准列入到行业标准中，已被汽车模具行业广泛采用。

在激烈的市场竞争中，该所始终坚持质量第一、技术进步的宗旨，不断提高。同时特别注重技术队伍的建设，在现有员工中，具有高级职称的人数占员工总数的 10%，大专以上学历者占 40%。针对模具标准件，只要用户提出产品性能要求，就能够针对需求进行设计、生产，满足客户。

该所模具标准件产品从 2001 年起享受国家对模具企业增值税先征后返的优惠政策扶植。2004 年，该所同时通过了 GJB 9001A—2001 和 GB/T 19001—2000 质量管理体系的认证。这也是该所一贯坚持质量第一、技术进步的有力证明。

在产品研制和市场开拓的同时，注重与各级学会和协会组织的交流与合作，积极参与并热心支持其工作：中国弹性装置委员会、中国弹簧失效分析及预防专业委员会、中国弹簧技术咨询中心、中国模具工业协会标准件委员会、西安模具工业协会等学会及协会的秘书处均设在该所，同时定期出版《中国弹簧技术简报》。

杭州萧山精密模具标准件厂

杭州萧山精密模具标准件厂成立于 1993 年，是中国模具工业协会理事和中国模协模具标准件委员会副主任委员单位，专业生产“金龟牌”各类铸铁、钢板滑动、滚动模架。十多年来，企业面对复杂多变的市场环境和激烈的市场竞争，把“产品质量狠抓不放，新产品开发永不停步，抢占市场永不松懈”作为一切工作的指导思想，始终坚持“以市场为导向，以技术创新为手段，以结构调整为主线，以提升基础管理为平台，以提高企业核心竞争力为内容”的方针，积极推行“提高产品性能，缩短研制周期；提高产品质量，降低生产成本；提供优质服务，快速反应市场”的科学管理思想，经受住了市场经济的种种考验，从一家名不见经传的小厂发展成为目前国内第一个大型冷冲模架生产企业。“金龟牌”冷冲模架以技术高、质量优、服务好赢得了国内外市场和用户的信赖，畅销全国，为国内各专业模具制造厂家提供优质配套，还出口东南亚多个国家。

一、提升基础管理　构建快速发展平台

良好的管理是提高市场竞争力的基础，抓好基础管理是企业永恒的主题。企业深知“市场竞争是产品竞争，更是质量竞争”的道理，在全面狠抓管理的同时，狠抓产品质量，提出了“向产品质量要用户，向产品质量要市场，向产品质量要效益”的口号，始终把质量视为“企业的生命”。企业坚持“以顾客为中心”、“领导作用与全员参与”、“过程的持续改进”等质量管理原则，实行从产品开发设计、生产制造到营销服务的全过程质量管理。通过不断改进企业生产经营活动，使顾客相信金龟模架能满足他们的期望。2001 年企业通过了 ISO9001:2000 质量体系认证，2002 年、2003 年企业顺利通过年度监督审核。

企业的生产经营过程全面贯彻国家标准和行业标准。在产品研发过程中，技术参数的定位、选型、工艺控制、精度要求等按照国际先进标准或企业内控标准执行，对研发的每一种新产品均通过标准化审核合格后才投入试制和生产。“金龟牌”产品的采标率达到 100%，使产品一投放市场便得到广大用户的认可和喜爱。在产品的制造过程中，以先进的加工手段、专用设备和检测手段严控产品质量，满足市场要求，为企业参与市场竞争提供前提保证。2003 年，企业顺利通过了浙江省二级标准化水平和二级计量水平确认。

“金龟牌”精密冷冲模架在设计开发和生产制造中严格执行工艺纪律，强化出厂前的考核验收工作，每一个环节都严格贯彻了“今天的质量就是明天的市场”的经营理念。工厂设有专门的工艺纪律检查组和质量监督抽查组，坚持不懈地对工艺纪律和产品加工质量进行跟踪、检查，实行奖罚与经济责任制挂钩，确保产品生产制造过程得到有效监督和控制。“金龟牌”商标为浙江省著名商标，“金龟牌”精密冷冲模架曾获首届模展模具标准件奖、杭州市名牌产品。在 2004 年 5 月“第十届国际模具展览会”上，参展的 5 个系列冷冲模架，有 3 个系列产品被行业专家评定为国际水平，2 个系列产品为国内领先。

二、完善服务体系　树立良好市场信誉

工厂始终坚持“以顾客为关注焦点”的经营理念，把顾客满意度看作企业生存和发展之本。在企业内实施了用户满意工程,努力提高售前、售中、售后服务,提高用户满意度,扩大了品牌知名度。

多年来,企业瞄准市场需求,正确把握市场脉搏,针对市场环境中随时出现的新情况、新问题、新趋势,及时调整产品结构和营销策略,建立快速有效的反应机制。利用售前、售中和售后到位的精诚服务,作为抢占市场的重要法宝。销售人员在售前服务时,真实全面地介绍产品的功能和特征,为用户答疑解难,推荐适型产品;在特殊订单承接过程中,为用户提供同步服务,既缩短了设计、制造周期,又提高了产品质量,降低了生产成本,真正体现以顾客为中心的思想,增强用户满意度;在售后服务上实行承诺服务,以最短的时效提供高水平的服务质量,及时利用电话、传真、网络指导用户,运用特快专递、航空、中铁快运等解决用户的迫切需要,并根据用户的要求及综合因素,安排有关人员立即赶往用户现场,及时解决用户投诉的各种问题,并对用户进行培训,解决用户的后顾之忧。此外,每年企业还派出由技术人员、维修人员、销售人员、车间管理人员组成的巡回用户服务组,走访新老用户,了解用户需求。

企业所推行的通过与顾客合作为起点,提供顾客高质量产品和服务,与客户建立良好的合作关系。老用户回头率提高,新用户慕名而来,为企业培养了一个忠实而稳固的顾客群体。2000 年以来,经顾客满意度调查,金龟模架的顾客满意度均为 100%。

三、注重科技创新　增强企业发展后劲

创新是一个民族进步的灵魂,是企业发展的不竭动力。企业始终能围绕市场需求坚持不懈地进行技术创新,引领行业技术进步,在激烈的市场竞争中获得生机和发展。

1993 年以来,通过自身力量及政府、行业部门的扶植,累计投资 482 万元,对冷冲模架生产线进行五次技术改造,添置了一大批先进生产设备,年生产能力由成立时 6 万套增加到目前的 15 万套。目前,企业拥有总资产2 123万元,固定资产 623 万元,生产设备 100 余台,厂房面积5 000m^2,现有职工 131 人,其中各类专业技术人员 20 人,技师 6 人,高级技工 22 人。

企业充分尊重市场需求,科学预测市场走向,建立起市场指导产品开发、研制和生产的模式,做到每开发一个新产品,市场就承认一个,客户就接受一个。产品研发以保证质量和提高改善性能为前提,不断提高产品科技含量。近年来,相继开发了单柱、双柱可卸导柱滑动模架系列、JM - CT 系列中间凸套模架、JM 系列可卸导柱模架、JM 系列滚珠模架、TUB 系列滑动导向部件、TUR 系列滚珠导向部件、JM - IV 型中间导柱圆形模架系列、JM 系列可卸四导柱滚珠模架、JMG 系列高精度冷冲模架等新产品,年新产品产值率保持在 35%左右。其中有 5 项新产品通过了省级新产品鉴定,TUB 系列滑动导向部件、JM 系列可卸导柱模架分获杭州市 2002 年、2003 年度优秀新产品、新技术三等奖;JM—BB 系列模架、JM 系列可卸导柱模架、JM 系列滚珠模架、TUB 系列滑动导向部件在"第九届国际模具展览会"上荣获国内先进水平称号。这些新产品投入市场后深受用户欢迎,成为企业新的经济增长点,为企业参与市场竞争提供了坚强的技术支持。

技术创新为企业注入了新鲜血液,也给企业发展带来了良好的经济和社会效益。"金龟牌"精密冷冲模架的技术水平、市场占有率、综合经济效益均处于国内同行领先。2003 年,企业产值、销售、利税分别比上年增长 23.3%、20% 和 38.73%。2004 年 1 ~ 5 月,企业仍保持强劲的发展势头,产销两旺,产值、销售收入分别比上年同期增长 26% 和 10.5%。

企业的发展过程证明:只有依靠过硬的产品品质才能不断拓展市场,只有凭借精诚的服务才能赢得更多客户,只有坚持持续的技术创新才能保持"金龟"品牌强大的生命力。工厂将继续以科技为先导,以市场为导向,吸纳优秀人才,充分发挥自身技术优势,进一步提高管理水平,把产品做精、做细,把企业做大、做强,继续保持国内同行领先地位,为提升模架行业整体水平作出更大贡献。

陕西渭河工模具总厂

陕西渭河工模具总厂(国营第七〇二厂)隶属陕西省信息产业厅,大型国有独资企业,是我国机械电子行业工模具研制生产的专业骨干厂家。工厂始建于 1960 年,占地面积 34.5 万 m^2,拥有固定资产原值 1.5 亿元,现有职工1 600人,工程技术人员 471 人。

工厂主要研制和生产以精密模具及冲压件、精密冷冲模架、精密齿轮及谐波传动装置、电子专用工具、量刃具、成形磨削夹具、硬质合金烧结及深加工制品线切割机床及零部件等产品为代表的八大类3 000余种规格。产品 100 余次荣获国家、部省科技成果及优质产品奖,企业通过了 ISO9001 国际体系质量认证。工厂拥有一批从瑞士、德国进口的先进设备和检测仪器,技术开发、设计制造力量雄厚,工艺路线成熟,有健全的高水平的质量管理体系。其精密模具及模具标准件、谐波减速器、机用丝锥、铰刀等产品的生产能力、加工手段、技术开发、市场份额以及质量和规模都名列全国前茅,以"雪菱"为注册商标的产品畅销 15 个国家和地区,久负市场盛誉。

"九五"期间先后投资 1 个亿进行改造、改制和重组,引进国外模具先进加工设备及技术,建成了西北地区最大的、面积为5 100m^{2}的模具及其标准件研发、设计和加工中心;建成了具有国内先进水平的 PCB 刀具生产线了;实施了丝锥生产线技术改造,形成了年产 300 万支的生产能力。工厂引进美国先进的 CAD/CAM 系统工作站,设计和制造全面普及应用了 CAD/CAM/CAE 先进技术,初步实现了技术研发、产品加工向产业化的飞跃。

工厂是电子工业部最早研制生产谐波齿轮传动装置的定点厂家，经过25年的研制开发和生产，已经发展成为我国最大的谐波传动减速器科研生产基地。该产品技术先进，填补了国内空白，设计、生产能力及水平、工程配套能力、批量生产能力均处国内领先地位，市场前景广阔，有很可观的社会效益和经济效益。

近年来，工厂以现代企业制度塑造企业，以市场经济要求再造管理流程，以科技创新提升企业素质，积极进行企业改革和转换经营机制，不断提高经济运行的质量和效益，生产经营呈现产销两旺繁荣景象，工厂经济保持了快速、持续、稳步的发展。

广州市东华模具推杆厂

广东市东华模具推杆厂成立于1985年，主要生产模具标准件：氮化耐热推杆、推管，圆柱头推杆、推管、导柱、导套等。从1991年至现在，累计投入技术改造资金850万元，提高了产品的质量，扩大了产量。1990年到2003年间，推杆产量从200万支/a，增加到1 900万支/a，增长9.5倍；产值从430万元，增加到3 700万元，增长8.5倍；利润从负10万元，增加到11万元；企业净资产从336万元，增加到964万元，增长2.9倍。产品长期行销包括香港、台湾在内的我国各地区和韩国、加拿大及东南亚市场，全国各地均设有经销点。

经多年的试验研究，逐步总结出采用了电热镦头成形工艺，光整精加工工艺。1989年企业与华中理工大学合作，研制生产GT2材料，并用此材料生产氮化推杆，用此种材料生产的推杆达到了世界先进水平。该项目1990年9月通过了机械电子工业部的科技成果鉴定，填补了国内空白。1989年，企业被国家机械电子工业部确定为模具标准件定点生产厂家，国家模具行业重点企业。1997年起享受增值税先征后返优惠政策。

企业严格执行ISO国际标准、GB国家标准及企业标准，采用现代计算机网络技术对企业、产品质量进行全过程管理，产品性能好、精度高，品种、规格齐全，产品精度及使用寿命均处于国内领先地位。

烟台泰利汽车模具制造有限公司

烟台泰利汽车模具制造有限公司，是由原烟台机械工艺研究所（现为烟台泰利汽车技术有限公司）等4个法人股投资成立的有限责任公司，专业从事汽车车身覆盖件、内饰件模具及各类冷冲压模具的设计、制造与技术开发。

公司是山东省高新技术企业，已通过ISO9001:2000质量管理体系认证，曾多次获得国家发明奖、科技进步奖、模具设计制造优质奖，在全国模具行业享有盛誉；公司技术力量雄厚，拥有一批技术水平高、经验丰富、责任心强的专业技术人员，采用世界先进的工程软件，进行模具工艺设计，建立三维数学模型，开发引用逆向工程，实现了模具CAD/CAM一体化，制模技术达到国内同行业的先进水平；公司内部实行计算机网络化管理，实现资源共享，快速地进行数据交换和信息传递。

公司拥有先进的模具加工设备：进口大型龙门动梁，数控铣（4 300mm × 2 000mm × 1 800mm）2台，进口立式数控铣床（2 000mm × 1 000mm × 1 400mm）1台，日本产大型机械仿型铣，大、中型冲压设备和三坐标测量仪等。

多年来，公司先后为第一汽车集团公司等知名企业提供汽车、家电及其他各类冲压模具。近几年主要为国内轿车行业设计加工模具，并逐步寻求与国外企业加强合作，已成功为日本YAMAHA公司提供了摩托车油箱模具。

公司始终坚持技术创新与发展，把质量视为企业生存的根本，以人为本，持续改进；公司将秉承“优质快速、精益求精”的理念，全力为用户打造高精度、高品质、高满意度的一流产品和服务。

南京长江机器集团工模具有限公司

南京长江机器集团工模具有限公司，于1984年12月研制成电机定子铁芯自动叠装级进模，填补了国内这类模具技术的空白。二十年来，该公司已发展成国内最大的专业生产铁芯自动叠片硬质合金级进模的企业之一。

该公司拥有加工中心、低速走丝电火花线切割机、坐标磨床、光学曲线磨床等精密数控设备和配套加工设备60余台。职工人数100人，技术人员26人，更拥有一支技术水平高、具有丰富制模经验的技术队伍，在设备和技术上为制造高质量模具提供了保证。

该公司设计制造的电机定转子铁芯自动叠铆硬质合金级进模，采用模具CAD/CAM技术。结构上，模架采用三板式精密双导向，模板采用分段组合式，凹模分块镶件式，槽形凹模拼块式，凸模固定采用压板锁紧式，扭角回转采用电器与机械传动的控制机构等，模具结构上形成规范化、典型化、标准化。应用精密数控设备和精密制造技术，保证高精度零件的精度和质量。主要零件的制造精度在2μm内，步距精度在3μm内，精度和表面粗糙度与国外参数类同。模具的制造周期已逐步缩短，大规格的模具制造周期4个月，中规格的3个月，小规格的2个月。制造周期已达到国外同类模具的水平。模具使用寿命1.5亿冲次以上。模具结构、功能、精度、寿命、制品质量等方面，已达到国外同类模具水平，可以替代进口模具。

电机定转子铁芯自动叠铆硬质合金级进模，具有冲压成形、扭角回转、叠铆、分组等功能，在一套模具内生产出成批的铁芯组件，给高质量铁芯的大批量自动化生产提供了保证。这类精密多功能模具，是国内外重点发展的精密模具之一。这类模具在高速冲压生产线上使用，冲压的铁芯制品广泛应用于电机、电器、电子通讯、家用电器、仪表、汽车及摩托车等行业，模具需求量较大，模具前景较好。

随着铁芯制品的生产发展需要，多功能模具成型的铁芯制品向大规格发展；铁芯中型规格的模具向双排模具发展；小规格铁芯模具向多排模具发展，模具日趋大型化。提高了铁芯生产的材料利用率和一模多件的生产效率，市场需求份额的比例逐步增大。该公司为适应市场需求，近两年来，完成扭槽直径达 ϕ162(转)的吊扇全密管模具，铁芯外径 ϕ140规格的双排扭槽叠片模具、铁芯定子半面体组合的双排扭槽叠片模及机械式大回转模具等高难度多功能模具，模具的技术层次上了新台阶。

该公司研发的精密多功能模具，有3项模具分别获得国家级科学技术进步奖二等奖，部级科学技术进步奖二等奖，省级科学技术进步奖三等奖。有9项模具分别参展第三届至第九届中国国际模具技术和设备展览会，经专家评议，达到国际水平。有2项模具被专家组评审推荐为国家级新产品模具。这些高档模具的成绩反映了该公司模具的技术水平和设计制造能力，为推进这类模具的国产化做出了较大贡献。

近五年，公司模具产值平均每年增长50%左右。2003年，模具产值超过1 000万元，比上年增长70%以上。模具商品化率，达到95%以上。并有少量模具出口国外，取得了很大的经济效益和社会效益。2004年，该公司将投入2 000万元对其设备进行改造，使其具有制造体积达2 000mm × 1 000mm × 500mm 的大型叠装模的能力。

天津通广集团模具塑料有限公司

天津通广集团模具塑料有限公司是由原国有企业天津通信广播公司模具厂按照现代企业制度组建的股份制企业，1949年建国以来一直从事模具制造行业，是我国模具行业的大型骨干企业，是中国模具工业协会理事单位。公司拥有高素质的员工队伍和3 000m^{2}的现代化厂房及3 000万元的设备资产，有从美国、日本、西班牙等国家引进的大型精密数控机械加工设备。开发制造的汽车、电视机、计算机、空调、微波炉、移动电话机塑料模具在我国占有重要地位。模具已出口到荷兰、西班牙等国家。

通广集团模具塑料有限公司通过了ISO9001质量管理体系认证。

通广集团模具塑料有限公司下属模具厂、配套厂、注塑厂3个专业分厂，其产品包括：汽车、家用电器、计算机、移动电话模具，专用工夹量具。公司还承接各种金属零部件的深加工及配套供应、产品的注塑加工。

天津通广集团模具塑料有限公司以“您的满意是我们永远的承诺和追求”为宗旨，以“第一流的技术、第一流的管理、第一流的产品、第一流的服务”为经营理念，秉承50多年的辉煌，以崭新的面貌迎接新世纪的挑战，再攀新高峰。

峰川模具(东莞)有限公司

峰川模具(东莞)有限公司位于广东省东莞市风岗镇的雁田区，毗邻深圳，是香港茂森精艺金属制造有限公司的全资附属公司。其前身是茂森公司的工模部，具有近30年的五金模具制造经验，已获得国际品质ISO9002系列认证，2002年通过ISO9001:2000认证。公司现有员工250人，具备月生产150套25～600t中型模具的生产能力。产品包括办公自动化、家用电器、电脑配套、汽车制造等相关行业的五金模具加工制造，是香港、广东地区资深的金属冲压模具制造厂家。其中连续模(Progressive Die)和单冲模(Singles Die)的金属模具制造技术在区内一直处于领先水平。

长期以来，峰川模具公司以高技术、高质量，低成本为经营理念，全心全意为客户提供富有竞争力的模具产品，并且勇于承担责任，做好售后服务。经过多年的努力，公司的产品已成功销售到美国、加拿大、日本、欧洲及东南亚各地市场，出口模具的比例占总销售额近六成，在海内外客户中建立了良好的信誉，同一些国际知名公司结成了友好的合作伙伴关系。例如IBM、PEC INTIER.APC、XEROX(施乐)、EPSON(爱普生)、RICOH(理光)、HITACHI(日立)、KONICAMINOLTA(柯尼卡美能达)、TOSHIBA(东芝)、SONY(索尼)、SHARP(声宝)等。还通过其他商社为NISSAN(日产)、HONDA(本田)等世界知名的汽车制造厂提供金属冲压模具，并获得了好评。

为达到高效的运作管理，峰川模具公司与时俱进，采用了现代化的ERP管理系统。使公司从行政、生产、销售、物流、资讯、后勤等各方面逐步纳入规范化的管理体系。充分利用人力资源，减少误差，有效控制成本，大大提高了公司的生产力和市场竞争力。

高质量的产品源自于高素质的设计。峰川公司拥有数十套 Solidworks/Proengin/Excess - Plus Cadkey/Blank Worrs/Auto Cad/CAM 的辅助设计软件，用于平面与三维的模具设计和产品研发。峰川模具公司还培养出一批具有多年模具设计经验的设计人员，他们努力学习和吸收世界模具设计发展的新技术，按照客户要求精心设计，细心跟进，随时留意加工及生产出现的新情况。经常和市场部的同事与客户开越洋电话会议，交流情况，解决疑难问题。公司所有制模技师都经过长期的在职培训，同时也都经过第三方(专门的模具技术培训提升机构)专业培训并通过结业考核。

建立优质的品质系统，采用先进的制造技术，通过全员的持续改善，满足客户的需求，这是公司的品质方针。在所有模具的制造过程中，配置专人跟进项目，全过程实行严格的品质控制。

公司拥有先进的模具生产设备共200台，其中加工中心和线切割机，检测仪器等精密设备大部分采用美国、英国、日本制造的国际知名产品。为了配合海内外客户业务量的不断增长，已投入巨资，在东莞市风岗镇兴建一座面积近30 000m^{2}的大型现代化模具厂。

“立足中国，走向世界”是公司长期以来追求的目标，并为此而努力不懈。30年的经验累积，全公司上下的团结奉献，铸就了今天的成绩。公司作为中国模具行业的一员，愿与广大同行一起，携手共进，共同提升，朝着为国际市场提供更多高品质的金属模具的目标不断前进，共创中国模具业的辉煌。

海克斯康测量技术(青岛)有限公司

海克斯康测量技术(青岛)有限公司(原 Brown & Sharpe 前哨)是中国惟一的世界级数控三坐标测量机专业制造厂商，是瑞典高科技制造业集团 HEXAGON 与中国航空工业第二集团公司下属青岛前哨精密机械公司共同投资在中国组建的国际化合资公司。

总部位于瑞典斯德哥尔摩的 HEXAGON 集团是一家上市公司，其核心业务主要包括了计量、工业自动化、工程技术和化工四大产业。HEXAGON 集团计量产业由于将著名的测量机专业厂家 Brown & Sherpe、Brown & Sharpe 前哨、DEA、LEITZ、SHEFFIELD、CEJOHANSSAN 以及著名的测量软件 PC - DMIS 专业开发商 WILCOX 和著名的精密计量工具制造商瑞士 TESA 纳入麾下而成为世界计量领域的领先者。通过其遍及全球的8个专业制造厂和29个精密计量中心，HEXAGON 集团计量产业全球化的研发、制造、技术服务和应用支持网络，通过其多品牌策略的运作，可为全球客户提供世界一流的计量产品和售后增值服务。

海克斯康测量技术(青岛)有限公司作为中国目前技术最先进、实力最强的三坐标测量机制造企业，是 HEXAGON 集团计量产业的核心成员和五大测量机制造基地之一。面向中国用户，公司可提供全系列测量产品，并配置国际最先进的数控系统和各种功能完善的测量软件，以满足广大制造业客户对质量保证和生产过程的要求。目前，公司的测量机产品年销售数量已经超过300台，并且以30%的速度在不断增长，客户广泛分布在汽车、航空航天、模具、机床工具、国防军工和家电等重点行业。目前，公司有10%以上的客户分布在模具行业，50%以上的模具企业正在使用公司提供三坐标测量机产品和并享受相关服务。

公司拥有全系列的测量产品以满足模具企业对测量产品和技术的要求。超过5 000种的精密测量工具和替代车间工人手工量具的简易型手动测量机 Micro Hite 3D，可完成一般的测量需要。作为公司主打产品的 GLOBAL 系列测量机，自2001年4月开始推出以来，以其7个系列尺寸、三种技术等级获得了广大中国用户的青睐，在短短的3年时间内，就售出387台，并以其高精度、高可靠性和高效率在业界享有广泛的声誉。

先进的通用测量软件 PC - DMIS，在功能完善、便于使用的基础上，不仅具备强大的测量和公差计算评价功能，同时还具备强大的 CAD 接口功能，能够利用原始的 CAD 数据，进行脱机编程和零件检测程序的模拟运行，并可将测量数据利用通用的 CAD 格式导出。直接的 CAD 接口功能，实现了与 ACIS、CATIA、UG、PROE 等 CAD 系统的双向直接连接。

本地化的设计、制造和服务、应用支持队伍，加之国际化的测量机产品、技术和应用支持网络，是公司长期雄踞中国测量机行业榜首的主要原因。公司不仅拥有一批包括国家级专家在内的、掌握现代测量机技术的中外优秀专家和工程师，还拥有先进的计算机辅助设计及开发系统、激光检查设备、加工中心、飞行切割设备和精密检测仪器，具备开发研制和生产各种三坐标测量机雄厚的技术实力。

为更好地服务中国客户，公司分别在北京、上海、广州、沈阳、西安、青岛设有精密计量中心和办事处。区域化的服务机制，能够在最短时间内回答客户的技术咨询，并为目前中国的1 600余家测量机客户提供就近的服务和应用支持。“做中国测量机服务第一品牌”是公司不断努力孜孜追求的目标。

2002年，公司现代化的新厂区在青岛市高新技术开发区落成，使公司具有年产450台测量机的能力；两个高标准的、面积300多 m^2 的检测车间，能够实现(20±0.2)℃的温度环境控制，从而为高精度测量机的验收奠定基础；300多 m^2 的测量机演示和培训中心，是目前亚洲最大的三坐标测量机培训基地，具有完善的各类型测量机配备和10多名专职培训应用教师，可完成涉及售前、售中和售后各个阶段的演示、技术咨询、培训工作。

2003年，公司在中国取得了超过55%的测量机市场份额，订货突破3亿元，从而牢牢占据着中国测量机行业领先者的地位。

北京三信拉丝模具有限公司

北京三信拉丝模具有限公司为1993年建立的中外合资企业，注册资本50万美元，现有员工40人。2003年公司销售额为1 200万元。公司引进了美国数控激光加工机、挪威孔型测量仪，并有大批先进的国产设备配套。多年来公司一直致力于拉丝模具工艺技术的研究与开发，拥有自主知识产权的粉末冶金镶套加工技术、激光加工技术及拉丝模设备的制造技术，其镶套加工、激光加工始终处于国内领先地位。公司于2002年投资国内最大的拉丝模企业上海斯米克拉丝模有限公司，占其股份的45%，并取得上海斯米克拉丝模有限公司的经营管理权。公司产品在中国台湾、越南、新加坡、澳大利亚、欧洲及美洲均有销售。其中在澳大利亚产品占有率已达60%以上，公司于2004年在美国设立了销售公司，将大规模进军海外市场。

上海斯米克拉丝模有限公司

上海斯米克拉丝模有限公司由原上海斯米克金刚石工模具有限公司重组改制成立，是一家具有50年拉丝模制造经验的中外合资企业。公司注册资本为400万元，现有员工60人，年销售额在800万元以上，是拉丝模行业内最知名的企业。公司主要产品有金刚石拉丝模、硬质合金拉丝模、挤出导向模、涂漆模以及拉丝行业相关的其他配套模具，其产品质量始终处于国内一流水平，为广大拉丝企业所信赖。公司拥有一批具有通晓拉丝工艺及模具配套的技术服务队伍，致力于拉丝企业的咨询服务。公司通过了ISO9001国外质量体系认证，并有完善的销售及服务网络，将为不断扩大品牌优势而努力。

郑州新亚超硬材料有限公司

郑州新亚超硬材料有限公司是一家以国内第一颗聚晶金刚石诞生地郑州三磨所为技术依托的合资企业。公司自有资本3 000万元，现有员工150人，年销售额4 800万元。公司主营产品为石油、地质钻探用钴基聚晶金刚石复合片、拉丝模用钴基聚晶金刚石坯料的生产以及超硬材料刀具的制造，是目前国内最大的金刚石坯料供应商之一。公司拥有强大的研发队伍，已开发了尺寸从D4到D33、粒度从3μm到50μm全系列的拉丝模坯料，并每年有新产品问世。公司与世界顶级的金刚石制造商保持密切的业务联系，不断吸收国外的先进技术、经验为广大客户所用。公司拉丝模坯料的国内市场占有率已在30%以上。公司始终致力于国外市场的开发，目前公司产品的30%，拉丝模坯料的50%为出口。公司将为打造成为国内最大的金刚石坯料供应商而不懈努力。

模具标准件联合销售网及模具标准件主要流通企业

模具标准件工作是关系到模具工业发展的一项重要基础性工作。中国模具工业协会领导对此项工作非常重视，杨铿理事长于1992年10月提出“振兴模具工业，努力提高模具标准件商品化水平”。模具标准件委员会自1986年6月成立以来，致力于模具标准化、专业化生产和商品化市场经营，取得了显著成效，使模具标准件使用覆盖率由20世纪80年代初期不足15%，发展到现在的40%~45%，全体模具标准件行业员工为之付出了辛勤的劳动。有力地促进了模具工业的发展。

一、模具标准件联合销售网的发展历程

为了适应市场经济的需要，模具标准件委员会于1987年6月在广州增城召开了各地模具标准件销售服务部负责人第一次联系会议。来自广州、北京、上海、天津、沈阳、江苏、贵阳、长沙、福州、陕西、杭州、昆明、成都、大连、重庆等各地的模具标准件生产销售负责人共同倡议，建立模具标准件营业部负责人联席会议制度，建立初期模具销售网点14个，分布在12个省市。此举促进了模具标准件专业化、标准化、商品化发展。随着市场经济不断深入发展，各地模具标准件销售网点不断发展壮大。

为更好地促进市场流通，克服由企业直销方式带来的弊端，由模具标准件生产企业在各地设立销售网点，标准件委员会组织由生产企业各地销售网点共同参与的产销联合销售网络。以《模标商情》刊物为纽带组织模具标准件联合销售网络，开展各项业务促销活动。到2000年底，销售网络成员已发展到105个单位，主要分布在广东、福建、浙江、江苏、山东、陕西、北京、天津、辽宁、吉林、湖南、四川等省市。为活跃流通市场，标准件委员会每年都要组织1~2次活动，销售网站成员进行经验交流，洽谈业务，共商发展大计。

为加强模具标准件联合销售网的管理，保护企业利益，规范市场环境，针对市场流通领域存在的无序竞争现状，制定了“模具标准件联合销售规范”，有力地抵制了无序的市场竞争，起到了保护企业品牌的效应。此项工作得到了当时中国模具工业协会杨铿理事长的好评,他还于1997年7月在模具标准件联合销售网负责人会议上做了“推行科学管理,发展模具标准件生产”的讲话,激励了模具标准件行业广大工作者的积极性。

为更好地适应市场经济发展的要求,经标准件委员会研究决定建立中国模具标准件网站,成立电子商务公司,分两步逐步实现模具标准件网上销售。第一步,初步建立电子商务平台,吸收部分骨干企业参加,开设专卖店,实现在线销售,适合在互联网上销售的标准件产品,用户选择产品,生产企业查看订购情况。其物流和结算按传统方式在网下进行,经过一个阶段运行后,逐步发展成网上销售,这一项工作的实施是模具标准件发展必然趋势,现在条件已基本具备,正在积极筹备,近期将正式开通。

二、模具标准件生产企业产品发展状况

20年来,模具标准件生产企业由原来单一的模架、推杆产品,已发展为6大类产品。主要有:标准模架、模块,推杆、推管,导向元件,弹性元件,小型标准件,热流道元件、标准组件、冲切装置、侧冲装置等。

近几年来,模具标准件产品品种、规格、技术性能、质量水平都有明显提高,一些新产品的研究开发为模具工业发展增添了活力。在发展品种规格方面,有很多工作要做,而模具标准件企业在社会化、大批量、专业化生产上发展很快。由于外资企业的介入,促进了国内企业的发展。一些应用覆盖率较高,量大面广的产品,2003年已达到历史最高水平,产品产量、生产总值、市场创汇等都取得了优异成绩。2003年模具标准件行业部分企业主要产品产量、总产值见表1。

表1 2003年模具标准件行业部分企业主要产品产量总产值

	企业名称	主要产品	产量/万套	总产值/万元
精密冷冲模架类	杭州萧山精密模具标准件公司	“金龟牌”冷冲模架、压力机	13	2 900
	陕西渭河精密工模具总厂	“雪菱牌”冷冲模架等	12 (独立柱)4	1 340
	江苏镇江船山模架厂	“精鼎牌”冷冲模架	12	1 412
	无锡曙光模架有限公司	“工字牌”冷冲模架	8 (独立柱)4	1 256
	航天科技集团长征模架厂	“琅玛牌”冷冲模架等	8 (独立柱)3	1 258
	福州东方模具工业有限公司	“东发牌”冷冲模架、独立柱	3 (独立柱)6	520
	山东模具总公司	“北方牌”冷冲模架	3	600
	烟台平安模具标准件公司	冷冲模架	3	480
注塑模标准模架类	深圳南方模具厂	“南方牌”注塑模架		3 000
	江苏昆山中大模架有限公司	“中大牌”大型塑料模架、压铸模架		2 500
	深圳龙华实业有限公司	“龙华牌”注塑模架		1 500
	浙江亚轮塑料模架公司	“五洲牌”注塑模架		1 360
	上海黄燕模塑工程有限公司	“黄燕牌”注塑模架		1 200
	昆山宏顺大型模架有限公司	“宏顺牌”大型注塑模架		1 200
	南通龙腾机械模具公司	“海力牌”注塑模架		1 200
	上海鑫阳模架有限公司	“中萌牌”注塑模架		600
推杆、推管、冲头类	广东增城实力模具标准件公司	“实力牌”推杆、推管等	5 000	5 000
	广东东华模具推杆厂	“箭牌”推杆、推管、冲头	3 000	2 400
	广州富强模具有限公司	“富强牌”推杆、推管、浇口套	2 800	2 000
	天津振华模具标准件厂	“津华牌”推杆、推管、冲头	200	900
	安徽振华模具标准件厂	“华东牌”推杆、推管	2 000	1 500
	天津恭华模具标准件厂	“恭华牌”推杆、推管、冲头	400	800
其他模具标准件类	解放军1001模具标准件研究所	模具弹簧、快换凸模、含油导板、侧冲器等		1 200
	苏州恒泰弹簧厂	“江尊牌”各类弹簧	96万件	480
	上海忠宝模具弹簧有限公司	“三A牌”各类模具弹簧	180万件	1 500
	昆山华星模具导向件有限公司	“华新牌”模回、导向件	7万件	700
	厦门北佳通用机械公司	“北佳牌”导柱、导套	50万件	400
	武汉金龙模板公司	模板、模块	1 000t	900
	四川自贡市大安永力导向件厂	“永力牌”保持架	5万套	150

注:由于对三资企业缺乏统计数据,因此表中未列入三资模具标准件企业。

三、模具标准件市场流通企业

目前全国各地销售点大多数规模小,库存少,销售产品规格少,各地区发展不平衡,某些创办较早的企业,由于受体制影响或市场竞争原因已无法存在,或改为经营其他产品。

虽然模具标准件市场经济比较活跃,但总的发展还不够平衡,模具市场覆盖率较为广泛的地区发展较快,规模较大,南方地区好于北方地区,沿海好于内地。2003年全国模具标准件销售网点部分企业销售情况见表2,表2所列举企业外其余各地区的模具标准件销售网点,规模都很小,每年销售总额普遍在100万~200万元之间。

表 2　2003 年全国模具标准件销售网点部分企业销售情况

企业名称	年销售总额/万元	模具标准件/万元	模具材料/万元	机电设备/万元	其他/万元
汕头欧达曼模具材料公司	8 000	3 000	4 000	1 000	
苏州华东机电化工配套公司	8 000	2 600	1 500	3 700	20
上海润升精密配件有限公司	2 000	2 000			
福建省泉州宝铃发展公司	1 100	1 000			100
昆山凯意工模具配套公司	450	50	400		
青岛精工模具电子技术公司	750	600			
湖南省模具公司	600	300	300		
广州万豪机械模具配件公司	500	塑架 250	冲模 100	独立柱 35	110
沈阳北方嘉鹏模具公司	260	100	160		

注：由于对三资企业缺乏统计数据，因此表中未列入三资模具标准件销售网点。

全国模具标准件销售网点单位在规模扩大的同时，主要经营范围也在不断扩大，单纯经营模具标准件已不能满足模具生产企业的需求。目前已发展到包括模具材料、辅剂辅料、模具加工设备、仪器仪表、消耗材料、承担模具制造等经营内容。

但是由于长期以来，模具标准件销售市场散、乱、差的状况，无序的竞争所造成的不良后果，仍然没有得到很好解决，以致造成企业经济效益差，无法维持正常经营。有些企业在价格上做文章，不从质量和水平上下功夫，造成产品质量下降，以次充好，粗制滥造，偷工减料现象不断出现，从而造成模具标准件行业总体利润下降。

应该指出的是近年来外资在模具标准件行业投资很多，有些已达到很大规模。例如盘起工业（大连）有限公司、龙记集团、明利公司、富特巴（深圳）公司、重林等企业，其产值产量已在国内占了很大份额，其中塑料模架和推杆产品，外资企业已占 50% 以上的份额。其生产技术水平和管理水平也都达到国内领先水平。由于缺乏具体的统计数据，因此表 1、表 2 中未能列入。

总之，模具标准化及模具标准件方面任务还很艰巨，但前景广阔。模具标准件行业 20 年来取得了辉煌成就，今后任重而道远，在当前改革开放的环境中，抓住机遇迎接挑战，为振兴模具标准件事业做出应有的贡献。

部分模具材料生产企业介绍

上海材料研究所

上海材料研究所起源于 1946 年，20 世纪 50 年代开始成为国家机械工业系统从事材料技术开发的综合性部属研究机构，80 年代成为机械工业部模具新材料研究开发归口单位。1999 年改制为隶属上海市科委系统以工程材料研究开发为主并从事新材料制品的生产和经营的高新技术企业。

多年来，本所完成了国家和上海市的重大重点项目，为重大工程解决了一批关键材料技术；向众多工矿企业提供了先进的模具材料和技术，有力地促进了企业产品的更新换代和质量提高。特别是“七五”、“八五”期间本所承接了机械工业部许多模具新材料的研制和开发项目，研制出高强韧性冷作模具用钢 LD、ERS，新型热作模具用钢 ER8、Y4、Y10、GR 等，镜面塑料模具用钢 PMS，高强度无磁模具用钢 50Mn 等。普遍得到用户的认可，并进行重大的生产应用。

目前，该所可以提供本所研制的各类新型模具钢，并提供技术咨询和技术服务，满足用户的需求，也可接受用户的委托开发各种新型模具材料。

宝钢集团上海五钢有限公司

已有 40 年工模具钢生产历史的特钢精品基地——上海五钢有限公司，拥有国际先进水平的生产装备、工艺技术和检测手段，具有雄厚的技术力量和丰富的工模具钢研究开发经验，按照 GB、ASTM、DIN、JIS 等标准及本公司的高要求企标生产各种高质量的工模具钢。本公司采用电渣重熔、真空精炼、电弧炉等不同的冶炼工艺生产的圆、方、扁、模块以及特殊用途的模具钢，以锭型大、材型全、规格尺寸范围宽、品质优而享誉海内外。公司生产的模具钢主要用于制作冷冲、冷镦、冷挤、冷锻和冷压印等模具以及热锻、热挤压、高速镦锻模具和铝、铜压铸模具与注塑模具。其产品广泛应用于金属压力加工行业、塑料制品行业、标准件行业、有色金属加工行业、陶瓷行业以及金属制品行业等各个领域。

为满足模具制造业提高生产效率和材料利用率的需要，公司已建成中国首家由炼钢到成品的模具钢精品生产基地——五钢模块中心。它是以引进的2 000t快锻及拥有15t电渣大锭型、特殊保护工艺重熔的一流的“五钢电渣中心”和100t超高功率 DC + LF + VD 真空精炼炉等先进冶炼设备为基础，增添满足用户需要的表面加工、模块热处理与机加工、模块无损检测等装备和工艺手段，建成的一条具有国际先进水平、年产数万吨中高档精品模块材料的模具钢专业生产线。同时还组建了模具钢加工配售中心，以更好地为各类客户服务。

辽特集团抚顺特殊钢股份公司

辽特集团抚顺特殊钢股份公司始建于 1937 年，是中国特殊钢生产和科研的重点大型骨干企业，拥有雄厚的技术力量和先进的技术装备，具有年产 10 万 t 优质工模具钢的生产能力。采用炉外精炼及1 000t精锻机、2 000t快锻机、3 500t快锻机、WF5—40 扁钢连轧机组生产的工模具钢的质量已达到世界先进水平，国内市场份额在 28%以上，同时大批出口美国、德国、东南亚等 20 多个国家和地区，并获得美国、泰国、中国台湾等多家用户的质量信誉证书，是国家经贸委指定的模具钢生产科研基地。

公司工模具钢拥有生产装备及检验设备，如：

(1)冶炼设备。主要有从德国(KRUPP)公司引进的 50t、60t UHP 超高功率电炉及配套的 LF 炉外精炼炉、VD 真空脱气炉、从德国海拉斯公司引进的 3～6t 真空感应炉、7t 真空自耗炉和 30/60t VHD/VOD 炉外精炼炉等，还有国产 15t、25t、30t 及 40t 电弧炉，1t、2t 及 5t 电渣炉多台。

(2)加工设备。从德国(DMG)公司引进的2 000t液压快锻机，从奥地利(GFM)公司引进的1 000t精锻机和 WF5—40 高精度方扁钢精轧机组以及国外引进的削皮机等先进的大型特殊钢加工设备。国产加工设备有 850 初轧机、650 轧机等，3t 锻锤。

(3)检验设备。美国引进电子拉伸试验机、质谱仪、瑞士直读光谱仪、红外碳硫分析仪、美国(LICO)公司 H、O、N 气体分析仪、硬度计等先进检测仪器。

抚顺特殊钢公司可按国家标准及国外主要工模具钢标准进行各类模具钢型材的生产，同时可根据不同客户的使用要求提供有特殊性能要求的模具钢品种。公司主要生产的模具钢品种见表 1。

表 1　公司主要生产模具钢品种

类　别	主　要　牌　号	供　货　状　态
冷作模具钢	D2(1.2379、SKD11)、DC53、A8、A6、A2、O1、CC1、CC2	软化退火状态供货
热作模具钢	H13(1.2344)、H12、H11、H10、4Cr2MoVNi、TM、56CrNiMoV7、3Cr2W8V、1.6	球化退火状态供货
塑料模具钢	NAK80(10Ni3MnCuAl)、1.2316(3Cr17Mo)、1.2083(S136)、718、P20	根据客户需求，可在硬化状态或软化退火状态供货

冶钢集团有限公司

1. 主要设备

炼钢——1 座 60t 超高功率直流电弧炉(33 万 t/a)，1 座 50t 交流电炉(20 万 t/a)，4 座 18t 电炉，1 座 1t 非真空感应炉，5 座 2.5t 和 2 座 1.2t 电渣炉。

精炼——2 座 60 t LF/VOD 精炼炉(55 万 t/a)，2 座 20 t LF/VOD 精炼炉。

连铸——1 套 4 流方圆坯合金钢连铸机(15 万 t/a)。

轧钢——1 套 850mm×1 初轧机(55 万 t/a)，1 套 RR480×6～RR464×4 连轧机组(20 万 t/a)，1 套 500mm×4 中型轧机，1 套 430mm×2/300mm×5 小型轧机，1 套 250mm×5 小型轧机，1 套 430mm×4 开坯及成材轧机，1 套 170mm 热轧无缝钢管轧机(10 万 t/a)，1 套 ϕ76mm 热轧无缝钢管轧机，3 套 3 辊 LD—30 冷轧无缝钢管轧机，1 套 2 辊 LG—80 冷轧无缝钢管轧机，3 套 ϕ70～190mm 旋压钢管机，6 套钢管冷拔机，1 套 SKW125 冷轧无缝钢管轧机，1 套 SKW75 冷轧无缝钢管轧机。

其他——4 套蒸汽锻锤和 1 套 800t 快锻机。

2. 主要产品

轴承钢、齿轮钢、不锈钢、工模具钢、弹簧钢、高精度中厚壁无缝钢管。

热轧及退火材：圆钢、方材，扁材。

锻材：圆材，方材，扁材，冷拉材。

管材：热轧管，冷轧管，冷拔管，毛细管，旋压极薄壁管。

四川川投长城特殊钢(集团)有限公司

1. 主要设备

炼钢——1座30t超高功率电炉,4座30t高功率电炉,6座15t电炉,2座5t电炉(合计54.4万t/a),1座5t、1座430kg中频感应炉(5 400t/a),1座FV—132 3000Ib真空感应炉(1 000t/a),1座18t AOD炉,1座40t VOD炉(8万t/a),1座40t RH真空脱气设备,1座7t真空自耗炉(4 300t/a),9座电渣炉(2.4万t/a)。

连铸——1套R9/17.53流合金钢小方坯连铸机(6万t/a)。

轧钢——1套825初(精)轧机,1套ϕ650mm×1/ϕ400mm×3及二立六平半连轧机组,1套ϕ650mm×3型钢轧机,1套ϕ500mm×2/ϕ300mm×5型钢轧机,1套ϕ400mm×4型钢轧机,1套ϕ500mm×4/ϕ280~350mm×3/ϕ350mm×4(二立二平连轧)/ϕ200mm×10架45°无扭轧机组,1套ϕ700mm热轧带钢机组,1套ϕ800mm/ϕ500mm/ϕ800mm×1 200mm热轧板机,1套ϕ760mm×1 200mm热轧薄板机组,1套ϕ120~200mm/ϕ500mm×600mm 4辊冷轧粗(精)轧机,1套350mm/ϕ1 150mm×1 200mm 4辊冷轧板机,1套ϕ450mm/ϕ1 150mm×1 400mm 4辊冷轧板机,1套ϕ76mm穿孔机,9台冷拔机,15台轧管机,KPW25VMR和SKW75VWR冷轧管机各1套,1套冷态缩口机,HPT250和HPT160冷轧管机各1套,4套ϕ32~114mm直缝焊管机,3台多功能连续拉拔机,2台15t链式拉拔机,18台各种规格的拉丝机。

热处理——1台马弗式光亮热处理炉,1台电加热保护气体喷流冷却不锈钢管辊底式光亮炉,3台燃气式光亮罩式退火炉,1台不锈钢退火炉,1台轴承钢球化炉,1台合金钢退火炉,8台机械化退火炉,7台100kW电热罩式炉及其他各类热处理炉。

其他——2套1 000t废钢液压剪。1台3 150t挤压机,1台2 000t烧锻机,2台5t蒸汽锤,3台3t蒸汽锤,2台1t蒸汽锤。

2. 主要产品

碳结、碳工、合结、合工、高工、模具、轴承、弹簧钢和不锈钢、高温合金、耐蚀合金的热轧型材、冷拉型材、锻压型材、锻压饼材和环件、锻压件、挤压型材、挤压异形材,热轧盘圆、钢丝、冷轧带钢、冷轧薄板、热轧中板、热轧带钢、汽车大梁板,热挤压无缝管、冷拔无缝管、毛细管,高频焊管、镀锌焊管。

部分模具设备生产企业介绍

汉川机床有限责任公司

汉川机床有限责任公司是国内较早与国外厂商进行技术合作的企业。公司集设计、制造、生产为一体,产品有数控电火花成形机、数控电火花线切割机、加工中心、数控铣床、卧式镗床等多个品种,产品在国内外市场占有较大的份额。公司注重产品的科技及市场开发,为提高产品的品质,加强了同国内外的技术合作与交流。科学的管理使公司发展的步伐更加坚定。公司以北京、西安、上海、广州4个经营部和全国大中城市办事处形成的销售服务网络为市场前沿,全体员工以“让我们的服务更完美”为己任,为客户提供优质、快捷的服务。

公司主要产品有:HCD300K~HCD1250K系列数控电火花成形机、HCD250ZK~HCD630ZK系列单轴数控电火花成形机、TK6350~TK6411A系列卧式数控镗铣床、XK714G~XK718A系列立式数控铣、XH14G~XH718A立式加工中心、XH14G~XH718A龙门式加工中心、HCZK211X3数控深孔钻床、T(X)611和TQ(X)ϕ111系列卧式镗床、TQLX6511型刨台卧式铣镗床和HCTX6511X2数显刨台式双面铣镗床等模具加工设备。这些设备已在许多模具企业应用。

北京机床所精密机电有限公司

北京机床所精密机电有限公司是北京机床研究所实施债转股后成立的公司。公司由北京机床研究所、中国长城资产管理公司、中国华融资产管理公司投资共同组建。

北京机床所精密机电有限公司将按照现代企业制度的运营模式,建立规范的法人治理结构和现代企业经营管理体系,迅速发展成为充满生机和活力、有较强市场力的高科技企业，走上规范快速健康发展的轨道。公司抓住国家“要提升制造业水平，加快发展以信息技术为主要代表的高新技术产业，运用先进适用技术改造传统产业，全面提高制造业的竞争力”的机遇，充分发挥公司综合技术优势，坚持高精、高速、高效的特色和发展方向，不断进行资本运作与技术创新，在5~10年内，努力建设成为我国的精密和超精密机床生产基地。公司将不断提供高精度、高速度、多功能、复合化、环保型的数控加工中心和具有先进水平的精密、超精密加工机床，为装备国民经济支柱产业和国防建设服务，为我国机床行业发展，为振兴北京现代制造业做出贡献。

该公司生产的主要设备有：KT系列立式加工中心、TH系列卧式加工中心、μ系列立式加工中心、FN2P单轴精密数控电火花成形机、GW系列单轴数控电火花成形机、三轴数控电火花成形机等，许多设备适合于模具加工。

北京阿奇夏米尔工业电子有限公司

北京阿奇夏米尔工业电子有限公司位于北京市顺义区，是研究、开发、生产和销售数控电火花机床的高新技术企业，同时也是控股方瑞士阿奇夏米尔集团在欧洲以外惟一的研发和生产基地，是中国机床制造业第一家中外合资企业。

向用户提供经济适用、质量可靠、性价比优秀的电加工机床，增加用户收益、赢得顾客满意是公司的永恒追求。

公司拥有一批优秀的国内外电加工技术专家和高素质的员工队伍，其中大专以上学历员工约占60%。

公司自1994年投产以来快速成长，经过几年的不懈努力，已成为国内电火花加工机床技术的领先者，受到社会各界的广泛关注。江泽民主席和温家宝总理等国家级和部省级领导都曾到公司视察。

公司自1999年起，通过瑞士阿奇夏米尔在全球的营销网络将其产品推向世界各地，并赢得了欧洲、美洲和亚洲各国用户的广泛赞誉。2003年的出口量约占销售总量的50%，其中60%销往欧美发达国家。

公司在行业内部较早通过了ISO9001质量管理体系和ISO14001环境管理体系认证。

在内部管理上，采用了ERP(企业资源计划系统)、流水线装配作业、JIT(准时制生产)和KANBAN(看板)等先进的管理方法。

公司关键设备有三坐标测量仪、大形龙门平面磨床、柔性加工单元(FMS)、印制线路板在线检测仪和电柜模拟测试装置等通用和专用设备。

公司拥有先进的工艺手段、质量管理体系、生产管理体系和训练有素的员工队伍等诸多方面的优势，已经获得中国进出口检验检疫局颁发的出口合格证，并在2003年被中国机床工具工业协会评为“出口创汇”十佳企业、“数控产值”十佳企业和“精心创品牌”十佳企业之一。

公司生产的产品分为高精度低速走丝线切割机、数控精密电火花成形机、数控高速走丝电火花线切割机和数控电火花穿孔机4大系列。这4大产品的功能和特点是：

1.XENON高精度低速走丝线切割机

(1)结构特点。主机采用高刚度的结构设计和易于实现高定位精度的十字工作台结构。5个运动轴均采用自位性能好的四列滚道精密直线滚动导轨，其中4个参与运动合成的轴采用直流伺服电机直接驱动，并运用激光补偿对各轴的精密滚珠丝杠螺距误差进行校正，保证机床有很高的几何精度与位置精度。

(2)功能。适用于众多行业中的各类精密加工，是模具制造业中必不可少的工作母机。主要用于各类精密冷冲模具、挤出模具、粉末冶金模具以及塑料模具的零件加工。由于模具对材料的硬度、耐磨性、尺寸精度和表面粗糙度有更高的要求，有很多功能是常规加工方法无法实现的。所以，精密线切割加工已经成为某些制造领域内不可或缺的工艺手段。

(3)优点。性能价格比高，具有很强的市场竞争力；热稳定性好，能保持长时间加工机床不发生热飘移；变频控制的自动冲液系统，降低能耗与噪声；Windows平台上的多任务系统，易学易用，对操作者的培训成本低；最佳表面粗糙度 $R_a=0.5\mu m$，最大切割效率 $250mm^2/min$。

2.FW系列数控高速走丝电火花线切割机

(1)结构特点。主机采用C形结构的床身设计和十字工作台结构。$U—V$ 轴安置在 Z 轴的前端，保证较小的阿贝误差和斜度加工中丝的长度变化对精度的影响。$X—Y$ 轴采用自位性能好的4列滚道的精密直线滚动导轨，4个参与运动合成的轴均采用混合式步进机直接驱动，并运用激光补偿对各轴的精密滚珠丝杠螺距误差进行校正，保证机床具有很高的几何精度与位置精度。独特的恒张力系统(专利技术)使电极丝在加工时不断抻长后仍保持张力的恒定，有利于加工的尺寸精度与位置精度的提高。

(2)功能。适用于模具制造业中的各类零件加工。诸如各类冷冲模具、级进模、挤出模具、塑料模具等，尤其是适合大厚度模具零件的加工。并具有上下异型切割、在机编程、快速移动、网络通信、自动找正以及工作液循环过滤等附加功能。$120mm^2/min$ 的切割效率同样适用于高速加工。

(3)优点。加工精度高，能够获得0.01mm的尺寸精度和 $R_a=1.6\mu m$ 的表面粗糙度；丝的损耗小，每次用200m丝可以连续加工80h不断丝；采用遥控盒进行手动操作，效率高、人机关系友好；整机刚度高，具有长久的精度保持性；加工环境干净，符合日益增加的环保要求。

中国模具工业年鉴

China Die & Mould Industry Yearbook

2004

第Ⅳ部分

统计资料

中国模具工业全景观

统计资料

中国模具工业历年产值及各类模具比例变化情况

1984~2003年模具产品进出口情况

1985~1998年部分模具企业经济指标

1999~2003年部分模具企业经济指标

2001年机械工业模具行业统计

2002年机械工业模具行业统计

2003年机械工业模具行业统计

2003年模具产值超3000万元的部分企业名单

2003年人均模具产值20万元以上部分企业名单

近年来部分模具科技成果统计

中国模具工业协会历年组团赴中国香港和国外参加模具专业展览会一览表

中国模具工业协会历年组织的赴中国台湾和国外考察团组

中国模具工业协会历年组织的国际模具学术会议和出国参加的国际模具技术会议

中国模具工业历年产值及各类模具比例变化情况

一、历年产值情况

1990 年以前没有统计数据。1990～2003 年全国模具产值情况见表 1、图 1。

表 1　1990～2003 年全国模具产值情况

年　份	1990	1991	1992	1993	1994	1995	1996	1997	1998	1999	2000	2001	2002	2003
产值/亿元	60	75	100	110	130	145	160	200	220	250	280	316	360	450

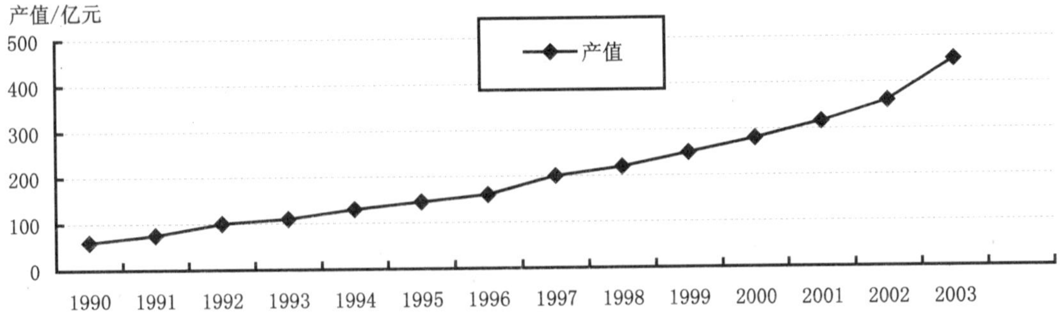

图 1　1990～2003 年全国模具产值情况

二、各类模具比例变化情况

1993～2003 年各类模具所占比例见表 2。1993 年、1998 年、2003 年各类模具所占比例见图 2、图 3、图 4。

表 2　1993～2003 年各类模具所占比例

年　份	1993	1994	1995	1996	1997	1998	1999	2000	2001	2002	2003
总量(%)	100.0	100.0	100.0	100.0	100.0	100.0	100.0	100.0	100.0	100.0	100.0
冲压模具(%)	54.5	53.8	51.7	51.3	50.0	48.2	46.0	43.9	42.6	41.1	40.9
塑料模具(%)	27.3	27.7	29.0	30.0	31.0	31.8	33.0	35.7	38.0	38.9	39.1
铸造模具(%)	18.2	18.5	18.3	18.7	19.0	9.0	9.5	10.0	10.0	10.5	10.5
其他模具(%)						11.0	11.0	10.4	9.4	9.5	9.5

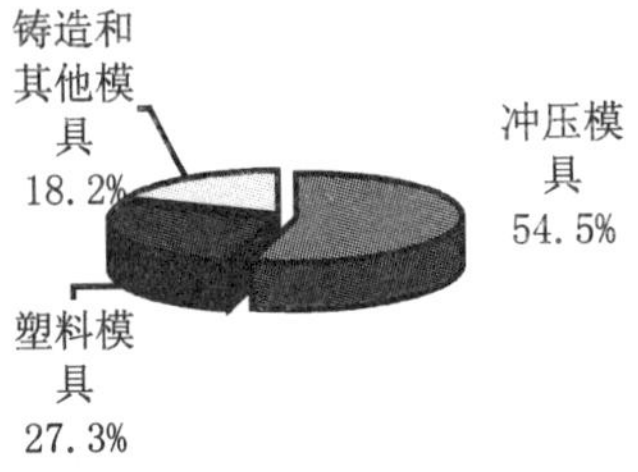

图 2　1993 年各类模具所占比例

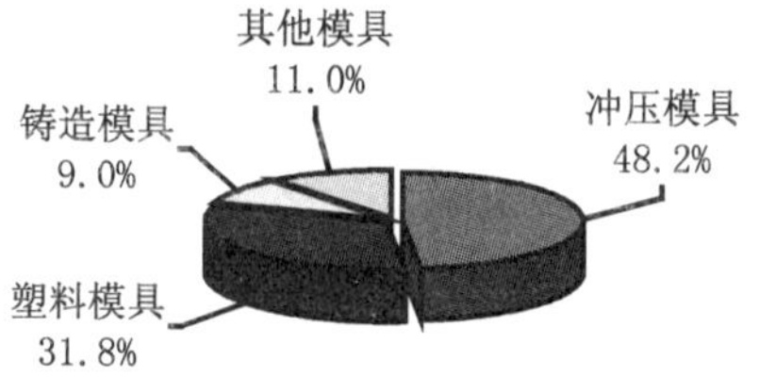

图 3　1998 年各类模具所占比例

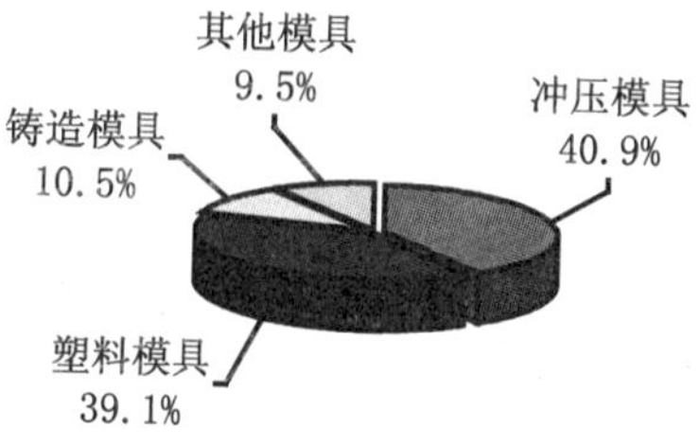

图 4　2003 年各类模具所占比例

1984～2003 年模具产品进出口情况

年　份	1984	1986	1988	1990	1992	1994	1995	1996	1997	1998	1999	2000	2001	2002	2003
进口额/万美元	2 429	9 037	18 851	21 360	42 000	67 500	81 100	91 799	63 000	66 300	88 300	97 799	11 174	127 220	136 930
出口额/万美元	136	196	465	1 452	3 000	3 890	4 941	7 000	9 428	9 591	13 300	17 374	18 775	25 234	33 680

注:1. 统计表中模具产品进出口数额只限定在海关进出口模具的 12 个商品名称(商品编号)。

2. 进口模具额不包括随整机和项目以附件或配套件名称进口的模具产品。

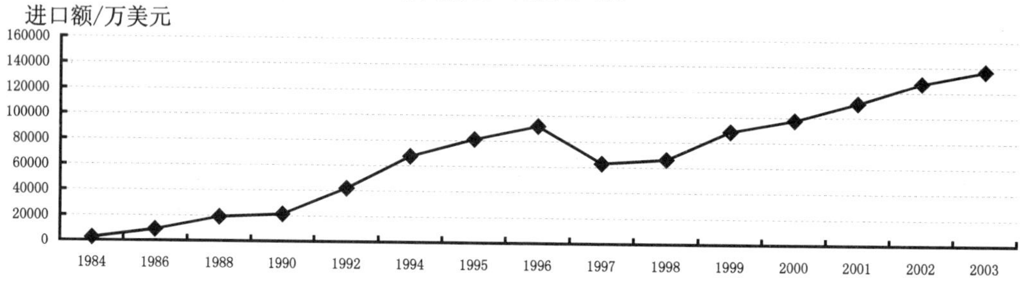

1984～2003 年模具产品进口情况

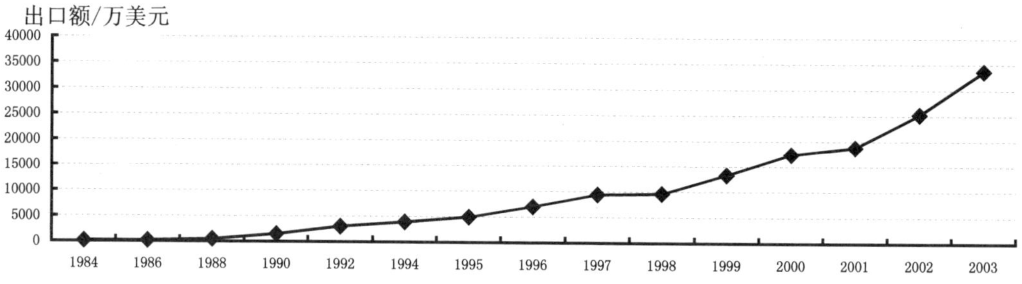

1984～2003 年模具产品出口情况

1985～1998 年部分模具企业经济指标

指　标 \ 年　份	1985	1986	1987	1988	1989	1990	1991
企业数/个	81	144	165	165	186	186	190
职工人数/人	29 506	54 772	50 465	62 247	58 478	57 000	64 000
技术人员/人	2 419	4 022	3 925	5 199	5 200	4 808	6 788
模具年销售收入/万元							
模具利润总额/万元	3 585	6 714	4 860	6 181	6 760	3 575	4 316

（续）

指标 \ 年份		1985	1986	1987	1988	1989	1990	1991
模具产值/万元		15 000	16 446	21 057	30 000	36 502	31 264	43 786
模具分类产量/（套/副）	冲压模		53 052	42 626	56 765	39 618	82 247	72 949
	塑料模		7 471	27 624	24 202	12 720	15 661	33 863
	铸造模、压铸模		1 727	4 937	3 839	8 173	6 950	6 613
	橡胶模		6 500	6 258	6 766	7 443	9 320	10 804
	锻模						4 768	5 029
	拉丝模						664 013	129 685
	玻璃模		280 198	150 362	128 236	82 495	191 521	67 472
	其他类模具						141 228	1 890 979
	冷冲模架		184 846	305 716	236 015	216 819	219 371	235 643
	塑料模架		6 471	26 370	22 416	29 017	26 215	34 018
	其他类标准件						208 926	
年耗钢材/t		19 053	31 269	41 496	36 521	29 312	34 211	47 288

指标 \ 年份		1992	1993	1994	1995	1996	1997	1998
企业数/个		182	262	256	225	180	209	285
职工人数/人		64 000	60 000	64 000	54 000	38 000	47 000	66 462
技术人员/人		6 169	8 058	7 636	5 979	5 095	6 617	9 940
模具年销售收入/万元			118 493		165 000	137 000	203 000	185 286
模具利润总额/万元		7 978	15 125	11 338	100 000	4 420	233	6 859
模具产值/万元		62 200	72 182	100 659	112 000	108 000	137 000	210 916
模具分类产量/（套/副）	冲压模	95 375		168 644	158 393	127 254	145 689	50 974
	塑料模	69 387		16 756	14 019	28 916	52 620	64 752
	铸造模、压铸模	17 786		15 843	7 749	177 725	19 838	8 201
	橡胶模	8 251		5 012	1 999	5 322	13 748	8 299
	锻模	9 289		2 102	2 224	147 706	12 266	4 849
	拉丝模	711 894		441 553		464 138	53 825	
	玻璃模	171 372		23 588	2 663	27 952	44 225	5 276
	其他类模具			23 174	6 011 413	113 900	55 842	10 972
	冷冲模架	339 692		271 805	312 49	280 985	279 514	10 246
	塑料模架	33 886		55 268	43 400	30 146	69 075	6 889
	其他类标准件	5 109 996		293 787				76 950
年耗钢材/t		64 378						

1999～2003年部分模具企业经济指标

指标 \ 年份	1999	2000	2001	2002	2003
企业数/个	257	266	277	295	291
职工人数/人	72 222	58 793	67 172	66 517	78 727
技术人员/人	11 675	10 810	11 911	12 679	13 076
模具年销售收入/万元	198 741	261 789	311 342	408 433	535 497
模具利润总额/万元	7 401	19 627	23 201	41 994	66 308
模具产值/万元	251 899	308 964	356 311	440 903	605 030

（续）

指标 \ 年份		1999	2000	2001	2002	2003
模具分类产值/万元	冲压模	72 798	92 807	97 017	125 200	125 883
	塑料模	93 827	120 819	141 698	151 752	162 335
	铸造模、压铸模	10 088	10 356	17 073	24 327	37 315
	橡胶模	22 013	25 540	11 233	29 380	46 871
	锻模	7 610	4 369	678	5 575	17 684
	拉丝模	3 363	3 966	2 380	1 227	1 904
	玻璃模	4 987	5 339	11 776	3 196	5 886
	粉末冶金					4 925
	其他类模具	5 801	15 886	19 973	61 192	14 175
	冷冲模架	14 588	11 483	16 086	8 668	32 147
	塑料模架	9 753	10 441	15 967	35 466	36 945
	其他类标准件	5 071	6 958	13 402	3 571	10 929
年耗钢材/t		75 404	86 144	130 113	176 999	768 031

2001 年机械工业模具行业统计

单位名称	职工人数/人	工业总产值		产品销售收入/万元	利润总额/万元	应交增值税/万元	产品销售税及附加/万元	资产总计/万元	固定资产净值平均余额/万元	流动资产平均余额/万元
		当年价/万元	不变价/万元							
北京市大兴县西红门模具厂	56	778	778	658	179	5	0	1 748	298	1 128
天津市金刚石工具厂	157	82	142	103	－50	12	2	1 274	974	300
天津光电通信公司模具制造厂	56	41	48	36	－3	4	0	691	40	652
天津市玻璃模具厂	71			0				4 485	565	320
天津市静海县台头镇和平模具厂	72	50	41	0	0		0	0	0	0
邢台市平乡县标准模具厂	60	558	520	558	58		7	2 040	726	1 313
三河市航燕模具厂	300	3 333	3 330	3 156	372	236	38	2 072	1 254	818
河北省景县精工模具有限责任公司	142	1 280	1 026	1 121	95	35	11	1 126	530	246
磐石市飞跃模具厂	56	251	251	235	17	8	1	437	110	150
哈尔滨模具厂	250	55	58	20	－149			1 504	49	841
上海黄燕模具材料公司	61	891	754	909	39	40	0	1 196	69	1 022
上海吴剑塑模机械厂	72	608	515	608	127	61	2	706	202	409
上海前哨塑料模架厂	49	318	318	321	10	36	2	197	53	162
上海药机模具厂	111	835	815	730	44	81	4	858	159	524
常州紫云模具装备厂	20	103	93	163	－11	4		535	282	427
苏州市华东模具厂	81	710	641	669	43	41		803	285	365
杨州市钢模厂	70	988	892	954	2	6		373	12	351
邗江县公道模具制造有限公司	100	1 377	1 243	1 298	49	37	13	588	151	436
句容市天王模具厂	73	3 900	3 520	3 432	58	90	90	1 328	494	834
江阴市机械模型厂	80	1 476	1 332	1 379	71	58	24	1 052	73	706
宁波北仑霞浦模具压铸厂	76	632	666	570	144	50	7	489	124	384
宁波锦泰机模公司	120	1 403	1 403	1 367	89	108	18	1 917	390	1 453
象山县精密模具厂	89	592	592	506	19	29	6	1 104	157	983
上海机械进出口公司平湖模具联营厂	81	2 989	2 946	2 958	62	56	34	552	52	445
平湖市金平联合模具公司	175	1 500	1 500	1 359	－46	48	8	1 367	452	837

单位名称	职工人数/人	工业总产值		产品销售收入/万元	利润总额/万元	应交增值税/万元	产品销售税及附加/万元	资产总计/万元	固定资产净值平均余额/万元	流动资产平均余额/万元
		当年价/万元	不变价/万元							
海宁市宏大模具制造有限公司	45	273	320	244	24	24	2	265	82	
浙江黄岩华美塑料模具有限公司	45	383	497	329	4	17	2	872	436	266
黄岩沿江模具有限公司	112	788	1 022	358	－20	9	1	1 567	446	914
黄岩中联塑料模具厂	52	523	678	523	17	27	3	813	335	146
黄岩豪马塑料模具有限公司	68	714	926	713	9	41	5	728	260	272
厦门星隆模具厂	67	109	109	107	－35	7	1	2 195	573	1 387
山东省蓬莱模具标准件厂	56	2 581	2 020	1 968	135	107	12	772	254	502
招远市金岭镇玻璃模具厂	45	4 999	3 912	4 419	270	423	47	44	12	23
济宁钢锭模厂	70	304	238	264	1	8		351	120	240
文登市模具厂	93	1 255	982	677	115		3	715	152	586
郑州砂轮工模具设备厂	65	322	311	311	－17	85	1	745	91	630
虞城县模具有限公司	18	56	53	56	1		0	147	59	84
增城市塑料模具标准件厂	107	912	775	875	2	41	1	168	100	68
韶关市南方通用机械厂	47	470	447	403	2	20	2	504	106	219
珠海三星机械工程实业公司	51	1 598	1 589	1 589	153	4	94	331		270
珠海市前山生荣塑胶五金厂	150	3 022	3 022	2 689	302		22	372	75	278
揭东县轮胎模具厂	350	6 390	6 390	6 090	198	230	220	5 404	3 079	2 051
揭阳试验区塘埔五金电器厂	140	1 760	1 496	1 672	30	45	3	673	183	490
广州市锅炉工业公司第四分厂	119	406	394	406	－52	29	6	2 694	346	2 189
湛江市赤坎模具机件厂	30	380	368	359	0	15	2	138	17	
肇庆市端州华盛压铸模具厂	50	1 612	1 663	1 566	18	19	2	289	37	250
成都今朝企业总公司	748	181	97	150	－224	15	2	8 905	3 422	5 030
重庆光华精密模具公司	55	125	125	190	－7	18	3	639	177	348
揭阳试验区伟立塑料模具厂	50	4 330	3 680	4 113	30	54	5	809	392	417
揭阳试验区永和塑料模具厂	170	2 046	1 739	1 943	27	39	4	1 220	470	660
长春市三鑫模具厂	76	558	558	558	8	20	2	581	156	411
长春市双益热镦模具厂	23	203	203	74	－16	10		594	408	186
武进市轻工机械配件厂	19	124	112	124	29	9		480	153	327
武进市卢家巷模具厂	170	1 181	1 066	1 246	3	101	5	1 390	403	947
常熟市精工模具制造厂	84	1 107	999	1 366	681	206	21	1 528	431	896
上海水仙电器股份苏州模具制造公司	64	618	558	515	－21	22	2	3 166	1 305	1 604
宁海县南杰模塑有限公司	86	742	742	532	24	56	6	811	278	350
漯河市源汇区兴华模具厂	75	2 060	1 565	1 729	0	21	12	183	34	144
珠海东部粤星五金制品有限公司	76	1 357	1 262	1 309	20	44	4	392	161	225
南海市模具机械制造中心	79	182	247	183	－42	7	5	3 393	1 815	1 578
北京天田机床模具有限公司	73	1 492	1 750	1 815	157	204		2 070	767	1 115
北方(天津)挤压模具制造有限公司	133	1 271	1 304	1 588	31	60		1 003	223	705
高要市金利镇荣兴模具厂	150	2 516	2 441	2 434	51	30	26	530	370	130
杨村镇九街轮胎模具厂	56	100	82	65	6	3		305	116	185
天津加南模具有限公司	85	1 700	1 394	1 700	208	92		2 153	767	635
天津新韩模具有限公司	60	1 531	1 378	1 577	159	118		2 139	1 095	758
共立精机(大连)有限公司	50	947	947	935	35	101		3 292	1 925	739
长春三友模具有限公司	230	2 016	2 016	1 916	15	138		10 150	4 289	3 215
吉林省锦标模具精工制造厂	51	3 114	3 114	2 646	119			1 130	461	799
哈尔滨食品模具有限公司	49	2 000	2 000	2 201	5	5	2	734	73	701
上海协博精密模具有限公司	110	790	669	751	－47	10		1 381	808	469
上海第一精工模塑有限公司	313	10 557	10 557	10 557	3 240	531	0	10 038	3 460	5 765
上海凯纳捷一交通模具有限公司	49	850	850	850	162	85		1 383	308	983
应用精密制造(上海)有限公司	123	1 200	1 016	1 200	92			3 224	2 306	730
上海德听金属冲压有限公司	68	1 885	1 596	1 505	74	102	786	120	650	
上海显达塑胶制品有限公司	89	2 435	2 063	3 195	－148	125		3 487	1 470	1 465
上海紫燕模具工业有限公司	178	1 690	1 431	1 275	－1 268		0	16 959	9 708	3 752
富裕注塑制模(上海)有限公司	339	5 738	4 860	5 679	210		11 650	6 731	3 414	
狮城精密模具塑料(上海)公司	175	2 645	2 241	2 639	－129	131	0	4 496	3 020	1 550

（续）

单位名称	职工人数/人	工业总产值		产品销售收入/万元	利润总额/万元	应交增值税/万元	产品销售税及附加/万元	资产总计/万元	固定资产净值平均余额/万元	流动资产平均余额/万元
		当年价/万元	不变价/万元							
上海连合钢塑模具有限公司	24	2 206	1 868	2 221	7	35		1 747	597	1 139
伟创力注塑制模(上海)有限公司	238	1 799	1 524	2 297	－1 136	12		4 417	1 600	1 800
宏捷精密塑胶模具(上海)有限公司	67	563	477	534	－78	35		1 692	718	844
上海维科精密模塑有限公司	165	2 444	2 070	2 507	637	146		2 337	1 295	797
上海锋利兴镭射刀模具有限公司	36	630	533	663	186	59		736	159	422
斯帝尔模具(上海)有限公司	78	808	684	806	－239			2 488	1 553	399
上海瀚氏模具成型有限公司	11	1 380	1 168	1 380	5	15		3 502	497	2 016
上海精武模型有限公司	16	1 040	880	1 042	27	2	52	613	42	584
无锡微研有限公司	394	9 247	8 348	9 247	402	899	8	15 506	5 909	4 949
苏州勇气模具有限公司	135	2 010	1 815	2 281	65	54	0	2 391	806	698
苏州大和精密模具有限公司	35	749	676	748	42	76	1	1 943	931	550
苏州陆钢精密模具有限公司	110	682	616	586	17	19		1 703	918	707
鸿准精密模具(昆山)有限公司	740	9 450	8 530	9 450	1 022		10	13 064	3 646	7 084
杭州群泰模具有限公司	96	1 547	1 547	1 208	177	117		1 373	590	667
黄岩宏振聚酯机械模具有限公司	263	3 842	4 983	4 086	253			2 337	610	1 341
鄞县佳利来塑胶模具厂	94	913	913	840	13	25	7	591	165	209
宁波达时模具制造有限公司	97	6 031	6 031	514	15	41	3	748	307	32
福建省莆田协丰模具有限公司	666	11 580	9 264	9 098	3 088	933		9 295	4 817	2 839
福州东方模具工业有限公司	71	6 139	5 895	5 791	109	5	21	829	95	786
福州新易制模有限公司	488	2 072	1 761	2 072	46		3	8 404	3 235	4 337
晋江市浔兴精密模具有限公司	290	5 210	4 256	6 536	290	200	57	5 681	3 414	1 996
厦门市尚明精密模具工业有限公司	120	78	82	78	7	2	0	404	88	173
珠海格力金属成型有限公司	145	1 080	1 080	1 309	－19	41		1 302	400	955
高明银科模具有限公司	152	7 445	7 236	5 645	15	126		8 090	2 262	4 202
顺德市凯德塑料模具有限公司	50	675	675	286	6	4	114	1 100	540	410
佛山祥顺金属模具有限公司	60	1 056	1 105	1 044	－231	12	0	898	108	789
江门塑料模具有限公司	33	544	694	520	－75	7	4	546	246	224
江门明原钢模机械工业有限公司	198	1 927	1 927	1 878	－104	312		8 813	2 936	5 753
惠信模具技研(惠州)有限公司	126	1 702	1 702	1 654	186			2 688	1 976	1 350
河源龙记金属制品有限公司	800	23 478	23 478	23 374	1 765	1 394		49 927	5 131	28 208
东莞龙记金属制品有限公司	1 102	9 611	5 985	9 611	223	467		19 264	8 171	7 033
珠海市艺兴模具有限公司	125	2 686	2 497	2 733	2			678	625	53
东莞毅昌模具制造注塑有限公司	127	572	315	572	18		4	2 314	1 406	880
东莞明利钢材模具制品有限公司	600	7 390	7 142	7 297	618	334		10 592	6 849	3 438
广州导新模具注塑有限公司	90	793	971	722	－102	64		2 922	1 947	810
广州协易制模有限公司	541	2 720	2 439	2 767	51			7 473	3 212	3 809
广州龙记金属制品有限公司	276	1 919	1 919	2 103	－669			8 625	5 715	2 664
番禺市中艺五金模具有限公司	62	1 740	1 651	1 970	38		46	1 020	300	450
广州新井模坯工艺有限公司	106	1 847	1 671	1 817	53	57	76	1 782	670	831
番禺大山厚泰模具有限公司	174	3 535	3 254	4 365	213	172		2 090	790	737
番禺冠利模具有限公司	195	1 114	1 038	1 161	50	107		1 672	134	1 389
先技精工(深圳)有限公司	375	6 393	5 111	6 225	199	1		1 692	1 266	414
柏狮精密模具(深圳)有限公司	220	5 835	5 757	5 324	1 742	3	2	7 085	3 762	2 905
精英制模实业(深圳)有限公司	300	5 624	3 372	7 023	29	18	23	5 256	2 855	2 400
玉丰精密模具工业(深圳)有限公司	38	612	367	592	153	29	0	785	234	503
鸿准精密模具(深圳)有限公司	302	5 791	5 791	9 415	2 908		9	22 318	8 974	5 225
深圳鸿安机械有限公司	120	1 788	1 787	1 796	－96	5	0	2 260	674	1 151
陕西斯瑞工业有限公司	125	1 847	1 847	1 425	35	12	12	2 050	474	1 561
常熟市建华模具有限责任公司	112	856	772	1 226	29	59	13	896	282	544
英灏机械工业(昆山)有限公司	35	943	851	849	130	74	1	1 969	698	760
轮兴机械工业(昆山)有限公司	65	1 161	1 048	980	279	129	1	3 123	1 909	852
上海康建橡胶制品模具厂	191	1 060	897	1 020	15	22	1	5 239	3 473	1 124
上海亚虹塑料模具有限公司	90	623	527	673	25	55	4	691	358	276
上海超日精密模具有限公司	50	863	731	863	－43	35	6	489	331	158

（续）

单位名称	职工人数/人	工业总产值		产品销售收入/万元	利润总额/万元	应交增值税/万元	产品销售税及附加/万元	资产总计/万元	固定资产净值平均余额/万元	流动资产平均余额/万元
		当年价/万元	不变价/万元							
上海华奥精密模具有限公司	70	630	533	542	179	82	3	394	217	185
上海三峰模具有限公司	39	135	114	1 288	166	33	6	387	70	244
长春万奇三友有限公司	230	750	750	744	－407	53		3 466	1 886	626
常兴精密模具(常熟)有限公司	48	1 159	1 046	1 170	297	46		1 297	586	552
常熟市沙家浜荣盛玻璃模具厂	118	1 673	1 510	1 831	106	65		1 440	452	988
嘉兴市东炫橡塑机械有限公司	24	803	803	841	52	56		634	60	565
鞍山市宏达大型模板厂	220	4 292	3 434	4 359	24	83	9	2 324	233	2 058
珠海市香洲珠甬五金塑料模具厂	11	884	825	881	21			666	140	600
台州市路桥区新雅塑料模具厂	32	853	853	864	42	34	7	365	14	383
蓬莱市存刚模具厂	68	2 313	1 810	1 884	78	36	2	604	295	308
安丘市模具厂	52	336	263	51	0	16	0	346	111	182
青岛仁本橡胶机械有限公司	135	752	588	750	25	20		1 000	300	700
青岛亨达五金制品有限公司	300	2 674	2 093	1 975	59	85	8	2 834	1 117	1 567
漯河市茂发橡机模具有限公司	89	1 260	957	1 103	30		54	640	500	136
东莞市谢岗三川五金模具塑胶制品厂	177	5 180	2 894	5 174	137		273	2 091	315	1 776
东莞市时裕五金加工有限公司	100	1 976	1 976	1 976	26	88	4	1 359	11	672
南海市狮山大涡塘新达模具机械厂	160	612	612	3 558	68	57	6	479	320	159
广州广星模具有限公司	152	952	762	1 072	126	26		1 553	761	721
震雄精密模具(深圳)有限公司	185	5 539	4 430	7 264	792		6	6 874	4 792	2 081
宁海县汇利塑胶有限公司	50	423	423	210	14	7	3	481	136	335
上虞佩尔泰克模具有限公司	61	1 416	1 416	1 387	120	42	25	634	320	352
大光模具制造(嘉兴)有限公司	31	974	974	974	228	91	2	840	277	505
浙江台州市精诚模具机械有限公司	105	1 076	1 395	1 071	38	47	5	898	97	381
广州天河风行模具厂	32	628	573	704	9	31	3	159	86	73
番禺谦伟塑胶制品有限公司	196	2 767	2 733	3 251	71			2 010	982	630
台州昌盛达塑业有限公司	78	1 768	2 293	1 868	55	44		1 040	428	329
黄岩日成模具有限公司	89	541	541	334	－21	17	2	315	87	133
广州番禺区骏琪模具厂	120	1 610	1 481	1 413	29		10	112	16	26
莆田市城厢区黄金鞋模厂	50	349	279	349	40		6	199	43	156
荣成市朱口渔业公司模具厂	86	1 610	1 260	1 474	189	11	4	614	389	222
舟山市普陀模具厂	180	582	582	563	16	55	5	865	121	676
温岭市上马塑料模具厂	12	555	544	537	54	27	3	702	453	255
温岭市东方冲压件厂	31	999	979	998	88	9	3	231	48	177
惠州嘉惠模具注塑有限公司	220	1 406	1 406	1 342	－65			1 282	156	1 121
南海市大涡塘模具厂	76	2 401	2 397	2 659	19	27	3	3 038	1 066	1 779
高明威利坚模具有限公司	186	4 328	4 372	4 546	20	40	176	2 153	1 131	1 022
揭阳试验区大立模具厂	135	815	692	774	11	9	1	545	200	345
揭阳试验区建华模具厂	130	1 115	947	1 059	15	11	2	748	66	682
揭阳试验区长荣模具厂	150	960	816	912	12	16	2	939	370	560
揭阳试验区培元五金模具厂	130	5 550	4 717	5 272	39	73	8	688	393	295
藁城市模具厂	200	2 193	1 541	1 905	157	6	46	800	560	98
哥特装饰工艺模具公司	193	3 623	3 623	3 325	78	39	68	1 125	552	568
株洲市时代橡塑模具有限责任公司	95	1 510	1 153	1 500	11	53	6	656	85	579
斗门县银座模具厂	40	2 512	2 271	1 354	8			512	211	284
南海里水华达高木模具有限公司	193	4 366	4 360	3 570	843	305		9 112	2 896	6 215
南海市金渡镇上东顺发模具工艺厂	65	780	765	834	16	29	6	624	102	522
高要市金渡镇生有鞋材模具公司	42	1 526	1 327	1 361	18	20	5	82	29	52

2002年机械工业模具行业统计

单位名称	职工人数/人	工业总产值		产品销售收入/千元	利润总额/千元	应交增值税/千元	固定资产净值平均余额/千元	流动资产平均余额/千元
		当年价/千元	不变价/千元					
北京鑫迪模具制造公司	19	4 427	4 427	4 427	-107	549	49	1 000
北京西城区西什库电器模具厂	6	0	0	1	-9	0	111	175
北京市海淀区燕西金属铸造厂	90	6 024	5 301	6 024	100	419	3 558	2 085
北京市大兴县宏光塑料模具制品厂	26	4 406	4 400	1 850	162	30	108	1 530
北京市大兴县西红门模具厂	56	7 995	7 995	6 754	1 811	147	3 680	13 950
北京天田机床模具有限公司	69	13 156	15 393	18 457	23	2 226	5 808	9 073
亚新科工装模具(北京)有限公司	94	5 559	5 559	5 554	-3 606	0	1 605	1 636
北京富盛达冲压件有限公司	134	48 745	48 745	41 662	70	293	5 662	6 425
北京鑫峰盛金属制品有限公司	45	9 000	9 000	6 562	441	43	1 410	3 520
天津市模具技术服务公司	13	1 490	1 740	1 491	179	228	302	877
天津光电通信公司模具制造厂	12	760	1 000	518	0	67	404	5 453
天津市南开区前圆小学星火模具厂	1	90	60	71	89	4	0	39
天津市玻璃模具厂	68	0	0	0	0	0	5 449	3 873
天津开发区模具制造维修中心	12	1 260	1 260	1 270	10	31	408	745
天津天贵模具制造有限公司	59	3 400	4 820	2 827	-75	176	947	4 881
北方(天津)挤压模具制造有限公司	144	15 280	15 580	17 000	400	1 401	2 713	6 981
天津天合轮胎模具有限公司	61	5 130	5 130	5 668	-1 768	143	14 814	9 577
ACI(天津)模具有限公司	206	56 150	65 700	54 296	7 634	144	65 335	31 834
天津加南模具有限公司	85	43 270	35 480	43 270	6 730	2 570	9 130	7 190
环宇(天津)精密模具有限公司	161	18 700	15 330	14 549	1 631	1 095	42 117	18 923
天津新韩模具有限公司	62	15 710	12 880	15 710	2 170	1 320	0	0
天津通信广播公司模具厂	134	8 200	8 200	6 022	113	469	2 568	11 405
天津市津荣天和机电有限公司	136	19 720	19 720	17 101	2 117	1 674	5 319	9 207
天津市宁河县通鑫模板厂	27	3 990	3 270	5 020	500	260	30	1 380
天津市宁河县山成模板厂	26	7 750	6 360	6 060	670	200	210	1 480
昌辉金属制品(上海)有限公司	40	39 170	34 705	39 465	1	269	8 325	8 143
上海美阳精密模具有限公司	88	17 989	15 938	17 989	8 552	1 865	5 539	18 191
上海锦韩电机机械有限公司	30	10 500	9 303	10 982	790	258	310	203
上海龙华机模厂	71	15 400	13 644	14 500	78	255	1 069	4 879
上海橡胶模具厂	102	3 466	4 056	3 578	-1 283	41	37 131	8 152
上海吴剑塑模机械厂	70	6 475	5 737	6 475	1 579	724	2 141	4 357
上海东华热挤压模具厂	16	1 322	1 171	1 378	-84	92	296	769
上海模具联合公司前哨塑料模架厂	54	3 380	3 380	3 408	147	403	435	1 529
上海药机模具厂	95	6 994	8 577	6 531	760	648	1 726	6 929
上海机械进出口公司平湖市模具联营厂	79	32 510	34 607	31 760	710	680	1 080	6 550
上海水仙电器股份有限公司苏州模具制造公司	26	6 560	5 913	5 940	-3 350	790	11 910	13 050
上海协博精密模具有限公司	125	8 232	7 294	7 925	-394	69	8 808	5 075
上海斯米克金刚石工模具有限公司	202	10 473	9 117	8 879	-3 955	788	22 227	45 024
上海凯纳捷—交通模具有限公司	50	7 122	7 122	5 269	116	105	650	2 898
上海美实精密器材有限公司	108	25 730	22 797	25 735	210	0	6 751	8 561
上海真弘陶瓷企业有限公司	80	11 412	10 111	11 412	2 533	590	7 809	15 521
上海饥野塑胶有限公司	49	29 960	26 545	31 343	2 508	852	4 561	18 564
上海三重精密模具有限公司	59	8 353	7 401	8 450	-149	769	6 429	3 487
上海紫燕注塑成型有限公司	545	123 000	108 978	127 369	2 810	4 713	52 785	230 263

（续）

单位名称	职工人数/人	工业总产值		产品销售收入/千元	利润总额/千元	应交增值税/千元	固定资产净值平均余额/千元	流动资产平均余额/千元
		当年价/千元	不变价/千元					
上海德昕金属冲压有限公司	96	23 300	20 644	22 857	4 732	1 915	1 539	8 963
上海龙记金属制品有限公司	440	70 144	62 148	66 985	8 172	5 286	41 149	63 846
上海紫燕模具工业有限公司	197	23 478	20 802	25 232	– 13 102	1 274	102 632	49 205
狮城精密模具塑料(上海)公司	300	37 549	33 268	37 987	6 240	1 001	30 530	17 977
上海日嘉金属制品有限公司	50	31 882	28 247	31 882	– 46	2 526	7 776	34 097
上海连合钢塑模具有限公司	40	16 744	14 835	14 084	– 1 234	35	6 001	11 165
上海和兴激光刀模有限公司	121	12 622	11 183	10 501	1 971	1 121	2 412	4 580
宏捷精密塑胶模具(上海)有限公司	58	3 127	2 771	12 859	1 331	251	7 188	8 846
日富精密工业(上海)有限公司	23	6 546	5 800	10 796	1 506	425	392	426
上海锋利兴镭射刀模有限公司	36	4 806	4 258	6 237	731	553	3 030	4 497
安能利精密模具(上海)有限公司	69	9 045	8 014	12 488	– 2 931	0	7 489	9 116
上海台丽通塑胶模具有限公司	120	18 837	16 690	21 120	– 307	1 319	12 257	5 060
上海英备精密模具有限公司	88	7 995	7 084	6 878	1 882	452	17 610	9 312
上海瀚氏模具成型有限公司	42	6 089	5 395	6 089	46	50	5 500	15 165
上海精武模型有限公司	16	13 064	11 575	13 064	12 440	0	1 337	10 129
上海生生轮胎有限公司	199	13 650	12 094	12 600	251	123	34 214	13 285
上海勤夏空调配件有限公司	100	5 710	5 059	6 330	813	409	1 268	3 221
上海亚虹塑料模具有限公司	191	10 100	8 949	12 172	1 753	877	5 661	5 832
上海加森模具有限公司	23	13 060	11 571	12 488	318	484	1 075	3 166
上海华奥精密模具有限公司	115	8 589	7 610	7 387	1 546	992	2 218	4 449
上海柴发锻造有限公司	130	48 461	42 936	63 944	10 791	2 866	10 265	16 272
上海三峰模具有限公司	40	9 146	8 103	8 104	414	224	591	3 925
上海三峰压铸注塑技术有限公司	80	1 080	957	2 076	– 380	0	18 258	4 680
青浦区申华模具厂	45	9 750	8 639	8 105	940	415	682	3 365
昆山精密模具标准件公司	84	9 730	6 280	8 041	– 22	629	7 405	7 997
英灏机械工业(昆山)有限公司	35	9 700	8 744	9 544	1 058	1 007	7 240	8 600
轮兴机械工业(昆山)有限公司	70	12 410	11 186	10 053	1 776	1 285	22 370	4 822
鸿准精密模具(昆山)有限公司	1 050	99 140	89 365	97 060	6 930	1 000	34 410	63 090
优德精密工业(昆山)有限公司	147	9 910	8 933	9 098	– 1 520	700	14 089	8 774
苏州宝富轻工制品有限公司	70	15 594	14 056	13 376	– 747	804	20 567	10 686
苏州勇气模具有限公司	200	59 120	53 291	57 721	2 615	0	14 816	23 262
苏州大和精密模具有限公司	31	7 720	6 959	7 709	36	564	9 247	5 416
博尔达米克朗精密工程(苏州)有限公司	1 100	130 290	117 443	106 772	– 6 077	3 635	97 360	91 020
苏州陆钢精密模具有限公司	138	7 950	7 166	7 350	50	710	9 440	5 140
永迅五金工业(苏州)有限公司	78	3 450	3 110	3 479	0	220	4 466	1 332
苏州市华东模具厂	43	8 516	7 676	7 691	531	385	3 046	3 479
新钻兴业模具机械(太仓)有限公司	40	3 030	2 731	3 200	– 1 580	0	6 190	2 140
南京江东机械模型厂	50	6 500	5 859	6 210	310	310	5 500	800
南通秦海模具厂	50	8 840	7 968	7 977	221	369	4 546	4 210
泰州永进机电设备有限公司	131	26 704	24 071	23 324	1 115	1 517	3 210	8 354
邗江县公道模具制造有限公司	110	15 190	13 692	14 560	610	620	2 880	3 890
淮安市东方精工机械有限公司	44	1 200	1 082	1 200	13	21	1 528	847
宝应县江淮塑胶模具厂	42	6 220	5 607	6 550	710	710	1 820	1 030
中联橡胶(张家港)模具有限公司	168	14 480	13 052	22 674	972	1 231	16 825	54 049
江阴市机械模型厂	100	16 832	15 172	16 173	1 139	607	1 399	7 011
无锡微研有限公司	549	116 150	104 698	116 150	8 272	12 112	78 113	65 991
常州新区康利达顶坚模具有限公司	48	6 120	5 517	6 000	30	200	3 280	3 880
常州市武进申利模具有限公司	200	17 240	15 540	17 240	100	920	7 770	11 050
常州市武进卢家巷模具厂	170	9 800	8 834	9 170	40	1 100	4 800	11 290
常州市威力工具有限公司	92	6 550	5 904	6 300	20	200	370	2 610
常熟市精工模具制造厂	85	13 850	12 484	13 860	3 865	945	6 306	13 120
常熟市建华模具有限责任公司	119	10 970	9 888	10 990	2 340	1 021	3 323	7 711
常熟市新世纪模具成型厂	140	35 960	32 414	28 556	1 758	3 449	8 032	26 796
常兴精密模具(常熟)有限公司	50	7 670	6 914	5 898	150	381	6 243	7 001

（续）

单位名称	职工人数/人	工业总产值		产品销售收入/千元	利润总额/千元	应交增值税/千元	固定资产净值平均余额/千元	流动资产平均余额/千元
		当年价/千元	不变价/千元					
吴县市盈和塑胶有限责任公司	15	2 840	2 560	1 703	24	82	460	309
重庆光华精密模具公司	80	3 800	3 800	3 798	－471	350	1 735	3 254
重庆塑料机械模具厂	106	10 813	7 567	7 006	－1 490	659	11 439	65 236
成都飞机设计研究所制造中心	118	1 097	1 085	580	30	18	201	2 417
河北省邢台市平乡县标准模具厂	60	6 019	5 600	6 019	530	0	7 253	14 287
河北省景县精工模具有限责任公司	160	12 000	9 440	11 800	990	450	6 610	2 460
保定向阳航空精密模具厂	80	3 544	3 544	3 039	－7	321	2 219	3 416
吉林市工模具技术咨询服务公司	25	883	883	883	52	141	76	984
青岛仁本橡胶机械有限公司	145	10 000	7 525	6 950	458	210	1 734	7 776
青岛亨达五金制品有限公司	288	40 755	30 668	25 286	650	853	10 350	18 576
青岛方圆模具有限公司	28	3 470	2 611	3 703	52	53	442	2 108
海尔世纪(青岛)精密制品有限公司	1 061	105 845	79 648	132 183	4 881	351	61 101	50 634
济南精益模具中心	80	8 786	6 611	4 833	155	0	850	4 810
淄博先锋蘑具制造有限公司	33	15 110	11 370	14 830	625	615	1 432	754
大连政华洋塑料机械有限公司	175	19 300	15 720	18 460	740	810	3 440	8 600
盘起工业(大连)有限公司	894	134 120	121 170	118 780	12 140	2 870	109 590	84 680
共立精机(大连)有限公司	55	13 220	13 220	12 220	1 260	40	20 000	6 880
大连鸿圆精密模塑有限公司	45	7 370	7 370	8 310	700	650	5 600	2 940
抚顺瓶子盖有限责任公司	20	8 000	8 000	8 000	32	311	198	620
沈阳航空模具制造公司	73	11 000	9 782	9 056	665	0	1 243	3 638
哈尔滨食品模具有限公司	32	0	0	16 425	－165	300	299	6 140
哈尔滨模具厂	77	663	723	0	－1 292	0	4 985	8 238
蓬莱市存刚模具厂	67	18 518	13 935	11 819	444	102	2 248	2 013
烟台爱开天隆模塑有限公司	124	8 480	6 381	8 665	1 310	276	6 222	3 011
烟台大川玻璃模具有限公司	128	7 334	5 519	8 204	759	495	4 014	14 805
烟台泰利汽车模具制造有限公司	140	7 800	5 870	7 672	－136	731	11 389	5 681
蓬莱市遇驾夼模具	59	41 350	31 116	31 788	1 860	1 320	1 740	6 630
招远市金岭镇玻璃模具厂	45	54 580	41 071	41 650	3 960	256	680	225
寿光市正泰模具有限公司	60	13 300	10 008	9 990	800	700	4 570	4 100
肥城模具厂	100	6 682	6 682	6 587	230	121	5 350	5 258
文登市模具厂	93	10 450	7 864	6 355	430	600	1 380	4 747
廊坊市腾达铝制品厂	40	11 310	10 292	8 941	654	171	570	3 988
唐山市泰隆汽车模具有限公司	63	7 763	7 200	7 763	71	73	3 800	200
永清县兴业机电设备有限公司	60	5 034	4 956	1 548	40	98	929	561
呼和浩特市模具机械厂	42	0	0	0	0	0	72	2 681
磐石市飞跃模具有限公司	89	5 297	5 297	4 438	1 081	350	2 109	2 249
象山县精密模具厂	151	11 519	12 262	9 849	446	611	1 757	10 793
象山贤庠精工模具厂	60	3 473	3 697	3 484	302	248	487	2 038
瑞安市威力钢模制造厂	42	5 812	6 187	5 200	144	244	147	3 295
绍兴县轮胎模具有限公司	60	9 470	10 081	8 096	679	460	2 651	834
绍兴正兴轮胎模具有限公司	126	17 930	19 086	17 177	1 835	723	6 089	6 886
平湖市金平联合模具公司	175	18 660	19 864	16 780	200	730	4 670	8 930
宁海县精制模具塑料厂	50	14 365	15 292	11 280	1 365	315	2 201	3 510
宁海县南杰模具有限公司	87	11 122	11 839	6 347	1 052	501	3 819	4 506
宁海县超日模塑有限公司	38	5 350	5 695	5 024	590	301	1 501	1 551
宁海县春雷模具制造有限公司	120	13 362	14 224	11 886	1 085	360	1 765	4 152
宁海县雷森模塑制造厂	68	9 337	9 939	9 275	1 455	202	2 026	2 187
浙江模具厂	395	90 800	96 657	61 420	560	2 840	21 460	60 040
浙江东方工具制造有限公司	447	61 480	65 445	60 678	5 036	1 256	34 499	17 746
浙江省象山华康机械模具有限公司	30	2 819	0	2 819	17	199	869	3 578
浙江黄岩豪马塑料模具有限公司	63	8 000	8 516	8 000	170	640	2 930	2 560
浙江黄岩蜻蜓二贸有限公司	16	5 738	6 108	6 196	91	186	410	4 180
黄岩宏振聚酯机械模具有限公司	287	60 610	64 519	64 970	4 660	0	7 130	18 480
浙江黄岩永宁塑料模具有限公司	90	9 680	10 304	9 600	360	660	1 860	3 220

（续）

单位名称	职工人数/人	工业总产值		产品销售收入/千元	利润总额/千元	应交增值税/千元	固定资产净值平均余额/千元	流动资产平均余额/千元
		当年价/千元	不变价/千元					
黄岩岩君模具有限公司	57	8 160	8 686	8 160	310	540	2 390	1 260
黄岩三雷模具有限公司	79	10 560	11 241	10 560	230	600	3 910	3 030
杭州光明五金模具厂	11	6 650	7 079	6 660	30	20	810	3 410
杭州长乐富华电器元件厂	108	13 030	13 870	6 748	19	400	1 514	2 108
杭州群泰模具有限公司	101	14 028	14 933	12 306	2 307	1 228	4 102	6 844
杭州杭华模具机械配件有限公司	30	7 383	7 859	6 632	33	220	5	3 938
杭州萧山钱氏钢锭模铸造有限公司	35	11 150	11 869	12 248	82	177	1 935	5 027
宁波经济技术开发区吉业汽配模具有限公司	190	13 023	13 863	13 250	1 607	967	2 568	7 315
宁波志岳雕刻机械有限公司	150	16 000	17 032	13 644	147	607	8 703	17 273
宁波跃飞模具有限公司	150	21 500	22 887	18 614	4 321	1 596	12 100	8 219
宁波达时模具制造有限公司	79	6 800	7 239	6 531	171	455	3 653	3 080
北仑区霞浦模具压铸厂	72	8 683	9 243	8 541	2 325	682	1 118	4 061
温岭市上马塑料模具厂	25	5 854	6 232	5 802	379	207	4 406	2 107
温岭市东方冲压件厂	27	4 509	4 800	4 378	395	93	810	1 979
台州市中联塑料模具有限公司	83	26 100	2 778	24 904	2 649	1 073	7 601	4 965
台州市路桥区新雅塑料模具厂	55	14 597	15 539	13 773	1 056	371	219	3 947
浙江省台州市精诚模具机械有限公司	106	16 100	17 138	16 090	560	920	2 010	4 990
台州昌盛达塑业有限公司	111	20 820	22 163	20 610	1 300	0	3 940	8 510
嘉兴市东炫橡塑机械有限公司	30	8 594	9 148	8 633	107	391	691	4 869
大光模具制造嘉兴有限公司	39	8 757	9 322	8 758	1 512	821	2 056	4 087
舟山市普陀模具厂	150	7 620	8 111	6 504	175	696	1 392	7 346
景德镇市万寿山金属模具制造厂	42	3 980	3 516	754	– 34	60	820	2 250
河南省环球模具有限公司	125	8 144	6 158	5 236	0	600	28 780	10 470
开封市远征电机机械有限公司	50	5 850	4 423	5 686	7	40	162	1 169
鹤壁市精模汽配机械厂	8	556	420	60	0	0	0	0
鹤壁市海昌专用设备有限公司	60	3 042	2 300	5 222	421	60	3 000	5 435
漯河市茂发橡机模具有限公司	89	16 850	12 740	15 569	312	0	5 100	1 400
漯河市源汇区兴华模具厂	78	29 000	21 927	16 000	145	140	950	1 300
郑州砂轮工模具设备厂	70	4 524	3 421	4 525	– 249	275	1 142	6 741
罗田县田丰工模具有限责任公司	47	1 530	1 280	1 278	– 60	123	960	2 069
株洲市时代橡塑模具厂	90	24 046	18 377	23 594	755	591	2 210	6 362
广东省模具工业公司	10	8 239	7 608	6 719	0	0	4 500	6 000
广东省韶关市模具厂	184	1 315	876	931	– 2 321	131	6 262	7 553
广州市芳村区艺特科技公司	32	11 746	10 658	12 509	632	361	3 321	874
广州市番禺新中精密铸造厂	60	27 790	26 442	25 150	2 010	1 197	5 000	6 288
广州经济技术开发区鑫源金属制品有限公司	24	3 861	3 363	4 120	44	194	602	5 396
广州龙记金属制品有限公司	245	20 224	20 224	21 069	632	1 563	63 569	10 101
广州市番禺建业实业有限公司	94	14 688	12 996	11 965	2 004	1 299	6 552	5 865
广州新井模胚工业有限公司	159	18 015	16 659	17 853	353	109	5 936	7 897
广州番禺大山厚泰模具有限公司	169	8 700	8 053	9 404	– 569	626	6 449	7 149
广州运豪模具制造有限公司	65	3 926	3 261	462	18	22	6 547	2 877
广州广星模具有限公司	147	7 017	6 579	14 298	252	349	7 181	7 169
广州金宝泰制模有限公司	350	23 388	16 371	26 435	– 327	564	31 347	30 596
广州市番禺艺康电子五金有限公司	165	29 650	28 147	26 960	760	779	4 400	6 840
广州市番禺区风行模具厂	58	15 108	13 638	15 151	813	800	2 210	2 765
广州青莲精密科技有限公司	140	19 970	18 690	20 610	1 100	309	490	7 248
广州市番禺区沙湾福陇骏琪模具厂	100	20 900	19 228	17 970	450	431	140	230
揭阳试验区伟立塑料模具厂	70	51 200	43 520	48 640	312	552	4 000	9 000
揭阳试验区永和塑料模具厂	170	24 900	21 165	23 655	405	395	4 800	5 700
揭阳试验区塘埔五金电器厂	140	21 700	18 445	20 615	108	85	2 570	7 800
揭阳市外轮橡胶机械有限公司	600	265 680	245 760	249 640	1639	0	93 000	62 800
揭阳试验区大立模具厂	130	19 300	16 405	18 335	93	85	3 100	9 600
揭阳试验区建华模具厂	130	26 000	22 100	24 700	312	284	750	7 000
揭阳试验区长荣模具厂	150	11 610	9 869	11 030	167	193	3 810	5 560

（续）

单位名称	职工人数/人	工业总产值		产品销售收入/千元	利润总额/千元	应交增值税/千元	固定资产净值平均余额/千元	流动资产平均余额/千元
		当年价/千元	不变价/千元					
揭阳试验区培元五金模具厂	135	69 300	58 905	65 835	720	1 082	4 000	10 000
芳村区科特五金工艺厂	22	10 374	9 414	9 423	353	277	2 637	3 032
增城市塑料模具标准件厂	107	9 405	8 460	9 405	28	564	1 000	687
增城市荔城镇实力五金厂	44	20 527	18 474	20 527	256	1 231	1 360	3 338
江门市新恒达塑料五金模具厂	268	134 117	229 203	60 377	21	572	7 828	24 005
江门黄河五金制品有限公司	85	15 756	15 756	14 724	18	16	620	780
开平市水口镇铸造厂	56	9 390	8 570	9 211	47	218	2 999	2 612
高要市金利荣兴模具厂	180	38 890	38 120	35 800	720	230	3 700	1 300
南海市奔达模具制造有限公司	293	55 358	53 696	61 669	912	0	6 671	11 613
南海市华达模具塑料有限公司	400	115 635	107 637	149 079	6 115	6 812	57 621	50 809
南海市平洲盛欣五金电器制品厂	180	27 175	27 175	27 882	920	1 388	1 718	6 375
南海市平洲平西东南五金厂	27	1 833	1 833	2 410	27	1 786	1 244	1 067
南海市华泰精密机械厂	453	36 128	35 986	37 932	954	11	526	30 840
南海三标塑料五金制品有限公司	143	5 578	5 578	6 215	385	0	7 449	3 384
南海市大涡塘模具厂	66	13 814	13 553	14 039	-390	196	9 970	5 556
南海市盐步东秀华丰五金模具厂	126	11 064	10 359	10 992	233	452	518	4 893
南海市新长城特种陶瓷金属制品有限公司	56	7 716	7 484	7 234	412	260	2 193	2 879
南海市中南精密机械有限公司	40	2 144	2 144	3 690	-1 916	193	299	13 873
泊头市通达汽车模具有限责任公司	120	15 600	15 600	14 320	617	310	919	4 792
泊头市富镇铸造模具厂	63	20 900	20 900	20 090	1 990	500	8 457	9 432
鄞县佳利来塑胶模具厂	103	12 483	13 288	10 447	130	531	1 929	2 471
乳山市鑫泰标准件制造有限公司	14	5 071	3 816	6 817	178	64	276	672
珠海格力金属成型有限公司	143	15 118	15 118	14 172	579	0	3 301	10 238
珠海市友精密机电有限公司	165	13 747	10 998	12 175	-447	216	19 028	10 934
珠海中航模具塑料有限公司	120	5 298	5 298	4 860	-1 300	0	18 319	15 104
珠海东部粤星五金制品有限公司	113	21 129	19 650	21 129	475	612	1 874	1 645
珠海市东部颖承精密压铸有限公司	194	27 504	27 504	27 284	763	1 001	9 949	11 185
珠海市大励金属制品有限公司	99	17 410	17 410	13 199	990	472	1 933	4 501
珠海市及成通讯科技有限公司	805	167 357	167 357	142 554	19 411	0	78 306	72 395
珠海市艺兴模具有限公司	120	33 950	31 810	33 838	68	6 771	286	
珠海市香洲珠甬五金塑料模具厂	22	13 520	13 005	12 450	15	0	1 000	2 085
珠海市粤茂科技实业有限公司	200	80 372	80 372	186 615	3 690	0	14 583	62 287
汕头彩富精铸有限公司	67	3 642	3 642	4 815	-1 288	0	6 838	11 536
中山志诚五金模具有限公司	29	16 388	15 077	16 152	9	96	379	1 187
中山志和家电制品有限公司	1 320	97 610	93 710	87 534	1 811	1 470	93 432	5 962
中山集华模具有限公司	63	14 010	14 010	13 737	-356	416	7 163	11 087
中山市小榄镇高科模具制品厂	35	6 657	6 657	6 657	295	399	675	571
佛山市汇星精密模具有限公司	53	2 493	2 493	2 152	-742	196	3 167	11 767
惠信模具技研(惠州)有限公司	121	13 104	13 104	14 026	-1 567	0	17 789	6 191
惠州皇翔精密塑胶模具制品有限公司	110	10 120	10 120	10 623	1 859	0	10 063	5 562
东莞毅昌模具制造注塑有限公司	92	6 140	3 597	6 140	181	0	13 179	11 536
东莞明利钢材模具制品有限公司	650	79 102	76 825	79 102	1 658	2 620	67 763	35 495
东莞市谢岗三川五金模具塑胶制品厂	125	29 145	18 084	29 145	836	0	3 426	9 808
东莞市时裕五金加工有限公司	100	14 917	14 917	14 917	50	765	238	8 676
番禺精达摩托车件制品有限公司	25	10 500	9 628	10 000	390	102	3 375	3 500
永旭(番禺)模具有限公司	104	59 628	55 454	59 345	1 781	40	8 715	6 620
谦伟五金塑胶制品(番禺)有限公司	210	55 600	51 000	54 000	910	1 296	11 510	16 840
超巨(番禺)精密模具有限公司	200	60 276	56 057	62 876	5 399	664	59 626	39 265
深圳爱文模具设计制造有限公司	40	5 546	5 541	5 597	350	0	3 655	3 489
深圳万昌隆表业有限公司	200	22 403	19 004	22 911	2 170	0	4 321	17 295
深圳东允五金塑胶制品有限公司	445	13 576	8 187	10 061	-262	0	4 587	47 501
深圳志德塑胶模具有限公司	265	15 275	14 896	13 877	-399	0	2 922	8 507
深圳又昭塑料实业有限公司	90	95 368	57 124	85 051	4 431	2 244	37 886	31 891
加城塑胶五金制品(深圳)有限公司	450	26 731	15 958	26 103	332	409	1 847	22 853

（续）

单位名称	职工人数/人	工业总产值 当年价/千元	工业总产值 不变价/千元	产品销售收入/千元	利润总额/千元	应交增值税/千元	固定资产净值平均余额/千元	流动资产平均余额/千元
大光明塑胶电子制品(深圳)有限公司	231	11 862	7 255	11 882	-22	0	6 198	35 210
锦龙塑胶制品(深圳)有限公司	150	69 707	65 131	70 181	256	0	2 453	24 616
乔丰机械制模(深圳)有限公司	403	20 385	18 350	22 396	738	0	15 516	5 184
先技精工(深圳)有限公司	417	25 621	20 293	28 564	10	14 123	13 254	
永源铜铁制品(深圳)有限公司	75	29 064	17 393	27 402	194	0	6 244	23 048
耀毅塑胶模具(深圳)有限公司	200	7 201	7 196	7 448	862	0	7 127	4 237
精英制模实业(深圳)有限公司	350	39 289	39 166	36 520	1 801	125	41 000	43 618
玉丰精密模具工业(深圳)有限公司	32	3 323	2 322	3 262	-496	177	2 169	4 250
鸿准精密模具(深圳)有限公司	581	151 876	151 500	79 693	2 978	924	81 670	34 553
震坚模具机械(深圳)有限公司	200	18 005	14 374	20 415	-1 398	388	9 221	40 312
震雄精密模具(深圳)有限公司	253	30 645	24 444	35 043	14 560	255	53 611	95 765
震雄电脑辅助设计及生产(深圳)有限公司	98	1 044	835	4 942	4 157	0	13 852	13 505
三明市多维机械工具厂	20	12 802	24 064	12 330	410	646	2 867	1 880
黄石东贝工模具机械厂	113	5 932	6 941	1 408	-70	70	1 362	1 403
涟源市南方冶金连铸设备制造有限公司	48	19 690	18 850	18 910	0	0	4 800	7 065
福州压铸模具机械厂	29	5 035	4 859	5 062	682	207	649	856
福州嘉威塑胶模具有限公司	43	5 398	6 315	5 398	85	216	580	705
福建省莆田协丰模具有限公司	809	165 000	132 000	128 289	37 667	7 844	67 841	33 155
福州东方模具工业有限公司	71	49 916	47 420	48 136	976	223	829	7 975
福州新易制模有限公司	411	23 889	20 306	23 889	730	18	34 241	44 369
福州鑫宏模塑制品有限公司	197	14 300	14 104	13 986	1 020	40	13 490	13 129
福建省晋江市深沪镇浔兴精密模具有限公司	1 580	177 467	144 987	151 642	9 116	5 914	72 316	61 748
惠安县荣得利回族模具厂	7	4 750	3 990	176	14	15	150	15
厦门市开元区美头山五金配件厂	70	5 457	5 457	6 357	1	120	252	2 490
佛山市飞鹿模具厂	97	6 357	6 357	6 357	23	575	899	1 828
开平雅琪塑胶机械模具厂	280	147 430	141 240	142 827	4 867	218	32 027	16 058
上虞佩尔泰克模具有限公司	25	11 353	12 085	9 987	938	321	3 133	3 763
晋城富晋精密模具(晋城)有限公司	305	12 470	12 470	15 303	-1 453	2 201	8 386	4 472
鄞县奇强精密冲件有限公司	44	7 178	7 641	5 668	59	152	2 352	3 898
合肥海尔塑胶有限公司	62	23 803	23 803	22 159	189	0	52 563	12 753
芜湖德业金塑模具有限公司	146	20 219	20 219	17 029	-378	2 895	10 695	18 530
高明市银科模具有限公司	50	50 985	42 411	45 326	28	33	7 051	1 314
天台县华强管件模具有限公司	48	1 403	1 493	1 403	25	86	2 338	3 808
皖东经纬模具制造有限责任公司	58	5 100	5 100	1 409	-607	60	1 573	1 592
惠州市三协精密有限公司	40	5 281	5 281	5 407	-62	1	7 213	1 316
缙云县中元工模具厂	50	5 808	6 183	5 038	-392	68	2 188	1 268
荣成橡胶模具厂	86	29 640	22 304	25 330	2 790	700	3 290	3 220
武义县运通五金铸造有限公司	34	2 574	2 740	2 630	-121	154	549	1 382
藁城市模具厂	280	26 010	26 150	25 150	2 200	0	5 600	980
台安县宏达铸管厂	50	9 700	8 540	10 010	760	130	1 700	520
台安县宏达铸造厂	40	9 370	8 250	9 670	760	130	1 900	500
香港力高刀模有限公司	70	12 611	10 470	11 432	214	180	22 060	5 660
荫子贤达模具厂	35	54 730	41 184	40 130	4 060	800	3 050	6 700
黄皮星光钢模厂	62	8 160	8 160	6 425	254	180	450	654
敦化市标准件厂	71	3 259	3 259	3 054	75	173	1 285	4 254

2003年机械工业模具行业统计

企业名称	应收帐款净额/千元	固定资产净值平均余额/千元	产品销售收入/千元	产品销售成本/千元	利润总额/千元	工业总产值		从业人员平均人数/人
						当年价/千元	不变价/千元	
北京鑫迪模具制造公司	0	31	2 956	2 974	- 51	2 956	2 956	38
北京西城区西什库电器模具厂	0	111	20	14	0	22	20	6
北京模具厂	738	11 064	7 600	8 010	13	7 558	8 000	76
北京市朝阳兴华建筑机械配件厂	0	49	619	543	- 1	525	473	6
北京市海淀区燕西金属铸造厂	737	3 512	3 775	3 512	61	3 775	3 322	90
北京市怀柔富兴冲压件厂	0	2 550	8 758	8 430	20	4 759	4 759	32
北京市大兴县宏光塑料模具制品厂	444	110	1 330	930	273	1 764	1 764	26
北京市大兴县西红门模具厂	5 440	4 680	6 800	4 270	1 838	7 876	7 876	56
北京市京辰工贸公司	900	5 683	11 394	10 733	- 154	8 606	8 606	100
天津汽车模具有限公司	7 455	30 236	89 864	76 837	5 208	99 940	16 520	237
天津市开发区职联工贸发展公司	52	1295	32	23	- 10	30	20	11
天津市模具技术服务公司	618	288	1 933	300	145	1 930	2 260	12
天津光电通信公司模具制造厂	347	404	463	522	- 93	140	240	32
天津市嘉陵道中学校办厂	0	208	30	69	94	30	20	1
天津市南开区前圆小学星火模具厂	0	0	27	0	16	30	20	1
天津市南开区冶金里小学校办厂	22	0	10	0	9	0	0	1
天津模具厂	1 137	6 024	3 063	2 681	- 51	3 020	3 600	84
天津市电讯模具厂	9 827	7 728	643	577	- 1 804	0	0	116
天津市玻璃模具厂	620	5 232	0	0	- 3	0	0	79
天津开发区北方工模具公司	3 400	1 887	3 013	2 481	- 114	2 400	1 970	51
保定向阳航空精密模具厂	1 247	1 967	1 004	1 051	- 16	1 344	1 344	82
廊坊腾达铝制厂	2 747	726	12 640	11 418	1 262	15 459	14 068	41
沈阳航空模具制造公司	3 028	2 456	21 862	14 736	6 401	24 291	21 862	73
鞍山市宏达建材厂	4 200	6 400	19 640	19 060	600	18 620	15 230	80
台安县宏达铸造厂	180	2 000	8 950	7 940	800	8 840	7 780	30
丹东市凤凰合金铸造有限公司	15 175	689	5 070	5 576	- 347	5 220	5 220	145
营口市站前区新兴模具厂	600	653	12 185	10 363	933	12 185	12 285	25
哈尔滨模具厂	6 246	4 985	0	0	- 1 203	8 900	9 128	21
哈尔滨市油石厂	209	230	5 390	4 945	29	8 750	8 920	65
上海昆杰五金工具有限公司	9 780	5 062	24 531	17 570	1 490	12 750	20 379	156
上海乐山五金厂	272	112	461	373	62	451	398	10
上海龙华机模有限公司	2 999	2 117	19 309	18 090	61	19 300	16 967	98
上海工程技术大学纺织学院校办工厂	424	16	66	100	- 79	51 534	51 534	
上海组合夹具厂	1 512	897	3 225	2 984	- 808	2 691	2 378	21
上海黄燕模具材料公司	3 348	898	8 547	7 356	113	8 406	7 411	32
上海吴剑塑模机械厂	2 313	2 406	6 833	3 810	2 883	6 833	6 023	66
上海曼德琳电器有限公司	1 360	1 121	3 403	2 406	964	3 383	3 086	99
上海药机模具厂	61	1 632	6 260	4 727	- 1 320	8 209	9 633	87
上海跃进工具厂	158	1 286	793	478	12	948	662	106
无锡曙光模具有限公司	22 624	33 157	108 603	82 089	5 978	113 175	102 548	449
常州市新丰机械有限公司	4 050	2 450	23 680	22 700	280	19 630	17 787	50
苏州市华东模具厂	2 421	4 022	7 534	6 460	438	7 813	7 079	80
南通秦海模具厂	3 953	5 548	10 969	9 644	480	11 050	10 012	50
泰州市东方印刷版材厂	20 570	20 810	86 180	70 171	4 403	101 580	92 042	204

企业名称	应收帐款净额/千元	固定资产净值平均余额/千元	产品销售收入/千元	产品销售成本/千元	利润总额/千元	工业总产值 当年价/千元	工业总产值 不变价/千元	从业人员平均人数/人
邗江县公道模具制造有限公司	2 580	2 480	16 250	14 540	710	17 790	16 120	100
常熟纺织机械厂唐市分厂	1 310	6 130	9 930	9 980	-450	11 810	10 701	266
中联橡胶(张家港)模具有限公司	16 151	3 303	39 818	26 474	6 153	25 020	22 671	211
江阴市机械模型厂	3 634	2 161	14 780	12 480	1 712	15 220	13 791	95
宜兴市元上钻石模具厂	1 530	1 180	8 230	6 360	1 110	8 230	7 457	60
杭州超新机械厂	1 478	348	5 948	5 657	119	7 020	7 473	24
杭州长征机械模具厂	2 159	1 170	8 206	7 526	165	8 206	8 735	49
宁波经济技术开发区吉业汽配模具有限公司	2 529	2 550	5 580	3 715	105	5 580	5 940	140
宁波市海曙永昌铸造有限公司	994	205	6 011	5 667	174	6 020	6 408	63
北仑区霞浦模具压铸厂	3 224	1 283	11 834	7 073	3 574	12 522	13 330	101
宁波市北仑大碶华达模具厂	433	6 013	47 317	42 225	1 782	48 946	52 103	356
宁波横河模具有限公司	7 009	12 034	20 393	16 270	1 381	21 363	22 741	168
慈溪市鸿达电机模具制造中心	1 678	11 850	14 758	10 582	869	14 622	15 565	91
宁海县鑫城无线电元件厂	15 643	8 618	41 179	27 880	9 136	42 300	45 028	234
宁海县城关五星医疗器械配件厂	3 268	2 114	10 013	8 345	548	10 030	10 677	56
宁波申江汽车部件有限公司	9 412	17 567	60 080	45 976	6 721	90 275	96 098	250
宁海县精制模具塑料厂	2 483	2 956	5 098	3 790	655	5 929	6 311	70
宁波市星火模具厂	1 212	4 382	6 121	4 491	679	6 945	7 393	68
宁海县兴宁模具材料有限公司	165	656	8 789	7 665	171	8 685	9 245	24
宁海县大鹏模具塑料有限公司	7 656	19 014	29 211	15 221	7 841	36 000	38 322	280
宁波锦泰机模有限公司	2 647	5 203	19 417	16 843	1 369	20 700	22 035	120
象山县精密模具厂	6 389	1 708	9 718	9 164	357	9 718	10 344	27
宁波合力模具有限公司	12 723	31 265	92 124	65 861	8 068	92 236	98 185	424
象山三洋实业有限公司	9 908	5 633	27 681	22 785	1 109	29 490	31 392	311
瑞安市威力钢模制造厂	5 371	211	12 503	11 512	327	14 047	14 953	62
苍南县友谊制版厂	1 935	3 851	3 979	3 393	150	4 172	4 441	32
绍兴县轮胎模具有限公司	760	4 824	8 292	6 828	963	10 067	10 716	58
上海机械进出口公司平湖市模具联营厂	4 820	1 690	45 080	42 710	840	43 780	46 604	90
永康市楼店特种钢冶炼厂	14 310	7 320	16 110	13 840	1 180	17 296	18 412	100
东阳市模型厂	700	1 032	5 001	4 149	217	5 885	6 265	58
浙江黄岩模具二厂	36 110	28 210	70 510	62 960	3 910	76 830	81 786	210
浙江黄岩亨达塑料模具厂	5 500	6 460	17 360	14 450	850	16 910	18 001	147
浙江黄岩红旗塑料模具厂	1 670	3 500	8 110	7 160	280	8 350	8 889	49
浙江模具厂	43 510	18 520	80 560	67 970	1 380	102 710	109 335	419
浙江黄岩华美塑料模具有限公司	1 400	3 500	5 710	4 870	90	6 050	6 440	45
浙江黄岩沿江模具有限公司	5 190	9 030	24 980	21 080	1 440	25 080	26 698	145
浙江黄岩中联塑料模具厂	850	7 170	22 670	19 280	930	22 370	23 813	142
浙江黄岩豪马塑料模具有限公司	2 780	9 040	7 100	5 890	240	7 100	7 558	50
浙江黄岩滨海模塑厂	3 110	7 520	14 170	11 790	330	14 190	15 105	164
浙江黄岩蜻蜓工贸有限公司	4 240	400	7 380	7 010	120	7 480	7 962	16
浙江黄岩重型塑料模具厂	12 370	5 340	13 800	11 220	410	15 900	16 926	170
浙江黄岩模具六厂	2 580	7 890	14 910	11 560	2 800	15 100	16 074	43
浙江黄岩冲模厂	5 870	6 280	15 420	13 100	370	15 480	16 478	120
温岭市上马塑料模具厂	1 796	4 331	6 778	6 205	211	7 060	7 515	69
舟山市普陀模具厂	5 894	1 472	6 275	4 199	305	7 270	7 739	135
安徽强力新型模具总厂	2 057	6 124	10 192	9 563	-1 362	10 687	9 598	199
铜陵市三佳电子集团有限责任公司	51 843	183 897	170 224	102 396	17 116	291 547	315 253	2 076
滁州市宏达模具制造有限公司	2 830	8 883	17 567	10 534	3 790	17 128	17 128	112
宁国市王子工业有限公司	3 109	3 470	6 624	4 589	-139	5 810	5 810	119
福州嘉利铸模具机械厂	173	780	5 050	5 003	-135	6 020	5 810	30
景德镇市万寿山金属模具制造厂	276	1 883	2 668	2 539	25	3 040	2 170	42
新余市九龙山工业有限责任公司	976	215	655	586	0	655	655	42
济南磨料磨具工业公司	3 100	1 300	34 030	14 400	2 400	39 400	28 786	118
章丘市轻工机械厂	5 403	3 678	90 760	88 758	6 700	98 760	72 154	196

（续）

企业名称	应收帐款净额/千元	固定资产净值平均余额/千元	产品销售收入/千元	产品销售成本/千元	利润总额/千元	工业总产值		从业人员平均人数/人
						当年价/千元	不变价/千元	
章丘市永盛轻机有限公司	730	1 850	30 180	21 300	4 450	5 900	4 311	180
即墨市海隆机械有限公司	15 206	59 222	80 343	74 039	－1 374	88 680	64 790	360
烟台鲁冶机械厂	1 013	397	7 158	6 205	－392	6 582	4 322	106
烟台泰利汽车模具制造有限公司	5 995	11 480	10 800	7 540	9	12 000	8 767	136
烟台市福山汇隆实业有限公司	0	4 790	21 210	16 850	1 070	18 120	13 238	125
蓬莱市遇驾夼模具厂	500	2 088	62 955	53 612	4 340	79 067	57 766	72
肥城模具厂	507	5 650	5 023	3 863	757	12 567	12 567	103
文登市模具厂	1 240	1 090	6 870	4 670	1 260	5 910	4 318	195
河南省环球模具有限公司	3	25 182	7 475	6 389	100	10 503	7 354	130
郑州市砂轮工模具设备厂	1 181	1 293	4 179	4 111	－754	4 179	4 179	80
郑州海特模具有限公司	7 152	9 196	20 213	14 791	1 940	19 560	17 738	132
河南省新郑市砂轮厂	2 691	2 098	40 006	36 670	1 387	49 435	34 611	142
洛阳轴承专用模具厂	1 514	1 769	8 260	7 626	70	7 150	5 006	154
725所新安金属复合材料厂	4 840	2 996	14 624	13 657	521	16 008	11 208	68
灵宝市金鼎密封件厂	0	500	26 020	21 980	2 600	26 260	18 385	40
武汉市黄陂区建筑器材厂	810	680	9 120	7 255	710	11 375	11 375	62
东风汽车模具厂	0	1	0	0	0	124 908	27 434	1
罗田县田丰模具有限责任公司	1 372	960	1 221	668	－20	1 525	1 215	33
汨罗市汨江砂轮有限责任公司	1 860	5 800	20 000	14 892	850	26 230	22 984	337
广东省模具工业公司	1 339	4 568	7 010	4 909	136	9 323	8 608	10
广州型腔模具厂	1 537	31 706	5 125	8 219	2 507	5 000	5 000	104
增城市电机有限公司	0	6 301	11 156	8 990	96	14 181	43 556	310
增城市塑料模具标准件厂	4 935	4 256	19 032	15 950	344	30 941	27 847	260
广州市番禺新中精密铸造厂	673	4 523	23 670	16 865	4 046	24 880	23 673	56
广东省韶关市模具厂	1 248	5 820	226	830	－1 321	705	391	176
韶关市南方通用机械厂	1 629	2 140	7 578	6 698	－121	8 771	8 329	41
深圳市兴龙机械模具有限公司	10 821	14 516	10 557	9 859	16	12 288	13 961	93
深圳南方模具厂	2 137	13 608	28 334	20 265	－882	28 334	26 180	190
深圳市东兴瓶盖厂	1 113	1 513	1 126	1 336	－1 178	1 635	1 463	26
深圳市协达成精密模具有限公司	823	1 945	11 170	9 650	178	11 170	11 170	45
深圳格兰达机电科技有限公司	2 819	2 815	30 912	21 856	6 549	34 346	34 130	235
珠海经济特区华祥机电发展公司	721	782	1 154	1 101	15	1 530	1 530	18
揭阳试验区塘埔五金电器厂	0	3 500	45 813	44 575	276	48 224	40 990	150
佛山市劲雄机械有限公司	1 221	2 036	10 980	10 183	－193	11 672	13 656	61
南海市达兴塑料机械厂	110	500	6 161	5 843	－30	6 490	5 140	65
南海市大涡塘模具厂	2 074	9 439	5 398	5 305	－383	6 042	5 868	45
开平市水口镇铸造厂	0	1 748	8 824	7 267	1 002	8 160	10 730	58
成都今朝企业总公司	0	89 209	0	0	0	0	0	772
成都新凯腾实业集团	9 720	24 913	50 006	37 036	4 603	55 148	58 889	513
成都市新志实业有限公司	4 291	5 103	29 253	2 4410	873	31 454	31 418	298
重庆光华精密模具公司	1 833	1 464	5 064	3 104	－216	3 858	3 858	120
重庆塑料机械模具厂	22 148	11 160	7 534	5 801	－1 487	11 213	8 741	105
陕西渭河精密工模具总厂	6 547	47 440	38 081	30 862	－2 983	52 606	58 437	1 477
西安市西北锚具厂	130	556	8 352	7 047	783	8 926	8 509	67
兴平长兴纺织机电有限责任公司	1 254	2 949	1 680	1 298	－471	1 880	1 880	30
洪福工贸公司	1 561	2 477	1 872	1 858	－941	895	634	120
揭阳试验区伟立塑料模具厂	0	4 000	53 225	50 376	564	56 026	47 622	100
揭阳试验区永和塑料模具厂	400	5 000	34 886	32 817	420	36 722	31 214	150
天津市天贵模具制造有限公司	1 860	2 750	9 600	9 100	500	9 600	7 870	50
天津市恭华模具标准件厂	1 700	2 600	5 610	3 370	630	4 480	3 670	86
无锡小天鹅模具制造有限责任公司	8 452	2 336	14 709	13 743	－1 040	14 709	13 328	78
常州新区康利达顶竖模具有限公司	0	3 980	8 140	7 280	20	7 270	6 587	70
常州市武进申利模具有限公司	7 390	10 650	22 630	20 930	160	21 780	19 735	150
常州市武进卢家巷模具厂	720	6 530	4 950	3 680	70	2 950	2 673	170

（续）

企业名称	应收帐款净额/千元	固定资产净值平均余额/千元	产品销售收入/千元	产品销售成本/千元	利润总额/千元	工业总产值		从业人员平均人数/人
						当年价/千元	不变价/千元	
常州市威力工具有限公司	1 740	860	9 940	9 070	100	9 930	8 998	80
常州市遥观模具厂	1 940	850	6 980	6 470	40	6 600	5 980	60
常州市武进长虹结晶器厂	920	4 400	17 620	13 280	2 600	17 330	15 703	25
昆山精密模具标准件公司	2 775	38 803	10 965	9 284	276	19 770	14 270	81
常熟市精工模具制造厂	5 260	780	14 670	7 610	5 450	14 970	13 564	85
宁波永达塑机制造有限公司	8 113	447	10 232	8 832	517	9 544	10 160	70
宁海县南杰模具有限公司	5 719	5 803	10 838	8 559	652	11 366	12 099	95
宁海县超日模塑有限公司	992	1 436	5 512	3 769	662	5 584	5 944	42
宁波志岳雕刻机械有限公司	6 781	18 966	33 186	28 668	1 127	40 000	42 580	150
宁海县春雷模具制造有限公司	5 032	6 808	29 563	23 685	3 403	37 231	39 632	198
海盐永固工模具有限责任公司	5 445	12 837	12 923	8 909	826	13 317	14 176	169
杭州杭华模具机械配件有限公司	4 559	5	7 592	7 079	50	8 517	9 066	30
福建省金得利集团有限公司	23 122	55 169	152 830	114 436	10 501	154 760	171 189	733
沈阳模具中心(有限责任公司)	698	8 448	4 387	4 010	– 3	5 603	6 597	106
济南大明方正实业有限公司	2 495	1 588	48 800	41 115	5 500	54 200	39 599	48
柳州市裕龙模具冲压件制造厂	5 093	6 408	16 296	15 342	22	16 354	16 354	180
珠海东部粤星五金制品有限公司	2 439	1 988	19 929	18 313	509	18 991	17 663	108
南海市奔达模具制造有限公司	0	7 338	80 572	68 052	1 003	77 546	75 238	281
南海市华达模具塑料有限公司	31 413	61 078	148 388	132 093	9 132	128 344	124 454	689
中山市耀升五金电器厂	6 799	4 792	37 655	37 800	2 818	37 655	37 655	221
北京天田机床模具有限公司	4 049	5 353	23 900	12 325	184	19 380	22 673	79
壹胜百模具(北京)有限公司	0	2 886	30 232	24 707	450	24 430	30 538	44
天津伟荣机电有限公司	4 131	4 700	19 674	15 563	128	17 260	14 150	82
天津天贵模具制造有限公司	845	1 651	4 572	4 009	31	4 110	6 200	53
北方(天津)挤压模具制造有限公司	868	3 713	28 486	25 010	450	23 500	23 760	141
天津天合轮胎模具有限公司	1 811	12 762	7 256	5 983	– 766	8 280	8 280	56
ACI(天津)模具有限公司	10 297	65 335	75 066	43 350	16 503	73 460	85 950	201
枣强县建材机械有限公司	2 590	1 180	8 060	6 200	540	8 340	8 460	86
泊头市通达汽车模具有限责任公司	5 526	674	29 480	15 476	2 743	30 610	30 610	120
沈阳筱边机械制造有限公司	2 082	23 122	22 627	18 817	617	22 627	22 627	223
盘起工业(大连)有限公司	68 920	118 520	195 420	126 210	23 480	201 490	150 170	1 500
共立精机(大连)有限公司	3 420	19 860	16 860	16 450	– 560	16 860	16 860	62
上海凯纳捷交通模具有限公司	1 725	3 301	6 312	4 905	1 172	6 293	5 522	54
上海美实精密器材有限公司	1 981	8 359	14 606	11 554	– 1 724	13 039	11 865	108
上海柏斯高模具有限公司	3 720	3 065	5 423	4 159	– 150	5 845	5 480	74
上海矶野塑胶有限公司	7 901	5 049	51 756	45 537	3 732	50 337	44 344	58
上海三重精密模具有限公司	3 772	9 093	14 391	8 291	2 040	14 817	13 076	69
上海华宏玻璃模具有限公司	8 823	18 766	23 546	14 633	5 718	24 430	19 834	217
应用精密制造(上海)有限公司	2 869	20 113	15 060	12 849	457	15 060	13 288	123
上海紫燕注塑成型有限公司	47 110	49 998	143 232	127 499	3 103	166 000	146 456	585
上海力生特殊钢材有限公司	1 588	716	6 717	5 538	– 603	6 708	5 916	24
上海德昕金属冲压有限公司	5 980	2 337	29 918	22 315	4 986	23 500	20 730	165
福仕德精密工程(上海)有限公司	1 361	3 991	6 099	3 333	1 345	6 099	5 564	44
上海龙记金属制品有限公司	13 545	62 788	109 831	83 883	12 766	110 338	97 264	758
一胜百模具技术(上海)有限公司	8 632	23 890	99 440	77 320	13 005	99 440	87 818	89
上海德奎久保田模具有限公司	8 774	26 050	36 449	21 240	13 096	51 870	31 361	169
冈城模具制造(上海)有限公司	962	1 850	6 461	4 294	1 112	6 768	6 174	30
上海吉泰交通工业有限公司	5 441	139 860	100 428	74 194	12 343	101 329	89 951	189
上海紫燕模具工业有限公司	11 597	102 635	32 417	35 642	– 15 833	28 489	25 076	206
上海日嘉金属制品有限公司	12 941	10 412	42 883	34 722	3 186	42 883	37 836	56
上海连合钢塑模具有限公司	1 305	5 512	6 393	6 842	– 2 772	6 393	5 640	25
上海夏普模具工业控制系统有限公司	4 579	81 441	44 214	49 267	65	44 214	44 214	165
上海和兴激光刀模有限公司	3 944	2 673	9 493	5 469	1 523	11 089	9 636	127
宏捷精密塑胶模具(上海)有限公司	2 638	4 278	7 359	3 507	2 510	5 473	4 838	45

（续）

企业名称	应收帐款净额/千元	固定资产净值平均余额/千元	产品销售收入/千元	产品销售成本/千元	利润总额/千元	工业总产值		从业人员平均人数/人
						当年价/千元	不变价/千元	
日富精密工业(上海)有限公司	3 503	883	10 373	7 633	1 051	6 999	6 176	24
上海锋利兴镭射刀模有限公司	2 394	3 877	9 569	4 921	2 584	5 708	5 034	48
安能利精密模具(上海)有限公司	6 571	8 633	16 674	17 678	－2 094	13 053	11 527	82
摩登精密模具(上海)有限公司	5 740	14 476	22 099	19 330	1 222	20 165	18 293	70
斯帝尔模具(上海)有限公司	3 842	17 977	10 680	8 797	－72	15 287	13 946	84
贝联特种金属制品(上海)有限公司	5 155	4 517	67 396	41 587	5 616	68 050	28 096	226
上海宏旭模具工业有限公司	1 503	18 943	10 944	9 467	－1 901	12 171	11 103	118
上海山崎精密模具冲压有限公司	2 293	8 882	7 511	7 433	－2 568	9 415	8 589	28
上海台丽通塑胶模具有限公司	2 148	12 248	29 602	22 161	6 428	24 663	21 811	120
上海庆满塑料五金制品有限公司	25	1 729	6 511	4 373	－27	6 511	5 940	48
上海英备精密模具有限公司	1 544	17 820	11 529	8 394	539	11 035	9 446	107
上海瀚氏模具成型有限公司	1 906	7 420	28 894	24 963	1 580	28 755	26 216	36
上海精武模型有限公司	0	1 035	29 138	4 587	17 767	29 138	26 205	16
上海博成电子有限公司	2 564	5 436	11 070	3 544	7 032	9 480	8 192	10
无锡微研有限公司	34 712	96 715	91 573	58 599	4 915	88 779	80 443	424
无锡市雄伟精工机械厂	3 627	7 054	32 142	26 933	4 564	33 230	30 110	80
苏州勇气模具有限公司	7 200	18 412	55 490	42 040	7 950	55 490	50 279	200
苏州大和精密模具有限公司	2 121	9 184	7 264	5 488	11	7 260	6 578	31
苏州凯旋机电元件有限公司	15 316	33 327	66 263	60 437	333	54 250	49 156	364
均强机械(苏州)有限公司	23 526	31 840	37 895	31 201	－2 394	36 720	33 272	142
飞利浦创能科技(苏州)机械有限公司	28 692	62 178	118 124	113 981	－12 440	128 880	116 778	400
苏州陆钢精密模具有限公司	3 660	11 320	9 410	7 680	10	9 400	8 517	160
鸿准精密模具(昆山)有限公司	35 770	49 006	152 437	125 913	16 486	152 720	138 380	1 531
埃梯梯科能(南通)精密机械工程有限公司	11 509	14 119	38 313	25 843	11 162	40 681	36 861	130
杭州谷口精工模具有限公司	1 248	4 544	6 075	4 016	857	6 075	6 467	57
杭州群泰模具有限公司	327	5 890	9 843	7 444	174	12 821	13 648	103
浙江东阳市恒太硬质合金有限公司	1 626	2 856	11 849	9 032	－65	17 820	18 969	65
黄岩宏振聚酯机械模具有限公司	6 700	7 410	67 010	54 380	5 000	61 000	64 935	285
台州市黄岩裕盛聚脂模具厂	720	2 990	5 000	4 150	190	4 930	5 248	62
浙江黄岩永宁塑料模具有限公司	3 250	2 070	8 010	6 690	310	8 010	8 527	81
宁波市鄞州区石碶星光宇宙塑料模具厂	1 049	411	8 868	8 485	233	9 396	10 002	53
宁波北仑塑模制造有限公司	2 965	5 145	14 200	11 559	1 584	14 160	15 073	116
宁波万隆电器模具塑料制造有限公司	545	6 769	8 110	5 311	1 657	8 296	8 831	115
宁波跃飞模具有限公司	1 122	8 495	23 506	14 372	5 764	30 000	31 935	178
鄞州佳利来塑胶模具厂	3 039	4 083	15 744	14 048	168	15 990	17 021	113
宁波达时模具制造有限公司	479	3 662	1 566	1 308	151	2 200	2 342	30
福建省莆田协丰模具有限公司	9 166	76 556	143 582	80 342	43 173	175 500	140 400	773
福建省金浦机械工业有限公司	1 243	16 425	9 250	7 642	336	9 223	7 378	125
福州东方模具工业有限公司	－169	668	45 673	44 544	224	45 334	43 067	69
福建飞毛腿精密制模有限公司	7 961	20 992	64 109	53 591	2 870	59 169	55 027	310
福州新易制模有限公司	5 193	34 145	26 330	21 705	452	26 330	22 380	428
福州鑫宏模塑制品有限公司	11 022	11 984	15 989	10 931	1 947	22 610	22 610	237
福建省晋江市深沪镇浔兴精密模具有限公司	25 423	67 776	170 855	139 249	10 453	182 963	149 478	1 600
晋江市三合液压设备有限公司	0	3 396	71	59	3	0	0	5
福建晋江市光宇电脑模具有限公司	7 763	12 001	24 745	17 320	2 558	31 992	28 794	254
泉州鸿展模具制造有限公司	601	7 325	6 172	5 467	335	6 779	6 101	73
晋江力达机器有限公司	2 010	6 320	6 903	5 379	1 099	7 524	6 771	80
埃梯梯科能(厦门)精密机械工程有限公司	14 398	13 254	31 598	19 330	10 066	35 211	47 534	191
厦门灿坤科技有限公司	7 643	13 438	8 468	8 165	3 959	10 565	10 565	149
烟台大川玻璃模具有限公司	3 622	3 496	6 290	3 577	186	5 616	4 103	124
青岛技场半导体仪器有限公司	2 328	9 584	10 268	4 015	4 297	11 662	8 520	65
青岛三谊精密器械有限公司	266	8 907	1 567	4 834	－3 666	3 014	2 202	41
洛阳市建园模具制造有限公司	410	6 432	29 765	26 113	799	31 765	22 240	170
湖北十堰先锋模具股份有限公司	8 192	14 982	8 037	3 540	2 339	8 042	8 042	190

（续）

企业名称	应收帐款净额/千元	固定资产净值平均余额/千元	产品销售收入/千元	产品销售成本/千元	利润总额/千元	工业总产值		从业人员平均人数/人
						当年价/千元	不变价/千元	
鄂州市鄂丰精密模具有限公司	730	4 260	6 314	4 800	134	6 001	6 275	125
珠海市友精密机电有限公司	2 183	20 788	20 187	14 480	812	21 098	16 876	200
汕头彩富精铸有限公司	1 321	5 492	12 701	12 778	－1 250	10 807	10 807	67
中山志和家电制品有限公司	30 413	127 648	207 406	177 903	9 747	201 019	194 988	1 927
佛山市汇星精密模具有限公司	5 476	1 080	1 300	273	－870	1 342	1 342	33
南海娜塞提先锋陶瓷机械有限公司	24 693	16 505	51 296	49 202	212	45 075	48 720	188
南海震华机械工程有限公司	921	8 470	17 121	3 946	360	17 277	17 259	54
南海华达高木模具有限公司	6 285	39 653	39 531	27 086	3 312	49 765	49 765	212
南海三标塑料五金制品有限公司	0	7 648	4 170	4 031	254	5 404	5 404	129
明原钢模机械工业有限公司	15 104	18 225	15 408	13 110	－405	18 958	18 958	169
脑力－松本模具注塑(惠州)有限公司	1 841	13 135	17 221	14 467	345	20 099	19 287	220
惠阳商颖五金有限公司	18 876	7 481	6 914	6 550	68	6 786	6 786	170
惠信模具技研(惠州)有限公司	3 180	24 630	18 188	12 355	2 165	20 092	20 092	126
惠州皇翔精密塑胶模具制品有限公司	4 556	8 100	17 064	13 557	1 225	14 324	14 324	190
河源龙记金属制品有限公司	107 321	152 530	607 512	436 007	148 072	613 997	613 997	1 979
东莞龙记五金制品有限公司	119 487	84 961	463 129	364 891	48 169	463 129	255 616	1 500
中山集华模具有限公司	4 262	7 790	19 719	19 506	－611	19 559	19 559	64
珠海市艺兴模具有限公司	247	6 250	25 490	21 611	90	25 490	23 894	130
东莞德胜钢材制品有限公司	42 260	28 613	79 515	62 895	3 021	75 531	73 901	499
东莞万宝至电机设备制造有限公司	9 489	25 334	35 695	30 828	1 873	35 695	35 965	680
东莞塘厦勤德五金制品有限公司	78 764	27 772	137 832	128 785	3 090	90 299	82 774	1 100
东莞毅昌模具制造注塑有限公司	5 824	11 499	7 063	6 427	191	7 063	3 886	90
东莞明利钢材模具制品有限公司	37 193	66 103	125 841	105 780	10 690	125 842	121 975	920
广州华达利电子塑料模具有限公司	697	2 216	9 248	8 325	－420	9 335	8 384	140
一胜百明利(广州)钢材配件有限公司	416	1 407	4 985	4 675	－949	9 036	9 036	12
广州导新模具注塑有限公司	651	18 227	15 700	11 782	8 217	17 418	17 892	106
广州协易制模有限公司	0	0	127 093	88 965	0	127 093	85 964	10
广州茂泽模具实业有限公司	12 488	27 785	22 445	15 724	5 138	37 510	35 605	314
广州龙记金属制品有限公司	3 305	66 284	24 522	15 666	5 478	24 020	24 020	184
联盛(番禺)塑料五金模具有限公司	39 472	180 684	235 312	221 832	3 910	214 805	199 769	2 774
番禺精达摩托车件制品有限公司	1 700	5 290	13 704	12 359	552	14 400	15 038	29
番禺建业实业有限公司	216	6 146	12 504	8 984	1 524	18 812	17 492	109
广州新井模胚工业有限公司	847	4 731	19 691	15 984	2 820	24 972	22 705	163
番禺大山厚泰模具有限公司	6 620	5 440	11 191	8 732	982	9 382	8 587	177
番禺冠利模具有限公司	9 469	1 283	15 904	13 404	1 199	15 033	13 363	220
增城富强模具实业有限公司	529	3 493	25 016	23 978	252	22 916	20 624	69
深圳国义五金制品有限公司	3 120	3 458	11 414	8 782	136	11 784	6 982	150
深圳爱文模具设计制造有限公司	1 124	3 605	7 005	4 824	－124	8 358	8 358	40
加域塑胶五金制品(深圳)有限公司	14 297	17 331	25 936	22 322	432	26 333	15 596	405
大光明塑胶电子制品(深圳)有限公司	19 893	5 835	10 505	8 404	－149	13 418	10 011	260
锦龙塑胶制品(深圳)有限公司	22 403	4 132	27 569	27 280	－1 039	37 498	27 831	140
天雄五金塑品(深圳)有限公司	4 255	8 009	11 636	10 868	107	6 853	6 710	98
乔丰机械制模(深圳)有限公司	50	18 352	25 438	22 200	838	24 220	22 414	608
深圳华园塑料制品有限公司	14 321	11 135	49 051	46 099	157	44 571	43 376	320
永源铜铁制品(深圳)有限公司	7 321	5 146	23 841	23 066	104	27 323	16 179	80
吉一电子(深圳)有限公司	2 032	2 486	11 459	10 886	108	9 987	9 912	80
深圳万昌隆表业有限公司	538	4 547	14 440	13 447	54	11 383	9 321	160
深圳东允五金塑胶制品有限公司	45 969	3 942	7 197	6 173	－241	21 971	21 629	418
深圳志德塑胶模具有限公司	1 026	2 824	13 135	12 178	－412	13 131	13 134	282
耀毅塑胶模具(深圳)有限公司	866	7 127	15 805	6 445	862	16 830	16 653	200
柏狮精密模具(深圳)有限公司	43 158	44 132	68 721	40 880	19 839	75 006	74 225	253
精英制模实业(深圳)有限公司	43 192	44 374	79 628	65 893	3 980	134 568	133 919	360
深圳又昭塑料实业有限公司	19 996	37 244	96 311	78 352	2 414	97 370	62 767	200
西胜电器(深圳)有限公司	10 149	5 230	55 234	49 166	674	49 473	49 124	200

（续）

企业名称	应收帐款净额/千元	固定资产净值平均余额/千元	产品销售收入/千元	产品销售成本/千元	利润总额/千元	工业总产值		从业人员平均人数/人
						当年价/千元	不变价/千元	
鸿准精密模具(深圳)有限公司	33 627	68 099	68 202	30 960	2 430	21 673	21 320	150
深圳殷华快速模具制造有限公司	1 389	4 440	9 116	3 540	777	10 128	10 128	50
震坚模具机械(深圳)有限公司	24 535	8 326	42 718	37 842	1 407	31 377	24 843	200
赫比(成都)精密塑胶制品有限公司	18 358	17 653	26 832	15 216	8 505	26 992	28 973	156
陕西斯瑞工业有限公司	11 650	8 005	21 819	17 019	1 160	18 458	18 458	203
宁夏永治钢磨板制造有限公司	971	3 902	10 931	10 228	26	8 270	8 270	54
常熟市建华模具有限责任公司	6 060	6 820	17 210	10 520	5 260	17 610	15 956	199
常熟市市南模具有限责任公司	2 670	2 080	3 400	3 060	170	4 120	3 733	115
英灏机械工业(昆山)有限公司	4 312	7 980	10 438	6 276	1 263	10 440	9 460	36
轮兴机械工业(昆山)有限公司	3 169	24 661	8 818	6 209	755	11 310	10 248	75
昆山三源精密机械有限公司	16 554	11 870	53 960	37 830	14 445	53 960	48 893	115
上海千缘汽车车身模具有限公司	2 167	30 393	18 338	9 105	5 869	25 086	19 681	96
上海亚虹塑料模具有限公司	14 031	5 653	59 417	46 550	10 546	40 800	37 675	315
上海云盛机械设备有限公司	3 545	274	11 757	10 043	1 120	12 310	10 846	30
上海威虹模塑制造有限公司	1 633	3 691	13 212	10 018	1 150	13 900	12 353	120
上海加森模具有限公司	4 378	1 335	12 205	9 390	263	12 920	11 397	30
上海天泽精密模具有限公司	1 371	2 736	5 872	3 507	1 453	7 260	6 623	32
上海云飞工贸发展有限公司	2 601	8 914	62 958	55 708	4 021	57 710	50 879	250
上海众泰辊业有限公司	1 603	4 485	8 010	7 014	415	8 010	7 307	30
上海正裕精密金属制品有限公司	230	100	7 645	6 438	813	6 894	6 100	67
上海金品模具有限公司	1 397	4 451	5 010	3 190	1 662	5 730	4 248	56
上海华奥精密模具有限公司	6 077	4 028	14 610	8 268	4 096	14 547	15 241	175
上海柴发锻造有限公司	5 934	8 883	80 551	69 432	8 717	68 013	59 977	132
上海三峰模具有限公司	393	442	15 126	12 822	556	15 161	13 831	44
北京兆维工装有限公司	6 170	2 676	11 625	11 545	- 4 862	9 777	9 777	103
天津通信广播公司模具厂	6 027	2 552	4 381	3 463	- 2 889	4 860	4 860	125
信安模具(天津)有限公司	1 109	2 685	4 818	4 376	- 735	4 810	4 810	114
天津市津荣天和机电有限公司	4 672	6 514	31 196	21 570	6 362	31 530	31 530	147
定州长胜模具制造有限公司	0	1 363	3 459	3 121	11	3 555	3 555	86
河北兴林车身制造集团有限公司	8 836	78 625	49 280	37 567	1 442	55 793	55 793	920
昌辉金属制品(上海)有限公司	4 812	11 252	45 191	42 050	615	45 191	39 864	90
上海美阳精密模具有限公司	822	6 115	24 817	14 216	9 911	24 735	21 796	80
上海达思金属制品有限公司	2 835	2 182	8 960	6 684	925	8 961	7 936	48
上海华庄模具有限公司	4 781	6 590	21 755	13 244	4 879	20 080	17 749	50
上海川耀机电有限公司	2 929	14 654	15 086	13 746	156	15 880	14 487	54
上海聚鑫精密模具有限公司	6 784	6 848	14 862	8 960	3 270	14 600	12 864	40
上海基丞半导体设备有限公司	2 704	3 411	10 380	8 576	21	10 380	9 135	50
泰州永进机电设备有限公司	1 751	3 010	24 506	19 405	980	28 178	25 532	120
嘉兴东炫橡塑机械有限公司	4 120	811	25 702	22 544	2 117	26 944	28 682	38
海盐县科宏模具有限公司	1 459	3 002	6 620	5 756	439	6 620	7 047	67
浙江黄岩中亚模业有限公司	3 370	3 740	9 530	8 390	230	10 000	10 645	83
浙江黄岩美多模具厂	5 880	11 640	20 660	17 750	1 130	23 100	24 590	165
黄岩岩君模具有限公司	1 840	2 750	11 770	10 010	700	11 760	12 519	57
黄岩三雷模具有限公司	2 940	8 960	10 030	8 430	320	10 030	10 677	56
台州市中联塑料模具有限公司	534	6 812	25 177	21 195	2 234	26 339	28 038	65
台州市路桥区新雅塑料模具厂	2 684	170	6 874	6 156	314	7 242	7 709	34
天台县永福模具有限公司	491	1 472	4 046	3 386	258	4 641	4 940	42
天台县城关模架厂	780	518	7 294	6 878	20	6 750	7 185	40
宁海县第一注塑模具厂	10 034	15 216	23 675	11 973	7 552	30 022	31 958	150
蓬莱市存刚模具厂	206	2 698	24 849	23 148	1 452	22 197	16 217	77
烟台爱开天隆模塑有限公司	0	11 589	9 986	6 700	2 208	12 462	9 105	85
山东临朐久恒模具有限公司	1 043	834	5 500	4 501	300	5 870	4 289	62
青岛仁本橡胶机械有限公司	2 700	1 790	10 670	9 106	210	24 906	18 196	135
漯河市英华橡塑模具有限公司	50	5 000	10 114	9 298	320	12 000	8 402	60

企业名称	应收帐款净额/千元	固定资产净值平均余额/千元	产品销售收入/千元	产品销售成本/千元	利润总额/千元	工业总产值		从业人员平均人数/人
						当年价/千元	不变价/千元	
黄石东贝工模具机械厂	2 576	1 015	14 912	13 007	793	14 917	17 404	118
株洲春华实业有限责任公司	1 009	1 522	21 326	19 467	217	20 977	16 208	114
汨罗市金成实业有限公司	1 770	1 560	20 480	17 725	1 060	20 480	15 262	104
资兴市东华特殊钢带有限公司	43	1 982	17 100	14 999	811	17 440	13 227	89
涟源市南方冶金连铸设备制造有限	890	4 680	23 260	21 390	260	23 800	21 080	50
高明市威利坚实业有限公司	2 154	3 656	43 931	25 470	145	15 824	18 527	180
顺德市新强盛模具有限公司	35 223	46 330	118 564	96 705	11 628	138 636	138 636	523
揭阳市外轮橡胶机械有限公司	8 200	93 000	407 648	317 964	3 194	425 376	381 760	600
东莞市明冠模具有限公司	946	1 187	4 102	2 627	222	4 102	2 888	48
东莞金晶铸造材料有限公司	4 686	4 551	16 547	12 177	1 777	12 177	12 177	54
珠海市粤茂科技实业有限公司	0	15 106	208 749	199 689	3 139	44 865	44 865	60
番禺柏拉图化工有限公司	1 214	88 903	36 259	33 060	402	45 837	46 837	187
广州广星模具有限公司	2 270	5 918	9 848	6 062	2 003	16 869	16 678	120
广州广电林仕豪模具制造有限公司	11 562	26 529	26 930	21 590	1 269	35 000	35 000	225
永旭(番禺)模具有限公司	1 355	8 530	63 420	59 439	3 065	71 645	66 630	68
广州市习之设计实业有限公司	1 617	1 663	15 883	14 364	0	19 323	17 970	275
震雄精密模具(深圳)有限公司	45 373	51 329	32 040	17 806	5 876	21 462	16 957	345
震雄电脑辅助设计及生产(深圳)有限公司	1 895	13 216	4 806	5 643	－716	6 513	5 337	92
礼志实业(深圳)有限公司	18 665	48 983	54 331	44 938	2 012	52 886	31 354	1 800
柳州福臻模具有限公司	9 199	4 182	24 926	16 915	5 363	19 858	19 858	116
大连鸿圆精密模塑有限公司	310	11 180	6 800	5 940	－180	7 740	7 740	70
优德精密工业(昆山)有限公司	6 234	15 080	17 055	14 774	－2 021	17 060	15 458	220
芜湖德业金塑模具有限公司	5 405	12 904	19 329	16 812	906	17 425	17 425	209
开平雅琪塑胶机械模具厂	1 341	42 759	100 448	71 341	2 909	119 800	146 680	455
汕头天阳模具有限公司	10 497	23 645	48 463	32 566	13 180	48 463	48 463	68
杭州萧山钱氏钢锭模铸造有限公司	1 550	2 360	19 620	19 330	50	19 897	21 180	19
上虞佩尔泰克模具有限公司	452	3 302	3 716	2 972	303	3 919	4 172	22
河南联保电子科技有限公司	992	6 859	11 895	10 978	695	12 273	8 593	68
宁波北仑辉旺铸摸实业有限公司	0	10 112	17 580	13 748	1 659	20 326	21 637	139
宁波鑫达模具制造有限公司	5 503	7 125	16 531	12 643	1 500	16 801	17 885	121
富晋精密模具(晋城)有限公司	4 386	16 222	25 209	11 517	8 192	22 941	22 941	270
常州市武进礼嘉乐凯空调配件厂	3 280	200	7 510	6 210	1 390	7 500	6 796	50
江门黄河五金制品有限公司	384	620	9 054	7 062	18	9 633	9 633	78
连云港三杰模具有限公司	390	5 900	14 900	13 609	620	16 150	14 634	29
立胜龙实业(深圳)有限公司	5 842	28 956	16 035	12 828	－289	16 526	9 229	311
大光模具制造(嘉兴)有限公司	968	2 493	14 222	9 420	2 782	13 970	14 871	38
沈阳子午线轮胎模具有限公司	29 592	77 114	50 645	30 800	1 000	44 619	69 533	362
浙江黄岩航宇模具厂	1 900	1 620	9 200	8 060	430	10 210	10 869	50
浙江黄岩宇驰塑料模具厂	550	3 450	8 380	7 200	410	10 000	10 645	70
浙江黄岩荣信模具塑料厂	110	4 120	7 930	6 760	510	9 000	9 581	40
黄岩嘉德威塑料模具有限公司	150	1 550	12 380	11 050	490	12 380	13 179	118
浙江省台州市精诚模具机械有限公司	7 600	5 920	23 900	20 020	1 140	24 500	26 080	101
广州市珠晖模具机械有限公司	823	1 055	16 755	15 470	434	55 610	45 570	84
广州市番禺联合科技发展有限公司	605	2 547	11 871	9 417	869	15 330	14 257	124
谦伟五金塑胶制品(番禺)有限公司	14 054	12 007	57 139	48 568	2 616	56 900	52 996	204
昆山宏顺大型模架有限公司	2 304	1 962	14 492	12 036	1 979	14 490	13 129	34
延吉宏达化工旋压厂	137	98	3 623	2 263	230	3 623	3 623	30
余姚市工程塑料厂	4 450	7 720	15 290	10 940	1 560	16 980	18 075	78
宁波博升电器制造有限公司	4 346	6 987	14 027	10 078	4 047	14 400	15 329	43
鄞州奇强精密冲件有限公司	6 718	4 661	12 239	10 684	170	14 001	14 904	63
福州胜亚模具有限公司	43	1 460	7 000	5 560	590	7 800	7 800	40
无锡国盛精密模具有限公司	5 258	30 808	47 583	18 466	9 201	48 460	43 910	202
北京富盛达冲压件有限公司	4 200	10 515	54 313	52 684	597	63 546	63 546	180
海尔世纪(青岛)精密制品有限公司	44 193	54 585	239 835	217 466	9 883	153 440	112 103	820

（续）

企业名称	应收帐款净额/千元	固定资产净值平均余额/千元	产品销售收入/千元	产品销售成本/千元	利润总额/千元	工业总产值		从业人员平均人数/人
						当年价/千元	不变价/千元	
广州金宝泰制模有限公司	3 137	30 983	25 208	21 668	－2 454	22 513	11 171	398
广州市番禺艺康电子五金有限公司	1 142	2 938	50 332	35 801	5 770	59 530	56 512	230
常州市长城塑胶机械有限公司	920	940	5 490	5 210	130	7 180	6 506	68
苏州双之铨电脑精密配件有限公司	5 440	19 000	45 820	40 120	3 470	47 780	43 293	225
忠信制模(东莞)有限公司	6 709	35 366	99 804	79 130	1 592	93 624	93 624	1 215
东莞宫泽金属塑胶公司	4 107	56 642	28 888	26 475	－3 664	24 655	31 392	227
浙江黄岩纪元模具有限公司	650	2 450	5 000	3 760	200	5 050	5 376	69
黄岩星泰塑料模具有限公司	0	780	19 720	16 750	1 340	21 770	23 174	44
安庆恒昌机械制造有限公司	1 537	5 978	21 012	17 853	119	24 068	24 068	176
浙江赛豪实业有限公司	540	14 570	29 540	24 100	2 120	30 720	32 701	197
台州昌盛达塑业有限公司	2 380	3 880	25 360	20 980	1 350	26 080	27 762	96
宁波强盛机械模具有限公司	5 165	10 098	21 719	16 430	2 573	25 299	26 931	135
象山正东机械制造有限公司	7 822	4 132	18 832	14 466	1 547	18 896	20 115	216
宁海县荣乾模具有限公司	790	2 620	6 015	4 498	560	6 020	6 408	84
宁波市鄞州区鑫煌模业有限公司	2 455	3 637	10 861	8 501	1 129	10 995	11 704	63
精技机电(南通)有限公司	11 260	28 589	138 478	126 863	7 686	126 049	114 213	159
浙江东方工具制造有限公司	10 852	28 606	107 598	97 024	6 284	109 317	116 368	676
官窑吴屋雄业精密机械厂	2 105	1 505	21 146	20 521	150	21 520	21 520	100
北京鑫峰盛金属制品有限公司	339	1 254	7 720	6 767	490	7 800	7 800	43
南京江东机械模型厂	1 250	1 350	6 460	5 690	240	6 800	6 161	40
沪华五金电子(吴江)有限公司	6 060	26 000	11 580	9 254	－824	6 500	5 890	350
昆山展铭模具有限公司	5 946	6 030	10 953	6 534	3 151	9 690	8 780	64
耐普罗塑胶模具(苏州)有限公司	47 986	37 054	260 353	223 504	12 220	258 220	233 973	401
珠海市东部颖承精密压铸有限公司	3 669	7 250	37 285	2 889	36 489	36 489	287	
高明市银科模具有限公司	8 531	25 235	42 258	24 412	－442	65 400	60 259	50
黄岩正雄模具厂	5 170	3 540	26 400	21 310	1 230	26 230	27 922	74
中山市小榄镇高科模具制品厂	31	743	12 167	11 338	615	12 167	12 167	50
磐石市飞跃模具有限公司	1 003	3 004	5 126	3 776	811	5 443	5 443	105
烟台鑫汇空间钢结构有限公司	7 719	14 329	23 800	19 762	－350	25 600	18 703	206
皖东经纬模具制造有限责任公司	1 476	2 334	6 945	4 294	1 207	6 400	6 400	68
成都宏明双新精密模具零件有限责任公司	15 568	13 194	31 919	15 166	7 623	29 584	29 569	200
大连经济技术开发区井上模具有限公司	790	2 490	8 040	5 240	620	7 160	7 160	50
北京网力模具有限公司	0	876	21 000	9 900	4 450	15 860	15 860	12
嘉兴新盛橡塑模具有限公司	1 207	13 774	10 437	6 939	1 147	11 013	11 723	38
黄岩日成模具有限公司	109	4 064	11 818	9 800	588	12 730	13 551	103
鞍山市长峰法兰厂	50	740	53 520	52 400	800	58 020	40 520	55
番禺精亮五金有限公司	3 985	2 740	22 365	20 092	1 355	22 480	20 906	296
顺德市顺威塑料模具有限公司	15 031	10 154	103 188	77 940	22 014	77 957	67 396	145
宁海县雷森模塑制造厂	2 050	2 852	12 312	8 982	2 196	12 907	13 740	90
勖祥精密模具(昆山)有限公司	8 580	10 770	20 160	8 790	8 687	20 160	18 267	150
超巨(番禺)精密模具有限公司	1 880	8 021	63 582	58 242	3 083	83 096	77 279	67
昆山益胜精密模具有限公司	7 963	31 051	21 128	13 480	5 011	21 120	19 137	198
恒隆发钢材(深圳)有限公司	8 600	1 581	27 900	25 180	1 689	30 973	28 950	50
广州市花都区全伟模具鞋业有限公司	128	491	9 620	9 175	71	17 880	17 880	61
宁海县城关精艺模具厂	275	1 381	4 983	3 235	2 053	6 362	6 772	47
宁波双林精密模具有限公司	20 366	17 446	29 404	19 509	5 630	41 800	44 496	347
凯达电子(昆山)有限公司	53 246	86 807	113 410	104 636	－1 403	113 410	102 761	543
四川成飞集成科技股份有限公司	49 040	104 923	120 217	73 896	30 260	126 243	125 899	710
东营区恒泰机件制造有限责任公司	364	1 823	14 428	13 463	584	14 462	10 566	84
象山永安机模厂	2 732	11 992	17 431	13 507	1 865	19 388	20 639	155
星腾电器(宁波)有限公司	0	1 230	18 910	17 120	0	18 980	20 204	100
春宇电子(吴江)有限公司	8 576	19 989	16 005	11 633	548	16 070	14 561	222
苏州新宝溢精密机械有限公司	3 254	8 043	22 819	16 436	545	19 910	18 040	221
鸿泰精密模具(昆山)有限公司	16 400	31 337	38 020	28 501	4 183	40 820	36 987	265

企业名称	应收帐款净额/千元	固定资产净值平均余额/千元	产品销售收入/千元	产品销售成本/千元	利润总额/千元	工业总产值		从业人员平均人数/人
						当年价/千元	不变价/千元	
枣庄市海泰模具有限公司	210	7 876	12 650	11 747	199	20 800	15 196	60
广州市番禺区风行模具厂	30	5 626	19 944	18 087	541	20 930	19 463	95
开封市远征电机有限公司	1 977	272	10 372	9 891	33	16 206	11 346	86
永锦达机械(深圳)有限公司	980	1 063	13 599	11 487	－755	16 750	15 892	85
泰兴市银杏炉料有限责任公司	458	142	8 996	8 948	0	8 969	8 127	20
苏州市联顺塑胶模具有限公司	1 015	2 894	6 054	5 591	142	5 697	5 162	12
广州青莲精密科技有限公司	201	9 986	74 393	69 449	2 675	72 060	64 910	335
广州市番禺区沙湾福陇骏琪模具厂	143	161	30 177	27 677	1 217	35 080	32 274	88
滁州市鑫隆机电有限公司	1 976	3 075	4 758	2 277	－415	7 180	7 180	133
升永精密模具(吴江)有限公司	2 876	7 045	5 802	5 714	－78	5 800	5 255	60
昆山市中大模架有限公司	4 142	2 060	18 427	15 495	500	18 480	16 745	121
海盐精斌五制品有限公司	4 519	8 922	12 280	5 173	4 609	7 513	7 998	129
常州大茂精密模具有限公司	1 450	17 150	6 940	5 660	－470	3 030	2 745	35
帝红能机械制造(上海)有限公司	2 783	2 218	10 388	6 402	2 936	9 944	9 072	60
飞炬电子(上海)有限公司	2 085	1 771	18 045	9 291	7 489	17 626	15 570	21
上海不二精机有限公司	7 861	27 223	21 416	16 096	－2 351	19 745	18 013	156
利昌金属制品(上海)有限公司	2 095	5 036	14 853	13 734	69	16 326	14 894	94
广州毅远塑胶五金模具有限公司	5 744	7 451	7 495	5 918	885	6 043	5 736	54
唐山市泰隆汽车模具有限公司	0	3 800	4 247	3 352	－37	4 247	4 247	60
珠海市大励金属制品有限公司	198	2 514	18 567	17 229	1 370	28 820	28 820	130
绍兴正兴轮胎模具有限公司	2 309	4 756	19 075	14 247	1 537	20 041	21 334	124
莆田市黄金贸易有限公司	329	43	5 000	4 636	149	5 010	4 008	70
宁波勋辉电器有限公司	6 661	21 087	30 936	19 371	8 802	33 486	35 646	357
宁波德业精密模具制造有限公司	40 857	20 160	187 552	115 393	60 309	222 519	236 871	423
南海市华泰精密机械有限公司	1 114	952	22 585	9 974	1 282	29 382	29 282	423
南海市新长城特种陶瓷金属制品有限公司	2 554	1 858	5 040	4 028	210	6 422	6 218	68
六和精密模具(昆山)有限公司	7 150	4 519	23 094	10 773	10 079	27 630	25 036	60
肥城市龙山特钢模具有限公司	0	2 200	1 090	574	21	42 196	30 828	64
大连銮艺精密模具有限公司	1 120	5 520	11 170	9 290	1 180	9 990	9 990	98
惠州市三协精密有限公司	5 492	7 138	9 277	7 888	－216	9 340	9 340	84
上海大盛模具有限公司	2 730	5 298	6 329	5 905	－163	5 860	5 346	25
福州友通精密冶金有限公司	7 961	20 992	64 109	53 591	2 870	64 109	64 109	330
珠海市明才模具制造有限公司	893	1 113	12 220	9 592	1 813	18 118	18 118	107
美通(珠海)机械有限公司	0	6 116	4 236	3 560	0	5 934	5 934	69
山东华泽精密模塑有限公司	3 296	4 871	6 304	4 567	－143	7 906	5 776	112
上海三峰压铸注塑技术有限公司	1 903	19 317	10 208	9 324	－3 285	11 050	10 081	110
珠海神模精密电子有限公伺	199	17 795	3 332	4 089	－1 464	5 386	5 386	48
连云港杰瑞模具有限公司	2 063	17 628	19 183	10 391	637	20 498	18 573	318
合肥市华林模具有限公司	1 826	4 764	14 185	12 594	402	18 380	18 380	242
上海阿司倍鹭家用制品有限公司	3 854	19 921	6 501	6 125	－450	7 570	6 906	60
鹤壁市天鹤模具制造有限公司	3 212	4 209	9 632	8 702	－577	16 735	11 717	100
合肥大道模具有限责任公司	3 398	8 775	13 645	6 986	2 736	13 684	13 684	130
台州市精宏模具有限公司	2 459	5 446	25 188	23 332	703	28 574	30 417	24
鹤山市鹤龙机电有限公司	212	3 122	6 779	5 423	10	7 532	8 320	69
赫德(上海)精密冲模有限公司	9 888	5 771	24 383	16 060	6 361	24 383	22 244	130
大都工装器具厂	2 994	2 690	11 769	10 663	303	11 401	11 401	50
惠州市旭鑫五金铸造有限公司	4 434	573	18 416	17 619	－280	18 553	18 553	162
缙云县中元工模具厂	1 450	3 900	7 000	6 620	210	7 000	7 452	50
上海灿鑫模具成型有限公司	5 051	2 609	9 648	7 068	2 241	7 120	6 495	22
融煌模具有限公司	159	731	5 003	4 800	36	5 003	5 003	30

（续）

企业名称	应收帐款净额/千元	固定资产净值平均余额/千元	产品销售收入/千元	产品销售成本/千元	利润总额/千元	工业总产值		从业人员平均人数/人
						当年价/千元	不变价/千元	
南海金鸿鞋楦有限公司	671	1 464	14 641	14 688	－129	13 207	13 108	54
上海崔李企业发展有限公司	1 470	0	12 961	4 456	648	12 960	11 823	70
北京城联东湖模板技术有限公司	2 881	283	3 744	1 724	757	14 060	14 060	83
福建福日模具厂	4 320	4 403	16 005	14 125	－15	22 950	26 852	188
荣成橡胶模具厂	140	2 910	25 713	24 007	1 537	29 690	21 692	86
佛山市飞鹿模具厂	1 262	611	7 596	5 797	115	7 467	7 467	98
济南精益模具中心	1 066	400	4 560	4 527	50	4 395	3 211	63
广州基准精密工业有限公司	656	4 824	15 739	14 246	367	18 692	16 737	43
鹤山市标准五金厂	215	2 158	9 018	7 214	11	10 020	10 020	50
鹤山市粤青模具厂	210	1 058	8 793	7 034	5	9 770	9 770	35
揭阳试验区大立模具厂	0	3 500	49 613	48 388	204	52 224	44 390	160
揭阳试验区建华模具厂	250	2 000	43 816	42 083	324	46 122	39 204	150
揭阳试验区长荣模具厂	0	3 810	15 983	14 733	192	16 824	14 300	150
揭阳试验区培元五金模具厂	0	4 000	48 251	44 987	720	50 790	43 172	150
藁城市增村镇模具厂	500	5 600	41 990	37 494	3 670	47 730	36 750	280
沈家营盛源工贸公司	29	10 000	2 024	1 519	95	2 510	2 100	100
淮安市东方精工机械有限公司	0	1 546	3 000	2 737	55	3 900	3 534	25
江苏肯纳森电子有限公司	541	485	5 271	4 743	0	5 370	4 866	84
界首塑料厂机械厂	100	1 900	5 300	4 271	480	5 495	5 350	25
台安县宏达铸管厂	250	1 750	10 000	8 900	890	9 900	8 710	40
上犹县黄埠塑胶五金制品厂	856	22 010	20 428	18 759	1 165	21 657	17 819	76
嘉祥县菊君模板厂	750	2 000	6 800	5 250	750	6 910	5 048	50
荣成市荫子贤达模具厂	1 620	3 050	51 266	44 609	2 213	60 610	44 282	55
源汇区屠龙磨料磨具有限公司	80	3 000	14 280	13 435	460	17 000	11 902	60
黄陂星光钢模厂	45	450	3 850	3 021	182	9 680	9 680	62
高要市金渡镇生有鞋材模具公司	230	332	26 933	24 237	415	30 852	26 828	47
高要市金利荣兴模具厂	860	3 600	69 020	56 800	1 570	76 460	74 220	180
上海塘口金属模具厂	908	740	22 300	18 552	1 293	22 300	19 444	250
青浦区申华模具五金厂	3 000	1 027	9 198	8 203	480	11 100	9 790	60
常熟市东方模具厂	900	3 860	25 110	25 010	－20	20 710	18 765	85
杭州萧山民主模具厂	800	897	6 751	6 481	167	6 882	7 326	36
杭州萧山冲压模架厂	566	2 805	4 735	4 057	212	4 630	4 929	67
海盐县海塘忠明机械厂	2 200	3 285	9 140	8 475	50	10 100	10 751	70
宁波市北仑区大碶东海压铸模具厂	5 644	4 519	16 731	15 684	347	17 190	18 299	77
宁海县城关镇泰山模具塑料厂	1 780	1 438	9 293	5 612	2 077	9 038	9 621	75
象山同家铸造模具厂	7 544	8 968	23 298	17 104	2 076	27 801	29 594	296
象山凯利机械模具厂	906	4 446	7 736	6 251	588	7 706	8 203	77
象山惠丰机械模具厂	3 826	1 853	5 204	4 063	742	5 747	6 117	30
南海市平洲盛欣五金电器制品厂	3 131	1 587	38 272	29 990	2 550	44 869	44 869	250
南海市平洲平西东南五金厂	232	1 038	3 656	3 221	228	6 852	6 852	25
江门市新恒达塑料五金模具厂	5 983	17 686	47 649	43 026	657	104 151	267 866	269
南海市盐步青云五金厂	4 510	1 884	20 944	19 049	885	19 595	19 517	144
南海市三山港区升鑫模具厂	81	132	1 111	1 231	－1 118	1 493	1 493	190
西安鼎业工贸有限公司	359	4 919	7 033	5 647	－200	8 225	8 225	116
珠海市香洲珠甬五金塑料模具厂	180	250	542	490	83	592	592	8

2003年模具产值超3000万元的部分企业名单

（根据中国模协经营管理委员会对291家企业的统计整理）

序号	企业名称	序号	企业名称
1	河源龙记五金制品有限公司	24	宁波东睦新材料股份有限公司
2	广东东莞龙记五金制品有限公司	25	长春一汽工艺装备有限公司
3	青岛海尔模具有限公司	26	上海获原模具有限公司
4	广东巨轮模具股份有限公司	27	宁波合力模具有限公司
5	揭阳市天阳模具有限公司	28	上海夏普模具工业控制系统有限公司
6	一汽模具制造有限公司	29	一汽铸造有限公司铸造模具设备厂
7	广东省顺德市圣都模具有限公司	30	中国扬子集团设备模具制造有限公司
8	四川成飞集成科技股份有限公司	31	宁波双林精密模具有限公司
9	铜陵三佳模具股份有限公司	32	上海宝钢模具钢加工配送有限公司
10	浙江炜驰机械发展有限公司	33	宁海县大鹏模具塑料有限公司
11	天津汽车模具有限公司	34	浙江赛豪实业有限公司
12	东江科技(深圳)有限公司	35	陕西红原航空锻造工业公司模具厂
13	东风汽车模具有限公司	36	广州广电林仕豪模具制造公司
14	浙江陶氏模具集团有限公司	37	大连瓦轴集团轴承装备制造有限公司
15	常州市华威模具有限公司	38	宁波向阳集团有限公司
16	跃进汽车集团南京模具装备有限公司	39	湖北十堰先锋模具股份有限公司
17	河北兴林车身制造集团有限公司	40	广东佛山顺德区百年科技发展有限公司
18	无锡市国盛精密模具有限公司	41	宁波申江汽车部件有限公司
19	广东科龙模具有限公司	42	宁海县第一注塑模具厂
20	青岛海信模具有限公司	43	上海华庄模具有限公司
21	南海华达高木模具有限公司	44	重庆长安汽车股份有限公司
22	沈阳子午线轮胎模具有限公司	45	宁波跃飞模具有限公司
23	河南安彩高科股份有限公司模具厂		

2003年人均模具产值20万元以上部分企业名单

（根据中国模协经营管理委员会对291家企业的统计整理）

序号	企业名称	序号	企业名称
1	日富精密工业(上海)有限公司	11	宁波申江汽车部件有限公司
2	四川省广汉锐星塑胶有限公司	12	无锡市国盛精密模具有限公司
3	青岛海尔模具有限公司	13	浙江象山同家铸造模具厂
4	揭阳市天阳模具有限公司	14	青岛塑料模具实业公司
5	上海获原模具有限公司	15	广东巨轮模具股份有限公司
6	陕西红原航空锻造工业公司模具厂	16	宁海县大鹏模具塑料有限公司
7	昆山宏顺大型模架有限公司	17	宁波合力模具有限公司
8	上海夏普模具工业控制系统有限公司	18	青岛海信模具有限公司
9	广东科龙模具有限公司	19	河源龙记五金制品有限公司
10	天津汽车模具有限公司	20	常州市华威模具有限公司

（续）

序号	企业名称	序号	企业名称
21	上海华庄模具有限公司	29	无锡市东风模具模架厂
22	南海华达高木模具有限公司	30	福建晋江光宇电脑模具公司
23	湖大海捷(海南)模具工程有限公司	31	上海千缘汽车车身模具有限公司
24	湖北十堰先锋模具股份有限公司	32	宁海县上达模具有限公司
25	杭州萧山精密模具标准件厂	33	上海东华热挤压模具有限公司
26	宁波跃飞模具有限公司	34	苏州市振元模具有限公司
27	无锡市小天鹅江波模具精机制造有限公司	35	广东佛山顺德区百年科技发展有限公司
28	广东东莞龙记五金制品有限公司	36	河南安彩高科股份有限公司模具厂

近年来部分模具科技成果统计

1988～1992年，针对当时模具工业几乎是全面落后的状况，由原国家经委下达计划，由原机械部科学研究院和中国模具工业协会共同实施，在全国范围内组织了上百个模具企业和有关科研单位、大专院校，共同进行模具技术攻关，取得了丰硕成果。这些成果涵盖冲压模具的设计制造技术、塑料模具的设计制造技术、压铸模具的设计制造技术、锻造模具的设计制造技术、模具表面处理技术、模具材料、模具计算机辅助设计与制造(CAD/CAM)技术、模具标准件、模具加工关键设备、模具寿命研究等方面，由于这些成果的取得及推广应用，使当时的模具技术前进了一大步。

“八五”期间，国家对模具技术的发展采用“重点企业技术开发项目”的方式进行支持。“精密多工位级进模”、“大型复杂锻造模、压铸模”和“塑料注射模具设计制造技术”3个项目被列入“大型精密模具设计制造技术”国家重点项目，并通过鉴定，达到目标，使我国模具设计制造技术又前进了一大步。

据中国模具工业协会了解到的统计资料，近10年我国模具工业部分科技成果见表1～表12。

表1　1994年模具工业部分科技成果

序号	项目内容
1	CAD/CAE/CAM技术在模具设计制造中得到成功应用
2	热流道及多流道微机控温技术、负压水冷却循环等技术在模具设计制造中得到成功应用
3	超塑成形加工模具型腔技术、电解磨削和研磨复合抛光技术、高频电场下压花及喷涂技术等模具特种加工工艺取得成果
4	聚氨酯发泡自结皮成形技术、陶瓷型精铸制模技术、光造型技术取得成果
5	我国自行研制的65Nb、LD、5NiSCa、SM、HM、Y4、Y10等模具钢新钢种得到成功应用，并取得良好效果；DT、GT35、YG等硬质合金也得到成功应用
6	我国自行开发的冷冲模CAD、锻模CAD/CAM系统、塑料模二维半CAD/CAM/CAE集成系统和三维造型及多轴计算机辅助加工软件开始在模具生产中应用，个别软件开始商品化

表2　1995年模具工业部分科技成果

序号	项目名称	完成单位	成果水平
1	33工位微电机电刷硬质合金精密级进模	北京市机电研究院精密模具公司	国外同类模具水平
2	24工位针式接插件硬质合金精密级进模	机械工业部机械科学研究院、阿城继电器厂	国际20世纪80年代中期水平
3	精密多工位级进冲模CAD/CAM	机械工业部桂林电器科学研究所	国际20世纪80年代先进水平
4	模具数据与信息系统	机械工业部桂林电器科学研究所	工作效率较以前提高10倍以上
5	精密多工位级进冲模	机械工业部桂林电器科学研究所	国内先进水平
6	多型腔小模数齿轮模具的设计制造技术	烟台北极星模具总厂	国外先进水平
7	汽车覆盖件模具CAD/CAPP/CAM集成系统单元技术	东风汽车公司冲模厂	国内先进水平
8	塑料异型材模具CAD/CAM系统	连支港七一六研究所、武汉交通科技大学	国际水平
9	塑料异型材模具CAD系统	合肥工业大学	国际水平

（续）

序号	项目名称	完成单位	成果水平
10	CH、CR、PMS 等新钢种经实际应用，证明对模具寿命的提高能起到很好作用		
11	多元素共渗、复合渗、CVD、PVD、离子渗入、离子注入、真空处理、深冷处理等模具处理技术已得到较好应用，效果显著		
12	国产的 CC100 高精度慢走丝线切割机、B35CNC 精密电火花成形机、SPD1250 大型电火花成形机等一批电加工设备开始用于模具生产，取得良好效果		
13	低熔点合金模具专用铸模机等设备研制成功，并开始应用		

表 3　1996 年模具工业部分科技成果

序号	项目名称	完成单位	成果水平
1	大型复杂压铸模具的研制开发	广州型腔模具厂	国际 20 世纪 90 年代初先进水平
2	大型复杂精密锻模的研制开发	山东潍坊工模具总厂	国内先进
3	注射模电铸技术	福建省二轻工业研究所	国内领先
4	压铸模用多回路热油温控机的研制	机械工业部桂林电器科学研究所	填补国内空白
5	24 工位针式接插件硬质合金精密级进模	机械部机械科学研究院、阿城继电器厂	机械工业部科技进步三等奖
6	微电机机壳多工位级进模	北京市机电研究院	北京市科技进步三等奖
7	装甲兵工程学院研制开发的工模具修补机和机械工业部北京工艺材料研究所研制开发的电火花沉积/堆焊工艺在模具修复中得到应用，产生较大经济效益，深受行业欢迎		
8	快速成型技术及快速制模技术在华中理工大学、清华大学、西安交通大学、上海隆源自动成型系统有限公司等单位取得成果		

表 4　1997 年模具工业部分科技成果

序号	项目名称	完成单位	成果水平
1	大中型注塑件/模具设计、制造集成系统	北京航空航天大学、合肥荣事达集团公司	国内领先
2	轿车覆盖件冲模锻件的生产技术	东风汽车公司通用铸锻厂	国内领先，机械工业部科技进步二等奖
3	气体辅助注射技术开始得到应用		
4	高速铣削在模具加工中得到较好应用		
5	我国自行研制的快速成形设备和材料开始进入市场		

表 5　1998 年模具工业获国家机械工业局科技进步奖项目

序号	项目名称	主要完成单位	奖励等级
1	精密连杆锻造工艺、模具设计与模具制造成套技术研究	机械部北京机电研究所、云南西南仪器厂	二等奖
2	精密多工位级进冲模设计与制造技术系统研究	机械部桂林电器科学研究所、上海华通开关厂	二等奖
3	镜面模具钢的时效过程与动态断裂性研究	机械部上海材料研究所	二等奖
4	富康轿车模具设计制造技术的开发应用	东风汽车公司	三等奖
5	发动机气道 CAD 及铸造模具 CAD/CAM	东风汽车公司	三等奖

表 6　1998 年模具工业通过鉴定的成果

序号	项目名称	完成单位	成果水平
1	铝合金压铸工艺及模具 CAD 技术研究	机械科学研究院、广州型腔模具厂	国内领先、国际 20 世纪 90 年代初先进水平
2	高光亮仿木纹装饰型材模具	连云港七一六研究所	国内领先
3	锻模和压铸模 CAD/CAM/CAE 技术的开发应用	上海交通大学等	国内领先
4	新型特种 S、U 形系列管路注塑模	鄂州鄂丰精密模具公司	国内首创、国际水平
5	高性能硬质合金模具材料研究	上海材料研究所	国际 20 世纪 90 年代初水平
6	模具用高温陶瓷材料研究	江苏理工大学	国际水平
7	SMRI—P2 型 D 球墨铸铁双滴料玻璃模具材料	山东省冶金科学研究院	接近国际先进水平
8	汽车模型用可加工塑料研制	长春汽车研究所	国际水平

表 7　1998 年模具工业其他成果

序号	项目名称	完成单位	达到水平
1	HNC—1 型高性能数控系统	华中数控系统有限公司	国际水平
2	金属模具快速造型技术基础性研究	清华大学	国内领先
3	无模铸造砂型制造(PLC)设备与工艺	清华大学	填补国内空白
4	压铸模设计专家系统	武汉交通科技大学、东风公司化油器厂	国际水平
5	多点无模成形技术	吉林工业大学	国内首创
6	模具 CAD 技术	华中理工大学	美国通用公司中国科技成就一等奖
7	复杂锻模现代设计制造成套技术	北京机电研究所	美国通用公司中国科技成就二等奖
8	自旋式电火花线切割机床	湘潭市恒兴机床公司	国家发明专利
9	可加工塑料	沈阳丁氏宏可材料公司	部分指标达国际水平

表 8　1999 年模具工业部分科技成果

序号	项　目　名　称	完　成　单　位	成　果　水　平
1	汽车覆盖件冲压成形 CAE 软件系统 KMAS	吉林大学	国际先进
2	反向工程在汽车覆盖件模具制造上初步应用	东风汽车模具厂、成飞汽车模具有限公司	国际 20 世纪 90 年代先进水平
3	聚晶金刚石复合片成套加工技术	北京市电加工研究所	国际先进
4	模具表面强化与补焊修复成套技术	中国农机院	国际先进
5	精密数控激光加工技术及设备的研究	北京市电加工研究所、北京精密特种加工技术研究中心	国际先进
6	管材剖切及其模具 CAD 系统的研制	重庆大学	国内领先
7	等离子化学气相沉积(PCVD)模具表面强化技术	北京航空航天大学	国内领先
8	全新小红旗轿车树脂型面成型模具科研项目	一汽模具制造有限公司、吉林工业大学	国内首创
9	冰箱生产线技术及装备	中国扬子集团设备模具制造有限公司	国内领先
10	冷冲模和塑料模 CAD 专家咨询系统	中国扬子集团设备模具制造有限公司	国内先进
11	应用于汽车工业的车身与覆盖件模具 CAD/CAPP/CAM 集成系统	华中理工大学模具技术、国家重点实验室	美国制造工程师协会颁发的大学领先奖
12	冲压成形模拟及冲压模具 CAD 理论与方法的研究		教育部科技进步二等奖
13	塑性成型设备计算和控制技术		教育部科技进步二等奖
14	汽车半轴摆辗成型工艺的应用		教育部科技进步三等奖
15	模具 KBE 技术	上海交通大学模具 CAD 国家工程中心	国内领先

表 9　2000 年模具工业部分科技成果

序号	项　目　名　称	主要完成单位	成果特点、水平与获奖情况
1	新产品快速开发系统	西安交通大学先进制造技术研究所、陕西省激光快速成型与模具制造工程研究中心	拥有自主知识产权的快速成形设备(LPS 系列、CPS 系列及光敏树脂)和快速制模设备及有关软件系统相连结,综合性能达到国际先进水平,价格为国外同类产品的 1/3、1/2,可使产品开发周期缩短为传统方法的 1/10～1/5,开发费用降为 1/5～1/3。获得国家科技进步二等奖
2	仿人弹性研抛模具自由曲面的理论及新工艺	吉林工业大学	成果达到国际水平,获国家机械工业局科技进步二等奖
3	汽车覆盖件冲成形工艺与模具技术开发及应用	湖南大学	该项目是国家"九五"重点科技攻关项目,由汽车车身冲压成型过程计算机仿真系统和与其配套的软件系统及仿真实验装置组成,是比较完整的车身冲压工艺与模具 CAD/CAE/CAM 一体化技术。其中部分技术处于国际领先水平
4	热作模具钢选材用材专家系统	北京机电研究所、上海材料研究所	该项目是机械工业技术发展基金项目。系统建立了 33 种热作模具材料性能数据库和 110 种模具润滑材料数据库,具有灵活方便的管理功能和简单实用的操作界面,达到国际水平,并于 2001 年获机械系统科技进步三等奖
5	快速走丝电火花线切割计算机仿真系统	上海交通大学国家模具 CAD 工程研究中心	系统可根据加工要求自动选择加工参数以及实现最优参数组合,界面友好,稳定可靠,达到国际水平
6	快速原型/零件制造技术在零件/模具制造中的应用研究	清华大学	研制出适用于 RP 原型的石膏型的配方、非占位涂层的涂料配方和成形工艺,应用到快速零件/模具制造上,与传统工艺相比,制造周期缩短 40%以上,成本降低 30%以上,达到国际水平,填补了国内空白
7	HMCAD 级进模 CAD/CAM 集成系统	华中科技大学模具技术国家重点实验室	获教育部科技进步二等奖
8	特形表面修复技术研究	装甲兵工程学院	该项技术及其所研制的微脉冲电阻焊模具修补机填补了国内空白,达到国际水平
9	汽车压铸件的精密成型技术研究	机械科学研究院、广州型腔模具厂	该项目是国家科技部"九五"重点科技攻关项目,使大型复杂精密压铸模具的使用寿命提高了 1 倍,制模周期缩短 30%,达到国内领先水平
10	薄材叠层快速成形技术及系统	华中科技大学模具技术国家重点实验室	达到国内领先水平,获湖北省科技进步一等奖
11	高速多工位级进冲压成形工艺及其模具设计制造技术研究	桂林电器科学研究所	国内领先水平
12	模具 CAE 和网络技术及反求工程的研究开发与应用	成都成飞汽车模具中心、重庆大学、北京航空航天大学	国内先进水平
13	塑料成型模和冷冲模 CAD 专家咨询系统	中国扬子集团、合肥工业大学	国内先进水平

序号	项 目 名 称	主要完成单位	成果特点、水平与获奖情况
14	冲压成形模拟分析系统	北京航空航天大学、长春第一汽车制造厂	该虚拟冲压软件属国家“863”计划目标产品，达到国内先进水平
15	凹模真空成形模工艺技术	中国扬子集团设备模具制造有限公司	达到国内先进水平
16	模数齿轮编程软件	天津市津荣天和机电有限公司等	应用该软件可使塑料齿轮精度达到2级，成果达到国内先进水平
17	稀土元素在模具氮碳共渗中的应用研究	湘潭大学模具技术研究所	利用该成果进行低温氮碳共渗，具有共渗时间短、温度低、模具变形小、节能效果显著、表面质量好及性能稳定等特点，达到国内先进水平
18	多工位级进模电加工CAPP系统的开发研究	北京电加工研究所	该系统直接建立在CAD系统中，并与CAM集成，采用通用的数据转换格式DXF进行，达到国内先进水平
19	CAXA三维CAD软件	北航海尔软件有限公司	国内领先
20	多通管塑挤胎形工艺及模具和快速成型机	华中科技大学模具技术国家重点实验室	多项国家专利
21	等离子喷涂快速制造模技术、基于快速原型的真空注模技术	清华大学	国内领先
22	轿车覆盖件模具逆向工程	一汽模具制造有限公司	汽车行业科技进步三等奖
23	SACM软件包（IPEC3软件）	上海美特汽车覆盖件模具软件有限公司（1998年开发成功，2000年应用，2002年改版）	在虚拟制造、经营、开发汽车覆盖件模具方面取得成果
24	组合可拆式轮胎模具	广东巨轮模具股份有限公司	获国家专利

表10 2001年模具工业部分科技成果

序号	项 目 名 称	主要完成单位	成果水平和获奖情况
1	快速成形系统	华中科技大学模具技术国家重点实验室	国家科技进步二等奖
2	注塑CAE软件	华中科技大学模具技术国家重点实验室	教育部科技进步一等奖
3	精密挤压成形工艺与设备	华中科技大学模具技术国家重点实验室	湖北省科技进步二等奖
4	铸造成型模拟软件	华中科技大学模具技术国家重点实验室	湖北省科技进步二等奖
5	模具CAD专家系统	合肥工业大学	机械系统科技进步三等奖
6	模具数控磨削研磨加工技术研究	哈尔滨理工大学	机械系统科技进步三等奖
7	彩色显像管玻壳模具系列	郑州海特模具有限公司	国家科技进步三等奖、河南省科技进步一等奖
8	PVC—U新型特种S、U形系列管件注塑成型模具	鄂州鄂丰精密模具有限公司	湖北省科技进步奖
9	模具研发与制造系统管理数据系统	海尔模具公司	青岛市管理现代化成果一等奖
10	橡塑制品成型过程及模具设计中关键力学问题和计算方法	郑州大学、华南理工大学、华东理工大学	国家石化工业局科技进步二等奖
11	UPVC异型材高速挤出模	洛阳市建园模具制造有限公司	河南省科技成果奖
12	DTX6032A电化学去毛刺机	苏州电加工机床研究所	部级科技进步二等奖
13	CAXA制造工程师XP系列软个及CAX-AVZ系列软件	北航海尔软件有限公司	国内领先
14	强力旋压成形过程计算机仿真和预测技术研究	上海航天技术研究院八一〇研究所、上海交大模具技术研究所	国内领先、国际先进
15	免孔无余料轮胎模具	广东巨轮模具股份有限公司	获国家专利
16	一种免排气孔无余料轮胎模具	广东巨轮模具股份有限公司	获国家专利
17	彩色显像管玻壳模具	郑州海特模具有限公司	国家科技进步三等奖

表11 2002年模具工业部分科技成果

序号	项 目 名 称	主要完成单位	成果水平和获奖情况
1	塑料注射成型过程仿真系统的开发和应用	华中科技大学模具技术国家重点实验室	国家科技进步二等奖
2	新型复合钢塑共挤工艺及模具	北京治政工贸公司	国家技术创新项目、国家专利
3	免排气孔轮胎活络模具	广东巨轮模具股份有限公司	国家重点技术创新项目
4	汽车仪表板总成模具开发	一汽模具制造有限公司	一汽集团科技进步二等奖
5	等离子喷涂和电弧喷涂快速模具制造技术	清华大学	国内领先

（续）

序号	项　目　名　称	主要完成单位	成果水平和获奖情况
6	汽车覆盖件冲压成形工艺与模具 CAD/CAE/CAM 一体化系统	湖南大学	国际先进，获 2003 年国家科技进步一等奖
7	软硬复合后共挤模具	北京长城模具数控技术公司	建筑四新推广项目
8	应用“冷料热模”新工艺于汽车内饰件大型模具设计制造	南京跃进汽车集团模具装备有限公司	填补空白
9	可淬火铸铁	西飞模具厂	国内先进
10	应用快速以太网技术建设企业局域网	洛阳市建园模具制造有限公司	国内先进
11	CAD/CAM/CAE 集成网络技术	宁波远东制模有限公司	国内先进
12	活络模具	广东天阳模具有限公司	获国家专利
13	HZ—K4020 数控平面磨床、系列工模具修补机、超声波模具抛光机、刷镀设备、高速数控雕铣机床、大锥度大厚度快走丝线切割机、8 轴数控高速电火花小孔加工机、XK242040 数控定梁龙门镗铣床等一批先进国产设备在模具行业得到广泛应用。DC7632A 慢走丝线切割机床和 HCD300、KC—MD21CN 高档数控电火花成形机分别获得省市级和国家级奖励		

表 12　2003 年模具工业部分成果

序号	项　目　名　称	主要完成单位	成果水平和获奖情况
1	基于模拟仿真的聚合物加工及模具优化设计与应用	郑州大学	国家科技进步二等奖
2	工程塑料精密注射成型模具智能化设计技术研究	华中科技大学塑性成形模拟及模具技术国家重点实验室	国际先进水平
3	智能化大型复杂模具设计成套技术与装备的研究	华中科技大学塑性成形模拟及模具技术国家重点实验室	国际先进水平
4	激光材料交互作用形成新材料的机?? 特性研究	华中科技大学塑性成形模拟及模具技术国家重点实验室	湖北省自然科学一等奖
5	汽车覆盖件模具快速制造技术	西安交通大学先进制造技术研究所	国内领先
6	激光快速成型技术及其在模具快速制造中的研究与应用	河南机电高等专科学校	中国机械工业科学技术奖
7	铝型材挤压工、模具护理技术和系列功能助剂研制	深圳大学、深圳华加日铝业公司等	中国机械工业科学技术奖
8	新洲三维(Solid2000)V5.3 版本	北京新洲协同软件技术有限公司	自主版权、国内先进
9	低压真空铸型及快速模具技术研究	中国科学院沈阳自动化研究所	国内先进
10	超高强韧性模具钢 3Cr3Mo3VNb 的应用研究	贵州安大航空锻造有限公司	国内先进
11	工模具表面陶瓷化 PCVD 技术开发与工业应用	西安交通大学、北京航天航空大学	国内先进
12	22 到 57 电机定转子铁芯自动叠铆硬质合金多工位级进模	慈溪市鸿达电机模具制造中心	国内先进
13	欧曼重型载货汽车车身模具	北汽福田公司潍坊模具厂	国内先进
14	多注射头塑封模具	铜陵三佳模具股份有限公司	国内领先
15	冷墩机、挤压机用组合凹模	洛阳卫创轴承模具有限公司	专利

另外，在模具加工设备方面，2003 年也有许多成果，2003 年模具加工设备企业部分科技成果见表 13。

表 13　2003 年模具加工设备企业部分科技成果

序号	设　备　名　称	生　产　单　位	成果水平及获奖情况
1	SD—006 数控轮胎电火花加工专用设备	苏州电加工机床研究所	国家专利产品
2	DK77802 大锥度线切割机床	泰州？床数控机床有限公司	国内领先
3	DK77160、DK7763 电火花数控线切割机	苏州金马机械电子有限公司	填补国内空白
4	小型数控等离子切割机、高速数控模具雕铣机	深圳福斯特数控机床有限公司	国内领先
5	WS 系列卧式合模机	东莞市虎门？意机械厂	国家专利产品

除了上述按年份列出的近 10 年我国模具行业部分成果外，尚有一些资料反映了一些成果，现综合汇集如下。具体见表 14、表 15。

表 14　近 10 年我国汽车车身模具设计制造的进步情况

项	目	过　去	现　在
冲压工艺	数据来源	实物模型为主，产品图样，样板或主模板、样件	数学模型为主，提供车身零件的 CAD 数据及产品结构图
	工艺设计	简单工艺图	DL 图设计、模具设计、CAE 的初步应用
模具设计	画图	人工及图样	普遍采用二维 CAD 和三维 CAD
	结构	比较简单、粗笨	框架结构、标准化，大量应用吊冲，侧冲等复杂结构

（续）

项目		过去	现在
机械加工	标准件	没有统一标准；自制；种类少；应用率低	普遍采用行业标准或国外标准，向专业厂采购，品种增加（如氮气弹簧等）
	型面	仿型为主，少数数控	仿型加工和数控加工并存，数控为主，少数达到高速高精度加工
	刃口	二维样板靠模铣、线切割	整体拼装数控加工
	NC 编程	模仿仿型加工的简单三维编程	适应高速精度加工需要的精细编程
模具材料	铸件	合金铸铁、灰铸铁，铸件外观和材质不能达标	球墨铸铁、合金铸铁、灰铸铁实型铸造，铸件外观和材质基本满足要求
	镶块	主要为工具钢	主要采用铸、锻空冷钢
热处理	型面	火焰淬火	火焰淬火、真空离子渗氮
	镶块	整体淬火	真空淬火、火焰淬火
钳工工艺		大量的研合，手工操作钳工工序决定模具精度	以装配为主、研合量极大地减少，钳修主要是为弥补工艺设计的不足和失误
制作检查		少量应用检具，主要靠目视、试装	大量采用检具、三维测量机测量

表 15　部分模具行业科技成果

序号	成果名称	完成单位
1	华塑模具 CAD/CAE/CAM 软件	华中科技大学模具技术国家重点实验室
2	逆向工程技术在模具制造中的应用	上海大学
3	空间三维信息技术在汽车覆盖件模具制造领域中的应用性研究	东风汽车厂
4	锌基合金冲压模具制造技术	中国农大机械工程学院、烟台机械工艺研究所
5	锌合金塑料模型腔制造技术	中国农大机械工程学院、烟台机械工艺研究所
6	铜基合金玻璃模具材料	中国农大机械工程学院
7	稀土微合金化铸铁玻璃模具材料	山东省冶金科学研究院
8	应用激光强化技术提高模具寿命	江苏理工大学机械工程学院
9	激光冲击精密成形方法及装置、一种激光冲击精密成形方法及装置、一种基于激光冲击波技术的快速制模装置、一种基于激光冲击波技术的快速制造的方法和装置等 4 项专利	江苏理工大学机械工程学院
10	照相测量技术在模具制造中的应用	天津汽车模具有限公司
11	刷镀对模具型腔的修复和强化	北京、四川等有关单位
12	电弧喷涂制模技术的研究与应用	烟台机械工艺研究所
13	精密模具的大面积面加工技术	山东工程学院机械学院
14	快速走丝电火花线切割计算机仿真系统	上海交大国家模具 CAD 工程研究中心
15	模具光整加工试验研究新成果	吉林大学
16	高精度耐久金属模具快速制造与修复技术	华中科技大学模具技术国家重点实验室
17	铝合金压铸工艺和模具 CAD 技术研究（包括 CAD/CAE/CAN 集成技术）	机械科学研究院
18	模具少量缺损的维修技术	装甲兵工程学院材料科学与工程系
19	蠕墨铸铁玻璃模个材料	西安理工大学
20	模具钢熔铸技术	沈阳工模具钢工业研究所
21	氮化硅基陶瓷用于热挤压模、氧化锆陶瓷用于拉丝模	江苏理工大学
22	车身覆盖件模具 CAD/CAE/CAM 一体化开发研究	江苏理工大学

中国模具工业协会历年组团赴中国香港和国外参加模具专业展览会一览表

年份	参加展览会名称	展位面积/m^2	地点	参加人数/人
1990 年 6 月	第十一届亚洲工业器材展览会暨首届亚洲国际模具展览会	80	中国香港	16
1991 年 7 月	91’东南亚造模及模具技术展览会	300	新加坡	156
1997 年 4 月	韩国国际模具技术展览会	20	韩国汉城	4

（续）

年　份	参加展览会名称	展位面积/m^2	地　点	参加人数/人
2001 年 12 月	欧洲国际模具展览会 EUROMOLD2001	86	法兰克福	32
2002 年 12 月	欧洲国际模具展览会 EUROMOLD2002	156	法兰克福	58
2003 年 12 月	欧洲国际模具展览会 EUROMOLD2003	186	法兰克福	56

中国模具工业协会历年组织的赴中国台湾和国外考察团组

国家和地区	时　间	人数/人	考察团数/个
中国台湾	2001 年	12	1
美国、加拿大	1991 年、1997 年、1999 年、2000 年、2003 年	68	5
欧洲	1984 年、1997 年、1999 年、2000 年、2001 年、2002 年、2003 年、2004 年	170	8
东南亚	1986 年、1990 年、1991 年、1992 年、1993 年、1996 年、1997 年、1998 年、1999 年、2000 年、2002 年、2003 年	250	16
澳洲	2002 年	9	1
国际模展招展团	1987 年、1989 年、1991 年、1993 年、1995 年、1997 年、1999 年、2001 年、2003 年	60	15

中国模具工业协会历年组织的国际模具学术会议和出国参加的国际模具技术会议

年　份	国际会议名称	地　点	参加人数/人
1986 年 5 月	模具工业国际会议	瑞士	2
1990 年 3 月	第一届亚洲模具会议	大阪	2
1990 年 5 月	国际模具学术会议	上海	120
1991 年 4 月	第二届亚洲模具会议	汉城	2
1992 年 9 月	代表团出席亚洲模具协会成立大会	新加坡	3
1992 年 9 月	出席新加坡第二届国际模具学术会议	新加坡	7
1993 年 4 月	中国模具工业协会出席第十一届汉城国际模具展览会	汉城	10
1994 年 5 月	中国模具工业协会主办亚洲模具协会联合会理事会	上海	26
1996 年 5 月	中国模具工业协会代表团出席亚州模具协会第二届理事会	曼谷	3
1997 年 6 月	中国模具工业协会组团参加亚洲模具协会第四届国际模具技术会议	马来西亚	28
1997 年 6 月	中国模具工业协会和马来西亚模协合办中马模具经贸技术交流洽谈会	马来西亚	50
1997 年 6 月	中国模具工业协会和新加坡模协合办中新模具技术和经贸合作洽谈会	新加坡	40
1997 年 12 月	中国模具工业协会和美国大府特殊高会合办中美模具经贸技术交流洽谈会	底特律	100
1998 年 5 月	中国模具工业协会和韩国模协合办中韩模具技术交流、技术合作交流会	上海	50
2000 年 7 月	中国模具工业协会主办第一届国际模具技术会议	北京	188
2001 年 11 月	海峡两岸模具技术交流和经贸交流会	中国台湾	50
2002 年 5 月	中国模具工业协会主办 2002 中国国际模具技术论坛	上海	250
2003 年 12 月	中国模具工业协会和芬兰合办中芬快速制模技术交流会	赫尔辛基	50
2004 年 5 月	中国模具工业协会主办 2004 中国国际模具发展论坛	上海	150
2004 年 1 月	中国模具工业协会和美国 FI 公司合办中美模具经贸合作交流会	美国	40

中国模具工业协会

中国模具工业年鉴

China Die & Mould Industry Yearbook

2004

第V部分

大事记

中国模具工业全景观

大事记

中国模具工业协会大事记(1984~2004年)

中国模具工业协会大事记（1984～2004年）

1984年

4月28日 机械部以机械院函字768号文发出《关于建立中国模具工业协会的通知》，指出：为了促进我国模具技术的发展，组织起来，统筹规划，互相交流，协作攻关，经国家经委研究确定建立中国模具工业协会，并批示协会挂靠在机械工业部。

5月11～14日 英国量具和工模具协会会长哈威先生、秘书长史密斯先生来访并参观了工厂，之后又与机械部副部长杨铿讨论了两国模具界开展交流与合作的事宜。

6月11日 机械部机械院以（84）机研技字174号文发出《关于召开中国模具工业协会筹备会的通告》，并于6月25～27日在北京侨园饭店召开了“中国模具工业协会筹备会”。

9月19日 机械部以机械院函字2041号文发出《关于变更<模具通讯>为<模具工业>的函》，明确《模具工业》自1985年起作为中国模具工业协会会刊。

10月25～29日 在四川成都金牛宾馆召开了中国模具工业协会成立大会，机械工业部副部长杨铿致开幕词，并作总结报告；共有127个单位228名代表到会；日本金型工业会会长黑田彰一及专务理事田村重幸应邀到会；会议产生了第一届理事会（共29名理事），通过协会章程，杨铿同志当选为理事长。

1985年

6月1～8日 国际模具工业协会主席山德尔（R.Sander）先生来华访问，在京沪两地参观，作世界模具工业概况介绍。

9月 中国模具工业协会理事长杨铿率6人考察团赴英、法、西德、瑞士四国考察模具工业。

10月14～24日 美国工具及机加工协会代表团11人来华访问。

1986年

4月18日 中国模具工业协会技术委员会在江苏无锡召开成立会，确定该会秘书处设在苏州电加工机床研究所。

5月3日 机械部以（86）机零字765号文发出《关于在我部通用零部件工业局设立模具工业处的通知》，指出：“为振兴我国模具工业，加强有效的管理和协调，经部研究决定，模具作为机械行业中的一个行业，由通用零部件局归口管理，在该局设立模具工业处，负责行业的归口管理工作”。据此，原设在机械院的中国模具工业协会秘书处即迁往通用零部件局，与该局模具工业处合署办公，一套班子两块牌子。

5月21日 国家计委、国家经委、机械部以（86）机计函联字873号文发出《转发中国模具工业协会<关于振兴模具工业的报告>的通知》，指出：振兴模具工业的路子，关键在于加强对模具工业的领导；制订鼓励、扶植模具工业的具体政策；推行模具专业化和组织标准件专业化大批量生产。

5月24～29日 由上海贸促分会主办，中国模具工业协会协办的“第一届国际模具技术与加工设备展览会”在上海举办，有60多家国内外厂商参展，展出面积3 700m^2。

5月25～30日 应国际模具工业协会主席山德尔先生的邀请，由中国模具工业协会常务理事杨友龙、阮雪榆代表中国模具工业协会参加在瑞士召开的模具工具国际会议，主要是研讨模具的计算机辅助设计与制造。

6月12～18日 中国模具工业协会模具标准件专业委员会在上海召开成立会，确定该会挂靠在上海市仪表电信局。

8月11日 机械部何光远副部长主持会议，研究加强模具工业的有关问题。中国模具工业协会理事长杨铿汇报了模具工业协会工作情况，提出了改进工作的建议。何光远副部长讲了八条意见，部办公厅第七十三期工作简报上刊登了讲话主要内容。

10月8～11日 中国模具工业协会情报咨询教育与培训委员会在广西桂林召开成立会，确定该会挂靠在机械部桂林电器科学研究所。

12月13日 中国模具工业协会经营管理委员会在福州召开成立会，确定该会挂靠在上海星火模具总厂。

1987年

3月18日 经国家机械工业委员会邹家华主任批准，建立沈阳振兴工模具工业供销公司，主要任务是“集零为整”向钢厂订货，“化整为零”向模具生产企业供应钢材。

5月15～21日 中国模具工业协会、沈阳振兴工模具工业供销公司、机械委通用零部件局、沈阳市模具工业协会、中国机床总公司等单位在沈阳联合举办“第一届全国模具及加工机械展销会”，有近300个厂商参展，展出面积4 000m^2。同时，还进行了全国模具评优，评选出202副优质模具。

9月1日 国家机械委以机委政函(1987)911号文发出《关于中国模具工业协会有关问题的复函》，复函中国模具工业协会：中国模具工业协会在业务上受机械委通用机械局指导，常设机构(秘书处)设在机械委发展规划研究院，在该院设模具室，中国模具工业协会秘书处即发展规划院模具室。

1988年

5月24～29日 中国模具工业协会与上海国际展览公司在上海举办“第二届国际模具技术与加工设备展览会”，展出面积5 000m^2。

5月30日 中国模具工业协会第二次会员代表大会在北京召开，参会代表233人，机电部何光远副部长、航空航天部姜燮生副部长、轻工部于珍副部长到会讲话，杨铿理事长作报告。会议修改了章程；选举产生了第二届理事会；召开了第一次常务理事会；选举产生了正副理事长，杨铿继续被选为理事长，张学东、于珍、姜燮生等11人被选为副理事长。

1989年

3月15日 国务院以国发(1989)29号文颁布了《国务院关于当前产业政策要点的决定》，将模具列为机械工业技术改造序列的第一位、生产和基本建设序列的第二位，并要求各综合管理部门制订相应的保障政策。

4月13日 机电部综合计划司召开模具“八五”规划座谈会，会议决定立即着手编制模具行业“八五”规划，并责成中国模具工业协会汇总各部门规划，经综合平衡，形成行业规划上报。

8月8日 机电部以机电础(1989)1232号文发出《关于贯彻国家产业政策，促进模具上水平的通知》。

10月21～23日 “模具工业发展座谈会”在北京召开，100多个专业模具厂厂长和产品厂工模具车间主任以及机电部等有关部门的负责人参加了会议，会议主题是讨论贯彻落实《国务院关于当前产业政策要点的决定》，振兴我国模具工业。同时，还交流了企业深化改革、加强管理、提高效益等方面的经验。机电部何光远副部长到会作了重要讲话，提出：“没有高水平的模具工业，就没有高水平的机电工业”。杨铿理事长在开幕和闭幕时都作了重要讲话。

12月1日 机电部以机电础(1989)1720号文发出《关于对模具工业加强领导扶植发展的通知》。

1990年

2月 由中国模具工业协会筹备，机电部科技司、机械基础产品司共同主持，在北京召开了模具工业科研单位座谈会，研究制订“八五”模具科研规划，并确定若干科研政策。

3月24日 “第一届亚洲模具会议”在日本大阪召开，中国模具工业协会常务理事兼副秘书长周永泰、理事许鹤峰参加了会议。主要是讨论有关成立亚洲模具工业协会的问题。确定于1991年4月在汉城召开第二次会议。

3月29～31日 中国模具工业协会拉丝模委员会在上海召开成立会，确定该会挂靠在上海拉丝模厂。

5月 中国模具工业协会橡胶模委员会在上海成立，该会与中国橡胶协会机头模具分会为一套班子两块牌子，挂靠在沈阳模具厂，后又转挂在上海橡胶模具厂。

5月14日 中国模具工业协会汽车车身模具及装备委员会在上海召开成立会，确定该会秘书处设在天津汽车设计研究院。

5月17～22日 由中国模具工业协会和上海国际贸易信息及展览公司主办的“第三届国际模具技术与加工设备展览会”在上海举办，有国内外100多个厂商参展；展览会还进行了全国优质模具评选和表彰活动，共表彰优质模具特奖44项，优质模具奖281项(均包括模具标准件)，颁发了奖状和奖杯。同时，中国模具工业协会在上海交通大学举办了“90国际模具学术会议”，有50多篇论文在会上发表。

5月24日 中国模具工业协会技术及经济信息委员会在上海召开成立会，确定该会挂靠在上海模具技术研究所。

12月27日 中国模具工业协会在中国机床总公司设立模具进出口部，主要从事模具(包括模具标准件)进出口服务工作。

1991年

4月25～26日 “第二届亚洲模具会议”在汉城召开，中国模具工业协会副理事长李冀凯、副秘书长江国屏参加了会议，会上讨论了亚洲模具工业协会章程草案。由于台湾协会名称问题未能达成一致意见，亚洲模具工业协会未能按计划成立，确定1992年9月在新加坡召开第三次会议时再议。

5月14～18日 “91中国模具加工设备及模具展销会”在苏州举行，100多个厂商参展，展出面积2 000m^2，签约2 000多万元，展销期间还举办了技术讲座。

7月9～12日 中国模具工业协会、中国机电贸促会、北京光大公司等联合组团参加在新加坡举办的“91东南亚造模及模具技术展览会”。中国展团包括机械、电子、轻工、冶金、航空等40多个单位。共签订合同285万美元、意向书

1 500余万美元。

10月7～13日 应加拿大驻华使馆商务处和温莎市模具协会邀请，中国模具工业协会组织模具技术考察组赴加进行考察，并参观了温莎市举办的国际模具展览会。

11月4日 根据国务院《社会团体登记管理条例》规定，中国模具工业协会完成了民政部的重新登记，注册登记号为社证字0763号。

11月25～28日 中国模具工业协会第三次会员代表大会在广西柳州市召开，到会代表170人，理事长杨铿主持大会，国务院有关部门、部分省、市、区代表出席了会议。会议审议通过了“协会工作报告”、“协会章程”及有关文件；选举产生了第三届理事、常务理事及正副理事长等。杨铿同志继续当选为理事长。

1992年

4月27日 机电部、国家计委、国务院生产办公室联合发出了机电计(1992)600号，《关于印发<一九九一年至一九九五年模具工业振兴纲要>的通知》，随后，中国模具工业协会向全体理事及各地方模具工业协会转发了这个通知。

5月15～24日 由中国模具工业协会及上海国际贸易与展览公司联合主办的“第四届国际模具技术与加工设备展览会”，在上海新落成的国际展览中心举行，有中外260多个厂商参展，展出面积9 000m^2。国外展品达1 400万美元（绝大部分留购），成交额达1 271万美元（意向书300多万美元）；国内展品成交额达3 000万元，展览规模空前。

6月21日 国务院办公厅发出了国办发(1992)55号文，转发了国家计委、机电部《关于振兴特定基础机械和基础件若干措施意见》，大型精密成型模具、多工位级进模具及模具标准件列为特定振兴范围，中国模具工业协会向机电部提出了模具行业特定企业标准及扩大振兴企业名单的建议。

9月21～23日 “第三次亚洲模具会议”在新加坡召开，正式成立“亚洲模具协会联合会”。中国模具工业协会理事长杨铿、副秘书长庞廷琦等三人出席了会议。中国、中国台北、中国香港、韩国、新加坡、日本等6个国家和地区为发起成员单位；印度、印尼、泰国被接纳为会员；会议通过了联合会章程；选举日本金型工业会理事长黑田彰一为理事长、香港模具协会理事长为名誉司库、新加坡精工及模具协会秘书长为秘书长；秘书处暂设在新加坡；会议决定1993年理事会在香港召开。会上，各成员单位分别介绍了各自的模具工业概况。

1993年

4月24～25日 中国模具工业协会模具材料委员会在上海召开成立会，确定该委员会挂靠在上海材料研究所，由该所方向威所长任主任委员。

6月8～9日 亚洲模具工业协会联合会理事会在香港召开，因签证迟延，中国模具工业协会未能出席会议。

7月30日 国家计委和机械部以机械部(1993)376号文印发了《关于特定基础机械和基础件若干措施实施意见》，在提出的220个特定企业名单中，仅列入模具企业11个，这不仅不能解决模具工业的振兴问题，且与国家计委、国务院生产办公室、机电部1992年4月27日机电计(1992)600号文的精神和提出的需国家重点支持的83个模具企业名单有矛盾，使下边无所适从。为明确两个文件的关系，中国模具工业协会秘书处专门走访了国家计委和机械部有关部门，经协商同意以“专访录”的形式明确两个文件的关系。“专访录”刊登于1993年10月20日《中国模具工业协会通讯》第五期。

9月6～11日 中国模具工业协会与中国机床总公司在苏州联合举办了“93全国模具加工设备及模具技术展销会”，有近20 000人次参观展览，成交额约1 500万元，效果良好。

12月 中国模具工业协会正式出版《会员名录》，收集刊登了2 300多个会员及部分相关单位；还出版了《模具计价办法参考手册》，主要包括冲模及型腔模计价办法。这二份资料都是中国模具工业协会成立以来第一次出版。

1994年

5月11日 亚洲模具协会联合会(FADMA)第一届第二次理事会在上海国贸中心会议厅召开，日本、新加坡、韩国、中国、中国台北、香港、印度、泰国、马来西亚、印尼等国家和地区模具工业协会代表参加了会议。

会议讨论决定出版FADMA会员录和统一的模具技术术语，并接纳马来西亚模具工业协会为会员；还讨论了与国际模具工业协会的关系等问题。中国模具工业协会为会议东道主。

5月11～16日 “第五届国际模具技术与设备展览”会在上海国际展览中心举行，展出面积12 000m^2，国内外参展厂商300多个，参观人数4～5万人次，参展外商来自日本、美国、德国、英国、意大利、瑞士、西班牙、韩国和港、澳、台地区等十多个国家和地区。另外，还有新加坡、马来西亚、泰国、菲律宾、印度、澳大利亚等国也派人员来访、参观并洽谈商务。国内有26个省、市、区模具厂商参观展览、洽谈商务。这次展览会是历届中规模最大、展品水平最高的一次。展览会期间中国模具工业协会召开了协会成立十周年庆祝会，发送了协会编印的十周年纪念册，举办了技术讲座，对参展模具进行了评述，评出达到或接近国际水平的模具14项，国内先进水平的模具86项。

7月 根据机械工业部委托，中国模具工业协会组织编制了模具工业“九五”规划，分别于1994年7月完成了《模具标准件、精密冲模、型腔模及其关键加工设备专项规划》；同年10月完成了《模具行业发展规划》，并上报机械部。

8月13～15日　在吉林省延吉市召开了“中机模具材料有限公司筹备会”，有11家股东代表参加了会议。会议通过了公司章程，选举王柏成为董事长、刘玉懋为总经理。杨铿理事长参加了会议，并被推选为公司名誉董事长。

10月6日　中国模具工业协会专科教育委员会在北京召开成立会，确定该委员会挂靠在华北航天工业学院，由该院齐世恩副院长任主任委员。

10月14日　中国模具工业协会在天津召开了首次“模具行业三资模具企业座谈会”。随着模具三资企业的发展，为交流情况和经验，会上确定在中国模具工业协会经营管理委员会内设立三资企业组，由长春三友模具公司任首任组长。会后，中国模具工业协会经营管理委员会整理了《我国模具行业三资企业的若干问题》一文，该文刊登在《中国模具工业协会通讯》1995年第一期上。

10月24～29日　东风汽车公司冲模厂为总结推广改革经验，召开了模具企业改革与发展座谈会，有40多个地方模具工业协会和模具企业参加会议。

10月　根据中国工业经济协会安排，中国模具工业协会参加了全国先进工业行业协会和优秀协会工作者评选活动。中国模具工业协会在全国160多个工业行业协会中被评为28个先进协会之一，杨铿理事长同时被评为“优秀协会工作者”。

1995年

3月20～22日　“中国模具工业协会常务理事会扩大会”在北京召开，这次会议审议并原则通过了拟向第四次会员代表大会所作的工作报告、章程修改意见；拟向国家有关部门提请“减轻模具企业税负”和“推广东风汽车公司冲模厂改革经验”的两个报告。会上，中国模具工业协会及各专业委员会还与地方模具工业协会相互交流了工作和思想。

4月14～19日　由中国模具工业协会和中国机床总公司共同主办的“95全国模具设备及模具技术展览交易会”，在南京江苏展览馆举办。这次展览会展出面积5 500m^2，参展单位100多个，成交额达2 000多万元。

5月3日　在作了大量调查研究之后，中国模具工业协会与机械部经济管理研究院于3月写出了“模具企业税负过重，外境困难——模具企业新旧增值税税负调查”，并提供了详细的附表。正式向机械部提出了《关于申请对模具企业增值税实行先征后退的报告》。根据上述材料，8月17日，中国工业经济协会在第67期《工业经济内参》上发表了《模具企业税负过重生产严重萎缩》的报道。杨铿理事长给吕东会长写信，吕东会长、国家经贸委王忠禹主任等领导同志先后在这份内参上作了批示。国家经贸委遵照王忠禹主任批示，到模具企业调研。

5月19日　机械部包叙定副部长主持召开部内有关部门(办公厅、体改司、经调司、汽车司、行业司、基础件司等)负责人会议，听取了杨铿理事长和王都秘书长“关于中国模具工业协会与经济管理研究院对模具企业新旧税负调查情况”的汇报。会上，包部长责成有关部门抓紧进行研究、办理。随后，9月11日，机械部以机械经〔1995〕731号文向国务院报送了《关于四项机械产品增值税实行相关税收政策的报告》，模具是四项中的一项。

9月29日　中国模具工业协会与部经济管理研究院就“关于东风汽车公司冲模厂转换经营机制，发展模具生产”的情况向机械部写了报告。11月6日，中国工业经济协会据此在《工业经济内参》上刊登了“跳出小圈子，走向大市场，发展模具生产”的报道。

10月19～21日　中国模具工业协会在北京召开了各地方模具工业协会秘书长会议，研究了中国模具工业协会第四次会员代表大会和第四届理事会的名额分配问题，以及第六届国际模展的筹备工作及《中国模具工业》画册编辑出版工作等，并交流了工作情况和经验。

10月　为召开中国模具工业协会第四次会员代表大会，同时也为了加强协会的基础建设，了解掌握会员的动态与基本情况，1995年全年，中国模具工业协会对会员进行重新登记，年终基本结束。经重新登记的团体会员数为1 115个(其中直接会员138个)。按性质分：国有单位838个，集体单位170个，合资、私营和个体单位107个。1 115个单位共计模具产值约50亿元。会员重新登记后，换发了会员证，并建立了联络员制度。

10月　根据亚洲模具协会联系会(FADMA)第一届第二次理事会关于编印“亚洲模具企业手册”的决定，1995年中国模具工业协会组织了国内400多个主要模具企业入编该手册，这本手册于1996年正式出版发行。

10月　1995年，中国模具工业协会与人民画报、中国画报出版社合编《中国模具工业》大型画册，杨铿理事长任编委会名誉主任，王都秘书长任编委会主任，该活动得到了各地方模具工业协会和有关企业支持。该画册图文并茂，展示了我国模具工业发展概况。画册于1996年5月出版发行。

1996年

2月27日　杨铿理事长主持召开秘书处办公会，会议确定：为了加强秘书处工作，决定即日起成立业务部、技术部、联络部、信息政策部、会务部，初步确定了各部的业务范围，对秘书处全体工作人员作了相应的分工。

2月　经中国模具工业协会推荐，有关部门评选、审核，第四届“中国机械工业100位优秀企业家”中模具行业有两位，他们是：广东韶关市模具厂刘金辉厂长和长春三友模具有限公司程作平总经理。3月，《中国机电日报》上公布了这一名单，进行了表彰。

4月3～5日　中国模具工业协会在北京召开了模具行业部分重点厂厂长座谈会，共55个重点模具厂厂长出席了会议，杨铿理事长在会上作了讲话。会议邀请机械部行业发展司和汽车司、电子部基础产品司、兵器工业总公司科技局、轻工模具工业协会、中国航空航天工业协会航空模具委员会等单位负责同志到会通报本部门模具工业生产情况和“九五”设想。会议主要议题是回顾“八五”，展望“九五”，交流改革经验。会上印发了14个企业的经验介绍材料。

5月12~14日 中国模具工业协会第四次会员代表大会在上海召开，180名代表出席了会议。杨铿理事长在会上作了“认清形势，克服困难，开拓前进”的工作报告，王都秘书长就章程修改和经费收支情况作了报告和说明。大会选举产生了第四届理事会理事164名，聘请顾问11名，一致通过了“工作报告”和修改后的“中国模具工业协会章程”。第四届第一次理事会选举产生了常务理事会常务理事38名。第四届第一次常务理事会选举产生了理事长和副理事长，杨铿同志继续被推选为理事长，副理事长共14名。经理事长提名，四届一次常务理事会通过了协会秘书长、副秘书长、各专业委员会主任委员名单，王都同志继续任秘书长。

5月15~20日 中国模具工业协会与上海贸促会共同主办的“第六届国际模具技术和设备展览会”在上海举办，杨铿理事长和上海市政府副秘书长姜光裕等领导出席了开幕式，杨铿理事长为展览会剪彩。参加这次展览的有来自中、美、法、德、意、瑞士、瑞典、西班牙、葡萄牙、南斯拉夫、日本、中国台湾、香港等14个国家和地区的300多个厂商，展出面积12 000m^2，观众3.8万人次，现货成交额为405万美元和3 448.5万元，意向成交额为290万美元和9 221.4万元。境外展品留购率为57%。国际展览联盟(UFI)派员考察了这次展览会。

5月22~24日 亚洲模具协会联系会(FADMA)第二届第一次理事会(特别会)在泰国曼谷召开，杨铿理事长、王都秘书长出席了会议。会议通过了1995年在台北举行的FADMA第二次代表大会纪要和关于修改FADMA章程的报告，决定成立高级管理委员会和编辑出版1997年~1998年FADMA手册，并决定下次理事会和第三届代表大会于1997年6月在马来西亚吉隆坡举行。

9月3~6日 中国模具工业协会在北京召开了筹建“中国塑料模与压铸模骨干企业联合体”座谈会，有18个骨干企业的厂长、经理到会，会议一致同意建立这个联合体，并通过了联合体章程，推选了联合体主席、副主席，聘请了执行主席、名誉主席和顾问。杨铿理事长被聘为名誉主席。

10月10日 在日本东京举行的国际展览联盟(UFI)第43届会议上，由中国模具工业协会和上海贸促会共同主办的“中国国际模具技术及设备展览会”被接纳为该联盟成员。这是机械工业继机床工具、印刷机械、仪器仪表、冶金铸造行业之后第五个成为UFI成员的展会。

1997年

3月18~20日 在北京召开了中国模具工业协会工作会议。参加会议的有中国模具工业协会常务理事，各专业委员会主任和各省市模具工业协会秘书长。会议由杨铿理事长主持，王都秘书长作了“中国模具工业协会1996年工作总结和1997年工作安排”的报告，许多地方模具工业协会秘书长和中国模具工业协会专业委员会主任委员们发了言，交流了工作情况。会议期间，日立造船系统作了模具技术交流，介绍了在日本广泛应用的模具CAD/CAE软件。杨铿理事长对会议作了总结。

3月 亚洲模具协会联系会(FADMA)组织出版的FADMA手册1997~1998版出版发行。中国模具工业协会负责中国部分的稿件，有约400个主要模具企业列入了手册。中国模具工业协会负责该手册在中国的发行。

4月1日 杨铿理事长、王都秘书长、周永泰副秘书长和李玉华工程师共同在北京会见了亚洲模具工业协会联合会原秘书长潘正光先生。会见中谈及将于6月初在吉隆坡举行的FADMA会议、国际模具技术研讨会和FADMA与国际模具工业协会(ISTA)的关系及FADMA手册等问题，并就有关问题坦率地交换了意见。

4月15~20日 应韩国模具工业协会金学权理事长邀请，中国模具工业协会杨铿理事长率团访问韩国，李玉华工程师陪同前往。他们在韩国参观了第十三届韩国模具展览会，考察了韩国模具工业，并签订了两个协会之间互相支持其举办的展览会和促进两国模具界进行经济技术交流与合作的备忘录。

4月22~25日 中国模具工业协会在北京举行“模具修复与抛光技术研讨会”、“瑞典山高公司模具技术交流会”和“日本三菱电加工技术讲座”。来自全国各地近100人参加了会议，收到较好效果。

5月 根据机械部安排，中国模具工业协会秘书处的挂靠单位从机械院转到北京机电研究所，秘书处编制之内的5名工作人员各项关系均同时转入北京机电研究所。

6月5~6日 王都、李志刚副理事长代表中国模具工业协会赴马来西亚吉隆坡参加亚洲模具协会联合会(FADMA)第三届理事会。会议进行了换届选举，通过了上一次会议的经要，确定了下次会议在印度举行。会议期间，中国模具工业协会组织的28人代表团参加了在吉隆坡召开的第四届国际模具学术会议，会后赴马来西亚、新加坡参观考察了模具企业。

9月8~12日 中国模具工业协会与中国机床总公司在南京共同举办“'97全国模具及模具设备展览交易会”，展出面积近4 000m^2，有100多个厂商参展，展览取得了成功。

9月22日 由我国台湾省模具工业协会纪慧能理事长带队的32人台湾模具代表团在北京参观模具企业，中国模具工业协会杨铿理事长等会见了该代表团，双方理事长发表了热情友好的讲话。23日，代表团赴上海，中国模具工业协会委托上海市模具工业协会接待并安排参观、考察。

10月8日 经过中国模具工业协会多年努力，财政部和国家税务总局以财税字〔1997〕115号文下发了《关于模具产品增值税先征后返的通知》。通知规定对80个国有专业模具生产企业销售的模具产品，实行先按规定征收增值税，后按实际缴纳税额返还70%的优惠政策。这一规定1997年先执行一年。这一优惠政策的实行，对我国模具企业起到政策引导作用，促进了模具工业的发展。

10月3~31日 中国模具工业协会在北京召开了贯彻落实模具产品增值税先征后返政策工作会议。财政部、国家税务总局、国家经贸委、机械部、工业经济协会等有关部门派代表出席了这一会议，80个享受政策的企业中有74个参加，各有关省市模具工业协会秘书长也参加了会议。杨铿理事长在会上作了重要讲话，各有关单位领导也讲了话，要求各企业用好政策，将返还款用到刀刃上，努力提高模具设计制造水平。各有关企业受到了很大鼓舞。

12月 中国模具工业协会组织模具企业首次赴美国、加拿大考察模具工业，受到美国和加拿大模具工业协会热情友好的接待，并进行了技术经济交流。

1998年

3月11~12日 亚洲模具协会联合会在印度孟买召开第三届第二次理事会。中国模具工业协会李志刚副理事长和周永泰副秘书长赴会。会议通过了FADMA三届一次理事会纪要和财务收支报告，讨论了聘请顾问、设立工作小组、发展新成员、继续出版FADMA手册及加入ISTA的问题，并确定下次理事会在菲律宾举行。在印度期间，李志刚、周永泰参观了印度国际模具展览会及有关工厂。

5月4~5日 中国模具工业协会在上海召开了三届三次常务理事扩大会，中国模具工业协会各专业委员会主任和各省市模具工业协会秘书长一起参加了这一会议。杨铿理事长作了报告。这次会议的中心议题是汇报增值税返还政策的具体执行情况及争取继续执行这一政策的意见，并交流了协会工作情况。

5月6日 “中韩模具技术交流与经济合作座谈会”在上海举行。由韩国模具工业协会金学权理事长带领的15名韩国模具企业负责人和由中国模具工业协会杨铿理事长带领的20多名有关企业、大专院校、科研单位和协会工作人员出席了会议。会议就12个合作项目及各自单位情况进行了介绍和讨论。会议决定会后都以英文作为交流文字，通过双方协会进行联系。这一会议以后，双方协会又就有关合作项目进行了联系。

5月5~9日 在上海国际展览中心举办的第七届国际模具技术和设备展览会，得到了国家机械工业局、国家轻工业局、中国航空工业总公司、中国航天工业总公司、中国电子信息产业集团公司、中国汽车工业总公司的赞助，展出总面积13 000m²，参展厂商405个（其中国外及港、台地区113个），参展商来自美国、加拿大、法国、德国、意大利、日本、韩国、俄罗斯、西班牙、瑞士、英国、南斯拉夫、中国及中国台湾省、香港特别行政区等15个国家和地区。有7.2万人次参观，外方展品留购率为48.3%（成交额500.7万美元，报价额1 037万美元）。展览期间，在展览中心共举办技术交流会14场，800多人参加了交流会。中国模具工业协会技术委员会在展览期间组织了技术讲座，有近100人参加。中国模具工业协会还组织专家对展品进行了评述，评出具有国际水平的模具项目36项，具有国内先进水平的模具和模具标准件项目87项。

8月27日 科技部发出了国科外审字(1998)1391号文《关于“第一届国际模具技术会议”的批复》。批复同意中国模具工业协会于1999年10月在北京举办第一届国际模具技术会议。有关筹备工作就此开始。

10月7日 财政部、国家税务总局以财税字[1998]139号文下达了《关于继续对模具产品实行增值税先征后返的通知》。通知指出：为了扶持模具行业发展，经国务院批准，在2000年年底以前，继续对模具产品实行增值税先征后返政策。这一次享受政策的国有专业模具厂共88家，返还比例仍为70%，该政策从1998年1月1日起执行。

10月27~28日 中国模具工业协会汽车车身模具及装备委员会在天津召开“氮气弹簧缸技术研讨会”，邀请了美国福尔特公司在会上作技术报告，国内汽车模具主要生产企业都派代表参加了这个研讨会，收到了很好的效果，为推广这一技术打下了基础。

11月15日 1998年省、市、区模具工业协会秘书长会议在天津召开。出席会议的有28个省、市、区模具工业协会秘书长。会议由杨铿理事长主持。王都秘书长作了“1998年工作情况和对当前工作的意见”的报告。各省市模具工业协会秘书长和中国模具工业协会各专业委员会主任委员共同就协会工作交流了情况。

11月16~18日 中国模具工业协会在天津召开贯彻落实增值税先征后返政策工作会议，88个享受优惠政策的模具企业中的82个厂领导、28个省市模具工业协会秘书长以及中国模具工业协会各专业委员会主任委员等共141人出席了会议。国家机械工业局、中国工业经济协会派代表出席了会议。会议由王都秘书长主持，杨铿理事长在会上作了重要讲话。一些省市模具工业协会和有关企业在会上介绍了他们1997年贯彻落实优惠政策的情况和经验。在国家优惠政策鼓舞下，大家决心用好用足后三年的政策，使模具设计制造水平上一个新台阶。会议还邀请日本三菱、意大利菲迪亚、美国生信国际有限公司等进行技术讲座。

1999年

2月26~3月15日 中国模具工业协会理事长杨铿率团考察了美国、加拿大模具工业，先后访问了加拿大塑料协会、加拿大模具协会、美国模具协会（NTMA）、美国机械制造技术协会（AMT）及国际模具工业协会。参观了8个工厂和1所大学。

3月30~4月3日 中国模具工业协会与中国机床总公司在南京江苏展览馆举办了第七届全国模具及模具加工设备展览会，展出面积3 000m²，有173个厂商参展。展览期间举办了技术讲座。

7月25~27日 亚洲模具协会联合会在菲律宾马尼拉召开了第三届第三次理事会，中国模具工业协会副理事长王都、李志刚出席会议。会议通过了FADMA三届二次理事会纪要和财务收支报告，讨论了关于编印模具名词术语多种文字本等问题，并确定下次理事会在马来西亚举行。

8月20~21日 中国模具工业协会第四届理事会第二次会议和第四届第四次常务理事会在昆明召开，100多名理事出席了会议，中国模具工业协会各专业委员会主任委员、各地方模具工业协会秘书长列席了会议。副理事长兼秘书长王都同志代表常务理事会作工作报告。会议还通过了《关于同意杨铿同志辞去理事长的决议》、《关于聘请杨铿同志为本会名誉理事长的决议》和致杨铿理事长的一封信。

10月6~12日 中国模具工业协会副理事长兼秘书长王都同志同江苏省模具工业代表团一起赴韩国考察访问一周，拜访了韩国模具工业协会，参观了有关工厂，了解了韩国模具工业情况。回国后写成《韩国经济踏上复苏之路》一文，发表于多种报刊上。

11月17日 财政部门以财税字〔1999〕286号文下发了《关于调整享受模具产品增值税先征后返政策的部分企业名单的通知》。文中对原88个享受优惠政策的企业名单作了部分调整，停止8个，增补8个。这一调整提高了政策效果。

12月 出版发行1999年版《中国模具工业协会推荐优质模具汇编》，共有74个企业的243套模具被列入汇编。这一"汇编"继续起到了沟通供需、开拓市场的作用。

12月15~18日 中国模具工业协会工作会议在武汉召开，会议期间同时召开各地方模具工业协会秘书长会议。会上检查和交流了三年来实行增值税先征后返政策的情况和效果，研讨了争取2000年以后继续对模具产品实行税收优惠政策的问题。王都秘书长做了题为"模具工业发展中的几个问题"的讲话。代表们参观了鄂丰精密模具公司。

11月20日~12月4日 中国模具工业协会副理事长李志刚率中国模具工业协会考察团一行9人赴英国、德国、法国考察。拜会了英国、德国、法国模具工业协会，参观了欧洲模具展览会，同时还考察了英、德、法的十几家模具公司。

2000年

1月31日 中国模具工业协会通过了民政部对全国社会团体的第二次清理整顿，由民政部核发了中国模具工业协会"社会团体法人证书"(社证字第4285号)。

2月 根据有关专家对《"十五"模具行业发展规划》讨论稿的论证及修改补充意见，中国模具工业协会受国家机械工业局委托，完成并向国家经贸委和国家机械工业局正式上报《"十五"模具行业发展规划》。此规划再次强调了发展模具工业的重要性，阐述了我国模具工业现状和差距，预测了国内外市场，提出了发展思路、目标、任务、重点及政策措施建议。

3月20~21日 中国模具工业协会副理事长兼秘书长王都和副理事长李志刚出席了在新加坡举行的第四届FADMA会议，讨论加入ISTMA、成立技术委员会等问题。

5月8~12日 中国模具工业协会和上海市贸促会共同主办的第八届国际模具技术及设备展览会在上海光大会展中心成功举办，展览会总面积为16 000m^2，参展厂商达500个，参观人数超过10万人次，展品留购率达78%，成交额达732万美元(国外展品)和3 000多万元(国内展品)。展览期间中国模具工业协会还分别在展馆内外召开了技术交流会，并对国内参展模具进行评述，评出达到国际水平的模具和模具标准件33项，达到国内先进水平的模具和模具标准件66项。

7月26~28日 中国模具工业协会在北京举办第一届国际模具技术会议，共有来自7个国家的150多名教授、专家、学者、技术人员参加会议，发表论文86篇，用中英文出版了论文集。这次会议对模具技术及其发展趋势进行了有益的探讨，受到各有关方面的重视和好评。

8月9~10日 中国模具工业协会在大连召开各地方模具工业协会秘书长和《中国模具信息》编委联席会议。会上讨论了增值税返还优惠政策执行情况、争取国家对模具企业继续实行优惠政策的建议方案、关于《中国模具工业协会通讯》改名扩版问题、办好2001年第八届中国模展等问题，并通报了中国模具工业协会第五次会员代表大会的代表和理事候选人产生情况。

10月 《中国模具工业协会通讯》正式更名为《中国模具信息》，并从16开改为大16开，增加4个彩色版面及信息量。

10月和12月 中国模具工业协会王都秘书长先后带领模具企业的厂长、经理赴美国和欧洲(法国、意大利等)考察，共有21人成行。代表团受到了有关对口协会、企业的热情接待，参观了世界上规模最大的欧洲模具展览会和有关企业及科研单位，进行了技术交流和贸易洽谈，收到了成效，受到了好评。代表团回国后写成《欧美模具企业考察报告》，发表于《中国模具信息》和其他刊物。

2001年

3月 根据国家经贸委要求，中国模具工业协会对2000年2月上报的《"十五"模具行业发展规划》上报了修改稿。这一预测性和指导性的规划，供各领导部门、中介机构、金融机构及企业决策参考。

3月18~21日 中国模具工业协会在浙江黄岩举办第八届中国模具及模具设备展览会，共有来自22个省、市、区的240多个厂商参展，有420个标准展位，共计12 500m^2，有近4万人参观了展览，技术交流和贸易洽谈活跃，盛况空前。中国模具工业协会还在展览期间召开了各专业委员会主任委员和地方模具工业协会秘书长会议，交流了协会工作情况。杨铿名誉理事长在会上提出要引导企业搞好模具出口，使模具企业管理上台阶的意见，受到会议代表的重视。

3月　由机械工业科技交流中心、中国模具工业协会、机械工业信息生产力促进中心合编的《中国机械制造技术与装备精选集(模具工业篇)》由机械工业出版社出版发行。本书精选了近几年模具行业的新技术、新产品、新工艺、新材料及其推广应用项目，介绍了模具优质产品、设备的性能、特点与应用等，选编了模具技术标准。该书为模具制造和应用企业、为科研单位、高等院校等部门在模具设计、研究、加工、选材、使用、修复诸方面提供了先进的技术与装备信息。

8月15日　财政部和国家税总局以财税〔2001〕132号文下发了《财政部国家税务总局关于模具产品增值税先征后返问题的通知》。文件规定自2001年1月1日至2002年12月31日，对144户专业模具厂实行模具产品增值税先征收后返还70%的优惠政策。

9月4~8日　由法国模具工业协会会长Clande Merriere先生率领的13人的法国模具工业协会代表团到我国访问，中国模具工业协会安排他们到江苏、上海、青岛、北京参观了有关模具企业和展览会，受到热情接待，进行了交流，增进了友谊。该代表团成员都是法国模具企业的厂长经理，访问目的是了解情况、建立联系，促进中法模具行业经济技术合作。在北京期间，中国模具工业协会杨铿名誉理事长出面接待了代表团全体人员。

9月　中国模具工业协会与《机械工人》杂志社联合举办的"面向21世纪的模具技术"征文活动结束，共收到论文32篇，从中评出获奖优秀论文11篇。有关论文陆续在《中国模具信息》和《机械工人》上发表。

11月5~13日　应中国台湾模具工业同业公会邀请，中国模具工业协会副会长兼秘书长王都带12人模具考察团，先后在高雄、台中、台北考察了一所大学、一个模具研发中心和数个模具企业，并在台北举行了一次海峡两岸模具技术经贸座谈会。考察团撰写的《台湾模具工业考察报告》，发表于《中国模具信息》和其他刊物。

11月29日~12月1日　中国模具工业协会首次组团赴德国法兰克福参加欧洲国际模展，由14个企业32人组成的中国模具代表团的展位，展出面积142m^2，4天共接待国外客商1 000多人次，签订合同金额达550万美元，意向900万美元。

12月20~22日　中国模具工业协会在广州召开2001年工作会议，王都秘书长在会上讲了话。会议着重研究了如何更好地贯彻执行模具产品增值税先征后返优惠政策及办好第九届国际模展等问题。

2002年

5月10~14日　中国模具工业协会和上海市贸促会、上海市国际展览会司在上海新国际博览中心共同举办了第九届中国国际模具技术和设备展览会。这次展览会盛况空前，共有国内外800多个厂商参展，展出摊位接近1 500个，展览面积近3万m^2，参观人次共10.5万，其中有来自20个国家和地区的海外采购商及专业人士700余人。展览会展品留购率72%，成交额2 000万美元和2.8亿元。展览会期间，中国模具工业协会还举办了"中国国际模具技术论坛"，有14位国内外专家讲演，来自国内外的200多人出席了会议。展览期间中国模具工业协会还组织专家对国内模具展品进行了评议，评出具有国际水平的模具和模具标准件58项，具有国内先进水平的模具和模具标准件63项。专家组还撰写出了模具技术评述报告和现代模具制造技术评述报告。在展览会开幕前夕，中国模具协会秘书长王都向各地方模具工业协会秘书长通报了模具工业发展情况。

5月28日~6月11日　中国模具工业协会副理事长兼秘书长王都带领9人的考察团，赴澳大利亚悉尼、墨尔本和新西兰的奥克兰等地考察了模具制造企业和模具软件公司，拜访了澳大利亚模具协会，参观了澳大利亚国际机械制造技术展览会。

6月2~4日　亚洲模具协会联合会(FADMA)在马来西亚吉隆坡召开第五届代表大会，中国模具工业协会派出周永泰副秘书长等两人出席这次会议。会议修改了FADMA章程(将领导成员从3人增至4人)，选举了FADMA新一届领导成员(印度 肯拉谦德连任主席，日本上田胜弘任副主席，中国台北 陈兴时任第二副主席，马来西亚区天保为司库)，通过了上次会议的纪要和财务报告，决定筹建FADMA的模具技术培训组织和继续出版FADMA手册，并决定2003年FADMA会议在韩国召开，2004年FADMA会议将与国际模具工业协会(ISTMA)会议一起同时在泰国召开。会议期间，全体代表参观了马来西亚的机械展，参加了经济投资研讨会，并参观考察了有关企业。

6月25日　中国模具工业协会副理事长兼秘书长王都同志向中国机械工业联合会于珍会长汇报了我国模具工业的情况和中国模具工业协会的工作情况。于珍会长在听取汇报时作了一些插话，汇报结束后又作了重要讲话。他充分肯定了中国模具工业协会多年来的工作成绩，并就模具的重要性、协会举办展览会和开展国内外交流活动、中国模具工业协会换届工作、加强协会自身建设和协调好各方面关系及发挥老同志作用等问题发表了看法和意见，对中国模具工业协会今后的工作将有重要的指导作用。讲话要点已在《中国模具信息》第7期发表。

10月14~16日　中国模具工业协会标准件委员会在无锡召开工作会议。此次会议就建立模具标准件虚拟联合体、办好改版后的《模标商情》、进一步开发模具标准件新产品等问题进行了研讨，并交流了网上销售和发展模具标准件生产等经验。

11月6日　中国模具工业协会经营管理委员会在无锡召开年会，会议确定组成价格研究小组，着手进行《模具计价办法参考手册》的修订工作。此次会议顺利办理了委员会挂靠单位及有关人员的变更和交接工作。自此开始，该委员会的挂靠单位正式转为无锡曙光模具有限公司，由该公司曹曙峰总经理出任主任委员。

11月28日 由机械工业联合会安排，中国模具工业协会秘书处在北京会见了法国阿尔萨斯发展署来访人员，并就模具及模具加工设备的市场开发和合作事宜交换了意见，达成了合作意向。

12月2～16日 由中国模具工业协会组织的中国模具工业参展考察团一行58人参加了每年一度在德国法兰克福举办的欧洲国际模具技术展览会(Euro Mold2002)，同时组织了十多个模具企业参展，展位面积158m^2，并考察了法国和意大利有关企业，取得了良好效果。通过参观考察，使我们对国际模具技术的发展和国际模具市场有了更加深入的了解，增强了走出国门、参与国际竞争的信心。考察团发表了考察报告。

12月 由中国模具工业协会汽车车身模具及装备委员会组织修订的《汽车冲模标准汇编》(上、下册)于10月出版。该书是1993年版的修订版，共编入了汽车冲模中常用的分类零件、合件、机构件合计744项标准，对提高汽车冲模标准化程度有较大意义。

2003年

5月12～15日 2003年经原外贸部批准，每逢单年由中国模具工业协会主办的中国模具技术和设备展览会自2003年起改为中国国际模具技术和设备展览会。2003中国(宁波)国际模具和模具加工、注塑、锻压设备展览会在宁波举行。有22个省、市、区的286个厂商参展，展出摊位526个，成交踊跃。展览期间，中国模具工业协会还举办了模具新工艺、新技术讲座，出版了论文集，受到好评。

5月27日 经中国模具工业协会推荐和有关部门审批，财政部与国家税务总局印发了财税[2003]95号《财政部国家税务总局关于模具产品增值税先征后返问题的通知》。通知明确了160家专业模具生产企业自2003年1月1日至2005年12月31日，享受模具产品增值税先征收，后返还70%的优惠政策，返还的税款专项用于企业的技术改造和研究开发。这是国家对模具工业的又一次大力支持。

8月～9月 根据国家有关部门要求，中国模具工业协会分别上报了《模具行业“十一·五”发展设想和对策》及《模具中长期科技发展规划》稿。

9月11日 中国模具工业协会第五次会员代表大会在浙江省宁波市召开。大会通过了王都同志代表第四届理事会所作的工作报告，通过了经过修订的《中国模具工业协会章程》、《关于中国模具工业协会1996至2003年度财务情况的报告》和《中国模具工业协会团体会员会费标准及缴纳办法》；选举产生了主要由各模具企业会员领导人组成的119名理事的中国模具工业协会第五届理事会。会议期间，召开了第五届第一次理事会会议，选举产生了主要由企业家组成的35名常务理事的第五届常务理事会和协会领导，选举褚克辛同志为理事长，曹延安同志为常务副理事长兼秘书长，王广亚等13人为副理事长。第五届理事会还通过了关于聘请杨铿同志、于珍同志为名誉理事长的建议；通过了各专业委员会主任委员和副秘书长名单。

12月3～6日 中国模具工业协会组团赴德国法兰克福国际展览中心参加欧洲国际模具展览会(Euro MoLD2003)，展出面积186m^2。同时中国模具工业协会还组织了由52人组成的模具参观考察团，赴北欧考察有关企业，收到良好效果。

12月23～25日 中国模具工业协会在广西北海召开了各地方模具工业协会秘书长会暨第十届中国国际模展预备会。会上交流了诸如调研、统计、规划、税收政策、国际合作等各项协会工作；就中国模具工业协会成立20周年的有关活动筹备情况进行了研究；并对做好中国模具工业协会第五届理事会的八项工作作了重点讨论。会议就各项协会工作达成了共识。关于第十届中国国际模展，除通报了各项筹备工作外，还研究确定了各项配套活动。会议取得圆满成功。

12月28～2004年1月12日 中国模具工业组团赴美国和加拿大考察。考察团由中国具工业协会理事长褚克辛同志率领，来自全国各地的模具企业厂长、经理和负责人先后考察了美国底特律和加拿大温莎等模具厂家较为集中的地区，访问了一些著名的模具企业和相关的软件公司，实地了解了模具工业和相关技术的最新发展状况。

2004年

2月9～10日 中国模具工业协会专业委员会主任委员会议在天津召开。会议由常务副理事长兼秘书长曹延安同志主持，会议主要内容是传达2004年工作安排，讨论秘书处提交的《专业委员会工作条例(讨论稿)》，交流各专业委员会的工作情况和2004年的工作打算，并着重就如何开展专业委员会的工作进行了讨论。会议一致通过《中国模具工业协会专业委员会工作条例》和协会副理事长对口指导专业委员会工作的分工方案。与会代表参观了天津汽车模具有限公司等企业，对天津汽车模具有限公司的改制成功给予了充分肯定和赞誉。

2月16～21日 应中国模具工业协会邀请，由葡萄牙模协MANUELOLIVEIRA先生为团长，有该会理事长、欧洲模协副事长MENEZES先生及11家企业主和葡萄牙驻华使馆等人员组成的葡萄牙模具考察团一行20人来华考察，他们重点考察了浙江和广东的模具企业，并与宁波模协、广东模协及有关企业进行了交流，中国模具副理事工邬永林、杨国华分别在浙江和广东代表中国模协热情接待了该考察团，双方对此次考察都感到满意，并都表示愿意加强中葡两国模具界的交流与合作，葡萄牙模具考察团还表示以后还要组织模具企业来华，进一步夯实对华业务。

5月12～16日 由中国模具工业协会、中国国际贸易促进委员会上海分会、上海市国际展览有限公司主办的第十届中国国际模具技术和设备展览会在上海新国际博览中心隆重举办。全国政协常务委员、中国机械工业联合会会长、中国模具工业协会名誉理事长于珍,上海市委常委、副市长周禹鹏,中国模具工业协会名誉理事长杨铿为展览会开幕式剪彩。有100 500人次参观了展览,其中国内28个省、市、自治区和中国香港、中国台湾等地观众达到99 005人次,来自美国、英国、日本、法国、韩国、泰国、德国、荷兰、瑞典、沙特、加拿大、意大利、澳大利亚、埃及、西班牙、印度尼西亚区、新加坡、越南、奥地利、俄罗斯等21个国家的1 495人参观了展览。展览会展品留购1.49亿元,留购率达到70%。展会期间现场期货成效4.2亿元,总计成交金额为5.7亿元。此外,还有部分意向成交金额2.96亿元。

本届展览会期间,中国模具工业协会还在上海国际会议中心举办了《中国国际模具发展论坛》,邀请国内外专家进行讲演,与会人士交流和研讨了模具企业的战略联盟与合作问题。同时,在展览馆内先后举办了20多场先进模具制造技术交流会,受到展会参观者的欢迎。

6月3~6日 应第三届APEC中小企业技术交流暨展览会组委会邀请,中国模具工业协会常务副理事长兼秘书长曹延安、中国模具工业协会顾问阮雪阮院士出席了在青岛举行的"第三届APEC中小企业技术交流会",并分别在会上作了"中国模具工业现状与发展趋势"和"数字化制造技术"的演讲,得到与会代表好评。

7月28日 中国模协在长春召开了理事长会议,褚克辛理事长和11位副理事长出席了会议。会议听取了曹延安常务副理事长兼秘书长关于近年来模协工作情况的汇报,讨论了协会当前重点抓的几项工作及有关活动安排。会议要求秘书处加强有关推动模具工业发展的政策研究,进一步加强自身建设。会议安排参观考察了一汽模具制造公司等模具企业,大家对一汽模具制造公司转换机制、加强技改和企业管理所带来的效益和近年来所取得的成绩给予高度评价。

中国模具工业年鉴

China Die & Mould Industry Yearbook

2004

第VI部分

附录

中国模具工业全景观

附 录

中国模具工业协会组织机构设置

中国模具工业协会分支机构

中国模具工业协会社会团体会员

中国模具工业协会会员

中国模具工业协会组织机构设置

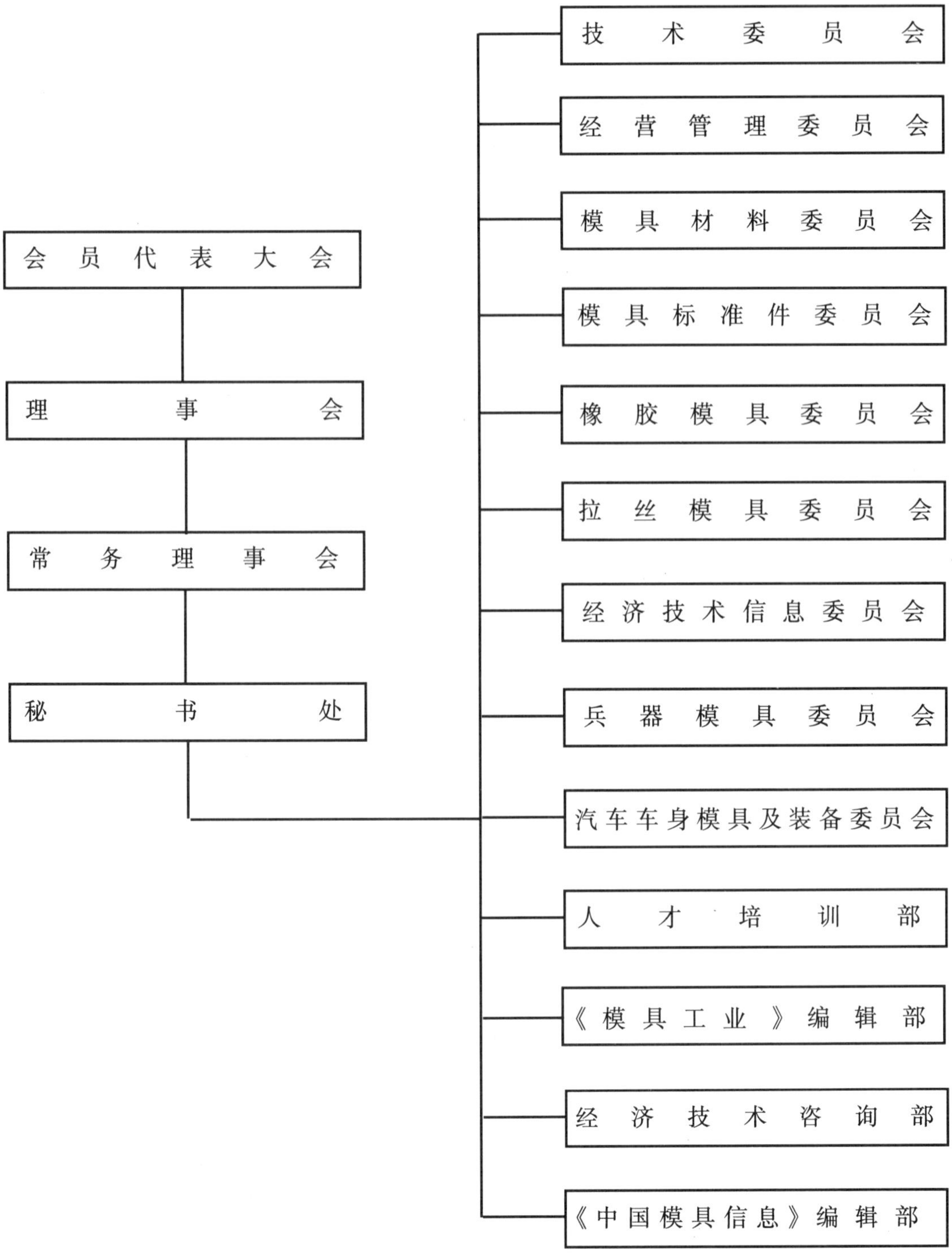

中国模具工业协会分支机构

单位名称：中国模具工业协会经济技术信息委员会
地　　址：北京市西城区百万庄大街22号
邮　　编：100037
电　　话：(010)68997637、68997638
传　　真：(010)68994451

单位名称：中国模具工业协会经济技术咨询部
地　　址：北京市西城区百万庄大街22号
邮　　编：100037
电　　话：(010)68326701
传　　真：(010)68320616

单位名称：中国模具工业协会汽车车身模具及装备委员会
地　　址：天津市北辰区韩家墅
邮　　编：300401
电　　话：(022)26952634
传　　真：(022)26954694

单位名称：中国模具工业协会橡胶模具委员会
地　　址：沈阳黄河北大街116号
邮　　编：110034
电　　话：(024)86527395
传　　真：(021)86527168

单位名称：中国模具工业协会拉丝模委员会
地　　址：上海市中山南一路893号
邮　　编：200023
电　　话：(021)63054202
传　　真：(021)63018552

单位名称：中国模具工业协会模具材料委员会
地　　址：上海市邯郸路99号
邮　　编：200437
电　　话：(021)65556775-259
传　　真：(021)65545434

单位名称：中国模具工业协会经营管理委员会
地　　址：江苏省无锡市广瑞路10号
邮　　编：214011
电　　话：(0510)2403952
传　　真：(0510)2414974

单位名称：中国模具工业协会技术委员会
地　　址：江苏省苏州市人民路531号苏州电加工机床研究所内
邮　　编：215005
电　　话：(0512)67274541
传　　真：(0512)67778215

单位名称：中国模具工业协会标准件委员会
常务秘书单位
地　　址：济南历城区黄台北路2号后院
邮　　编：250100
电　　话：(0531)8608870
传　　真：(0531)8611975

单位名称：中国模具工业协会人才培训部
地　　址：广西桂林市辰山路1号
邮　　编：541004
电　　话：(0773)5888375
传　　真：(0773)5888145

单位名称：中国模具工业协会兵器模具委员会
地　　址：重庆市杨家坪西郊三村44栋附7号2-1号
邮　　编：400050
电　　话：(023)68781291

单位名称：中国模具工业协会标准件委员会
主任委员单位
地　　址：西安市小寨西路232号
邮　　编：710061
电　　话：(029)86691001
传　　真：(029)86691002

中国模具工业协会社会团体会员

单位名称：北京模具协会
地　　址：北京市虎坊路13号
邮　　编：100052
电　　话：(010)63542962
传　　真：(010)63536248

单位名称：天津市模具工业协会
地　　址：天津市河西区闽候路5号605室
邮　　编：300202
电　　话：(022)83833297
传　　真：(022)83833297

单位名称：河北省模具工业协会
地　　址：石家庄市合作路81号
邮　　编：050051
电　　话：(0311)7054237

单位名称：辽宁省模具工业协会
地　　址：沈阳市皇姑区北陵大街56号
邮　　编：110013
电　　话：(024)86900210

单位名称：沈阳市模具工业协会
地　　址：沈阳市铁西区北三路28号中介服务大楼318室
邮　　编：110021
电　　话：(024)25865816
传　　真：(024)25865816

单位名称：大连市模具工业协会
地　　追：辽宁省大连市西岗区胜利路53号
邮　　编：116011
电　　话：(0411)83637756
传　　真：(0411)83637756

单位名称：吉林省模具工业协会
地　　址：长春市前进大街3号晨光花园B座1305号
邮　　编：130021
电　　话：(0431)5521616
传　　真：(0431)5526677

单位名称：黑龙江省模具工业协会
地　　址：哈尔滨市哈尔滨工业大学425信箱
邮　　编：150001
电　　话：(0451)88596880
传　　真：(0451)86413957

单位名称：哈尔滨市模具工业协会
地　　址：哈尔滨市南岗区二酉街5号
邮　　编：150080
电　　话：(0451)86343845
传　　真：(0451)86343845

单位名称：上海市模具行业协会
地　　址：上海市天目东路35号318室
邮　　编：200071
电　　话：(021)63244555
传　　真：(021)63257006

单位名称：上海市模具技术协会
地　　址：上海市西藏南路1685号202室
邮　　编：200011
电　　话：(021)63084142
传　　真：(021)63084142

单位名称：江苏省模具工业协会
地　　址：江苏省常州机电职业技术学院
邮　　编：213164
电　　话：(0519)6331002
传　　真：(0519)6331111

单位名称：无锡市模具协会
地　　址：江苏省无锡市车站路沿河30号
邮　　编：214015
电　　话：(0510)2706996

单位名称：苏州市模具技术协会
地　　址：江苏省苏州市苏虞路1号
邮　　编：215001
电　　话：(0512)67543002
传　　真：(0512)67524677

单位名称：南京市模具工业协会
地　　址：南京市仙鹤街 89 号
邮　　编：210006
电　　话：(025)2255961
传　　真：(025)6621790

单位名称：**扬州市模具技术协会**
地　　址：江苏扬州市施井路 1 号
邮　　编：225003
电　　话：(0514)7223064
传　　真：(0514)7222326

单位名称：宁波市模具行业协会
地　　址：浙江省宁波市海曙区桂芳巷 25 号
邮　　编：315010
电　　话：(0574)87262193
传　　真：(0574)87262193

单位名称：温州市模具工业协会
地　　址：浙江省温州市黎明西路 29 弄 6 号
邮　　编：325000
电　　话：(0577)88816720
传　　真：(0577)88816725

单位名称：**金华市模具工业协会**
地　　址：金华市解放西路 426 号
邮　　编：321001
电　　话：(0579)2347343
传　　真：(0579)2347343

单位名称：昆山市模具工业协会
地　　址：昆山市北门路 2099
邮　　编：215316
电　　话：(0512)57779111
传　　真：(0512)57779111

单位名称：黄岩模具协会
地　　址：浙江省台州市黄岩区府大院
邮　　编：318020
电　　话：(0576)4223311
传　　真：(0576)4223311

单位名称：余姚市模具工业协会
地　　址：浙江省余姚市金型路 245 号
邮　　编：315400
电　　话：(0574)62639108
传　　真：(0574)62648102

单位名称：宁波北仑区模具工业协会
地　　址：浙江省宁波市大碶镇
邮　　编：315806
电　　话：(0574)86103111
传　　真：(0574)86105666

单位名称：宁海县模具工业协会
地　　址：浙江省宁海县模具城综合楼
邮　　编：315600
电　　话：(0574)65539551
传　　真：(0574)65539552

单位名称：乐清市模具工业协会
地　　址：浙江省乐清市虹桥镇新凯路 235 号
邮　　编：325608
电　　话：(0577)82151172
传　　真：(0577)62352011

单位名称：路桥模具工业协会
地　　址：浙江省台州市路桥台州模具集团内
邮　　编：318055
电　　话：(0576)2668601
传　　真：(0576)2668930

单位名称：**安徽省模具工业协会**
地　　址：安徽省合肥市屯溪路 306 号 317 室
邮　　编：230001
电　　话：(0551)4656681
传　　真：(0551)4656681

单位名称：**福建省模具工业协会**
地　　址：福州市仓山区螺洲镇敖山工业小区福建宏达模具塑料厂
邮　　编：350019
电　　话：(0591)3537836
传　　真：(0591)3491723

单位名称：**江西省模具工业协会**
地　　址：南昌市北京东路上坊路 108 号
邮　　编：330029
电　　话：(0791)8176804
传　　真：(0791)8176237

单位名称：**山东省模具工业协会**
地　　址：济南市济洛路 129 号
邮　　编：250031
电　　话：(0531)5956550
传　　真：(0531)5957296

单位名称：河南省模具工业协会
地　　址：河南省郑州市文化路 97 号
邮　　编：450002
电　　话：(0371)3887600
传　　真：(0371)3887570

单位名称：洛阳市模具工业协会
地　　址：河南省洛阳市高新开发区银昆科技园丰华路 6 号 207 室
邮　　编：471003
电　　话：(0379)4331407
传　　真：(0379)4311407

单位名称：湖北省模具工业协会
地　　址：武汉市武昌洪山路 4 号 2 楼东边
邮　　编：430071
电　　话：(027)87235319
传　　真：(027)87821107

单位名称：武汉市模具工业协会
地　　址：武汉市汉阳七里庙舒家湾 70 号
邮　　编：430051
电　　话：(027)84632851

单位名称：湖南省模具工业协会
地　　址：长沙市八一路 433 号
邮　　编：410011
电　　话：(0731)2233010
传　　真：(0731)2233010

单位名称：广东省模具工业协会
地　　址：广州市麓湖路 5 号岭南大厦 B 座主楼六楼 3609 室
邮　　编：510095
电　　话：(020)83503178
传　　真：(020)83577380

单位名称：广州市模具工业协会
地　　址：广州市经济技术开发区秀丽小区银谊街 3 号
邮　　编：510730
电　　话：(020)82099988
传　　真：(020)82098433

单位名称：深圳市机械行业协会
地　　址：深圳市深南大道 6021 号喜年中心 A 座 1218 室
邮　　编：518040
电　　话：(0755)83458818
传　　真：(0755)83458819

单位名称：汕头市模具工业协会
地　　址：汕头市金湖西路 30 号二楼
邮　　编：515021
电　　话：(0754)8109668
传　　真：(0754)8109668

单位名称：广西壮族自治区模具工业协会
地　　址：南宁市天桃路 24 号天桃大厦六楼
邮　　编：530022
电　　话：(0771)2828218
传　　真：(0771)2843545

单位名称：重庆市模具工业协会
地　　址：重庆市沙坪坝区正街 174 号
邮　　编：400044
电　　话：(023)65111951
传　　真：(023)65105795

单位名称：四川省模具工业协会
地　　址：成都市新华大道玉沙路 90 号
邮　　编：610017
电　　话：(028)86746365
传　　真：(028)86623306

单位名称：贵州省模具工业协会
地　　址：贵阳市市府路 14 号市经贸委
邮　　编：550002
电　　话：(0851)5818937
传　　真：(0851)5823713

单位名称：云南省模具工业协会
地　　址：昆明市小坝新发路 183
邮　　编：650225
电　　话：(0871)5622854

单位名称：陕西省模具工业协会
地　　址：西安市雁塔区四斜七路 4 号
邮　　编：710065
电　　话：(029)7585805
传　　真：(029)8247363

单位名称：西安市模具工业协会
地　　址：西安市小寨西路 13 号 1001 弹簧所内
邮　　编：710061
电　　话：(029)5246036－2027
传　　真：(029)5215446

单位名称：甘肃省模具工业协会
地　　址：兰州市金昌路140号
邮　　编：730030
电　　话：(0931)2759380
传　　真：(0931)2741812

单位名称：泉州市模具工业协会
地　　址：泉州市新门外仙塘新村36号
邮　　编：362005
电　　话：(0595)2459878、2837619
传　　真：(0595)2421812

单位名称：福州市模具工业协会
地　　址：福州金山开发区金塘路11号(福州模具厂)
邮　　编：350002
电　　话：(0591)3742984
传　　真：(0591)3748949

中国模具工业协会会员

北京市会员单位

单位名称：北京模具厂
地　　址：北京市丰台区宋家庄苇子坑2号
邮　　编：100078
电　　话：(010)67682949
传　　真：(010)67677934
主要产品：有色金属压铸模，各种冲模

单位名称：北京鑫迪模具制造公司
地　　址：北京市大兴区兴华中路1号
邮　　编：102600
电　　话：(010)69249719
传　　真：(010)69231289
主要产品：注塑模具、吹塑模具、热成型模

单位名称：首都航天机械公司模具厂
地　　址：北京市34信箱61分箱
邮　　编：100076
电　　话：(010)68750540
主要产品：冲压模，塑料模

单位名称：北京兆维工装有限公司
地　　址：北京市朝阳区酒仙桥路14号
邮　　编：100016
电　　话：(010)64361155
传　　真：(010)64371498
主要产品：塑料模，冲模

单位名称：北京蓝天电子公司华廷模具厂
地　　址：北京市朝阳区祁家豁子华严北里29楼
邮　　编：100029
电　　话：(010)82841765
传　　真：(010)82845470
主要产品：设计生产各种精密注塑模具、冲压模具

单位名称：北京华诚应用技术开发公司
地　　址：北京市海淀区东北旺乡唐家岭南
邮　　编：100094
电　　话：(010)62985408－06
传　　真：(010)62985409
主要产品：汽车车身模具，汽车车身制件检具

单位名称：北京机电研究院精密模具公司
地　　址：北京市朝外工体北路4号
邮　　编：100027
电　　话：(010)65044302
传　　真：(010)65004302
主要产品：精密冲模

单位名称：北京天地东方超硬材料股份有限公司
地　　址：北京市733信箱
邮　　编：100018
电　　话：(010)65492589
传　　真：(010)65798628
主要产品：CVD金刚石模具，刀具

单位名称：北京阿奇夏米尔工业电子有限公司
地　　址：北京市顺义区马坡阿奇路 1 号
邮　　编：101300
电　　话：(010)69404616
传　　真：(010)69402266
主要产品：电加工机床

单位名称：北京航空工业制造工程研究所
地　　址：北京市 340 信箱
邮　　编：100024
电　　话：(010)85700465、85701358
主要产品：大型龙门仿型数控铣，电加工机床

单位名称：瑞士卡斯特林—厄特蒂国际公司仪器设备北京维修服务站
地　　址：北京市德胜门外北沙滩 1 号
邮　　编：100083
电　　话：(010)64882552
传　　真：(010)64879322
主要产品：模具补焊维修与表面强化，精密零部件修复

单位名称：北京市北铝同益模具技术有限公司
地　　址：北京市通州区梨园小街东(北京铝材厂内)
邮　　编：101149
电　　话：(010)60528207
传　　真：(010)60528207
主要产品：金属模具，通用零部件

单位名称：北京燕菱电加工机床维修服务部
地　　址：北京市望京路 4 号 603A
邮　　编：100102
电　　话：(010)64739648
传　　真：(010)64739725
主要产品：三菱电工机床售后服务

单位名称：北京东方模具厂
地　　址：北京市朝阳区酒仙桥路 10 号
邮　　编：100016
电　　话：(010)64365099
传　　真：(010)64365099
主要产品：冲模，模具标准件

单位名称：北京迪蒙普瑞模具技术有限公司
地　　址：北京市海淀区花园路 B3 号
邮　　编：100083
电　　话：(010)62022370
传　　真：(010)62033314
主要产品：冲模，精密冲模

单位名称：北京长城牡丹模具制造有限公司
地　　址：北京市海淀区花园路 2 号
邮　　编：100083
电　　话：(010)62353711
主要产品：塑料模，冲模

单位名称：北京夏金宇模具科技有限公司
地　　址：北京市昌平区南口镇道北机车车辆厂内
邮　　编：102202
电　　话：(010)69771260
传　　真：(010)69785722
主要产品：塑料模，冲压模

单位名称：北京巨龙技术开发实业部表面技术研究服务中心
地　　址：北京市长辛店杜家坎 21 号新工艺
邮　　编：100072
电　　话：(010)63886988
传　　真：(010)63886988
主要产品：GM—3450 系统工模具修补机，电源

单位名称：北京市朝阳区麦道汽车配件厂
地　　址：北京市朝阳区定福庄压铸件厂区内
邮　　编：100024
电　　话：(010)65765967
传　　真：(010)65765967
主要产品：塑料模，冲压模

单位名称：北京金润祥机械有限公司
地　　址：北京市朝阳区双井北里 14 号
邮　　编：100022
电　　话：(010)67713355－3600
传　　真：(010)67711327
主要产品：折弯模，冲压模

单位名称：北京建中机器厂(700 厂)第四事业部
地　　址：北京朝阳区陈各庄万红路 1 号
邮　　编：100016
电　　话：(010)64363506
传　　真：(010)64362923
主要产品：塑料模，冲压模

单位名称：北京市汽车摩托车联合制造公司装备厂
地　　址：北京市东三环中路 32 号
邮　　编：100020
电　　话：(010)65002041
主要产品：冲压模

单位名称：北京市东风机械厂
地　　址：北京市朝阳区南十里居
邮　　编：100016
电　　话：(010)64364834
传　　真：(010)64370156
主要产品：Q1KR—C32 型抛光机，S1PR 型抛光机

单位名称：北京朝阳兴隆模具厂
地　　址：北京市朝阳区将台路小陈各庄 1 号
邮　　编：100016
电　　话：(010)64386101
传　　真：(010)64325726
主要产品：塑料模，冲压模

单位名称：机械部北京机床研究所
地　　址：北京 3457 信箱模具部
邮　　编：101512
电　　话：(010)69912322－2261
传　　真：(010)69941029
主要产品：各类模具

单位名称：北京市恒镒抛光页轮厂
地　　址：北京市大兴西红门立交桥东福伟路 13 号
邮　　编：100076
电　　话：(010)60251898
传　　真：(010)60251988
主要产品：金属抛光页轮制造

单位名称：北京玻璃模具厂
地　　址：北京市宣武区南纬路 15 号
邮　　编：100050
电　　话：(010)63038094
传　　真：(010)63044821
主要产品：玻璃模具

单位名称：北京市微电机总厂模具分厂
地　　址：北京市右安门外东滨河路 2 号
邮　　编：100054
电　　话：(010)63533331－2082
传　　真：(010)63544674
主要产品：塑料模，冲压模

单位名称：北京市紫金耐磨技术研究所
地　　址：北京海淀万泉庄甲一号
邮　　编：100080
电　　话：(010)62573944
传　　真：(010)62573944
主要产品：成型模，拉伸模

单位名称：清华大学机械系激光快速成形中心
地　　址：清华大学机械系激光快速成形中心
邮　　编：100084
电　　话：(010)62783565
传　　真：(010)62788675
主要产品：快速成型设备研发、生产

单位名称：航天机电集团三院三十一所
地　　址：北京市 7208 信箱 41 分箱
邮　　编：100074
电　　话：(010)68375724
传　　真：(010)68374052
主要产品：冲压模

单位名称：北京富龙塑业有限公司
地　　址：北京市朝阳区左家庄中街 6 号
力鸿花园 2 号楼 1609
邮　　编：100028
电　　话：(010)64628218
传　　真：(010)64628573
主要产品：塑料模及制品

单位名称：北京北航海尔软件有限公司
地　　址：北京学院路 37 号北航 721 所
邮　　编：100083
电　　话：(010)82321350
传　　真：(010)62383531
主要产品：塑料模，CAD/CAM 软件开发与销售

单位名称：冶金部钢铁研究总院
地　　址：西直门外学院南路 76 号
邮　　编：100081
电　　话：(010)62182762
传　　真：(010)62182308

单位名称：北京青云航空仪表公司
地　　址：北京市海淀区北三环西路 43 号
邮　　编：100086
电　　话：(010)62563355－2536
传　　真：(010)62574525

单位名称：北京比亚迪模具有限公司
地　　址：朝阳广渠路 36 号
邮　　编：100022
电　　话：(010)67712233－2324
传　　真：(010)67712306
主要产品：冷冲压模具、检具、装焊夹具、冲压件

单位名称：北京市塑料工业学校
地　　址：德外双泉堡科荟西路甲 2 号
邮　　编：100085
电　　话：(010)64850558－2039
传　　真：(010)64871046
主要产品：培训应用数控机床加工模具的操作人员

单位名称：壹胜百模具(北京)有限公司
地　　址：北京经济技术开发区荣京东街甲 10 号
邮　　编：100176
电　　话：(010)67865588
传　　真：(010)67862988
主要产品：经销瑞典进口优质工模具钢

单位名称：北京格雷维尔电子有限公司
地　　址：北京市海淀区太舟鸣精工制造厂
邮　　编：100095
电　　话：(010)62456585
传　　真：(010)62462420
主要产品：塑料模、冲压模、压铸模

天津市会员单位

单位名称：天津汽车模具有限公司
地　　址：天津市北辰区韩家墅
邮　　编：300401
电　　话：(022)26951874
传　　真：(022)26954694
主要产品：汽车车身模具、检具、装焊夹具

单位名称：天津市天龙工具有限公司
地　　址：天津市河北区万柳村大街 56 号
邮　　编：300241
电　　话：(022)26445816
传　　真：(022)26445816
主要产品：冲压模、注塑模、压铸模

单位名称：天津津京玻壳股份有限公司
地　　址：天津市西青区杨柳青公路口
邮　　编：300380
电　　话：(022)27950475－363
传　　真：(022)27950806
主要产品：玻璃模

单位名称：天津市塑料制品模具厂
地　　址：天津市南开区长江道 100 号
邮　　编：300110
电　　话：(022)27368922
传　　真：(022)27368922
主要产品：塑料模，塑料包装箱

单位名称：天津天仪数控机械股份有限公司
地　　址：天津市河北区元纬路 107 号
邮　　编：300141
电　　话：(022)26351177
传　　真：(022)26355574
主要产品：数控电火花线切割机床

单位名称：天津通广集团模具塑料有限公司
地　　址：天津市河北区新大路 185 号
邮　　编：300140
电　　话：(022)26237277
传　　真：(022)26270477
主要产品：塑料模，冲模

单位名称：天津天合轮胎模具有限公司
地　　址：天津市河西区怒江道 1 号
邮　　编：300220
电　　话：(022)28344494
传　　真：(022)28344490
主要产品：轮胎模具

单位名称：天津市振华模具标准件厂
地　　址：天津河东区郑庄子大街长虹胡同 11 号
邮　　编：300182
电　　话：(022)84260424
传　　真：(022)84264978
主要产品：模具标准件

单位名称：津荣天和机电有限公司
地　　址：天津市南开区小梢口芥园西道
邮　　编：300112
电　　话：(022)27521928
传　　真：(022)27519040
主要产品：冲模，塑料模

单位名称：天津斯坦雷电器有限公司
地　　址：天津市经济技术开发区南海路 40 号
邮　　编：300457
电　　话：(022)25290664
传　　真：(022)25320173
主要产品：塑料模，汽车、摩托车用灯泡

单位名称：锦川模架（天津）有限公司
地　　址：天津市西青区李七庄乡小倪庄村
邮　　编：300381
电　　话：(022)23383434
传　　真：(022)23383524
主要产品：塑料模架，冲模模架等

单位名称：天津模具厂
地　　址：天津市北辰区兴淀公路
邮　　编：300402
电　　话：(022)26995360
传　　真：(022)26995331
主要产品：冲模，冲模模架等标准件

单位名称：天津市恭华模具标准件厂
地　　址：天津市北辰区津围公路东1号路
邮　　编：300402
电　　话：(022)26995268
传　　真：(022)26995168
主要产品：模具标准件

单位名称：天津市神光精密模具技术开发有限公司
地　　址：天津市河西区怒江道8号
邮　　编：300220
电　　话：(022)28151228
传　　真：(022)28112657
主要产品：塑料模

单位名称：天津市组合夹具厂
地　　址：天津市河北区养鱼池路14号
邮　　编：300241
电　　话：(022)26420471
传　　真：(022)26437537
主要产品：冲模，橡胶模等

单位名称：天津市金刚石工具厂
地　　址：天津河西区佟楼信济里65号
邮　　编：300074
电　　话：(022)28358128
传　　真：(022)28358128
主要产品：拉丝模，压头

单位名称：天津柳河压铸有限公司
地　　址：天津河东区津塘路一号桥耐火路13号
邮　　编：300180
电　　话：(022)84940133
传　　真：(022)84940477
主要产品：压铸模，铝、锌合金压铸件

单位名称：天津光电通信公司
地　　址：天津河西区泰山道6号
邮　　编：300211
主要产品：塑料模等

单位名称：天津广夏（集团）有限公司模具公司
地　　址：天津北辰区新宜白大道红旗路西7号
邮　　编：300402
电　　话：(022)26300448
传　　真：(022)26306301
主要产品：塑料模

单位名称：天津市无线电元件三厂
地　　址：天津南开区沉村大街6号
邮　　编：300110
电　　话：(022)27361997
传　　真：(022)27366248
主要产品：冲模，塑料模

单位名称：天津开发区蓝图工贸有限公司
地　　址：天津红桥区三条石博物馆街24号
邮　　编：300097
电　　话：(022)27271295
传　　真：(022)27336742
主要产品：线束端子模片，电线剥皮刀等冲切模

单位名称：天津市模具工业联合公司
地　　址：天津河西区围堤道93号
邮　　编：300093
电　　话：(022)28230897
传　　真：(022)28309589
主要产品：模具设计与制造，模具抛光

单位名称：天津市模具技术服务公司
地　　址：天津和平区河北路21号
邮　　编：300020
电　　话：(022)27302434
传　　真：(022)27236974
主要产品：冲模，热挤模

单位名称：天津市广达电加工技术总汇
地　　址：天津南开区西马路226号
邮　　编：300101
电　　话：(022)27564104
传　　真：(022)27560281
主要产品：电加工设备与配件，模具材料

单位名称：天津汽车厂夏利股份有限公司汽车厂制造分公司
地　　址：天津西青区杨柳青
邮　　编：300380
电　　话：(022)27950426
传　　真：(022)27950926
主要产品：夏利系列汽车制造

单位名称：天津众鑫模具标准件有限公司
地　　址：天津市北辰区韩家墅汽车制造厂内
邮　　编：300401
电　　话：(022)26953723
传　　真：(022)26953723
主要产品：中小型冷冲模及模具件吊冲、侧冲、斜楔等

河北省会员单位

单位名称：河北兴林车身制造集团有限公司
地　　址：河北省泊头市工业开发区8号
邮　　编：062150
电　　话：(0317)8186368
传　　真：(0317)8185354
主要产品：汽车模具设计、制造

单位名称：华北汽车制造厂
地　　址：河北省高碑店市七一东路
邮　　编：074012
电　　话：(0312)2812340
传　　真：(0312)2812777
主要产品：轻型越野系列汽车、轻型客车

单位名称：石家庄市模具工业联合公司
地　　址：石家庄市石岗大街188号
邮　　编：050061
电　　话：(0311)7755757
主要产品：冲模，塑料模

单位名称：河北田野汽车集团有限公司
地　　址：河北保定市韩村南路97号
邮　　编：071051
电　　话：(0312)3053475
传　　真：(0312)3024845
主要产品：冲模

单位名称：河北田野汽车集团文安塑料有限公司
地　　址：河北文安城西澎耳湾工业区
邮　　编：065800
电　　话：(0316)5066246
传　　真：(0316)5062646
主要产品：塑料模，冲模

单位名称：河北泊头兴达汽车模具制造厂
地　　址：河北省泊头市交河镇工业开发区
邮　　编：062151
电　　话：(0317)8332230
传　　真：(0316)5062646
主要产品：汽车模具设计，制造

单位名称：石家庄天同拖拉机有限公司工具厂
地　　址：石家庄市和平东路418号
邮　　编：050033
电　　话：(0311)5082576
传　　真：(0311)5082693
主要产品：冲模，压铸模

单位名称：保定市电器开关厂
地　　址：河北保定市环城东路31号
邮　　编：071000
电　　话：(0312)2026079
传　　真：(0312)2022457
主要产品：冲模

单位名称：石家庄宝石电子玻璃股份有限公司
地　　址：石家庄黄河大道9号
邮　　编：050031
电　　话：(0311)5054566－4411
传　　真：(0312)2022457
主要产品：玻璃模，塑料模

单位名称：河北长安胜利汽车有限公司模具公司
地　　址：河北省定州市103信箱
邮　　编：073000
电　　话：(0312)2354438
传　　真：(0312)2352426
主要产品：冲模，模具标准件等

单位名称：河北天辰锻压机械有限公司
地　　址：河北省仓州市南环中路32号
邮　　编：061001
电　　话：(0317)2023901－203
传　　真：(0317)2023036
主要产品：冲模，15～200t各种压力机等

单位名称：河北高碑店市华北模具厂
地　　址：河北省高碑店市幸福南路42号
邮　　编：074021
电　　话：(0312)2832340
传　　真：(0312)2832777
主要产品：冲模

单位名称：国营汉光机械厂工模具分厂
地　　址：河北邯郸市联纺路32号
邮　　编：056028
电　　话：(0310)7025958-88233
传　　真：(0310)7025242
主要产品：塑料模，冲模

单位名称：保定向阳精密模具厂
地　　址：河北省保定市向阳北路88号
邮　　编：071064
电　　话：(0312)3099870
传　　真：(0312)3099999
主要产品：塑料模，冲模

单位名称：河北高碑店市航城机械厂
地　　址：河北省高碑店市白沟镇义合庄
邮　　编：074004
电　　话：(0312)2895161
传　　真：(0312)2895313
主要产品：冲模，模具标准件

单位名称：河北太行机械厂工具处
地　　址：河北太行机械厂工具处
邮　　编：050000
电　　话：(0311)7041666-5270
传　　真：(0311)7059244
主要产品：冲模，塑料模

单位名称：河北石家庄煤矿机械有限责任公司
地　　址：石家庄跃进路111号
邮　　编：050031
电　　话：(0311)5052996-2635
传　　真：(0311)5052437
主要产品：塑料模，冲模

单位名称：河北省邯郸紫山特钢集团有限公司
地　　址：河北永年焦窖
邮　　编：057150
电　　话：(0310)6789164
传　　真：(0310)6789209
主要产品：冷、热作模具钢，塑料模具钢

单位名称：河北省泊头市电机厂
地　　址：河北省泊头市交河镇新华街96号
邮　　编：062151
电　　话：(0317)8332292
传　　真：(0317)8332957
主要产品：冷压铸模，压铸件

单位名称：河北省石家庄中威电机厂工具分厂
地　　址：河北省石家庄市桥东区工人街8号
邮　　编：050000
电　　话：(0311)6086140
传　　真：(0317)6034041
主要产品：电机冲模，刀具

单位名称：河北省石家庄高科特钢有限责任公司
地　　址：河北省石家庄市鹿泉市海山大街21号
邮　　编：050200
电　　话：(0311)2011983
传　　真：(0317)2011983
主要产品：工模钢，硬质合金

单位名称：泊头市标准量具总厂
地　　址：河北省泊头市千里屯工业区
邮　　编：062159
电　　话：(0317)8383201、013673272869
传　　真：(0317)8383201

单位名称：泊头市京泊汽车模具有限责任公司
地　　址：泊头市工业开发区
邮　　编：062150
电　　话：(0317)8180902
传　　真：(0317)8188046
主要产品：汽车、农用车覆盖件模具

单位名称：泊头市金键模具有限责任公司
地　　址：河北泊头市西环路
邮　　编：062150
电　　话：(0317)8291923
传　　真：(0317)8293210
主要产品：汽车冲压模具设计制造

单位名称：河北泊头福锐汽车模业有限公司
地　　址：河北省泊头市工业开发区
邮　　编：062150
电　　话：(0317)8315999
传　　真：(0317)8315991
主要产品：上汽奇瑞汽车覆盖件模具设计制造，CNC数控加工

单位名称：泊头市通达汽车模具有限责任公司
地　　址：泊头市郝村镇
邮　　编：062159
电　　话：(0317)8382776
传　　真：(0317)8382050
主要产品：铸件、汽车内外覆盖件模具

单位名称：保定市电加工设备厂
地　　址：保定市省印路 11 号
邮　　编：071051
电　　话：(0312)3025567
传　　真：(0312)3025567

单位名称：辛集市模具厂
地　　址：辛集市菜市街 84 号
邮　　编：052360
传　　真：(0311)3221972
主要产品：橡胶模、塑料模

单位名称：河北模具厂
地　　址：河北石家庄 311 信箱
邮　　编：050021
电　　话：(0311)5491184－2094
传　　真：(0311)5491184－2049
主要产品：冲压模、压铸模、塑料模、橡胶模

山西省会员单位

单位名称：国营山西冲压厂(国营第 5449 厂)
地　　址：山西绛县 5 号信箱
邮　　编：043604
电　　话：(0359)6555050
传　　真：(0359)6555038
主要产品：冲模，冲压件等

单位名称：山西太原模具厂
地　　址：太原市南城区新寇庄南街 8 号
邮　　编：030006
电　　话：(0351)7041001
主要产品：冲模，热锻模

单位名称：太原市模具工业协会
地　　址：太原市新寇庄南街(太原模具厂内)
邮　　编：030006
电　　话：(0351)7060489
传　　真：(0351)7040869

内蒙古自治区会员单位

单位名称：内蒙古第一机械制造(集团)有限公司模具制造分公司
地　　址：内蒙古包头市青山区
邮　　编：014032
电　　话：(0472)3118372
传　　真：(0472)3117464
主要产品：冲压模等

单位名称：包头北方工模具制造有限责任公司
地　　址：内蒙古包头市三号信箱 800 分箱
邮　　编：014033
电　　话：(0472)3385382
传　　真：(0472)3311876
主要产品：模具、工具工装、机电设备

辽宁省会员单位

单位名称：本溪钢铁(集团)特殊钢有限责任公司
地　　址：辽宁省本溪市平山区钢铁路 1 号
邮　　编：117001
电　　话：(0411)7822336
传　　真：(0411)2822037
主要产品：模具钢

单位名称：大显模具制造有限公司
地　　址：大连保税区仓储加工区 IC－31
邮　　编：116600
电　　话：(0411)87308610
传　　真：(0411)87308629
主要产品：大中型塑料模具及制品

单位名称：盘起工业(大连)有限公司
地　　址：大连经济技术开发区锦州街 5 号
邮　　编：116600
电　　话：(0411)87613087
传　　真：(0411)87613050
主要产品：塑料模具、冲压模具、标准件

单位名称：沈阳子午线轮胎模具有限公司
地　　址：沈阳市皇姑区黄河北大街 116 号
邮　　编：110034
电　　话：(024)86527395
传　　真：(024)86527368
主要产品：子午线轮胎模具及轮胎成型机床

单位名称：沈阳模具中心
地　　址：沈阳市铁西区北二中路3号
邮　　编：110025
电　　话：(024)25617073
主要产品：冲模、塑料模、级进模

单位名称：大连瓦轴集团工具制造有限公司
地　　址：辽宁省瓦房店市北莒济街一段
邮　　编：116300
电　　话：(0411)85509506
传　　真：(0411)85509506
主要产品：冲模，模具标准件

单位名称：沈阳黎明航空发动机工具制造公司
地　　址：沈阳市大东区东塔街6号
邮　　编：110043
电　　话：(024)24830004
主要产品：冲模，塑料模

单位名称：沈阳飞机工业(集团)有限公司模具厂
地　　址：沈阳市黄姑区陵北街1号
邮　　编：110034
电　　话：(024)86599054
传　　真：(024)86896689
主要产品：冲模，橡胶模

单位名称：辽宁省凌河汽车厂模具制造
地　　址：辽宁凌源市城北街北段
邮　　编：122500
电　　话：(0421)6952231
传　　真：(0421)6951416
主要产品：汽车冲模及冲压件，塑料模

单位名称：中国华录松下电子信息有限公司
地　　址：辽宁大连甘井子区七贤岭华路1号
邮　　编：116023
电　　话：(0411)84790599－3820
传　　真：(0411)84792531
主要产品：冲模，塑料模等

单位名称：沈阳兴华模具开发有限公司
地　　址：沈阳铁西区兴华北街36号
邮　　编：110021
电　　话：13709857658
传　　真：(024)25853371
主要产品：塑料模，冲模

单位名称：大连录音器材金环模具分厂
地　　址：大连市中山区解放路810号
邮　　编：116013
电　　话：(0411)82672812
传　　真：(0411)82681410
主要产品：塑料模，冲模

单位名称：沈阳航空模具制造公司
地　　址：沈阳市七零一信箱
邮　　编：110034
电　　话：(024)86510391
传　　真：(024)86515723
主要产品：模具设计，模具制造

单位名称：沈阳工具模具钢工业技术研究所
地　　址：沈阳大东区新生二街14号
邮　　编：110044
电　　话：(024)88095447
传　　真：(024)88907833
主要产品：工模具钢，标准件

单位名称：沈阳铁路信号工厂
地　　址：沈阳铁西区北三中路16号
邮　　编：110025
电　　话：(024)22071404
传　　真：(024)25851830
主要产品：塑料模，冲模

单位名称：沈阳东机工具制造有限责任公司
地　　址：沈阳市大东区正新路42号
邮　　编：110045
电　　话：(024)88279751
传　　真：(024)88267057
主要产品：冲模，塑料模

单位名称：大连达利精密模具开发公司
地　　址：辽宁省大连市沙区汉阳街6号
邮　　编：116021
电　　话：(0411)84628874
传　　真：(0411)84602024
主要产品：冲模等

单位名称：辽宁东北模具有限责任公司
地　　址：沈阳市皇姑区北陵大街25号1门
邮　　编：110032
电　　话：(024)86860455
传　　真：(024)86860455
主要产品：塑料模，冲模

单位名称：沈阳电机股份有限公司(工具分厂)
地　　址：沈阳市铁西区卫工北街 20 号
邮　　编：110026
电　　话：(024)25822155－485
主要产品：冲模等

单位名称：大连金星模具有限公司
地　　址：辽宁大连市沙河口区黄浦路 309 号
邮　　编：116023
电　　话：(0411)84688224
传　　真：(0411)84688224
主要产品：塑料模，冲模

单位名称：大连理工大学模具研究所
地　　址：辽宁大连凌工路 2 号大连理工大学
邮　　编：116024
电　　话：(0411)84708869
传　　真：(0411)84708742
主要产品：塑料模，塑料制品

单位名称：沈阳航天新新集团工模具厂
地　　址：沈阳 346 信箱 154 分箱
邮　　编：110034
电　　话：(024)86526630
传　　真：(024)86526369
主要产品：冲模，塑料模

单位名称：沈阳航天新光集团有限公司工模具厂
地　　址：沈阳市大东区东塔街 1 号
邮　　编：110043
电　　话：(024)24830854
传　　真：(024)24830461
主要产品：各种冷、热模具和工夹具等

单位名称：沈阳市松陵通用设备厂
地　　址：沈阳皇姑区三台子陵北街 84 号
邮　　编：110034
电　　话：(024)86520195
传　　真：(024)86520195
主要产品：塑料模，冲模

单位名称：沈阳低压开关厂模具制造厂
地　　址：沈阳铁西区兴工北街 64 号
邮　　编：110025
电　　话：(024)25855407
主要产品：精密冲模，塑料模

单位名称：沈阳市方西机械制造厂
地　　址：沈阳市于洪区陵东乡方西村
邮　　编：110034
电　　话：(024)89340439
主要产品：塑料模，冲模

单位名称：沈阳标准件制造总厂工模具厂
地　　址：沈阳铁西区启工街 3 号
邮　　编：110026
电　　话：(024)25822825
主要产品：模具标准件，冲模

单位名称：沈阳新阳冶金设备制造厂
地　　址：沈阳 707 信箱 17 分箱
邮　　编：110034
电　　话：(024)86511636
主要产品：模具，夹具

单位名称：沈阳松陵机械总厂
地　　址：沈阳皇姑区三台子阳山路 5 号
邮　　编：110034
电　　话：(024)86522277
传　　真：(024)86525380
主要产品：冲模，塑料模

单位名称：沈阳风动工具厂模具分厂
地　　址：沈阳市铁西区云峰北大街 12 号
邮　　编：110025
电　　话：(024)25869729
主要产品：冲模及其他各种模具

单位名称：沈阳机车车辆厂工模具分厂
地　　址：沈阳皇姑区昆山西路 75 号
邮　　编：110035
电　　话：(024)22053631
主要产品：冲模，橡胶模

单位名称：锦州市太和区模具厂
地　　址：辽宁锦州市太和区钟屯乡东王村西王屯 451 号
邮　　编：121015
电　　话：(0416)4565743
传　　真：(0416)4567493
主要产品：冲模

单位名称：中国兵器工业总公司沈阳模具技术培训中心
地　　址：沈阳 822 信箱材料工程系
邮　　编：110045
电　　话：(024)88261384
传　　真：(024)88261384
主要产品：冲模，塑料模等

单位名称：辽宁省模具工业公司
地　　址：沈阳沈河区惠工街泽工南巷6号
邮　　编：110013
电　　话：(024)22720878
传　　真：(024)22720878
主要产品：各种冷冲模架，塑料模架

单位名称：沈阳传动机械厂
地　　址：沈阳市大东区大东路178号
邮　　编：110042
电　　话：(024)24326361
传　　真：(024)24326169
主要产品：模具，烧结设备

单位名称：沈阳水泵厂工具处
地　　址：沈阳铁西区应昌街7号
邮　　编：110021
电　　话：(024)25873050
主要产品：冲模，锻模等

单位名称：朝阳机床有限责任公司(朝阳机床厂)
地　　址：辽宁朝阳市友谊大街一段25号
邮　　编：122000
电　　话：(0421)2720906
传　　真：(0421)2720884
主要产品：M74系列立轴圆台平面磨床

单位名称：沈阳亚特扭矩工具制造有限公司
地　　址：沈阳市大东区望花南街41号
邮　　编：110044
电　　话：(024)88322432
传　　真：(024)88321058
主要产品：冲模，塑料模

单位名称：沈阳金杯模具厂
地　　址：沈阳市东陵区方南路6号
邮　　编：110015
电　　话：(024)24823957
传　　真：(024)24823957
主要产品：冲压模，汽车装焊机加等

单位名称：国营七七七总厂
地　　址：辽宁省锦州市27号信箱
邮　　编：121001
电　　话：(0416)4168287
主要产品：冲模

单位名称：沈阳工业大学机械学院
地　　址：辽宁省锦州市27号信箱
邮　　编：121001
电　　话：(024)25691899
传　　真：(024)25691729
主要产品：教学，科研

单位名称：沈阳航空模具制造公司
地　　址：沈阳市七0一信箱
邮　　编：110034
电　　话：(024)86510391
传　　真：(024)86515723
主要产品：模具设计、制造

单位名称：大连馨华辰炉料制品有限公司
地　　址：大连市中山区中南路215号迎宾花园6-802
邮　　编：116015
电　　话：82893892
传　　真：82893852
主要产品：各种电火花加工用EDM石墨极及其它各种石墨炭素制品

单位名称：大连新港经济贸易培训学校
地　　址：大连沙河口区锦华北园27号3-5-2
邮　　编：116033
电　　话：13050560098
传　　真：(0411)86885241
主要产品：培养模具、数控、机电一体化专业人才

单位名称：辽宁机电职业技术学院
地　　址：辽宁省丹东市振兴区桃源街814号
邮　　编：118002
电　　话：(0415)6169475
传　　真：(0415)6163186

单位名称：共立精机(大连)有限公司
地　　址：大连市甘井子区七贤岭产业化基地三达街3号
邮　　编：116023
电　　话：(0411)4793308
传　　真：(0411)4790535
主要产品：机动车用铸产品模具及机械、精密机械

单位名称：凌源鸿达汽车模具制造有限公司
地　　址：辽宁省凌源市城北街北段42-3
邮　　编：122500
电　　话：(0421)6952275
传　　真：(0421)6952366
主要产品：冲压模、塑料模、压铸模

吉林省会员单位

单位名称：一汽铸造有限公司铸造模具厂
地　　址：中国．长春市东风大街 153－1 号
邮　　编：130011
电　　话：(0431)5759557
传　　真：(0431)5759517
主要产品：铸造模具、压铸模具、塑料模具

单位名称：一汽模具制造有限公司
地　　址：长春市绿园区东风大街 149 号
邮　　编：130011
电　　话：(0431)5901462
传　　真：(0431)5905984
主要产品：汽车用冲模，塑料模以及冲压模

单位名称：长春一汽工艺装备有限公司
地　　址：长春市绿园区东风大街 83 号
邮　　编：130011
电　　话：(0431)5901801
传　　真：(0431)5907526
主要产品：热锻模，冷镦模

单位名称：一汽铸造有限公司铸造模具设备厂
地　　址：长春市东风大街 153 号
邮　　编：130011
电　　话：(0431)5759523
传　　真：(0431)5759517
主要产品：压铸模，塑料模

单位名称：吉林汽车工业集团白城红钻股份有限公司
地　　址：吉林省白城市新华西大路 2 号
邮　　编：137000
电　　话：(0436)3320774
传　　真：(0436)3320634
主要产品：为一汽、一汽大众、神龙配套汽车组合开关

单位名称：中国第一汽车集团公司吉林轻型车厂工具厂
地　　址：吉林省吉林市江南大街恒山路 2 号
邮　　编：132013
电　　话：(0432)4677966
传　　真：(0432)4668062
主要产品：锻模，机夹

单位名称：一汽铸造有限公司特种铸造厂
地　　址：长春市东风大街 39－1 号
邮　　编：130011
电　　话：(0431)5903652
传　　真：(0431)5901656
主要产品：黑色铸件与有色铸件

单位名称：长春市三鑫模具厂
地　　址：长春市开远街 162－4 号
邮　　编：130012
电　　话：(0431)5516074
传　　真：(0431)5516074
主要产品：冲模，各种热模

单位名称：吉林模具制造有限公司
地　　址：吉林省永吉县城东经济开发区
邮　　编：132200
电　　话：(0432)4205116
传　　真：(0432)4205116
主要产品：塑料注射模，冲模等

单位名称：长春万奇三友有限公司
地　　址：长春市二道区吉林大路 373 号
邮　　编：130031
电　　话：(0431)4847385
传　　真：(0431)4842181
主要产品：冲模，塑料模

单位名称：长春—长春一东离合器股份有限公司
地　　址：长春市繁荣街 17－1
邮　　编：130012
电　　话：(0431)5179752
传　　真：(0431)5174234
主要产品：冲模，塑料模

单位名称：吉林市工模具公司
地　　址：吉林市宁波路 16 号
邮　　编：132021
电　　话：(0432)3039392
传　　真：(0432)3039392
主要产品：冲模，塑料模

单位名称：白城通业集团公司精密锻造厂
地　　址：吉林省白城市明仁兆街 30 号
邮　　编：137000
电　　话：(0436)3266066
传　　真：(0436)3266066
主要产品：锻模，冲模

单位名称：长春市飞跃模具厂
地　　址：长春市二道区八里堡新乡路 101－1 号
邮　　编：130032
电　　话：(0431)4712576
传　　真：(0431)4712576
主要产品：冲模，塑料模

单位名称：吉林省工模具公司
地　　址：长春市红旗街 12 号
邮　　编：130021
电　　话：(0431)5952189
传　　真：(0431)5952189
主要产品：冲模，塑料模

单位名称：长春佳林模具制造有限责任公司
地　　址：长春市高新开发区火炬路 18 号
邮　　编：130012
电　　话：(0431)5104384
传　　真：(0431)5178015
主要产品：冲模，塑料模

单位名称：长春捷利达模具工业有限公司
地　　址：长春市临河街 40 号
邮　　编：130031
电　　话：(0431)4955352、4955362
传　　真：(0431)4955362
主要产品：冲模，塑料模

单位名称：吉林省辽源市三海电子集团有限公司
地　　址：吉林省辽源市连阳路 166 号
邮　　编：136200
电　　话：(0437)3190189
传　　真：(0437)3190236
主要产品：特种电机，塑料模

单位名称：长春市安达机械模具厂
地　　址：长春市安达街 25 号
邮　　编：130062
电　　话：(0437)8543579
主要产品：为一汽配套工装与模具

单位名称：吉林市圣通塑料制品有限公司
地　　址：吉林市光华路 287 号
邮　　编：132011
电　　话：(0432)2026180
传　　真：(0432)2026539
主要产品：塑料及塑料件

单位名称：吉林市工模具技术咨询服务公司
地　　址：吉林省吉林市龙潭区宁波路 16 号
邮　　编：132021
电　　话：(0432)3039392
主要产品：各种模具的设计与制造

单位名称：一汽辽源汽车电器有限公司
地　　址：吉林辽源龙山区新兴街 817 号
邮　　编：136200
电　　话：(0437)3313978
传　　真：(0437)3316409
主要产品：冲模，压铸模

单位名称：长春三友专用汽车制造有限公司
地　　址：长春绿园区双丰街 1 号
邮　　编：130112
电　　话：(0431)7097533
传　　真：(0431)7097531
主要产品：为一汽大众，郑州日产协作生产冲压件

黑龙江省会员单位

单位名称：哈尔滨哈飞汽车模具制造有限责任公司
地　　址：哈尔滨经济技术开发区综合工业区烟台路 1 号
邮　　编：150060
电　　话：(0451)6501122－83122
传　　真：(0451)6546211
主要产品：汽车模具、检具、焊接夹具

单位名称：哈尔滨哈飞模夹具制造厂
地　　址：哈尔滨市平房区友协大街 15 号
邮　　编：150066
电　　话：(0451)6501122－83351
传　　真：(0451)6526284
主要产品：注塑模、精铸模、冲压模、压铸模

单位名称：哈尔滨东安工具有限公司
地　　址：哈尔滨市平房区保国街 51 号
邮　　编：150066
电　　话：(0451)6574055
传　　真：(0451)6502266
主要产品：模具、夹具等

单位名称：哈飞冷冲压模具厂
地　　址：哈尔滨飞机制造公司冲压模具厂
邮　　编：150066
电　　话：(0451)6501122－83354
主要产品：飞机用冲模，松花江系列微型车整车模具。

单位名称：哈尔滨龙飞模具制造有限公司
地　　址：哈尔滨平房区龙滨路30号
邮　　编：150066
电　　话：(0451)6501244
传　　真：(0451)6512690
主要产品：冲模，塑料模

单位名称：哈尔滨模具厂
地　　址：哈尔滨市道外区迎新街5号
邮　　编：150026
电　　话：(0451)8685251
主要产品：冲模，塑料模

单位名称：北满特殊钢股份有限公司科技开发公司
地　　址：黑龙江省富拉尔基红岸大街7号
邮　　编：161041
电　　话：(0452)6801251
传　　真：(0452)6801662
主要产品：冷作模具钢，热作模具钢

单位名称：哈尔滨华瑞精密模具厂
地　　址：哈尔滨市南岗区学府路1号
邮　　编：150080
电　　话：(0451)6660557
主要产品：冲模，塑料模

单位名称：哈尔滨市标牌厂
地　　址：哈尔滨市道里区地段街86号
邮　　编：150010
电　　话：(0451)4618842
传　　真：(0451)4610568
主要产品：冲模，塑料模等

单位名称：哈尔滨航天风华科技股份有限公司
地　　址：哈尔滨中山路137号
邮　　编：150036
电　　话：(0451)2620061－408
传　　真：(0451)2620085
主要产品：塑料模，冲模

单位名称：哈尔滨电机有限公司工装分厂
地　　址：哈尔滨动力区大庆路71号
邮　　编：150040
电　　话：(0451)2102601－2111
主要产品：冲模，压铸模等

单位名称：济南市模具工业协会
地　　址：济南市市中区杆南东街10号1－202
邮　　编：250001
电　　话：(0531)7034154

单位名称：哈尔滨东轻机械有限责任公司
地　　址：哈尔滨市平房区新疆街
邮　　编：150060
电　　话：(0451)6564443
传　　真：(0451)6564443
主要产品：挤压模具、塑料模、冲压模

单位名称：北满特殊钢股份有限公司
地　　址：黑龙江省齐齐哈尔市富拉尔基红岸大街7号
邮　　编：161041
电　　话：(0452)6802158
传　　真：(0452)6801662

单位名称：黑龙江省模具技术开发中心
地　　址：齐齐哈尔市永安大街154号
邮　　编：161005
电　　话：(0452)2479168
传　　真：(0452)2479168
主要产品：塑料模、冲压模、压铸模

单位名称：黑龙江鼎华模具制造有限公司
地　　址：黑龙江省阿城继电器模具分厂
邮　　编：150302
传　　真：(0451)3709660
主要产品：冲压模、塑料模、压铸模

单位名称：哈尔滨华晟精密模具有限责任公司
地　　址：哈尔滨市南岗区学府路1号
邮　　编：150080
电　　话：6660557
主要产品：冲压模、塑料模、压铸模

上海市会员单位

单位名称：上海千缘汽车车身模具有限公司
地　　址：上海市浦东康桥东路888号
邮　　编：201319
电　　话：(021)58135666
传　　真：(021)58135666
主要产品：冷冲模具、检具及主模型

单位名称：上海黄燕模具集团
地　　址：上海奉贤奉浦大道西路 28 号
邮　　编：201400
电　　话：(021)67101198
传　　真：(021)67101585
主要产品：模具材料供应、非标模架

单位名称：上海宝钢模具钢加工配送有限公司
地　　址：上海市宝山区铁山路 348 号
邮　　编：201900
电　　话：(021)56118821、56118655
传　　真：(021)56111370

单位名称：上海星火模具总厂
地　　址：上海市海拉尔路 22 号
邮　　编：200080
电　　话：(021)65452577
传　　真：(021)64591925
主要产品：精密冲模，塑料模

单位名称：上海标准件模具厂
地　　址：上海真北路 930 弄 49 号
邮　　编：200333
电　　话：(021)52802067
传　　真：(021)52802067
主要产品：冷挤模，冷镦模

单位名称：上海广电模具成型公司
地　　址：上海市田林路 140 号
邮　　编：200233
电　　话：(021)64367201
传　　真：(021)64367201
主要产品：塑料模，橡胶模

单位名称：上海航天模具制品公司
地　　址：上海齐齐哈尔路 76 号
邮　　编：200082
电　　话：(021)65899085
传　　真：(021)65899085
主要产品：冲模，压铸模

单位名称：上海紫燕模具工业有限公司
地　　址：上海浦东金桥金港路 1000 号
邮　　编：201206
电　　话：(021)50315031
传　　真：(021)50315666
主要产品：塑料模，冲模

单位名称：上海腾飞模具技术开发公司
地　　址：上海闵行江川路 555 号
邮　　编：200240
电　　话：(021)64638221－3094
传　　真：(021)64626936
主要产品：冲模，线棒模及其他模具

单位名称：上海协博精密模具有限公司
地　　址：上海桂平路 471 号 10 号底层
邮　　编：200233
电　　话：(021)64853881
传　　真：(021)64626936
主要产品：塑料模

单位名称：上海博大机械装备有限公司
地　　址：上海军工路 2636 号
邮　　编：200432
电　　话：(021)63745656－2841
传　　真：(021)65740758
主要产品：铸造模，锻模

单位名称：上海斯米克金刚石工模具有限公司
地　　址：上海浦东三林路 111 号
邮　　编：200124
电　　话：(021)58413728
传　　真：(021)58411386
主要产品：拉丝模

单位名称：宝钢集团上海五钢有限公司
地　　址：上海宝山同济路 333 号
邮　　编：200940
电　　话：(021)56679080
传　　真：(021)56670867
主要产品：工模具钢，轴承钢

单位名称：上海药机模具厂
地　　址：上海市前哨农场
邮　　编：202183
电　　话：(021)59471137
传　　真：(021)59471137
主要产品：冲模

单位名称：上海飞机制造厂工装部
地　　址：上海市场中路 3115 号
邮　　编：200436
电　　话：(021)56681122－311
传　　真：(021)59471137
主要产品：冲模，塑料模

单位名称：上海电机(集团)公司电机模具厂
地　　址：上海市余姚路 50 号
邮　　编：200040
电　　话：(021)62531452
传　　真：(021)62562016
主要产品：电机冲模等

单位名称：上海乾通汽车附件有限公司
地　　址：上海中山北一路 121 号
邮　　编：200083
电　　话：(021)56631100 - 3323
传　　真：(021)56634568
主要产品：汽车附件

单位名称：上海荻原模具有限公司
地　　址：上海市广中路 600 号
邮　　编：200083
电　　话：(021)56657382
传　　真：(021)56779503
主要产品：冲模

单位名称：上海无线电模具厂
地　　址：上海虹口区周家咀路 1010 号
邮　　编：200082
电　　话：(021)65352687
主要产品：模具，模具标准件

单位名称：上海塑料制品模具厂
地　　址：上海定西路 759 号
邮　　编：200052
电　　话：(021)62818095
传　　真：(021)62814334
主要产品：塑料模，塑料模标准模架

单位名称：上海柏斯高微电子工程有限公司
地　　址：上海浦东扬高中路 1900 号
邮　　编：200135
电　　话：(021)58330804
传　　真：(021)58338371
主要产品：高精度引线框架硬质合金级进模，塑封模等

单位名称：上海奥亚模具厂
地　　址：上海宜昌路 188 号
邮　　编：200060
电　　话：(021)62987666
主要产品：塑料模，冲模

单位名称：上海模具公司
地　　址：上海南市区丽水弄 144 号
邮　　编：200010
电　　话：(021)63737699
传　　真：(021)63737699
主要产品：模具设计，模具制造

单位名称：上海模具标准件厂
地　　址：上海龙华路 1972 弄 2 号
邮　　编：200232
电　　话：(021)64283964
传　　真：(021)64283964
主要产品：冲模与塑料模模架，各类导向件

单位名称：上海器皿模具厂
地　　址：上海市光复西路 2521 号
邮　　编：200062
电　　话：(021)62600157
传　　真：(021)62600279
主要产品：玻璃器皿模具，搪瓷、不锈钢产品模

单位名称：上海森林电器有限公司
地　　址：上海市浦东金苏路 77 号
邮　　编：201206
电　　话：(021)58996222
传　　真：(021)58996146
主要产品：冰箱、空调、除湿器压缩机及模具

单位名称：中国弹簧厂宝山分厂
地　　址：上海市蕴川路 2400 号
邮　　编：201901
电　　话：(021)56802641
传　　真：(021)56802640
主要产品：模具弹簧，制动器

单位名称：上海第三机床厂
地　　址：上海斜土路 1171 号
邮　　编：200032
电　　话：(021)64043038
传　　真：(021)64044039
主要产品：外圆磨，光曲磨

单位名称：上海现代模具技术培洲中心
地　　址：上海市徐汇区中山南二路 530 号
邮　　编：200032
电　　话：(021)64040341
传　　真：(021)64040341
主要产品：培训模具 CAD/CAM，模具设计、
MC 机床操作人员

单位名称：上海柴油机股份有限公司工装分公司
地　　址：上海军工路 2636 号
邮　　编：200432
电　　话：(021)65745656 - 2841
传　　真：(021)65740758
主要产品：铸造模，锻模

单位名称：上海电器陶瓷厂
地　　址：上海闸北区青云路 517 号
邮　　编：200071
电　　话：(021)56629741
传　　真：(021)56630045
主要产品：冲模等

单位名称：上海荣丰精密模具有限公司
地　　址：上海北翟路八字桥 108 号
邮　　编：200335
电　　话：(021)62390001
传　　真：(021)62393790
主要产品：冲模与冲件

单位名称：上海南粤模具有限公司
地　　址：上海市定西路 759 号
邮　　编：200052
电　　话：(021)62818059
传　　真：(021)62817319
主要产品：塑料模，压铸模

单位名称：上海东华热挤压模具厂
地　　址：上海浦东新区龚路镇北庙后 3 号
邮　　编：201209
电　　话：(021)58562504
传　　真：(021)58562504
主要产品：专业化生产氯氨瓶冲模

单位名称：上海模具技术研究所
地　　址：上海华山路 1954 号
邮　　编：200030
电　　话：(021)62813436
传　　真：(021)62820841
主要产品：冲模与冲件

单位名称：上海材料研究所 10 室
地　　址：上海邯郸路 99 号
邮　　编：200437
电　　话：(021)65556775 - 370
传　　真：(021)65556554
主要产品：模具材料研制，开发与销售

单位名称：上海大学
地　　址：上海市延长路 149 号
邮　　编：200072
电　　话：(021)56338924
传　　真：(021)56333036
主要产品：CAD/CAM 培训

单位名称：上海理工大学
地　　址：上海市军工路 516 号
邮　　编：200093
电　　话：(021)65681052
传　　真：(021)65670100
主要产品：CAD/CAM 培训，线切割加工与编程

单位名称：上海华庄模具有限公司
地　　址：上海市嘉定区江桥镇爱特路 75 号 - 1
邮　　编：201803
电　　话：(021)59142628
传　　真：(021)59143586
主要产品：国内数家汽车厂、汽车零部件配套厂制造模具

单位名称：上海润升精密配件有限公司
地　　址：上海市浦东桃林路 18 号环球广场 B 座 2109 室
邮　　编：200135
电　　话：(021)58218155
传　　真：(021)58218156
主要产品：精密配件、机械零部件等的销售、经营

单位名称：上海善能机械有限公司
地　　址：上海浦东康桥东路 889 号
邮　　编：201319
电　　话：(021)58133399
传　　真：(021)58132299
主要产品：孔精加工技术研究与开发

单位名称：福仕德精密工程(上海)有限公司
地　　址：上海浦东金桥金皖路 389 号金门广场 613 室
邮　　编：201206
电　　话：(021)58994468
传　　真：(021)58994470
主要产品：代客加工精密零件、冲压模架、冲模

单位名称：上海威虹模塑制造有限公司
地　　址：上海浦东新区唐镇江三工业区
邮　　编：201201
电　　话：(021)58584201
传　　真：(021)58582013
主要产品：专业制作模具

单位名称：上海日立电动工具有限公司
地　　址：上海市闵行区鹤庆路900号
邮　　编：200240
电　　话：(021)64300041
传　　真：(021)64301835
主要产品：塑料模、压铸模

单位名称：上海海鸥照相机精饰有限公司
地　　址：上海松江中山东路70号
邮　　编：201600
电　　话：(021)57838500－5198
传　　真：(021)57838116
主要产品：塑料模、橡胶模

单位名称：上海三盾汽车饰件有限公司
地　　址：上海市青浦区华新镇纪鹤路3188号
邮　　编：201708
电　　话：(021)59790588－8005
传　　真：(021)59791298
主要产品：塑料模、冲压模

江苏省会员单位

单位名称：镇江船山模架厂
地　　址：江苏省镇江市经济开发区健力宝路
邮　　编：212009
电　　话：(0511)8886154
传　　真：(0511)8886144
主要产品：冷冲模架及标准件

单位名称：昆山宏顺大型模架有限公司
地　　址：江苏昆山市高科技园区模具区(城北)富士康路
邮　　编：215316
电　　话：(0520)7799262
传　　真：(0520)7799263
主要产品：大型注塑、冲压、压铸模架

单位名称：太仓市求精塑模有限公司
地　　址：江苏省太仓市浮桥镇老闸区新华路7号
邮　　编：215422
电　　话：(0520)3926008
传　　真：(0520)3926009
主要产品：塑料模

单位名称：苏州东风精冲工程有限公司
地　　址：江苏省苏州市劳动路82号
邮　　编：215004
电　　话：(0512)68655767
传　　真：(0512)68655276
主要产品：精冲模具、精冲件

单位名称：无锡小天鹅模具制造有限责任公司
地　　址：江苏省无锡市惠钱路67号
邮　　编：214035
电　　话：(0510)3708447
传　　真：(0510)3014690
主要产品：注塑模具

单位名称：南通龙腾机械有限责任公司
地　　址：江苏省南通市如东县经济开发区朝阳路17号
邮　　编：226400
电　　话：(0513)4198321
传　　真：(0513)4162269
主要产品：注塑模架

单位名称：苏州市振元模具制造有限公司
地　　址：江苏省苏州市苏福公路木渎镇东郊
邮　　编：215101
电　　话：(0512)6253830、6258762
传　　真：(0512)6257806
主要产品：大型塑料模具

单位名称：跃进汽车集团南京模具装备有限公司
地　　址：南京市玄武区红山路118号
邮　　编：210028
电　　话：(025)5417698
传　　真：(025)5424469
主要产品：汽车覆盖件冲模，内饰件成塑模

单位名称：江苏宏宝五金股份有限公司
地　　址：江苏省张家港市大新镇
邮　　编：215636
电　　话：(0512)58768678
传　　真：(0512)58761055
主要产品：汽车零配件，五金工具

单位名称：江阴模塑集团有限公司
地　　址：江苏江阴市澄中路77－79号
邮　　编：214434
电　　话：(0510)6401458
传　　真：(0510)6401459
主要产品：塑料模，冲模

单位名称：中船重工集团第716所杰瑞模具公司
地　　址：江苏连云港海东路42号
邮　　编：222006
电　　话：(0518)5804051-2650
传　　真：(0518)5821685
主要产品：塑料挤出模，并销售塑料异型材和塑钢门窗

单位名称：无锡曙光模具有限公司
地　　址：江苏无锡广瑞路10号
邮　　编：214011
电　　话：(0510)2403952
传　　真：(0510)2414974
主要产品：冲模，压铸模

单位名称：江苏银河电子集团模塑厂
地　　址：江苏张家港市塘桥镇北京路20号
邮　　编：215611
电　　话：(0512)58442340-838
传　　真：(0512)58445500
主要产品：冲模，塑料模以及各种电子设备

单位名称：江都卡明机械模具制造有限公司
地　　址：江苏江都市花荡镇忠爱村
邮　　编：225211
电　　话：(0514)6497095
传　　真：(0514)6497022
主要产品：汽车车身覆盖件模具及各种冲压件

单位名称：常州新区康利达顶尖模具有限公司
地　　址：江苏常州新区三井巢家村3号
邮　　编：213022
电　　话：(0519)5110177
传　　真：(0510)5109366
主要产品：压铸模，塑料模

单位名称：无锡市东风模具模架厂
地　　址：江苏无锡井亭东路
邮　　编：214026
电　　话：(0510)2101871
传　　真：(0510)2104698
主要产品：冲压模，塑料模

单位名称：昆山精密模具标准件公司
地　　址：江苏昆山昆太路756号
邮　　编：215300
电　　话：(0512)57790185
传　　真：(0512)57790258
主要产品：模具标准件以及模具制造

单位名称：中国华晶利达电子有限责任公司
地　　址：江苏无锡市105信箱
邮　　编：214061
电　　话：(0510)5807123-5544
传　　真：(0510)5807123-3541
主要产品：引线框冲模，集成电路引线框

单位名称：昆山飞乐精密模具有限公司
地　　址：江苏昆山市新技工业园模具区
邮　　编：215316
电　　话：(0512)57704412
传　　真：(0512)57704413
主要产品：中小型冷冲模具，模具标准件

单位名称：江苏宏源纺机股份有限公司
地　　址：江苏无锡梁溪路11号
邮　　编：214062
电　　话：(0510)5804827
传　　真：(0510)5807923
主要产品：冲模，压铸模

单位名称：南京熊猫电子股份有限公司
地　　址：南京市中山路301号
邮　　编：210002
电　　话：(025)4800855
传　　真：(025)4824016
主要产品：冲模，塑料模

单位名称：江苏振实达实业总公司
地　　址：江苏江都市丁沟镇振兴东路27号
邮　　编：225235
电　　话：(0514)6381888
传　　真：(0514)6381108
主要产品：冲模，塑料模

单位名称：南京绿洲机器厂工艺装备分厂
地　　址：南京市390信箱10分箱
邮　　编：210039
电　　话：(025)6707458
传　　真：(025)6700325
主要产品：拉挤模，冲模

单位名称：中国电子科技集团十四研究所二分厂
地　　址：南京市1316信箱二分箱
邮　　编：210013
电　　话：(025)3773720
传　　真：(025)3462912
主要产品：冲模，塑料模

单位名称：南京汽轮电机(集团)有限责任公司
地　　址：(工具公司)南京中央北路80号
邮　　编：210037
电　　话：(025)5503264
传　　真：(025)5502858
主要产品：冲模,压铸模等

单位名称：南京南方电加工有限公司
地　　址：南京市金沙井92号
邮　　编：210006
电　　话：(025)2306124、6622442
传　　真：(025)6622442
主要产品：电加工机床和模具制造

单位名称：江苏张家港华丰精密模具有限公司
地　　址：江苏张家港市塘桥镇南京西路33号
邮　　编：215611
电　　话：(0512)58442474、58441016
传　　真：(0512)58444441
主要产品：塑料注射模,吹塑模

单位名称：江苏省张家港市模具厂
地　　址：江苏张家港市塘桥镇人民东路21号
邮　　编：215611
电　　话：(0512)58441440、58441430
传　　真：(0512)58441440
主要产品：玻璃模具

单位名称：南京长江机器工模具有限公司
地　　址：南京市903－17信箱
邮　　编：210037
电　　话：(025)3424034
传　　真：(025)3424034
主要产品：冲模,硅钢片高速冲压制品

单位名称：南京金宁工装有限责任公司
地　　址：南京西霞区东井村40号
邮　　编：210028
电　　话：(025)5633369
传　　真：(025)5633369
主要产品：软磁铁氧体磁芯成型模具

单位名称：常州日新精密机械有限公司
地　　址：江苏常州市戚墅堰区泡桐路114号
邮　　编：213011
电　　话：(0519)8350445
传　　真：(0519)8357057
主要产品：精密级进模与冲件生产

单位名称：常熟市模架厂
地　　址：江苏常熟市唐市南桥
邮　　编：215542
电　　话：(0512)52571473
传　　真：(0512)52571473
主要产品：冷冲模架

单位名称：苏州市吴县弹簧厂
地　　址：江苏省苏州市相城北桥镇北风南路4号
邮　　编：215144
电　　话：(0512)65412413
传　　真：(0512)65412374
主要产品：矩形模具弹簧,有两大系列400多个规格品种

单位名称：南京线路器材厂
地　　址：江苏南京中央门外
邮　　编：210037
电　　话：(025)5504501－8138
主要产品：冲模,压铸模

单位名称：南京新金刚石工具有限公司
地　　址：南京老虎桥37号
邮　　编：210018
电　　话：(025)3379390
传　　真：(025)3379390
主要产品：CVD金刚石模片,各种规格CVD拉丝模芯

单位名称：兴化市华海抛磨材料有限公司
地　　址：江苏省兴化市陶庄新洋工业园区
邮　　编：225733
电　　话：(0523)3858186
传　　真：(0523)3856302
主要产品：手动、电动研磨抛光羊毛毡轮,橡胶磨头(海绵轮)

单位名称：南京金城机械有限公司
地　　址：(南京202信箱001分箱)南京中山东路518号
邮　　编：210002
电　　话：(025)4593388
传　　真：(025)4591758
主要产品：冲模,压铸模

单位名称：国营第七七二厂机械分厂
地　　址：南京中山北路215号
邮　　编：210009
电　　话：(025)3728124
传　　真：(025)3728124
主要产品：冲模,玻璃模

单位名称：晨光集团公司工艺装备分公司
地　　址：南京正学路1号605信箱98分箱
邮　　编：210006
电　　话：(025)2413078
传　　真：(025)2419336
主要产品：冲模，热锻模

单位名称：南京三乐电气总公司机械分厂
地　　址：南京中山北路215路
邮　　编：210009
电　　话：(025)3728124
传　　真：(025)3728124
主要产品：冲模，塑料模等

单位名称：昆山三建模具机械有限公司
地　　址：江苏昆山石牌镇南
邮　　编：215312
电　　话：(0512)57681328
传　　真：(0512)57681572
主要产品：冲模，塑料模等

单位名称：无锡康利精机有限公司
地　　址：江苏无锡市梁溪路80号
邮　　编：214062
电　　话：(0510)5804817
传　　真：(0510)5802495
主要产品：精密机械结构件，塑料注射成形塑件及相应模具

单位名称：常州微特电机总厂机修模具厂
地　　址：江苏常州戚墅堰芳渚泡桐路114号
邮　　编：215011
电　　话：(0519)8350220
传　　真：(0519)8350220
主要产品：冲模，压铸模

单位名称：江苏省武进市南夏墅镇常南塑料模具厂
地　　址：江苏武进市南夏野镇常漕路58号
邮　　编：213166
电　　话：(0519)6483207
传　　真：(0519)6483207
主要产品：塑料注射模，为家电、电动车配套塑件等

单位名称：江苏电讯电机厂有限公司
地　　址：江苏苏州市胥江路54号
邮　　编：215002
电　　话：(0512)68113616
传　　真：(0512)68204348
主要产品：冲模，塑料模

单位名称：江苏清拖农机具有限公司
地　　址：江苏淮阴市淮海东路126号
邮　　编：223001
电　　话：(0517)3931482
传　　真：(0517)3931482
主要产品：冲模，塑料模等

单位名称：南京博腾粉末冶金有限公司
地　　址：江苏南京市浦口高新区026B
邮　　编：210061
电　　话：(025)8844733
传　　真：(025)8843438
主要产品：粉末冶金制品及模具

单位名称：南通恒源模具有限公司
地　　址：江苏南通市工农路80号
邮　　编：226008
电　　话：(0513)3561834
传　　真：(0513)3561839
主要产品：冲模，塑模等

单位名称：无锡市标准模具模架厂
地　　址：江苏无锡市郊区大浮乡张塘村71号
邮　　编：214081
电　　话：(0510)5556160
传　　真：(0510)5556281
主要产品：标准冲模，模架等

单位名称：东大埃斯顿模具制造有限公司
地　　址：江苏南京小青路158号
邮　　编：210012
电　　话：(025)6801166
传　　真：(025)6802266

单位名称：苏州新区吉光模具制造有限公司
地　　址：江苏苏州市横山东麓
邮　　编：215009
电　　话：(0512)68231125
传　　真：(0512)68231125
主要产品：电机定转子冲模，精密机械零配件

单位名称：中国人民解放军总参第60研究所
地　　址：南京市黄埔路2号
邮　　编：210016
电　　话：(025)4825853
主要产品：塑料模，冲压模

单位名称：苏州不二精机有限公司
地　　址：江苏省苏州市工业园区二区苏虹路南
邮　　编：215021
电　　话：(0512)67616768
主要产品：设计，制造精密模具

单位名称：江苏省昆山市中大模架有限公司
地　　址：昆山市震川西路 226 号
邮　　编：215300
电　　话：(0512)57553789
传　　真：(0512)57552835
主要产品：塑料模、压铸模

单位名称：徐州市模具协会
地　　址：江苏省徐州市东关煤机厂内
邮　　编：214004
电　　话：(0516)7773960 - 3082

单位名称：常州市模具工业协会
地　　址：江苏省常州市局前街 180 号
邮　　编：213003
电　　话：(0519)6607746
传　　真：(0519)6622412

单位名称：常州不二精机有限公司
地　　址：常州市高新技术产业开发区天山路 81 号
邮　　编：213032
电　　话：(0519)5133173 - 101
传　　真：(0519)5121210
主要产品：精密模具的设计制造

单位名称：江苏场力模具有限公司
地　　址：江苏省扬州市？江区霍捹镇富民路 47 号
邮　　编：225104
电　　话：(0514)7464595
传　　真：(0514)7461090
主要产品：粉末冶金模具、冷冲模具、塑料模具

单位名称：无锡市雄伟精工机械厂
地　　址：扬名高新技术产业园 B 区 68 号
邮　　编：214024
电　　话：5432828
传　　真：5433939
主要产品：冲压加工连续模、冷冲模的设计与制造

单位名称：南京工艺装备制造厂
地　　址：南京市莫愁路 329 号
邮　　编：210004
电　　话：6613586 - 6211
传　　真：6613554
主要产品：模具制造的专用设备

单位名称：江苏省模具技术培训中心
地　　址：江苏省常州市新台咱 15 号
邮　　编：213012
电　　话：(0519)3266081
传　　真：(0519)3261073
主要产品：模具设计与制造技术培训

单位名称：无锡国盛精密模具有限公司
地　　址：无锡市扬名高新技术园 B 区 088 号
邮　　编：214024
电　　话：(0510)5430310
传　　真：(0510)5430320
主要产品：连接器精密高速冲模、电机铁芯定转子模具

单位名称：常州市华盛模具有限公司
地　　址：江苏常州市清洋路 254 号
邮　　编：213015
电　　话：(0519)6985688
传　　真：(0519)6990988
主要产品：塑料注射模具设计

单位名称：昆山华富电子有限公司
地　　址：昆山高科技工业园模具区
邮　　编：215316
电　　话：(0520)7781115
传　　真：(0520)7781117
主要产品：精密高速冲模、精密注塑模、电子设备用开关

单位名称：常州天盛模具有限公司
地　　址：江苏省常州南门外政平
邮　　编：213173
主要产品：轮胎模具、销售自产产品

单位名称：扬州宏图工业开发有限公司
地　　址：江都市经济开发区外资园(舜天东路)
邮　　编：225200
电　　话：(0514)6838729
传　　真：(0514)6978709
主要产品：汽机模、夹冶具、量具、零部件

单位名称：常州市政平模具有限公司
地　　址：江苏省常州市南门外政平
邮　　编：213173
主要产品：生产轮胎模具

单位名称：苏州市恒泰弹黄厂(原吴县市弹簧厂)
地　　址：苏州市相城区北桥镇北凤南路 4 号
邮　　编：215144
电　　话：(0512)65412413
传　　真：(0512)65412374
主要产品：模具标准件

单位名称: 南京三三〇四工厂工装模具分厂
地　　址: 南京市天山路39号
邮　　编: 210016
电　　话: (025)7712251－2227
主要产品: 压铸模、冲压模、塑料模

单位名称: 江苏常州市新阳模具厂
地　　址: 江苏常州南桥镇
邮　　编: 213167
电　　话: 6461233
传　　真: 6461233
主要产品: 冲压模、塑料模、压铸模

浙江省会员单位

单位名称: 浙江陶氏模具集团
地　　址: 浙江省黄岩西门工业区
邮　　编: 318020
电　　话: (0576)4225578、4224513、4231423
传　　真: (0576)4112778
主要产品: 塑料模具

单位名称: 台州模具集团有限公司
地　　址: 浙江省台州市新桥工业区
邮　　编: 318055
电　　话: (0576)2663838
传　　真: (0576)2669299
主要产品: 模具制造、塑料制品加工产业链

单位名称: 浙江三A弹簧有限公司
地　　址: 浙江省诸暨市草塔镇三A大道
邮　　编: 311812
电　　话: (0575)7071856、7073421
传　　真: (0575)7071577、7073858
主要产品: 三A牌系列各类弹簧

单位名称: 浙江炜驰机械发展有限公司
地　　址: 浙江舟山三二九国道临城开发区东段三号
邮　　编: 316021
电　　话: (0580)3096084
传　　真: (0580)3096947
主要产品: 汽车模具

单位名称: 宁波跃飞模具有限公司
地　　址: 浙江省兴宁北路58号
邮　　编: 315600
电　　话: (0574)65596588
传　　真: (0574)65591596
主要产品: 注塑模具

单位名称: 慈溪市鸿达电机模具制造中心
地　　址: 浙江省慈溪市匡堰工业区
邮　　编: 315333
电　　话: (0574)63530266、63532666
传　　真: (0574)63531088
主要产品: 多工位级进冲模

单位名称: 宁海县大鹏模具塑料有限公司
地　　址: 浙江宁海城关正学东路28号
邮　　编: 315600
电　　话: (0574)65593515
传　　真: (0574)65593618
主要产品: 注塑模具

单位名称: 宁波合力模具有限公司
地　　址: 浙江省象山县丹城镇靖南路44号
邮　　编: 315700
电　　话: (0574)65735646、65724681
传　　真: (0574)65724167
主要产品: 铸造、压铸、冲压模具

单位名称: 黄岩重型塑料模具厂
地　　址: 浙江省黄岩西城红旗路3号
邮　　编: 318020
电　　话: (0576)4017799
传　　真: (0576)4017717
主要产品: 塑料模具

单位名称: 黄岩亨达塑料模具厂
地　　址: 浙江省台州市黄岩城关新堂路15号
邮　　编: 318020
电　　话: (0576)4111981
传　　真: (0576)4225969
主要产品: 注塑模具

单位名称: 浙江赛豪实业有限公司
地　　址: 浙江台州市黄岩区北城五里牌349号
邮　　编: 318020
电　　话: (0576)4062888、4062822
传　　真: (0576)4062777
主要产品: 塑料模、压铸模

单位名称: 黄岩美多模具厂
地　　址: 浙江省台州市黄岩经济开发区澄江路10号
邮　　编: 318020
电　　话: (0576)4276672
传　　真: (0576)4276913
主要产品: 注塑模

单位名称：象山同家模具制造有限公司(象山同家铸造模具厂)
地　　址：浙江省象山丹东东谷湖路1号
邮　　编：315700
电　　话：(0574)65723542
传　　真：(0571)65712302
主要产品：铸造模具

单位名称：宁波车灯电器有限公司
地　　址：浙江省宁波市北仑大塔路188号
邮　　编：315806
电　　话：(0574)86105222
传　　真：(0574)86100458
主要产品：注塑、压铸模及注压件

单位名称：浙江黄岩模具六厂
地　　址：浙江省黄岩城关黄轴路155号
邮　　编：318020
电　　话：(0576)4219188
传　　真：(0576)4117488
主要产品：注塑模具

单位名称：浙江黄岩中联塑料模具厂
地　　址：浙江省台州市黄岩西城工业区圣堂路21号
邮　　编：318020
电　　话：(0576)4115933
传　　真：(0576)4111507
主要产品：塑料模具

单位名称：黄岩中亚模业有限公司
地　　址：黄岩城关黄长路118号
邮　　编：318020
电　　话：(0576)4229881
传　　真：(0576)4116958
主要产品：塑料模具及制件

单位名称：黄岩永宁塑料模具有限公司
地　　址：浙江省台州市黄岩西城黄轴路47－4号
邮　　编：318020
电　　话：(0576)4228868
传　　真：(0576)4219101
主要产品：塑料模具

单位名称：浙江黄岩宇驰塑料模具厂
地　　址：浙江省台州市黄岩城关西城东路
邮　　编：318020
电　　话：(0576)4013849
传　　真：(0576)4013849
主要产品：塑料模具

单位名称：浙江黄岩豪马塑料模具有限公司
地　　址：浙江省台州市黄岩西城东路
邮　　编：318020
电　　话：(0576)4013815
传　　真：(0576)4013550
主要产品：塑料模具

单位名称：浙江黄岩冲模厂
地　　址：浙江黄岩西城工业区圣堂路26号
邮　　编：318020
电　　话：(0576)4227084
传　　真：(0576)4117076
主要产品：冲压模具

单位名称：黄岩滨海模具有限公司
地　　址：浙江省台州市黄岩印山路60弄28号
邮　　编：318020
电　　话：(0576)4224600
传　　真：(0576)4224677
主要产品：注塑模具

单位名称：黄岩兰华塑料模具厂
地　　址：浙江省台州市黄岩城关新堂路36号
邮　　编：318020
电　　话：(0576)4113625
传　　真：(0576)4234826
主要产品：塑料模具

单位名称：台州剑豪模具实业有限公司
地　　址：浙江省台州市路桥区雄鹰路24号
邮　　编：318050
电　　话：(0576)2443078、2467098
传　　真：(0576)2467098
主要产品：注塑模具

单位名称：浙江省嵊州市保尔模具成套有限公司
地　　址：中国浙江省嵊州市城关镇兴盛街5号
邮　　编：312400
电　　话：(0575)3048366
传　　真：(0575)30481111
主要产品：经营模具钢、标准件

单位名称：萧山精密模具标准件厂
地　　址：浙江省杭州市萧山区湘湖路40号
邮　　编：311203
电　　话：(0571)82677357、82674989
传　　真：(0571)82679814
主要产品：粗密冷冲模架

单位名称：黄岩东方模具厂
地　　址：浙江省黄岩西城东路
邮　　编：318020
电　　话：(0576)4013641
传　　真：(0576)4018973
主要产品：排水管配件模具

单位名称：金华市亚轮塑料模架有限公司
地　　址：浙江省金华市工业园区
邮　　编：321000
电　　话：(0579)2271799、2272582、013806786411
传　　真：(0579)2272743
主要产品：塑料模架

单位名称：浙江模具厂
地　　址：浙江省台州市黄岩青年西路 199 号
邮　　编：318020
电　　话：(0576)4223720
传　　真：(0576)4111094
主要产品：塑料注射模

单位名称：宁波德业集团公司
地　　址：浙江省上虞市三大角经济开发区
邮　　编：315803
电　　话：(0574)86222355
传　　真：(0574)86222338
主要产品：注塑模，家电、汽车等塑件

单位名称：象山县精密模具厂
地　　址：浙江省象山县珠溪珠北村
邮　　编：315703
电　　话：(0574)65660019
传　　真：(0574)65184262
主要产品：压铸模，热芯盒模具

单位名称：宁波双林精密模具有限公司
地　　址：浙江省宁海县西店大路
邮　　编：315613
电　　话：(0574)65183513、65183515
传　　真：(0574)65184262
主要产品：塑料模、橡胶模、冲模、压铸模

单位名称：宁海鑫城无线电元件厂
地　　址：浙江省宁海县西店镇大路
邮　　编：315613
电　　话：(0574)5183513
传　　真：(0574)5184262
主要产品：中小型精密塑料注射模

单位名称：浙江宁波华众塑料制品有限公司
地　　址：浙江省象山西镇镇安路 104 号
邮　　编：315722
电　　话：(0574)65839201
传　　真：(0574)65837300
主要产品：汽车塑料件，塑料注射模

单位名称：慈溪市三北工量具实业有限公司
地　　址：浙江省慈溪市师桥镇
邮　　编：315314
电　　话：(0576)63669877
传　　真：(0576)63669788
主要产品：塑料注射模，冲模

单位名称：宁海第一注塑模具厂
地　　址：浙江省宁海经济开发区汽车总站北侧
邮　　编：315600
电　　话：(0574)65582678
传　　真：(0574)6557060
主要产品：塑料注射模

单位名称：宁波强盛机械模具有限公司
地　　址：浙江省象山县工业园区沿区路 22 号
邮　　编：315700
电　　话：(0574)65733640
传　　真：(0574)65732222
主要产品：各种机械模具

单位名称：慈溪市翔龙实业总公司
地　　址：浙江省慈溪市横河工业开发区
邮　　编：315318
电　　话：(0574)63197839
传　　真：(0574)63197703
主要产品：家电配套塑件和塑料注射模

单位名称：浙江慈溪天龙塑料有限公司
地　　址：浙江省慈溪市宗汉镇新界路
邮　　编：315301
电　　话：(0574)63206666
传　　真：(0574)63205387
主要产品：塑料注射模

单位名称：天正模具有限公司
地　　址：浙江宁波大榭开发区榭西工业园
邮　　编：315828
电　　话：(0574)63206666
传　　真：(0574)63205387
主要产品：汽车，摩托，家电等各类合金压铸模

单位名称：浙江宁波华信模塑制造公司
地　　址：浙江省宁波市环城北路9号
邮　　编：318020
电　　话：(0574)7386929
主要产品：家用空调系列模具

单位名称：浙江黄岩亿力模具有限公司
地　　址：浙江省黄岩东城工业区绿汀路219号
邮　　编：318020
电　　话：(0576)4277318
传　　真：(0576)4277058
主要产品：家用电器和机电产品用塑料注射模

单位名称：浙江黄岩模具三厂
地　　址：浙江省台州市黄长路538号
邮　　编：318020
电　　话：(0576)4010898
传　　真：(0576)4010989
主要产品：塑料注射模

单位名称：浙江黄岩亨达塑料模具厂
地　　址：浙江省黄岩西城新堂路15号
邮　　编：318020
电　　话：(0576)4229918
传　　真：(0576)4221918
主要产品：塑料注射模与塑料制品(汽、模塑件)

单位名称：浙江宁波市北仑燎原模铸有限公司
地　　址：浙江省宁波市北仑大矸塔峙青林
邮　　编：315827
电　　话：(0574)86146016
传　　真：(0574)86146106
主要产品：压铸模及铸件

单位名称：慈溪市海燕塑料制品有限公司
地　　址：浙江省慈溪市天元工业区
邮　　编：315325
电　　话：(0574)3456789、3151888
传　　真：(0574)3451888
主要产品：塑料注射模，冲模

单位名称：宁波达时模具制造有限公司
地　　址：浙江省宁波市象山县西周金港路107号
邮　　编：315722
电　　话：(0574)5836333
传　　真：(0574)5830177
主要产品：塑料注射模及道路交通器材产品

单位名称：浙江宁波北仑辉旺铸模实业有限公司
地　　址：浙江省宁波市北仑区大矸镇清水工业区
邮　　编：315806
电　　话：(0574)86142111
传　　真：(0574)86142222
主要产品：压铸模

单位名称：宁波华东模具制造有限公司
地　　址：浙江省宁海城关兴宁北路105号
邮　　编：315600
电　　话：(0574)65585988
传　　真：(0574)65592384
主要产品：塑料模，冲模

单位名称：平湖金平联合模具公司
地　　址：浙江省平湖市新棣工业区
邮　　编：314211
电　　话：(0573)5600146
传　　真：(0573)5604356
主要产品：天然金刚石拉丝模，人造金刚石拉丝模

单位名称：浙江黄岩电塑模具厂
地　　址：浙江省黄岩城关兴黄长路469号
邮　　编：318020
电　　话：(0576)4225497
传　　真：(0576)4115048
主要产品：塑料注射模与塑件

单位名称：宁波市北仑区塔峙青林机塑模具厂
地　　址：浙江省宁波市北仑区大矸塔峙
青林工业区
邮　　编：315827
电　　话：(0574)86149446
传　　真：(0574)86146126
主要产品：塑料注射模，压铸模

单位名称：宁波市北仑区塔峙城门模具厂
地　　址：浙江省宁波市北仑区大矸塔峙城门口
邮　　编：315806
电　　话：(0574)86148518
传　　真：(0574)65592384
主要产品：塑料注射模，压铸模等

单位名称：浙江黄岩华美塑料模具有限公司
地　　址：浙江省黄岩西城新堂工业区
邮　　编：318020
电　　话：(0576)4225118
传　　真：(0576)4225118
主要产品：塑料注射模与塑料件

单位名称：宁波北仑区东岙精艺模具厂
地　　址：浙江省宁波市北仑区大碶塔峙东岙村
邮　　编：315806
电　　话：(0574)86147116
传　　真：(0574)86149431
主要产品：塑料注射模，压铸模等

单位名称：宁波北仑模具压铸有限公司
地　　址：浙江省宁波市北仑区大碶工业区
邮　　编：315806
电　　话：(0574)86105988
传　　真：(0574)86105988
主要产品：压铸模及铝合金压铸件等

单位名称：浙江省慈溪市横河模具有限公司
地　　址：浙江省慈溪市横河镇大桥南
邮　　编：315318
电　　话：(0574)63267197
传　　真：(0574)63265678
主要产品：塑料模，冲模

单位名称：慈溪市上官实业有限公司
地　　址：浙江省慈溪市尤山镇
邮　　编：315311
电　　话：(0574)63780338
传　　真：(0574)63780668
主要产品：塑料注射模与摩托塑件

单位名称：宁波友成塑料模具有限公司
地　　址：浙江省萧山市经济技术开发区友成路8号
邮　　编：315215
电　　话：(0571)2831843
传　　真：(0571)2832054
主要产品：塑料注射模，家电

单位名称：宁波远东制模有限公司
地　　址：浙江省余姚市金型路109号
邮　　编：315400
电　　话：(0574)62666070
传　　真：(0574)62660628
主要产品：塑料注射模

单位名称：宁波北仑东雄电器有限公司
地　　址：浙江省宁波市北仑区大碶粮山村
邮　　编：315827
电　　话：(0574)86147088
传　　真：(0574)86147088
主要产品：家电、汽车、复印机系列产品用模具

单位名称：宁波四维尔汽车装饰件有限公司
地　　址：浙江省慈溪市匡堰镇
邮　　编：315333
电　　话：(0574)3530788
传　　真：(0574)3530988
主要产品：汽车内外装饰件、标牌等

单位名称：绍兴县骏马机械制造有限公司
地　　址：浙江省绍兴县权岩街道
邮　　编：312031
电　　话：(0575)4364688
传　　真：(0575)4360812
主要产品：生产V带模具及设备

单位名称：宁波乐顺电器公司
地　　址：浙江省慈溪市横河工业开发区
邮　　编：315318
电　　话：(0574)3259568
传　　真：(0574)3267160
主要产品：塑料注射模，冲模等

单位名称：宁海广达制模有限公司
地　　址：浙江省宁海城关跃龙3路16号
邮　　编：315600
电　　话：(0574)5599081
传　　真：(0574)5599081
主要产品：大、小型塑料注射模

单位名称：宁海南杰模塑有限公司
地　　址：浙江省宁海城关回浦
邮　　编：315615
电　　话：(0574)5571561
传　　真：(0574)5571561
主要产品：家用电器、民用产品等用塑料模

单位名称：宁波市星火模具厂
地　　址：浙江省宁海跃龙二路2号
邮　　编：315600
电　　话：(0574)65589925
传　　真：(0574)65589924
主要产品：塑料注射模

单位名称：浙江黄岩沿江模具有限公司
地　　址：浙江省台州市黄岩区西城东路村
邮　　编：318020
电　　话：(0576)4013702
传　　真：(0576)4013675
主要产品：塑料注射模

单位名称：宁波市北仑区塔峙模具厂
地　　址：浙江省宁波市北仑区大矸青山村
邮　　编：315806
电　　话：(0574)86142506
传　　真：(0574)86140214
主要产品：塑料模，塑料件

单位名称：合兴电子有限公司
地　　址：浙江省乐清市虹桥高新工业区 G1
邮　　编：325608
电　　话：(0577)62375757
传　　真：(0577)62375522
主要产品：塑料注射模，冲模等

单位名称：宁波市北仑区大矸青林永兴模具厂
地　　址：浙江省北仑区大矸青林工业区
邮　　编：315827
电　　话：(0574)86149554
传　　真：(0574)86146100
主要产品：塑料模，压铸模

单位名称：平湖美嘉保温容器工业有限公司
地　　址：浙江省平湖市金塘镇工业区
邮　　编：314204
电　　话：(0573)5800142
传　　真：(0573)5800072
主要产品：塑料注射模，塑料制品等

单位名称：浙江万里学院
地　　址：浙江省宁波市邱隘回龙
邮　　编：315041
电　　话：(0574)88357759
传　　真：(0574)88411744、88357754
主要产品：塑料模，冲模

单位名称：慈溪市坎墩建业模标厂
地　　址：浙江省坎墩镇南孙方孙家弄 7 号
邮　　编：315303
电　　话：(0574)63288467
传　　真：(0574)63284372
主要产品：塑料模具标准件

单位名称：黄岩城关塑料模具厂
地　　址：浙江省黄岩环城东路 37 号
邮　　编：318020
电　　话：(0576)4112300、4213579
传　　真：(0576)4112300
主要产品：塑料注射模

单位名称：浙江黄岩澄江模具厂
地　　址：浙江省台州市黄岩西城圣堂
邮　　编：318020
电　　话：(0576)4111088
传　　真：(0576)4216786
主要产品：塑料注射模，塑料制品等

单位名称：慈溪市浒山镇信誉模具厂
地　　址：浙江省浒山镇大发路 105 号
邮　　编：315300
电　　话：(0574)63013085
传　　真：(0574)63017261
主要产品：塑料模，塑料件等

单位名称：宁波市北仑大矸华达模具厂
地　　址：浙江省宁波市北仑大矸青林村
邮　　编：315827
电　　话：(0574)86149353
传　　真：(0574)86149353
主要产品：塑料模，压铸模及塑料件

单位名称：浙江余姚市安山塑胶厂
地　　址：浙江省余姚市新建路 175 – 1
邮　　编：315400
电　　话：(0574)6238263
传　　真：(0574)6238263
主要产品：家电、日用品塑料模等

单位名称：黄岩红旗塑料模具厂
地　　址：浙江省黄岩城关西城后祥 104 复线西侧
邮　　编：318020
电　　话：(0576)4222089
传　　真：(0576)4115930
主要产品：塑料模，塑件等

单位名称：浙江黄岩通发塑料模具厂
地　　址：浙江省城关印山路 42 号
邮　　编：315020
电　　话：(0576)4218373
传　　真：(0576)4218373
主要产品：塑料模，标准件等

单位名称：浙江平湖市吉方模具制造有限公司
地　　址：浙江省平湖市当湖镇东门外
邮　　编：314200
电　　话：(0573)5023631
传　　真：(0573)5023091
主要产品：冲模

单位名称：宁波泰尔斯塑料制品有限公司
地　　址：浙江省慈溪市掌起镇
邮　　编：315313
电　　话：(0574)63743111
传　　真：(0574)63741666
主要产品：塑料注射模

单位名称：杭州谷口精工模具有限公司
地　　址：浙江省余杭市瓶窑镇
邮　　编：311115
电　　话：(0574)8542617
传　　真：(0574)8542636
主要产品：塑料注射模，冲模等

单位名称：绍兴县同济塑业有限公司
地　　址：浙江省绍兴县兰亭娄宫
邮　　编：312044
电　　话：(0575)4605878、4603869
传　　真：(0575)4605878
主要产品：塑料模，塑料异型材等

单位名称：慈溪恒益塑料制品有限公司
地　　址：浙江省慈溪三北镇
邮　　编：315331
电　　话：(0574)63731808
传　　真：(0574)63733037
主要产品：空调、冰箱、洗衣机塑件及模具

单位名称：黄岩明模塑料模具厂
地　　址：浙江省台州市黄岩区西城后祥
邮　　编：318020
电　　话：(0576)4025588
传　　真：(0576)4025518
主要产品：塑料模

单位名称：浙江省乐清市东瓯模具设备有限公司
地　　址：浙江省乐清市虹桥新凯路231－235号
邮　　编：325608
电　　话：(0577)2352772
传　　真：(0577)2355011
主要产品：塑料注射模，电子器件

单位名称：宁海县中兴实业有限责任公司
地　　址：浙江省宁海县城关大湾塘
邮　　编：315600
电　　话：(0574)65588737
传　　真：(0574)65588737
主要产品：塑料模，冲模等

单位名称：浙江黄岩纪元模具有限公司
地　　址：浙江省城关黄椒路133号
邮　　编：318020
电　　话：(0576)4275820
传　　真：(0576)4275821
主要产品：塑料注射模等

单位名称：宁海广达制模有限公司
地　　址：浙江省宁海城关跃龙3路6号
邮　　编：315600
电　　话：(0574)65599081、65561307
传　　真：(0574)65599081
主要产品：塑料模，压铸模

单位名称：温州市瓯海高翔光学眼睛模具厂
地　　址：浙江省温州市新桥高翔工业区鸿翔路30号
邮　　编：325006
电　　话：(0577)88413234
传　　真：(0577)88411259
主要产品：各类塑料眼镜模具，塑料模

单位名称：宁波万隆模塑成型有限公司
地　　址：浙江省宁波市北仑大矸工业区海宁路
邮　　编：315806
电　　话：(0574)86106228
传　　真：(0574)86106222
主要产品：塑料模，冰箱、空调配件等

单位名称：宁波凯森电器实业有限公司
地　　址：浙江省慈溪市匡堰镇
邮　　编：315333
电　　话：(0574)63531158
传　　真：(0574)63530312
主要产品：专业生产饮水机、家用电器及所用模具

单位名称：浙江黄岩方山模具厂
地　　址：浙江省黄岩梅花井路11号
邮　　编：318020
电　　话：(0576)4222855、4115108
传　　真：(0576)4115108
主要产品：塑料模

单位名称：浙江台州市福宇汽车零部件有限公司
地　　址：浙江省椒江区洪家镇上洋桥有限公司
邮　　编：318015
电　　话：(0576)8016767
传　　真：(0576)8011263
主要产品：汽车零部件总成及模具

单位名称：宁海县上达模具有限公司
地　　址：浙江省宁海城关中山西路 168 号
邮　　编：315600
电　　话：(0574)65582379、65596856
传　　真：(0574)65556655
主要产品：塑料模，冲模

单位名称：浙江黄岩西南模具厂
地　　址：浙江省黄岩黄长路 449 号
邮　　编：318020
电　　话：(0576)4235579
传　　真：(0576)4113847
主要产品：塑料模，塑料件

单位名称：浙江黄岩黄燕模具制造有限公司
地　　址：浙江省黄岩黄长路 471 号
邮　　编：318020
电　　话：(0576)4220275、4211496
传　　真：(0576)4220276
主要产品：塑料模，塑料标准件

单位名称：宁波市云业模具制造有限公司
地　　址：浙江省宁波市北仑大矸镇大新路 5 号
邮　　编：315806
电　　话：(0574)86100537
传　　真：(0574)86105268
主要产品：塑料模，压铸模等

单位名称：浙江黄岩华通塑料模具厂
地　　址：浙江省黄岩西城黄轴路
邮　　编：318020
电　　话：13806581398
传　　真：(0576)4235239
主要产品：座便器盖圈系列、防盗瓶盖系列和保部瓶盖系列模具

单位名称：余姚市舜神电器塑模有限公司
地　　址：浙江省余姚市新建北路 175 号
邮　　编：315400
电　　话：(0579)62638263
传　　真：(0579)62664598
主要产品：塑料模，冲模

单位名称：杭州鸿雁电器公司
地　　址：浙江省杭州市翠苑三区庆隆桥
邮　　编：310012
电　　话：(0571)88863670－4101、4507
传　　真：(0571)88853799
主要产品：塑料模，冲模等

单位名称：温州市鹿城机械模具厂
地　　址：浙江温州市飞霞南路 52 号
邮　　编：325003
电　　话：(0577)88622727
传　　真：(0577)88622727
主要产品：塑料模，压铸模

单位名称：宁波市北仑成龙汽摩配件模具制造有限公司
地　　址：浙江省宁波市北仑大矸镇芦山工业区
邮　　编：315806
电　　话：(0574)86104240
传　　真：(0574)86104240
主要产品：压铸模等

单位名称：宁波市北仑塑模电器制造有限公司
地　　址：浙江省宁波市北仑大矸科技工业区海菱路
邮　　编：315806
电　　话：(0574)86102758、86100475
传　　真：(0574)86104660
主要产品：塑料模，压铸模等

单位名称：浙江黄岩圣恒模具厂
地　　址：浙江台州市黄岩印山路 266 号
邮　　编：318020
电　　话：(0576)4112643
传　　真：(0576)4210682
主要产品：塑料模，压铸模等

单位名称：浙江台州大发汽车部件有限公司
地　　址：浙江省宁波市北仑大矸镇大新路 5 号
邮　　编：318055
电　　话：(0576)2661555
传　　真：(0576)2661558
主要产品：塑料模，汽车零部件、摩托车零部件等

单位名称：宁波县华东金属仿形纹面加工厂
地　　址：浙江省城关跃龙开发区外环路 7 号
邮　　编：315600
电　　话：(0574)65599718
传　　真：(0574)65599718
主要产品：引进日本技术设备和原材料

单位名称：浙江省天台县中大模具厂
地　　址：浙江省天台县水南开区
邮　　编：317200
电　　话：(0576)3889871
主要产品：塑料模

单位名称：浙江苍南县拉丝模厂
地　　址：浙江苍南县桥墩镇仙堂街59号
邮　　编：325806
电　　话：(0577)4611687
主要产品：天然、人造聚晶、硬质合金拉丝模

单位名称：浙江慈溪飞跃模塑总公司
地　　址：浙江慈溪横河星建塑料模具厂
邮　　编：315300
电　　话：(0574)3817005
传　　真：(0574)3817005
主要产品：塑料模，压铸模等

单位名称：浙江黄岩模具厂
地　　址：浙江省黄岩城关印山路28号
邮　　编：318020
电　　话：(0576)4211148
传　　真：(0576)4211148
主要产品：塑料模，冲模

单位名称：宁波方太厨具有限公司
地　　址：浙江省慈溪经济开发区海关路98号
邮　　编：315300
电　　话：(0574)6010613
主要产品：CXW系列吸油烟机，YR系列饮水机

单位名称：宁波杜湖电器实业有限公司
地　　址：浙江省慈溪市鸣鹤镇石湫头
邮　　编：315316
电　　话：(0574)63673588
传　　真：(0574)63672523
主要产品：洗衣机、热水器、氧合器等部件

单位名称：宁波海鹏塑胶电器有限公司
地　　址：浙江省慈溪市庵东镇跃进江村
邮　　编：315327
电　　话：(0574)63471901
传　　真：(0574)63472832
主要产品：塑料模及制品

单位名称：宁波电汇汽车部件有限公司
地　　址：浙江省宁海跃龙开发区跃龙路1号
邮　　编：315600
电　　话：(0574)65583404
传　　真：(0574)65598877
主要产品：电视机模具

单位名称：宁波市北仑大矸东海压铸模具厂
地　　址：浙江省宁波市北仑大矸镇城东村
邮　　编：315826
电　　话：(0574)86141233
传　　真：(0574)86141233
主要产品：压铸模，压铸件等

单位名称：申湖汽车电机厂模具分厂
地　　址：浙江省湖州市环城东路63号
邮　　编：313000
电　　话：(0572)2105906
传　　真：(0572)2105906
主要产品：冲模，压铸模

单位名称：浙江平湖标准件工模具厂
地　　址：浙江平湖市城关东门外
邮　　编：314200
电　　话：(0573)5023631
传　　真：(0573)5023091
主要产品：标准螺帽模具，螺栓模具

单位名称：正泰集团公司
地　　址：浙江省正泰工业园
邮　　编：325604
电　　话：(0577)2777777
传　　真：(0577)2775888
主要产品：低压电器，仪器仪表

单位名称：中国德力西集团公司
地　　址：浙江省乐清市德力西柳市工业园
邮　　编：325604
电　　话：(0577)2723178
传　　真：(0577)2725559
主要产品：低压电器元件、成套电器设备

单位名称：宁波海菱电器有限公司
地　　址：浙江省宁波市北仑大矸工业区
邮　　编：315806
电　　话：(0574)86102288
传　　真：(0574)86101887
主要产品：塑料注射模，冲模

单位名称：先锋电器集团有限公司
地　　址：浙江省兰溪市
邮　　编：315332
电　　话：(5896)3567883
传　　真：(5896)3568813
主要产品：电风扇、电热油灯、电蚊器及其所用模具

单位名称：嘉兴电气控制设备厂
地　　址：浙江省嘉兴洪波路 58 号
邮　　编：314001
电　　话：(0573)2084147
传　　真：(0573)2084828
主要产品：塑料壳断路器、漏意保护电器

单位名称：浙江铁牛实业有限公司
地　　址：浙江省永康市长城工业区
邮　　编：321301
电　　话：(0579)7110132
传　　真：(0579)7139513
主要产品：微型车覆盖件、结构件及其加工用冲模

单位名称：湖州金城振华机械有限公司
地　　址：浙江省湖州市埭溪镇
邮　　编：313023
电　　话：(0572)3981672
传　　真：(0572)3981182
主要产品：摩托车、车架、油箱、挡泥板等

单位名称：中国国光集团
地　　址：浙江省乐清市虹桥镇西工业区 A－18 号
邮　　编：325608
电　　话：(0577)2321888－8888
传　　真：(0577)2311552
主要产品：电子、电工产品、医疗器械

单位名称：长城电器集团有限公司
地　　址：浙江省乐清市柳市镇
邮　　编：325604
电　　话：(0577)2722888
传　　真：(0577)2726395
主要产品：低压电器、电能表

单位名称：环宇集团有限公司
地　　址：浙江省乐清市北白象电器工业区
邮　　编：325603
电　　话：(0577)2871007
传　　真：(0577)2887858
主要产品：交流连接器、塑壳断路器

单位名称：耀华电器集团有限公司
地　　址：浙江省温州市东风工业区耀华大厦
邮　　编：325604
电　　话：(0577)2777335
传　　真：(0577)2774816
主要产品：CJ 系列交流接触器，JRS1、2 系列过载继电器

单位名称：乐清市奥力电子公司
地　　址：浙江省乐清市虹桥镇仙样工业区 B－1
邮　　编：325608
电　　话：(0577)2351343
传　　真：(0577)2357343
主要产品：摩托车组合开关总成系列

单位名称：温州市星野电子有限公司
地　　址：浙江省乐清市虹桥镇仙埠样工业区 B－3
邮　　编：325608
电　　话：(0577)235039－8008
传　　真：013905876052
主要产品：模具、线束

单位名称：浙江辉煌汽车电器有限公司
地　　址：浙江省乐清市虹桥镇钱家坪工业区
邮　　编：325608
电　　话：13806607541
传　　真：(0577)2366999
主要产品：汽车组合开关总成、点火开关总成

单位名称：乐清瑞泰电子有限公司
地　　址：浙江省乐清市长乐路口兴业路 21 号
邮　　编：325600
电　　话：(0577)2524338
传　　真：(0577)2523088
主要产品：带开关与不带开关继电器、波挡开关

单位名称：温州大发电器有限公司
地　　址：浙江省北白象白塔王工业区
邮　　编：325603
电　　话：(0577)2888150
传　　真：(0577)2888968
主要产品：电吹风、电烤箱

单位名称：乐清市振宇无线电厂
地　　址：浙江省乐清市虹桥镇淡溪工业区 D 幢
邮　　编：325608
电　　话：(0577)2313058
传　　真：(0577)2321118
主要产品：精密塑料模、各类收录机芯等

单位名称：乐清市万利佳家用电器实业公司
地　　址：浙江省乐清市宋湖工业区
邮　　编：325600
电　　话：(0577)2520095
传　　真：(0577)2520095
主要产品：电风扇系列、取暖器系列

单位名称：乐清市新星电子元件总厂
地　　址：浙江省乐清市虹桥镇西工业区 B－1
邮　　编：325608
电　　话：(0577)2315282
传　　真：(0577)2315281
主要产品：汽车音响卡带机芯、汽车收音调谐器

单位名称：乐清市东联机电仪器厂
地　　址：浙江省乐清市虹桥镇西工业区 C－1
邮　　编：325608
电　　话：(0577)2318200
传　　真：(0577)2310500
主要产品：保险丝盒总成、汽车线束护套模具等

单位名称：乐清市昌盛电子实业有限公司
地　　址：浙江省石帆乡朴湖工业区
邮　　编：325608
电　　话：(0577)2321815
传　　真：(0577)2361307
主要产品：低频连接器

单位名称：浙江省余姚市工程塑料厂
地　　址：浙江省余姚市阳明西路 801 号
邮　　编：315400
电　　话：(0574)62800834
传　　真：(0574)62800495
主要产品：模具，注塑制品

单位名称：乐清市创路无线电厂
地　　址：浙江省乐城镇宋湖工业区招贤路 16 号
邮　　编：325600
电　　话：(0557)2532084－804、13505872960
传　　真：(0577)2532084－801
主要产品：轻触开关系列、微动开关系列

单位名称：温州市华科电器制造公司
地　　址：浙江省乐清市北白象镇沙门工业区
邮　　编：325603
电　　话：(0577)2873765、13705881007
传　　真：(0577)2883765
主要产品：点火器类、电阻器类汽车机盖锁

单位名称：中国华仪电器集团有限公司
地　　址：浙江省乐清市广康西路 206 号
邮　　编：325603
电　　话：(0577)2533888－868
传　　真：(0577)2527329
主要产品：各种高低压开关设备、电子式电能表系列

单位名称：温州罗格朗电器有限公司
地　　址：浙江省乐清市北白象镇明林工业区 28 号
邮　　编：325603
电　　话：(0577)2898055、2887980
传　　真：(0577)2887879
主要产品：D247—63 小型断路器

单位名称：乐清市旦生电塑有限公司
地　　址：浙江省乐清市虹桥镇西工业区 E－11
邮　　编：325608
电　　话：(0577)2313975
传　　真：(0577)2320598
主要产品：各类空调、电视、音响

单位名称：温州正东线切割机床制造有限公司
地　　址：浙江省乐清市北白象电子工业区
邮　　编：325603
电　　话：(0577)2878888
传　　真：(0577)2878887
主要产品：线切割机床

单位名称：乐清市春生电子有限公司
地　　址：浙江省乐清市虹桥镇虹河东路
邮　　编：325608
电　　话：(0577)2367708
传　　真：(0577)2352608
主要产品：轻触开关系列、电源开关系列

单位名称：乐清市冠龙企业有限公司
地　　址：浙江省乐清市北白象镇
利民南路 129 号
邮　　编：325603
电　　话：(0577)2897090、2885967
传　　真：(0577)2888776
主要产品：无线电配件及线束

单位名称：乐清市环峰连接器有限公司
地　　址：浙江省乐清市北白象中方中路 19 号
邮　　编：325603
电　　话：(0577)2885379
传　　真：(0577)2899379
主要产品：摩托、汽车、家用电器等

单位名称：浙江乐清市虹桥嘉宏接扦件厂
地　　址：浙江省乐清市新凯路 41 号
邮　　编：325608
电　　话：(0577)2358870
传　　真：(0577)2368870

单位名称：乐清市恒泰电子有限公司
地　　址：浙江省乐清市虹桥镇西工业区 G-4 号
邮　　编：325608
电　　话：(0577)2316826
传　　真：(0577)2316825
主要产品：录放磁盘、磁卡磁盘、电视机配件

单位名称：温州市丰日模具厂
地　　址：双岭镇彭井头 41 号
邮　　编：325000
电　　话：(0577)88788278
传　　真：(0577)88788298
主要产品：注塑模具

单位名称：象山达和模业有限公司
地　　址：浙江省象山县西周镇崟港路 107 号
邮　　编：315722
电　　话：(0574)65836333
传　　真：(0574)65820177
主要产品：电能表箱、道路交通器材

单位名称：宁波大榭开发区天正模具有限公司
地　　址：宁波大榭开发区榭西工业园
邮　　编：315812
电　　话：(0574)86764358
传　　真：(0574)86855888
主要产品：汽车、摩托车、家电等各类铝合金、镁合金、锌合金压铸模及低压铸造模具、重力铸造模具

单位名称：平阳县机模厂
地　　址：浙江省平阳县宋桥镇清思堂
邮　　编：325400
传　　真：(0577)63771509
主要产品：铁道部火车模具、汽车发动机、柴油机模具

单位名称：绍兴县轮胎模具有限公司
地　　址：浙江省绍兴县柯岩街道梅市
邮　　编：312030
电　　话：(0575)4311170
传　　真：(0575)4315143
主要产品：轮胎模具

单位名称：嵊州市莱特特殊钢有限公司
地　　址：嵊州市兴盛街 5 号
邮　　编：312400
电　　话：13906855567
传　　真：(0575)3048366
主要产品：模具材料及模具

单位名称：杭州机床集团有限公司
地　　址：浙江杭州市环城东路 176 号
邮　　编：310003
电　　话：(0571)86210907
传　　真：(0571)87295005
主要产品：平面磨床、电火花线切割机

单位名称：乐清市迪奥克电器设备有限公司
地　　址：浙江省乐清市白象镇东大街 569 号
邮　　编：325603
电　　话：(0577)62981738
传　　真：(0577)62981728
主要产品：家用电器、低压电器、自动化设备、模具设计和制造

单位名称：杭州娃哈哈集团精密机械制造公司
地　　址：杭州下沙经济技术开发区 10 号东大街
邮　　编：310018
电　　话：(0571)86911694
传　　真：(0571)86911694
主要产品：瓶坯注塑模、吹塑模

单位名称：杭州大安模具制造有限公司
地　　址：杭州经济技术开发区二号大街 28 号
邮　　编：310018
电　　话：(0571)86911898
传　　真：(0571)86910086
主要产品：塑料模、冲压模

单位名称：宁波鑫达模具制造有限公司
地　　址：宁波市北仑区大碶镇西岙村
邮　　编：315827
电　　话：(0574)86148341
传　　真：(0574)86148341
主要产品：模具

单位名称：宁波市北仑华盛模具厂
地　　址：宁波市北仑区大碶镇塔峙岙口
邮　　编：315806
电　　话：(0574)86145415
传　　真：(0574)86145410
主要产品：各种塑料模具、工业缝纫机压铸模具

单位名称：宁波锦泰机模有限公司
地　　址：宁波象山县西泽
邮　　编：315701
电　　话：(0574)65641998
传　　真：(0574)65640055
主要产品：砂铸模具、压铸模

单位名称：宁波经济技术开发区博泰模具
制造有限公司
地　　址：开发区中小工业区
邮　　编：315800
电　　话：13806634172
传　　真：86147238
主要产品：汽车、摩托车配件及各类模具制造

单位名称：慈溪市天龙模具有限公司
地　　址：慈溪市宗汉街道新界路
邮　　编：315301
电　　话：63216969
传　　真：63205387
主要产品：注塑模、绕线模

单位名称：宁海县上达机械模具厂
地　　址：浙江宁海城关中山西路 30 号
邮　　编：315600
电　　话：(0574)65582379、65596856
传　　真：(0574)65556655
主要产品：塑料模、冲压模、压铸模

单位名称：浙江塑料模具制造中心
地　　址：余姚市新建北路 153 号
邮　　编：315400
电　　话：2633660
传　　真：2633660
主要产品：注塑产品加工、模具制造

单位名称：乐清市友谊电器有限公司
地　　址：北白象镇象塔东路 50 号
邮　　编：325603
电　　话：2888818
传　　真：2888828
主要产品：电器配件、胶木件、塑料件

单位名称：宁波申江汽车部件有限公司
地　　址：浙江广海跃龙开发区
跃龙二路 1 号
邮　　编：315600
电　　话：(0574)65583404
传　　真：(0574)65598877

单位名称：绍兴长城模具厂
地　　址：浙江绍兴兰亭木栅桥
邮　　编：312044
电　　话：(0575)4012326、9008622、9089232
传　　真：(0575)4011688
主要产品：塑料挤出模、塑料注塑模

单位名称：慈溪市天龙塑料有限公司
地　　址：浙江省慈溪市宗汉镇新界路
邮　　编：315301
电　　话：(0574)3206666
传　　真：(0574)3205387
主要产品：偏转线圈用塑料骨架、电子镇流器用
塑料骨架

单位名称：慈溪市光华塑料有限公司
地　　址：慈溪林镇新模路
邮　　编：315321
电　　话：(0574)3500699
传　　真：(0574)3504806
主要产品：塑料工具盒、五金工具等

单位名称：余姚市新华塑模有限公司
地　　址：余姚市马渚镇东二路 43 号
邮　　编：315450
电　　话：(0574)62466898
传　　真：(0574)62468898
主要产品：塑料模、冲压模、压铸模

安徽省会员单位

单位名称：铜陵三佳模具股份有限公司
地　　址：安徽省铜陵市石城路电子工业区
邮　　编：244000
电　　话：(0562)2836013
传　　真：(0562)2828201
主要产品：塑料型材挤出模具、封装模具

单位名称：中国扬子集团设备模具
制造有限公司
地　　址：安徽省滁州市扬子工业区
邮　　编：239064
电　　话：(0550)3161356
传　　真：(0550)3161374
主要产品：冲压模、塑料模

单位名称：宏达模具制造有限公司
地　　址：安徽省滁州市凤阳路 488 号
邮　　编：239000
电　　话：(0550)3211607
传　　真：(0550)3211607
主要产品：冰箱纱列模具

单位名称：安徽天大(集团)股份有限公司
地　　址：安徽省天长市铜城镇
邮　　编：239311
电　　话：(0550)7511022
传　　真：(0550)7511023
主要产品：塑料注射模，家电零部件

单位名称：荣事达模具有限公司
地　　址：安徽合肥长江西路 669 号
邮　　编：230088
电　　话：(0551)5320049
传　　真：(0551)5311445
主要产品：冲模，塑料模

单位名称：宁国市王子精品模具有限公司
地　　址：皖宁国市山门南路 123 号
邮　　编：242300
电　　话：(0563)4180039
传　　真：(0563)4180205
主要产品：橡胶模等

单位名称：安徽省江北机械厂
地　　址：皖蚌埠市大庆南路 437 号
邮　　编：233010
电　　话：(0552)4922849
传　　真：(0552)4923559
主要产品：冲模，塑料模

单位名称：滁州市鑫隆机电有限公司
地　　址：安徽省滁州市丰乐路 206 号
邮　　编：239000
电　　话：(0550)3029866
传　　真：(0550)3025966
主要产品：塑料发泡模，吸缩模

单位名称：江淮航空仪表厂
地　　址：安徽省合肥市 9341 信箱 2 号分箱
邮　　编：230035
电　　话：(0551)5128355 - 3255
传　　真：(0551)5128473
主要产品：冲模，塑料模

单位名称：安徽省无为县利达模具标准件厂
地　　址：安徽省无为县水楼工业区
邮　　编：238311
电　　话：(0565)6680528
传　　真：(0565)6680549
主要产品：推杆，推管

单位名称：合肥昌河汽车责任公司
地　　址：安徽省合肥市蜀山南合昌公司
邮　　编：230031
电　　话：(0511)5841726
传　　真：(0511)5313510
主要产品：为汽车冲件制造模具与冲件

单位名称：皖东经纬模具制造有限责任公司
地　　址：安徽省来安县北大街 108 号
邮　　编：239200
电　　话：(0550)5621666
传　　真：(0550)5611465
主要产品：冲模，塑料模

单位名称：安徽强力新型模具总厂
地　　址：安徽省合肥市西县山南镇杨桃路 203 号
邮　　编：231251
电　　话：(0551)8201148
传　　真：(0551)8201386
主要产品：为汽车覆盖件制造冲模，拖拉机离合器总成

单位名称：安徽合力股份有限公司
地　　址：安徽省合肥市望江路 15 号
邮　　编：230022
电　　话：(0551)3648005 - 6045
传　　真：(0551)3648005 - 6019
主要产品：冲模，塑料模等

单位名称：安徽国风集团有限公司
地　　址：安徽省合肥市马鞍山路 1 号
邮　　编：230001
电　　话：(0551)288533 - 3899
传　　真：(0551)2888835
主要产品：塑胶建材，塑钢门窗

单位名称：芜湖博科力模具设备有限责任公司
地　　址：安徽省芜湖市团结东路 34 号
邮　　编：241000
电　　话：(0553)3110827、3116436
传　　真：(0553)3114387
主要产品：级进冲模，冷冲模

单位名称：安徽安庆市注塑模具有限公司
地　　址：安徽省安庆市工农街 15 号
邮　　编：246002
电　　话：(0556)5510164、5514533
传　　真：(0556)5510164
主要产品：塑料注射模，塑料周转箱以及塑料制品

单位名称：蚌埠滤清器总厂
地　　址：安徽省蚌埠凤阳东路 224 号
邮　　编：233043
电　　话：(0552)3015174－3309、3014727
传　　真：(0552)3019766、3011472
主要产品：滤清器用冲模，压铸模

单位名称：安徽省当涂新型模具厂
地　　址：安徽省当涂 309 信箱
邮　　编：243131
电　　话：(0555)6761118、6762888
主要产品：冲模(弯曲模，冲孔模等)

单位名称：合肥友邦模具有限责任公司
地　　址：安徽省合肥市高新技术开发区管委会大楼
邮　　编：230088
电　　话：013500509580
传　　真：(0551)5310979
主要产品：冲模

单位名称：芜湖市利群机械模具厂
地　　址：安徽省芜湖市赭山东路 77 号
邮　　编：241000
电　　话：(0553)3110484
传　　真：(0553)3110484
主要产品：冲模，塑料模

单位名称：芜湖金牛模具塑料厂
地　　址：安徽省芜湖九华山路 275 号
邮　　编：241000
电　　话：(0553)3845830
传　　真：(0553)3848226
主要产品：塑料模，冲模

单位名称：合肥工业大学摩擦学研究所
地　　址：安徽省合肥市工业大学 A6 信箱
邮　　编：230009
电　　话：(0551)2901359
传　　真：(0551)2904517
主要产品：研究设计塑料型材挤出模

单位名称：安庆市电器模具厂
地　　址：安徽安庆市工农街 49 号
邮　　编：246002
电　　话：(0556)5514533
传　　真：(0556)5510164
主要产品：注塑模，注塑件

单位名称：安徽省振华模具标准件有限公司
地　　址：安徽省芜湖市长江大桥北岸，二坝经济开发区通江大道 8 号
邮　　编：238312
电　　话：(0565)6665555、6665588
传　　真：(0565)6665599
主要产品：模具标准件

单位名称：安徽宁国中鼎模具制造有限公司
地　　址：安徽省宁国市中鼎工业园
邮　　编：242300
电　　话：(0563)4181899
传　　真：(0563)4181880
主要产品：汽车底盘系统、发动机系统、制动系统

单位名称：合肥大道模具有限责任公司
地　　址：皖合肥市经济开发区佛掌路 1 号
邮　　编：230601
电　　话：(0551)3817360
传　　真：(0551)3817361
主要产品：普通斜交胎贴花模具、半钢子午线轮胎两半贴花模具

福建省会员单位

单位名称：福州东方模具工业有限公司
地　　址：福州市仓山区展进巷 88 号
邮　　编：350007
电　　话：(0591)3441099
传　　真：(0591)3441808
主要产品：各类非标、模具零部件

单位名称：厦门海盛模具有限公司
地　　址：福建厦门湖里区长虹路 33 号
邮　　编：361006
电　　话：(0592)5987566、5744789
传　　真：(0592)5744179
主要产品：塑料注射模，冲模等

单位名称：福建晋江光宇电脑模具有限公司
地　　址：福建晋江陈埭沟西工业路 90 号
邮　　编：362211
电　　话：(0595)5187698、5187690
传　　真：(0595)5180858
主要产品：橡胶模、塑料模，模具标准件等

单位名称：福日公司工程塑料厂
地　　址：福州市鼓楼区晋安北路28号
邮　　编：350013
电　　话：(0591)7844764
传　　真：(0591)7844870
主要产品：电视机塑件，汽车配件

单位名称：福建拖拉机厂
地　　址：福建福州新店坂中
邮　　编：350012
电　　话：(0591)7911254
传　　真：(0591)7912584
主要产品：冲模、模具标准件等

单位名称：厦门市金浦工贸有限公司
地　　址：福建福州市福新东路368号
邮　　编：361006
电　　话：(0592)5745338
传　　真：(0592)5624806
主要产品：模具加工设备，模具材料

单位名称：福州汽车厂
地　　址：福建福州市福新东路368号
邮　　编：351006
电　　话：(0591)3672368－3317
传　　真：(0591)3674088
主要产品：FZ1022SA轻型货车及模具

单位名称：福州模具厂
地　　址：福建省福州市金山开发区金塘路
邮　　编：350002
电　　话：(0591)3740488
传　　真：(0591)3740488
主要产品：冲压模、压铸模

单位名称：福建省泉州宝铃综合发展有限公司
地　　址：福建省泉州市北旧环城一塑大门边(皮肤医院西200米)
邮　　编：362000
电　　话：(0595)2372602、2202383
传　　真：(0595)2372212、2202763
主要产品：模具、电热器材

单位名称：福建福日模具厂
地　　址：福建福州市晋安北路28号
邮　　编：350013
电　　话：(0591)7850645
传　　真：(0591)7844774
主要产品：塑料注射模，塑件等

单位名称：福州新店盘石锻压厂
地　　址：福州新店盘石村头1号
邮　　编：350013
电　　话：(0591)7911490
主要产品：中、小型模锻件

单位名称：厦门市裕久工贸有限公司
地　　址：福建厦门马石浦新区
邮　　编：361009
电　　话：(0592)5522581
传　　真：(0592)5524107
主要产品：汽车、摩托车轮毂模具

单位名称：福建省蓝建集团福州模具模架有限公司
地　　址：福州徐家村光明下宅37号
邮　　编：350101
电　　话：(0591)3719594
传　　真：(0591)3719594
主要产品：模具标准件

单位名称：福建宏达模具有限公司
地　　址：福建南安市官桥镇金桥工业区
邮　　编：350019
电　　话：(0595)6882559
传　　真：(0595)6881560
主要产品：汽车配件塑料模具，家电塑料模具

单位名称：福建省南安市宏达模具塑料厂
地　　址：福建福州仓山螺洲敖山工业小区
邮　　编：362341
电　　话：(0595)13705082151
传　　真：(0595)3492330
主要产品：瓷砖模具

单位名称：福建工模具厂
地　　址：福建省三明市梅列区
邮　　编：365009
电　　话：(0598)8365501
传　　真：(0598)8365723
主要产品：硬质合金螺旋立铣刀、三面刃铣刀

单位名称：厦门宇海设备模具有限公司
地　　址：福建厦门湖里园山北里1号
邮　　编：361006
电　　话：(0592)5711233
传　　真：(0592)5711939
主要产品：模具标准件、橡胶模、塑料模等

单位名称：厦门市马也杰模具工业有限公司
地　　址：福建厦门市湖里区长乐路1号
邮　　编：361009
电　　话：(0592)5655299
传　　真：(0592)6021496
主要产品：塑料模，压铸模

单位名称：福州嘉利压铸模具机械厂
地　　址：福建福州鼓楼区洪山镇保福村64号
邮　　编：350003
电　　话：(0591)7869850
传　　真：(0591)7868490
主要产品：压铸模、汽车发电机壳

单位名称：福鑫塑料模具厂
地　　址：福建连江中路245号
邮　　编：350009
电　　话：(0591)3643177
主要产品：塑料模、塑料件等

单位名称：福州胜亚模具有限公司
地　　址：福州市晋安区化工路28号
邮　　编：350011
电　　话：(0591)3648540
传　　真：(0591)3679844
主要产品：压铸模、塑料模

单位名称：福建新东建机械模具有限公司
地　　址：福州市仓山区连江南路386号
邮　　编：350007
电　　话：(0591)3438693
传　　真：(0591)3438511
主要产品：塑料标准件

单位名称：福州新光塑胶模具有限公司
地　　址：福建福飞路106号
邮　　编：350003
电　　话：(0592)7855368
传　　真：(0592)7855368
主要产品：塑料模，压铸模及塑料件等

单位名称：厦门天胜自动插机配件公司源江模具厂
地　　址：福建厦门湖里工业区殿前爱迪公司内
邮　　编：361006
电　　话：(0592)5628309
传　　真：(0592)5628309
主要产品：塑料模及塑件，冲压模及冲压件、压铸模

单位名称：厦门市和江精密模具有限公司
地　　址：福建厦门湖里塘边源益小区一号厂房一楼
邮　　编：361006
电　　话：(0592)5713827
传　　真：(0592)5713827
主要产品：塑料注射模等

单位名称：厦门市鑫仁宝模具工业有限公司
地　　址：福建厦门高崎中埔文山集团二楼
邮　　编：361011
电　　话：(0592)5741116
传　　真：(0592)5741118
主要产品：塑料模及塑件加工

单位名称：福州富佳机电制造有限公司
地　　址：福建连江敖江投资区
邮　　编：350500
电　　话：(0591)6222788
传　　真：(0591)6226887
主要产品：冲模

单位名称：厦门超日精密模具有限公司
地　　址：福建厦门市火炬园中桥科技大厦
邮　　编：361006
电　　话：(0592)5625789
传　　真：(0592)5626418
主要产品：塑料模及塑件加工等

单位名称：福州金湖机械模具有限公司
地　　址：福建仓山三高路中段
邮　　编：350026
电　　话：(0592)3451711
传　　真：(0592)3434394
主要产品：冲模、冲模模架

单位名称：福建职业技术学院
地　　址：福州市晋安区鳝溪南门山
邮　　编：350014
电　　话：(0591)3960001、7561710
主要产品：塑料模、冲模、压铸模等

单位名称：福建电子工业学校
地　　址：福州市福飞路106号
邮　　编：350003
电　　话：(0591)7863894
传　　真：(0591)7834434
主要产品：塑料模、冲模

单位名称：福州大学机械系
地　　址：福州市工业路523号
邮　　编：350002
电　　话：(0591)7893270
传　　真：(0591)7892531
主要产品：主要进行科研和教学

单位名称：漳州工业学校
地　　址：福建漳州龙海九湖院后
邮　　编：363118
电　　话：(0596)2030659
传　　真：(0596)6637301
主要产品：模具专业教学

单位名称：厦门市湖里区诚兴精密机具厂
地　　址：福建厦门湖里大道银风工业大厦
邮　　编：361006
电　　话：(0592)5749721
传　　真：(0592)5749721
主要产品：快速成型模具、塑料模

单位名称：厦门市湖里区祯铺模具配件经营部
地　　址：福建厦门湖里区园山北里8号301
邮　　编：361006
电　　话：(0592)5711211
传　　真：(0592)5711211
主要产品：塑料标准件、五金

单位名称：福建富士玩具有限公司
地　　址：福州金山投资区M1－07地块
邮　　编：350002
电　　话：(0591)3740789
传　　真：(0591)3740118
主要产品：PVC电铸模具及玩具产品

单位名称：福州模协模具有限公司
地　　址：福州市国货东路南湖新村14座A
邮　　编：350011
电　　话：(0591)3678384
传　　真：(0591)3678384
主要产品：批发零售模具、模具标准件

单位名称：厦门市湖里区欣源模具设备经营部
地　　址：福建厦门市华泰路11号1－3号
邮　　编：361006
电　　话：(0592)5744679
传　　真：(0592)5750556
主要产品：塑料模具，冷冲模具等

单位名称：厦门市林光工贸公司
地　　址：福建厦门湖里大道银风工业大厦
邮　　编：361006
电　　话：(0592)5627647
传　　真：(0592)6026225
主要产品：模具修整用工具，金刚石模头

单位名称：厦门市恒圣力工贸有限公司
地　　址：福建厦门湖里大道鸿发苑54－56号
邮　　编：361006
电　　话：(0592)6028029
传　　真：(0592)5625651
主要产品：塑料模架，冲模

单位名称：厦门市鑫华光机械设备有限公司
地　　址：福建厦门湖里大道鸿发苑54－56号
邮　　编：361006
电　　话：(0592)5651697
传　　真：(0592)5651598
主要产品：模具加工设备，模具材料

单位名称：厦门市新精工制造有限公司
地　　址：福建厦门后坑顶湖工业区6号厂房
邮　　编：361009
电　　话：(0592)5221816
传　　真：(0592)5221603
主要产品：塑胶，五金冲压等模具设计

单位名称：厦门市湖里区鸿展模具厂
地　　址：福建厦门市湖里正园山中路源益小区4号厂房
邮　　编：361006
电　　话：(0592)5715362
传　　真：(0592)5715362
主要产品：各类模具制造，维修

单位名称：金鹭特种合金有限公司
地　　址：厦门市湖里区兴隆路69号
邮　　编：361006
电　　话：(0592)6022393
传　　真：(0592)6022396
主要产品：硬重合金模具及其他硬质合金

单位名称：厦门海盛模具有限公司
地　　址：厦门湖里区长虹路33号
邮　　编：361006
电　　话：(0592)5687566
传　　真：(0592)5744179
主要产品：家电、计算机、通讯、汽车件、办公用品及日用品等类型的塑料制件模具

单位名称：厦门耐德工贸有限公司
地　　址：厦门市后坑西潘社643号
邮　　编：361009
电　　话：(0592)5223553
传　　真：(0592)5223553－9
主要产品：开发生产中高压开关环氧树脂绝缘件模具及判品

单位名称：福州大学材料研究所
地　　址：福建省福州市工业路523
邮　　编：350002
电　　话：7893253
传　　真：3713866
主要产品：磷化液

单位名称：厦门市高级技工学校
地　　址：厦门市万寿路41号
邮　　编：361004
电　　话：(0592)2915562
传　　真：(0592)2911528
主要产品：培训模具设计及现场应用人员

单位名称：厦门威迪亚建材工业有限公司/模具厂
地　　址：厦门湖里大道43号
邮　　编：361006
电　　话：13600933013
传　　真：(0592)5624510
主要产品：注塑模具、压铸模具

单位名称：福建省厦门华信成机电设备有限公司
地　　址：厦门湖里区华东路龙腾花园
邮　　编：361006
电　　话：(0592)6027583
传　　真：(0592)5627560
主要产品：进口国产名优机床设备及配件

单位名称：福清市五友机械模具有限公司
地　　址：福清市融桥开发区(家路福融路)
邮　　编：350301
电　　话：(0591)5378855
传　　真：(0591)5385535
主要产品：塑料模、冲压模、压铸模

单位名称：泉州协力模具有限公司
地　　址：泉州市清朦科技工业区
邮　　编：362200
电　　话：(0595)2491855、2491567
传　　真：(0595)2491955
主要产品：模具设计手段

单位名称：福建南平电机厂
地　　址：福建南平西芹
邮　　编：353001
电　　话：(0599)8505553
传　　真：(0599)8506768
主要产品：塑料模、冲压模、压铸模

单位名称：泉州市生产力促进中心
地　　址：泉州市清蒙科技工业区科技工业大楼
邮　　编：362000
电　　话：(0595)2460010
传　　真：(0595)2462466
主要产品：开展科技、经济、人才、政策等方面的信息服务

单位名称：福州文达机械综合厂
地　　址：福州六一中路380号金属砂布厂内
邮　　编：350009
电　　话：3268623、3268628
传　　真：3268623、3268628
主要产品：塑料模、压铸模、模具标准件

单位名称：福州跃华塑胶模具有限公司
地　　址：福州市鼓山福兴投资区福光路189号
邮　　编：350014
电　　话：(0519)3995543
传　　真：(0519)3629392
主要产品：塑料注射模具

单位名称：福州优利机械有限公司
地　　址：福州市晋安区鼓山镇洋里200号
邮　　编：350014
电　　话：(0591)3995780
传　　真：(0591)3995829
主要产品：汽车发电机外壳、压铸模具

单位名称：福鼎市精宇机械部件有限公司
地　　址：福鼎市星火民营工业园区2－5号
邮　　编：355200
电　　话：(0593)7871868
传　　真：(0593)7871000
主要产品：塑料模具、冲压模具、压铸模具、橡胶模具

单位名称：厦门华侨电子企业有限公司模具厂
地　　址：厦门市湖里大道22号
邮　　编：361006
电　　话：(0592)6021091
传　　真：(0592)5744179
主要产品：塑料模、冲压模

江西省会员单位

单位名称：江西昌河汽车股份有限公司模具中心
地　　址：江西景德镇东郊108信箱
邮　　编：333002
电　　话：(0798)8431700
传　　真：(0798)8432000
主要产品：汽车冲模、压铸模

单位名称：南昌自动控制设备厂
地　　址：江西省南昌市郊麦园
邮　　编：330032
电　　话：(0791)3803675
主要产品：电工仪表、热工仪表

单位名称：红声器材厂
地　　址：江西省吉安市615信箱
邮　　编：343006
电　　话：(0796)8391361
传　　真：(0796)8390268
主要产品：塑料注射模、冲模等

单位名称：江西南昌市异型磨具有限公司
地　　址：江西南昌市安义北门路123号
邮　　编：330500
电　　话：(0791)3421878
传　　真：(0791)3426818
主要产品：模具粗、精抛光

单位名称：江西成克模具有限公司
地　　址：江西南昌市南京东路(长春工业区)
邮　　编：330029
电　　话：(0791)8106542
主要产品：各种模具

单位名称：江铃汽车股份有限公司
地　　址：江西南昌市迎宾北大道509号
邮　　编：330001
电　　话：(0791)5232888－6258
传　　真：(0791)5214364
主要产品：冲压模

山东省会员单位

单位名称：龙口金冠模具发展有限公司
地　　址：山东省龙口市金龙路51号
邮　　编：265700
电　　话：(0535)8859009
传　　真：(0535)8859009
主要产品：注塑模具、冲模、压铸模、级进模

单位名称：烟台泰利汽车模具制造有限公司
地　　址：山东省烟台市福山区河滨路106号
邮　　编：265500
电　　话：(0535)6366455、6366960
传　　真：(0535)6366455
主要产品：冲压模具

单位名称：青岛海信模具有限公司
地　　址：中国．山东省青岛市市南区田家村457号
邮　　编：266071
电　　话：(0532)5736443
传　　真：(0532)5735335
主要产品：注塑模具

单位名称：海尔模具有限公司
地　　址：山东省青岛市海尔路1号海尔信息园模具事业部
邮　　编：266101
电　　话：(0532)8939171
传　　真：(0532)8938921
主要产品：塑料模具

单位名称：北汽福田公司潍坊模具厂
地　　址：山东省潍坊市坊子区北海南路192号
邮　　编：261206
电　　话：(0536)7602270
传　　真：(0536)7602270
主要产品：汽车模具

单位名称：中国重汽集团济南卡车公司工具厂
地　　址：济南市天桥区西工商河路13号
邮　　编：250031
电　　话：(0531)5582711
传　　真：(0531)5944014
主要产品：冲模、锻压模，汽车桥壳

单位名称：诸城市宏达模具股份有限公司
地　　址：山东诸成市朱解镇
邮　　编：262234
电　　话：(0536)6551015
传　　真：(0536)6556212
主要产品：橡胶模

单位名称：青岛塑料模具实业公司
地　　址：山东青岛四方区重庆南路67号
邮　　编：266032
电　　话：(0532)5624449
传　　真：(0532)5621385
主要产品：塑料注射模等

单位名称：烟台大川玻璃模具有限公司
地　　址：山东烟台经济技术开发区漓江路15号
邮　　编：264006
电　　话：(0535)6372583
传　　真：(0535)6372583
主要产品：玻璃模

单位名称：烟台北极星I.K模具有限公司
地　　址：山东烟台市只楚路137号
邮　　编：264002
电　　话：(0535)6530735
传　　真：(0535)6531524
主要产品：塑料模、压铸模

单位名称：烟台汽车模具厂
地　　址：山东烟台市芝罘区通世路47号
邮　　编：264000
电　　话：(0535)6013089
传　　真：(0535)6014246
主要产品：冲压件，松土机农机具模具及冲压件

单位名称：即墨市吉泰模具制作公司
地　　址：山东青岛即墨市城北回路199号
邮　　编：266221
电　　话：(0532)7502032
传　　真：(0532)7502031
主要产品：冲模、工装等

单位名称：重汽集团专用汽车公司
地　　址：山东青岛市四方区瑞昌路141号
邮　　编：266031
电　　话：(0532)4852131、4855594
主要产品：冲模、模具标准件等

单位名称：青岛纺机金惠模具有限公司
地　　址：山东青岛市四流南路22号
邮　　编：266042
电　　话：(0532)4892626
传　　真：(0532)4892626
主要产品：塑料注射模、冲模

单位名称：山东模具总公司
地　　址：山东济南道德北街62号
邮　　编：250022
电　　话：(0531)7955467
传　　真：(0531)7955467
主要产品：塑料模、冲模

单位名称：山东莱州市砂轮模具股份有限公司
地　　址：山东莱州市城港路大原
邮　　编：261411
电　　话：(0535)2480069
传　　真：(0535)2480488
主要产品：冲模、砂轮模具

单位名称：青岛即墨市海隆机械总厂
地　　址：山东青岛即墨市烟青路199号
邮　　编：266221
电　　话：(0532)7502032－8268
传　　真：(0532)7502031
主要产品：铸造及实型铸造产品，
年产量2 000t

单位名称：山东淄博万达塑胶有限公司
地　　址：山东淄博市张店区人民西路32号
邮　　编：255000
电　　话：(0533)3189242
传　　真：(0533)3183815
主要产品：塑料模与塑料件

单位名称：山东济宁模具厂
地　　址：山东济宁环城北路36号
邮　　编：272031
电　　话：(0537)2215790
传　　真：(0537)2214864
主要产品：塑料件、冲模

单位名称：山东华泽精密模具制造中心
地　　址：山东菏泽市人民路18号南华产业区
邮　　编：274010
电　　话：(0530)5339898－2660
传　　真：(0530)5339898－2338
主要产品：塑料模、压铸模

单位名称：莱芜精瑞模具有限公司
地　　址：山东莱芜市长勺北路286号
邮　　编：271113
电　　话：(0634)6272138
传　　真：(0634)6272095
主要产品：塑料模、冲模

单位名称：寿光万龙模具制造有限公司
地　　址：山东寿光市洛城镇供电所对面
邮　　编：262705
电　　话：(0536)5660960
传　　真：(0536)5660958
主要产品：塑料模、冲模

单位名称：中国重型汽车集团公司济南工具厂
地　　址：山东省济南市西工商河路13号
邮　　编：250031
电　　话：(0531)5951199-6705
传　　真：(0531)5944014
主要产品：大、中、小型冲模，锻模

单位名称：青岛大桥铜材有限公司
地　　址：山东李沧区重庆中路38号
邮　　编：266100
电　　话：(0532)4652144
传　　真：(0532)4652146
主要产品：经营销售钢材、铝材

单位名称：第一汽车集团青岛汽车厂
地　　址：山东青岛市娄山路2号
邮　　编：266043
电　　话：(0532)4913532
传　　真：(0532)4913529
主要产品：冲模、橡胶模等

单位名称：山东济宁高新区东方模具厂
地　　址：山东327国道路南
邮　　编：272100
电　　话：(0537)2336531、2239457
传　　真：(0537)2351412
主要产品：铝型材、塑钢挤出模

单位名称：山东省莱阳市华中模具厂
地　　址：山东省莱阳市同心路
邮　　编：265200
电　　话：(0535)7210328、7213548
传　　真：(0535)7213548
主要产品：汽车覆盖件冲模、组焊夹具

单位名称：淄博三维模具有限公司
地　　址：山东淄博山区人民路42号
邮　　编：255200
电　　话：(0533)3586543、4135151
传　　真：(0533)4180434
主要产品：塑料注射模、冲模等

单位名称：泰安市良达机械制造有限责任公司
地　　址：山东泰安新矿集团良矿机械制造公司
邮　　编：271219
电　　话：(0538)7835705
传　　真：(0538)7331825
主要产品：锻模、冲模等

单位名称：威海市第一模具厂
地　　址：山东威海烟台东路4号
邮　　编：264200
电　　话：(0451)5814814
传　　真：(0451)5817497
主要产品：塑料模、冲模

单位名称：中国轻骑集团聊城手表厂工具处
地　　址：山东青岛聊城东昌东路97号工具处
邮　　编：252000
电　　话：(0635)8261047
传　　真：(0635)8261293
主要产品：塑料模、冲模

单位名称：青岛自行车公司工模具厂
地　　址：山东省青岛市中北区曹县路29号
邮　　编：266021
主要产品：塑料标准件、冲模

单位名称：济南柴油机股份有限公司装备分厂
地　　址：山东济南市文化西路14号
邮　　编：250063
电　　话：(0531)2965971-2883
传　　真：(0531)2962706
主要产品：塑料模、冲模

单位名称：山东推土机总厂履带厂
地　　址：山东济宁市吴泰闸路9号
邮　　编：272023
电　　话：(0537)2909262
主要产品：冲模等

单位名称：济南齐鲁模具开发公司

地　　址：山东济南历城区黄台北路2号后院
邮　　编：250100
电　　话：(0531)8608870
传　　真：(0531)8611975
主要产品：经营塑料标准件、材料、辅助材料及有关模具设备零配件等

单位名称：青岛精工模具电子技术有限公司
地　　址：山东青岛市太山路 102 号
邮　　编：266012
电　　话：(0532)3835631
传　　真：(0532)3812062
主要产品：各种模具、油田勘探用电缆插头座

单位名称：山东大学模具工程技术研究中心
地　　址：山东大学市(南校区)模具中心
邮　　编：250061
电　　话：(0531)2955081－5811
传　　真：(0531)2955081－5811
主要产品：产品快速设计与制造

单位名称：青岛天平钟表机械电子有限公司
地　　址：青岛市镇江路 16 号
邮　　编：266021
电　　话：(0532)5820017
传　　真：(0532)5820017
主要产品：塑料模、冲模

单位名称：海克斯康测量技术青岛有限公司
地　　址：青岛市株洲路 188 号
邮　　编：266101
电　　话：(0532)8702188
传　　真：(0532)8703060

单位名称：山东豪迈机械科技有限公司
地　　址：高密市密水工业园豪迈路 1 号
邮　　编：261500
电　　话：(0536)2361037
传　　真：(0536)2361006
主要产品：高档子午线轮胎用活络模具

单位名称：青岛元通机械有限公司
地　　址：青岛城阳金岭工业园
邮　　编：266111
电　　话：(0532)7703308
传　　真：(0532)7703308
主要产品：生产销售子午线轮胎活络模具

单位名称：烟台天隆模塑有限公司
地　　址：烟台市福山区振华街 771 号
邮　　编：265500
电　　话：(0535)6302538
传　　真：(0535)6302537
主要产品：中小型精密塑料注塑模具、注塑成形加工

单位名称：烟台泰利汽车技术有限公司
地　　址：烟台市南大街 140 号
邮　　编：264000
电　　话：(0535)6242859
传　　真：(0535)6255584
主要产品：冲压模

河南省会员单位

单位名称：郑州海特模具有限公司
地　　址：中国．郑州市高新技术产业开发区玉兰街 18 号
邮　　编：450001
电　　话：(0371)7981009
传　　真：(0371)7981287
主要产品：彩管玻壳模具及制品

单位名称：许继模具制造有限公司
地　　址：中国．河南省许昌市许继大道 38 号
邮　　编：461000
电　　话：(0374)3212430
传　　真：(0374)3311897
主要产品：注塑模、冷冲模、压铸模

单位名称：安彩高科模具厂
地　　址：河南省安阳市中州路南段
邮　　编：455000
电　　话：(0372)3932916－2442
传　　真：(0372)3932808
主要产品：玻壳模具

单位名称：洛阳一拖集团冲压厂
地　　址：河南省洛阳市建设路 154 号
邮　　编：471004
电　　话：(0379)4972946、4961343
传　　真：(0379)4973129
主要产品：汽、拖大型覆盖件

单位名称：郑州电气装备总厂
地　　址：河南省郑州市伏牛路 1 号
邮　　编：450006
电　　话：(0371)8618120－3347
传　　真：(0371)8619059
主要产品：冲模、橡胶模

单位名称：洛阳轴承集团工模具制造有限公司
地　　址：河南省洛阳市涧西建设路96号
邮　　编：471039
电　　话：(0379)4986679
传　　真：(0379)4986679
主要产品：冲模，塑料模

单位名称：洛阳市建园模具制造有限公司
地　　址：河南省红师市商城西路开洛高速路口西50米
邮　　编：471900
电　　话：(0379)7716012
传　　真：(0379)7721846
主要产品：塑料门窗异型材挤出模等

单位名称：河南省环球模具有限公司
地　　址：河南省洛阳市春都路27号
邮　　编：471001
电　　话：(0379)2314965、2381909
传　　真：(0379)2322076
主要产品：子午线轮胎模及斜交轮模具

单位名称：一拖(洛阳)模具厂
地　　址：河南省洛阳市涧西区建设路154号
邮　　编：471004
电　　话：(0379)4966034
传　　真：(0379)4961942
主要产品：冲模、塑料模

单位名称：安阳市金光模具模架厂
地　　址：河南省林州市东姚镇马平
邮　　编：456573
电　　话：(0372)6971159
主要产品：标准模架系列产品、铸件等

单位名称：洛阳河柴模具有限责任公司
地　　址：河南省洛阳市涧西区中州西路173号
邮　　编：471039
电　　话：(0379)4076411
传　　真：(0379)4225395
主要产品：冲模、塑料模

单位名称：平顶山天鹰工模具有限责任公司
地　　址：河南省平顶山市南环东路22号
邮　　编：467001
电　　话：(0375)3804455
传　　真：(0375)3804462
主要产品：环氧树脂注射模、浇注模

单位名称：洛阳巨龙通信设备集团有限公司
地　　址：河南省洛阳市大庆路1号
邮　　编：455000
电　　话：(0379)3655537
传　　真：(0379)3653868
主要产品：冲模、塑料模

单位名称：洛阳普天电话装备有限责任公司
地　　址：河南省洛阳市瀍河区大庆路1号
邮　　编：471031
电　　话：(0379)3655171、3655172
传　　真：(0379)3651966
主要产品：塑压件，通讯配套产品

单位名称：洛阳北方企业集团模具公司
地　　址：河南省洛阳市涧西徐家营
邮　　编：471031
电　　话：(0379)4937975
传　　真：(0379)4937710
主要产品：冲模、塑料模等

单位名称：洛阳市涧西矿山模具厂
地　　址：河南省洛阳市涧西区建设路206号
邮　　编：471039
电　　话：(0379)4218711－5647
传　　真：(0379)4214680
主要产品：铸造与锻造模具

单位名称：河南星光机械厂工具分厂(5124)
地　　址：河南省邓州市古城路001号
邮　　编：474150
电　　话：(0377)2286331
传　　真：(0377)2287000
主要产品：冲模、橡胶模

单位名称：郑州纺织机械厂工具分厂
地　　址：河南省郑州南阳路290号
邮　　编：450053
电　　话：(0371)3585776
传　　真：(0371)3935814
主要产品：冲模、橡胶模

单位名称：洛阳市硬质合金工具厂
地　　址：河南省洛阳市涧西区珠江南路
邮　　编：471003
电　　话：(0379)4613669
传　　真：(0379)4611391
主要产品：冲模、压铸模及不重模刀具等

单位名称：郑州电缆(集团)股份有限公司
地　　址：河南省郑州市华山路79号
邮　　编：450006
电　　话：(0371)8612255－5586
传　　真：(0371)8614404
主要产品：电缆模具及工具、电工机械模具及工装等

单位名称：河南省南阳模具厂
地　　址：河南省南阳市八一路361号
邮　　编：473003
电　　话：(0377)3212371
传　　真：(0377)3212371
主要产品：冲模及机加工、模具标准件等

单位名称：许昌震华模具压铸有限公司
地　　址：河南省许昌市五一路98号
邮　　编：461000
电　　话：(0374)3315040
传　　真：(0374)3315069
主要产品：冲模、压铸模

单位名称：河南省新乡市捷达有限责任公司
地　　址：河南省新乡市红旗区藏营西街124号
邮　　编：453003
电　　话：(0373)5031718、5022654
传　　真：(0373)5034224
主要产品：冲模、塑料模

单位名称：河南鹤壁市模具厂
地　　址：河南鹤壁新建街8号
邮　　编：458000
电　　话：(0372)2634475
主要产品：冲模及其模具等

单位名称：洛阳四塑包装材料有限公司
地　　址：河南省洛阳市天津路39号
邮　　编：471003
电　　话：(0379)49101501
主要产品：塑料模及其模具等

单位名称：七五五厂模具分厂
地　　址：河南省新乡市建设路10号
邮　　编：453069
电　　话：(0373)3312946
主要产品：模具及机械零件加工等

单位名称：开封仪表厂
地　　址：河南开封汴京路38号
邮　　编：475002
电　　话：(0378)2921182
传　　真：(0378)2921101
主要产品：冲模、橡胶模

单位名称：中国一拖通用机械有限公司
地　　址：河南许昌五一路176号
邮　　编：461000
电　　话：(0374)3352928
传　　真：(0374)3315483
主要产品：冲模、塑料模

单位名称：机械工业第六设计研究院
地　　址：郑州中原西路119号
邮　　编：450007
电　　话：(0371)7631136－6004
传　　真：(0371)76228091
主要产品：模具、模具生产工厂设计等

单位名称：机械部第四设计研究院
地　　址：河南省洛阳市涧西区
邮　　编：471039
电　　话：(0379)4818505
传　　真：(0379)4913310
主要产品：工程设计、锻造冲压铸造注塑等

单位名称：洛阳卫创轴承模具有限公司
地　　址：河南洛阳洛龙区李楼景华市场
邮　　编：471021
电　　话：5815488
传　　真：5811482
主要产品：轴承模具

单位名称：洛铜集团机电设备修造公司
地　　址：洛阳市建设路50号
邮　　编：471039
电　　话：4949083
传　　真：4855857
主要产品：塑料模、冲压模、压铸模、拉伸模具等

单位名称：洛阳精密机床厂
地　　址：洛阳市九都路71号
邮　　编：471000
电　　话：2255376
传　　真：3355376
主要产品：塑料模、冲压模、压铸模

单位名称：中船光电科技股份有限公司
地　　址：洛阳涧西区周山路060信箱
邮　　编：471003
电　　话：4323140
主要产品：塑料模、冲压模、压铸模

单位名称：洛阳北方企业集团有限公司
地　　址：河南洛阳徐家营
邮　　编：471031
电　　话：(0379)4937975
传　　真：(0379)4937975
主要产品：塑料模、冲压模、压铸模

单位名称：洛阳北方易初摩托车有限公司工具机修部
地　　址：洛阳徐家营
邮　　编：471000
电　　话：(0379)4937490
传　　真：(0379)4180016
主要产品：塑料模、冲压模、压铸模、橡胶模

单位名称：洛硬工工模数控有限公司
地　　址：洛阳市珠江南路
邮　　编：471003
电　　话：4613669
传　　真：4613669
主要产品：塑料模、冲压模、压铸模、橡胶模

单位名称：河南科技大学材料学院
地　　址：洛阳市西苑路48号
邮　　编：471003
电　　话：4231846
传　　真：4230597
主要产品：模具专业的人材培养

单位名称：洛阳中重设备工程工业有限责任公司
地　　址：涧西区建设路206号
邮　　编：471039
电　　话：4088028
传　　真：4277677
主要产品：塑料模、冲压模

单位名称：豫新机械有限公司
地　　址：河南省新乡市建设路20号
邮　　编：453049
电　　话：(0373)3386600－2336
传　　真：(0373)3351282
主要产品：冲压模、压铸模、橡胶模

湖北省会员单位

单位名称：湖北十堰先锋模具股份有限公司
地　　址：湖北十堰茅坪
邮　　编：442000
电　　话：(0719)8610607
传　　真：(0719)8610607
主要产品：汽车模具、检具

单位名称：鄂丰精密模具有限公司
地　　址：湖北省鄂州市文星大道6号
邮　　编：436000
电　　话：(0711)3224735
传　　真：(0711)3217240
主要产品：PPR管件模具、阀门模具

单位名称：东风汽车模具有限公司
地　　址：湖北十堰市东岳路84号
邮　　编：442025
电　　话：(0719)8223325
传　　真：(0719)8224527
主要产品：汽车冲模与汽车零部件，
模具标准件

单位名称：国营四四〇四厂
地　　址：湖北孝感市40信箱三分厂
邮　　编：432104
电　　话：(0712)2324404－3301
传　　真：(0712)2323424
主要产品：冲模，压铸模

单位名称：襄阳汽车轴承股份有限公司工模具公司
地　　址：湖北襄阳汽车轴承股份有限公司
邮　　编：441022
电　　话：(0710)3564101
传　　真：(0710)3564019
主要产品：锻模，冲模等

单位名称：中原无线电厂工模具分厂
地　　址：湖北武汉市胜利街226号
邮　　编：430010
电　　话：(027)82730805
传　　真：(027)82724212
主要产品：冲模，压铸模

单位名称：武汉金龙模板公司
地　　址：江夏区武昌大道 2 号
邮　　编：430200
电　　话：(027)87021702
传　　真：(027)87021702
主要产品：模具标准件

单位名称：罗田县田丰工模具有限责任公司
地　　址：湖北省罗田县凤仙镇
民建街 67 号
邮　　编：438600
电　　话：(0713)5053596
传　　真：(0713)5052501
主要产品：冲模，模具标准件

单位名称：武汉电缆有限公司模具中心
地　　址：武汉市汉口古田路 2 号
邮　　编：430035
电　　话：(027)83831211
传　　真：(027)83842012
主要产品：硬质合金园模，扁模

单位名称：东风汽车装备公司通用铸锻厂
地　　址：湖北十堰车城西路 64 号
邮　　编：442020
电　　话：(0719)8245984
传　　真：(0719)8260205
主要产品：铸锻模具与铸锻件

单位名称：武汉电菱科技股份有限公司
地　　址：武汉市解放大道 123 号
邮　　编：430034
电　　话：(027)83851852
传　　真：(027)83851851
主要产品：冲模

单位名称：武汉华星电子有限公司
地　　址：武汉市解放大道 123 号
邮　　编：430034
电　　话：(027)83836570
传　　真：(027)83836838
主要产品：精密冲模，集成电路引线框架

单位名称：湖北华中精密仪器厂
地　　址：湖北宜都市 14 信箱研究所
邮　　编：443304
电　　话：(0717)4791042
传　　真：(0717)4790214
主要产品：激光测距机，汽车灯具

单位名称：宜都市仝鑫模具制造有限公司
地　　址：湖北宜都市枝城南门九号
邮　　编：443304
电　　话：(0717)4665795
传　　真：(0717)4665795
主要产品：塑料模，冲模

单位名称：武汉泛洲机械制造有限公司
地　　址：武汉经济技术开发区锦龙路 8 号
邮　　编：430056
电　　话：(027)84897201
传　　真：(027)84897211
主要产品：汽车同步器齿环，精密冲件及模具

单位名称：湖北中航救生科技股份有限公司
地　　址：湖北襄高新技术开发区江山南路
航空科技园
邮　　编：441003
电　　话：(0710)3345013
传　　真：(0710)3345024
主要产品：精密冲压模具

单位名称：黄石高新宏源塑胶模具有限公司
地　　址：湖北黄石市固城开发区天虹小区
邮　　编：435002
电　　话：(0714)6512012
传　　真：(0714)6514489
主要产品：塑料模，冲模等

单位名称：湖北无线电厂
地　　址：武汉市洪山鲁磨路 37 号
邮　　编：430074
电　　话：(027)87436503
传　　真：(027)87436879
主要产品：冲模，塑料模等

单位名称：国营六一二厂(模具分厂)
地　　址：湖北省宜昌市 112 信箱
邮　　编：443104
电　　话：(0717)7801087
传　　真：(0717)7801812
主要产品：塑料模，冲模

单位名称：武汉机械工艺研究所
地　　址：武汉汉口民主街 49 号
邮　　编：430022
电　　话：(027)83941421
传　　真：(027)83941417
主要产品：冲模，塑料模

单位名称：孝感三江航天红林模具制造有限公司
地　　址：湖北孝感市1号信箱01分箱
邮　　编：432100
电　　话：(0712)2326942－3201
传　　真：(0712)2959350
主要产品：(胶塞模)橡胶模，冲模

单位名称：湖北亚通机械总公司工模具厂
地　　址：湖北随州市烈山大道400号
邮　　编：441300
电　　话：(0722)223341
主要产品：冲模，锻模

单位名称：武汉市中冷机械制造有限责任公司
地　　址：湖北武昌和平道750号
邮　　编：430062
电　　话：(027)86723294
传　　真：(027)86723294
主要产品：冲模，塑料模

单位名称：湖北神电汽车电机有限公司
地　　址：湖北省荆州市沙市区北京
　　　　　东路267号
邮　　编：43400
电　　话：(0716)8247431
传　　真：(0716)8216952
主要产品：压铸模，冲模

单位名称：武汉离子化学热处理研究所
地　　址：武汉江岸区工农兵路125号
邮　　编：430012
电　　话：(027)82873747
传　　真：(027)82885371
主要产品：离子氮化设备，复合热处理设备

单位名称：中国航空附件研究所
地　　址：湖北襄樊219信箱51分箱
邮　　编：441052
电　　话：(0710)3590029－8845
传　　真：(0710)3591882
主要产品：橡胶模，冲模

单位名称：武汉三联模具有限责任公司
地　　址：武汉江岸区胜利街315号
邮　　编：430010
电　　话：013907166585
传　　真：(027)82717017
主要产品：塑料模，冲模

单位名称：武汉龙安集团有限责任公司
地　　址：武汉市洪山区民院路124号
邮　　编：430074
电　　话：(027)87492018
传　　真：(027)87491728
主要产品：大型覆盖件，冲模

单位名称：武汉长江电源厂模具分厂
地　　址：武汉解放大道201号
邮　　编：430034
电　　话：(027)83875349
传　　真：(027)83875349
主要产品：压铸模，冲模

单位名称：国营七三三厂
地　　址：武汉市74009信箱6分箱
邮　　编：430073
电　　话：(027)87801491
传　　真：(027)87801495
主要产品：冲模、塑料模

单位名称：武汉科达电子仪器仪表模具公司
地　　址：武汉市江岸区六合路三多里17号
邮　　编：430010
电　　话：(027)82707140
传　　真：(027)82708052
主要产品：冲模模架，模具

单位名称：中国长江航运集团电机厂
地　　址：武汉市武昌关山路76号
邮　　编：430074
电　　话：(027)87423156
传　　真：(027)87803624
主要产品：交流电机，直流电机

单位名称：华中科技大学模具技术国家重点实验室
地　　址：武汉华中科技大学
邮　　编：430074
电　　话：(027)87543494
传　　真：(027)87554405
主要产品：模具CAD/CAM/CAE软件开发，快速成型

单位名称：湖北省荆洲市南湖机械总厂
地　　址：湖北省荆沙市金龙路尾
邮　　编：434007
电　　话：(0716)8478780
主要产品：设计、制造本厂的模具，
　　　　　少量承接外协任务

单位名称：武汉火花电加工科技公司
地　　址：汉口发展大道 398 号
邮　　编：430023
电　　话：(027)85881787
传　　真：(027)85881787
主要产品：塑料模，冲模

单位名称：武汉电视机配件厂一分厂
（武汉通利达电器工贸公司）
地　　址：武汉武昌中北路 166 号
邮　　编：430071
电　　话：(027)86775795
主要产品：冲模，塑料模

单位名称：武汉电缆集团有限公司
地　　址：武汉市古田路 2 号
邮　　编：430035
电　　话：(027)83831211
主要产品：塑料模

单位名称：东风农用车有限公司通用铸锻厂
地　　址：湖北十堰车城西路 64 号
邮　　编：442020
电　　话：8245984－0719
传　　真：8260205
主要产品：冲模毛坯及多种材料、多种规格的出口阀门铸件

单位名称：武汉中原电子集团有限公司
地　　址：武汉市胜利街 226 号
邮　　编：430010
电　　话：(027)82730805
传　　真：(027)82724212
主要产品：主营各类电子类消费品、通讯设备等产品零件的冷冲模、塑料模、压铸模设计、制造

单位名称：武汉同亨精密制造有限公司
地　　址：武汉关东工业园 5＃－1
邮　　编：430074
电　　话：(027)87561001
传　　真：(027)87561102
主要产品：冲压模、塑料模

单位名称：武汉理工大学
地　　址：武汉市武昌余家头
邮　　编：430063
电　　话：(027)86534379
主要产品：压铸模、塑料模、冲压模

湖南省会员单位

单位名称：株洲南方工模具装备制造公司
地　　址：湖南省株洲市芦淞区董家
邮　　编：412002
电　　话：(0733)8551061、8554608
传　　真：(0733)8558369
主要产品：压铸模、精铸模、级进模

单位名称：中国南方航空动力机械公司工模具分公司
地　　址：湖南省株洲市董家塅
邮　　编：412002
电　　话：(0733)8551006
传　　真：(0732)8558369
主要产品：冲压模、压铸模

单位名称：湘潭电机力源模具有限公司
地　　址：湖南省湘潭市下摄司街 302 号
邮　　编：411101
电　　话：(0732)8595372
传　　真：(0732)8596351
主要产品：冲模，橡胶模

单位名称：株洲九方工模具有限责任公司
地　　址：湖南省株洲市石峰区田心
邮　　编：412001
电　　话：(0733)8441553
传　　真：(0733)8465372
主要产品：冲模及其他

单位名称：中国航空工业第六零八研究所
地　　址：湖南省株洲市 215 信箱 13 分箱
邮　　编：412002
电　　话：(0733)8590301
传　　真：(0733)2571142
主要产品：冲压模及其他类模具

单位名称：长沙汽电模具有限公司
地　　址：长沙市东风路 9 号
邮　　编：410005
电　　话：(0731)4555045
传　　真：(0731)4516882
主要产品：冲模，塑料模

单位名称：湘潭江南工模具制造有限责任公司
地　　址：湖南省湘潭楠竹山
邮　　编：411207
电　　话：(0733)8300280
传　　真：(0733)8300888
主要产品：各类模具，刃具

单位名称：湖南钻石硬质合金工具有限公司
地　　址：湖南省株洲市天元区黄河南路
邮　　编：412007
电　　话：(0732)8811407
传　　真：(0732)8811402
主要产品：冲模，模具标准件

单位名称：湖南华峰电子集团有限公司
地　　址：湖南省怀化市迎丰东路168号
邮　　编：418000
电　　话：(0745)2751968
传　　真：(0745)2751818
主要产品：冲压模、塑料模

单位名称：株洲长江硬质合金工具有限公司
地　　址：湖南省株洲长江硬质合金工具有限公司
邮　　编：412000
电　　话：(0733)8260926
传　　真：(0733)8260971
主要产品：冲模，生产硬质合金制品为主

单位名称：湖南省锻造厂
地　　址：湖南省涟源市04号信箱
邮　　编：417118
电　　话：(0738)4611604
传　　真：(0738)4611300
主要产品：锻模，冲模

单位名称：株洲市硬质合金工具厂
地　　址：湖南省株洲市茨菇圹
邮　　编：412000
电　　话：(0733)8264065
传　　真：(0733)8260971
主要产品：硬质合金拉伸模

单位名称：湘潭市恒兴机床有限公司
地　　址：湖南湘潭市建设中路科技一条街27号
邮　　编：411104
电　　话：(0732)8560202
传　　真：(0732)8560184
主要产品：自旋式电火电线切割机床，精密高频脉冲电源

单位名称：湖南省工具厂
地　　址：湖南省益阳市会龙路29号
邮　　编：413000
电　　话：(0737)4261257
传　　真：(0737)4260754
主要产品：模具，夹具

单位名称：湖南向红机械厂工具车间
地　　址：湖南省新化县
邮　　编：417618
电　　话：(0738)3537054
主要产品：冷冲模、塑料模、硬质合金模

单位名称：湖南跃进机械厂
地　　址：湖南省永州市凤凰园区跃进机械厂
邮　　编：425000
电　　话：(0746)8222126
传　　真：(0746)8223274
主要产品：盘式制动电机

单位名称：湖南省模具公司
地　　址：长沙市八一西路433号
邮　　编：410011
电　　话：(0731)4570940
传　　真：(0731)4570920
主要产品：模具钢材，标准件

单位名称：国营第八六一厂
地　　址：湖南省晨溪县孝坪镇
邮　　编：419503
电　　话：(0745)5323178
传　　真：(0745)5323178
主要产品：冲模，模具标准件等

单位名称：湖南航天模具有限责任公司
地　　址：长沙市585信箱16分箱航天模具公司
邮　　编：410205
电　　话：(0731)8815683
传　　真：(0731)8815320
主要产品：压铸模，冲模

单位名称：航空第二集团公司长江动力机械厂工具分厂
地　　址：湖南省岳阳十八号信箱三十四分箱
邮　　编：414001
电　　话：(0730)8511926－3313
传　　真：(0730)8511926－3341
主要产品：塑料模，压铸模

单位名称：华南光电科技股份公司精密制造部
地　　址：湖南省常德华南光电仪器厂工具分厂
邮　　编：415105
电　　话：(0736)7291302
传　　真：(0736)7291302
主要产品：压铸模，塑料模

单位名称：湖南省衡阳市塑料模具厂
地　　址：湖南省衡阳市石鼓区五一巷 18 号
邮　　编：421005
电　　话：(0734)8528274
主要产品：塑料模，塑料机械

单位名称：长沙北山汽车模具制造厂
地　　址：湖南长沙县北山镇嵩塘坳
邮　　编：410152
电　　话：(0731)6745056
传　　真：(0731)6745053
主要产品：汽车冲模等

单位名称：湖南岳阳 9634 厂设备制造分厂
地　　址：湖南省岳阳县
邮　　编：414010
电　　话：(0730)7756284

单位名称：长沙振兴模具有限公司
地　　址：长沙市车站南路 88 号加 1 号
邮　　编：410001
电　　话：(0731)2620910
传　　真：(0731)4139330
主要产品：模具标准件、模块、模具钢材

单位名称：湖南岳阳 9634 厂设备制造分厂
地　　址：湖南岳阳县
邮　　编：414100
电　　话：(0730)7756284

广东省会员单位

单位名称：广州广电林仕豪模具制造有限公司
地　　址：广州经济技术开发区秀丽小区
　　　　　银谊街 3 号
电　　话：(020)82099638、13903062607
传　　真：(020)82098433
主要产品：大中型汽车、家电模具

单位名称：广东科龙模具有限公司
地　　址：广东省顺德市容桂镇容港路 13 号
邮　　编：528303
电　　话：(0765)6626438
传　　真：(0765)6626438
主要产品：大中型复杂、精密冲模，注塑模

单位名称：广东巨轮模具股份有限公司
地　　址：广东省揭阳市揭东经济开发
　　　　　试验区 5 号路
邮　　编：515500
电　　话：(0663)3270021
传　　真：(0663)3269266
主要产品：汽车、摩托车轮胎模具

单位名称：深圳兴龙华实业有限公司
地　　址：深圳市蛇口工业大道北 79 号龙华大厦
邮　　编：518067
电　　话：(0775)6688729、6693461、6688357、6898222、6682959、6693460
传　　真：(0755)6693461
主要产品：标准、非标准注塑模架，压铸模架

单位名称：顺德市百年科技发展有限公司
地　　址：广东省顺德市北滘镇美的工业城西区
邮　　编：528311
电　　话：(0765)6338341
传　　真：(0765)6655521
主要产品：注塑模及制件

单位名称：南海华达高木模具有限公司
地　　址：广东省南海市里水镇新兴路
电　　话：(0757)5668866、5660066
传　　真：(0757)5668866、5660066
主要产品：塑料模具

单位名称：深圳市兴龙机械模具有限公司
地　　址：中国．广东省深圳市罗湖区水贝工业区贝丽北路 71 号
邮　　编：518020
电　　话：(0755)5501210
传　　真：(0755)5530038
主要产品：标准塑胶模架

单位名称：顺德威利坚实业有限公司
地　　址：广东省顺德容桂镇成业路 16 号
邮　　编：528522
电　　话：(0765)6381569
传　　真：(0765)6381570
主要产品：五金模、塑料模

单位名称：广州市东华模具推杆厂
地　　址：广州市增城纺织路16号
邮　　编：511300
电　　话：(020)82755848、82740680、82758417
传　　真：(020)82752527
主要产品：塑料模具标准件

单位名称：广州型腔模具有限公司
地　　址：广东省广州市宝岗大道1099号
邮　　编：510250
电　　话：(020)84419488、84429134
传　　真：(020)84430194
主要产品：压铸模

单位名称：龙记集团
地　　址：广东省河源市高埔工业区
邮　　编：517000
电　　话：(0762)3210024
传　　真：(0762)3210501
主要产品：生产设计精密型腔模，模具标准件

单位名称：顺德市新强盛模具有限公司
地　　址：广东省顺德市降村镇大都工业区
邮　　编：528313
电　　话：(0765)3832913
传　　真：(0765)3316208
主要产品：塑料模，压铸模

单位名称：联盛(番禺)塑料五金模具有限公司
地　　址：广州市榄核镇太平工业区民生路165号
邮　　编：511480
电　　话：(020)84928001
传　　真：(020)84928002
主要产品：生产销售自产塑料五金制品玩具

单位名称：顺德市新的模具制造有限公司
地　　址：广东省顺德市北　镇工业大道24号
邮　　编：528311
电　　话：(0765)6666999
传　　真：(0765)6657408
主要产品：冲压模

单位名称：广州松下万宝(广州)空调器有限公司
地　　址：广州市番禺区钟村镇谢村
邮　　编：511495
电　　话：(020)84778123
传　　真：(020)84775571
主要产品：空调器及其零配件

单位名称：广州市技工学校
地　　址：广州市黄石路口广州市技工学校
邮　　编：510410
电　　话：(020)86627221
传　　真：(020)86627221
主要产品：培训三年制模具钳工50人/年，五年制模具钳工50人/年

单位名称：增城市实力模具标准件有限公司
地　　址：广东增城市荔枝镇西山仓6号
邮　　编：511300
电　　话：(020)82727754
传　　真：(020)82750746
主要产品：塑料注射模等

单位名称：珠海格力集团电器股份有限公司模具分厂
地　　址：广东珠海市前山金鸡西路6号
邮　　编：519070
电　　话：(0756)8614883－2355
传　　真：(0756)8614998
主要产品：塑料模、冲模等

单位名称：广东美的模具制造有限公司
地　　址：广东顺德北窖镇蓬莱路美的工业城
邮　　编：528311
电　　话：(0765)6338309
传　　真：(0765)6655521
主要产品：塑料模、塑件生产等

单位名称：深圳南方模具厂
地　　址：广东深圳蛇口工业大道南21号
邮　　编：518067
电　　话：(0755)26691649
传　　真：(0755)26691610
主要产品：塑料模、塑料模架标准件等

单位名称：增城富强模具实业有限公司
地　　址：广州增城市荔城罗岗工业区天桥边
邮　　编：511300
电　　话：(020)82732656
传　　真：(020)82750418
主要产品：塑料压铸模推杆、导向件冲头等标准件

单位名称：中山威力模具制造中心
地　　址：广东中山市孙文东路76号
邮　　编：528403
电　　话：(0760)8384361
传　　真：(0760)8384362
主要产品：洗衣机、电饭煲、面包机等产品用塑料模

单位名称：东莞伟易达电子工模部
地　　址：广东东莞厚街三屯管理区
邮　　编：523941
电　　话：(0769)5581806－3827
传　　真：(0769)5589211
主要产品：塑料模、橡胶模等

单位名称：深圳市广恒钢实业有限公司
地　　址：广东深圳市宝安区西乡镇园艺园大院17栋
邮　　编：518126
电　　话：(0755)27491780
传　　真：(0755)27491781
主要产品：生产、经营冲模系列模架，模具钢材等

单位名称：深圳市华益盛模具有限公司
地　　址：广东深圳市福永镇农电工业区
邮　　编：518103
电　　话：(0755)27380298
传　　真：(0755)27391139
主要产品：塑料模，注塑加工

单位名称：澄海市广润模架厂
地　　址：广东澄海市莱美工业区
邮　　编：515800
电　　话：(0754)5503028
传　　真：(0754)5503128
主要产品：模架及光板以及LC吸瓶机系列

单位名称：东莞汇科模具塑胶制品有限公司
地　　址：广东省东莞市长安镇新安工业区
邮　　编：523860
电　　话：(0769)5411901
传　　真：(0754)5411902
主要产品：塑料注射模

单位名称：汕头市欧达曼实业公司
地　　址：广东汕头市金湖西路新乡货厂东4－6号
邮　　编：515021
电　　话：(0754)8202690、8109919
传　　真：(0754)8202697、8229919
主要产品：销售经营塑料、五金模架以及各种零配件模具钢

单位名称：揭阳市大立塑料模具厂
地　　址：广东揭阳市开发区塘埔工业村
邮　　编：522021
电　　话：(0663)8779291
传　　真：(0663)8770091
主要产品：塑料注射模

单位名称：顺德市科尔技术发展有限公司
地　　址：广东顺德市容桂镇高黎工业区朝光路23号
邮　　编：528306
电　　话：(0765)8383698
传　　真：(0765)8808681
主要产品：塑料注射模

单位名称：珠海通晶塑胶有限公司
地　　址：广东珠海前山镇梅溪双龙山工业区
邮　　编：519070
电　　话：(0756)8625640
传　　真：(0756)8621908
主要产品：塑料注射模

单位名称：广州东泰机械工具有限公司
地　　址：广州天河高新技术开发区建工路15号首层
邮　　编：510630
电　　话：(020)85520158
传　　真：(020)85538848
主要产品：经营模具零配件，顶针钢板模架

单位名称：广州市华通模具实业有限公司
地　　址：广东番禺市大石镇105国道猛涌路段838号
邮　　编：511430
电　　话：(020)84782550
传　　真：(020)84782550
主要产品：塑料注射模

单位名称：广州市广州数控设备厂
地　　址：广州市罗冲围增搓路六颈工业区
邮　　编：510165
电　　话：(020)81990819
传　　真：(020)81993683
主要产品：GS系列数控车床和GSKM系列数控铣床系列

单位名称：恒信贸易有限公司
地　　址：广东省东莞市厚街镇陈屋路段
邮　　编：511771
电　　话：(0769)5589197、5811521
传　　真：(0769)5589197、5811521
主要产品：生产经营模具标准件、塑料模架

单位名称：高要鸿图模具制造有限公司
地　　址：广东省高要市新城路35号
邮　　编：526100
电　　话：(0758)8381606
传　　真：(0758)8399449
主要产品：压铸模

单位名称：东莞航天精密模具有限公司
地　　址：广东省东莞市长安镇锦厦河西工业区
邮　　编：528853
电　　话：(0769)5380998
传　　真：(0769)5326015
主要产品：大、中型塑胶模具，型腔模具

单位名称：深圳恒昌兴实业发展有限公司
地　　址：广东省深圳市宝安区龙华镇鹊山工业区
邮　　编：518019
电　　话：(0769)5380998
传　　真：(0769)5326015
主要产品：精密冷冲模，注塑模

单位名称：珠海中航模具塑料有限公司
地　　址：广东珠宝市前山金航街1号
邮　　编：519070
电　　话：(0756)8632680
传　　真：(0751)3332785
主要产品：塑料模

单位名称：广东韶关市模具厂
地　　址：广东韶关浈江中路124号
邮　　编：512023
电　　话：(0751)8885793
传　　真：(0751)8866448
主要产品：铝合金型材挤出模

单位名称：广州富通光科技术有限公司
地　　址：广州市天河北路189号市长大厦2107室
邮　　编：510075
电　　话：(020)7553838－2107
传　　真：(020)87552790
主要产品：激光技术开发，激光设备仪器设计

单位名称：金星重工制造有限公司
地　　址：广东省东莞市虎门莞太路白沙路段
邮　　编：523912
电　　话：(0769)5501888
传　　真：(0751)5527228
主要产品：冲模

单位名称：广州华丰模具模坯厂
地　　址：广州增城新墩乡新市场
邮　　编：511340
电　　话：(020)82232704
传　　真：(020)82232708
主要产品：塑料模架、模胚

单位名称：广东顺德卡斯华电器制造有限公司
地　　址：广东顺德卡斯华电器制造有限公司
邮　　编：528329
电　　话：(0765)5382895
传　　真：(0765)5575111
主要产品：塑料模、压铸模并生产塑料件等

单位名称：广东星光机电有限公司
地　　址：广东佛山市江湾二路10号
邮　　编：528031
电　　话：(0757)2279531
传　　真：(0757)2272927
主要产品：压铸模，塑料标准件等

单位名称：广州市番禺联合科技发展有限公司
地　　址：广州市番禺鱼窝头镇大同村
邮　　编：511475
电　　话：(020)84917100
传　　真：(020)84916797
主要产品：塑料模、压铸模等

单位名称：广东省东莞电机有限公司
地　　址：广东东莞市城区建设路11号
邮　　编：523072
电　　话：(0769)2412480－183
传　　真：(0769)2412134
主要产品：冲模、压铸模、橡胶模等

单位名称：广州市标准件模具厂
地　　址：广州市西槎路221号
邮　　编：510407
电　　话：(020)86486223
传　　真：(020)86484343
主要产品：模架等模具标准件

单位名称：广州市力峰玻璃模具有限公司
地　　址：广州市永和经济技术开发区新业路46号
邮　　编：511356
电　　话：(020)82976353
传　　真：(020)82976513
主要产品：玻璃模、玻璃制品专用设备

单位名称：广州市天河风行模具厂
地　　址：广州市天河东圃棠下新围中心路6号
邮　　编：510665
电　　话：(020)85548993
传　　真：(020)85546914
主要产品：塑料模、冲模、锻模

单位名称： 顺德市凯德塑料模具厂
地　　址： 广东顺德伦教镇永丰工业区
邮　　编： 528308
电　　话： (0765)7831041
传　　真： (0785)7832431
主要产品： 塑料模、冲模并加工塑料制品

单位名称： 广州市振兴塑料模具有限公司
地　　址： 广州市天河区东圃二马路 72 号
邮　　编： 510660
电　　话： (020)82306571
传　　真： (020)82325748
主要产品： 制造、加工模具，通用设备零配件

单位名称： 珠海市远进工模具有限公司
地　　址： 广东珠海市香洲紫荆路 26 号后座
邮　　编： 519000
电　　话： (0756)2229356
传　　真： (0756)2229220
主要产品： 冲模、注射模

单位名称： 佛山市科骏陶瓷设备有限公司
地　　址： 广东佛山市石湾工农路 35 号
邮　　编： 528031
电　　话： (0757)2263487
传　　真： (0757)2273040
主要产品： 陶瓷冲模、抛光砖磨具等

单位名称： 先力模具(番禺)实业有限公司
地　　址： 广东省番禺市东涌镇励土路 1 号
邮　　编： 511453
电　　话： (020)84905823
传　　真： (020)84905171
主要产品： 汽车、摩托车、复印机、家用电器等精密塑料模

单位名称： 广东韶关铸锻精锻厂模具中心
地　　址： 广东省韶关市北郊十里亭
邮　　编： 512031
电　　话： (0760)8780112
传　　真： (0760)8701682
主要产品： 精锻铸造压铸模

单位名称： 中山市安山机械模具导向件有限公司
地　　址： 广东省石歧湖滨北路 29 号
邮　　编： 528400
电　　话： (0760)8780112
传　　真： (0760)8701682
主要产品： 向民件等模具标准件

单位名称： 深圳宗泰电子有限公司
地　　址： 广东省深圳市布吉镇吉华工业区 C2 栋 1 楼
邮　　编： 518112
电　　话： (0755)28542819－13
传　　真： (0755)28543458
主要产品： 塑料模，冲压模

单位名称： 广州南洋电器厂模具中心
地　　址： 广州市黄华路 43 号
邮　　编： 510050
电　　话： (020)83830229
传　　真： (020)83828485
主要产品： 冲模、塑料模

单位名称： 佛山市劲雄机械有限公司
地　　址： 广东佛山市汾江北路 27 号
邮　　编： 528000
电　　话： (0757)2817536
传　　真： (0757)2817295
主要产品： 模具标准件

单位名称： 广东湛江第二机械厂
地　　址： 广东湛江市赤坎农林一路 14 号
邮　　编： 524037
电　　话： (0759)3338533
传　　真： (0759)3327470
主要产品： 冲模及其他模具

单位名称： 腾飞木工机械刀具有限公司
地　　址： 广东东莞市厚街镇三十二米大道(宝屯路段)
邮　　编： 511771
电　　话： (0769)5584183
传　　真： (0769)5589266
主要产品： 模具、木工机械

单位名称： 珠海经济特区兴华器件厂
地　　址： 广东珠海市前山兰埔工业区
邮　　编： 519070
电　　话： (0756)8613001
传　　真： (0756)8612037
主要产品： 冲模、印刷电路板

单位名称： 广东工业大学机电工程学院
地　　址： 广州东风东路 729 号机电楼
邮　　编： 510090
电　　话： (020)87627201
传　　真： (020)87627201
主要产品： 模具设计制造研究与教学以及培养模具人才

单位名称：广东省澄海市崇锦实业(集团)有限公司
地　　址：广东省澄海市岭亭工业区
邮　　编：515800
电　　话：(0754)5869930、5868839
传　　真：(0754)5869930、5868939
主要产品：不锈钢保温瓶、塑料保温瓶及塑料日常用品

单位名称：玉丰精密模具工业(深圳)有限公司
地　　址：广东深圳市沙市井新二村第二工业区
邮　　编：518125
电　　话：(0755)27292276
传　　真：(0755)27292279
主要产品：硬质合金冲模、拉丝模

单位名称：深圳成飞实业有限公司
地　　址：广东深圳市沙头角深盐路29号二层
邮　　编：518081
电　　话：(0755)25354918
传　　真：(0755)25354618
主要产品：塑料模、冲压模

单位名称：番禺职业技术学校
地　　址：广东广州市
邮　　编：511483
电　　话：(020)34739115
传　　真：(020)34739115

单位名称：广东天乐通信设备有限公司
地　　址：广东顺德市伦教羊大路168号
邮　　编：528308
电　　话：(0765)7722158
传　　真：(0765)7722253
主要产品：塑料模,冲压模

单位名称：深圳市兆恒抚顺特钢有限公司
地　　址：南山区西丽火车站货四线侧第一栋
邮　　编：518055
电　　话：(0755)6548711
传　　真：(0755)6548722

单位名称：永大精密模具(东莞)有限公司
地　　址：东莞市长安镇霄边管理区中元大厦
邮　　编：523850
电　　话：(0769)5312541～4
传　　真：(0769)5312545～6
主要产品：模板、模座

单位名称：揭阳市天阳模具有限公司
地　　址：广东省揭东县炮台镇天鹅山
邮　　编：515559
电　　话：(0663)3353505
传　　真：(0663)3353502
主要产品：塑料模、冲压模

单位名称：深州金洲硬质合金有限公司
地　　址：广东深州市水贝二路一街三号
邮　　编：518020
电　　话：(0755)25530042
传　　真：(0755)25530041
主要产品：空调翅片级进模、电机电表级进模

单位名称：广州启泰模具工业有限公司
地　　址：广州市海珠区仑头环村东路8号
邮　　编：510320
电　　话：(020)34087158
传　　真：(020)34087361
主要产品：数控转塔冲床模具、汽车冲压模具

单位名称：广东省阳江市亿利模具厂
地　　址：广东省阳江市东风四路216号
邮　　编：529500
电　　话：(0662)6623833
传　　真：(0662)6623866
主要产品：专业制造注塑模、压铸模

单位名称：峰川模具(东莞)有限公司
地　　址：广东省东莞市凤岗镇雁田管理区(怡安路)
邮　　编：523698
电　　话：(0769)7513998
传　　真：(0769)7512008
主要产品：设计研究优良金属冲压模,研究开发模具软件

单位名称：珠海市天木塑胶有限公司
地　　址：广东省珠海市南屏科技工业园屏北路6号
邮　　编：519060
电　　话：(0756)8684308
传　　真：(0756)8684202
主要产品：电子元器件、汽车组件、家电、通讯类产品接插件

单位名称：深州市赛琪模具塑胶制品有限公司
地　　址：深州市龙华镇潭罗村
邮　　编：518109
电　　话：13802557171
传　　真：(0755)28176008
主要产品：汽车、空调、冰箱模具

单位名称：广州友利模具有限公司
地　　址：广州市赤岗西路265号
邮　　编：510300
电　　话：84215749
传　　真：84211318
主要产品：塑料模、压铸模

单位名称：广州导新模具注塑有限公司
地　　址：广州白云区石井镇石潭西路118号
邮　　编：510430
电　　话：86414554
主要产品：塑料模

广西壮族自治区会员单位

单位名称：柳州五菱汽车有限责任公司模具中心
地　　址：中国广西柳州市河西路18号
邮　　编：545007
电　　话：(0772)3750841、3750845
传　　真：(0772)3750845
主要产品：汽车模具、检具、夹具、铸锻模具

单位名称：桂林电器科学研究所生产力促进中心
地　　址：广西桂林辰山路1号
邮　　编：541004
电　　话：(0773)5888302
传　　真：(0773)5888302
主要产品：塑料模、冲压模等

单位名称：柳州五菱实业公司
地　　址：广西柳州市河西路18号
邮　　编：545007
电　　话：(0772)3750603
传　　真：(0772)3711064
主要产品：门板总成

单位名称：桂林机床电器有限公司
地　　址：广西桂林中山南路24号
邮　　编：541002
电　　话：(0773)3853014
传　　真：(0773)3832068
主要产品：冲模、塑料模

单位名称：桂林量具刃具厂
地　　址：广西桂林崇信路106号
邮　　编：541002
电　　话：(0773)3858114
传　　真：(0773)3835544
主要产品：计量器具等

单位名称：柳州市裕龙模具冲压件制造厂
地　　址：广西柳州桂柳路汽配四厂旁
邮　　编：545005
电　　话：(0772)2612118
传　　真：(0772)2612138
主要产品：汽车零件与模具制造等

单位名称：柳州长虹机器制造公司工具处
地　　址：广西柳州市石碑坪
邮　　编：545012
电　　话：(0772)2542320
传　　真：(0772)2542005
主要产品：冲模、塑料模

单位名称：广西壮族自治区南宁机械厂
地　　址：广西南宁市中尧路48号
邮　　编：530003
电　　话：(0771)3853432
传　　真：(0771)3153054
主要产品：冲模、塑料模

单位名称：南宁高新开发区模具教育培训基地
地　　址：广西南宁市火炬路17－7号
邮　　编：530003
电　　话：(0771)3822741
传　　真：(0771)3838152
主要产品：模具制造技术与设计及CAD/CAM培训并三年制造中专等

单位名称：广西大学机械工程学院现代设计与制造技术中心
地　　址：广西南宁市大学东路10号
邮　　编：530004
电　　话：(0771)3232234
传　　真：(0771)3232294
主要产品：CAD/CAM培训并招收大专生及本科生等

单位名称：桂林机床股份有限公司
地　　址：广西桂林市中山北路37号
邮　　编：541001
电　　话：(0773)2825568
传　　真：(0773)2824287
主要产品：机床产品、模具产品

重庆市会员单位

单位名称：嘉陵工业有限公司(设备工程公司)
地　　址：四川重庆双碑
邮　　编：400032
电　　话：(028)65192914
传　　真：(028)65194192
主要产品：塑料模、冲压模

单位名称：重庆江东机械厂
地　　址：重庆市万州区陀口 4 号
邮　　编：404020
电　　话：(023)58535201
传　　真：(023)58535299
主要产品：塑料模，冲模

单位名称：重庆华江机械厂
地　　址：重庆市荣昌县华江机械厂
邮　　编：402468
电　　话：(023)46323107
传　　真：(023)46322980
主要产品：冲模，塑料模

单位名称：建设工业集团工具制造公司
地　　址：重庆谢家湾 47 号
邮　　编：400050
电　　话：(023)68813741－2611
传　　真：(023)68813741－2611
主要产品：冲模，压铸模

单位名称：重庆塑料机械模具厂
地　　址：重庆市九龙坡区谢家湾工农三村 1 号
邮　　编：400160
电　　话：(023)68810654
传　　真：(023)68810654
主要产品：塑料注射模，汽车、摩托车注射件

单位名称：重庆大江车辆总厂工模具分厂
地　　址：重庆市巴南区渔洞
邮　　编：401321
电　　话：(023)66293462
传　　真：(023)66293145

单位名称：重庆合成化工厂有限公司
地　　址：重庆沙坪坝区汉渝路 156 号
邮　　编：400030
电　　话：(023)65329794
传　　真：(023)65311517
主要产品：冲模，塑料模

单位名称：重庆川仪十四厂
地　　址：重庆市北碚区歇马小磨滩
邮　　编：400712
电　　话：(023)68242980
传　　真：(023)68242720
主要产品：冲模，压铸模

单位名称：重庆川仪四厂
地　　址：重庆市北培区
邮　　编：400702
电　　话：(023)68225205
传　　真：(023)58535299
主要产品：冲模，塑料模

单位名称：重庆九零七厂工模具分厂
地　　址：重庆市渝中区郭家沱
邮　　编：400071
电　　话：(023)67105929
主要产品：冲模，塑料模

单位名称：重庆望江机器厂工具处(497 厂)
地　　址：重庆市江北区郭家沱
邮　　编：400071
电　　话：(023)67105929
主要产品：冲模，塑料模

单位名称：国营华伟工业集团有限责任公司
地　　址：重庆市 1534 信箱
邮　　编：400712
电　　话：(023)68244005
传　　真：(023)68243987
主要产品：摩托车发动机

单位名称：西南计算机有限责任公司
地　　址：重庆市 2507 信箱 6 分箱
邮　　编：400712
电　　话：(023)68244005
传　　真：(023)68243987
主要产品：塑料模，冲压模

单位名称：大江车辆总厂红山压铸分厂工模处
地　　址：四川重庆巴南区 4312 信箱 501 厂
邮　　编：401321
电　　话：(0826)66293525
传　　真：(0826)66227620
主要产品：年产压铸模 1450(标准套)、压铸件 3000T

单位名称：长安汽车股份有限公司模具制造中心
地　　址：重庆市江北区建新东路 260 号
邮　　编：400023
电　　话：(023)67593130
传　　真：(023)67593000
主要产品：为各类车型提供冷冲模、焊接夹具

四川省会员单位

单位名称：四川成飞集成科技股份有限公司
地　　址：四川成都黄田坝
邮　　编：610092
电　　话：(028)7406530
传　　真：(028)7408111
主要产品：汽车模具研发、设计、制造

地　　址：成都市黄田坝
邮　　编：610091
电　　话：(028)7416133
传　　真：(028)7416130
主要产品：汽车身冲模及冲件以及座椅铁件骨架总成等

单位名称：成都航天模塑股份有限公司
地　　址：四川省成都市龙泉驿区航天北路
邮　　编：610100
电　　话：(028)4805888
传　　真：(028)4850143
主要产品：各类塑料模具制件

单位名称：成都宏明双新精密模具零件有限责任公司
地　　址：成都外曲谢家祠双新北路 1 号
邮　　编：610058
电　　话：(028)87317924、87317147
传　　真：(028)87329149
主要产品：精密模具设计、制造

单位名称：东方电机工模具有限公司
地　　址：中国．四川省德阳市黄河西路 188 号
邮　　编：618000
电　　话：(0838)2409732
传　　真：(0838)2409732
主要产品：冲模、拉延模

单位名称：成都航发工具装备公司
地　　址：中国四川成都市双桥子
邮　　编：610067
电　　话：(028)4432149
传　　真：(028)4432149
主要产品：汽车、家电模具制造

单位名称：五粮液集团普什模具有限公司
地　　址：四川省宜宾市岷江西路 150 号
邮　　编：644007
电　　话：(0831)3566360
传　　真：(0831)3552158

单位名称：成都市天元模具厂

单位名称：四川宜宾力源电机有限公司
地　　址：四川宜宾市翠屏区盐坪坝
邮　　编：644008
电　　话：(0831)2400315
传　　真：(0831)2400355
主要产品：生产 T 系列三相异步电动机及特殊专用系列电动机为本厂设计、制造冲模、压铸模等

单位名称：四川大学高分子材料科学与工程系
地　　址：四川大学高分子材料科学与工程系
邮　　编：610065
电　　话：(028)5405401
传　　真：(028)5405402
主要产品：模具设计、制造

单位名称：中国航天科技集团公司长征模架厂
地　　址：四川成都龙泉驿 818 信箱 8 分箱
邮　　编：610100
电　　话：(028)84804346
主要产品：模具标准件等

单位名称：成都兴光压铸工业公司
地　　址：四川成都郫县南街三段 125 号
邮　　编：611730
电　　话：(028)7920927
传　　真：(028)7927568
主要产品：压铸模及大、中型压铸模等

单位名称：四川省科学城神工实业总公司模具厂
地　　址：四川省绵阳市 919 信箱 602 分箱
邮　　编：621900
电　　话：(0816)2485662
传　　真：(0816)2281591
主要产品：塑料模、橡胶模以及冲模、压铸模等

单位名称：四川长庆机器厂
地　　址：四川南溪县105信箱50分箱
邮　　编：644103
电　　话：(0831)3210157－2328
传　　真：(0831)3210165
主要产品：塑料模、橡胶模以及冲模、压铸模等

单位名称：成都今朝企业总公司
地　　址：成都外东净居寺军民村6组1号
邮　　编：610061
电　　话：(028)4522869
传　　真：(028)4522869
主要产品：玻璃门模、轻纺机械及设备等

单位名称：成都中科精密模具有限公司
地　　址：四川成都四二一信箱
邮　　编：610041
电　　话：(028)5229377
传　　真：(028)5229377
主要产品：塑料模、冲模与模具标准件

单位名称：国营新兴工模具制造公司
地　　址：成都建设北路三段324号
邮　　编：610055
电　　话：(028)3249801
传　　真：(028)3247713
主要产品：塑料模、冲模与压铸模等

单位名称：四川省电加工技术发展中心
地　　址：成都市下同仁路新38号
邮　　编：610015
电　　话：(028)6696090
传　　真：(028)6691507
主要产品：电加工机床、辅助器材

单位名称：中国第二重型机械集团(德阳)万航模锻厂
地　　址：四川省德阳市珠江路1号
邮　　编：618013
电　　话：(0838)2342276
传　　真：(0838)2201552
主要产品：各种类型的锻模

单位名称：东新电碳股份有限公司
地　　址：四川省自贡市珠江路1号
邮　　编：643000
电　　话：(0813)2607024
主要产品：电碳冲模及工装

单位名称：宁江机床集团公司
地　　址：四川省都江堰市
邮　　编：611831
电　　话：(028)7132343
传　　真：(028)7134467
主要产品：冲模、塑料模

单位名称：国营第九一三模具分厂
地　　址：四川省彭州市15信箱
邮　　编：611941
电　　话：(028)3836061－2943
传　　真：(028)3836097
主要产品：热成型模、冲模以及机械加工等

单位名称：国营成都电机厂工具分厂
地　　址：成都二环路东一段28号
邮　　编：610051
电　　话：(028)3245322
传　　真：(028)3249557
主要产品：冲模、压铸模

单位名称：四川宜宾华威电声有限公司
地　　址：四川宜宾长江大道西段45号
邮　　编：644006
电　　话：(0831)2200047
传　　真：(0831)2200339
主要产品：冲模并进行机械加工服务等

单位名称：国营天源机械厂
地　　址：四川广元112信箱
邮　　编：628017
电　　话：(0839)3362043
传　　真：(0839)3362112
主要产品：冲模、塑料模以及收录机机芯

单位名称：四川朝阳机器厂
地　　址：四川绵阳市游仙区仙人路二段6号
邮　　编：621000
电　　话：(0816)2282213－485
传　　真：(0816)2282213－398
主要产品：冲模、塑料模

单位名称：自贡市通联工业有限公司
地　　址：四川省自贡市大安区大山铺
邮　　编：643013
电　　话：(0813)5801367
传　　真：(0813)5801332
主要产品：冲模、塑料模以及橡胶模等

单位名称：东方汽轮机工具分厂
地　　址：四川德阳汉旺镇
邮　　编：618201
电　　话：(0838)6355684
传　　真：(0838)6355684
主要产品：冲模、压铸模

单位名称：成都丰臣模具制造有限公司
地　　址：成都市高新区石羊工业园区
邮　　编：610041
电　　话：(028)85321618
传　　真：(028)85321638
主要产品：汽车、摩托车发动机压铸模，电子产品塑料模

单位名称：四川广汉锐星塑胶有限公司(原广汉塑料厂)
地　　址：广汉市南昌路二段
邮　　编：618300
电　　话：(0838)5101412
传　　真：(0838)5102222
主要产品：塑料模

贵州省会员单位

单位名称：中国贵航集团云马飞机制造厂
地　　址：贵州省安顺市40信箱
邮　　编：561019
电　　话：(0853)3385007、3385001
传　　真：(0853)3385200
主要产品：冲模、模具标准件

单位名称：贵航集团华阳电工厂
地　　址：贵州省贵阳市82信箱模具所
邮　　编：550009
电　　话：(0851)3831401
传　　真：(0851)3834600
主要产品：汽车电器总成开关、翘板开关、汽车用锁机构

单位名称：遵义群建塑胶制品有限公司
地　　址：贵州省凯山295信箱2分箱
邮　　编：563003
电　　话：(0852)8612801
传　　真：(0852)8612614
主要产品：塑料模及塑料件加工等

单位名称：中国贵航集团安吉铸造厂模具车间
地　　址：贵州安顺市第16号信箱
邮　　编：561003
主要产品：铸造模具、塑料模与压铸模等

单位名称：永光仪表压铸件厂
地　　址：贵阳市花溪大道北段233号
邮　　编：550003
电　　话：(0851)5978260
传　　真：(0851)5968084
主要产品：压铸模及有色金属压铸件

单位名称：中国振华集团华联无线电器材厂
地　　址：贵州省凯里市202信箱
邮　　编：556000
电　　话：(0855)8255961
传　　真：(0855)8255961
主要产品：冲模塑料模、压铸模

单位名称：贵州华昌实业总公司
地　　址：贵阳市花溪
邮　　编：550025
电　　话：(0851)3871544
传　　真：(0851)3871624
主要产品：塑料模、压铸模等

单位名称：贵州华宇压铸有限公司
地　　址：贵州凯里市花联路146号
邮　　编：556000
电　　话：(0855)8223141
传　　真：(0855)8223141
主要产品：汽车、摩托车、纺织机、起重设备

单位名称：贵阳矿山机器厂
地　　址：贵州贵阳中曹司97号
邮　　编：550006
电　　话：(0851)3898941
传　　真：(0851)3834602
主要产品：冲模、橡胶模、塑料模

单位名称：贵州新昌精密机电有限公司
地　　址：贵州省贵阳市小河区金竹镇
邮　　编：550006
电　　话：(0851)3761518－8006
传　　真：(0851)3761977
主要产品：生产并销售高精度压铸、注塑、冲压模具及产品

云南省会员单位

单位名称：一汽红塔云南汽车制造有限公司工模具厂
地　　址：云南曲靖市一汽红塔工模具厂
邮　　编：655002
电　　话：(0874)3986088
主要产品：冲模等

单位名称：云南变压器有限责任公司
地　　址：昆明西郊马街
邮　　编：650100
电　　话：(0871)8182952
传　　真：(0871)8182742
主要产品：特种变压器等及相应冲模模具

单位名称：中国人民解放军七三二一工厂
地　　址：昆明西郊龙院村
邮　　编：650106
电　　话：(0871)8306281
传　　真：(0871)8305251
主要产品：太阳能热水器、水箱

单位名称：云南烟草机械厂
地　　址：昆明市拓东路400号
邮　　编：650011
电　　话：(0871)3127795
传　　真：(0871)3160591
主要产品：塑料模、压铸模及烟草机械

单位名称：云南西南仪器厂工具分厂
地　　址：昆明海口200号信箱
邮　　编：650114
电　　话：(0871)8598324
传　　真：(0871)8598152
主要产品：塑料模、压铸模

单位名称：昆明电工有限责任公司
地　　址：昆明市穿金路723号
邮　　编：650224
电　　话：(0871)5633438－32
传　　真：(0871)5632854
主要产品：压铸模、冲模

单位名称：昆明云内动力股份有限公司
地　　址：昆明市云内动力股份有限公司工艺所
邮　　编：650224
电　　话：(0871)5633185－3318
传　　真：(0871)5633076
主要产品：铸造模具、冲模

单位名称：昆明电机有限责任公司
地　　址：昆明西山区马街
邮　　编：650100
电　　话：(0871)8182411－2202
主要产品：中小型水轮发动机组及Y、YR系列电动机

单位名称：云南金马机械总厂
地　　址：昆明西郊林家院
邮　　编：650102
电　　话：(0871)5154454
传　　真：(0871)5126169
主要产品：发动机及配件，拖拉机及配件，喷雾器

单位名称：昆明三建模具机械有限公司
地　　址：昆明石牌镇南
邮　　编：215312
电　　话：(0871)7681328
传　　真：(0871)7681572
主要产品：塑料模、冲模等

单位名称：东风云南汽车有限公司
地　　址：东风云南汽车有限公司
邮　　编：650106
电　　话：(0871)8187694
传　　真：(0871)8181277
主要产品：塑料模，热锻模

单位名称：昆明奥宇机电有限公司
地　　址：昆明较场西路39号
邮　　编：650223
电　　话：(0871)5522859
传　　真：(0871)5153298
主要产品：塑料模、压铸模

单位名称：昆明化油器厂
地　　址：昆明东郊县华寺
邮　　编：650226
电　　话：(0871)3853777－3011
传　　真：(0871)3853976
主要产品：压铸模以及其他模具

单位名称：国营云南模具二厂
地　　址：云南省曲靖市廖廊北路模具二厂
邮　　编：655000
电　　话：(0874)3385611－8011
传　　真：(0874)3385754
主要产品：冲模以及汽车轮、电表箱等

单位名称：昆明红云机械厂
地　　址：昆明红云机械厂 702 车间
邮　　编：650229
电　　话：(0871)7204707
主要产品：冲模、模具标准件等

陕西省会员单位

单位名称：陕西渭河工模具总厂
地　　址：陕西省蔡家坡 24 号邮政信箱
邮　　编：722405
电　　话：(0917)8583586
传　　真：(0917)8583593
主要产品：冲模标准模架及精密冲模等

单位名称：西安昆仑机械厂
地　　址：西安市幸福北路 67 号
邮　　编：710043
电　　话：(029)2543670
传　　真：(029)2527851
主要产品：冲模、锻模

单位名称：国营东方仪器厂技术处
地　　址：陕西南郊 57 号信箱
邮　　编：723100
电　　话：(0916)2202057－340
传　　真：(0916)5512471
主要产品：KJ—8A 自动驾驶仪、纺机经纬仪

单位名称：西安飞机工业公司模具厂
地　　址：西安市 140 号信箱 764 号分箱
邮　　编：710089
电　　话：(029)6845164
传　　真：(029)6845164
主要产品：冲模、橡胶模

单位名称：陕西西玛机床有限责任公司
地　　址：陕西省西乡县河滨路 1 号
邮　　编：723500
电　　话：(0916)6222433
主要产品：DM7310、7140 电火花成型机

单位名称：中国人民解放军 1001 模具标准件、强力弹簧研究所
地　　址：西安市小寨西路 232 号
邮　　编：710061
电　　话：(029)5215446
传　　真：(029)5215446
主要产品：汽车模具标准件

单位名称：秦川机床集团有限公司
地　　址：陕西省宝鸡市姜谭路 22 号
邮　　编：721009
电　　话：(0917)3670772
传　　真：(0917)3390960
主要产品：中空吹塑模

单位名称：陕西宝成航空电子公司工具制造分公司
地　　址：陕西省宝鸡市 38 号信箱 224 分箱
邮　　编：721006
电　　话：(0917)3629418
传　　真：(0917)3621907
主要产品：冲模、塑料模

单位名称：陕西华星工模具厂
地　　址：陕西省咸阳九号信箱六十七分箱
邮　　编：712099
电　　话：(0910)3786259、3763711
传　　真：(0910)3786259
主要产品：冲模、塑料模并进行非标设备制造等

单位名称：庆华兵器集团工具分公司
地　　址：陕西省庆华兵器集团工具分公司
邮　　编：710025
电　　话：(029)3311871－2838
传　　真：(029)3311623
主要产品：冲模、塑料模

单位名称：陕西烽火集团工模具公司
地　　址：陕西省宝鸡市清姜路 72 号
邮　　编：721006
电　　话：(0917)3623740
传　　真：(0917)3623740
主要产品：冲模、塑料模

单位名称：西安恒力电极丝厂
地　　址：陕西省西安市太华路—新兴路 5 号
邮　　编：710016
电　　话：(029)6703473
传　　真：(029)6703550
主要产品：数控电火花线切割加工用电极丝

单位名称：陕西汽车制造总厂工具处
地　　址：陕西省岐山县陕西汽车制造总厂工具处
邮　　编：722408
电　　话：(0917)217582－2321、3237449－3741
主要产品：冲模、塑料模

单位名称：陕西宝鸡792厂工模县分厂
地　　址：陕西省宝鸡县52信箱150分箱
邮　　编：721300
电　　话：(0917)6293505
传　　真：(0917)6295960
主要产品：冲模、塑料模

单位名称：西安西瑞电加工辅助器材有限公司
地　　址：西安东郊半坡路南段
邮　　编：710038
电　　话：(029)3513350
传　　真：(029)3524346
主要产品：线切割用〈刃王牌〉电极丝等

单位名称：西安市西微工模具制造厂
地　　址：西安市桃园路北口
邮　　编：710077
电　　话：(029)4287115
传　　真：(029)4287115
主要产品：冲模、压铸模等

单位名称：中国人民解放军第五七〇二工厂
地　　址：陕西省武功县51号信箱311分箱
邮　　编：712201
电　　话：(0910)7406036
传　　真：(0910)7406111
主要产品：客车等产品用各类冲模、塑料模

单位名称：西安锅炉总厂
地　　址：西安市西郊红光路26号
邮　　编：710077
电　　话：(029)4264200
传　　真：(029)4263872
主要产品：工业用锅炉、车辆改装

单位名称：西安交通大学模具与塑性加工研究所
地　　址：西安交通大学模具与塑性加工研究所
邮　　编：710049
电　　话：(029)2668607
传　　真：(029)3237910
主要产品：本所以培养人才为主、科研为辅

单位名称：信息产业部电子第二十研究所
地　　址：西安市九十二信箱85分箱
邮　　编：710068
电　　话：(029)8221001－8325
传　　真：(029)8234112
主要产品：冲模、塑料模

单位名称：西安工业学院机械系
地　　址：西安工业学院机械工程系
邮　　编：710032
电　　话：(029)3233311－2237

单位名称：宝鸡市德奥机械加工技术有限公司
地　　址：宝鸡市姜城堡川陕路
邮　　编：721006
电　　话：(0917)3618800
传　　真：(0917)3617272
主要产品：彩电、电脑显示器背后的偏转磁环模具

单位名称：秦川工模具有限责任公司
地　　址：陕西省宝鸡市姜谭路22号
邮　　编：721009
电　　话：(0917)3395160
传　　真：(0917)3392255
主要产品：塑料模、冲压模、压铸模

单位名称：西安航空发动机(集团)有限公司工具厂
地　　址：西安航空发动机(集团)有限公司工具厂
邮　　编：710021
电　　话：(029)6614010
传　　真：(029)6614010
主要产品：冲压模、橡胶模、塑料模

单位名称：西安电机总厂工具修造分厂
地　　址：西安市东郊胡家庙金花北路61号
邮　　编：710032
电　　话：(029)2528501－2560
主要产品：冲压模、压铸模、塑料模

甘肃省会员单位

单位名称：天水长城精密模具厂
地　　址：甘肃省天水市秦城区羲皇大道(原南郭路50号)
电　　话：(0938)8212917、8214916
传　　真：(0938)8212917
主要产品：冲压模、塑料模

单位名称：兰州电机有限责任公司
地　　址：兰州市七里河民乐路66号
邮　　编：730050
电　　话：(0931)2866951－8066
传　　真：(0931)2865068
主要产品：冲模、压铸模

单位名称：天水长城低压电器厂
地　　址：甘肃天水秦城区长开路
邮　　编：741018
电　　话：(0938)383402
主要产品：空气断路器、交流接触器

单位名称：天水长城精密电表厂设备分厂
地　　址：甘肃天水秦城区精表路40号
邮　　编：741000
电　　话：(0938)8365301
传　　真：(0938)8365301
主要产品：冲模、拉伸模

单位名称：兰州照相机厂工具分厂
地　　址：兰州市段家滩兰州照相机厂工具分厂
邮　　编：730020
电　　话：(0938)8494893
主要产品：精密塑料模、场面

单位名称：天水二一三精密模具厂
地　　址：甘肃天水秦城区赤峪路35号
邮　　编：741001
电　　话：(0938)8362569
传　　真：(0938)8362569
主要产品：塑料模、冲模等

单位名称：国营万里机电总厂工模具一分厂
地　　址：兰州市56号信箱73分箱
邮　　编：730070
电　　话：(0931)7666521－644
主要产品：塑料模、冲模

单位名称：航空工业万里机电总厂
地　　址：兰州市56号信箱73分箱
邮　　编：730070
电　　话：(0931)7602584
传　　真：(0931)7667486
主要产品：塑料模、冲模

单位名称：甘光公司精工模具厂
地　　址：甘肃临复市民主西路49号
邮　　编：731100
电　　话：(0930)6230139
传　　真：(0930)6214396
主要产品：塑料模、冲模压铸模

单位名称：兰新集团整机制造公司工模具部
地　　址：兰州市九州中路295号
邮　　编：730047
电　　话：(0931)8332694
主要产品：塑料模、冲模

单位名称：兰州长新模具厂
地　　址：兰州市安宁区长新路4号
邮　　编：730070
电　　话：(0931)7666441－3072
主要产品：塑料模、冲模

单位名称：兰州石油化工机械总厂工具厂
地　　址：兰州西津西路112号
邮　　编：730050
电　　话：(0931)2355546
传　　真：(0931)2340311
主要产品：冲模、压铸模等

单位名称：兰州职业技术学院机电工程系
地　　址：兰州市安宁区利沙公路37号
邮　　编：730070
电　　话：(0931)7658812
传　　真：(0931)7658813
主要产品：从事模具设计与制造技术方面的职业教育和培训

单位名称：兰州模具厂
地　　址：甘肃省兰州市城关区安定门外27号
邮　　编：730030
电　　话：8464704
主要产品：塑料模、冲压模

单位名称：兰州通用机器厂
地　　址：兰州市七里河区南湾1号
邮　　编：730050
电　　话：2984778
传　　真：2565609
主要产品：冲压模、橡胶模

宁夏回族自治区会员单位

单位名称：吴忠仪表股份有限公司
地　　址：宁夏吴忠市朝阳街67号
邮　　编：751100
电　　话：(0953)2069121
主要产品：冲模，塑料模

广 告 索 引

机械工业出版社
CHINA MACHINE PRESS

机械汽车分社

分社主要承担机械汽车领域科技图书出版工作，有着50余年的出版历史，多年来一直致力于为社会各界读者提供权威
勺工具书、经典的高水平著作及实用的技术类图书，共有200多种图书获国家及省部级奖励。现已累计出书6000余种，可
共书目1000余种。近年来，我分社在机械、汽车专业领域稳步发展，零售市场占有率一直名列前茅。

我分社出版的模具系列手册、图书以其先进、实用的内容；可靠、翔实的数据；大量的图表和实例获得了模具行业专
家和工程技术人员的如潮好评。现向您介绍其中的精华：

模具手册系列　汇集国内外模具设计、制造的实践和科研成果

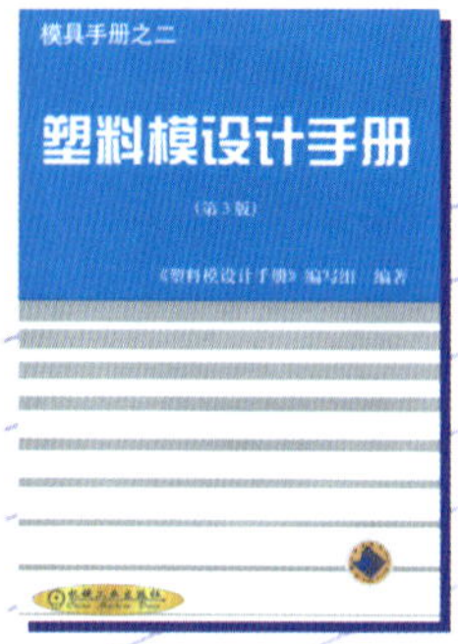

《塑料模设计手册》（第3版）
（模具手册之二）
ISBN：7-111-04083-X
开本：B5
页数：407
定价：48.00元
出版日期：2002.1

《压铸模设计手册》（第2版）
（模具手册之三）
ISBN：7-111-06480-1
开本：16开
页数：458
定价：55.00元
出版日期：2004.1

《冲模设计手册》（第2版）
（模具手册之四）
ISBN：7-111-00558-9
开本：16开
页数：840
定价：86.00元
出版日期：1999.6

《模具制造手册》（第2版）
（模具手册之六）
ISBN：7-111-05100-9
开本：16开
页数：953
定价：98.00元
出版日期：2003.8

典型模具图书

引领模具制造技术与应用的先锋

快速成型与快速模具
造技术及其应用》
BN：7-111-13126-6
本：B5
数：242
价：22.00元
版日期：2004.1

排忧解难、点通灵犀的好帮手

《冲模设计难点与窍门》
ISBN：7-111-12254-3
开本：B5
页数：543页
定价:46.00元
出版日期：2003.9

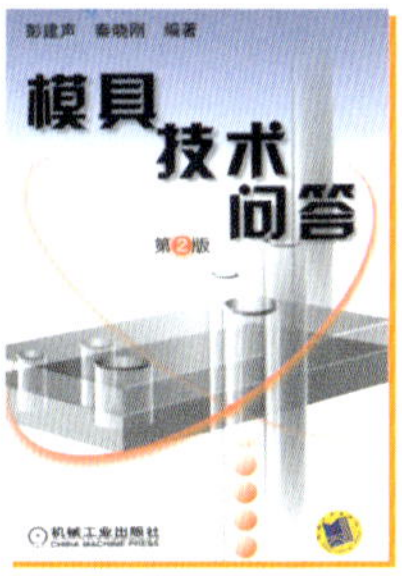

面对面解答疑难

《模具技术问答》
ISBN：7-111-11702-6
开本：大32开
页数：1188页
定价：68.00元
出版日期：2003.10

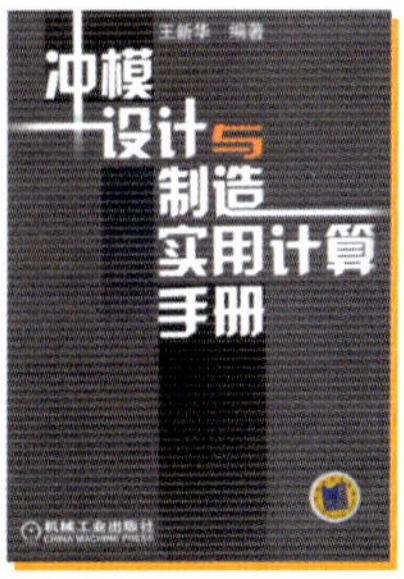

长期实战经验的结晶

《冲模设计与制造实用计算手册》
ISBN：7-111-11246-6
开本：A5
页数：342页
定价：28.00元
出版日期：2004.7

按图索骥，直面生产

《冲模结构图册》
ISBN　7-111-11070-6
开本：A4
页数：764
定价：128元
出版日期：2004.3

址：北京市百万庄大街22号　电　话：010-88379771　联系人：李万宇　编辑
编：100037　传　真：010-68351729　E- mail：lwy@mail.machineinfo.gov.cn
址：http://www.cmpbook.com

中瑞合资上海纳微涂层有限公司

Shanghai Nawei Coating Co.,Ltd.

公司外景

中瑞合资上海纳微涂层有限公司是一家大型专业化刀具，模具涂层公司，总投资额700万美元，占地面积12000m²。公司从设备、原材料、工艺到技术都是从瑞士引进并由瑞方管理。公司的 4 套大型涂层设备 Chi-Tec 系列采用了目前该领域先进的“动态磁控阴极电弧和超长矩形电弧靶”涂层技术。涂层具有光滑、致密、硬度高、耐高温、耐磨损、抗氧化以及附着力强等特点，并且涂层性能稳定可靠，均匀一致。纳微涂层种类有 ：超 A 涂层（超级－氮钛化铝 S-AlTiN)、超级－氮化钛 (S-TiN)、氮碳化钛 (TiCN)、类金刚石 (DLC)、氮化铬 (CrN) 及复合涂层。纳微涂层可以大幅度提高刀具、模具与摩擦磨损件的使用性能和寿命。其涂层刀具适用于航空、汽车和模具工业中难加工材料（如钛、镍、铝合金以及不锈钢和高强度模具钢等）的加工。

上海市青浦工业园区
外青松公路 5399 号 A1 厂房
邮编：201707
Shanghai Qingpu Industrial Zone.
Waiqingsong Rd.5399,Zip201707
Tel :021-69211890,Fax :021-69211682
http://www.nawei.com.cn
E-mail :Nawei@Nawei.com.cn

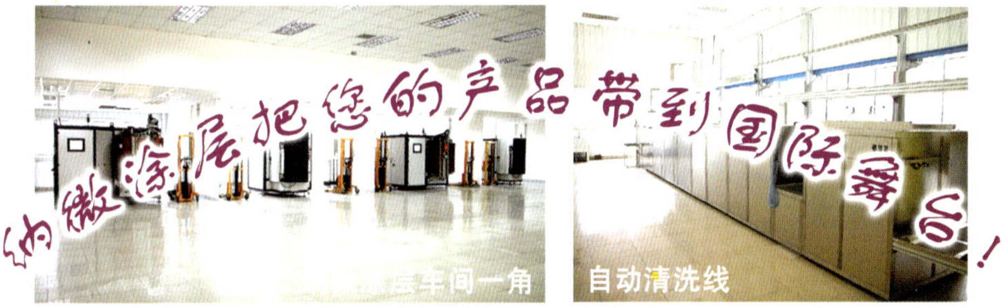

层车间一角　　自动清洗线

部分涂层摩擦磨损件

部分涂层刀具

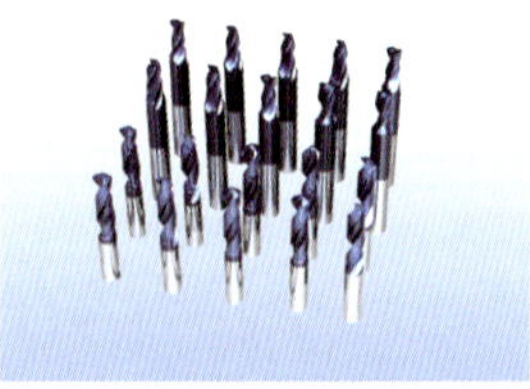

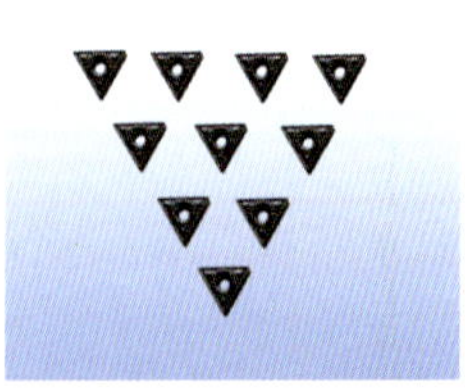

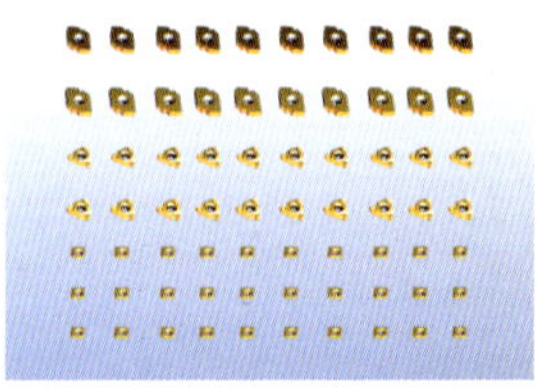

超 A 涂层 S-AlTiN 具有优越的高温硬度、耐磨性和抗氧化性能，特别适用 CNC 数控加工中心的深孔钻削、高速铣以及干切削加工，适合于各种难加工材料（Ti、Al、Ni、Mg 等合金、不锈钢、球墨铸铁）。类金刚石涂层 DLC 是一种固体自润滑涂层，与其他涂层配合能大大提高刀具和模具的效率和使用寿命。CrN 和 DLC 均可在低温下涂层（<250C）。

涂层和涂层技术参数：最大工件尺寸 Maximun part size ：直径 (D)600mm x 长度 (H)1100mm

涂层种类 coating	色泽 colour	硬度 hardness	摩擦系数μ Friction	厚度 Thickness (μm)	切削温度 (max. ℃)
超级 TiN	金黄色	2500HV	0.4	1~4	600
TiCN	蓝灰色	3500HV	0.25	2~4	400
超 A 涂层 (AlTiN)	蓝黑色	3500HV	0.4	1~3	900
DLC	黑灰色	1200HV	0.15	<0.5	200
CrN	金属色	1800HV	0.5	1~10	700

部分涂层模具

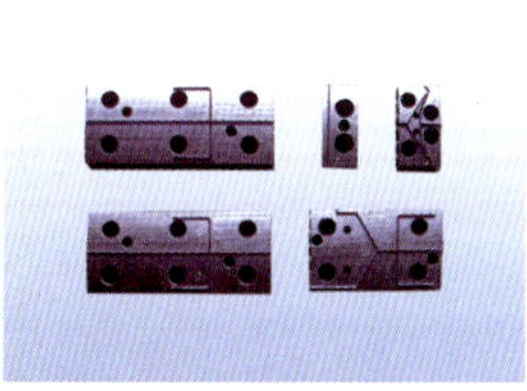

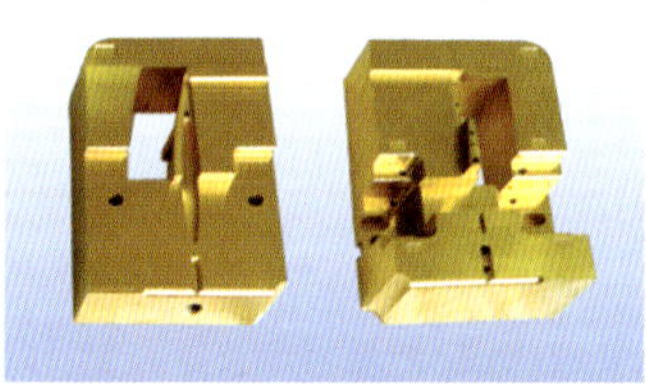

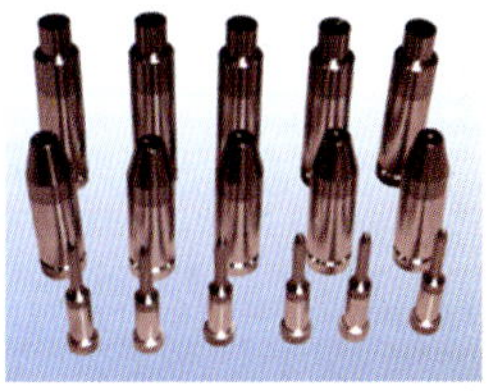

各种涂层钻孔性能的比较

HSS drill, D=6 mm, material: DIN 1.2379, ~800 N/mm², emulsion cooling

Vc=35 m/min, n=1856 rpm, drilling depth=2.5xD=15 mm, fz=0.12 mm/r.

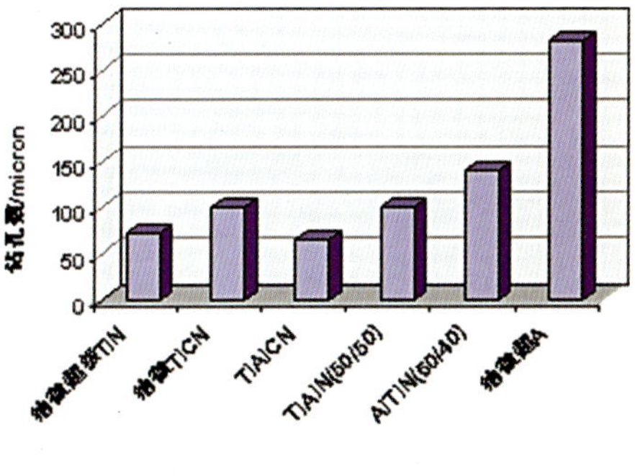

国际总部　新加坡

Taipei Industries Pte. Ltd.

27 Lorong 25A Geylang

Singapore　388232

Tel : 65 - 67420778

Fax: 65 - 67412607

troop@singnet.com.sg

中国总部　上海

上海大量电子设备有限公司

上海市漕河泾高新技术开发区

宜山路 889 号 2 号工业楼

电话：86 - 21 - 64854347

传真：86 - 21 - 64850621

shanghai@troop-online.com

销售服务　东莞

广东省东莞长安镇长荣国际机械

五金广场 V 幢 27 号

电话：86 - 769 - 5496808

dongguan@troop-online.com

销售服务　温州

浙江省温州市锦绣路球山花园

17 幢 109 室

电话：86 - 577 - 88939389

wenzhou@troop-online.com